倒産・再生再編実務シリーズ 1

事業者破産の理論・実務と書式

相澤光江・中井康之・綾　克己　編

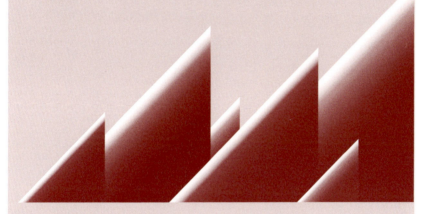

発行　民事法研究会

はしがき

　倒産法制全体の抜本的改正に伴う新破産法の制定・施行から、すでに13年の年月が経過した。日本経済は、2018年2月現在、2013年のアベノミクスの導入および世界経済全般の好調により一見好況を呈しており、破産を含む倒産件数は全般的には低水準にある。しかし、経済の鉄則に照らして、現在の好況が永遠に続かないことは明らかである。また、好不況にかかわらず、経済構造の変化に伴い、一定の事業者の淘汰や退出は避けることができない。

　そのため、事業者・非事業者を問わず法的な清算手続を定める破産法および破産手続は、社会システムの重要な一部である倒産法制の根幹を成すものであり、その重要性はいうまでもない。

　本書旧版の『破産法の理論・実務と書式〔事業者破産編〕』は、平成17年（2005年）1月1日の新破産法施行を受けて、大阪弁護士会所属の四宮章夫弁護士が中心となって、これに東京から相澤および綾が加わって企画され、同年7月に発刊された。

　その企図したところは、事業者破産という切り口で、申立代理人、債権者、破産管財人それぞれの立場で直面する実務的な問題について、主に東京地方裁判所および大阪地方裁判所における実務を踏まえて簡潔に解説するとともに各種の書式を掲げて、関係する当事者の参考に供するというものである。

　幸いにして、旧版は関係者の支持を得て、実務の参考として広く利用されるに至り、その後、新破産法の実務への定着等を踏まえて、平成20年（2008年）8月に第2版が出された。

　しかし、その後時を経るにつれて、日本経済や事業者破産事件を取り巻く環境が大きく変わり、また、関連する法令についても重要な改正がなされ、それに伴い破産手続においても新たな工夫や試みがなされるようになり、それらの変化が破産手続の理論を深め、また、実務において使用される書式にも影響を与えてきた。

　そのため、本書もこのような理論と実務の変化に合わせて、改めて見直すことが必要となり、それが久しく課題となっていた。

　そこで四宮弁護士に代わり、この度大阪からは中井が加わり、旧版のコン

1

はしがき

セプトを継承しながら実務の解説および書式を全面的に見直して新たな実務書とすることとなり、編者らの所属する事務所の弁護士およびパラリーガルをはじめ、多くの実務経験者が新たに執筆を担当し、今回の発刊に至ったものである。

　編者らの力が及ばず、未熟な面が多々あると思われるが、事業者の破産関連業務に携わり、数々の課題に取り組んでいる関係者の実務上の参考として役に立つことができれば、編者らとしては望外の喜びである。

　最後に、本書発刊について辛抱強く見守り、多大な尽力をいただいた㈱民事法研究会の田中敦司氏および近藤草子氏に感謝したい。

　　平成30年（2018年）3月吉日

　　　　　　　　　　　　　　　　　　　　編者　相澤　光江
　　　　　　　　　　　　　　　　　　　　同　　中井　康之
　　　　　　　　　　　　　　　　　　　　同　　綾　　克己

『事業者破産の理論・実務と書式』目次

はじめに──破産手続の概要と本書の構成 …………… 1

1 破産手続の概要 ……………………………………………… 1
   (1) 破産申立ての相談／1　(2) 破産申立ての準備／2　(3) 破産手続の開始／2　(4) 破産債権の届出と調査／3　(5) 破産財団の管理および換価／5　(6) 配　当／5　(7) 破産手続の終結／6　(8) 自然人の破産手続と免責／6

2 本書の構成 ……………………………………………………… 7

第1章　破産手続開始の申立て …………… 9

Ⅰ　相談から受任まで ……………………………………………… 9
1 事情聴取 ……………………………………………………… 9
   (1) 自己破産申立て（債務者からの相談）／9　(2) 債権者破産申立て（債権者からの相談）／9
2 手続の選択および説明 ……………………………………… 9
   (1) 手続の選択／9　(2) 破産手続の選択および説明／10
3 委任契約 ………………………………………………………10
   【書式1-1】　委任契約書 ……………………………………11
   【書式1-2】　委任状 …………………………………………12
4 申立準備 ………………………………………………………12
   (1) 申立時期の選択／12　(2) 裁判所実務の調査／13
   （資料1-1）　東京地方裁判所の申立代理人向け説明書 ………13
   （資料1-2）　大阪地方裁判所の申立代理人向け説明書 ………16
   (3) 裁判手続の準備／18　(4) 財産保全措置等／18
Ⅱ　破産手続開始の申立て ………………………………………19
1 管轄・移送 ……………………………………………………19
   (1) 管　轄／19　(2) 移　送／22

目 次

　【書式1-3】　移送の上申書……………………………………………23
　2　通常破産の申立て………………………………………………24
　(1)　破産手続開始の申立手続／24　(2)　法人破産の申立て／32
　【書式1-4】　破産手続開始申立書等（東京地方裁判所）(1)
　　　　　　　――破産手続開始申立書（法人、自己破産・準自己破産）……33
　【書式1-5】　破産手続開始申立書等（東京地方裁判所）(2)
　　　　　　　――債権者一覧表……………………………………34
　【書式1-6】　破産手続開始申立書等（東京地方裁判所）(3)
　　　　　　　――申立債務者に関する報告書…………………………40
　【書式1-7】　破産手続開始申立書等（東京地方裁判所）(4)
　　　　　　　――関連会社一覧表……………………………………46
　【書式1-8】　破産手続開始申立書等（東京地方裁判所）(5)
　　　　　　　――申立債務者に関する陳述書…………………………47
　【書式1-9】　破産手続開始申立書等（東京地方裁判所）(6)
　　　　　　　――資産目録（法人用）…………………………………47
　【書式1-10】　陳情書（代表者）記載例…………………………………55
　【書式1-11】　取締役会議事録……………………………………………56
　【書式1-12】　破産手続開始申立ての通知………………………………57
　【書式1-13】　破産手続開始申立書――債権者による場合……………58
　(3)　法人の連帯保証人となっている代表者個人について法人と同時に破産手続開始を申し立てる場合／61
　【書式1-14】　代表者個人の破産手続開始申立書等（東京地方裁判所）(1)
　　　　　　　――破産手続開始・免責許可申立書……………………62
　【書式1-15】　代表者個人の破産手続開始申立書等（東京地方裁判所）(2)
　　　　　　　――債権者一覧表……………………………………64
　【書式1-16】　代表者個人の破産手続開始申立書等（東京地方裁判所）(3)
　　　　　　　――資産目録（一覧）…………………………………69
　【書式1-17】　代表者個人の破産手続開始申立書等（東京地方裁判所）(4)
　　　　　　　――申立債務者に関する報告書または陳述書……………74
　【書式1-18】　代表者個人の破産手続開始申立書等（東京地方裁判所）(5)

　　　　──家計全体の状況……………………………………………79
　　【書式1-19】　代表者個人の破産手続開始申立書等（東京地方裁判所）(6)
　　　　──申立てにあたり調査・確認すべき事項………………80
　　【書式1-20】　代表者個人の破産手続開始申立書──債権者による
　　　　場合……………………………………………………………93
3　簡易管財型手続……………………………………………………95
　(1)　簡易管財型手続とは／95　(2)　裁判所の運用／96　(3)　申立ての方式／96
4　同時廃止……………………………………………………………97
5　予　納………………………………………………………………97
6　文書の閲覧謄写……………………………………………………98
　(1)　記録閲覧謄写請求権／98
　【書式1-21】　記録謄写請求申立書………………………………99
　(2)　記録閲覧謄写請求の制限／100
　【書式1-22】　文書等の閲覧等制限申立書……………………102
　(3)　閲覧等制限決定の取消し／103
　【書式1-23】　文書等の閲覧等制限決定取消申立書…………104
7　財産の保全………………………………………………………105
　(1)　はじめに／105　(2)　他の手続の中止命令および取消命令／105
　【書式1-24】　中止命令の申立書──債権差押え……………108
　【書式1-25】　取消命令の申立書──動産差押え……………110
　(3)　包括的禁止命令／112
　【書式1-26】　包括的禁止命令申立書…………………………114
　(4)　債権者による債務者の財産保全措置および個別権利行使の可能性／116
　【書式1-27】　包括的禁止命令の解除申立書…………………117
　(5)　債務者の財産に関する保全命令／119
　【書式1-28】　自動車仮差押命令申立書………………………121
　【書式1-29】　会社帳簿等閲覧仮処分命令申立書……………123
　【書式1-30】　弁済禁止の保全処分申立書……………………124

(6)　保全管理命令／125

　　【書式1-31】　保全管理命令 …………………………………………… 126
　　【書式1-32】　保全管理命令申立書（東京地方裁判所）…………… 127
　　【書式1-33】　保全管理命令の官報公告 …………………………… 129
　　【書式1-34】　保全管理命令を受けた債務者に対する注意事項（東京
　　　　　　　　　地方裁判所）………………………………………… 129
　　【書式1-35】　事業譲渡許可申請書 ………………………………… 131
　　【書式1-36】　保全管理人代理選任許可申請書（東京地方裁判所）… 134
　　【書式1-37】　保全管理人の任務終了報告書（東京地方裁判所）…… 135

第2章　破産手続の開始決定 …………………………………… 137

Ⅰ　破産手続開始の裁判 ……………………………………………… 137
　1　破産手続開始の決定 ………………………………………… 137
　　【書式2-1】　破産手続開始の決定 ………………………………… 137
　2　破産者の説明義務および重要財産開示義務 ………………… 138
　3　却下・棄却 …………………………………………………… 138
　　(1)　棄　却／138
　　【書式2-2】　破産手続開始申立ての棄却決定 …………………… 139
　　(2)　却　下／140
　　【書式2-3】　破産手続開始申立ての却下決定 …………………… 140
　　(3)　申立書の却下／141
Ⅱ　同時決定事項 ……………………………………………………… 141
　1　同時決定事項 ………………………………………………… 141
　2　大規模破産事件 ……………………………………………… 142
　　【書式2-4】　破産債権者への通知等の省略決定 ………………… 142
Ⅲ　破産手続開始の公告等 …………………………………………… 143
　1　公　告 ………………………………………………………… 143
　　【書式2-5】　破産手続開始の官報公告 …………………………… 144
　2　通　知 ………………………………………………………… 144

|　　　【書式 2 - 6 】　破産手続開始通知書 …………………………………… 145
　　3　官庁等への通知 ……………………………………………………………… 146
Ⅳ　即時抗告 …………………………………………………………………………… 146
　　1　即時抗告の申立て …………………………………………………………… 146
|　　　【書式 2 - 7 】　開始決定に対する即時抗告の申立書 ……………… 147
　　2　即時抗告に対する裁判 ……………………………………………………… 148
|　　　【書式 2 - 8 】　即時抗告棄却決定 ………………………………………… 148
　　3　破産手続開始決定の取消し ………………………………………………… 150
Ⅴ　手続上の効果 …………………………………………………………………… 150
　　1　通　則 ………………………………………………………………………… 150
　　⑴　破産財団／150
|　　　（資料 2 - 1 ）　東京地方裁判所の個人破産の換価基準 ……………… 152
|　　　（資料 2 - 2 ）　大阪地方裁判所の自由財産拡張制度の運用基準 ………… 153
|　　　【書式 2 - 9 】　自由財産拡張申立書（大阪地方裁判所）…………… 156
　　⑵　事業の継続／156
|　　　【書式 2 -10】　事業の継続許可申請書 ……………………………… 157
　　⑶　破産者の居住制限／158
|　　　【書式 2 -11】　破産者の転居許可申請書 ……………………………… 158
　　⑷　破産者の引致／159　⑸　破産者等の説明義務／159
|　　　【書式 2 -12】　重要財産報告書 ……………………………………… 160
　　2　他の手続への効果 …………………………………………………………… 161
　　⑴　強制執行等／161
|　　　【書式 2 -13】　強制執行の失効の上申書 ……………………………… 161
|　　　【書式 2 -14】　破産管財人による強制執行続行の申立書 …………… 162
　　⑵　国税滞納処分／163
|　　　【書式 2 -15】　新たな滞納処分に対する即時抗告の申立書 ………… 163
　　⑶　訴訟手続／164

第3章　破産管財人の地位と権限·················166

I　破産管財人の地位··················166
1　はじめに···············166
2　破産管財人の選任··············167
(1) 破産管財人の選任／167
【書式3-1】　法人破産管財人を選任する破産手続開始決定·········167
(2) 破産管財人の被選任資格／168
【書式3-2】　破産管財人の職務を行うべき者および印鑑届出書········168
(3) 資格証明書の交付および資格証明書への印鑑の証明の記載／169
【書式3-3】　破産管財人の身分証明書および印鑑証明書············169
【書式3-4】　破産管財人証明書（大阪地方裁判所）············170
【書式3-5】　破産管財人の身分証明書および印鑑証明書············171
(4) 破産管財人の辞任／172
3　破産管財人の監督················172
(1) 破産管財人監督権限／172　(2) 財産目録および収支報告書の作成および提出／172　(3) 裁判所への報告／172
【書式3-6】　業務要点報告書（大阪地方裁判所）············173
【書式3-7】　財産目録（大阪地方裁判所）················177
【書式3-8】　収支計算書（大阪地方裁判所）··············178
(4) 裁判所の許可／179　(5) 進行協議等／179　(6) 破産管財人の解任／179
4　複数破産管財人の職務遂行················180
【書式3-9】　職務分掌許可申立書··············180
【書式3-10】　単独職務遂行許可申立書·············181
5　破産管財人代理·············182
【書式3-11】　破産管財人代理選任許可申立書············182
【書式3-12】　破産管財人代理選任許可証明申請書············183

II　破産管財人の権限···············183
1　はじめに················183

2　破産管財人の行為制限……………………………………………184
　(1)　はじめに／184　(2)　要許可行為／185
　　【書式3－13】　不動産売却等許可申立書（東京地方裁判所）……………185
　　【書式3－14】　不動産売却等許可申立書（大阪地方裁判所）……………187
　　【書式3－15】　不動産売却等許可申請書（大阪地方裁判所）……………188
　　【書式3－16】　資産売却許可申立書（東京地方裁判所）…………………189
　　【書式3－17】　訴え提起許可申立書（東京地方裁判所）…………………190
　　【書式3－18】　和解許可申立書（東京地方裁判所）………………………191
　　【書式3－19】　事前の包括的和解許可申立書（東京地方裁判所）………192
　　【書式3－20】　財団債権承認許可申立書（東京地方裁判所）……………194
　(3)　許可を得ないでした行為／195
3　郵便物の管理………………………………………………………195
　　【書式3－21】　郵便回送嘱託書（大阪地方裁判所）………………………196
4　破産管財人の調査権等……………………………………………196
　(1)　破産者等および子会社等に対する調査／196　(2)　破産管財人の職務の執行の確保／197
　　【書式3－22】　警察上の援助要請許可申請書………………………………197
　　【書式3－23】　警察に対する援助要請書……………………………………198
　(3)　破産管財人の注意義務／198　(4)　破産管財人の労働債権者に対する情報提供努力義務／199
5　訴訟手続の中断・受継（積極財産等に関する訴訟）……………199
　(1)　はじめに／199　(2)　訴訟手続の中断／199
　　【書式3－24】　訴訟手続中断の上申書………………………………………200
　(3)　訴訟手続の受継／200
　　【書式3－25】　訴訟手続受継の申立書………………………………………201
　(4)　破産手続終了による中断・受継（個人事業主の場合）／202
　　【書式3－26】　破産手続終了に伴う訴訟手続中断の上申書………………202
　　【書式3－27】　破産手続終了に伴う訴訟手続受継の申立て………………203
6　報酬請求権等………………………………………………………203
　(1)　費用の前払いおよび報酬請求／203　(2)　任務終了の場合の報告義

務等および財産の管理義務／204

第4章　破産債権 ……………………………………… 205

Ⅰ　はじめに …………………………………………………… 205
　1　破産債権の意義 ………………………………………… 205
　2　破産債権者の手続上の地位 …………………………… 206
　　(1)　手続参加の一般論／206　(2)　破産者が多数債務者関係にある場合／206　(3)　破産債権を被担保債権とする別除権がある場合／207
Ⅱ　破産債権の種類 …………………………………………… 208
　1　一般破産債権 …………………………………………… 208
　2　優先的破産債権 ………………………………………… 208
　3　劣後的破産債権 ………………………………………… 208
　4　約定劣後破産債権 ……………………………………… 209
Ⅲ　破産債権の届出等 ………………………………………… 209
　1　破産債権の届出 ………………………………………… 209
　　【書式4-1】　破産債権の届出書(1)（東京地方裁判所）………… 211
　　【書式4-2】　破産債権の届出書(2)（大阪地方裁判所）………… 215
　　【書式4-3】　期限後の破産債権届出 …………………………… 221
　　【書式4-4】　債権届出取下書 …………………………………… 222
　2　届出の変更 ……………………………………………… 223
　　【書式4-5】　破産債権名義変更届出書 ………………………… 224
　3　租税等の請求権の届出 ………………………………… 225
Ⅳ　破産債権の調査 …………………………………………… 225
　1　制度の概要 ……………………………………………… 225
　2　期日方式による債権調査の手続 ……………………… 226
　　(1)　手続の概要／226　(2)　破産管財人による認否／226
　　【書式4-6】　異議通知書(1)（一般・事前通知型）（東京地方裁判所）…… 229
　　【書式4-7】　異議通知書(2)（別除権付）（大阪地方裁判所）………… 230
　　【書式4-8】　異議通知書(3)　末尾注意事項記載例（福岡地方裁判所）… 230

【書式4-9】　異議通知書(4)（労働債権）末尾注意事項記載例（大阪
　　　　　　　地方裁判所）……………………………………………………231
　(3)　破産債権者または破産者による異議／231
　【書式4-10】　他の届出破産債権者からの異議申述書………………232
　【書式4-11】　期日終了後の破産者の異議申述書……………………233
　(4)　期日の続行等／233　(5)　異議等の撤回／234
　【書式4-12】　異議撤回書（一般）………………………………………234
　(6)　届出期間経過後の届出債権に係る債権調査／235　(7)　破産債権者
　表の作成・記載／236

3　期間方式による債権調査の手続……………………………………236
　(1)　手続の概要／236　(2)　破産管財人による認否／236　(3)　破産債権
　者および破産者による異議／237　(4)　債権調査期間の変更等／237　(5)
　異議等の撤回／237　(6)　届出期間経過後の届出債権に係る債権調査／
　237　(7)　破産債権者表の作成・記載／237

Ⅴ　破産債権の確定……………………………………………………………237
　1　調査による確定……………………………………………………………237
　　【書式4-13】　破産債権者表（大阪地方裁判所）……………………238
　2　債権査定手続による確定……………………………………………239
　　(1)　申立て／239
　　【書式4-14】　破産債権査定申立書……………………………………240
　　(2)　審　理／243
　　【書式4-15】　答弁書……………………………………………………243
　　【書式4-16】　破産管財人の意見書（破産管財人が査定申立事件の
　　　　　　　　　当事者とならない場合）…………………………………244
　　(3)　裁　判／245
　　【書式4-17】　破産債権査定決定(1)──認容…………………………245
　　【書式4-18】　破産債権査定決定(2)──不存在………………………246
　　【書式4-19】　査定申立却下決定………………………………………247
　3　異議の訴えによる確定…………………………………………………248
　　(1)　提　訴／248

11

【書式4-20】　異議の訴えの訴状 ……………………………………… 249
　　【書式4-21】　異議訴訟の訴額決定上申書 …………………………… 250
　　【書式4-22】　訴訟の目的の価額決定 ………………………………… 251
　(2)　審　　理／251
　　【書式4-23】　答弁書 …………………………………………………… 252
　(3)　裁　　判／253
　　【書式4-24】　破産債権査定の裁判に対する異議訴訟判決（査定の
　　　　　　　　　裁判の認可） ………………………………………… 253
　　【書式4-25】　破産債権者表への訴訟結果記載申立書 ……………… 255
　　【書式4-26】　訴訟費用償還請求書 …………………………………… 255
　4　債権確定手続における特例 …………………………………………… 256
　(1)　異議等のある破産債権に関する訴訟が係属する場合／256　(2)　異
　議等のある債権が有名義債権等である場合／257　(3)　租税等の請求
　権・罰金等の請求権である場合／258
　　【書式4-27】　課税処分に対する審査請求書 ………………………… 260
　　【書式4-28】　行政訴訟の訴状 ………………………………………… 267
　5　破産手続の終了に伴う債権確定手続の取扱い …………………… 269
　(1)　破産債権査定申立てに係る手続／269　(2)　破産債権査定異議の訴
　えに係る訴訟手続および異議者等に受継された訴訟手続であって破産管
　財人が当事者であるもの／269　(3)　破産債権査定異議の訴えに係る訴
　訟手続であって破産管財人が当事者でないもの／269　(4)　異議者等に
　受継された訴訟手続であって破産管財人が当事者でないもの／269
Ⅵ　訴訟手続の中断・受継（消極財産に関する訴訟）……………… 270
　1　訴訟手続の中断 ………………………………………………………… 270
　　【書式4-29】　訴訟手続中断の上申書 ………………………………… 270
　2　訴訟手続の受継 ………………………………………………………… 271
　　【書式4-30】　訴訟手続受継の申立書 ………………………………… 271
　　【書式4-31】　訴えの変更の申立書 …………………………………… 272
Ⅶ　代理委員 ………………………………………………………………… 274
　1　意　　義 ………………………………………………………………… 274

2　選　任 ……………………………………………………………… 274
　　　【書式 4 - 32】　代理委員選任許可申立書 ………………………… 275
　　3　権限等 ………………………………………………………………… 275
　　　【書式 4 - 33】　退職従業員の代理委員による退職金債権等の説明請求書 … 276
　　4　解任等 ………………………………………………………………… 276
　　　【書式 4 - 34】　代理委員選任許可取消決定 ……………………… 277
Ⅷ　債権者委員会 ……………………………………………………………… 278
　1　意　義 …………………………………………………………………… 278
　2　設　置 …………………………………………………………………… 278
　　(1)　委員会の組織／278
　　　【書式 4 - 35】　債権者委員選任の議事録 ………………………… 278
　　(2)　裁判所による承認／279
　　　【書式 4 - 36】　債権者委員会承認申立書 ………………………… 280
　　　【書式 4 - 37】　債権者委員会承認通知書 ………………………… 281
　3　権　限 …………………………………………………………………… 282
　　　【書式 4 - 38】　破産管財人の報告書 ……………………………… 283
　　　【書式 4 - 39】　破産管財人に対する報告命令の申出書 ………… 283
　　　【書式 4 - 40】　破産管財人に対する報告命令 …………………… 284
　4　費用償還 ………………………………………………………………… 285
　　　【書式 4 - 41】　債権者委員会費用の償還許可申立書 …………… 285
Ⅸ　債権者集会 ………………………………………………………………… 286
　1　意　義 …………………………………………………………………… 286
　2　招集等 …………………………………………………………………… 287
　　(1)　財産状況報告集会／287　(2)　一般的な債権者集会／287　(3)　異時廃止の決定をする場合の意見聴取のための債権者集会／287　(4)　破産管財人の任務終了による計算報告のための債権者集会／287
　3　期日の呼出し等 ………………………………………………………… 288
　　(1)　呼出し／288　(2)　公告・通知／288
　　　【書式 4 - 42】　労働組合に対する裁判所の債権者集会期日の通知 ……… 288
　4　決議・議決権の行使方法等 …………………………………………… 289

(1)　決議事項と可決要件／289　(2)　議決権の行使方法等／289

　【書式4-43】　決議に付する旨の決定……………………………………290

　(3)　議決権額の定め方等／291　(4)　代理人による議決権行使／292

　【書式4-44】　債権者集会出席委任状……………………………………292

第5章　財団債権等……………………………………………………293

Ⅰ　財団債権の意義…………………………………………………………293

　1　制度の趣旨………………………………………………………………293

　2　財団債権の範囲…………………………………………………………293

　(1)　一般の財団債権／293　(2)　特別の財団債権／294

　3　成立範囲に関する留意点………………………………………………295

　(1)　租税債権の場合／295　(2)　労働債権の場合／296

Ⅱ　財団債権の弁済等………………………………………………………298

　1　財団債権の申出…………………………………………………………298

　2　財団債権の弁済…………………………………………………………299

　【書式5-1】　財団債権弁済通知書…………………………………………299

　3　労働債権に関する特例・特則等………………………………………301

　(1)　許可弁済（和解による許可弁済含む）／301　(2)　労働者健康安全機構の未払賃金立替払制度／302

　【書式5-2】　労働債権弁済許可申請書(1)（大阪地方裁判所）……………304

　【書式5-3】　労働債権弁済許可申請書(2)…………………………………305

　【書式5-4】　給料等債権の弁済許可申立書………………………………306

第6章　破産財団の管理……………………………………………309

Ⅰ　破産財団の確保…………………………………………………………309

　1　はじめに…………………………………………………………………309

　2　破産財団の封印等・引渡請求…………………………………………310

　(1)　封印および帳簿の閉鎖／310

目 次

　　【書式6-1】（裁判所書記官に対する）封印の申立書·················310
　　【書式6-2】（執行官に対する）封印執行の申立書·················311
　　【書式6-3】（裁判所書記官の）公示·················312
　　【書式6-4】（裁判所書記官の）封印調書·················312
　　【書式6-5】帳簿閉鎖申出書·················313
　　【書式6-6】帳簿閉鎖記載例·················313
　(2)　破産財団に属する財産の引渡請求／314
　　【書式6-7】財産引渡命令申立書·················315
　　【書式6-8】審尋調書·················315
　　【書式6-9】財産引渡命令·················316
　　【書式6-10】即時抗告申立書·················317
　3　財産価額の評定·················318
　　【書式6-11】財産評定の結果報告書·················319
　　【書式6-12】貸借対照表·················319
　　【書式6-13】別除権者に対する財産提示申出書·················320
　4　所定の報告·················321
　(1)　裁判所への報告／321
　　【書式6-14】裁判所への報告書（東京地方裁判所）·················321
　　【書式6-15】財産目録および収支計算書（東京地方裁判所）·················323
　(2)　財産状況報告集会／324
　　【書式6-16】財産状況報告集会調書·················324
Ⅱ　既存契約の処理·················325
　1　はじめに·················325
　2　双方未履行の双務契約（管財人の選択権）·················326
　(1)　管財人の選択権／326　(2)　管財人の選択権の制限／326
　　【書式6-17】契約解除通知書·················327
　　【書式6-18】管財人の履行選択通知書·················328
　　【書式6-19】履行選択許可申請書·················329
　3　継続的給付を目的とする双務契約·················330
　(1)　定　義／330　(2)　継続的給付を目的とする双務契約の再建型倒産

15

目　次

　　　　手続における扱い／330　(3)　破産手続における扱い／331

　　　【書式 6 - 20】　破産手続開始後の電気供給要請書 …………………… 331

　　4　賃貸借契約等………………………………………………………………… 332

　　　(1)　賃貸人または賃借人の破産と賃貸借契約の解除／332　(2)　賃貸人の破産の場合の賃借人による賃料の前払い、賃貸人による賃料債権の処分／333　(3)　賃貸人の破産の場合の賃借人による賃料債権を受働債権とする相殺／333

　　　【書式 6 - 21】　賃借人から破産債権を自働債権として賃料債権を受働

　　　　　　　　　　債権とする相殺通知書 ……………………………………… 334

　　　(4)　地上権、永小作権／335　(5)　ライセンス契約／335

　　5　委任契約……………………………………………………………………… 336

　　　【書式 6 - 22】　破産管財人による契約終了の通知 ……………………… 336

　　6　市場の相場のある商品の取引契約………………………………………… 337

　　　(1)　旧破産法61条／337　(2)　破産法58条による対象取引の拡大／338

　　　(3)　一括清算ネッティング条項の有効性の承認／338

　　　【書式 6 - 23】　一括清算ネッティング条項のあるデリバティブ取引

　　　　　　　　　　契約書 ………………………………………………………… 339

　　7　請負契約……………………………………………………………………… 339

　　　(1)　注文者の破産／339　(2)　請負人の破産／340

Ⅲ　相殺権…………………………………………………………………………… 341

　　1　相殺権の意義………………………………………………………………… 341

　　　【書式 6 - 24】　相殺通知書 ………………………………………………… 341

　　2　条件付債権を有する者からの相殺………………………………………… 342

　　　(1)　解除条件付債権を有する者からの相殺／342　(2)　停止条件付債権または将来の債権を有する者からの相殺／342

　　　【書式 6 - 25】　停止条件付債権を有する者からの寄託請求書（敷金

　　　　　　　　　　返還請求権の場合）………………………………………… 343

　　3　その他の特殊な債権の相殺………………………………………………… 344

　　　(1)　期限付債権を自働債権とする相殺／344　(2)　金銭の支払いを目的としない債権、金額不確定の金銭債権、外貨債権、存続期間不確定の定

期金債権（破産債権の金銭化）／345
　4　相殺制限 ……………………………………………………………… 345
　　(1)　受働債権に関する制限／345　(2)　自働債権に関する制限／347
　　【書式6-26】　債権者による相殺が無効である旨の破産管財人の通知書 … 347
　　【書式6-27】　相殺制限にかかる旨の管財人の主張に対する反論書 …… 349
　5　破産管財人の地位 …………………………………………………… 350
　　(1)　破産管財人からの相殺／350
　　【書式6-28】　相殺許可申請書 ………………………………………… 350
　　【書式6-29】　破産管財人による相殺通知書 ………………………… 352
　　(2)　破産管財人の催告権／353
　　【書式6-30】　破産管財人からの催告書 ……………………………… 353
　6　破産管財人の催告への対応 ………………………………………… 354
　　【書式6-31】　相殺権行使の催告書に対する回答書（相殺通知書）…… 355
Ⅳ　否認権 ………………………………………………………………… 356
　1　否認権の意義 ………………………………………………………… 356
　2　否認の要件 …………………………………………………………… 356
　　(1)　詐害行為否認／356　(2)　無償行為否認／357　(3)　偏頗行為否認／357　(4)　その他の否認類型／360
　3　否認権の行使 ………………………………………………………… 362
　　(1)　否認権の行使方法／362
　　【書式6-32】　否認対象行為により破産財団より逸出した財産の返還
　　　　　　　　　請求書 ………………………………………………… 362
　　(2)　否認権のための保全処分／363
　　【書式6-33】　否認権のための保全処分申立書 ……………………… 364
　　【書式6-34】　保全処分決定 …………………………………………… 366
　　【書式6-35】　即時抗告の申立書 ……………………………………… 367
　　【書式6-36】　破産管財人による保全処分続行申立書 ……………… 370
　　(3)　否認権の具体的行使方法／370
　　【書式6-37】　否認請求の申立書(1)（詐害行為否認）……………… 371
　　【書式6-38】　否認請求の申立書(2)（偏頗行為否認）……………… 372

　　　　【書式6-39】 否認請求の申立書(3)（無償否認）……………………………… 374
　　　　【書式6-40】 否認請求の申立書(4)（対抗要件否認）……………………… 376
　　　　【書式6-41】 否認請求に対する答弁書（手形債務支払いの場合）……… 379
　　　　【書式6-42】 否認請求の申立書（転得者に対する否認）………………… 381
　　　　【書式6-43】 異議の訴えの訴状 …………………………………………… 384
　　　　【書式6-44】 異議の訴えに対する答弁書 ………………………………… 387
　　4　否認権行使の効果 …………………………………………………………… 388
　　　　【書式6-45】 反対給付の価額の償還を求める請求書 …………………… 389
　　5　否認権行使に対する相手方の権利………………………………………… 390
　　　(1)　詐害行為否認の場合／390
　　　　【書式6-46】 相手方の取引目的物の返還請求書 ………………………… 391
　　　　【書式6-47】 相手方の価額償還請求書 …………………………………… 392
　　　(2)　偏頗行為否認の場合／393
Ⅴ　法人の役員の責任の追及等 ………………………………………………… 393
　　1　はじめに …………………………………………………………………… 393
　　　　【書式6-48】 法人役員に対する損害賠償の催告書 ……………………… 393
　　2　役員の個人財産に対する保全処分………………………………………… 395
　　　(1)　申立権者／395　(2)　申立時期／395　(3)　申立裁判所／395　(4)
　　　申立ての方式／395　(5)　担　保／396　(6)　不服申立手段／396
　　　　【書式6-49】 保全処分申立書 ……………………………………………… 396
　　　　【書式6-50】 保全処分決定 ………………………………………………… 398
　　　　【書式6-51】 即時抗告申立書 ……………………………………………… 398
　　3　査定の申立て ……………………………………………………………… 399
　　　(1)　申立権者等／399　(2)　申立時期／400　(3)　申立裁判所／400　(4)
　　　申立ての方法／400　(5)　必要的審尋／400　(6)　時効中断／400
　　　　【書式6-52】 役員の責任の査定の申立書 ………………………………… 401
　　　　【書式6-53】 役員の反論書 ………………………………………………… 402
　　　(7)　裁　判／403
　　　　【書式6-54】 役員の責任査定決定 ………………………………………… 403
　　4　査定の裁判に対する異議の訴え…………………………………………… 404

(1) 提訴権者／404　(2) 管轄裁判所／404　(3) 提訴期間／404
　　【書式6-55】　役員責任査定決定に対する異議の訴えの訴状 ……………404
　　【書式6-56】　役員責任査定決定に対する異議の訴えの判決(1)
　　　　　　　　――責任査定決定の認可………………………………………406
　　【書式6-57】　役員責任査定決定に対する異議の訴えの判決(2)
　　　　　　　　――責任査定決定の変更………………………………………407
　　【書式6-58】　役員責任査定決定に対する異議の訴えの判決(3)
　　　　　　　　――責任査定決定の取消し……………………………………407

第7章　破産財団の換価 …………………………………………………409

Ⅰ　換価の方法 ………………………………………………………………409
1　任意売却 ………………………………………………………………409
　(1) 財産全般／409
　　【書式7-1】　資産売却許可申立書（東京地方裁判所）…………………410
　(2) 不動産／412
　　【書式7-2】　許可証明申請書（大阪地方裁判所）………………………415
　　【書式7-3】　破産管財人選任および印鑑証明書（不動産登記申請用）
　　　　　　　　（大阪地方裁判所）……………………………………………416
2　民事執行法その他強制執行の手続に関する法令による換価…417
　　【書式7-4】　不動産競売申立書……………………………………………418
3　財団からの放棄 ………………………………………………………419
　(1) 財産全般／419
　　【書式7-5】　資産放棄許可申立書（東京地方裁判所）…………………420
　　【書式7-6】　債権放棄許可申立書（東京地方裁判所）…………………421
　(2) 不動産／422
　　【書式7-7】　不動産放棄の事前通知書（東京地方裁判所）……………423
　　【書式7-8】　不動産放棄許可申立書（東京地方裁判所）………………424
　　【書式7-9】　不動産放棄許可申立書および破産登記抹消嘱託の上申書
　　　　　　　　（東京地方裁判所）……………………………………………426

【書式7-10】 不動産放棄許可申請書（大阪地方裁判所）……………428
Ⅱ 事業譲渡……………………………………………………………429
1 はじめに……………………………………………………………429
2 一般的な手続……………………………………………………429
⑴ 債権者や顧客に対する説明会の開催／429　⑵ 従業員への対応／430　⑶ 事業譲渡契約の締結／430　⑷ 裁判所の許可／430　⑸ 労働組合等の意見聴取／430　⑹ 事業等譲渡のクロージング／431
Ⅲ 別除権の実行…………………………………………………………431
1 別除権の意義……………………………………………………431
2 別除権の実行……………………………………………………431
【書式7-11】 不動産担保権実行の競売申立書………………………432
【書式7-12】 不動産譲渡担保権実行に伴う精算通知書……………434
【書式7-13】 別除権者の債権届出書（大阪地方裁判所）…………435
3 非典型担保権が付されている物件の換価……………………437
⑴ 処分期間指定の申立て／437
【書式7-14】 別除権者の処分期間の指定申立書……………………437
⑵ 処分期間の決定／439
【書式7-15】 別除権者の処分期間の決定……………………………439
【書式7-16】 即時抗告の申立書………………………………………440
4 別除権の受戻し…………………………………………………441
Ⅳ 担保権消滅制度………………………………………………………442
1 はじめに……………………………………………………………442
⑴ 担保権消滅制度の趣旨／442　⑵ 制度の概要／443
2 担保権消滅許可…………………………………………………444
⑴ 許可申立て／444
【書式7-17】 担保権消滅許可申立書…………………………………446
⑵ 書面の添付／448
【書式7-18】 売買契約書………………………………………………449
⑶ 担保権消滅許可決定の要件／453
【書式7-19】 担保権消滅許可決定……………………………………454

(4)　許可決定の効力／455　(5)　許可決定に対する不服申立て／455　(6)　担保権実行の申立て／456

　　　【書式7-20】　担保権実行申立書面の提出書……………………………457

　　　【書式7-21】　担保権消滅不許可決定……………………………………458

　3　買受けの申出………………………………………………………………458

　　(1)　買受けの申出の趣旨／458　(2)　買受けの申出と買受希望者／459　(3)　買受けの申出の額／459　(4)　買受けの申出の対象の範囲／459　(5)　買受けの申出の手続／459

　　　【書式7-22】　買受申出書……………………………………………………460

　　(6)　買受希望者に売却する旨の届出／461

　4　金銭の納付等………………………………………………………………462

　　(1)　金銭の納付／462　(2)　金銭納付の効果／462　(3)　代金不納付の効果／463

　5　配当の実施…………………………………………………………………463

　　(1)　配当表の作成等／463　(2)　売買契約の履行／463

Ⅴ　留置権 ………………………………………………………………………464

　1　留置権の内容および種類…………………………………………………464

　2　商事留置権の成立要件……………………………………………………465

　3　商事留置権の行使方法……………………………………………………465

　　(1)　民事執行法等の法令による行使／465

　　　【書式7-23】　商事留置権に基づく動産競売申立書……………………466

　　(2)　約定の方法による行使／467　(3)　別除権の受戻し／467

　　　【書式7-24】　商事留置権の受戻許可申請書……………………………468

Ⅵ　商事留置権消滅請求 ………………………………………………………470

　1　商事留置権消滅請求制度の趣旨…………………………………………470

　2　商事留置権消滅請求の行使要件および具体的手続……………………471

　　　【書式7-25】　商事留置権消滅請求および弁済許可申請書……………472

　　　【書式7-26】　商事留置権消滅請求通知書………………………………473

　3　商事留置権消滅請求の効果………………………………………………474

　　　【書式7-27】　商事留置権消滅を理由とする財産返還請求訴訟の訴状…475

4　商事留置権消滅請求と担保権消滅許可制度の関係 …………… 476
Ⅶ　取戻権 ……………………………………………………………………… 477
　　【書式7-28】　破産管財人に対する取戻請求通知書 ………………… 478

第8章　配　当 …………………………………………………………… 480

Ⅰ　はじめに …………………………………………………………………… 480
　1　配当の意義と種類 …………………………………………………… 480
　2　換価終了後の配当の手続選択 ……………………………………… 480
Ⅱ　最後配当 …………………………………………………………………… 481
　1　意義と要件 …………………………………………………………… 481
　2　最後配当の手続 ……………………………………………………… 482
　　(1)　事前の準備・検討事項等／482　(2)　最後配当許可申請／483
　　【書式8-1】　最後配当の許可申請書（東京地方裁判所）…………… 483
　　(3)　配当表の作成・提出／484
　　【書式8-2】　配当表（東京地方裁判所）……………………………… 485
　　(4)　最後配当の官報公告または通知／486
　　【書式8-3】　配当の官報公告 ………………………………………… 486
　　【書式8-4】　最後配当公告掲載報告書（東京地方裁判所）………… 487
　　【書式8-5】　最後配当の通知書（通知型1）（東京地方裁判所）…… 488
　　【書式8-6】　最後配当の通知書（通知型1）（東京地方裁判所）英語版… 490
　　【書式8-7】　振込送金依頼書（東京地方裁判所）…………………… 491
　　【書式8-8】　振込送金依頼書　英語版 ……………………………… 492
　　【書式8-9】　除斥期間等の起算日届出書（東京地方裁判所）……… 493
　　(5)　破産債権の除斥／494
　　【書式8-10】　破産債権確定手続（例：異議訴訟）係属の証明 …… 494
　　【書式8-11】　別除権行使（例：競売による売却）による不足額の証明… 496
　　(6)　配当表の更正／497　(7)　配当表に対する異議／498
　　【書式8-12】　配当異議の申立書 ……………………………………… 499
　　(8)　配当額の定めおよび通知／499

【書式8-13】　配当額確定の通知書（官報公告型）（東京地方裁判所）… 500
　　　【書式8-14】　配当額確定の通知書（通知型2）（東京地方裁判所）…… 501
　　　【書式8-15】　配当額確定の通知書（通知型2）（東京地方裁判所）
　　　　　　　　　英語版………………………………………………………… 501
　　(9)　配当の実施／502　(10)　配当後の手続／503
Ⅲ　簡易配当……………………………………………………………………… 503
　1　意義と要件…………………………………………………………………… 503
　2　簡易配当の手続……………………………………………………………… 504
　　(1)　事前の準備・検討事項等／504　(2)　簡易配当許可申請／504
　　　【書式8-16】　簡易配当の許可申立書および許可決定書(1)──少額型
　　　　　　　　　・破産法204条1項1号（東京地方裁判所）……………… 504
　　　【書式8-17】　簡易配当の許可申立書および許可決定書(2)──異議確
　　　　　　　　　認型・破産法204条1項2号・3号（東京地方裁判所）……… 505
　　(3)　配当表の作成・提出／506　(4)　簡易配当の官報公告または通知／506
　　　【書式8-18】　簡易配当の通知書(1)──少額型・破産法204条1項
　　　　　　　　　1号……………………………………………………………… 506
　　　【書式8-19】　簡易配当の通知書(2)──異議確認型・破産法204条1項
　　　　　　　　　3号……………………………………………………………… 507
　　(5)　破産債権の除斥／509　(6)　配当表の更正／509　(7)　配当表に対する異議／509　(8)　配当額の定め／509　(9)　配当の実施／509　(10)　配当後の手続／509
Ⅳ　同意配当……………………………………………………………………… 510
　1　意義と要件…………………………………………………………………… 510
　　　【書式8-20】　同意配当についての債権者への通知書…………………… 510
　　　【書式8-21】　破産管財人が定めた配当方法等についての同意書……… 511
　2　同意配当の手続……………………………………………………………… 512
　　(1)　事前の準備・検討事項等／512　(2)　同意配当許可申請／512
　　　【書式8-22】　同意配当の許可申立書および許可決定（東京地方裁判所）… 512
　　(3)　配当表の作成・提出／513　(4)　配当の実施／513　(5)　管財人に知

れていない財団債権者の取扱い／513　(6)　配当後の手続／513

V　中間配当 ………………………………………………………………… 514
1　意義と要件 ……………………………………………………………… 514
2　中間配当の手続 ………………………………………………………… 514
(1)　事前の検討事項／514　(2)　中間配当許可申請／514

【書式8-23】　中間配当の許可申立書（東京地方裁判所）………… 515

(3)　配当表の作成・提出／515　(4)　中間配当の官報公告または通知／516　(5)　破産債権の除斥／516　(6)　配当表の更正／517　(7)　配当表に対する異議／517　(8)　配当率の定めおよび通知／517　(9)　配当の実施／518　(10)　配当額の寄託／518　(11)　配当後の手続／519

VI　追加配当 ……………………………………………………………… 519
1　意　義 …………………………………………………………………… 519
2　時的要件 ………………………………………………………………… 519
3　対象となる財産 ………………………………………………………… 519
4　追加配当の手続 ………………………………………………………… 520

【書式8-24】　追加配当の許可申請書（東京地方裁判所）………… 521

【書式8-25】　追加配当表（東京地方裁判所）……………………… 522

【書式8-26】　配当額確定の通知書（東京地方裁判所）…………… 523

【書式8-27】　追加配当の計算報告書 ………………………………… 523

第9章　破産手続の終了 ………………………………………… 524

I　はじめに ……………………………………………………………… 524
II　同時廃止 ……………………………………………………………… 524

【書式9-1】　同時廃止決定 …………………………………………… 525

【書式9-2】　即時抗告申立書 ………………………………………… 526

【書式9-3】　同時廃止取消決定 ……………………………………… 527

III　異時廃止 ……………………………………………………………… 528

【書式9-4】　異時廃止の申立書 ……………………………………… 529

【書式9-5】　意見聴取書 ……………………………………………… 529

	【書式9-6】 異時廃止決定 ································· 530
	【書式9-7】 異時廃止の官報公告 ···························· 531
	【書式9-8】 破産手続廃止決定証明申請書 ··················· 532
Ⅳ	同意廃止 ··· 532
	【書式9-9】 同意廃止の申立書 ································ 533
	【書式9-10】 破産債権者の破産手続廃止についての同意書 ········· 533
	【書式9-11】 同意廃止決定 ···································· 534
Ⅴ	破産手続終結決定 ·· 535
	【書式9-12】 破産手続終結決定証明申請書 ····················· 535
	【書式9-13】 破産手続終結の官報公告 ························· 536
Ⅵ	破産管財人の任務終了計算報告 ································ 536
	【書式9-14】 任務終了計算報告書 ······························· 537
	【書式9-15】 任務終了による計算報告のための債権者集会招集申立書 ··· 538
	【書式9-16】 書面による計算報告の申立書 ····················· 538
	【書式9-17】 書面による計算報告の官報公告 ··················· 539

第10章　破産管財人の税務 ································ 540

Ⅰ　破産管財人の税務上の留意点 ································ 540
Ⅱ　税務の基本 ·· 540
　1　税金の種類 ·· 540
　2　税額の確定方式 ·· 541
　3　破産管財人が留意すべき主な法人の税金 ············· 541
　　⑴　法人税／541　⑵　消費税／542　⑶　法人住民税／542　⑷　固定資産税／542　⑸　自動車税／543
　4　破産者の事業年度 ··· 543
　5　破産者の納税義務者 ·· 543
Ⅲ　破産管財人の税務申告義務 ··································· 544
Ⅳ　還付申告および更正の請求等による財団増殖（財団債権等の減額） ·· 544

1　税金還付が見込まれる場合……………………………………544
　　2　還付金の還付手続……………………………………………545
　　　(1)　中間納付額等の控除不足額／545　(2)　法人税における所得税額控除等不足額／545　(3)　消費税における仕入税額の控除不足額／545　(4)　所得税の源泉徴収税額または予定納税額が確定申告税額を超過している場合の超過額／546
　　3　欠損金の繰戻還付制度………………………………………546
　　4　過誤納金の還付手続…………………………………………546
　　　(1)　更正の請求と更正の申出／546　(2)　仮装経理に基づく過誤納金の還付の特例／546
Ⅴ　破産管財人の財産換価等にかかる税金……………………547
　　1　破産法148条1項2号の財団債権……………………………547
　　2　特に留意すべき税金…………………………………………547
　　　(1)　固定資産税・自動車税／547　(2)　建物の競売にかかる消費税／547　(3)　破産管財人の源泉所得税の納付義務／547　(4)　法人住民税の均等割部分／548
Ⅵ　延滞税の減免…………………………………………………548

第11章　免責・復権・経営者保証GL……………550

Ⅰ　免責手続………………………………………………………550
　　1　意　義………………………………………………………550
　　2　免責許可の申立て……………………………………………550
　　　(1)　申立ての手続／550
　　　【書式11－1】　免責許可申立書……………………………551
　　　(2)　債権者名簿の提出／551　(3)　強制執行の禁止等／552
　　　【書式11－2】　強制執行手続中止の上申書………………552
　　3　免責の審理…………………………………………………553
　　　(1)　調　査／553　(2)　意見申述期間の決定／554
　　　【書式11－3】　免責についての意見書……………………554

(3)　意見申述／554
　4　免責の裁判 …………………………………………………………… 555
　　(1)　概　要／555　(2)　免責許可または不許可の決定／555
　　【書式11-4】　免責許可決定 ………………………………………… 556
　　【書式11-5】　免責不許可決定 ……………………………………… 556
　　(3)　即時抗告／557
　　【書式11-6】　免責許可決定に対する即時抗告の申立書 ………… 557
　　【書式11-7】　免責不許可決定に対する即時抗告の申立書 ……… 558
　5　免責の取消し ………………………………………………………… 559
　　(1)　意　義／559
　　【書式11-8】　免責取消申立書 ……………………………………… 559
　　【書式11-9】　免責取消決定 ………………………………………… 560
　　(2)　免責取消決定の効果／561
Ⅱ　復　権 ………………………………………………………………… 561
　1　意　義 ………………………………………………………………… 561
　2　復権の事由 …………………………………………………………… 562
　　(1)　当然復権／562　(2)　申立てによる復権／562
　　【書式11-10】　復権の申立書 ……………………………………… 563
　　【書式11-11】　復権に関する意見書 ……………………………… 563
　　【書式11-12】　復権決定 …………………………………………… 564
Ⅲ　経営者保証に関するガイドライン ………………………………… 565
　1　はじめに ……………………………………………………………… 565
　2　経営者保証GLの内容 ……………………………………………… 566
　　(1)　経営者保証GLの構成／566　(2)　経営者保証GLによる保証債務の整理の適用要件／567　(3)　保証債務の整理手続／569　(4)　保証債務の整理に関する経営者保証GLの記載／570
　3　経営者保証GLに基づく具体的な手続 …………………………… 573
　　(1)　特定調停手続を利用した経営者保証GLの手続／574
　　【書式11-13】　返済猶予等のお願い（単独型） ………………… 575
　　【書式11-14】　特定調停申立書（単独型） ……………………… 576

【書式11−15】　調停条項案……………………………………………………581
　(2)　中小企業再生支援協議会を利用した経営者保証GLの手続／583
　　【書式11−16】　相談申込書………………………………………………………584
　　【書式11−17】　利用申請書………………………………………………………585
　　【書式11−18】　返済猶予等の要請………………………………………………590
　(3)　純粋私的整理手続における経営者保証GLの手続／592

第12章　手続相互間の移行 ……………………………………………593

I　民事再生との移行………………………………………………………………593
1　再生手続から破産手続への移行……………………………………………593
　(1)　移行方法に関する規定／593　(2)　再生手続から破産手続への移行の際の保全処分／594　(3)　実体法に関する規定／594　(4)　手続法に関する規定／595
　　【書式12−1】　保全管理命令………………………………………………………596
　　【書式12−2】　牽連破産手続開始決定……………………………………………598
　　【書式12−3】　破産債権の届出を要しない旨の決定……………………………599
2　破産手続から再生手続への移行……………………………………………600
　(1)　移行方法に関する規定／600　(2)　再生手続の届出を要しない旨の決定／600　(3)　財団債権の共益債権化／601
　　【書式12−4】　破産管財人による再生手続開始の申立書………………………601
　　【書式12−5】　再生債権の届出を要しない旨の決定……………………………603

II　会社更生との移行………………………………………………………………604
1　更生手続から破産手続への移行……………………………………………604
　　【書式12−6】　牽連破産手続開始決定……………………………………………604
2　破産手続から更生手続への移行……………………………………………606
　　【書式12−7】　破産管財人による更生手続開始申立書…………………………606

第13章　相続財産の破産等に関する特則 ……… 609

Ⅰ　相続財産の破産 ……………………………………………… 609
1　意　義 ……………………………………………………… 609
2　手　続 ……………………………………………………… 609
（1）　申立て／609
　【書式13－1】　相続財産についての破産手続開始の申立書（大阪地方裁判所） ……………………………………………… 611
（2）　各手続の相互関係／612
　【書式13－2】　破産手続続行の申立書 ……………………… 612
　【書式13－3】　相続財産破産手続開始後の相続放棄の申述書 ……… 615
　【書式13－4】　相続財産破産手続開始後の限定承認の申述書 ……… 616
　【書式13－5】　相続財産破産手続開始前の財産分離の申立書 ……… 617
3　効　力 ……………………………………………………… 618
（1）　破産財団の範囲／618
　【書式13－6】　相続財産破産手続開始前の相続財産処分による利得の返還請求書 ……………………………………………… 619
（2）　相続人等の説明義務／620
　【書式13－7】　相続人に対する説明請求書 ……………… 620
（3）　関係者の地位／621　（4）　破産実体法関係／621
　【書式13－8】　受遺者に対する否認通知書 ……………… 621
　【書式13－9】　否認後の残余財産分配の通知書 ………… 622
（5）　同意による破産手続廃止の申立権／623

Ⅱ　相続人の破産 ……………………………………………… 623
1　相続と破産手続開始決定の前後による単純承認、限定承認、相続放棄の効果 ……………………………………………… 623
　【書式13－10】　相続放棄の申述書 ………………………… 624
　【書式13－11】　破産管財人による相続放棄承認の申述書 ……… 625
2　限定承認、財産分離がなされた場合の限定承認等の手続 …… 626
3　相続債権者および受遺者の破産手続への参加、相続人の債

権者との優劣 ……………………………………………… 627
　　　【書式13-12】 限定承認後の相続財産の管理の報告書 …………… 628
　Ⅲ　受遺者の破産 …………………………………………………… 629
　　　【書式13-13】 特定遺贈の承認書または放棄書 ……………… 629

第14章　信託に伴う破産に関する特則 ……… 631

　Ⅰ　はじめに ………………………………………………………… 631
　　　【書式14-1】 信託契約書 …………………………………… 631
　Ⅱ　受託者の破産 …………………………………………………… 634
　Ⅲ　信託財産の破産 ………………………………………………… 635
　　1　意　義 …………………………………………………………… 635
　　2　手　続 …………………………………………………………… 636
　　　(1)　申立て／636
　　　【書式14-2】 破産申立書 …………………………………… 637
　　　(2)　破産手続の開始／638　(3)　破産手続の終了／639

第15章　国際倒産への対応 ……………………… 640

　Ⅰ　国際倒産法制の整備 …………………………………………… 640
　Ⅱ　国際裁判管轄 …………………………………………………… 640
　Ⅲ　破産手続の国外資産に対する効力 …………………………… 640
　Ⅳ　外国で弁済を受けた場合の特則 ……………………………… 641
　　　【書式15-1】 外国倒産処理手続における配当の報告書 ……… 641
　Ⅴ　外国倒産処理手続がある場合の特則 ………………………… 642
　　1　破産手続開始の原因の推定 …………………………………… 642
　　2　破産管財人と外国管財人との相互協力 ……………………… 643
　　3　外国管財人の権限等 …………………………………………… 643
　　　(1)　破産手続開始申立権／643　(2)　債権者集会出席、意見陳述権／643
　　　(3)　破産手続に関する通知／643

4　相互の手続参加（いわゆるクロス・ファイリング）……………643
　　　(1)　外国管財人の破産手続参加権／643　(2)　破産管財人の外国倒産処理手続参加権／643
　　　【書式15－2】　外国管財人に対する照会書 ………………………………644
　　　【書式15－3】　外国管財人に対する報告書 ………………………………645

第16章　雑　則 …………………………………………………………646

Ⅰ　はじめに ……………………………………………………………646
Ⅱ　破産手続に関する登記等の合理化 ………………………………646
Ⅲ　否認の登記 …………………………………………………………646
　　【書式16－1】　登記申請書（否認の登記）………………………………647

第17章　罰　則 …………………………………………………………648

Ⅰ　破産犯罪の意義 ……………………………………………………648
Ⅱ　破産法265条以下の破産犯罪の種類 ……………………………648
　1　債権者を害する行為 ……………………………………………648
　　(1)　詐欺破産罪（法265条）／648　(2)　特定の債権者に対する担保供与等の罪（法266条）／648　(3)　破産管財人等の特別背任罪（法267条）／649
　2　情報の収集を妨害する行為 ……………………………………649
　　(1)　説明および検査の拒絶等の罪（法268条）／649　(2)　重要財産開示拒絶の罪（法269条）／649　(3)　業務および財産の状況に関する物件の隠滅等の罪（法270条）／649　(4)　審尋における説明拒絶等の罪（法271条）／649
　3　破産管財人等に対する職務妨害の罪 …………………………649
　4　破産管財人等の贈収賄行為 ……………………………………650
　　(1)　収賄罪（法273条）／650　(2)　贈賄罪（法274条）／650

目　次

事項索引……………………………………………………… 651
編者略歴……………………………………………………… 660
執筆者一覧…………………………………………………… 663

凡　例

《法令》

〔表記〕	〔正式名〕
法／現行法	破産法（平成16年6月2日法律第75号）
旧法	破産法（大正11年4月25日法律第71号）
規則	破産規則
民再	民事再生法
旧民再	破産法の施行に伴う関係法律の整備等に関する法律（平成16年6月2日法律第76号）前の民事再生法
民再規則	民事再生規則
会更	会社更生法
会更規則	会社更生規則
民訴	民事訴訟法
民訴規則	民事訴訟規則
民調	民事調停法
特定調停法	特定債務等の調整の促進のための特定調停に関する法律
民執	民事執行法
民執規則	民事執行規則
民執施行令	民事執行法施行令
民保	民事保全法
憲	日本国憲法
民	民法（平成17年7月26日法律第87号）
旧民	破産法の施行に伴う関係法律の整備等に関する法律（平成16年6月2日法律第76号）
会	会社法
会社法整備法	会社法の施行に伴う関係法律の整備等に関する法律
商	商法
手	手形法
裁	裁判所法

凡 例

税通	国税通則法
税徴	国税徴収法
所税	所得税法
法税	法人税法
消税	消費税法
租特	租税特別措置法
地税	地方税法
一般法人	一般社団法人及び一般財団法人に関する法律
公益法人	公益社団法人及び公益財団法人の認定等に関する法律
信託	信託法
不登令	不動産登記令
不登規則	不動産登記規則
仮登記担保法	仮登記担保契約に関する法律
債権譲渡特例法	動産及び債権の譲渡の対抗要件に関する民法の特例等に関する法律
労基	労働基準法
中基	中小企業基本法
一括清算法	金融機関等が行う特定金融取引の一括清算に関する法律
特	特許法
実	実用新案
意	意匠法
私的整理ガイドライン	私的整理に関するガイドライン
経営者保証GL	経営者保証に関するガイドライン
Q&A	経営者保証に関するガイドラインQ&A
保証債務の整理手順	中小企業再生支援協議会等の支援による経営者保証に関するガイドラインに基づく保証債務の整理手順
特定調停スキーム利用の手引き	経営者保証に関するガイドラインに基づく保証債務整理の手法としての特定調停スキーム利用の手引き

《文献》

〔表記〕	〔正式名〕
民集	最高裁判所民事判例集／大審院民事判例集
判時	判例時報
判タ	判例タイムズ
金法	金融法務事情
金判	金融・商事判例
手引	中山孝雄＝金澤秀樹編『破産管財の手引〔第2版〕』(2015)
運用と書式	大阪地方裁判所＝大阪弁護士会破産管財運用検討プロジェクトチーム編『破産管財手続の運用と書式〔新版〕』(2009)
書記官	裁判所職員総合研修所『破産事件における書記官事務の研究——法人管財事件を中心として』(2013)
マニュアル	野村剛司＝石川貴康＝新宅正人『破産管財実践マニュアル〔第2版〕』(2013)

はじめに──破産手続の概要と本書の構成

1　破産手続の概要

　破産手続は、支払不能などの状態にある債務者またはその債権者による申立てにより、裁判所が決定することによって開始する。

　裁判所により選任された破産管財人が、破産者に対する債権を調査するとともに、破産者の財産を管理・換価して、破産債権に対する配当を実施することをその目的とする。

　破産手続の流れは、以下のとおりである。

(1)　破産申立ての相談

　事業者である債務者が弁護士へ相談するときは、「破産を申し立てたいがどうすればよいか」というものではなく、「月末には資金繰りが行き詰まるがどうすればよいか」「近々不渡りを出す見込みだがどうすればよいか」という形で始まることが多い。

　相談を受けた弁護士は、決算書、試算表、資金繰り表などの資料や代表者・経理担当者などから事情を聴取して、事業再建の見込みがあるか、債務者にふさわしい手続はなにか、検討することになる。

　債務を整理するための手続としては、法的倒産手続と私的整理手続がある。私的整理手続には、事業再生 ADR、中小企業再生支援協議会や地域経済活性化支援機構が関与する手続などのいわゆる準則型私的整理とそれ以外の純粋私的整理手続がある。法的倒産手続には、再建型に分類される更生手続、再生手続と、清算型に分類される特別清算手続、破産手続がある。

　上記のようなオープンな形で相談を受けた場合に、弁護士としては、債務者の意向も踏まえながら、幅広いオプションを検討することになる。破産手続を選択することになった場合には、債務者に、今後の手続の流れ、手続に要する費用のほか、管財人による役員の責任追及の可能性、否認権行使の可能性や、主たる債務に対する保証債務の顕在化などについても説明しておくべきであろう。

(2) 破産申立ての準備

　破産手続を選択することになった場合には、破産手続開始申立ての準備に入り、破産申立書の作成や疎明資料などの裁判所提出書類の準備を行う。

　破産申立てをすることを決定した後に、合理的理由がないのに債務を増加させたり、債務者の財産を散逸させたり、特定の債権者に対してのみ弁済をしたりすることのないよう、速やかに申立て準備を進めるとともに、破産申立てを受任した代理人弁護士として、債務者に対して、そのような行為に及ばないように注意を喚起する必要がある。

　事業が停止していない事案の場合には、どのタイミングで事業を停止するか、これに伴う取引先や従業員への通知の内容や方法・時期を検討することになるが、債権者の平等を確保しつつ、債権者にできるだけ迷惑をかけないように配慮し、かつ、破産財団が最も形成できるタイミングを選択するように努めるべきであろう。

　賃借物件など、破産手続開始後に破産財団の費用負担が生じるようなものは、申立て前に明渡しなどの処理を済ませておくことが望ましい。しかし、債権者による財産差押えのおそれがある場合などは早期に破産手続開始決定を受ける必要性が高い場合もあるから、賃借物件の明渡しが完了していないとの理由のみで、破産申立てを遅延させるのは相当ではない。破産申立て前にどこまでの処理を行うかは、ケースバイケースで判断していく必要がある。

　申立代理人は、帳簿、給与台帳、通帳や重要な印鑑など開始後に管財人に引き継ぐべき基本的な書類や物件、本社事務所や倉庫、自動車などの財産を保全するために必要な鍵などを確保する。

　これら準備を進めながら、必要に応じて裁判所に事前相談をしたうえで、速やかに破産申立てを行うことが望ましい。

(3) 破産手続の開始

(イ) 破産手続開始の申立てと開始決定

　債務者が支払不能にあるときは、裁判所は、申立てにより、決定で、破産手続を開始する（法15条1項）。債務者が法人である場合は、債務者が債務超過にあるときも、破産手続が開始される（法16条1項）。債務者のほか、債権者も破産手続開始の申立てを行うことができる（法18条1項）。

破産手続開始申立ては、裁判所に対し、破産規則で定める事項を記載した書面で行わねばならない（法20条1項、規則1条）。

裁判所は、破産手続開始の申立てがあった場合において、破産手続開始原因があると認めるときは、破産手続の費用の予納がないとき、または申立てが誠実にされたものでないときを除き、破産手続開始の決定をする（法30条1項）。

裁判所が、破産財団が破産手続の費用をも償うに足りないと認めたときは、破産手続開始決定と同時に破産手続廃止決定をしなければならない（法216条1項）。手続を継続して、関係者に無益な時間的・経済的負担を生ぜしめないようにする趣旨である。

　　ロ　破産手続開始の効果等

破産手続が開始されると、裁判所は破産管財人を選任し、債権届出期間、財産状況報告集会の期日、破産債権調査期間などを定める（法31条1項）。

破産手続の開始により、破産者の財産の管理処分権は破産管財人に専属する（法78条1項）。そして破産債権者による個別的権利行使は禁じられる（法100条1項）。破産手続における債権者間の平等を確保するためである。

(4)　破産債権の届出と調査

破産債権者は、配当の受領、その他破産手続上認められる権能を行使するために、裁判所に対し、債権届出期間内に、破産債権の届出を行い（法111条）、破産管財人は、破産債権の調査を行い、破産債権を確定させる。これにより、配当の対象となる破産債権を確定させる。

　　イ　債権の届出

破産債権者が裁判所に対し、破産債権の届出を行う。破産債権の届出は、破産手続に関する申立てとして、書面でしなければならない（規則1条1項）。届けるべき内容は、破産債権の額および原因等である（法111条、規則32条）。

届出を受けた裁判所の書記官は、破産債権者表を作成しなければならない（法115条1項）。債権調査の対象とともに、債権調査の結果や異議の有無などを明らかにして、議決権行使や配当実施の資料とするためである。破産債権者表には、破産債権者の氏名および住所、破産債権の額および原因、優先権があるときはその権利等、破産債権届出書の記載事項の一部のほか、最高裁

判所規則で定める事項を記載する（法115条2項、規則37条）。

　㊂　**債権の調査・確定**

　破産債権者表が作成されると、そこに記載された債権の存否・額・優先劣後などにつき、調査および確定の手続が進められる。債権調査の方法として、債権調査期間を設ける方法と、債権調査期日による方法がある。

　債権調査期間を定める場合、破産管財人は、届出があった破産債権につき、その存否・額・優先劣後・別除権の予定不足額について認否を記載した認否書を作成しなければならない（法117条1項）。そして、届出をした破産債権者は、一般調査期間内に、裁判所に対し、破産管財人による認否の対象となる事項につき、書面によって異議を述べることができる（法118条1項）。書面には、異議の内容に加え、異議の理由を記載しなければならない（規則39条1項）。

　債権調査期日による場合、破産管財人は、一般調査期日に裁判所に出頭し、届出のあった破産債権につき調査対象事項の認否を行う（法121条1項）。そして、届出をした破産債権者は、同期日に出頭のうえ、上記事項に関して異議を述べることができる（同条2項）。

　調査において破産管財人が認め、破産債権者からも異議が述べられなかった債権は確定し（法124条1項）、確定した債権についての破産債権者表の記載は、破産債権者の全員に対し、確定判決と同一の効力を有する（同条2項・3項）。

　㊆　**査定・異議の訴え**

　債権調査において、破産管財人が認めず、または届出をした破産債権者が異議を述べた場合には、当該破産債権を有する債権者は、破産債権の額等を確定するために、破産管財人および異議を述べた破産債権者の全員を相手方として、裁判所に、査定の申立てをすることができる（法125条1項）。

　申立てがあった場合には、裁判所は、決定で破産債権の存否および額等を査定する裁判をする（法125条3項）。査定決定に不服がある者は、その送達を受けた日から1カ月の不変期間内に、異議の訴えを提起することができる（法126条1項）。査定決定に対する異議の訴えに対して裁判所は、査定申立てについての決定を認可し、または変更する判決をすることになる（同条7

項)。

(5) 破産財団の管理および換価

　破産管財人は、破産債権者に対する配当を実施するため、破産財団（法2条14項）に属する財産をすべて管理・換価して、財団の形成に努める。つまり配当手続に向けた財産の現金化作業である。

　破産財団の管理のために、破産法上、破産手続開始後の財産の現状の変更を禁止する処分である封印（法155条1項）、帳簿の散逸や内容の変更を防止するための帳簿の閉鎖（同条2項）、破産管財人が破産者の取引関係や財産の内容等を調査するための、破産者あて郵便物の破産管財人への配達（法81条1項）、破産管財人による、破産者、法人である破産者の役員、従業者等への調査（法83条）、破産管財人の職務執行に際して破産者や第三者の抵抗があるときに、これを排除するための警察の援助（法84条）等の手段が用意されている。

　財産の換価にあたっては、破産管財人は、一定の場合には裁判所の許可を得たうえで（法78条2項）、破産財団に属する財産を任意に売却するなどの方法で換価する。

　破産財団に属する財産上に担保権が設定されている場合、当該担保権は、別除権として、破産手続とは関係なく実行することができる（法2条9項・65条1項）。そこで、破産管財人は、通常、担保目的物である財産を任意に売却処分しようとする場合、別除権者と交渉し、売却代金や破産財団への組入額につき合意したうえで財産を処分し、担保権の解除を受けることになる。しかし、破産管財人と別除権者とが合意に至らない場合などは、別除権者の権利にも配慮しつつ、財産の換価を進めるための制度として、破産法上、担保権を消滅させて破産管財人が目的物を任意売却し、売却代金の一部を破産財団に組み入れる、担保権消滅許可制度が設けられている（法186条以下）。

(6) 配　当

　財団債権の弁済を実施し、債権調査手続により破産債権の存否・額等が確定され、破産財団の換価により財団が形成されると、破産債権者に対する配当の可否が明らかになる。

　配当の種類としては、財団の換価がすべて終了する前に実施される中間配

当（法209条1項）、財産の換価終了後に行われる最後配当（法195条1項）、最後配当の通知後に行われる追加配当（法215条1項）がある。

配当を実施するときは、破産管財人が配当表を作成する（法196条1項・209条3項）。配当表には、配当に参加することができる破産債権者の氏名または名称および住所、債権の額、配当することができる金額、優先劣後の別を記載する。

届出をした破産債権者は、配当表に誤りがあるときは、その誤りを理由として裁判所に異議を申し立てることができる（法200条1項・209条3項）。異議があると、裁判所は、口頭弁論を経ずに決定手続によって裁判をする（法8条1項）。異議の申立てについての裁判に対し、破産管財人や破産債権者などの利害関係人は、即時抗告をすることができる（法200条3項）。最後配当は、異議手続が終了してからでなければ実施することができない（法201条1項）。

(7) 破産手続の終結

配当手続が行われ、計算の報告のための債権者集会（法88条3項）が終了したとき、または破産管財人から書面による計算報告の申立てがあり（法89条1項）、報告書の提出後、異議申述期間が経過したときは（同条2項）、裁判所は、破産手続終結決定をしなければならない（法220条1項）。

このほかの破産手続の終了原因として、破産手続係属中に再生手続または更生手続が開始され、再生計画または更生計画の認可決定が確定し、破産手続が失効する場合（民再39条1項・184条、会更50条1項・208条）、破産手続の廃止に全債権者が同意した場合（法218条1項）、破産財団が破産手続の費用を賄うのに不足し、破産債権者に対して配当を行う見込みがない場合で、破産手続開始と同時に手続を廃止する場合（法216条1項、同時破産手続廃止）、破産手続開始後に手続を廃止する場合（法217条1項、異時破産手続廃止）がある。

(8) 自然人の破産手続と免責

破産手続が終了した後も、100パーセントの配当がなされた場合を除き、そのままではなお破産者は、破産債権者に対して債務を弁済する責任を負う。破産者が法人の場合は、破産手続が終了するとともに法人格が消滅するから

（法35条参照）、特に問題にはならないが、破産者が自然人の場合には、破産者の経済的再生のため、破産手続終了後に破産者の負担する債務を免責する必要がある。そのための制度が、免責の制度である。

　個人の債務者（破産手続開始後は破産者）は、破産手続開始申立てがあった日から破産手続開始決定が確定した日より後1カ月を経過する日までの間に、裁判所に対し、免責許可の申立てをすることができる（法248条1項）。なお、債務者が破産手続開始の申立てをした場合には、申立てと同時に、免責許可の申立てをしたものとみなすものとされている（同条4項）。免責許可の申立ては書面で行い（規則1条1項）、債務者は、破産債権者の氏名、債権の内容等を記載したものを提出しなければならないが（規則74条3項）、債務者が破産手続を申し立てた場合には、申立てに際して提出される債権者一覧表（法20条2項）がこれにあたるとみなされる（法248条5項）。

　裁判所は、免責許可の申立てが不適法であるため却下する場合を除き、免責不許可事由のいずれにも該当しない場合は、免責許可の決定をする（法252条1項）。また、免責不許可事由のいずれかに該当する場合であっても、裁判所は、破産手続開始決定に至った経緯その他一切の事情を考慮して、免責を許可することが相当であると認めるときは、免責許可の決定をすることができる（同条2項）。

　免責許可の申立てについての裁判に対しては、即時抗告をすることができる（法252条5項）。

2　本書の構成

　本書は、第1章から第17章で構成される。

　第1章は破産手続開始の申立て、第2章は破産手続の開始決定、第3章は破産管財人の地位と権限、第4章は破産債権、第5章は財団債権等、第6章は破産財団の管理、第7章は破産財団の換価、第8章は配当、第9章は破産手続の終了、第10章は破産管財人の税務、第11章は免責・復権・経営者保証GL、第12章は手続相互間の移行、第13章は相続財産の破産等に関する特則、第14章は信託に伴う破産に関する特則、第15章は外国倒産手続がある場合の特則、第16章が雑則、第17章が罰則である。

かかる章立てからも明らかなように、本書は、破産手続に関するすべての場面を網羅している。単に、書式を揃えるだけでなく、実務の前提となる理論とその破産手続における位置づけを、要領よくかつ簡潔に解説している。読者には、書式をみながら、破産法全体の手続と実務だけでなく、その背景にある理論を理解してもらえるように配慮している。「事業者破産の理論・実務と書式」とした表題は、そのことを表している。

　本書は、破産手続を利用する法曹実務家、破産手続の対象となる債務者とその経営者、破産手続への参加を余儀なくされた債権者とこれら債権者の実務を担う企業法務担当者はもとより、破産手続を学ぶ学生やロースクール生にとっても、使いやすい構成となっている。

第1章　破産手続開始の申立て

I　相談から受任まで

1　事情聴取

(1)　自己破産申立て（債務者からの相談）

　経済的に苦境にある債務者から倒産手続の申立てについて相談を受けた弁護士は、債務者の代表者や経理担当者等から、経済的苦境に至った原因、資金繰りの状況、資金ショートの具体的時期、資産と負債の状況（債務超過となっているかどうか）、再建の可能性（減価償却前営業利益が計上できているか等）について、事情聴取を行って検討する必要がある。その際には、債務者の信用不安が生じないように、情報管理にも十分留意する必要がある。そして、検討の際には、単に債務者からの事情聴取内容のみに依拠するのではなく、資金繰り表、決算書、直近の残高試算表等の客観的な資料により事実関係を確認することが必要となる。

(2)　債権者破産申立て（債権者からの相談）

　他方、債権者から、債務者に対する倒産手続の申立てについて相談を受けた場合には、債権の原因・内容・金額、債権回収についての債務者との交渉状況、債務者への経営関与の有無・程度、債務者の決算書、残高試算表、元帳等の会計帳簿等の入手可能性等を事情聴取することにより、①申立債権の存否と②破産手続開始原因（支払不能または債務超過）に関する事実関係を確認することが必要となる。

2　手続の選択および説明

(1)　手続の選択

(イ)　再建型か清算型かどうかの検討

　破産手続は、債務者の財産を清算し債権者に公平な弁済をすること等を目的とした清算型手続であるが、他方、再建型の手続により事業が維持される

のであれば、従業員の雇用が確保され下請先等の取引関係の維持も図れるため大きな経済的メリットがある。したがって、債務者に再建の意思があれば、再建型の手続である再生手続や更生手続によることが可能か検討すべきである。そして、営業利益の段階で黒字であり、再建型手続による債権者の権利行使制限や経営合理化等により倒産原因を除去できると判断できる場合や、債務者の事業の譲受人やスポンサー候補が存在する場合には、再建型の手続を選択すべきといえる。

　　ロ　私的整理手続の検討

　また、メインバンクなどの主要債権者との協働が可能な場合には、私的整理ガイドラインによる再建、事業再生ADR、中小企業再生支援協議会や地域経済活性化支援機構（REVIC）等が関与する私的整理などのいわゆる準則型私的整理による方法も検討すべきといえる。

(2)　破産手続の選択および説明

　破産手続開始の決定がされた場合、概要として以下のような効果が発生する。

① 債務者は、財産の処分管理権を失い（法78条1項）、事業は廃止され、従業員も原則として解雇される。
② 担保権者は、破産手続開始決定により権利行使を制限されず、担保権実行等の権利を行使できる（法65条）。
③ 債権者は、破産手続によってのみその権利を行使でき、いわゆる個別的権利行使は禁止される（法100条1項・103条1項）。
④ 管財人による否認権（法160条以下）の行使により、破産手続開始の決定前になされた詐害行為や偏頗行為が破産手続との関係で取り消される可能性がある。

　申立代理人としては、破産手続開始の申立てを依頼する債務者または債権者に対して上記の内容を伝え、破産手続についての誤解が生じないように説明をすることが必要である。

3　委任契約

　債務者や、債務者会社の取締役等に対しては、事前に破産手続の概要等に

ついて十分な説明を行うとともに、申立ての際に必要となる取締役会の決議の準備や、破産手続開始の申立ての委任状等、必要書類を入手する必要がある。

また、「弁護士は、事件を受任するに当たり、弁護士報酬に関する事項を含む委任契約書を作成しなければならない」(弁護士職務基本規程30条1項)とされており、受任の範囲や弁護士報酬等をめぐるトラブルを未然に防止する観点で、委任契約書の作成も必要となる。

【書式1-1】 委任契約書

委任契約書

依頼者○○○株式会社を甲とし、受任弁護士○○○○を乙とし、甲と乙とは次のとおり委任契約を締結する。

第1条 甲は乙に対し、次の事件等の処理を委任し、乙はこれを受任する。
　　　　　事件等の表示　　○○地方裁判所に対する破産手続開始の申立て

第2条 乙は弁護士法に則り、誠実に委任事務の処理にあたるものとし、甲から求められたときは何時でも委任事務処理の状況について報告を行う。

第3条 甲は乙に対し、以下のとおり弁護士報酬、実費等を支払う。
　(1) 弁護士報酬金○○円（消費税は別途）を○月○日までに支払う。
　(2) 印紙代、旅費交通費等の委任事務処理に要する実費は、乙が請求したときに支払う。

第4条 甲が前条に定める弁護士報酬または委任事務処理に要する実費等の支払いを遅滞したときは、乙は事件等に着手せずまたはその処理を中止することができる。

第5条 委任契約に基づく事件等の処理が、解任、辞任または委任事務の継続不能により、中途で終了したときは、乙は、甲と協議のうえ、委任事務処理の程度に応じて、受領済みの弁護士報酬の全部もしくは一部を返還し、または弁護士報酬の全部もしくは一部を請求するものとする。

　2．前項において、委任契約の終了につき、乙のみに重大な責任があるときは、乙は受領済みの弁護士報酬の全部を返還しなければならない。ただし、弁護士が既に委任事務の重要な部分の処理を終了しているときは、乙は、甲と協議のうえ、その全部または一部を返還しないことができる。

3．第1項において，委任契約の終了につき，乙に責任がないにもかかわらず，甲が乙の同意なく委任事務を終了させたとき，甲が故意または重大な過失により委任事務処理を不能にしたとき，その他甲に重大な責任があるときは，乙は，弁護士報酬の全額を請求することができる。ただし，弁護士が委任事務の重要な部分の処理を終了していないときは，その全部については請求することができない。

【書式1－2】 委任状

委 任 状

平成○年○月○日

住　所　　○○県○○市○○町○丁目○番○号
委任者　　○○○株式会社
代表取締役　○　　○　　○　　○　印

　当社は，次の弁護士を代理人と定め，下記事件に関する各委任事項を委任します。

　　弁護士　○　○　○　○
　　〒000-0000　○○県○○市○○町○丁目○番○号
　　○○法律事務所
　　電　話　00-0000-0000　FAX　00-0000-0000

記

1　当社を申立人として，○○地方裁判所に対し，当社について破産手続開始の申立てをする件，およびその取下げをする件
2　その他，上記に付随関連する一切の件
3　復代理人を選任する件

4　申立準備

(1) **申立時期の選択**

破産手続開始の申立てを選択した場合、申立代理人は、債務者の経理担当

者等の協力を得て、申立書および添付資料の準備を、早急かつ秘密裏に行う。

　申立ては、手形不渡り等の資金ショートが一般に開示される前に行うことが混乱防止の趣旨から望ましいため、資金ショートが生じる日より前の日を申立予定日として、申立書および添付資料の準備を進めることになる。

　なお、個人の破産の場合は、債務者の生活の平穏を守りつつ、債権者間の公平を図る観点で申立て前の段階で各債権者に対して受任通知を発送することが多いといえる。しかし、法人事業者の破産の場合、債権者に対して受任通知を送付するとかえって債権回収を誘発して混乱が生じ、また、公租公課の債権者が債務者の財産を目的物として滞納処分をすることで破産財団を形成する財産が減少するなど、管財業務を無用に混乱させるおそれがある。したがって、法人事業者の破産の場合には、受任通知を発送せずに、むしろ早期に準備を進めて申立てをしたうえで、代理人弁護士名で申立ての連絡書面（【書式1-12】）を送付する方法によるべき場合が多いといえる。

(2) **裁判所実務の調査**

　裁判所によっては、申立代理人向けの説明書を配布していることから、申立代理人においては、その内容を事前に確認し検討する必要がある。

(資料1-1)　東京地方裁判所の申立代理人向け説明書

（平成26年3月28日）

管財手続の進行要領（通常管財係）
～申立代理人の方へ～

1　申立て

　申立書（添付資料を含む）とともに以下のものを受付時に提出してください。

　なお、債権者一覧表には、債権者の電話番号及びFAX番号を記載する必要はありません（但し、管財人には各債権者の連絡先を記載した債権者一覧表を渡してください。）。

　(1)　収入印紙

　　　法人事件：1000円

　　　個人事件（代表者等の法人関連個人事件を含む）：1500円

　(2)　郵券　4100円（内訳205円×8枚、82円×29枚、10円×6枚、2円×11

枚)
- (3) 封筒
    - ① 債権者通知用（債権者の住所，宛名，事件番号を記載したもの）各1通
    - ② 申立代理人通知用（代理人の住所，宛名，事件番号を記載したもの）2通
        - ＊ 封筒は，いずれも受付で事前にお渡しするものを使用してください。また，提出の際は，債権者一覧表の順に並べてください。
        なお，債権者数が100名を超える場合には，事件番号の入ったラベルシールのみご用意いただき，取扱いにつき当係と打合わせをしてください。

2 面接
(1) 以下の期間の面接時間内（時間厳守）に裁判官との面接をしてください（本人の同行は不要）。
    面接期間　申立日（受付日）及びその翌日から3営業日以内
    面接時間　午前9時15分〜11時30分，午後1時〜2時
(2) 申立日当日に面接を希望される場合には，受付の際，その旨申し出てください。
    また，申立日の翌日以降に面接に来庁される場合は，即日面接係のカウンターに直接お越しいただき，事件番号をお知らせください（予約制ではありません）。

3 手続費用の納付
(1) 官報公告費用等
①法人事件及びその関連事件は，面接終了後に通常管財係のカウンターで，②個人事件は，面接終了時に面接の席上で，保管金提出書をお渡しします。なお，電子納付の場合でも保管金提出書をお渡ししますので，通常管財係のカウンターでお受け取りください。
    ア．納付金額
        ① 法人事件：1万3197円
        ② 個人事件（代表者等の関連個人事件を含む）：1万6550円
    イ．納付方法
    保管金の納付は，当部内の現金納付受付窓口（利用時間午前9時30分〜正午，午後1時〜午後3時）のほか，銀行振込などで納付していただくこともできます（詳細は「予納金の納付についてのお願い」をご覧ください。）。

なお，関連事件の追加申立ての際も，官報掲載費用は事件ごとに必要です。忘れずに納付してください。
 (2) 引継予納金（管財人に直接引き継いでいただく手続費用）
　法人と関連個人，あるいは個人と関連個人をあわせて最低20万円です。①一括予納の場合には，開始決定後直ちに，②分割予納の場合には，面接時に裁判官と打ち合わせた時期，金額に従って順次，管財人に対し，管財人と打ち合わせた方法で引き継いでください。
　予納金の具体的な金額，分割の可否・回数等については，面接時に裁判官と打ち合わせてください。
 4　面接から債権者集会まで
 (1) 面接後おおむね当日中に，裁判所から管財人候補者及び債権者集会の期日を連絡しますので，直ちに管財人候補者と連絡を取って，次の手続をお願いします。
　① 申立書の副本及び打合せ補充メモの直送
　　申立書（追完書類も含め，裁判所に提出したすべての書類）の副本及び打合せ補充メモ（面接時にお渡しするもの）を，管財人候補者の事務所へ直送してください。
　② 管財人との打合せ
　　原則として開始決定日までに破産者本人を同行の上，管財人候補者の事務所等に出向いて，管財人候補者と事案の概要・手続の進行，引継予納金の引継時機・方法等について打ち合わせをしてください。管財人候補者の都合により，開始決定前に打合せができない場合でも，破産財団の状況や管財業務上の問題点について引き継いだ上で，開始決定後直ちに打合せを行ってください。
　　なお，管財人候補者との打合せの前に，別添の「破産者に対する注意事項」の内容について，破産者本人に十分に説明をしておいてください。
 (2) 破産手続開始決定は，原則として，面接した日の翌週の水曜日午後5時付けでなされます。決定正本等は，開始後，申立代理人事務所宛に郵送します。
 (3) 管財人から，手続の進行のために必要な協力の要請（事実関係の補充調査など）があれば，ご対応をお願いします（破産規則26条2項参照）。
 5　上申書，報告書，追加資料等の提出
　上申書，報告書，追加資料等を裁判所に提出する場合には，副本を管財人に直送の上，その旨を書面上明らかにしてください。また，以下の点につき，ご

注意ください。
(1) 開始決定後，新たな債権者が判明した場合には，管財人に対し，報告書副本とともに新たな債権者宛の封筒も直送してください。
(2) 破産者が住所を変更する場合には，事前に管財人の同意を得た上で，その旨を書面上明らかにして，転居後に新住所の住民票原本（本籍地が記載されたもの）とともに裁判所に上申書を提出してください。
(3) 自由財産の範囲の拡張については，まず管財人と協議して下さい。
(4) 管財手続の運用に関し，管財人との協議を尽くしても見解が一致せず，裁判所の意見を確認する必要が生じた場合には，面接時にお渡しする申立代理人連絡書に疑問点又はご意見を記載し，副本を管財人に直送した上，当係に送信してください。

6 債権者集会

債権者集会は，原則として東京家簡地裁合同庁舎5階債権者等集会場1で行います。

債権者集会は，免責審尋期日も兼ねていますので，申立代理人だけではなく，本人の出頭が必要です。正当な理由により出頭できない場合には，管財人に報告・打合せの上，事前にその理由を記載した報告書を裁判所に提出してください。

また，開始決定前の事情については，債権者からの質問に対し，申立代理人に対応していただくことがあります。

なお，免責についての意見申述期間は，免責審尋期日までとなります。

7 決定正本の交付について

破産手続の異時廃止決定及び終結決定は，集会の席上で行い，調書に記載する取扱いです。後日正本等の送付は致しませんので，必要な場合には，その旨の証明申請をしてください。

免責についての決定正本は，申立代理人事務所に郵送します。

(資料1-2) 大阪地方裁判所の申立代理人向け説明書

法人用破産申立書（ver.3.0）について

提出する書類は，この以下に記載した順番に綴り，最後に疎明資料を添付して下さい。

また，債権者一覧表と財産目録には，それぞれ「債権者一覧表」「財産目録」

と記載したインデックスあるいは付箋を右端上側に貼付して下さい。

　なお，記載方法の詳細については，本書　頁以下の記入要領を参照してください。

1　破産申立書（法人用）

　申立書は1枚ものとし，報告書形式をメインにしています。

2　報告書（法人用）

3　添付目録（法人用）

　必要な書類をチェック方式で分かるようにしています。

　なお，添付目録はアンダーラインを引いたもの以外は必要に応じて添付してください。

4　資産及び負債一覧表（法人用）

　財産目録及び債権者一覧表をまとめたものであって，非常貸借対照表的なものです。回収見込額を記入しますので，配当可能性の有無が一覧できるものになっています。

5　債権者一覧表（8種）

　最初に全体の債権者一覧表を綴り，その後に個別の債権者一覧表を必要に応じて綴って下さい。なお，債権疎明資料は裁判所に提出する必要はありません。

6　被課税公租公課チェック表（法人用）

　滞納がない場合においても交付要求の可能性がありますので，従前課税を受けていたものについては記入してください。

7　財産目録等（17種）

　最初に総括表を綴って，その後に個別の目録を必要に応じて綴ってください。

8　リース物件等一覧表

　リース債権がある場合には必ず提出してください。

9　係属中の訴訟等一覧表

　訴訟が係属している，差押えがなされている等の場合には必ず提出してください。

10　倒産直前の処分行為等一覧表

　否認権行使に関する情報を提供し，回収予定財団額を把握するためのものですので，倒産直前の処分行為がある場合は必ず提出してください。

11　疎明資料目録（法人用）

　◇の付いたものは必ず提出してください。

12　疎明資料

13　管財人引継資料一覧表（法人用）

添付目録，疎明資料だけではなく，管財人に引き継ぐ資料をチェック方式で分かるようにしています。

(運用と書式)

(3) 裁判手続の準備
(イ) 事前面談

通常の事件と異なって、債権者数が多数にわたる大型事件、保全管理命令等の発令を要する事件、上場会社の事件、および事業継続することが必要な事件等の複雑困難な事件の場合には、事件概要の説明、事件の規模や予想される管財業務の確認、および破産手続開始の決定に至るスケジュール確認等のために、事前に裁判所と相談することが望ましい。これにより、適切な管財人候補の選定、申立代理人による事実上の財産保全の準備、および申立て後の速やかな破産手続開始の決定が可能となり、破産手続を円滑に進められることとなる。

債権者申立ての場合には、債務者への審尋手続が行われる可能性が高いため、事前の裁判所に対する情報提供という点で、事前面談は手続の迅速化に資するといえる。

また、破産管財人候補が選定された場合、破産管財人候補との事前打合せにより、破産管財人候補の希望・方針に沿った対応を申立代理人がとることが可能となり、破産管財業務の円滑な進行が可能となる。

(ロ) 申立書類の準備

申立書および添付資料のすべての準備が整うまでに一定の期間を要することも多い。しかし、混乱防止の観点からは、手形不渡り等の資金ショートが一般に開示される前に申立てを行うことが望ましいことから、それまでに準備が完了した添付資料のみで申立てを行い、他の資料については、改めて提出することも考慮すべきである。

(4) 財産保全措置等

申立代理人は、申立ての準備を行うとともに、破産手続開始の決定に至るまでに債務者の財産が散逸することのないよう、以下のような財産保全措置を講ずるとともに、管財人に対して円滑な引継ぎができるよう留意すべきで

ある。
① 債権者である金融機関の預金口座に残高がある場合、相殺されるおそれがあることから、預金口座から現金を引き出して当該現金を預かって確保する。
② 実印・銀行印・手形小切手・手形小切手帳等を預かることにより債務者による資産処分がなされるのを防止する。
③ 在庫商品・受取手形・小切手等を確保する。
④ 会計帳簿（データを含む）や会計証憑、税務申告書等を確保する。
⑤ 従業員の解雇または解雇予告を行うとともに、賃金台帳、タイムカード、出勤簿等の未払給与・退職金等の算定に必要な資料を確保する。
⑥ 破産管財業務を補助すべき従業員（経理担当者等）を確保する。
⑦ 破産管財人に引き継ぐべき資産・資料の整理
⑧ リース物件や賃借物件の占有を確保する。
⑨ 債権者が債務者の事務所や倉庫等に立ち入り、在庫等の資産を持ち出すことがないよう、施錠や警告書の貼付などにより保全する。

Ⅱ　破産手続開始の申立て

1　管轄・移送

(1)　管　轄

(ｲ)　管轄の原則

　破産債務者が営業者（商人や会社等の法人）である場合の管轄はその主たる営業所の所在地、営業者で外国に主たる営業所を有するものである場合の管轄は日本における主たる営業所の所在地を管轄する地方裁判所となる（法5条1項）。

　主たる営業所とは、企業活動の中心たる本店のことをいい、会社法上は、定款に本店所在地が記載されるが、形式上（定款上、登記簿上）の本店と実質上の本店とが相違するときは、現実の営業活動の中心地たる実質上の本店を指すと解するのが相当であり、実質上の本店所在地を管轄する地方裁判所に申立てを行う場合は、必要に応じ、申立書に管轄に関する特記事項として

その説明を記載する。

　　㊀　**管轄の特例**

　破産法では、上記原則的な管轄のほか、以下のとおり管轄の特例が認められており、事件の特質に応じて申立てを合理的かつ容易に行うことが可能である。

　　　(A)　親子関係にある法人の場合

　法人が、株式会社の総株主の議決権（株主総会において決議することができる事項の全部につき議決権を行使することができない株式についての議決権を除き、会社法879条3項の規定により議決権を有するものとみなされる株式についての議決権を含む）の過半数を有する場合（以下、「親会社」という）は、その法人（親会社）の破産事件、民事再生事件または会社更生事件（以下、「破産事件等」という）が係属している地方裁判所も、その子会社たる株式会社の破産事件につき、管轄権を有する（法5条3項）。これと逆に、子会社たる株式会社の破産事件等が係属している地方裁判所も、その親会社たる法人の破産事件につき、管轄を有する。また、親会社といわゆる孫会社との関係にある場合についても同様に取り扱われる（同条4項）。

　民事再生事件、会社更生事件についても、同様の取扱いがなされている（民再5条3項・4項、会更5条3項・4項）。

　以上は、親子関係にある法人については、その経済的な密接性から（資本関係、事業（取引）関係、資金関係等）、同時に経済的破綻状態に陥ることが多く、また、債権者をはじめとする利害関係人も共通する場合が多いことから、効率的かつ手続経済的な事件処理を実現するべく、同一の裁判所に管轄を認めたものである。

　なお、会社法の制定により有限会社法は廃止されたが、既存の有限会社は、経過措置として、「特例有限会社」として存続することが可能であり、特例有限会社は、会社法の規定による株式会社として存続するものとなり、有限会社の持分および出資1口を株式および1株とみなすこととなる（会社法整備法2条）。特例有限会社についても、株式会社と同様にして、法人が特例有限会社の総社員の議決権の過半数を有する場合は、その法人の破産事件等が係属している地方裁判所も、子会社たる特例有限会社の破産事件につき、

管轄権を有する。これと逆に子会社たる特例有限会社の破産事件等が係属している地方裁判所も、その親会社たる法人の破産事件につき、管轄を有する。

(B) 会社と連結子会社

会計監査人設置の株式会社が、その最終事業年度について会社法444条の規定により、当該株式会社および他の法人に係る連結計算書類を作成し、かつ、当該株式会社の定時株主総会においてその内容が報告された関係にある場合、当該株式会社について破産事件等が係属しているときにおける当該他の法人（以下、「連結子会社」という）の破産手続開始の申立ては、当該株式会社の破産事件等が係属している地方裁判所にもすることができ、連結子会社について破産事件等が係属しているときにおける当該株式会社の破産手続開始の申立ては、連結子会社の破産事件等が係属している地方裁判所にもすることができる（法5条5項）。

(A)と同様に、経済的に密接な関係に立つ債務者の破産事件を同一の裁判所で取り扱うことにより、効率的かつ手続経済的な事件処理を実現することを企図したものである（民再5条5項、会更5条5項参照）。

(C) 法人とその代表者

法人について破産事件等が係属している地方裁判所は、その法人の代表者についての破産事件の管轄権も有し、また、法人の代表者について破産事件または再生事件が係属している地方裁判所は、その法人についての破産事件の管轄権も有する（法5条6項）。

法人とその代表者についても、法人の債務を代表者が連帯保証するなどして同時に経済的破綻状態に陥ることが多く、また、債権者をはじめとする利害関係人も共通することが多いことから、効率的かつ手続経済的な事件処理を実現するべく、同一の裁判所に管轄を認めたものである（民再5条6項も同旨の規定）。

(D) 個人破産事件の特則

個人破産事件については、相互に連帯債務者の関係に立つ個人（法5条7項1号）、相互に主たる債務者と保証人の関係に立つ個人（同項2号）、夫婦関係にある個人（同項3号）について、一方の破産事件が係属している地方裁判所に他方の破産手続開始の申立てを行うことができる。

個人再生手続に関する管轄の特例（民再5条7項）と同じく、効率的かつ一体的な事件処理を企図した規定である。

　(E)　大規模会社の特則

債権者数が500人以上の場合、管轄裁判所の所在地を管轄する高等裁判所の管轄下にある地方裁判所に（法5条8項）、また、債権者数が1000人以上の場合は、さらに東京地方裁判所または大阪地方裁判所にも管轄を認めた（同条9項）。再生事件についても、同様の取扱いがなされている（民再5条8項・9項。なお、会更5条6項参照）。

大規模な事件の場合で、迅速な処理が必要とされる事件では、主たる営業所の所在地が東京や大阪以外であっても、東京地方裁判所や大阪地方裁判所のように管内の弁護士の数も多く、また破産事件を専門的または集中的に処理する体制が整っている裁判所での処理が望ましいことが多いためである。

　(F)　複数の管轄裁判所の調整

複数の地方裁判所が管轄権を有するときは、破産事件は、先に破産手続開始の申立てがあった地方裁判所が管轄を有する（法5条10項。民再5条10項、会更5条7項も同旨）。

　(G)　信託財産に関する破産事件の管轄

信託財産についての破産手続の申立ては、信託財産に属する財産または受託者の住所が日本国内にあるときに限りすることができる（法244条の2第1項）。原則として受託者の住所地を管轄する地方裁判所が管轄し（同条2項）、これがないときは信託財産に属する財産の所在地（債権については、裁判上の請求ができる地）を管轄する地方裁判所が管轄する（同条3項）。

その他の破産事件と同様、破産債権者の数が多数である場合の管轄の特例（法5条8項・9項）も準用され（法244条の2第4項）、複数の管轄が生じる場合には、先に破産手続開始の申立てがあった裁判所が管轄することとなる（同条5項）。

(2)　移　送

　㈦　著しい損害または遅滞を避けるための移送

破産手続開始の申立てを受理した裁判所に管轄権が認められる場合であっても、その裁判所が、著しい損害または遅滞を避けるため必要があると認め

るときは、職権で、破産法7条各号に掲げられる地方裁判所のいずれかに移送することができる。

　移送は、裁判所の職権により行われるため、当事者に移送の申立権は認められず、また、裁判所によりなされた移送の決定に対しても、当事者は即時抗告その他の不服申立権を有しない。

　したがって、移送を希望する当事者が、破産事件の係属する裁判所に対して、その旨の文書を提出する場合、これは、裁判所に対し職権発動を促す意味を有するにとどまる。

【書式1-3】　移送の上申書

平成○年(フ)第○○号　破産手続開始申立事件

移送の上申書

平成○年○月○日

○○地方裁判所　御中

　　　　　　　　　　　　破産者　　○○○株式会社

　　　　　　　　　　　　破産管財人　弁護士　○　○　○　○　㊞

　御庁に係属中の頭書事件について、下記の理由により○○地方裁判所に移送していただきたく上申致します。

記

1　本件は、破産者の定款及び商業登記簿上の本店を主たる営業所として、破産法第5条1項に基づき、御庁に対して申立てがなされ、破産手続開始の決定がなされた。

　しかしながら、破産者は、上記本店とは別に、○○県○○市○○町○丁目○番○号に○○営業所を所有している。そして、○○営業所には、破産者の従業員の4割に相当する○○名の従業員が勤務し、○○営業所は、生産・流通機能の中核を担い、申立人の東日本における営業活動を事実上統括していた。また、破産者の取引先の大半が、○○営業所の存する○○県及びその隣県に所在している。さらに、破産者は、既に名目化している上記本店の縮小を進めていたところであり、その計画によると、本年中には、本店及び本社機能の大半を○○営業所に移転し、本店に勤務する従業員のうち、○○名が

> ○○営業所において勤務することとなり，○○営業所は，これをもって名実ともに破産者の主たる営業所となる予定であったものである。
> 2 以上の通りであるから，本件は，御庁において迅速かつ効率的に事件処理することが困難であり，仮に御庁に本件が係属し続けた場合，破産者に著しい損害が生じ，また，著しい遅滞が発生することが不可避である。
> それに対し，本件を，○○営業所を管轄する○○地方裁判所に移送することは，上記諸事情に鑑みると，著しい損害又は遅滞を避け，本件を迅速かつ的確に事件処理するために最も合理的である。
> よって，○○地方裁判所に移送することを上申する次第である。
>
> 疎明資料　○○

　　㋺　管轄違いの場合の移送

破産手続開始の申立てを受理した裁判所が、同申立てにつき管轄権がないと判断したときは、決定により、管轄権を有する裁判所に事件を移送することができる（法13条による民訴16条1項の準用）。

2　通常破産の申立て

(1)　破産手続開始の申立手続

　㋑　意　義

　　(A)　通常破産の場合

破産手続は、債務者の一切の財産を破産管財人が管理したうえで換価し、債権者に配当する手続である。

そして、裁判所は破産手続開始決定を出すと同時に破産管財人を選任し、債権の届出期間、財産状況報告集会、債権調査期間・期日の指定をし（法31条1項）、これらの事項について公告し（法32条1項）、破産管財人、破産者、裁判所に判明している債権者および財産所持者等に対し、これらの事項を通知する（同条3項）。

　　(B)　同時廃止の場合

破産財団（破産者の財産または相続財産もしくは信託財産であって、破産手続

において破産管財人にその管理および処分をする権利が専属するもの）を構成すべき財産が少なく、破産手続の費用を支弁するのに不足すると認められる場合、同時処分（法31条）や付随処分（法32条）はなされず、破産手続開始の決定と同時に破産手続廃止の決定が出される（法216条）。これを同時廃止という。同時廃止事件では、破産手続開始と同時に破産手続が終了するため、資産の調査や換価等の実質的な破産手続は行われないが、開始決定の効果は発生するため、資格制限などの効果も生じる。

　　(ロ)　破産手続の対象

　破産手続は、個人（自然人）および法人を対象とする手続である。

　具体的には、個人（自然人）については、営業者のみならず、非営業者も破産手続の対象となる。

　法人については、株式会社のみならず、合名会社、合資会社、合同会社、特例有限会社、公益法人（一般社団法人、一般財団法人（一般法人148条6号・202条5号参照）、公益社団法人、公益財団法人（公益法人26条1項参照）、その他の各種法人（宗教法人、医療法人、学校法人等））が破産手続の対象となる。

　外国人または外国法人についても、その国籍または設立準拠法を問わず、破産手続の対象となる（法3条）。

　また、信託財産について、特に限定なく信託財産一般について破産手続の対象となる（法244条の2以下）。

　　(ハ)　破産手続開始の要件

　破産手続開始の決定を得るためには、破産手続開始の申立てにつき、形式的要件、実質的要件（破産原因の存在および破産障害事由の不存在）がいずれも満たされていることが必要である。

　　　(A)　形式的要件

　破産手続開始の申立ての形式的要件としてあげられるものとしては、申立ての適法性（必要的記載事項の充足、印紙の貼用、疎明資料の添付等）、申立人の当事者能力、訴訟能力の存在、法定代理権、訴訟代理権の存在、管轄権、債務者の破産能力の存在、手続費用の予納等がある。

　上記形式的要件のいずれかを欠く場合、裁判所は、申立てを不適法として却下する旨決定する（法21条。ただし、管轄違いの場合は、正当な管轄を有する

裁判所に移送する（法13条による民訴法16条1項準用））。

　(B)　実質的要件(1)——破産手続開始の原因の存在

　破産手続開始の原因は、債務者の「支払不能」（法15条1項）である。

　この点、破産法は、支払不能について、「債務者が、支払能力を欠くために、その債務のうち弁済期にあるものにつき、一般的かつ継続的に弁済することができない状態（信託財産の破産にあっては、受託者が、信託財産による支払能力を欠くために、信託財産責任負担債務（信託法（平成18年法律第108号）第2条第9項に規定する信託財産責任負担債務をいう。以下同じ。）のうち弁済期にあるものにつき、一般的かつ継続的に弁済することができない状態）をいう」として、その定義を明らかにしている（法2条11項）。

　債務者に支払停止があるときは、支払不能にあるものと推定される（法15条2項）。「支払停止」とは、弁済能力の欠乏のために弁済期の到来した債務を一般的、かつ、継続的に弁済することができない旨を外部に表示する債務者の行為をいう。「支払停止」の典型的な例としては、二度目の手形不渡り、営業の廃止の通知等があげられる。

　また、債務者が法人である場合、および、信託財産に関する破産手続の場合には、上記「支払不能」に加えて「債務超過」も破産手続開始原因となるので（法16条1項・244条の3）、そのいずれかを疎明することとなる。

　ここに債務超過とは、「債務者が、その債務につき、その財産をもって完済することができない状態」（法16条1項）であると規定されるが、これはすなわち、債務額の総計（負債総額）が総資産の総計（総資産の評価額）を超過している状態をいう。支払不能の判断とは、弁済期未到来の債務等も計算に入れる点が異なる。

　信託財産の債務超過とは、「受託者が信託財産責任負担債務につき、信託財産に属する財産をもって完済することができない状態」を意味する（法244条の3）。

　(C)　実質的要件(2)——破産障害事由の不存在

　形式的要件および破産手続開始の原因たる事実があると認められる場合でも、一定の事由が存在する場合、裁判所は破産手続開始決定をすることができなくなるが、その事由を破産障害事由という。

(a) 破産手続の費用の予納がないとき

破産法はすべての申立人について破産手続費用の予納義務を課しており（法22条1項）、破産手続費用の予納がないことは破産障害事由となる（法30条1項1号）。

(b) 不当な目的で申立てがされたとき

不当な目的で破産手続開始の申立てがされたこと、その他申立てが誠実にされたものでないことは破産障害事由となる（法30条1項2号）。申立てが不当な目的でされたとは、破産手続開始の申立てが破産手続以外の目的でなされた場合等が検討の対象になるが、破産手続が予定している債務者財産の適正かつ公平な清算以外の目的があったとしても、直ちに不当な目的に基づく申立てといえるわけではない。そのため、具体的事案に即し、破産手続の制度趣旨や目的との関係で、破産手続を用いることがおよそ許容できないような場合に限られるといえる。

(c) 破産以外の倒産手続の申立てまたは開始決定等

まず、破産手続と更生手続または再生手続との関係は以下のとおりである。

① 破産手続開始の申立てと更生手続または再生手続開始の申立てとが競合した場合、裁判所は、必要があると認めるときは、利害関係人の申立てまたは職権によって破産手続の中止を命ずることができる（会更24条1項1号、民再26条1項1号）。

② 破産手続開始申立て後開始決定までに更生手続または再生手続の開始決定がされた場合、破産手続開始のための手続は当然に中止され、また新たな申立ては禁止される。禁止に反した申立ては不適法なものとして却下される（会更50条1項、民再39条1項）。

③ すでに破産手続が開始されている場合に、更生手続または再生手続開始の申立てがされたとき、裁判所は、必要があると認めるときは、利害関係人の申立てまたは職権によって破産手続の中止を命ずることができる（会更24条1項1号、民再26条1項1号）。

④ すでに破産手続が開始されている場合に、更生手続または再生手続の開始決定がされたとき、破産手続は当然に中止する（会更50条1項、民再39条1項）。

次に、破産手続と特別清算手続との関係は以下のとおりである。

① 破産手続開始の申立てと特別清算開始の申立てとが競合した場合、裁判所は、必要があると認めるときは、利害関係人の申立てまたは職権によって、破産手続の中止を命ずることができる（会512条1項1号）。

② 破産手続開始申立て後開始決定までに特別清算開始の命令がされた場合、破産手続開始のための手続は当然に中止され、また新たな申立ては禁止される（会515条1項）。禁止に反した申立ては不適法なものとして却下される。

③ 破産手続開始決定による破産手続が開始された後は、すでに破産手続が開始された以上、破産財団の管理処分権は破産管財人に専属しているので（法78条1項）、利害関係人は特別清算開始の申立てをすることはできず、利害関係人による特別清算開始の申立ては不適法なものとして却下される。

㈡ **申立権者**

債権者または債務者は、破産手続開始の申立てをすることができる（法18条）。債務者に準ずる者も破産手続開始の申立てをすることができる（法19条）。

(A) **債務者**

債務者自身は申立権を有し（いわゆる自己破産）、自己破産というためには、法律に定める正規の手続を経て意思決定を行ったうえで申立てをする必要がある。たとえば、取締役会設置会社においては、取締役会の決議を経て代表取締役が申し立てた場合がこれにあたる。

また、債務者が法人の場合には、債務者に準ずる者として法人の理事、取締役、業務を執行する社員または清算人は単独で、当該法人の破産手続開始の申立てをすることができ（法19条1項・2項）、自己破産と区別して、慣行上、準自己破産と呼ばれる。準自己破産の場合には破産手続開始の原因となる事実を疎明しなければならないが、これら理事や取締役等の全員による申立ての場合には、破産手続開始の原因となる事実を疎明しなくてもよい（同条3項）。

(B) **債権者**

債権者とは、破産手続の対象たる債務者に対して債権を有するすべての者をいう。

会社更生と異なり、金額による制限はない。

債権者が申し立てる場合、破産手続開始の原因だけでなく、破産債務者に対する債権（申立債権）の存在につき疎明する必要がある（法18条2項）。

(C) 信託財産の破産手続における申立権者

信託財産の破産手続において申立てをすることができる者は、信託債権（信託法21条2項2号に規定する信託債権をいう）を有する者または受益者のほか、受託者または信託財産管理者、信託財産法人管理人もしくは信託法170条1項の管理人（以下、「受託者等」と総称する）である（法244条の4第1項）。

受託者等全員が申し立てる場合は、開始原因となる事実の疎明は不要であるが、それ以外の場合には、開始原因となる事実の疎明が必要となる。また、信託債権者または受益者が申し立てる場合、開始原因となる事実のほかに、信託債権または受益債権の存在も疎明することが必要となる（法244条の4第2項）。

(ホ) 申立ての方式

(A) 書面による申立て

破産手続開始の申立ては、破産規則で定める事項を記載した書面でしなければならず（法20条1項・14条）、特別の定めがない限り、口頭での申立ては許されない（規則1条）。

また、債権者以外が申し立てる場合、申立書に破産規則で定める事項を記載した債権者一覧表を添付して提出しなければならない（法20条2項）。ただし、申立てと同時に債権者一覧表を提出することができないときは、申立て後遅滞なく提出すれば足りる（同項但書）。

(B) 記載事項

上述した破産法20条1項、2項による委任を受けて、破産規則において、破産手続開始の申立書の記載事項、添付書類等につき定められている。

(a) 申立書の必要的記載事項

破産規則13条1項は、破産手続開始の申立書の必要的記載事項として下記①ないし④を規定している。

申立書がそのいずれかの記載を欠く場合、裁判所書記官による補正処分（法21条1項）または当該処分に対する異議の申立てがあった場合には裁判所による補正処分（同条5項）の対象となり、これらの処分に申立人が従わず、申立書の不備を補正しない場合には、裁判長は、命令で申立書を却下することとなる（同条6項）。

① 申立人の氏名・名称および住所、法定代理人の氏名および住所
② 債務者の氏名・名称および住所、法定代理人の氏名および住所
③ 申立ての趣旨
④ 破産手続開始の原因となる事実

(b) 申立書の訓示的記載事項

破産規則13条2項に規定する下記①ないし⑨の記載事項は、同条1項の必要的記載事項と異なり、その記載がなくとも、そのことだけで裁判所書記官による補正処分の対象となったり、申立書の却下等がされたりすることはないが、破産手続の円滑な進行、開始決定の可否等の判断に資するため、実務上は記載が求められている。

① 債務者の収入および支出の状況、資産および負債（債権者の数を含む）の状況
② 破産手続開始の原因となる事実が生ずるに至った事情
③ 債務者の財産に関してされている他の手続または処分で申立人に知れているもの
④ 債務者について現に係属する破産事件、民事再生事件、会社更生事件があるときは、当該事件が係属する裁判所および当該事件の表示
⑤ 破産法5条3項から7項までに規定する破産事件等があるときは、当該破産事件等が係属する裁判所、当該破産事件等の表示および当該破産事件等における破産者もしくは債務者、再生債務者または更生会社もしくは開始前会社の氏名または名称
⑥ 債務者について外国倒産処理手続があるときは、当該外国倒産処理手続の概要
⑦ 債務者について、債務者の使用人その他の従業者の過半数で組織する労働組合があるときは、その名称、主たる事務所の所在地、組合員の数

および代表者の氏名等

　債務者について、債務者の使用人その他の従業員の過半数を代表する者があるときは、当該者の氏名および住所
⑧　債務者について、通知すべき官庁その他の機関があるときは、その名称および所在地
⑨　申立人または代理人の郵便番号および電話番号、ファクシミリの番号
(c)　債権者一覧表の記載事項

破産規則14条1項、2項は、債権者一覧表の記載事項について、下記の債権を有する者の氏名または名称および住所並びにその有する債権および担保権の内容を記載することを規定している。
①　下記②、③の債権を除く、破産債権となるべき債権

　破産債権となるべき債権から下記②、③が除外されているのは、これらの請求権については、開始決定時を基準として財団債権と破産債権とに振り分けられるところ、申立て時において、これらの請求権のうちどの部分が「破産債権となるべき」であるかを判断することが困難な場合があるため、別に記載することとしたものである。
②　租税等の請求権
③　債務者の使用人の給料請求権および退職手当の請求権
④　民事再生法252条6項、会社更生法254条6項等に規定されている共益債権

　先行する再建型手続における共益債権は、その全額が財団債権となることから、これを別途記載することとしたものである。

この点、債権者申立ての場合でも、上記①ないし④を記載した債権者一覧表を可能な限り提出することが望ましいが、申立債権者が他の債権者の有する債権の内容を把握することが困難な場合も多いと考えられることから、債権者一覧表の作成が著しく困難である場合、その提出をしなくてよい旨定められている（規則14条2項）。

(d)　申立書の添付書類

破産規則14条3項は、破産手続開始の申立書の添付書類として、下記①ないし⑥を提出すべきことを訓示的に規定しており、管財業務の円滑な進行の

ためにその添付に努めるべきである。

① 債務者が個人であるときは、その住民票の写し（本籍の記載が省略されていないもの）
② 債務者が法人であるときは、その登記事項証明書
③ 限定責任信託に係る信託財産について破産手続開始の申立てをするときは、限定責任信託の登記に係る登記事項証明書

①および②は、債務者の基本的事項を確認するため、提出を求められるものである。③は、限定責任信託の基本的事項を確認するため提出を求められるものである。

なお、①につき、本籍の記載が省略されていない住民票の写しとされているのは、個人である破産者は、各種資格制限等の制約を受けることに鑑み、破産者の特定に特に慎重を期するためである。

④ 申立ての日の直近において法令の規定に基づき作成された債務者の貸借対照表、損益計算書

　債務者の財産状況を把握するため、要求されるものである。「直近」のものを提出すれば足りるとされるのは、清算型手続である破産手続においては、通常は、手続開始の申立て時点における債務者の収入・支出および資産・負債の現状を確認すれば足り、債務者の経営状況の推移等を確認する必要性が常に存するわけではないからである。

⑤ 債務者が個人であるときは、申立て前1カ月間の債務者の収入および支出を記載した書面・確定申告書、源泉徴収票の写しその他債務者の収入の額を明らかにする書面

　破産手続開始の可否の判断に供するため、法人における貸借対照表等に代わって求められるものである。

⑥ 債務者の財産目録

　債務者の財産状況とともに、予納金額（法22条）その他、手続進行の見込みを把握するため求められるものである。

(2) **法人破産の申立て**

(イ) 自己破産の申立て

債務者たる法人は、自ら破産手続開始の申立てをすることができること、

その場合、申立ては書面でしなければならないこと、既述のとおりである。東京や大阪を含め、各地において各地方裁判所と各弁護士会が連携するなどして、必要とする情報を得られる記載項目を盛り込んだ破産手続開始申立書等を含めた申立関係書類の定型書式が示されていることが多いので、原則としてこれら定型書式を利用して作成することでよい。

【書式1-4】 破産手続開始申立書等（東京地方裁判所）(1)──破産手続開始申立書（法人、自己破産・準自己破産）

破産手続開始申立書（法人）

印紙 1000円
郵券 4000円
係印　備考
印紙 1000円

平成　　年　　月　　日

東京地方裁判所
民事第20部　御中

（ふりがな）
債務者（自己破産申立人）：＿＿＿＿＿＿＿＿＿＿＿＿＿＿＿
　　□代表取締役以外で会社を代表する者
　　（　　　　　）

〈□ 準自己破産の場合〉
申立人：＿＿＿＿＿＿＿＿
申立人の住所：＿＿＿＿＿＿
申立資格（例：取締役）：＿＿＿＿

代表者　□代表取締役　：＿＿＿＿＿＿＿＿＿＿＿
　本店所在地：別添履歴事項全部証明書記載のとおり
　主たる事業所の住所：□本店所在地のとおり（〒　　-　　）
　□本店所在地と異なる場合：〒　　-＿＿＿＿＿＿＿＿＿＿＿＿＿
　□管轄につき特記事項あり（別添のとおり）
　申立人代理人（代理人が複数いる場合には主任代理人を明記すること）
　事務所（送達場所），電話，ファクシミリ，代理人氏名・印

※郵便番号は必ず記入すること

申立ての趣旨

1　債務者について破産手続を開始する。

申立ての理由

　債務者は，添付の債権者一覧表のとおりの債務を負担しているが，添付の報告書及び資産目録記載のとおり，□債務超過　□支払不能　の状態にある。
※即日面接（申立日から3日以内）の希望の有無：□希望する　□希望しない
※□開始決定日に関する特段の希望あり（別添のとおり）

第1章　破産手続開始の申立て

・代表取締役自身の関連申立事件（申立予定を含む）
【□無・□本件と同時申立・□申立予定・□申立済（　　裁判所・事件番号　　）】
・関連会社【□無・□有】
　関連会社有の場合，関連申立事件（申立予定を含む）
【□無・□本件と同時申立・□申立予定・□申立済（　　裁判所・事件番号　　）】
・その他の関連申立：

〈添付書類〉　□委任状　　□履歴事項全部証明書（3ヶ月以内）
　　　　　　　□取締役会議事録または取締役の同意書
　　　　　　　□疎明資料目録　　□疎明資料一式（号証番号を付したもの）
　　　　　　　□申立代理人作成の報告書

【書式1-5】　破産手続開始申立書等（東京地方裁判所）(2)——債権者一覧表

債権者一覧表（総括表）　　平成　　年　　月　　日現在

	債権者名	人数	債権額（円）	備考
1	公租公課			
2	労働債権			
3	金融機関			
4	一般債権			
5	リース債権			
	総合計			

Ⅱ　破産手続開始の申立て

債権者一覧表（公租公課）

平成　年　月　日現在

	名前	〒	住所	電話番号FAX番号	種類	金額（円）	備考
1	A税務署	000-0000	東京都○区○○　○丁目○番○号		源泉所得税		平成○年○月～○月
					消費税		平成○年○月～平成○年○月
					法人税		
					計		
2	B年金事務所	000-0000	東京都○区○○　○丁目○番○号		社会保険		平成○年○月～○月
3	C都税事務所	000-0000	東京都○区○○　○丁目○番○号		都民税		平成○年○月～○月
					事業税		平成○年○月～○月
					固定資産税		
					計		
4	D市役所	000-0000	○○市○区○○　○丁目○番○号		市民税		
5	E市役所	000-0000	○○市○区○○　○丁目○番○号		市民税		
6	F労働局	000-0000	○○市○区○○　○丁目○番○号		労災・雇用・労働保険		
					合計		

第1章 破産手続開始の申立て

債権者一覧表（労働債権）

平成　年　月　日現在

番号	勤務地	役職	従業員名	〒	住所		金額（円）				備考
							未払給与	解雇予告手当	退職金	計	
1	本社	部長		000-0000	○○市○区○○ ○丁目○番○号	○○ビル○○○					
2	本社	課長		000-0000	○○市○区○○ ○丁目○番○号						
3	本社	課長		000-0000	○○市○区○○ ○丁目○番○号						
4	本社			000-0000	○○市○区○○ ○丁目○番○号	○○マンション○○					
5	本社			000-0000	○○市○区○○ ○丁目○番○号						
6	本社			000-0000	○○市○区○○ ○丁目○番○号	○○マンション○○					
7	本社			000-0000	○○市○区○○ ○丁目○番○号	○○マンション○○					
8	A支店			000-0000	○○市○区○○ ○丁目○番○号	○○マンション○○					
9	A支店			000-0000	○○市○区○○ ○丁目○番○号	○○マンション○○					
10	工場	部長		000-0000	○○市○区○○ ○丁目○番○号						
11	工場			000-0000	○○市○区○○ ○丁目○番○号						
12	退職済み	部長		000-0000	○○市○区○○ ○丁目○番○号	○○ビル○○○					○月○日退職
13	退職済み			000-0000	○○市○区○○ ○丁目○番○号						○月○日退職
14	退職済み			000-0000	○○市○区○○ ○丁目○番○号						○月○日退職
15	退職済み			000-0000	○○市○区○○ ○丁目○番○号						○月○日退職
						合計					

※添付資料一式は閲覧謄写の対象となるので、個人情報保護の観点から、本目録には電話番号の記載をしない。破産管財人に対しては必ず全従業員の電話番号を引き継ぐ。

債権者一覧表（金融機関）

※）a：借入　b：社債　c：その他　　　　　平成　年　月　日現在

番号	金融機関名	支店名	〒	住所	電話番号	FAX番号	種別(※)	元本番号	元本残高（円）	（小計）	備考
1	A銀行	○○支店	000-0000	東京都○区○○ ○丁目○番号	0000-0000	0000-0000	a	1	20,600,000		□保証人有 □担保有
							a	2	50,000,000		□保証人有 □担保有
							a	3	1,000,000		□保証人有 □担保有
							a	4	48,000,000		□保証人有 □担保有
							a	5	3,000,000	122,600,000	□保証人有 □担保有
2	B銀行	○○支店	000-0000	東京都○区○○ ○丁目○番号	0000-0000	0000-0000	a	1	100,000,000	100,000,000	□保証人有 □担保有
3	C銀行	○○支店	000-0000	東京都○区○○ ○丁目○番号	0000-0000	0000-0000	a	1	80,400,000	80,400,000	□保証人有 □担保有
4	D銀行	○○支店（旧○○）	000-0000	東京都○区○○ ○丁目○番号	0000-0000	0000-0000	b	1	19,464,000		□保証人有 □担保有
		○○支社 法人第○部	000-0000	○○県○○市○町 ○丁目○番号	0000-0000	0000-0000	a	2	10,000,000		□保証人有 □担保有
							a	3	20,000,000	49,464,000	□保証人有 □担保有
5	E信用金庫	○○支店	000-0000	東京都○区○○ ○丁目○番号	0000-0000	0000-0000	a	1	16,250,000	16,250,000	□保証人有 □担保有
								合計	368,714,000	368,714,000	

第1章　破産手続開始の申立て

債権者一覧表（一般債権）

平成　年　月　日現在

	名前	住所 〒	電話番号※	FAX番号※	金額（円）	備考
1						□保証人有　□担保有
2						□保証人有　□担保有
3						□保証人有　□担保有
4						□保証人有　□担保有
5						□保証人有　□担保有
6						□保証人有　□担保有
7						□保証人有　□担保有
8						□保証人有　□担保有
9						□保証人有　□担保有
10						□保証人有　□担保有
11						□保証人有　□担保有
12						□保証人有　□担保有
13						□保証人有　□担保有
14						□保証人有　□担保有
15						□保証人有　□担保有
16						□保証人有　□担保有
17						□保証人有　□担保有
合計						

※個人情報保護の観点から、事案や相手方によっては、目録には「電話番号・FAX番号」を記載せず、別途、破産管財人への引継事項とする方法も検討する。

Ⅱ 破産手続開始の申立て

債権者一覧表（リース債権）

平成　年　月　日現在

番号	会社名	〒	住所	電話番号	FAX番号	物件	所在地	月額リース料（円）（消費税込）リース契約ごと	残リース料（円）（消費税込）リース契約ごと	備考
1	○○リース株式会社	0000-0000	○○県○○市○○町○-○-○			ノートパソコンなど	本社			□保証人有
						セキュリティシステム	本社			□保証人有
						什器・パネルなど	本社			□保証人有
						什器・電話機など	○○支店			□保証人有
							計			
2	○○自動車リース株式会社	0000-0000	○○県○○市○○町○-○-○			○○○○　足立123あ4567	本社			□保証人有
						○○○○　足立987か6543	○○支店			□保証人有
							計			
3	株式会社○○リース	0000-0000	○○県○○市○○町○-○-○			工場設備	○○工場			□保証人有
4	株式会社○○リース	0000-0000	○○県○○市○○町○-○-○			FAX複合機	本社			□保証人有
							合計			

【書式1-6】 破産手続開始申立書等（東京地方裁判所）(3)——申立債務者に関する報告書

申立人債務者＿＿＿＿＿＿＿＿＿＿に関する報告書　平成　年　月　日
作成者：申立代理人弁護士＿＿＿＿＿＿＿＿＿＿印
本報告書作成につき申立代理人が事情聴取を実施した対象者は以下のとおり：
　□申立人代表取締役　□経理担当者＿＿＿＿＿＿　□その他＿＿＿＿＿＿

＊適宜，別紙を付けて補充してください。

第1　申立人の概要
　1　商号・事業目的・設立年月日・発行済株式総数・資本
　　　□商業登記簿謄本記載のとおり
　2　申立日現在の概況
　(1)　営業内容（例：○○電設の下請けとして高架線工事等を行う）
　　　事業につき免許，登録等□無
　　　　　　　　　　　　　□有（内容と所轄行政庁：　　　　　　　）
　(2)　営業時期等
　　　□営業中　□営業廃止（平成　年　月頃まで）□営業の承継あり
　　　　　　　　　　　　　　　　　　　　　　　（詳細別添のとおり）
　(3)　帳簿類と印鑑の保管状況
　　　□申立代理人が預かり　□申立人代表取締役が所持　□不明
　　　□その他（保管場所等＿＿＿＿＿＿＿＿＿＿＿＿＿＿＿＿＿＿）
　(4)　従業員の状況
　　　□全員解雇済み（解雇日：　　年　　月　　日）
　　　□解雇予告済み（予告日：　　年　　月　　日）
　　　□雇用中（正社員　　名・パートアルバイト　　名）
　　　労働債権□有　□無　　　　　　　　　　　労働組合□有　□無
　3　株主（平成　年　月　日現在の株主数　　　名）
　　　主要株主は以下のとおり
　　　　　　（株主名）　（持株数）　（割合）　（役職・代表者との続柄等）
　　　（例：　東京太郎　　600　　　60%　　代表取締役　本人）
　　　（例：　東京花子　　300　　　30%　　取締役　　　妻）
　　　（例：　東京次郎　　100　　　10%　　取締役　　　長男）

4 役員
(役職)　　(氏名)　　　　(常勤・非常勤)　(代表者との続柄等)

5 本店・営業所・工場その他の施設の状況　□補充あり
申立前に第三者に引き継いだ施設　□無　□有(→以下に特記して下さい)
(1) 本店
　　住所:
　　使途:(例:本社事務所)

　　□自己所有　　　□会社代表者(その他親族:　　　　)所有
　　□所有物件売却済(　　年　　月)
　　□第三者から賃借(賃料月額:_____円　敷金保証金:_____円)
　　　(賃貸人:　　　　　　　管理会社名・TEL_____)
　　賃料滞納　□有　　□無(　　年　　月分まで支払済)
　　解除　　　□無　　□有(　　年　　月　　日解除)　　□不明
　　明け渡し□済　　□第三者に引き継ぎ
　　□未了　□明渡に要する作業と費用の概要を記載
　　　　　　□明渡に要する作業と費用が不明→□写真撮影報告書を添付した。
(2) その他
　　住所:
　　使途:(例:工場)

　　□自己所有　　　□会社代表者(その他親族:　　　　)所有
　　□所有物件売却済(　　年　　月)
　　□第三者から賃借(賃貸人:　　　　　　TEL　　　　　　)
　　　　　　　　(賃料月額:_____円　敷金:_____円)
　　賃料滞納　□有　　□無(　　年　　月分まで支払済)
　　解除　　　□無　　□有(　　年　　月　　日解除)　　□不明
　　明け渡し□済　　□第三者に引き継ぎ
　　□未了　□明渡に要する作業と費用の概要を記載

□明渡に要する作業と費用は不明→□写真撮影報告書を添付した。
6 関連会社の有無　□無
□有（関連申立につき，本件破産申立書に記載して下さい）
会社名：
代表者：
債務者会社と共通する役員または主要株主の氏名：
※複数ある場合，別添関連会社一覧表のとおり。

第2　業務の状況　　　　　　　　　　　　　　　　　□補充あり
□直近2期の税務申告書を添付した。（事業年度：　月1日から　月末日）
□直近の試算表を添付した。（試算表：　　年　　月末）
決算書または試算表の記載に修正すべき点（粉飾等）□有　□無　□不明

第3　破産申立てに至った事情　　　　　　　　　　　□補充あり
1　支払停止について
□手形不渡（見込）1回目（　　年　　月　　日）
□手形不渡（見込）2回目（　　年　　月　　日）
□弁護士の債務整理通知　（　　年　　月　　日）
□その他閉店，廃業など（　　年　　月　　日）
□営業継続中に申立
2　経緯の説明
(1)　損益の悪化について（売上不振など）
(2)　負債の増加について（借入増加など）
□別添陳述書（代表取締役作成等）のとおり
3　事業停止または受任の後，申立までの間に資産負債に変動ある場合，詳細に記載
(1)　資産の変動（回収，処分，担保実行など）
(2)　負債の変動（返済，相殺，担保実行による充当など）

第4　資産及び負債
1　資産
資産の内容は添付財産目録のとおり。その概要と担保設定（所有権留保，譲渡担保その他非典型担保含む）の状況は以下のとおり。
(1)　直近の決算書または試算表の資産簿価
　　　　　年　　月末現在の資産簿価　　　　円
(2)　清算評価による上記(1)の主な修正点
（例　売掛金簿価20百万円　▲15百万円　修正後5百万円）

(3) 主な資産　　　　　　　　　　　　　　　　□補充あり
　① 管財人への引継現金＿＿＿＿＿＿＿＿＿＿＿＿＿円
　② 売掛金　□無
　　　□有【譲渡担保□不明　□無　□有（対抗要件具備□無　□有）】
　　　　別添売掛金一覧表のとおり
　　　　申立日現在の売掛先＿＿＿＿＿＿＿名
　　　　　簿価約＿＿＿＿＿＿＿円　　回収見込額約＿＿＿＿＿＿＿円
　　　主な売掛先は以下のとおり。
　　　（会社名）（売掛額）（管財人による回収見込の有無又は金額）

　　　□受任後に回収した売掛金がある場合
　　　　＿＿＿名　簿価約＿＿＿＿＿＿＿円　回収額約＿＿＿＿＿＿＿円
　　　　説明：
　③ 不動産　□無
　　　□有【担保設定　□無　□有（対抗要件具備□無　□有）】
　　　□不動産登記簿謄本（３ヶ月以内）を添付した。
　④ 原材料・完成在庫商品等　□無
　　　□有【担保設定□不明　□無　□有（対抗要件具備□無　□有）】
　　　（所在：　　　　　　　　　　　　　　　　）
　　　□換価可能（清算評価は概ね　　　　　　　円）
　　　□換価不能
　　　□受任後に処分した原材料・在庫ある場合（処分額　　　　円）
　　　　説明：
　⑤ 仕掛かり品・仕掛かり業務等□無
　　　□有【担保設定□不明　□無　□有（対抗要件具備□無　□有）】
　　　（完成した場合の予定売上　　　　　　　　円）
　　　（完成させるために必要な作業とコストの概要
　　　　説明：
　⑥ 機械工具等　□無
　　　□有【担保設定□不明　□無　□有（対抗要件具備□無　□有）】
　　　（所在：　　　　　　　　　　　　　　　　）
　　　□換価可能（清算評価は概ね　　　　　　　円）
　　　□換価不能
　　　□受任後に処分した機械工具等ある場合（処分額　　　　円）

⑦　什器備品等　□無
　　　　□有
　　　　（所在：　　　　　　　　　　　　　　）
　　　　□換価可能（清算評価は概ね　　　　　円）
　　　　□換価不能
　　　　□受任後に処分した什器備品等ある場合（処分額　　　　円）
　　　　説明：
　　　⑧　車両　□無
　　　　□有【担保設定□不明　□無　□有（対抗要件具備□無　□有）】
　　　　□所有（　　　台）　□リース（　　　台）
　　　　車検証と鍵の保管と所在
　　　　□申立代理人が預かり　　□申立代表取締役が所持　　□不明
　　　　□その他（保管場所など　　　　　　　　　　　　　　　）
　　　　【加入する任意保険　□有（　　年　　月　　日まで）】
　　　　説明：
　　　⑨　知的財産権　□無
　　　　□有【担保設定□不明　□無　□有（対抗要件具備□無　□有）】
　　　　□換価可能（清算評価は概ね　　　　　円）
　　　　□換価不能
　　　　□登録等を添付した。
　　　　説明：
　　　⑩　リース品　□無
　　　　□有（リース債権一覧表参照）
　　　　□所在不明のリース品あり
　　　　（不明物件の内容とリース債権者：　　　　　　　　　）
　　　⑪　その他，換価可能な資産　□無
　　　　□有【担保設定□不明　□無　□有（対抗要件具備□無　□有）】
　　　　説明：
　（4）預かり資産（預かり金型，預かり版下，受託品その他）
　　　　□無
　　　　□有（資産の内容，所有者，所在，管財人による返還の可否）
　2　負債
　　　負債の内容は添付債権者一覧表のとおりである。

　　　　　　□債権者一覧表に総債権者数と総債権額を記載した。
　　その概要は以下のとおりである。
　(1) 直近の決算書または試算表の負債簿価
　　　　　　年　　月末現在の負債簿価　　　　円
　(2) 主な負債
　　　① 公租公課
　　　　　　□滞納あり【滞納処分　□無　□有】
　　　　　　□滞納なし・源泉預かり等の未払あり
　　　　　　□不明
　　　② 労働債権　　　　　　　　　※給与台帳の保管状況
　　　　　　□給与　　　　　　　　　□申立代理人が所持
　　　　　　□退職金　　　　　　　　□申立人代表取締役が所持
　　　　　　　□退職金規程を添付した。　□その他（保管場所等_____
　　　　　　□解雇予告手当　　　　　　　　_____）
　　　③ 一般破産債権は債権者一覧表のとおり
　　　　　主たる仕入先債権者（債権者名，債権額）
第5　係属中の訴訟　□無
　□有→別添のとおり
　　　　（事件番号，事件名，当事者名，裁判所と係属部，経過と見込）
　□訴訟関係書類のコピーを添付した。
第6　申立直前の弁済・資産譲渡・担保設定など　□無　□不明
　□有→別添のとおり

　　　　　　　　　　　　　　　　　　　　　　　以　　上

第1章　破産手続開始の申立て

【書式1-7】破産手続開始申立書等（東京地方裁判所）(4)――関連会社一覧表

関連会社一覧表

作成日：　年　月　日

番号	会社名	〒	住所	代表者	本件債務者と共通する役員または主要株主	申立の状況	申立有の場合 手続種別	申立済の場合 裁判所・事件番号
1						□無 □本件と同時申立 □申立予定 □申立済	□破産 □民事再生 □その他：	裁判所　　　支部 事件番号：
2						□無 □本件と同時申立 □申立予定 □申立済	□破産 □民事再生 □その他：	裁判所　　　支部 事件番号：
3						□無 □本件と同時申立 □申立予定 □申立済	□破産 □民事再生 □その他：	裁判所　　　支部 事件番号：
4						□無 □本件と同時申立 □申立予定 □申立済	□破産 □民事再生 □その他：	裁判所　　　支部 事件番号：

46

Ⅱ　破産手続開始の申立て

【書式1-8】　破産手続開始申立書等（東京地方裁判所）(5)──申立債務者に関する陳述書

申立人債務者_____に関する陳述書　平成　年　月　日

作成者の役職等：
　□申立人代表取締役　□経理担当者_____　□その他_____

作成者氏名_____㊞

　＊適宜，別紙を付けて補充してください。

　申立人債務者に関する申立代理人弁護士作成の報告書「第3　破産申立に至った事情」等について，以下のとおり陳述いたします。

　1　支払停止について
　　□手形不渡（見込）1回目（　　年　　月　　日）
　　□手形不渡（見込）2回目（　　年　　月　　日）
　　□弁護士の債務整理通知　（　　年　　月　　日）
　　□その他閉店，廃業など　（　　年　　月　　日）
　　□営業継続中に申立
　2　経緯の説明
　　(1)　損益の悪化について（売上不振など）
　　(2)　負債の増加について（借入増加など）
　3　破産管財人による拠点明渡し作業につき，必要な作業と費用の概要
　　□不明
　　　→□各施設（本社，営業所，工場等）の写真撮影報告書を添付した。

【書式1-9】　破産手続開始申立書等（東京地方裁判所）(6)──資産目録（法人用）

資産目録（法人用）

※簿価の基準日
□直近の決算期（　　年　　月末）　　作成日　　年　　月　　日

47

第1章 破産手続開始の申立て

□直近の試算表（　　年　　月末）

(単位：円)

科　目	基準日※の簿価	申立時存否	回収見込(概数)	備考
現　金		□有 □無		管財人引継現金を記載
預貯金		□有 □無		残高ゼロを含む全口座を預貯金目録に記載
売掛金		□有 □無		
貸付金		□有 □無		
在庫商品		□有 □無		
機械装置		□有 □無		
車両運搬具		□有 □無		
受取手形小切手		□有 □無		
有価証券等		□有 □無		株券，社債，ゴルフ会員権，出資金など
前払費用		□有 □無		
賃借保証金・敷金		□有 □無		
保険解約返戻金		□有 □無		
土　地		□有 □無		□オーバーローン
建物・付属設備		□有 □無		□オーバーローン
過払利息返還請求権		□有 □無		
その他（　　　）		□有 □無		
資産計				

※債務者会社の決算書の科目に応じて，適宜に「科目」欄の記載は変更します。
※預貯金は，解約の有無及び残高の有無に拘わらず，最新の記帳をしたうえ，2年分のコピーを添付し，通帳の原本は破産管財人に引き継ぎます。

※申立時存否の欄は，存在するか否かをチェックします。
※存在するが，回収見込みがない場合は，見込み金額ゼロ円とします。

★**回収見込ありの項目につき【必ず】<u>目録</u>を作成添付します。**

上記の他，破産管財人の調査によっては回収が可能となる資産
　　　　　　□否認権行使　　　□その他（　　　　　　　　　　　）

預貯金目録

作成日： 年 月 日

(単位：円)

番号	金融機関名・支店名	預金種類	口座番号	作成日現在の残高	回収可能額	備考
1						□相殺見込 □その他：
2						□相殺見込 □その他：
3						□相殺見込 □その他：
4						□相殺見込 □その他：
5						□相殺見込 □その他：
6						□相殺見込 □その他：
7						□相殺見込 □その他：
8						□相殺見込 □その他：
9						□相殺見込 □その他：
10						□相殺見込 □その他：
11						□相殺見込 □その他：
計		―	―			

受取手形小切手目録

作成日： 年 月 日

番号	振出人	金額（円）	振出日	支払場所	支払日	備考
1						
2						
3						
4						
5						
6						
7						
8						
9						
10						
11						
計	―		―	―	―	

第1章 破産手続開始の申立て

未回収売掛金目録

作成日： 年 月 日

番号	売掛先名	〒	住所	TEL※	FAX※	担当者※	債権額（円）	備考
1								回収見込 □有 □無
2								回収見込 □有 □無
3								回収見込 □有 □無
4								回収見込 □有 □無
5								回収見込 □有 □無
6								回収見込 □有 □無
7								回収見込 □有 □無
8								回収見込 □有 □無
9								回収見込 □有 □無
10								回収見込 □有 □無
11								回収見込 □有 □無
計		―	―	―	―	―		

※個人情報保護の観点から、事案や相手方によっては、目録の記載は「売掛先名、住所および金額」にとどめ、その他の情報（TEL、FAX、担当者等）は破産管財人への引き継ぎ事項とする方法も検討する。

52

保険目録

作成日： 年 月 日

番号	保険会社名	証券番号	種類 (生命保険・火災保険・自動車保険など)	解約返戻金（円）	契約者貸付	備考
1					□借入有 （借入額： ）	回収見込 □有 □無
2					□借入有 （借入額： ）	回収見込 □有 □無
3					□借入有 （借入額： ）	回収見込 □有 □無
4					□借入有 （借入額： ）	回収見込 □有 □無
5					□借入有 （借入額： ）	回収見込 □有 □無
6					□借入有 （借入額： ）	回収見込 □有 □無
計	―	―	―			

有価証券等目録　　　　　　　　　　　　　　　　　　　　　　　　作成日：　年　月　日

番号	種類	会社名	担保設定	回収見込額（円）	備考
1	□株式（上場） □株式（非上場）□出資金 □ゴルフ会員権　（　：　　　） □その他		□無　□有		
2	□株式（上場） □株式（非上場）□出資金 □ゴルフ会員権　（　：　　　） □その他		□無　□有		
3	□株式（上場） □株式（非上場）□出資金 □ゴルフ会員権　（　：　　　） □その他		□無　□有		
4	□株式（上場） □株式（非上場）□出資金 □ゴルフ会員権　（　：　　　） □その他		□無　□有		
5	□株式（上場） □株式（非上場）□出資金 □ゴルフ会員権　（　：　　　） □その他		□無　□有		
計	—	—	—		—

【書式1-10】 陳述書（代表者）記載例

陳 述 書

平成○年○月○日
東京都○○区○○町○丁目○番○号
株式会社○○○
代表取締役　○　○　○　○

1　はじめに

　私は，株式会社○○○（以下「当社」といいます。）の代表取締役です。
　今般，当社の破産手続開始の申立てを行うに当たりまして，その原因が生じた事情等について，以下のとおり陳述いたします。

2　当社の事業内容について

　私は，昭和○年○月○日，資本金0000万円で当社を設立しました。
　当社の事業内容は，ビル，家屋の内装及びショーウィンドウ等の商業施設の企画・設計・施行となっており，主に飲食店向けの新築又は改装のインテリアデザインを受注していました。
　当社は，設立後，小規模ながらまずまずの利益を上げており，売上高も少しずつではありますが，年々増やしていました。しかし，当初より，受注の約8割を全国チェーン○○屋に依存しており，○○屋の出店状況に経営状況が左右されてしまうという弱点がありました。

3　破産申立てに至った経緯

　そのような中，平成○年ころ，○○屋が業績不振により，新規の出店を控えるようになったため，当社の受注は，既存の店舗に限定されたのみならず，既存店舗のリニューアルの受注自体も減少することとなりました。
　こうして，当社は，平成○年3月期の決算で，000万円もの赤字を出すことになりました。
　私は，受注先を新規開拓すべく奔走しましたが，競合他社の存在もあり中々うまくいかず，また，○○屋からの受注も年々減少するばかりでした。
　その結果，平成○年3月期の決算では000万円の赤字となりました。私は，消費者金融業者から借入れをして，これを当社の運転資金に回すなどしましたが，資金繰りは苦しくなるばかりでした。
　そのような中，当社は，従来から取引のある○○銀行に資金の借入れを申

し込みましたが，追加融資は不可能との判断を受けました。こうして，運転資金を確保することが不可能となり，また業績を改善できる見込みもないため，私は事業の継続を断念し，平成○年○月に登記簿上の本店所在地である事務所を引き払い，事実上営業を廃止しました。

　以上のとおり，当社は，平成○年○月○日に期限を迎える借入金等の返済行うことができない上，債務超過状態であるため，やむを得ず本申立に至った次第であります。

4　当社の従業員等について
　（略）
5　当社の資産及び負債の状況について
　（略）
6　子会社・関係会社の状況について
　（略）

以上

【書式1－11】　取締役会議事録

取締役会議事録

　平成○年○月○日（○曜日）午前○時，東京都○○区○○町○丁目○番○号○○ビル○階（当社本社）会議室において取締役会を開催した。

取締役総数	○名
出席取締役数	○名
監査役総数	○名
出席監査役数	○名

　上記のとおり出席があったので，本取締役会は適法に成立した。よって，代表取締役○○○○は定刻議長席に着き，開会を宣し，直ちに議事に入った。

第1号議案　当社破産手続開始申立ての件
　議長は，当社経営状況の悪化，事業継続の困難等を理由として，議案の内容を説明し，東京地方裁判所に破産手続開始の申立てをするにつき承認を求めたところ，全員一致をもってこれを可決した。

　以上をもって，本日の議事の全てを終了したので，議長は，午前○時○分に

閉会を宣した。

　上記議事の経過及び結果を明確にするため，本議事録を作成し，出席取締役及び監査役全員は以下に記名・押印する。

　　平成○年○月○日
　　株式会社○○○取締役会
　　議長　代表取締役　　○　○　○　○　代表印
　　　　　取締役　　　　○　○　○　○　印
　　　　　同　　　　　　○　○　○　○　印
　　　　　　　　………………………
　　　　　監査役　　　　○　○　○　○　印

【書式1-12】　破産手続開始申立ての通知

　　　　　　　　　　　　　　　　　　　　平成○年○月○日
お得意様　各位
　　　　　　　　　　　　　　○○県○○市○○町○丁目○番○
　　　　　　　　　　　　　　申立人　株式会社○○○
　　　　　　　　　　　　　　　　代表取締役　○　○　○　○
　　　　　　　　　　　　　　　　代理人弁護士　○　○　○　○

弊社の破産手続開始の申立てについて

謹啓
　貴社におかれましては益々ご清祥のこととお慶び申し上げます。平素は弊社事業に格別のご厚情とご協力を賜り厚く御礼申し上げます。
　さて，突然のことではありますが，弊社は本日，○○地方裁判所に破産手続開始の申立てを行いました。これまで格別のご支援，ご協力をいただきながら，かかる事態に至り，多大なご迷惑をおかけしますことを伏してお詫び申し上げます。
　今後は，裁判所より破産手続開始の決定がなされるとともに破産管財人が選任される見込みで，その後は弊社の財産の管理処分に関する一切の権限は破産管財人に専属し，破産管財人が裁判所の監督のもと公正・中立の立場で破産手続を遂行して参ります。

破産手続開始決定がなされた場合には，裁判所から関係書類が債権者様宛てに送付されることとなりますが，取り急ぎ本書をもって弊社の破産手続開始の申立てを行ったことについて，貴社にご連絡させて頂く次第です。

本申立てに伴い，貴社をはじめ皆様方には大変なご迷惑をお掛けすることになり，誠に申し訳なく，深くお詫び申し上げます。

なお，本申立てに関するお問い合せ先は，以下のとおりです。
（申立代理人事務所）
　　○○法律事務所　本件担当窓口　TEL　00-0000-0000

誠に勝手なお願いではございますが，貴社におかれましては，諸事情をご賢察のうえ，何卒ご理解ご協力を賜りたくお願い申し上げます。

謹白

㈡　債権者による破産手続開始申立て

破産手続の対象たる債務者（法人）に対して債権を有するすべての債権者が破産手続開始の申立てをすることができる。その場合、破産手続開始の原因となる事実だけでなく、債務者（法人）に対する債権（申立権を基礎づける債権）の存在につき疎明する必要がある。

【書式1-13】　破産手続開始申立書──債権者による場合

破産手続開始申立書

平成○年○月○日

○○地方裁判所第○民事部　御中

申立人（債権者）　株式会社△△△
申立人代理人弁護士　○　○　○　印
同　　　　　　　　　○　○　○　印

当事者の表示　別紙当事者目録（略）記載のとおり

申立ての趣旨

債務者〇〇〇株式会社について，破産手続を開始するとの決定を求める。

申立ての理由

第1　当事者
 1　申立人（債権者）
　　債権者は，金銭の貸付，債権の売買その他の金融業等を行う株式会社である。
 2　債務者
　　債務者は，〇〇市で，ホテル，レストラン及びスポーツ施設等の所有，賃貸及び経営等を行う株式会社であり，代表取締役は〇〇〇〇である。
第2　債権者の債務者に対する債権
 1　本件貸付契約
　(1)　株式会社〇〇銀行（以下「〇〇銀行」という）は，平成〇年〇月〇日，債務者との間で同日付け銀行取引約定書（以下「本件銀行取引約定書」という。甲1）を締結し，平成〇年〇月〇日，同日付け金銭消費貸借契約書に基づき，債務者に対して〇〇億円を以下の約定で貸し付けた（以下「本件貸付契約」という。甲2）。
　　　ア　元金弁済方法　　平成〇年〇月〇日から平成〇年〇月〇日まで毎月末日限り〇〇〇万円を支払う。
　　　イ　遅延損害金　年〇パーセント（年365日の日割計算）
　(2)　債務者は，平成〇年〇月〇日，〇〇銀行との間で，本件貸付契約について，支払条件変更契約を締結し（甲3），同契約により本件貸付契約の残元金の最終弁済期は平成〇年〇月〇日となった。
　(3)　債務者は〇〇銀行に対し，平成〇年〇月〇日までに，本件貸付契約の債務の一部を支払ったが（元金分合計金〇億〇〇〇〇万円），平成〇年〇月〇日以降，同契約残元金〇〇億〇〇〇〇万円につき一切の支払をしていない。
 2　本件債権譲渡
　　債権者は，平成〇年〇月〇日，〇〇銀行から，本件貸付契約に基づく一切の債権（同日現在の残元金合計金〇〇億〇〇〇〇万円及びそれに付帯する利息，遅延損害金請求権の全部）を譲り受け（以下「本件債権譲渡」という），〇〇銀行は，同日，債務者に対し，本件債権譲渡を通知し，同通知は，平成〇年〇月〇日，債務者に到達した（甲4）。
 3　小括

以上より，債権者は債務者に対し，本件貸付契約に基づき，残元本合計金○○億○○○○万円の支払請求権及びこれに対する平成○年○月○日から完済まで，約定の年○パーセントの割合による遅延損害金の支払請求権を有している。

第3　破産原因の存在
　1　債務者は債務超過の状態にあること
　　債務者は，○○銀行より，本件貸付契約に基づき，ホテル経営のための土地建物取得資金として合計金○○億円を借り入れ，別紙物件目録記載の土地建物（以下「本件土地建物」という。甲5ないし10）を購入した。
　　本件土地建物の価格は，帳簿上は合計金○○億○○○○万○○○○円とされているものの，不動産市況の低迷を受け，実際の評価は合計金○億○○○○万○○○○円にすぎない（甲11）。
　　また，債務者には本件土地建物以外には現金・預金等が若干存在するのみであり，その他の資産を含めても債務者の資産は合計金○億円を上回ることはない（甲12）。
　　一方，債務者の負債総額は，下記第4の2に記載のとおり平成○年○月○日現在で金○○億○○○○万○○○○円に上る（但し，一般債権及び公租公課は平成○年○月○日現在の決算報告書の記載に基づく。甲12）。
　　従って，債務者が債務超過の状態にあることは明らかである（甲13）。
　2　債務者は支払不能であること
　　債務者には本件土地建物以外にみるべき資産は存在せず，債務者の資産は合計金○億円を上回ることはないこと，債務者の負債は金○○億円を超えていること，平成○年○月○日以降は弁済期が過ぎているにもかかわらず債権者に対する支払いを一切停止していること，及び，租税を滞納していることからすると，債務者が支払不能であることは明らかである（甲12，13）。

第4　債務者の資産と負債の状況
　1　資産の内容
　　別紙財産目録（略）記載のとおりである。
　2　負債の内容
　　別紙債権者一覧表（略）記載のとおりである。
　　なお，平成○年○月○日現在の負債総額は以下のとおりであり，一般債権者に対する弁済は見込めない状況である。

　　　　債権総額　　　　○○○○○○○○○○○円

(内訳)
　　　一般債権　　　○○○○○○○○円
　　　別除権者　　　○○○○○○○○○円
　　　公租公課　　　○○○○○○○○円
　　　労働債権　　　不明

第5　結語
　以上より，債務者には破産手続開始の原因があることは明らかであるため，破産手続開始の決定をされたく，申立てに至った次第である。

以上

　　　　　　　　　疎　明　資　料

甲第1号証　　銀行取引約定書
甲第2号証　　金銭消費貸借契約書
甲第3号証　　支払条件変更契約書
甲第4号証　　債権譲渡通知書及び配達証明書
甲第5ないし10号証　　不動産登記事項証明書
甲第11号証　　不動産鑑定評価書
甲第12号証　　確定申告書及び決算報告書
甲第13号証　　陳述書

　　　　　　　　　添　付　書　類

1　疎明資料　　1式
2　資格証明書　2通
3　委任状　　　1通

(3)　法人の連帯保証人となっている代表者個人について法人と同時に破産手続開始を申し立てる場合
　(イ)　自己破産の申立て
　法人に対して、事業資金等を貸し付けようとする金融機関等は、債務者たる法人の代表取締役を連帯保証人として、その支払いを保証させる場合が多い。
　そして、このような場合には、ひとたび法人が事業展開に失敗するなどし

て経済的破綻状態に陥ると、同時にその代表者たる個人も経済的破綻状態に陥ることから、法人とその代表者個人の両者を債務者として2件の破産手続開始の申立てがなされる場合が多い。

　代表者個人（自然人）の申立ての場合でも、既述の形式的要件、実質的要件を充足のうえ、所定の記載事項、添付書面を具備した書面をもって、申立てをなすべきことに変わりはない（ただし、破産手続開始原因に債務超過は含まれず、「支払不能の事実」を疎明することが必要である）。

【書式1-14】　代表者個人の破産手続開始申立書等（東京地方裁判所）(1)──破産手続開始・免責許可申立書

破産手続開始・免責許可申立書

|印紙　1500円|
|郵券　4100円|
|係印|備考|

印紙
1500円

東京地方裁判所民事第20部　御中
平成　　年　　月　　日
（ふりがな）
申立人氏名　_____
　　（ふりがな）　　　（ふりがな）
　　　□旧姓_____　□通称名_____　（※旧姓・通称で借入れした場合のみ）
生年月日　大・昭・平___年___月___日生（___歳）
本　籍　別添住民票記載のとおり
現住所　□別添住民票記載のとおり（〒　　-　　）※郵便番号は必ず記入すること
　　　　□※住民票と異なる場合　〒　　-　　_____
現居所　（※住所と別に居所がある場合）〒　　-　　_____
申立人代理人（※代理人が複数いる場合には主任代理人を明記すること）
　事務所（送達場所），電話，ファクシミリ，代理人氏名・印

申　立　て　の　趣　旨

1　申立人について破産手続を開始する。
2　申立人（破産者）について免責を許可する。

申　立　て　の　理　由

　申立人は，添付の債権者一覧表のとおりの債務を負担しているが，添付の陳

述書及び資産目録記載のとおり，支払不能状態にある。

手続についての意見　　□同時廃止　□管財手続
即日面接（申立日から3日以内）の希望の有無　　□希望する　□希望しない
　生活保護受給　　　　□無　□有→□生活保護受給証明書の写し
　所有不動産　　　　　□無　□有→□オーバーローンの定形上申書あり
　　　　　　　　　　　　　　　　（　　　倍）
破産・個人再生・民事再生の関連事件（申立予定を含む）□無　□有
（事件番号　　　　　　　　　）
管轄に関する意見
　□住民票上の住所が東京都にある。
　□大規模事件管轄又は関連事件管轄がある。
　□経済生活の本拠が東京都にある。
　　　勤務先の所在地　〒＿＿－＿＿＿＿＿＿＿＿＿＿＿＿＿＿＿＿＿＿＿＿＿
　□東京地裁に管轄を認めるべきその他の事情がある。

[書式1-15] 代表者個人の破産手続開始申立書等(東京地方裁判所)(2)——債権者一覧表

(作成の手順)

1 債権者一覧表の作成

債権者一覧表は、①一般用②一般用(最終頁用)③公租公課用の3種類があります。一般債権については、①のみをお使いください(一枚で収まるときは、②のみをお使いください。)。公租公課をお使いいただくこととなりますのでご注意ください及び下記「記入の方法」にご留意ください。

入力の方法については、データ行1行目のコメント及び下記「記入の方法」にご留意ください。

①の様式は、債権者が160名まで記入できます。債権者数が160名を上回る場合に、1つの文書ファイルのままシートや行を増やしても、160名を超える分の宛名ラベルが印刷できませんので、債権者を複数の文書ファイル(複数のシートではなく)に分けて作成してください。

2 債権者一覧表の印刷

債権者一覧表・一般用は、20頁あります。債権者数に応じて、必要な頁だけ印刷してください。

3 宛名ラベルの印刷

宛名ラベル印刷用シートは、3つの債権者一覧表のそれぞれに対応する形で、①一般用用宛名②最終頁用宛名③公租公課用宛名を用意しています。各シートは、対応する債権者一覧表を作成すると自動的に作成されますので、入力の必要はありません。当該事件で使用されたシートを印刷してください。

宛名ラベル印刷用シート・一般用は、14頁あります。債権者数に応じて、必要な頁だけ印刷してください。

なお、宛名ラベルに事件番号を表示させたい場合は、宛名用事件番号シートに事件番号を入力してください。

各宛名ラベル印刷用シートは、市販のA4判4辺余白付き2行6列12面のラベルシート(エーワン、ヒサゴ製はテスト済み)に対応しています。

各宛名ラベル印刷用シートは、関数を使用しているため、同シートに直接入力したり、内容を変更すると、債権者一覧表のデータが正確に反映されなくなるおそれがありますので、ご注意ください。

Ⅱ 破産手続開始の申立て

(記入の方法)
債権者一覧表（一般用）

(最初の受任通知の日　平成26年4月3日)

番号	債権者名	債権者住所（送達先）	借入始期及び終期（平成）	現在の残高（円）	原因使途	保証人（保証有無）	備考（別除権・差押え等がある場合は、注記してください。）
1	株式会社椀クレジット	(〒100-0013)千代田区霞が関1-1-20八代ビル2階	平成21年10月9日のみ	236,321	原因 B使途・内容（時計購入）	■無 □有（　　　）	■最終返済日平成25年1月31日 □一度も返済していない

債権者一覧表（一般用）（最終頁用）

番号	債権者名	債権者住所（送達先）	借入始期及び終期（平成）	現在の残高（円）	原因使途	保証人（保証有無）	備考（別除権・差押え等がある場合は、注記してください。）
12	はやぶさ信用保証株式会社	(〒100-0013)千代田区隼町2-1-1 はやとビル4階	平成22年6月16日平成24年3月30日	1,273,247	原因 A使途・内容（事業資金）	□無 ■有（中野光一郎）	■最終返済日平成25年11月30日 □一度も返済していない	自宅土地建物に抵当権設定物上保証人(中野光一郎)公正証書あり丸角銀行原債権者株式会社代位弁済日平成25年8月16日
	債権者数合計	12名		総債権額	532万6429円		

* 「最初の受任通知の日」欄を必ず記入してください。
* 借入・購入年月日の古いものから順に記入します。
* 同じ債権者から何回か借り入れている場合は、初めて借り入れた時期を基準に記載順序を定め、金額、使途等はまとめて記載します。
* 保証人がいる場合の保証人欄には、新債権者名、勤務先からの借入れ、家賃保証への借入れ、公共料金に対する求償債務、親族からの贈与など忘れずに記載します。
* 弁済順位により債権者が替わっている場合には、新債権者名、勤務先の名称、代位弁済日を記入します。住所、代位弁済日を忘れずに記載します。ただし、「原因使途」欄は原債権者から借り入れたときの事項を記入します。また、「備考」欄には、基本的に代理人が行った債権調査の結果（返送のみか、債権調査表のまとめということではありません）を記入します。
* 「借入始期及び終期」欄及び「現在の残高」欄は、借入れが1回のみの日のみを記入します。「平〇年〇月〇日のみ」と記入します。
* 「原因使途」欄について、原因は、A＝現金の借入れ、B＝物品購入、C＝保証、D＝その他、の記号で記入します。また、使途は、借入金を何に使ったか、何を買ったか、誰の債務を保証したか等を、具体的に記入します。
* 「保証人」欄には、保証人がいる場合の保証人氏名を記入します（手書きの場合は〇で囲みます。）。
* 「備考」欄には、具体的な担保の種類、債務名義（強制執行受諾文言付公正証書を含む。）の有無・種類、訴訟係属の有無、差押え、仮差押えの有無を記載します。また、これらがある場合には、その関係書類の写しを提出してください。「種別」欄には、具体的な種類を記入します。
* 公租公課（国税滞納処分または同法の例により徴収することのできる請求権）は、公租公課費用の一覧表に記載してください。公租年金保険料、国民健康保険料、所得税、住民税、預かり消費税、固定資産税、自動車税等

債権者一覧表（一般用）

番号	債権者名	債権者住所（送達先）	借入始期及び終期（平成）	現在の残高（円）	原因 使途	保証人（保証人名）	（最初の受任通知の日 平成　年　月　日）最終返済日　平成	備考（別除権、差押え等がある場合は、注記してください。）年　月　日
1		（〒　　）	年　月　日 ～ 年　月　日		原因 A・B・C・D 使途・内容（　）	□無 □有（　）	□最終返済日 年　月　日 □一度も返済していない	
2		（〒　　）	年　月　日 ～ 年　月　日		原因 A・B・C・D 使途・内容（　）	□無 □有（　）	□最終返済日 年　月　日 □一度も返済していない	
3		（〒　　）	年　月　日 ～ 年　月　日		原因 A・B・C・D 使途・内容（　）	□無 □有（　）	□最終返済日 年　月　日 □一度も返済していない	
4		（〒　　）	年　月　日 ～ 年　月　日		原因 A・B・C・D 使途・内容（　）	□無 □有（　）	□最終返済日 年　月　日 □一度も返済していない	
5		（〒　　）	年　月　日 ～ 年　月　日		原因 A・B・C・D 使途・内容（　）	□無 □有（　）	□最終返済日 年　月　日 □一度も返済していない	
6		（〒　　）	年　月　日 ～ 年　月　日		原因 A・B・C・D 使途・内容（　）	□無 □有（　）	□最終返済日 年　月　日 □一度も返済していない	
7		（〒　　）	年　月　日 ～ 年　月　日		原因 A・B・C・D 使途・内容（　）	□無 □有（　）	□最終返済日 年　月　日 □一度も返済していない	
8		（〒　　）	年　月　日 ～ 年　月　日		原因 A・B・C・D 使途・内容（　）	□無 □有（　）	□最終返済日 年　月　日 □一度も返済していない	

「原因」欄は、A＝現金の借入れ、B＝物品購入、C＝保証、D＝その他、のいずれかの記号を○で囲んでください。

Ⅱ 破産手続開始の申立て

債権者一覧表（一般用）（最終貸付用）

（最初の受任通知の日 平成　年　月　日）

番号	債権者名	債権者住所（送達先）	借入始期及び終期（平成）	現在の残高（円）	原因 使途	保証人（保証人・名）	最終返済日 平成	備考（別除権、差押え等がある場合は、注記してください。） 年　月　日
		（〒　　－　　）	年　月　日 ～ 年　月　日		原因 A・B・C・D 使途・内容（　）	□無 □有（　）	最終返済日 年　月　日 □一度も返済していない	
		（〒　　－　　）	年　月　日 ～ 年　月　日		原因 A・B・C・D 使途・内容（　）	□無 □有（　）	最終返済日 年　月　日 □一度も返済していない	
		（〒　　－　　）	年　月　日 ～ 年　月　日		原因 A・B・C・D 使途・内容（　）	□無 □有（　）	最終返済日 年　月　日 □一度も返済していない	
		（〒　　－　　）	年　月　日 ～ 年　月　日		原因 A・B・C・D 使途・内容（　）	□無 □有（　）	最終返済日 年　月　日 □一度も返済していない	
		（〒　　－　　）	年　月　日 ～ 年　月　日		原因 A・B・C・D 使途・内容（　）	□無 □有（　）	最終返済日 年　月　日 □一度も返済していない	
		（〒　　－　　）	年　月　日 ～ 年　月　日		原因 A・B・C・D 使途・内容（　）	□無 □有（　）	最終返済日 年　月　日 □一度も返済していない	
		（〒　　－　　）	年　月　日 ～ 年　月　日		原因 A・B・C・D 使途・内容（　）	□無 □有（　）	最終返済日 年　月　日 □一度も返済していない	
		（〒　　－　　）	年　月　日 ～ 年　月　日		原因 A・B・C・D 使途・内容（　）	□無 □有（　）	最終返済日 年　月　日 □一度も返済していない	
債権者数合計（一般用）	名		総債権額	円				

［原因］欄は、A＝現金の借入れ、B＝物品購入、C＝保証、D＝その他、のいずれかの記号を○で囲む。

債権者一覧表（公租公課用）

番号	債権者名	債権者住所（送達先）	電話番号	種別	現在の滞納額
		(〒　　　)			
		(〒　　　)			
		(〒　　　)			
		(〒　　　)			
		(〒　　　)			
		(〒　　　)			
		(〒　　　)			
公租公課合計			庁	現在の滞納額合計	円
債権者合計（公租公課を含む）			名	現在の残金合計	円

＊合計欄は、債権者一覧表（一般用）と同（公租公課用）の総合計（債権者数、残金額）を記入して下さい。

68

【書式1-16】 代表者個人の破産手続開始申立書等（東京地方裁判所）(3)──資産目録（一覧）

資産目録（一覧）

下記1から16の項目についてはあってもなくてもその旨を必ず記入します。
【有】と記入したものは，別紙（明細）にその部分だけを補充して記入します。
＊預貯金は，解約の有無及び残額の多寡にかかわらず，各通帳の表紙・中表紙を含め，過去2年以内の取引の明細が分かるように記帳部分全部の写しを提出します。
＊現在事業を営んでいる人又は過去2年以内に事業を営んでいたことがある人は過去2年度分の所得税の確定申告書の写しを，法人代表者の場合は過去2年度分の法人の確定申告書及び決算書の写しを，それぞれ提出します。

1　申立て時における20万円以上の現金　　　　　　　【　有　無　】
2　預金・貯金　　　　　　　　　　　　　　　　　　【　有　無　】
　　□過去2年以内に口座を保有したことがない。
3　公的扶助（生活保護，各種扶助，年金等）の受給　　【　有　無　】
4　報酬・賃金（給料・賞与等）　　　　　　　　　　　【　有　無　】
5　退職金請求権・退職慰労金　　　　　　　　　　　　【　有　無　】
6　貸付金・売掛金等　　　　　　　　　　　　　　　　【　有　無　】
7　積立金等（社内積立，財形貯蓄，事業保証金等）　　【　有　無　】
8　保険（生命保険，傷害保険，火災保険，自動車保険等）【　有　無　】
9　有価証券（手形・小切手，株式，社債），ゴルフ会員権等【　有　無　】
10　自動車・バイク等　　　　　　　　　　　　　　　　【　有　無　】
11　過去5年間において，購入価格が20万円以上の財産
　　（貴金属，美術品，パソコン，着物等）　　　　　　【　有　無　】
12　過去2年間に換価した評価額又は換価額が20万円以上の財産【　有　無　】
13　不動産（土地・建物・マンション等）　　　　　　　【　有　無　】
14　相続財産（遺産分割未了の場合も含みます。）　　　【　有　無　】
15　事業設備，在庫品，什器備品等　　　　　　　　　　【　有　無　】
16　その他，破産管財人の調査によっては回収が可能となる財産【　有　無　】
　　□過払いによる不当利得返還請求権　□否認権行使　□その他

資産目録（明細）

＊該当する項目部分のみを記入して提出します。欄が足りないときは，適宜欄を加えるなどして記入してください。

1　現　金　　　　　　　　　　　　　　　　　　　　　＿＿＿＿＿＿円

＊申立て時に20万円以上の現金があれば全額を記入します。

2　預金・貯金

＊債務者名義の預貯金口座（ネットバンクを含む。）について，申立て前1週間以内に記帳して確認した結果に基づいて記入してください。残高が0円である場合も，その旨を記入してください。

＊解約の有無及び残額の多寡にかかわらず各通帳の表紙・中表紙を含め，過去2年以内の取引の明細が分かるように記帳部分全部の写しを提出します。

＊いわゆるおまとめ記帳部分は取引明細書も提出します。

金融機関・支店名 （郵便局，証券会社を含む。）	口座の種類	口座番号	申立て時の残額
			円

3　公的扶助の受給

＊生活保護，各種扶助，児童手当，年金等を漏れなく記入します。

＊受給証明書の写しも提出します。

＊金額は，1か月に換算してください。

種　類	金　額	開　始　時　期	受給者の名前
	円／月	平・昭　年　月　日	

4　報酬・賃金（給料・賞与等）

＊給料・賞与等の支給金額だけでなく，支給日も記入します（月払の給料は，毎月〇日と記入し，賞与は，直近の支給日を記入します。）。

＊最近2か月分の給与明細及び過去2年度分の源泉徴収票又は確定申告書の控えの各写しを提出します。源泉徴収票のない人，確定申告書の控えのない人，給与所得者で副収入のあった人又は修正申告をした人は，これらに代え，又はこれらとともに，課税（非課税）証明書を提出します。

種　類	支　給　日	支　給　額
		円

5　退職金請求権・退職慰労金

＊退職金の見込額を明らかにするため，使用者又は代理人作成の退職金計算書を添付します。

＊退職後に退職金を未だ受領していない場合は4分の1相当額を記入します。

種　類	総支給額（見込額）	8分の1（4分の1）相当額
	円	円

6　貸付金・売掛金等

＊相手の名前，金額，発生時期，回収見込額及び回収できない理由を記入します。

＊金額と回収見込額の双方を記入してください。

相手方	金　額	発　生　時　期	回収見込額	回収できない理由
	円	平・昭　年　月　日	円	

7　積立金等（社内積立，財形貯蓄，事業保証金等）

＊給与明細等に財形貯蓄等の計上がある場合は注意してください。

種　類	金　額	開　始　時　期
	円	平・昭　年　月　日

8　保険（生命保険，傷害保険，火災保険，自動車保険等）

＊申立人が契約者で，未解約のもの及び過去2年以内に失効したものを記入します（出捐者が債務者か否かを問いません）。

＊源泉徴収票，確定申告書等に生命保険料の控除がある場合や，家計や口座から保険料の支出をしている場合は，調査が必要です。

＊解約した保険がある場合には，20万円以下であっても，「12　過去2年間に処分した財産」に記入してください。

＊保険証券及び解約返戻金計算書の各写し，失効した場合にはその証明書（いずれも保険会社が作成します。）を提出します。

＊返戻金が20万円以下の場合も全て記入します。

保険会社名	証券番号	解約返戻金額
		円

9 有価証券（手形・小切手，株式，社債），ゴルフ会員権等

＊種類，取得時期，担保差入及び評価額を記入します。

＊証券の写しも提出します。

種　類	取　得　時　期	担保差入	評　価　額
	平・昭　年　月　日	□有　□無	円

10 自動車・バイク等

＊車名，購入金額，購入時期，年式，所有権留保の有無及び評価額を記入します。

＊家計全体の状況に駐車場代・ガソリン代の支出がある場合は，調査が必要です。

＊自動車検査証又は登録事項証明書の写しを提出します。

車　名	購入金額	購　入　時　期	年式	所有権留保	評価額
	円	平・昭　年　月　日	年	□有　□無	円

11 過去5年間において，購入価格が20万円以上の財産
（貴金属，美術品，パソコン，着物等）

＊品名，購入価格，取得時期及び評価額（時価）を記入します。

品　名	購入金額	取　得　時　期	評　価　額
	円	平成　年　月　日	円

12 過去2年間に換価した評価額又は換価額が20万円以上の財産

＊過去２年間に換価した財産で，評価額又は換価額のいずれかが20万円以上の財産は全て記入します。
＊不動産の売却，自動車の売却，保険の解約，定期預金の解約，過払金の回収等について，換価時期，換価時の評価額，実際の換価額，換価の相手方，取得した金銭の使途を記入します。
＊換価に関する契約書・領収書の写し等換価を証明する資料を提出します。
＊不動産を換価した場合には，換価したことが分かる登記事項証明書等を提出します。
＊使途に関する資料を提出します。

財産の種類	換 価 時 期	評価額	換価額	相手方	使　途
	平成　年　月　日	円	円		

＊賞与の受領，退職金の受領，敷金の受領，離婚に伴う給付等によって取得した現金についても，取得時期，取得額，使途を記入します。
＊給与明細書等受領を証明する資料を提出します。
＊使途に関する資料を提出します。

財産の種類	取 得 時 期	取得額	使　途
	平成　年　月　日	円	

13　不動産（土地・建物・マンション等）
＊不動産の所在地，種類（土地・借地権付建物・マンション等）を記入します。
＊共有等の事情は，備考欄に記入します。
＊登記事項証明書を提出します。
＊オーバーローンの場合は，定形の上申書とその添付資料を提出します。
＊遺産分割未了の不動産も含みます。

不動産の所在地	種　　類	備　　考

14 相続財産
   * 被相続人，続柄，相続時期及び相続した財産を記入します。
   * 遺産分割未了の場合も含みます（不動産は13に記入します。）。

被相続人	続　柄	相　続　時　期	相続した財産
		平・昭　年　月　日	

15 事業設備，在庫品，什器備品等
   * 品名，個数，購入時期及び評価額を記入します。
   * 評価額の疎明資料も添付します。

品　名	個　数	購　入　時　期	評　価　額
		平・昭　年　月　日	円

16 その他，破産管財人の調査によっては回収が可能となる財産
   * 相手方の氏名，名称，金額及び時期等を記入します。
   * 現存していなくても回収可能な財産は，同時破産廃止の要件の認定資料になります。
   * 債務者又は申立代理人によって回収可能な財産のみならず，破産管財人の否認権行使によって回収可能な財産も破産財団になります。
   * ほかの項目に該当しない財産（敷金，過払金，保証金等）もここに記入します。

相　手　方	金　額	時　期	備　考
		平・昭　年　月　日	

【書式1-17】　代表者個人の破産手続開始申立書等（東京地方裁判所）(4)——申立債務者に関する報告書または陳述書

申立人債務者＿＿＿＿＿＿＿＿＿＿＿に関する
　　□陳述書（作成名義人は申立人＿＿＿＿＿＿＿＿＿＿＿＿＿印）

□報告書（作成名義人は申立代理人＿＿＿＿＿＿＿＿＿＿＿＿＿＿＿印）

＊いずれか書きやすい形式で本書面を作成してください。

＊適宜，別紙を付けて補充してください。

1　過去10年前から現在に至る経歴　　　　　　　　　　　　□補充あり

就　業　期　間	地位
就業先（会社名等）	業務の内容
年　月～　　年　月	□自営　□法人代表者　□勤め　□パート・バイト □無職　□他（　　　　　　）
年　月～　　年　月	□自営　□法人代表者　□勤め　□パート・バイト □無職　□他（　　　　　　）
年　月～　　年　月	□自営　□法人代表者　□勤め　□パート・バイト □無職　□他（　　　　　　）
年　月～　　年　月	□自営　□法人代表者　□勤め　□パート・バイト □無職　□他（　　　　　　）

＊流れが分かるように時系列に記入します。

＊破産につながる事情を記入します。10年前というのは一応の目安にすぎません。

＊過去又は現在，法人の代表者の地位にある場合は，必ず記入します。

2　家族関係等　　　　　　　　　　　　　　　　　　　　□補充あり

氏　名	続柄	年齢	職　業	同居

＊申立人の家計の収支に関係する範囲で記入してください。

＊続柄は申立人から見た関係を記入します。

＊同居の場合は同居欄に○を，別居の場合は同欄に×を記入します。

3　現在の住居の状況　　　　　　　　　　　　　　　　　□補充あり

ア　申立人が賃借　　イ　親族・同居人が賃借　　ウ　申立人が所有・共有
　　　エ　親族が所有　　オ　その他（　　　　　　　　　　　　　　　　　）
　　　＊ア，イの場合は，次のうち該当するものに○印をつけてください。
　　　　　a民間賃借　　　b公営賃借　　　c社宅・寮・官舎
　　　　　dその他（　　　　　　　　　　　　　　　　　　　　　　　　）
4　今回の破産申立費用（弁護士費用を含む。）の調達方法　　　□補充あり
　　□申立人自身の収入　□法テラス
　　□親族・友人・知人・（　　　　　　）からの援助・借入れ
　　　（→その者は，援助金・貸付金が破産申立費用に使われることを
　　　　　□知っていた　□知らなかった）
　　□その他（　　　　　　　　　　　　　　　　　　　　　　　　　　）
5　破産申立てに至った事情　　　　　　　　　　　　　　　　□補充あり
　　＊債務発生・増大の原因，支払不能に至る経過及び支払不能となった時期
　　を，時系列で分かりやすく記載してください。
　　＊事業者又は事業者であった人は，事業内容，負債内容，整理・清算の概
　　況，資産の現況，帳簿・代表者印等の管理状況，従業員の状況，法人の破
　　産申立ての有無などをここで記載します。
6　免責不許可事由　　　　　　　　　　　　　□有　□無　□不明
　　＊有又は不明の場合は，以下の質問に答えてください。
　　問1　本件破産申立てに至る経過の中で，当時の資産・収入に見合わない過
　　　　大な支出又は賭博その他の射幸行為をしたことがありますか（破産法
　　　　252条1項4号）。　　　　　　　　　　　　　　　　□補充あり
　　　　　　□有（→次の①～⑥に答えます。）　　□無
　　　　①　内容　　ア　飲食　イ　風俗　ウ　買物（対象　　　　　）　エ　旅行
　　　　　　　　　　オ　パチンコ　カ　競馬　キ　競輪　ク　競艇　ケ　麻雀
　　　　　　　　　　コ　株式投資　サ　商品先物取引
　　　　　　　　　　シ　FX（外国為替証拠金取引）
　　　　　　　　　　ス　その他（　　　　　　　　　　　　　）
　　　　＊①の内容が複数の場合は，その内容ごとに②～⑥につき答えてくださ
　　　　い。
　　　　②　時期　　　　　年　　月頃～　　　　　年　　月頃
　　　　③　②の期間中にその内容に支出した合計額
　　　　　　　　　　　　　　　　　　ア　約　　　　万円　イ　不明
　　　　④　同期間中の申立人の資産及び収入（ギャンブルや投資・投機で利益

が生じたときは，その利益を考慮することは可）からみて，その支出
　　　に充てることができた金額　　　ア　約＿＿＿＿万円　イ　不明
　⑤　③－④の額　　　　　　　　　　　ア　約＿＿＿＿万円　イ　不明
　⑥　②の終期時点の負債総額　　　　　ア　約＿＿＿＿万円　イ　不明
問2　破産手続開始を遅延させる目的で，著しく不利益な条件で債務を負担
　　したり，又は信用取引により商品を購入し著しく不利益な条件で処分し
　　てしまった，ということがありますか（破産法252条1項2号）。

　　　　　　　　　　　　　　　　　　　　　　　　　　　□補充あり
　　　□有（→次の①～③に答えます。）　　□無
　①　内容　ア　高利借入れ（→次の②に記入）
　　　　　　イ　換金行為（→次の③に記入）
　　　　　　ウ　その他（＿＿＿＿＿＿＿＿＿＿＿＿＿＿＿＿＿＿＿＿）

　②　高利（出資法違反）借入れ　　　　　　　　　　　　　（単位：円）

借　入　先	借入時期	借入金額	約定利率

　③　換金行為　　　　　　　　　　　　　　　　　　　　（単位：円）

品　名	購入価格	購入時期	換金価格	換金時期

問3　一部の債権者に特別の利益を与える目的又は他の債権者を害する目的
　　で，義務ではない担保の提供，弁済期が到来していない債務の弁済又は
　　代物弁済をしたことがありますか（破産法252条1項3号）。

　　　　　　　　　　　　　　　　　　　　　　　　　　　□補充あり
　　　□有（→以下に記入します。）　　□無

(単位:円)

時　期	相手の名称	弁済額

問4　破産手続開始の申立日の1年前の日から破産手続開始の申立日までの間に，他人の名前を勝手に使ったり，生年月日，住所，負債額及び信用状態等について虚偽の事実を述べて，借金をしたり，信用取引をしたことがありますか（破産法252条1項5号）。　　　　　　　　□補充あり
　　　□有（→以下に記入します。）　　□無　　　　　（単位:円）

時期	相　手　方	金　額	内　　容

問5　破産手続開始（免責許可）の申立前7年以内に以下に該当する事由がありますか（破産法252条1項10号関係）。
　　　□有（番号に○をつけてください。）　　□無
　　　1　免責許可決定の確定
　　　　　　　　　　免責許可決定日　　平成　　年　　月　　日
　　　　　　　　（決定書写しを添付）
　　　2　給与所得者等再生における再生計画の遂行
　　　　　　　　　　再生計画認可決定日　平成　　年　　月　　日
　　　　　　　　（決定書写しを添付）
　　　3　ハードシップ免責決定（民事再生法235条1項，244条）の確定
　　　　　　　　　　再生計画認可決定日　平成　　年　　月　　日
　　　　　　　　（決定書写しを添付）
問6　その他，破産法所定の免責不許可事由に該当すると思われる事由がありますか。　　　　　　　　　　　　　　　　　　　　　　□補充あり
　　　□有　　□無
　　　有の場合は，該当法条を示し，その具体的事実を記載してください。
問7　①　破産手続開始の申立てに至る経過の中で，商人（商法4条。小商人［商法7条，商法施行規則3条］を除く。）であったことがありますか。
　　　　□有（→次の②に答えます。）　　□無

② 業務及び財産の状況に関する帳簿（商業帳簿等）を隠滅したり，偽造，変造したことがありますか（破産法252条1項6号）。

　　　　　　　　　　　　　　　　　　　　　　　□補充あり
　　　□有　　□無
　　　有の場合は，aその時期，b内容，c理由を記載してください。
問8　本件について免責不許可事由があるとされた場合，裁量免責を相当とする事情として考えられるものを記載してください。

　　　　　　　　　　　　　　　　　　　　　　　　　　　以上

【書式1-18】　代表者個人の破産手続開始申立書等（東京地方裁判所）(5)——家計全体の状況

家計全体の状況①（平成　　年　　月分）

（平成　年　月　日～平成　年　月　日）
＊申立直前の2か月分（起算日は任意）の状況を提出します。
＊世帯全体の収支を記載します。
＊「他の援助」のある人は，（　）に援助者の名前も記入します。
＊「交際費」「娯楽費」その他多額の支出は，（　）に具体的内容も記入します。
＊「保険料」のある人は，（　）に保険契約者の名前も記入します。
＊「駐車場代」「ガソリン代」のある人は，（　）に車両の名義人も記入します。

収　入		支　出	
費　目	金額（円）	費　目	金額（円）
前月繰越金（現金）			
（預貯金）			
前月繰越金計（A）	0		
給料・賞与（申立人）		家賃(管理費含む)，地代	
給料・賞与（配偶者）		住宅ローン	
給料・賞与（　　）		食費	
自営収入（申立人）		日用品	
自営収入（配偶者）		水道光熱費	
自営収入（　　）		通信費（電話代等）	

年金（申立人）		新聞代	
年金（配偶者）		保険料（　　　　）	
年金（　　　　　）		駐車場代（　　　）	
生活保護		ガソリン代（　　）	
児童手当		医療費	
他の援助（　　　）		教育費	
その他（　　　　）		交通費	
		被服費	
		交際費（　　　　）	
		娯楽費（　　　　）	
		返済（対業者）	
		返済（対親戚・知人）	
		返済（　　　　　）	
		その他（　　　　）	
当月収入計（B）	0	当月支出計（C）	0
		次月繰越金（現金）	
		（預貯金）	
		次月繰越金計（D）	0
合計（A＋B）	0	合計（C＋D）	0

　なお、【書式1-18】については、東京地方裁判所では家計全体の状況は2カ月分について提出する運用となっているため、同項目について記載した家計全体の状況②もあわせて提出する。

【書式1-19】　代表者個人の破産手続開始申立書等（東京地方裁判所）(6)——申立てにあたり調査・確認すべき事項

申立てに当たり調査・確認すべき事項

第1　破産手続開始・免責許可申立書
　(1)　旧姓や通称名（屋号等を含む。）で借入れをしたことがあるかを確認した上で，そのような借入れをしたことがある場合には，旧姓や通称名を記入してください。
　(2)　委任状は，申立前3か月以内に作成したものを提出してください。なお，受任後申立てまでに転居があった場合で，後から日付を記入したために，委任状の住所欄には受任当時の前住所が記入されているが，委任状の日付欄には申立て直前の日が記入されているという委任状も見受けられますので，ご注意ください。

第2　債権者一覧表
　1　債権者一覧表全般
　(1)　債権者一覧表は，借入れ・購入時期の古いものから順に記入（同一債権者から複数回借入れをしている場合は，初めて借り入れた時期を基準に，債権者ごとにまとめて記入）してください。
　(2)　金融機関（金融業者）やクレジットカード会社のみならず，全ての債権者に対する，全ての債務について，漏れなく記入してください（例えば，保証人が保証債務を履行した場合の当該保証人に対する求償債務，滞納公共料金・家賃等，勤務先・親族・知人からの借入金債務等を見落とさないように注意してください。）。
　(3)　非免責債権（例えば，悪意で加えた不法行為に基づく損害賠償請求権や，元配偶者・子の有する養育費債権等。破産法253条1項各号参照）に係る債権者についても，漏れなく債権者一覧表に記入してください。
　(4)　取引終了後に代位弁済等により債権者が替わっているものがある場合には，「債権者名」，「債権者住所（送達先）」欄には新債権者の名称，住所を記入した上で，「借入始期及び終期」，「原因使途」，「最終返済日」欄には原債権者から借入れをしたときの事情を記入し，「備考」欄に原債権者名及び代位弁済日を記入してください。
　(5)　消費者・事業者向け金融業者，クレジットカード会社等の継続的な借入れ・購入がある場合には，債権調査において当該債権者から取引履歴を取り寄せた上で，利息制限法所定の制限利率を超える利息の支払約定のある借入れにつき制限利率での引直し計算をしてください。
　2　最初の受任通知の日欄
　(1)　申立代理人が債権者に対し最初に受任通知を発送した日（申立代理人以外の弁護士又は司法書士が，それ以前に受任通知を発送している場合

は，その発送日）を記入してください。
　(2)　受任通知を複数回発送している場合（例えば，当初は任意整理のため受任通知を発送したが，その後破産申立て予定に切り替えて受任通知を発送した場合等）には，全ての発送日を併記してください。
　(3)　仮に，他の債権者より遅れて受任通知を発送した債権者がいる場合には，当該債権者の備考欄に，その発送日を記入してください（また，発送が遅れた理由を付記してください。）。
 3　借入れの始期及び終期欄
　(1)　債権調査の結果（取引履歴）に基づき，借入れの始期及び終期を正確に記入してください（特に，借入れの終期と最終弁済日を混同しないよう注意してください。）。
　(2)　借入れの終期は，実際の最終借入日を記入してください（取引履歴の作成日や，遅延利息の計算のためだけに表示されている取引履歴の最終日を誤って記入しないよう注意してください。）。
　(3)　借入れの終期についても，漏れなく記入してください（なお，借入れが1回のみの場合は，「平成○年○月○日のみ」と記入してください。）。
　(4)　受任通知後に借入れの終期がある債権（例えば，受任通知後に借入れをしている等）がある場合には，その理由を確認してください。
 4　現在の残高欄
　(1)　「現在の残高」欄は，元金，利息及び遅延損害金の合計額を記入してください。
　(2)　利息制限法所定の制限利率を超える利息の支払約定のある借入れがある場合には，制限利率での引直し計算をした残高を記入してください（引直し計算をした債権者については，備考欄に「引直し計算済」と記入してください。）。
 5　原因・使途欄
　(1)　「原因」欄は，以下の区分に基づき正確に記入してください。
　　　　「A」＝現金の借入れ　「B」＝物品購入
　　　　「C」＝保証　　　　　「D」＝その他
　(2)　取引履歴や残高証明書に「立替金」と記載されているものがある場合には，債権の発生原因が物品購入であるかを確認してください。
　(3)　「使途」欄には，借入金を何に使ったのか，何を買ったのか等を具体的に記入してください（例えば，「住宅ローン」「生活費」「自動車」「飲食費」「着物」「貴金属類」「エステ」「旅行」「交際費」「遊興費」「長男

の大学学費」「他の債務の返済」「事業資金」等）。
(4) クレジットカードの利用明細等の客観的資料の内容と「使途」欄の記載が合致しているかを十分確認してください。
(5) ギャンブル，高額な飲食，貴金属類やブランド品，エステ，旅行等，日常生活に必ずしも必要不可欠ではない使途のための借入れやカード利用が含まれているにもかかわらず，安易に「生活費」と記入しないようにしてください。

6 最終返済日欄
(1) 最終返済日は，実際の最終返済日を記入してください（取引履歴の作成日や，遅延利息の計算のためだけに表示されている取引履歴の最終日を誤って記入しないよう注意してください。）。
(2) 債務者による最終返済日を記入してください（代位弁済者による返済日や，保証債務の場合の主債務者の返済日を誤って記入しないよう注意してください。）。

7 備考欄
(1) 担保権（物上保証を含む。）の設定のある債務，債務名義（強制執行受諾文言付き公正証書を含む。）がある債務，訴訟係属中である債務，差押え・仮差押えのある債務がある場合には，担保権の種類，債務名義の種類，訴訟係属中である旨，差押え・仮差押えの手続が執られている旨を，それぞれ「備考」欄に記入してください。
(2) 不動産競売や預金・給料の差押え等，強制執行手続により一部回収がされた債権がある場合には，その時期（給料差押えの場合は，実際に取立て又は供託をされた期間）及び具体的内容（回収された金額等）を確認してください。
(3) 「原因・使途」欄に「B」（物品購入）がある場合には，その物品の保有の有無等（自宅保管中，質入れ中，売却済み等）を確認してください。また，当該物品に所有権留保特約が付されたもの（既に返還又は売却したものを含む。）である場合，現状（「所有権留保付」「所有権留保付返還済」「所有権留保付売却済・売却先〇〇」等）を確認してください。
(4) 「原因・使途」欄に「C」（保証）がある場合には，主債務者名と債務者との関係（例えば，父，母，兄，友人，勤務先会社，代表者をしている法人，取引先等）及び保証債務を履行した金額を確認してください。

第3 資産目録
1 現金

(1) 申立て時において有している現金の額を正確に確認してください（いわゆるタンス預金がないかの確認も必要です。）。

(2) 直近の家計収支表に20万円以上の剰余（収入と支出の合計額の差）がある場合は、20万円以上の現金を有していることがうかがわれます。直近の家計収支表に20万円以上の剰余があるが、申立て時には20万円以上の現金がないという場合には、その具体的理由ないし使途を確認してください。

2 預金・貯金

(1) 債務者名義の預貯金口座（ネットバンクを含む。）について、<u>申立て前1週間以内</u>に記帳して確認した結果に基づいて記入してください。残高が0円である場合も、その旨を記入してください。

(2) 債務者が親族等の他人名義で貯蓄している預貯金（例えば、名義人である親族等の資産・収入のみではなく、債務者の資産・収入をも原資としている預貯金）がある場合には、債務者名義の預貯金と同様に記入してください。

(3) 通帳の写しは、表紙・中表紙も含めた普通預金の記帳部分全部をコピーして提出してください。通帳が総合口座等、普通預金以外の預金が記帳されるものである場合は、定期預金、積立預金等の1頁目及び記帳ある頁全部もコピーして提出してください。記帳部分の最終頁が最終行まで記帳されている場合は、次頁もコピーして提出してください。

(4) 提出する通帳には、過去2年分の出入金が全て記帳されていることが必要です。通帳が2年以内に繰り越されている場合は、繰越前の通帳のコピーも提出してください。

(5) 通帳の写しを提出できない預貯金口座（例えば、通帳を紛失した場合、ネットバンクで通帳のない場合等）や、通帳に一括記帳部分（長期間記帳しなかったため複数の出入金が合算して記帳されている部分）がある預貯金口座については、必ず取引明細を取り寄せて提出してください。

(6) 全ての預貯金口座の通帳を提出してください（給与や公的扶助の振込み、ローンの返済、公共料金の引落し等で預貯金口座を利用している場合に、当該口座を看過しないようにしてください。）。

(7) 普通預金口座のみならず、定期預金や当座預金等の口座の有無も確認してください（特に、普通預金口座にマイナス残高の記帳がある場合は、担保となっている定期預金がある可能性がありますので、定期預金の有無を確認してください。）。

(8) 普通預金口座において，定期預金等への出金や他の金融機関（ネットバンクを含む。）の口座への振込み等がされている場合は，これらの出金先・振込み先の口座の通帳についても確認してください。

(9) 通帳に高額の出入金がある場合には，その具体的事情（出入金の趣旨，使途等）を確認してください。また，通帳の出入金に相手方の記載があるもの（給与振込みや公共料金等であることが明らかな場合を除く。）がある場合も，その具体的事情（債務者と相手方との関係や出入金の趣旨，使途等）を，確認してください。

3 公的扶助（生活保護，各種扶助，年金等）の受給

(1) 生活保護以外の公的扶助（児童手当，児童扶養手当，年金等）についても，漏れなく記入してください。

(2) 生活保護については，受給開始時期を必ず記入してください。

(3) 世帯主が世帯単位で生活保護を受給している場合には，世帯員である債務者についても生活保護を受給していることになりますので，この点も確認してください（保護決定通知書の宛名が世帯主のみであっても，世帯員である債務者も生活保護を受給していることになります。）。

4 報酬・賃金（給料・賞与等）

　　最近2か月の給料明細及び過去2年度分の源泉徴収票又は確定申告書の控えの各写しを必ず提出してください。源泉徴収票のない人，確定申告書の控えのない人，給与所得者で副収入のあった人又は修正申告をした人は，これらに代え，又はこれらとともに，課税（非課税）証明書を提出してください。

5 退職金請求権・退職慰労金

(1) 正社員等の退職金の支給があり得る雇用形態で勤務している場合，退職金の有無及び見込額を必ず確認してください。

(2) 退職金の支給がある場合には，自己都合で退職する場合の退職金見込額（0円の場合も含む。）の証明書を勤務先から入手した上で，退職金見込額及び見込額の8分の1（既に退職した場合又は近く退職予定の場合は4分の1）の金額を記入してください。また，勤務先から退職金見込額の証明書の提出を受けることが困難な場合は，①就業規則（退職金支給規程）を入手し，退職金見込額を計算する，②勤務先における従来からの退職金の支給実績等の事情を，勤務先や上司，同僚等から詳細に聴取する等の方法により，退職金の有無及び額を確認してください。

6 貸付金・売掛金等

(1) 回収見込みがない債権については，回収見込みがないとする具体的理由を確認してください。例えば，

　ア　貸付先から消滅時効を主張されている場合

　　時効中断措置を執っていないことの確認が必要です。

　イ　貸付先から相殺を主張されている場合

　　反対債権の内容（日付，金額，契約内容等）やその裏付け証拠の有無等を確認し，相殺禁止等に抵触しないかも確認してください。

　ウ　貸付先が破産等の法的整理手続を執った場合

　　法的整理手続の種類，その進捗状況及び配当見込み等を確認してください。

　エ　相手方の所在不明，資力なし等を理由とする場合

　　所在不明を理由とする場合は，例えば，貸付先の住所（本店）を住民票（法人の履歴事項全部証明書）等で確認した上で，当該貸付先に赴いて本人，関係者や近隣等に確認し，知っている連絡先（本人や実家の電話番号等）に連絡を試みる等の調査を検討してください。また，資力なしを理由とする場合は，例えば，住所地（本店所在地）の不動産の全部事項証明書を取り寄せて所有不動産の有無を確認するとともに，住所地（本店所在地）に赴いた上で，本人や関係者等から事情を聴取し，所得証明書（課税証明書等）等の提出を受ける，現地で事業の状況を確認する等の調査を検討してください。

(2) 債務者が，会社代表者・役員，会社代表者の親族，親族が経営する会社の従業員等であったことがある場合には，当該会社等に対する貸付金，求償金等の有無を確認してください（会社の会計帳簿等に，債務者からの借入金，仮受金等の記載がないかも確認してください。）。

(3) 債務者が保証人・連帯債務者であり，保証・連帯債務を履行したことがある場合には，主債務者・他の連帯債務者に対する求償権が生じますので，有無及び回収可能性を確認してください。

(4) 債務者が事業者で事務所・店舗等を賃借していた場合には，精算・回収していない敷金・保証金等の有無及び額を確認してください。

(5) 現在又は過去に給与所得者である場合は，未払給料等（労働者健康福祉機構による立替払が予定されているものを含みます。）がないかを確認してください。

7　積立金等（社内積立，財形貯蓄，事業保証金等）

(1) 社内積立，財形貯蓄，積立年金，事業保証金等がある場合は，勤務先

等からの資料に基づき，その内容を確認してください。
　(2)　給料明細の中の「社内積立」，「財形貯蓄」等の記載の有無を確認し，他に積立金等がないかを確認してください。
　(3)　通帳の中の積立金（互助会等の積立ても含む。）の引落しの記載の有無を確認し，他に積立金等がないかを確認してください。
8　保険（生命保険，傷害保険，火災保険，自動車保険等）
　(1)　債務者が契約者となっている保険・共済等は，保険料等を誰が支払っているかにかかわらず，全て記入してください。
　(2)　親族等の他の者が契約者となっている保険・共済等の中に，債務者の収入・資産から保険料等を支払っているもの（現在又は過去に保険料の一部分でも支払っているものは含まれる。）がある場合は，債務者が契約者である保険と同様に記入してください。
　(3)　保険について契約者貸付けを受けている場合は，保険会社作成の証明書等に基づき，貸付けを受けた時期及び金額（残債務額）を付記してください。
　(4)　預貯金通帳の中の保険料等の引落しの記帳の有無を確認し，他に保険・共済等がないか確認してください。また，預貯金通帳に記帳された保険料等の支払額・回数と，記載した保険・共済等の種類・口数が合致しているかも確認してください。
　(5)　確定申告書の控え，源泉徴収票又は給料明細の中の「生命保険料控除」の記載の有無を確認し，他に保険・共済等がないかを確認してください。
　(6)　解約返戻金等の有無及び額は，申立て直近に発行された証明書等に基づき確認してください（申立て時の解約返戻金の有無及び額を正確に確認し得る資料を徴求してください。）。
9　有価証券（手形・小切手，株式，社債），ゴルフ会員権等
　(1)　証券会社等に口座を開設しているかを確認し，現在の有価証券の保有や，過去の有価証券の売買内容や代金の使途等を確認してください（20万円以上の有価証券の売買や口座からの引出しについては，その確認結果を11又は12に記入してください。）。
　(2)　預貯金通帳の中の証券会社への入金等の記帳，給料明細等の中の社内持株会への控除等の記載の有無を確認し，他に株式等を保有していないかを確認してください。
10　自動車，バイク等

(1)　自動車，バイク等を有している場合は，自動車検査証又は登録事項証明書を徴求して確認してください。

　(2)　債権者一覧表の中の自動車購入に係る借入れの記載，家計収支表の中の駐車場代やガソリン代の支出の記載，預貯金通帳の中の自動車損害保険料や日本自動車連盟（JAF）会費の引き落としの記帳等の有無を確認し，自動車を有していないかどうか確認してください。

　(3)　所有権留保が付されている自動車については，被担保債権額及びオーバーローンでないかを確認してください。

11　過去5年間において，購入価格が20万円以上の財産

　(1)　貴金属類，美術品，パソコン，着物，その他の物（自動車，バイク等は10欄に記載する。）について，その保有の有無及び評価額（時価）を確認してください。

　(2)　債権者一覧表に「B」（物品購入）と記載されている負債に係る物品について，当該商品の保有の有無及び評価額（時価）を確認してください。

12　過去2年間に換価した評価額又は換価額が20万円以上の財産

　(1)　過去2年間に換価した財産で20万円以上の価値があるもの（不動産，自動車の売却，定期預金・保険の解約，過払金の回収等）について，その有無，評価額，換価に関する明細及び使途等を調査してください（なお，保険については，解約返戻金が20万円未満のものについても，参考として記載してください。）。

　(2)　債権者一覧表の「使途」欄に「住宅ローン」と記載されたものについて，当該不動産の換価の有無を確認してください。

　(3)　過去2年間に回収した過払金（回収して既に費消した分を含む。）があり，回収額が合算して20万円以上である場合は，その明細を記入してください。

　(4)　現在の勤務先について賞与受領の有無，過去の勤務先（陳述書の勤務歴に記入されています。）について退職金受領の有無を確認し，20万円以上受領している場合は必ず記入してください。

　(5)　債務者に離婚歴がある場合には，離婚給付（慰謝料，財産分与又は扶養料）や子の養育費の支払又はその約束の有無を確認してください。

13　不動産（土地・建物・マンション等）

　(1)　同時廃止を希望する場合には，所有不動産が1.5倍以上のオーバーローンになっていることが必要です。被担保債権の残額（不動産の全部事

項証明書記載の被担保債権額や極度額ではなく，債権調査により判明した残債務額）を，不動産の時価（信頼の置ける不動産業者2社の査定書（例えば，大手不動産業者2社や，大手不動産業者1社及び地元の有力業者1社等。固定資産評価証明書は不可。）による評価額の平均値等）で除した値を算出して，1.5倍以上になっているかを確認し，その結果を「オーバーローン上申書」に記入してください。
 (2) 所有不動産が借地権付建物（使用貸借等を含む。）である場合には，建物の評価額のみならず，借地権価格の評価額も加えた時価を確認する必要があります。
 (3) 債務者所有の不動産が共有不動産である場合に，不動産全体に抵当権が設定されている場合には，被担保債権の残額を不動産全体の時価で除して算定する必要があります。被担保債権の残額を債務者の共有持分だけの時価で除して算定することのないようにしてください。
 (4) 債権者一覧表の「使途」欄に「住宅ローン」との記載がある場合は，現在も不動産を所有しているかを確認してください。
14 相続財産
 (1) 相続財産（遺産分割未了のものを含む。）がある場合は，相続関係の調査を行った上で，相続した財産の内容及び評価額等を確認してください。
 (2) これまでに親族が死亡して相続が生じている場合には，相続財産を全て確認してください（不動産以外にも，現金，預貯金，保険等の相続財産がないかを確認してください。）。
 (3) 被相続人名義で登記されたままの不動産等の相続財産がないか確認してください。
15 事業設備，在庫品，什器備品等
　事務所・店舗等の明渡しが未了で，事業設備等の残置がされているものがないか，他方で，事務所・店舗等の明渡しが済んでいても，債務者の自宅やトランクルーム等に保管している事業設備等がないかを確認してください。
16 その他，破産管財人の調査によっては回収が可能となる財産
〔過払金に関して〕
 (1) 消費者金融業者等からの借入れがある場合には，取り寄せた取引履歴に基づき利息制限法所定の制限利率に引直し計算をして，過払金の有無を確認してください。

(2) 既に完済した消費者金融業者等からの借入れ（いわゆる「おまとめローン」等で完済したものを含む。）についても，当該業者からも取引履歴を取り寄せた上で，過払金の有無を確認してください。

〔否認権に関して〕

(1) 時期を問わず，第三者に財産を無償又は時価よりも安い価格で譲渡したこと（親族に対する金銭の交付・送金，保険の契約名義の変更，元配偶者に対する財産分与等を含む。）や，第三者への担保提供（物上保証）がないかを確認してください。

(2) 債務の支払が難しいと考えるようになった時期以後（特に，受任通知後）に，一部の債権者の債務を弁済したことや，担保権を設定したことがないかを確認してください。

(3) 債務の支払が難しいと考えるようになった時期以後（特に，受任通知後）に，預貯金通帳の出金記録の中に，債務の弁済のための出金がないかを確認してください。

(4) 債務の支払が難しいと考えるようになった時期以後（特に，受任通知後）に，給与債権の差押え等の強制執行手続が執られたこと（当該差押えに基づき取立てがされた場合のみならず，勤務先が差押額を供託した場合も含む。）がないかを確認してください。ある場合には，その差押えの時期及び金額を確認してください。

(5) 債務の支払が難しいと考えるようになった時期以後（特に，受任通知後）に，所得税，住民税又は保険料以外の名目で給料天引き（勤務先からの借入金の返済のための控除）がされていないかを確認してください。ある場合には，その控除の時期及び控除額を確認してください。

(6) 債務の支払が難しいと考えるようになった時期以後（特に，受任通知後）に，第三者に対し財産を譲渡したこと（親族に対する金銭の送付や送金，元配偶者に対する財産分与を含む。）や，第三者への担保提供（物上保証），自己の取得分が法定相続分に満たない遺産分割協議，被相続人の死亡後3か月以上経過した後の相続放棄がないかを確認してください。

(7) その他，何らかの資産（否認権の行使可能性のあるものを含む。）を有していることがないかを確認してください。

第4 陳述書（又は報告書）

1 過去10年前から現在に至る経歴

(1) 事業（個人自営，会社経営）に伴う負債が残っている場合は，過去10

年間よりも前であったとしても，当該事業時まで遡って経歴を記入してください。
  (2) 現在又は過去に事業を営んでいたことがある場合は，当該事業の状況（事業内容，事業停止時期，事務所・店舗等の明渡しの有無〔敷金・保証金の精算の有無〕，従業員及び未払労働債権の有無，事業資産〔未収売掛金，事業設備，在庫品，什器備品等〕の有無，事業に係る負債額，事業停止後の債権者の反応等）を確認してください。
2～4 特記事項なし
5 破産申立てに至った事情
  (1) 破産手続開始の申立てに至った事情をできる限り具体的に記載してください（なお，債務者本人が書いたものをそのまま記載しているとうかがわれる例が見受けられます。申立代理人において整理・補充した上で，分かりやすく記載してください。）。
  (2) 相応の収入があるにもかかわらず，破産申立てに至った事情として，安易に生活費の不足を理由としないよう，十分に事情を確認してください。
6 免責不許可事由
〔問1に関して〕
  (1) 家計収支表に資産・収入に見合わない過大な支出（住居費，食費，電話代，被服費，交際費，娯楽費等の支出額が世帯人数の割に高い，支出全体に占める割合が大きい等）がないかを確認してください。
  (2) 預貯金通帳に宝くじ，競馬，株式取引等のための出金がないかを確認してください。
〔問2に関して〕
  (3) クレジットカードの利用明細等に，日常生活上必要がない商品（商品券や回数券等の金券，貴金属類，時計等）の購入がある場合には，換金，質入れ目的で購入したものではないかを確認してください。
〔問4に関して〕
  (4) 氏名，生年月日，住所，負債額及び信用状態について虚偽の事実を述べて借金等をしたことがないかを確認してください（特に，任意整理中に借入れをしたり，結婚，離婚等で氏名が変更した場合に，旧姓当時の債務について正確に申告せずに借入れをしたことがないかを確認してください。）。
〔問5に関して〕

(5) 破産手続開始・免責許可の申立て前7年以内に免責許可の決定の確定等があった可能性がある場合は，免責許可の決定日及び確定日を，当該免責許可の決定をした破産裁判所の記録の写し（免責許可の決定書，確定証明書等の確定日が明らかになる資料）を入手する等して確認してください。

第5 家計全体の状況

(1) 申立ての直前2か月分（起算日は任意）について作成してください。

(2) おおよその金額を記入するのではなく，実際の正確な金額を記入してください。

(3) 債務者のみならず，同居する世帯全体について記入してください（同居者の収支についても，同居者から事情聴取をする等により記入してください。）。

(4) 家計全体の状況①の前月繰越金（収入欄）は，手持ち現金と預金（定期預金を除く。）の残高を考慮して記入してください。

(5) 次月繰越金（支出欄）がある場合は，当該金額を，必ず次月分の前月繰越金欄（収入欄）に記入してください。

(6) 収入合計欄と支出合計欄が一致しているかを確認してください（両者は必ず一致します。収入より支出が多い場合は，それを補てんする他の収入が必ずあるはずですし，支出より収入が多い場合は，次月繰越金が生じるはずですので，確認してください。）。

(7) 収入は，給料明細や公的扶助の決定書等の金額と合致しているかを確認してください。また，財産目録の現金欄の金額や，預貯金通帳の入金や残高の状況とも合致しているかを確認してください（当月中の預貯金通帳の入金や残高が，家計全体の状況に記載した収入よりも多いということがないかも確認してください。）。

(8) 公的扶助等で1回に2か月分の金額を受給している場合には，実際に受給した月の収入欄に2か月分の金額を記入し，「(2か月分)」と付記してください（この場合に，翌月に支出するために保持している金額については，次月繰越金欄に記入してください。）。

(9) 駐車場代，ガソリン代の支出がある場合には，車両の名義人を確認してください。

(10) 保険料や返済の支出がある場合には，保険契約者や債務者が誰かを確認してください。

(11) 弁護士報酬の支払や法テラスへの償還金がある場合は，これらについ

ても支出欄に記入してください。

㊁　**債権者による破産申立て**

　破産手続の対象たる債務者（代表者個人）に対して債権を有するすべての債権者が破産手続開始の申立てをすることができる。その場合、破産手続開始の原因となる事実だけでなく、債務者（代表者個人）に対する債権（申立権を基礎づける債権）の存在につき疎明する必要がある。

【書式1-20】　代表者個人の破産手続開始申立書──債権者による場合

破産手続開始申立書

　　　　　　　　　　　　　　　　　　　　　　　　　　　平成○年○月○日
　　○○地方裁判所第○民事部　御中
　　　　　　　　　　　　申立人（債権者）　株式会社△△△
　　　　　　　　　　　　申立人代理人弁護士　○　○　○　○　印
　　　　　　　　　　　　同　　　　　　　　　○　○　○　○　印
　　　　当事者の表示　　別紙当事者目録（略）記載のとおり

申立ての趣旨

　債務者○○○○について，破産手続を開始する
との決定を求める。

申立ての理由

第1　当事者
　1　申立人（債権者）
　　　債権者は，金銭の貸付，債権の売買その他の金融業等を行う株式会社である。
　2　債務者
　　　債務者は，○○市で，ホテル，レストラン及びスポーツ施設等の所有，賃貸及び経営等を行う○○○株式会社の代表取締役である。
第2　債権者の債務者に対する債権
　1　本件連帯保証契約

(1) 株式会社○○銀行（以下「○○銀行」という）は，平成○年○月○日，○○○株式会社（以下「○○○社」という）との間で，銀行取引約定書（以下「本件銀行取引約定書」という。甲1）を締結し，債務者は，○○○社が○○銀行に対し現在及び将来負担する一切の債務について連帯保証した（甲1）。

(2) ○○銀行は，平成○年○月○日，同日付け金銭消費貸借契約書に基づき，○○億円を以下の約定で貸し付け（以下「本件貸付契約」という。甲2），債務者はこれを連帯保証した（以下「本件連帯保証契約」という。甲2）。

　ア　元金弁済方法　平成○年○月○日から平成○年○月○日まで毎月末日限り○○○万円を支払う。

　イ　遅延損害金　年○パーセント（年365日の日割計算）

(3) ○○○社は，○○銀行との間で，本件貸付契約について，支払条件変更契約を締結し（甲3），同契約により，本件貸付契約の残元金の最終弁済期は平成○年○月○日となった。

(4) ○○○社は○○銀行に対し，平成○年○月○日までに，本件貸付契約の債務の一部を支払ったが（元金分合計金○億○○○○万円），平成○年○月○日以降，同契約残元金○○億○○○○万円につき一切の支払をしていない。

2　本件債権譲渡

　債権者は，平成○年○月○日，○○銀行から，本件貸付契約に基づく一切の債権（同日現在の残元金合計金○○億○○○○万円及びそれに付帯する利息，遅延損害金請求権の全部）を譲り受け（以下「本件債権譲渡」という），○○銀行は，同日，○○○社に対し，本件債権譲渡を通知し，同通知は，平成○年○月○日，○○○社に到達した（甲4）。

3　小括

　以上より，債権者は債務者に対し，本件連帯保証契約に基づき，残元本合計金○○億○○○○万円の支払請求権及びこれに対する平成○年○月○日から完済まで，約定の年○パーセントの割合による遅延損害金の支払請求権を有している。

第3　破産原因の存在

　債務者は○○○社の代表取締役であるところ，○○○社が○○銀行より，本件貸付契約に基づき，ホテル経営のための土地建物取得資金として合計金○○億○○○○万円を借り入れる際，○○○社の債務について連帯保証した。

　しかし，債権者が債務者の資産を調査したところ，債務者の自宅土地建物

は第三者名義（甲5，6）であり，債務者には見るべき資産が存在しない（甲8）。

また，○○○社が現在所有する土地建物の評価は合計金○億○○○○万○○○○円にすぎず（甲7），○○○社は債務超過でありかつ支払不能であることから，債権者は○○○社についても同時に破産手続開始の申立てをする予定である。

一方，債務者の負債は，上記のとおり，平成○年○月○日現在で金○○億円を超えている。

従って，債務者が支払不能であることは明らかである。

第4　結語

以上より，債務者には破産手続開始の原因があることは明らかであるため，破産手続開始の決定をされたく，申立てに至った次第である。

以上

疎明資料

甲第1号証	銀行取引約定書
甲第2号証	金銭消費貸借契約書
甲第3号証	支払条件変更契約書
甲第4号証	債権譲渡通知書及び配達証明書
甲第5及び6号証	不動産登記事項証明書
甲第7号証	不動産鑑定評価書
甲第8号証	陳述書

添付書類

1　疎明資料　　1式
2　住民票　　　1通
3　資格証明書　1通
4　委任状　　　1通

3　簡易管財型手続

(1)　簡易管財型手続とは

財団規模は少額であるが、財産調査を行う必要がある事件や配当が明らかに見込まれない異時廃止事件等は、厳格な手続により、費用や時間をかけす

ぎると、かえって債権者や破産者に不都合が生じるため、手続の簡素化を図り、迅速に破産手続を終結させることが望ましい。

そのような場合において、一般的な管財手続よりも、低廉な予納金で、簡易・迅速に手続を実現するための管財手続を、簡易管財型手続（少額管財手続も含む）と呼称している。

簡易管財型手続は、もともと平成11年4月に東京地方裁判所破産・再生部において運用が開始された手続であるが、その運用について、法律に特別の規定があるわけではなく、具体的な運用については、各裁判所に委ねられていることから、簡易管財型手続に付すための条件や具体的な手続は、それぞれの裁判所で作成されている簡易管財型手続の運用マニュアル等を参考にされたい。

(2) 裁判所の運用

多くの裁判所では、簡易管財型手続として処理されるためには、以下のような条件が必要であるとされている。

① 代理人（弁護士）申立てであること
② 異時廃止が見込まれること、または、財団規模が少額であること
③ 債権者数が100名程度までであること
④ 破産管財人による換価業務が短期間（2カ月間から4カ月間程度）で終了できると見込まれること

たとえば、東京地方裁判所においては、上記のような条件を満たす事件に関し、

① 第1回債権者集会、債権調査期日、廃止意見聴取集会、任務終了計算報告集会および免責審尋期日を可能な限り同一期日に開催する
② 債権者集会での報告は、口頭による
③ 報告書は、財産目録のみとする
④ 配当手続は、原則として簡易配当による

等の簡易な運用がなされている。

(3) 申立ての方式

上記のとおり、簡易管財型手続といっても、通常の破産手続と別異の手続ではないため、個人の場合も法人の場合も、申立ての方式については通常の

破産申立ての場合と変わるところはない。

むしろ、簡易管財型手続は、破産管財人の財団形成・調査業務が少ないことを前提としているので、申立代理人においては、申立て前に事案を十分に把握し、調査を尽くしている必要がある。

4　同時廃止

同時廃止とは、裁判所が、破産財団をもって破産手続の費用を支弁するのに不足すると認める場合に、破産手続開始の決定と同時に、破産手続を廃止することをいう（法216条1項）。

このように一定の場合には同時廃止とすることが認められているものの、破産手続が目的としている債務者の財産等の適正かつ公平な清算を図る（法1条）ためには、裁判所より選任を受けた破産管財人が、債務者の財産等の調査を行うことが必要とされる。したがって、破産手続は管財手続によって進められることが原則である。

同時廃止とすることのできる債務者について、破産法上、制限は定められていない。もっとも、法人については、財産状況の把握が困難であり、その財産状況を明らかにするためには破産管財人による調査が必要とされ、東京地方裁判所、大阪地方裁判所および福岡地方裁判所では、同時廃止とはしない運用としている（手引38頁、運用と書式12頁、福岡県弁護士会倒産業務等支援センター委員会＝福岡地方裁判所第4民事部（破産再生係）編『破産法実務』13頁（2010））。

また、法人の代表者個人について破産手続が申し立てられた場合にも、代表者個人の財産と法人の財産との混同が生じやすく、会計帳簿等の確認を含む法人の資産調査が必要とされることなどから、原則として、破産管財人による調査が必要とされ、同時廃止とはされない（手引38頁）。

5　予　納

破産手続の費用の予納について、破産法は、再生手続（民再24条参照）における取扱いと同様に、原則として、申立人すべてについて破産手続の費用として裁判所の定める額を予納しなければならないものとし（法22条1項）、

仮に支弁すべき必要性が特に高い場合などの一定の場合に限って、国庫仮支弁の制度を利用することができる（法23条）。

　予納金の基準については裁判所によって異なるが、法人の管財事件でおおむね50万円から100万円（ただし、少額管財手続や債権者数が少ない場合には20万円を最低額とする裁判所もある）、自然人の管財事件でおおむね20万円から50万円が基準の下限金額であり、負債総額、債権者数などの増加に伴い段階的に増額する運用としている裁判所が多い。

6　文書の閲覧謄写

(1)　記録閲覧謄写請求権

　破産手続においても、債権者その他の利害関係人の手続関与を実質的に保障し、これらの者の利益を適切に保護する必要性は、民事再生、会社更生などの他の倒産手続と異なるところはなく、これら他の倒産手続と同様、裁判所が保管している文書等の閲覧等に関する規定の整備をする必要性がある。

　そこで、破産法は、民事再生法上における文書等の閲覧等に関する規定（民再16条～19条、民再規則9条～11条）、会社更生法上における文書等の閲覧等に関する規定（会更11条～14条、会更規則8条～10条）に相当する規定として、破産法13条において、破産手続等に関しては、特別の定めがある場合を除き、民事訴訟法の規定が準用されることを定め、民事訴訟に関する訴訟記録の閲覧等に関する規定（民訴91条・92条）が準用されることを明らかにするとともに、その特則として破産法11条および12条において、文書等の閲覧等に関する総則的規定を定め、他の倒産手続と同様に文書等の閲覧等を可能とした。

　破産法における閲覧および謄写等の請求権者は、「利害関係人」とされ（法11条1項）、利害関係人には、申立人、破産管財人、保全管理人、債権者、従業員、株主がこれに該当する。閲覧および謄写請求に際しては、利害関係人であることを疎明する必要がある（民訴91条参照）。

　閲覧および謄写等の請求対象は、「この法律（編注・破産法）（この法律において準用する他の法律を含む。）の規定に基づき、裁判所に提出され、又は裁判所が作成した文書その他の物件」（法11条1項）、「規則（編注・破産規則）

（この規則において準用する他の規則を含む。）の規定に基づき、裁判所に提出され、又は裁判所が作成した文書その他の物件」（規則10条1項。以下、これらを総称して「文書等」という）である。なお、法律または規則の規定に基づかず裁判所に提出されたメモ、上申書、資料等、または裁判所が作成した手控え資料などは閲覧および謄写等の対象にならないものと解される。

　利害関係人ができる行為は、「文書等の閲覧」（法11条1項）、「文書等の謄写、その正本、謄本若しくは抄本の交付又は事件に関する事項の証明書の交付」の請求である（同条2項）。なお、文書等のうち、録音テープまたはビデオテープ（これらに準ずる方法により一定の事項を記録した物を含む）に関しては、その閲覧または複製が許されるのみである（以下、これらを総称して「閲覧および謄写等の請求」という）。

　閲覧および謄写等の請求に際しては、当該請求に係る文書その他の物件を特定するに足りる事項を明らかにしなければならない（規則10条2項）。

【書式1-21】　記録謄写請求申立書

平成〇年(フ)第〇〇号　破産手続開始申立事件
破産者　〇〇〇株式会社

記録謄写請求申立書

　　　　　　　　　　　　　　　　　　　　　平成〇年〇月〇日
〇〇地方裁判所第〇民事部　御中
　　　　　　　　　　　申立代理人弁護士　〇　〇　〇　〇　印
　　　当事者の表示　　別紙当事者目録（略）記載のとおり

謄写の対象

　平成〇年(フ)第〇〇号破産手続開始申立事件について、破産者が御庁に提出した破産手続開始申立書及び疎明書類一式の謄写を求める。

理　　由

　申立人は、破産者に対して金〇〇円の売買代金支払請求権を有する債権者であり、破産者の利害関係人である。

　　　　　　　　　　　　　　　　　　　　　　　　　　　　　以上

疎明方法

疎甲第1号証	注文書	1通
疎甲第2号証	納品書	1通
疎甲第3号証	請求書	1通

添付資料

疎甲号証写し	1通
資格証明書	1通
委任状	1通

(2) **記録閲覧謄写請求の制限**

(イ) **時期による制限**

　破産法では、広く文書等の閲覧等を認めている反面、破産事件の非公開性に配慮して、閲覧および謄写等の請求をする者の利害関係の程度に応じて、閲覧および謄写等の請求ができる時期を制限した。

　(A)　破産手続開始の申立人

　破産手続開始の申立人は、いつでも文書等の閲覧等の請求が可能である（法11条4項但書）。

　(B)　債務者以外の利害関係人

　債務者以外の利害関係人は、手続中止命令（法24条1項）、包括的禁止命令（法25条1項）、債務者の財産に対する保全処分（法28条1項）、保全管理命令（法91条1項）、否認権のための保全処分（法171条1項）または破産手続開始の申立てについての裁判のいずれかがあるまでの間は、文書等の閲覧等の請求ができない（法11条4項1号）。

　(C)　債務者

　債務者以外の者が申立てをした場合には、債務者は、破産手続開始の申立てに関する口頭弁論もしくは債務者を呼び出す審尋の期日の指定の裁判または上記(B)に定める命令、保全処分もしくは裁判がなされるまでの間は、文書等の閲覧等の請求ができない（法11条4項2号）。

(ロ) 内容による制限

　破産手続に関する文書の中には、利害関係人がその閲覧および謄写等の請求を行うことが相当ではない文書等が含まれていることに鑑み、一定の要件の下に、閲覧謄写請求権を制限する制度が設けられている（法12条）。

　(A) 閲覧および謄写等の制限申立権者および制限閲覧対象者

　当該文書等を提出した破産管財人または保全管理人が当該申立てを行うことができ、閲覧等の制限対象者は、当該申立てをした破産管財人または保全管理人以外の利害関係人すべてに及ぶ（法12条1項）。

　(B) 閲覧および謄写等の制限ができる文書等の範囲

　次に掲げる文書等については、利害関係人が「その閲覧若しくは謄写、その正本、謄本若しくは抄本の交付又はその複製」（以下、「閲覧等」という）を行うことにより、破産財団（破産手続開始前にあっては、債務者の財産）の管理または換価に著しい支障を生ずるおそれがある部分（以下、「支障部分」という）があることの疎明がなされたときは、当該支障部分の閲覧等を制限することができる（法12条1項）。

① 破産者の事業継続の許可（法36条）、破産者の従業者に説明義務を付課する許可（法40条1項但書・2項）、破産管財人が裁判所による許可事項と定められた行為をする場合の許可（法78条2項）、破産管財人が警察上の援助を求めるための許可（法84条）または保全管理人が債権者の常務に属しない行為をする際の許可（法93条1項但書）を得るために裁判所に提出された文書等。

② 破産財団に属する財産の管理および処分の状況その他裁判所の命ずる事項に関する破産管財人による裁判所への報告書（法157条2項・12条1項2号）。

　①は閲覧を認めた場合、許可対象となっている行為の相手方が、行為の内容を事前に知って、行為を妨害したり、手の内を知られて管財人ないし保全管理人の交渉が不利となったりして管財業務に支障を生じるおそれがあるために制限対象とされたものである。

　また、②は破産財団の換価、処分の方針等を相手方が知って妨害や隠匿に走ることも考えられ、これにより管財業務に支障を来すおそれがあるために

制限対象とされたものである。

　(C)　閲覧等の制限手続
① 閲覧等の制限の申立ては、支障部分を特定して、当該申立てにかかる文書等の提出の際にしなければならない（規則11条1項・2項）。また、当該申立てにかかる文書等から支障部分を除いたものを作成し、裁判所に提出することも必要である（同条3項）。
② 閲覧等の制限の申立てがあった場合は、申立てについての裁判が確定するまで、当該申立てをした者を除く利害関係人は支障部分の閲覧等の請求をすることができない（法12条2項）。
③ 閲覧等の制限決定がなされた場合には、当該決定は直ちに確定する（法12条4項。却下の場合につき(3)(ロ)参照）。当該決定における支障部分が申立てにおける支障部分と異なる場合には、申立人は遅滞なく、当該申立てにかかる文書等から当該決定において特定された支障部分を除いたものを作成し、裁判所に提出しなければならない（規則11条5項）。もっとも、当該申立てにより特定された支障部分と当該決定により特定された支障部分とが同一である場合には、その必要はない（同項但書）。

【書式1-22】　文書等の閲覧等制限申立書

```
平成○年(フ)第○○号　破産手続開始申立事件
破産者　　○○○株式会社

                    閲覧等の制限申立書

                                        平成○年○月○日
                          ○○地方裁判所第○民事部　御中
                          破産管財人　○　　○　　○　　○　印
                                電　話　00-0000-0000
                                Ｆ Ａ Ｘ　00-0000-0000

                        申立ての趣旨
　頭書破産事件について，破産法12条の規定に基づき，破産管財人が破産裁判所に提出した別紙（略）記載の文書中の別紙支障部分目録（略）記載の部分に
```

ついては，その閲覧若しくは謄写，その正本，謄本若しくは抄本の交付又はその複製の請求をすることができる者を破産管財人に限る
との決定を求める。

申立ての理由

　頭書破産事件につき，破産管財人が破産裁判所に提出した別紙記載の文書中の別紙支障部分目録記載部分（以下「支障部分」という。）については，破産者の取引相手方，取引時期，取引内容に関する情報が含まれている。そして，利害関係人にその閲覧若しくは謄写，謄本若しくは抄本の交付の請求又はその複製（以下「閲覧等」という。）の請求が認められると，支障部分に関する情報が漏洩し，当該取引相手方が，破産者との間の取引に係る資産等を隠匿する等，否認権の行使等に支障を来し，破産財団の管理又は換価に著しい支障を生じるおそれがある。
　よって，支障部分についての閲覧等ができる者を破産管財人に限るよう求めるものである。

以上

(3) 閲覧等制限決定の取消し
(イ) 閲覧等制限決定の取消し
　破産手続は清算的手続であるから、手続進行に従って閲覧を制限する必要が消滅することが多い。そこで、このような場合には、利害関係人が閲覧を制限する必要がなくなったことを理由として閲覧制限の取消しを申し立てることができ、申立てが認められれば閲覧制限を取り消す決定がなされる（法12条3項）。
　支障部分の閲覧等の請求をしようとする利害関係人は、破産裁判所に対し、破産法12条1項の要件を欠くこと、またはこれを欠くに至ったことを理由として、同項の規定による決定の取消しの申立てをすることができる（法12条3項）。閲覧等制限決定の取消決定に対しては、即時抗告をすることができ（同条4項）、確定しなければその効力を生じない（同条5項）。

【書式1-23】 文書等の閲覧等制限決定取消申立書

```
平成○年(フ)第○○号　破産手続開始申立事件
破産者　　○○○株式会社
```

閲覧等制限決定取消申立書

平成○年○月○日

○○地方裁判所第○民事部　御中

　　　　　　　　　　　　申立代理人弁護士　○　　○　　○　　○　㊞

　　　当事者の表示　　別紙当事者目録（略）記載のとおり

申立ての趣旨

　御庁平成○年(フ)第○○号破産手続開始申立事件に関し，御庁が平成○年○月○日になした事件に関する文書等の閲覧等制限決定を取り消す
との決定を求める。

申立ての理由

　御庁は，平成○年○月○日，破産者○○○株式会社についての平成○年(フ)第○○号破産手続開始申立事件につき，破産管財人が御庁に提出した破産財団に属する財産の管理及び処分の状況の報告書中の別紙支障部分目録（略）記載の部分（以下「支障部分」という。）について，利害関係人がその閲覧若しくは謄写，その正本，謄本若しくは抄本の交付又はその複製の請求（以下「閲覧等」という。）が認められることにより，破産財団の管理又は換価に著しい支障を生じるおそれがあるとして，その閲覧等を，破産管財人に限る旨の決定をなした。
　しかしながら，破産財団の管理及び換価も大部分が完了した状態にあり，破産財団の管理又は換価に著しい支障を生じるおそれはなく，遅くとも本日までには破産法12条1項に規定する要件を欠くに至った。
　よって，申立人は，破産法12条3項に基づき，申立ての趣旨記載のとおりの決定を求める。

以上

(ロ)　即時抗告の申立て

　閲覧等制限申立てを却下した決定および閲覧等制限決定の取消しの申立て

についての裁判（申立てを却下した決定のみならず、制限決定を取り消す決定も含まれる）に対しては、即時抗告をすることができる（法12条4項）。

7 財産の保全

(1) はじめに

破産手続開始の申立て後、破産手続開始決定までには一定の期間を要するため、この間に債務者による偏頗弁済や財産の隠匿などにより、債務者財産が散逸し、または債権者間の平等が損なわれるおそれがある。これを防止するための債権者の財産保全措置として、破産法は、仮差押え、仮処分その他の必要なる保全処分のほか、民事再生や会社更生など他の倒産手続でも採用されている保全管理命令、包括的禁止命令などの制度を採用した。

このような保全処分などが下されると、破産手続開始申立て以降、破産手続開始決定に至るまで債務者は財産の散逸を防ぐことが可能になる一方、債権者は、権利の実現を図る可能性が失われるため、債権者と債務者の間で利害関係の調整を図る必要がある。

破産法上、破産手続開始の申立て後に発令されうる保全処分には以下のものがあるが、その効力の大小に応じて要件に差異が設けられ、またこれを解消させるための制度が設けられている。

① 他の手続の中止命令・取消命令（法24条）（Ⅱ7(2)）
② 包括的禁止命令（法25条）（Ⅱ7(3)）
③ 保全命令（法28条）（Ⅱ7(5)）
④ 保全管理命令（法91条）（Ⅱ7(6)）
⑤ 否認権のための保全処分（法171条）（第6章Ⅳ3(2)）

(2) 他の手続の中止命令および取消命令

中止命令は、破産手続開始の申立て後、開始決定までの間、利害関係人の申立てまたは職権により、すでにされている強制執行等の手続の中止を命じる保全措置である。また、取消命令は、保全管理命令が発せられた場合に、保全管理人の申立てにより、中止命令の対象とされた強制執行等の手続、外国租税滞納処分の取消しを命じる保全措置である。

(ｲ)　**中止命令（法24条1項）**
　　(A)　中止命令の対象
中止命令の対象となる手続は、次のとおりである。
①　債務者の財産に対してすでにされている強制執行、仮差押え、仮処分または一般の先取特権の実行もしくは民事留置権による競売の手続で、破産手続開始の決定がされたとすれば、破産債権もしくは財団債権となるべきもの（破産債権等）に基づくものまたは破産債権等を被担保債権とするもの
②　債務者の財産に対してすでにされている企業担保権の実行手続で、破産債権等に基づくもの
③　債務者の財産関係の訴訟手続
④　債務者の財産関係の事件で行政庁に係属しているものの手続
⑤　債務者（船舶所有者等）の責任制限手続（ただし、責任制限手続開始決定前に限る）
⑥　外国租税滞納処分で破産債権等に基づくもの
(a)　財団債権に基づく強制執行等の中止命令
①②および⑥の手続については、破産手続開始決定がされたとすれば、破産債権となるべき債権のみならず、財団債権となるべき債権に基づくものを含むとしている。
　これは、破産手続においては、債務者の手元にある財産が少ないため、財団債権全額を支払えない場合も少なくなく、強制執行等の手続が中止されないことにより、財団債権者間の平等を害することになる場合があるからである。
　なお、再生手続や更生手続における中止命令（民再26条1項、会更24条1項）においては、再生債権および更生債権に基づく強制執行手続等のみが中止命令の対象となっており、共益債権に基づくものは除かれている。再生手続や更生手続では、破産手続とは異なり共益債権すら支払えない事態が基本的に想定されていないからである。
(b)　租税債権に基づく滞納処分に対する中止命令
　国税滞納処分は、破産法24条1項の強制執行等には含まれず、同項の中止

命令の対象とはならないと解される。なぜなら、包括的禁止命令を定める同法25条1項は禁止の対象として、「強制執行等」と並んで、交付要求を除く「国税滞納処分」を規定し、両者を明確に区分しているからである。また、同法43条2項は、破産手続開始決定があった場合でも、国税滞納処分の続行は妨げられないと規定しており、破産手続開始のときに破産財団に属する財産に対してすでになされている国税滞納処分は、破産手続によらなくても行使することができることになっているからである（法100条2項1号）。

(B) 中止命令の要件

すべての中止命令に共通して、裁判所が「必要があると認める」ことが要件とされている。さらに、上記①の手続、⑥の処分については、①の手続の申立人である債権者や⑥の処分権者に不当な損害を及ぼすおそれがないこと、上記⑤の手続については、その責任制限手続開始の決定がされていないことがそれぞれ要件とされている。

なお、自己破産申立ての場合は、債務者の資産保全の必要があるときは、早期に破産手続開始決定を下せばよいので、そもそも保全処分発令自体が少なく、中止命令が発令されるとすれば、主に債権者申立ての場合となる。

(C) 中止命令の効果

中止命令の対象とされた手続は、破産手続開始の申立てについての決定があるまでの間、それ以上進行できなくなる。ただし、中止命令によって当然にその手続の進行が停止するわけではないから、執行手続の場合は中止命令正本を執行停止文書（民執39条1項7号）として執行機関に提出する必要がある。

(D) 不服申立て

中止命令に対しては、即時抗告ができるが（法24条4項）、即時抗告は、執行停止の効力を有しない（同条5項）。

即時抗告期間は、裁判の告知を受けた日から1週間以内である（民訴332条）。

【書式1-24】　中止命令の申立書──債権差押え

平成○年(フ)第○○号　破産手続開始申立事件

債権差押手続中止命令の申立書

平成○年○月○日

○○地方裁判所第○民事部　御中

申立人　　○○○株式会社

申立人代理人弁護士　○　　○　　○　　○　　印

当事者の表示　　別紙当事者目録（略）記載のとおり

申立ての趣旨

　相手方が申立人に対し，別紙差押債権目録（略）記載の債権についてした○○地方裁判所平成○年(ル)第○○号債権差押命令申立事件の債権執行手続は，○○地方裁判所平成○年(フ)第○○号破産手続開始申立事件の申立てにつき決定があるまでの間，中止する
との裁判を求める。

申立ての理由

1　申立人は，平成○年○月○日，御庁に対し，破産手続開始の申立てをなし，平成○年(フ)第○○号破産手続開始申立事件として係属し，現在，御庁において審理中である。
2　相手方は，申立人の破産手続開始の申立てに先立ち，○○地方裁判所に対し，申立人の有する別紙差押債権目録記載の債権（以下「本件債権」という。）について差押命令を申立て（平成○年(ル)第○○号事件），平成○年○月○日，同地方裁判所より債権差押命令が発令された。
3　そして，相手方は，民事執行法155条1項に基づき，債権差押命令が申立人に送達された平成○年○月○日から1週間を経過した同月○日に，本件債権にかかる取立権を取得する。本件債権は，破産財団の○パーセントを占める債権であるところ，もし，相手方が本件債権について取立権を行使して破産財団から回収をしてしまうと，破産債権者間の平等を害し，債務者の財産の適正かつ公平な清算に著しい支障を来す。
4　他方，相手方は東証一部上場の優良企業であり，疎甲第○号証から明らか

なとおり十分な資金力を有しているし，他方，本破産手続の開始の申立てについては，破産手続の開始決定に支障となる事情はなく，既に予納金は実納されており，破産手続開始決定がなされる蓋然性は高い。

したがって，相手方に不当な損害が生じるおそれはない。

5 よって，申立人は，破産法24条1項に基づき，申立ての趣旨記載の裁判を求める。

疎明方法

疎甲1	債権差押命令正本	1通
疎甲2	相手方の有価証券報告書（平成○年度）	1通

添付書類

1	疎甲号証写し	各1通
2	資格証明書（相手方）	1通
3	委任状	1通

(ロ) 取消命令（法24条3項）

(A) 取消命令の趣旨

手続の中止命令がなされただけでは、すでになされた強制執行等の手続の効力は失われない。

しかし、動産差押えの対象物が生鮮食品である等、短期間のうちに減価が見込まれる財産である場合には、これに対する強制執行等の手続を中止するにとどまらず、手続を取り消して早期に処分することを認めたほうが、破産財団の増殖に資することになる。

そこで、すでになされた手続の効力を失わせる取消命令の発令が認められている（法24条3項）。

この取消命令は、債務者の利益のためではなく、破産財団の増殖のために特に認められた制度であるから、その発令がされるのは、保全管理命令が発せられた場合に、保全管理人が申し立てたときに限定されている。

(B) 取消命令の要件

次の三つである。

① 保全管理命令が発令されたこと
② 債務者の財産の管理および処分をするために特に必要があると認められること
③ 担保を立てること

取消命令は、中止命令に比べて、債権者に与える影響が大きいことから、立担保が必要とされている。

　　(C)　取消命令の効果および不服申立方法

取消命令の効果は、強制執行等の取消しである。中止命令と同様に、職権により当事者に裁判書が送達され（法24条6項）、即時抗告の対象となるが、この即時抗告に執行停止の効力はない（同条5項）。

【書式1-25】　取消命令の申立書――動産差押え

平成○年㈠第○○号　破産手続開始申立事件

　　　　　　　動産差押手続取消命令の申立書

　　　　　　　　　　　　　　　　　　　　　　　　平成○年○月○日

○○地方裁判所第○民事部　御中

　　申立人　株式会社×××保全管理人弁護士　○　　○　　○　㊞

　　当事者の表示　　別紙当事者目録（略）記載のとおり

　　　　　　　　　　　　申立ての趣旨

　相手方が債務者に対し，別紙動産目録（略）記載の動産についてした○○地方裁判所平成○年（執イ）第○○号動産執行申立事件による動産執行手続を取り消す
との裁判を求める。

　　　　　　　　　　　　申立ての理由

1　株式会社△△△は，平成○年○月○日，御庁に対し，債務者株式会社×××（以下「債務者」という。）に対する破産手続開始の申立てをなし，平成○年㈠第○○号事件として係属し，現在，御庁において審理中である。

2　株式会社△△△は，平成○年○月○日，御庁に対し，保全管理命令の申立てをなし（平成○年(モ)第○○号事件），平成○年○月○日，その発令を得た。
3　相手方は，別紙動産目録記載の動産（以下「本件動産」という。）について，○○地方裁判所に動産執行を申し立て，平成○年○月○日，本件動産について差押命令が発令された（○○地方裁判所平成○年（執イ）第○○号事件。以下「本件差押事件」という。）。

　　そこで，債務者は，御庁に対し，本件差押事件についての手続中止命令を申し立て，平成○年○月○日，その発令を得た（○○地方裁判所平成○年(モ)第○○号事件。以下「本件中止命令」という。）。
4　本件動産については，債務者の主要顧客である株式会社△△△に対して売却する旨の売買契約が既に成立しており，その引渡し期日は，本日より5日後の平成○年○月○日である。

　　仮に，本件差押事件の動産執行手続が取り消されない場合，債務者は株式会社△△△に対して本件動産の引渡をすることができないことになる。この場合，本件動産に腐食が生じて，本件動産の価値が著しく減価するばかりか，さらに債権者は株式会社△△△に対して高額の違約金を支払う義務が生じるため，債務者財産の保全のためには本件差押事件の動産執行手続を取り消す必要性は非常に大きい。
5　他方，相手方は，本件差押事件の動産執行手続きが取り消されたとしても，債務者が担保を立てることによって，損害を被るおそれはない。
6　よって，申立人は，破産法24条3項に基づき，本件差押事件の動産執行手続の取消命令の発令を求めて，本申立てに及ぶ。

疎明方法

疎甲1	動産差押命令正本	1通
疎甲2	基本売買契約書	1通
疎甲3	個別契約書	1通
疎甲4	報告書	1通
疎甲5	保全管理命令正本	1通
疎甲6	手続中止命令正本	1通
疎甲7	破産手続開始申立書に添付の疎明方法を援用する。	各1通

添付書類

1　疎甲号証写各　　　　　　　　　　　　　　　　1通

         2   資格証明書（相手方）   1通

(3) 包括的禁止命令

(イ) 包括的禁止命令の趣旨

　多くの債権者から同時多発的に、強制的な権利実現行為が債務者になされたとき、多数の財産が異なる裁判所の管轄区域に散在しているとき、個別的な手続中止命令では、債務者財産の散逸を防止し、現状を保全するという保全目的の達成が困難になる。

　そこで、他の手続の中止命令によっては、破産手続の目的を十分に達成することができないおそれがあると認めるべき特別の事情があるときは、目的達成の強力な手段として、破産手続開始の申立てについての決定があるまでの間、全債権者に対して、債務者の財産に対する強制執行等および国税滞納処分（交付要求を除く）の禁止を命ずることができるという包括的禁止命令の制度が導入された。

(ロ) 包括的禁止命令の対象

　裁判所が包括的禁止命令を発令することのできる手続は、債権者の財産に対する強制執行等、および、国税滞納処分（国税滞納処分の例による処分を含み、交付要求を除く）である。

　破産法25条1項は、「全ての債権者に対し」とされているところから、命令が発せられる対象には、破産債権者のみならず、財団債権者も含まれる。このうち財団債権者には、財団債権たる租税債権を有する債権者も含まれるものと解される。

　なお、再生手続および更生手続にも、包括的禁止命令の制度が存在する（民再27条、会更25条）が、再生債権ないし更生債権（更生担保権を含む）に基づく強制執行等が対象となるにすぎない点で、財団債権に基づく強制執行等も包括的禁止命令の対象となる破産手続より対象が狭い。

(ハ) 包括的禁止命令の要件

次の二つである。

① 　中止命令によっては破産手続の目的を十分に達成することができない

おそれがあると認めるべき特別の事情があること
② 包括的禁止命令の発令よりも前に、または発令と同時に、債務者の主要な財産に関する保全命令（法28条1項）、または保全管理命令（法91条2項）がなされていること

②の要件は、包括的禁止命令により、債権者の権利行使を包括的に禁止する一方で、債務者による財産処分等を無制限に認めることは、債権者の利益を害するおそれが大きいことから、設けられたものである。

　㈡　包括的禁止命令の効果

包括的禁止命令の効果は、破産手続開始の申立てについての決定があるまでの間、債務者の財産に対する強制執行等および（交付要求を除く）国税滞納処分は禁止され（法25条2項・3項）、債務者の財産に対してすでにされている強制執行等の手続および外国租税滞納処分は中止する。なお、包括的禁止命令発令前にすでにされている国税滞納処分は中止の対象とはならない（同条3項）。

包括的禁止命令があった場合その旨を公告され、その裁判書は、債務者（保全管理人が選任されている場合には保全管理人）および申立人に送達され、決定の主文は知れている債権者および債務者（保全管理人が選任されている場合には保全管理人）に通知されることとなる（法26条1項）。

包括的禁止命令は、債務者に対する送達がなされたときから効力を生じ、効力発生のために債権者に対する送達は必要ない（法26条1項・2項）。早期かつ一律に効力を生じさせる必要があり、効力発生を、区々となる各債権者への送達時期にかからせるのは望ましくないからである。

なお、包括的禁止命令によって、当然にその手続の進行が停止するわけではないから、執行手続の場合は禁止命令正本を執行停止文書（民執39条1項7号）として執行機関に提出する必要があることに注意を要する。

　㈥　不服申立て

包括的禁止命令に対しては、即時抗告ができるが（法25条6項）、即時抗告は、執行停止の効力を有しない（同条7項）。

【書式1-26】 包括的禁止命令申立書

平成○年(フ)第○○号　破産手続開始申立事件

包括的禁止命令の申立書

平成○年○月○日

○○地方裁判所第○民事部　御中

　　　　　　　　　　　申立人代理人弁護士　○　　○　　○　　○　印
　　　　　　　　　　　〒000-0000　　○○県○○市○○町○丁目○番○号
　　　　　　　　　　　　　　　　申立人（債務者）　　○○○株式会社
　　　　　　　　　　　　　　　　代表者代表取締役　　○　　○　　○
　　　　　　　　　　　〒000-0000　　○○県○○市○○町○丁目○番○号
　　　　　　　　　　　　　　　　○○法律事務所
　　　　　　　　　　　申立人代理人弁護士　○　　○　　○　　○
　　　　　　　　　　　　　　　　電　話　00-0000-0000
　　　　　　　　　　　　　　　　ＦＡＸ　00-0000-0000

申立ての趣旨

　破産手続開始の申立てについての決定があるまでの間，すべての債権者は，債務者の財産に対する強制執行，仮差押え，仮処分又は一般の先取特権の実行若しくは留置権（商法又は会社法の規定によるものを除く。）による競売の手続及び国税滞納処分（国税滞納処分の例による処分を含み，交付要求を除く。）をしてはならない
との裁判を求める。

申立ての理由

1　申立人は，平成○年○月○日，御庁に対し，破産手続開始の申立てをなし，平成○年(フ)第○○号破産手続開始申立事件として係属し，現在，御庁において審理中である。また申立人については，前記破産手続開始の申立てと同日，破産法28条1項に基づき，弁済禁止の保全処分が発令されている。
2　現在，申立人が破産手続開始の申立てをなした後，破産債権者から，次のとおり，合計5件の強制執行手続が申し立てられている。
　(1)　不動産競売申立事件　　　　1件
　　　ア　○○地方裁判所平成○年(ヌ)第○○号
　　　　　債権者は，○○である。

(2) 債権差押命令事件　　　　　2件
　　イ　○○地方裁判所平成○年(ル)第○○号
　　ウ　○○地方裁判所平成○年(ル)第○○号
　　イ及びウの債権者は，○○である。
(3) 債権差押および転付命令申立事件　　　1件
　　エ　○○地方裁判所平成○年(ル)第○○号及び同(ヲ)第○○号
　　債権者は，○○である。
(4) 動産差押命令申立事件　　　　　　　　1件
　　オ　○○地方裁判所平成○年（執イ）第○○号
　　債権者は，○○である。
3　申立人は，上記2記載の強制執行のうち，ア，イ，ウの各事件については，破産法24条1項1号に基づき，手続中止命令の申立てをなし，御庁からその発令を受けた。
　　しかしながら，手続中止命令を受けた後も，債権者である○○から上記2の強制執行のうち，エ，オの強制執行の申立てがなされ，強制執行等の申立てが相次いでいる。
4　申立人が今後も個別にこれらの強制執行等に対応して手続中止命令を得ていたのでは，その準備に膨大な労力と時間を要するため，対応が遅れ回復不可能な事態となるおそれがある。
　　したがって，本件破産手続開始申立事件において，破産法24条1項1号に基づく手続中止命令による事後的かつ個別的な対応を続けただけでは，もはや申立人の責任財産の現状維持及び保全による申立人の財産の適正かつ公平な清算という破産手続の目的を十分に達成できないおそれがあると認めるべき特別の事情がある。
5　よって，申立人は，破産法25条1項に基づき，申立ての趣旨記載の決定を求める。

疎明方法

疎甲1	不動産競売開始決定正本	1通
疎甲2	債権差押命令正本	2通
疎甲3	債権差押及び転付命令正本	1通
疎甲4	動産差押命令正本	1通
疎甲5	報告書	1通

添付書類

1　疎甲号証写し	各1通
2　委任状	1通

　　(ヘ)　包括的禁止命令後の取消命令

　包括的禁止命令にも、中止命令（法24条）と同様に、包括的禁止命令によって中止された強制執行等の手続または外国租税滞納処分の取消命令の制度がある（法25条5項）。

　取消命令発令の要件は、①保全管理命令が発令されていること、②保全管理人の申立てによること、③債務者の財産の管理および処分をするために特に必要があると認められること、④担保を立てることである。取消命令に対しては即時抗告ができるが（法25条6項）、即時抗告は執行停止の効力を有しない（同条7項）。

(4)　**債権者による債務者の財産保全措置および個別権利行使の可能性**

　　(イ)　**債権者による債務者の財産保全措置**

　破産手続開始申立てが債権者によるときはもとより、債務者自身によるときでも、債務者の財産保全が十分ではない場合には、債権者のほうから利害関係人として、債務者の財産保全をするための各種申立てをすることができる。

　具体的には、①他の手続の中止命令の申立て（法24条1項）、②包括的禁止命令の申立て（法25条1項）、③保全処分の申立て（法28条1項）、④保全管理命令の申立て（法91条1項）をすることができる（それぞれの要件および効果は、本章Ⅱ7(2)、(3)、(5)、(6)参照）。

　　(ロ)　**債権者による個別権利行使の可能性**

　　　(A)　包括的禁止命令の対象からの除外

　破産手続における包括的禁止命令は、財団債権や労働債権等の一般の優先権のある債権に基づく強制執行等および国税滞納処分を禁止するという強力な効果を有するものであることから、裁判所は、相当と認めるときは、一定の範囲に属する強制執行等または国税滞納処分を包括的禁止命令の対象から除外することができる（法25条2項）。包括的禁止命令の対象外とされた強制

執行等の手続は続行することとなる。

　(B)　包括的禁止命令の解除の申立て

　裁判所が包括的禁止命令を発令した場合でも、強制執行等の申立人である債権者に不当な損害を及ぼすおそれがあると認めるときは、当該債権者の申立てにより、当該債権者に限り包括的禁止命令を解除する旨の決定をすることができる（法27条1項前段）。この解除決定がなされると、包括的禁止命令が発令される前に当該債権者がした強制執行等の手続で、包括的禁止命令によって中止していたものは続行することとなる。

　なお、国税滞納処分についても同様である（法27条2項）。

【書式1-27】　包括的禁止命令の解除申立書

平成○年㋐第○○号　破産手続開始申立事件

包括的禁止命令の解除申立書

　　　　　　　　　　　　　　　　　　　　　平成○年○月○日

○○地方裁判所第○民事部　御中

　　　　　　　　　　　　申立人代理人弁護士　○　○　○　○　㊞

　　　　　　　　　　　〒000-0000　○○県○○市○○町○丁目○番○号
　　　　　　　　　　　　　　申立人　株式会社△△△
　　　　　　　　　　　　　　代表者代表取締役　○　○　○　○
　　　　　　　　　　　〒000-0000　○○県○○市○○町○丁目○番○号
　　　　　　　　　　　　　　申立人代理人弁護士　○　○　○　○
　　　　　　　　　　　　　　電　話　00-0000-0000
　　　　　　　　　　　　　　ＦＡＸ　00-0000-0000
　　　　　　　　　　　〒000-0000　○○県○○市○○町○丁目○番○号
　　　　　　　　　　　　　　相手方（債務者）　○○○株式会社
　　　　　　　　　　　　　　代表者代表取締役　○　○　○　○

申立ての趣旨

　○○地方裁判所が，平成○年㋐第○○号破産手続開始申立事件において，平成○年○月○日になした包括的禁止命令は，申立人に対しては解除するとの裁判を求める。

申立ての理由

1　御庁は，相手方（以下「債務者」という。）にかかる破産手続開始申立事件（御庁平成○年(フ)第○○号。以下「本件破産手続開始申立事件」という。）に関して，債務者の申立てにより，平成○年○月○日，包括的禁止命令を発令した（以下「本件包括的禁止命令」という。）。

2　申立人は，債務者に商品を納入している業者であるが，本件包括的禁止命令の発令前である平成○年○月○日に，○○地方裁判所に対し，平成○年○月○日東京法務局所属公証人○○作成の執行力がある平成○年第○○号○○契約公正証書の正本に基づき，債務者の有する債権（第三債務者は○○株式会社。以下「本件債権」という。）を差し押さえる旨の債権差押命令を申立て，平成○年○月○日，同裁判所から差押命令の発令を受けた（○○地方裁判所平成○年(ル)第○○号。以下「本件債権差押命令」という。）。

　本件債権差押命令は，第三債務者に対しては，平成○年○月○日に，債務者に対しては平成○年○月○日に，それぞれ送達された。

　その後，本件債権差押事件は，本件包括的禁止命令の発令により，前記債権差押手続が中止された。

3　本件債権の債務者（第三債務者）は，その債権の存在を認め，支払いの意思を示しているので，本件債権差押命令の中止が解除されれば，速やかに，申立人において，第三債務者から本件債権を取り立てて回収することが可能である。

4　申立人は，本件包括的禁止命令により，合計金○○円の回収が不能となったことにより，資金繰りが急激に悪化している。上記債権差押手続において，第三債務者から取り立てることができなければ，申立人が連鎖倒産することは免れられず，申立人に対して不当な損害を及ぼすこととなる。

　一方，本件債権の額は，債務者の規模からすると極めて少額に過ぎず，包括的禁止命令の解除を認めても債務者に生じる不利益は著しく小さい。

5　よって，申立人は，破産法27条1項に基づき申立ての趣旨記載の決定を求めて，本件申立てに及んだ次第である。

疎明方法

疎甲1	債権差押命令正本	1通
疎甲2	送達報告書	1通
疎甲3	第三債務者の陳述書	1通

疎甲4	報告書	1通
疎甲5	申立人の資金繰り実績表及び予定表	1通
疎甲6	申立人の貸借対照表及び損益計算書	1通

添付書類

1	疎甲号証写し	各1通
2	資格証明書（申立人）	1通
3	委任状	1通

(5) **債務者の財産に関する保全命令**

(イ) **保全処分の手続**

(A) 保全処分の意義

　裁判所は、破産手続開始の申立てがあった場合には、利害関係人の申立てによりまたは職権で、破産手続開始の申立てにつき決定があるまでの間、債務者の財産に関し、その財産の処分禁止の仮処分その他の必要な保全処分を命ずることができる（法28条1項）。

　一般的に、自己破産申立ての場合には、破産手続開始決定までの時間が短く、特に東京地方裁判所破産・再生部では申立日当日に破産手続開始の決定をする事例も少なくないため、保全処分が問題となるのは、主に債権者破産申立事件の場合である。

(B) 保全処分の申立て

　この保全処分の申立ては、破産手続開始の申立て後、同申立てにつき決定があるまでの間に限り認められる。

　破産法28条の保全処分は、利害関係人であれば申し立てることができ、破産申立人に限らず、他の債権者や債務者にも申立権があるし、裁判所は職権で保全処分を命ずることもできる。

　保全処分の申立てに際しては、条文上、利害関係の疎明が求められることは明らかであるが、解釈上、保全の必要性についても疎明が必要とされており、債務者による財産処分や不当な財産管理のおそれがあることが保全の必要性を裏づける。なお、保全処分の申立てに際して破産手続開始要件の疎明

が必要であるかについては議論があるものの、債権者破産申立ての場合には、破産手続開始原因の審理の中で、破産原因の疎明がなされているので、保全処分の申立ての際に、重ねて破産原因の疎明は必要ないと解される（伊藤眞『破産法・民事再生法〔第3版〕』139頁（2014））。

また、実務の扱いとして、保全処分の申立人だけの利益を目的とするわけではないため、通常は担保を立てさせることは行われていない。ただし、申立人が債権者である場合には、債権者による疎明の程度によっては担保が必要な場合もありうる（伊藤眞ほか『条解破産法〔第2版〕』218頁（2014））。

(C) 保全処分の審理等

保全処分の審理は、口頭弁論を経ないで行われる（法8条1項）。また、裁判所は、職権で保全処分の変更・取消しができる（法28条2項）。裁判所の保全処分および保全処分の変更・取消決定に対しては、告知の日から2週間以内に即時抗告により不服申立てを行うことができるが（同条3項・9条）、この即時抗告には執行停止の効力はない（法28条4項）。保全処分は、破産手続開始決定、破産申立ての却下・棄却決定の確定により失効することになる。

(D) 保全処分の内容

保全処分の要件が認められた場合には、「債務者の財産に関し、その財産の処分禁止の仮処分その他の必要な保全処分」が命じられることになる（法28条1項）。「処分禁止の仮処分」はあくまでも保全処分の例示にすぎず、処分禁止の仮処分のほかに、動産・不動産に対する仮差押え、占有移転禁止の仮処分、債権等の仮差押えなど対象財産に応じて効果的な方法を選択できる（田原睦夫＝山本和彦監修『注釈破産法(上)』183頁（2015））。なお、占有移転禁止の仮処分については、現実の占有確保が重要であるため、執行官保管の仮処分によるべきである（伊藤眞ほか『条解破産法〔第2版〕』216頁（2014））。

また、「その他の必要な保全処分」としては、商業帳簿等の保管・閲覧の保全処分や弁済禁止の保全処分なども考えられる。このうち商業帳簿等の保管・閲覧の保全処分については、債務者が事業を継続しているときは事業譲渡等による清算を早期に行う場合や、債務者が事業を廃止しているときは債務者等による帳簿類の廃棄や改ざんなどが想定される場合などに保全の必要性が認められると考えられている（伊藤ほか・前掲216頁）。弁済禁止の保全

処分については、保全の必要性として特定の債権者への弁済を回避する必要性が問題となる。

　　(E)　保全処分の効果

　破産法28条は、弁済禁止の保全処分の効果についてのみ定めているが、それ以外の保全処分については定めていない。

　まず、弁済禁止の保全処分については、保全処分により債務者が弁済してはならないという拘束を受けることから、債務の弁済を履行しないことについて債務者の帰責事由がないことになる。弁済禁止の保全処分がなされているにもかかわらず、当該保全処分に反してなされた弁済その他の債務消滅行為が行われた場合には、保全処分があることを知っていた債権者は、破産手続の関係においては、その債務消滅行為の効力を主張することができない（法28条6項）。なお、弁済禁止の保全処分が発令されたとしても、債務者による任意の弁済が禁止されるのみで、別の中止命令（法24条1項）や包括的禁止命令（法25条1項）がない限り、債権者から債務者に対して債務の履行を求める給付訴訟を提訴することは許され、強制執行等も妨げられない。

　次に、処分禁止の保全処分については、登記・登録制度のある財産の場合には保全処分の登記・登録が経由されれば、保全処分に反する処分行為は相手方の善意・悪意を問わず無効となるが、登記・登録制度のない財産の場合には処分行為の効力に議論があるところではあるが、相手方が悪意のときには無効とする考え方が有力である（伊藤眞ほか『条解破産法〔第2版〕』218頁(2014)）。

　また、執行官保管とする保全処分については、対象財産の占有を執行官が取得し、破産手続開始決定後は破産管財人に引き継がれる。

　その他の保全処分の効果についても、発令された保全処分の内容や趣旨に応じて判断する必要がある。

【書式1-28】　自動車仮差押命令申立書

平成○年(フ)第○○号　破産手続開始申立事件
<div align="center">**自動車仮差押命令申立書**</div>

平成○年○月○日

○○地方裁判所第○民事部　御中

　　　　　　　　　　申立人代理人弁護士　○　　○　　○　　○　印

　　　当事者の表示　　別紙当事者目録（略）記載のとおり

第1　申立ての趣旨
　　債務者所有の別紙自動車目録（略）記載の自動車は仮に差し押さえるとの裁判を求める。
第2　申立ての理由
　1　当事者
　　申立人は，○○等を業とする株式会社である。
　　債務者は，旅客・貨物の運送等を業とする株式会社である。
　2　申立人が利害関係人に該当すること
　　申立人は，債務者に対し，平成○年○月○日付け○○契約に基づき，金○○円の○○債権を有する債権者である。
　　債務者は，申立外×××株式会社に対する手形債務につき不渡りを出し，平成○年○月○日，○○手形交換所から取引停止処分を受けた。
　　そこで，申立人は，平成○年○月○日，御庁に対して，債務者につき破産手続開始の申立てをなし，平成○年(フ)第○○号事件として現在審理中である。
　3　保全の必要性
　　債務者は既に事業を停止しており，別紙自動車目録記載の自動車（バス○台，トラック○台。以下併せて「本件自動車」という。）は債務者に残る数少ない資産であるところ，債務者は，本件自動車を，債務者の元従業員らによって近時設立された別会社に廉価で売却しようとしている。債務者においてこのまま本件自動車の処分が行われた場合，甚だしい損害が申立人を含む債権者に生じるおそれがある。
　　他方，債務者は既に事業を停止しているため，本件自動車の仮差押えを受けても，それによって重大な損害を被るおそれはない。
　4　結語
　　よって，本申立てに及んだ次第である。

　　　　　　　　　　　　疎明方法

破産手続開始の申立書記載の疎明方法を引用する。

【書式1-29】　会社帳簿等閲覧仮処分命令申立書

平成○年(フ)第○○号　破産手続開始申立事件

会社帳簿等閲覧仮処分命令申立書

平成○年○月○日

○○地方裁判所第○民事部　御中

申立人代理人弁護士　○　　○　　○　　○　印

当事者の表示　　別紙当事者目録（略）記載のとおり

第1　申立ての趣旨
　債務者の元帳，仕訳帳，売掛金台帳，預金台帳，伝票に対する占有を解き，本決定送達の日から10日間○○地方裁判所執行官に保管を命ずる
　執行官はその保管にかかる帳簿及び書類につき，その保管場所において申立人，債務者双方に閲覧を許さなければならない
との裁判を求める。

第2　申立ての理由
　1　当事者
　　申立人は，○○等を業とする株式会社である。
　　債務者は，旅客・貨物の運送等を業とする株式会社である。
　2　申立人が利害関係人に該当すること
　　申立人は，債務者に対し，平成○年○月○日付け○○契約に基づき，金○○円の○○債権を有する債権者である。
　　債務者は，申立外×××株式会社に対する手形債務につき不渡りを出し，平成○年○月○日，○○手形交換所から取引停止処分を受けた。
　　そこで，申立人は，平成○年○月○日，御庁に対して，債務者につき破産手続開始の申立てをなし，平成○年(フ)第○○号事件として現在審理中である。
　3　保全の必要性
　　債務者は，……の理由により，帳簿及び書類を隠匿又は改ざんするおそ

れが極めて高い。帳簿及び書類を隠匿又は改ざんされた場合には，財産の把握や偏頗弁済の把握が困難となるため，申立人を含む債権者に甚だしい損害が生じるおそれがある。
4　結語
よって，本申立てに及んだ次第である。

疎明方法

破産手続開始の申立書記載の疎明方法を引用する。

【書式1-30】　弁済禁止の保全処分申立書

平成○年(フ)第○○号　破産手続開始申立事件

保全処分申立書

平成○年○月○日

○○地方裁判所第○民事部　御中

申立人代理人弁護士　○　　○　　○　　○　印

当事者の表示　　別紙当事者目録（略）記載のとおり

第1　申立ての趣旨
　債務者は，あらかじめ裁判所の許可を得た場合を除き，平成○年○月○日までの原因に基づいて生じた債務の弁済その他の債務を消滅させる行為をしてはならない
との決定を求める。
第2　申立ての理由
　1　当事者
　　申立人は，○○等を業とする株式会社である。
　　債務者は，旅客・貨物の運送等を業とする株式会社である。
　2　申立人が利害関係人に該当すること
　　申立人は，債務者に対し，平成○年○月○日付け○○契約に基づき，金○○円の○○債権を有する債権者である。
　　債務者は，申立外○○○株式会社に対する手形債務につき不渡りを出し，

平成○年○月○日，○○手形交換所から取引停止処分を受けた。
　　　そこで，申立人は，平成○年○月○日，御庁に対して，債務者につき破産手続開始の申立てをなし，平成○年(フ)第○○号事件として現在審理中である。
　3　保全の必要性
　　　申立人の破産手続開始申立ての事実が債権者の知るところとなると，一部債権者が債務者に強硬に弁済を迫るおそれがあり，債務者がそれに応じれば他の債権者との関係で不公平を生じ，申立人を含む債権者に甚だしい損害が生じるおそれがある。
　4　結語
　　　よって，本申立てに及んだ次第である。

疎明方法

破産手続開始の申立書記載の疎明方法を引用する。

(6)　保全管理命令
(イ)　保全管理命令手続
(A)　保全管理命令の意義

　裁判所は、破産手続開始の申立てがあった場合において、債務者（法人に限る）の財産の管理および処分が失当であるとき、その他債務者の財産の確保のために特に必要があると認めるときは、利害関係人の申立てによりまたは職権で、破産手続開始の申立てにつき決定があるまでの間、債務者の財産に関し、保全管理人による管理を命ずる処分をすることができる（法91条1項）。

　債務者が法人に限られるのは、個人の場合、破産手続開始決定前の段階では、個人の自由財産と、管理処分権の対象となるべき財産の峻別が困難であることを考慮したものである。

　債務者の財産に関する保全命令の場合と同様に、自己破産申立ての場合には、破産手続開始決定までの時間が短いため、保全管理命令が問題となることは少なく、保全管理命令が問題となるのは、主に債権者破産申立事件の場合である。

第1章 破産手続開始の申立て

【書式1-31】 保全管理命令

```
平成○年(フ)第○○号　破産手続開始申立事件

　　　　　　　　　　　決　　　定

　　　　　　　　　　○○県○○市○○区○○町○丁目○番○号
　　　　　　　　　　　申立人（債権者）　○　○　○　○
　　　　　　　　　　　申立代理人弁護士　○　○　○　○
　　　　　　　　　　○○県○○市○○区○○町○丁目○番○号
　　　　　　　　　　　相手方（債務者）　○○○株式会社
　　　　　　　　　　　代表者代表取締役　○　○　○　○

　上記申立人による保全管理命令の申立てについて，当裁判所は，申立てを理
由があるものと認め，破産法91条1項の規定に基づき，次のとおり決定する。

　　　　　　　　　　　主　　　文

1　相手方○○○株式会社につき，保全管理人による管理を命ずる。
2　1の保全管理人として次の者を選任する。
　　事務所　○○県○○市○○区○○町○丁目○番○号
　　弁護士　○　○　○　○

　　　　　　　　　　　　　　　　　　　平成○年○月○日
　　　　　　　　　　　　　　　　　　　○○地方裁判所民事部
　　　　　　　　　　　　　　裁判官　○　○　○　○
```

(B)　保全管理命令の申立て

　この保全管理命令の申立ては、破産手続開始の申立て後、破産手続開始の申立てにつき決定があるまでの間に限り認められる。

　保全管理命令の申立ては、利害関係人であれば認められ、破産申立人に限られず、他の債権者や債務者にも申立権があるし、裁判所は職権でも保全管理命令を発令できる。

　債務者の財産に関する保全命令の場合とは異なり、保全管理命令の場合には、「債務者の財産の管理及び処分が失当であるとき、その他債務者の財産

の確保のために特に必要があると認めるとき」という要件が設けられている（法91条1項）。この要件のうち「債務者の財産の管理及び処分が失当であるとき」という部分の典型的な場面としては、債権者から破産手続開始の申立てを受けた債務者が、破産手続開始の決定がされることに抵抗をしつつ、自己の財産の名義を一時的に第三者に移転させる等の行為を始めた場面が想定される（東京地裁破産再生実務研究会編著『破産・民事再生の実務〔破産編〕〔第3版〕』84頁（2014））。

次に、「その他債務者の財産の確保のために特に必要があると認めるとき」の場面としては、破産手続開始が免許取消事由とされている債務者につき破産手続開始決定前に事業を譲渡するような場面やコンピュータで事業上のさまざまなデータ管理をしている債務者について破産手続開始の申立て後にデータが消失させられるおそれがある場面などが考えられる（田原睦夫＝山本和彦監修『注釈破産法(上)』630頁（2015））。

【書式1-32】　保全管理命令申立書（東京地方裁判所）

平成○年(フ)第○○号事件　破産手続開始申立事件

保全管理人による管理命令の申立書

平成○年○月○日

東京地方裁判所民事第20部

〒000-0000
東京都千代田区霞が関○丁目○番○号
申立人　株式会社×××（債権者）
上記代表者代表取締役　○　　○　　○

〒000-0000
東京都千代田区霞が関○丁目○番○号
電話番号：00-0000-0000
FAX：00-0000-0000
上記申立代理人弁護士　○　　○　　○　　○　印

〒000-0000
東京都港区赤坂○丁目○番○号
被申立人　○○○株式会社（債務者）

第1　申立ての趣旨
　被申立人につき，保全管理人による管理を命ずる
との決定を求める。

第2　申立ての理由
1　被申立人は，平成○年○月○日，御庁に対し，破産手続開始の申立てをした。
2　（債務者の財産の管理及び処分が失当であること，あるいはその他債務者の財産の確保のために特に必要があると認められる事情を具体的に記載する）
3　そこで，これを防止するため，また，手続への信頼を確保し，債権者の最大利益を図るべく保全管理人による管理を命ぜられたく，破産法91条に基づき本申立てに及び次第である。

疎明方法

破産手続開始の申立書添付の疎明方法を援用する。

添付資料

委任状　1通

(C)　保全管理命令の審理等

　裁判所は、発令にあたって債務者の審尋が必須というわけではなく、債権者申立ての場合には、債務者審尋を経ずに発令がなされることがある（法8条1項）。

　保全管理命令を発令する場合には、当該保全管理命令において、1人または数人の保全管理人を選任しなければならない（法91条2項）。なお、法人も保全管理人になることができる（法96条1項・74条2項）。

　また、裁判所は、一度発令した保全管理命令を変更し、または取り消すこ

とができる（法91条4項）。

(D) 保全管理命令に関する公告および送達

裁判所は保全管理命令を発した場合および保全管理命令を変更または取り消す旨の決定をした場合にはその旨の公告をしなければならない（法92条1項）。

また、保全管理命令、保全管理命令を変更または取り消す旨の決定をした場合および即時抗告についての裁判があった場合には、その裁判書を当事者に送達しなければならない（法92条2項）。保全管理命令を債務者に送達する際には、債務者に対する注意書きを同封する運用も行われている。

【書式1-33】 保全管理命令の官報公告

```
        破産手続における保全管理命令
 平成○年㈠第○○号
   ○○県○○市○○区○○町○丁目○番○号
   債務者   ○○○株式会社
 1  主文  破産手続開始の申立てにつき決定があ
     るまでの間、債務者の財産に関し、保全管理人
     による管理を命ずる。
 2  保全管理人  弁護士  ○○○○
     平成○年○月○日
                  ○○地方裁判所第○民事部
```

【書式1-34】 保全管理命令を受けた債務者に対する注意事項（東京地方裁判所）

```
平成○年㈠第○○号
債務者   ○○○株式会社
```

保全管理命令を受けた債務者に対する注意事項

1 保全管理人の権限

保全管理命令が発せられたときは、債務者の財産の管理及び処分をする権利は、保全管理人に属します（破産法93条）。

保全管理人は、債務者に関する帳簿、書類その他の物件を検査することが

できます(破産法96条1項,83条1項)。
2 債務者の説明義務
　保全管理命令を受けた債務者(債務者会社代表者のほか,債務者の理事,取締役,執行役,監事,監査役及び清算人等並びに以前にこれらの代表者等の地位にあった者を含む。)は,保全管理人又は保全管理人代理の請求により,保全管理に関し必要な説明をしなければなりません(破産法96条1項,40条)。
3 債務者の違反行為に対する処罰規定
(1) 保全管理人に対し,説明を拒んだり,偽りの説明をしたときは,3年以下の懲役若しくは300万円以下の罰金等の刑事上の処罰を受けることがあります(破産法268条)。
(2) 債務者の財産を隠したり,壊したり,仮装譲渡したり,債権者の不利益に処分すると詐欺破産罪として10年以下の懲役若しくは1000万円以下の罰金等の刑事上の処罰を受けることがあります(破産法265条)。
(3) 偽計又は威力を用いて保全管理人又は保全管理人代理の職務を妨害すると3年以下の懲役若しくは300万円以下の罰金等の刑事上の処罰を受けることがあります(破産法272条)。

　　　　　　　　　　　　　　　　　　平成○年○月○日
　　　　　　　　　　　　　　　　東京地方裁判所民事部破産係

(E) 保全管理命令に対する即時抗告

　保全管理命令および保全管理命令の変更・取消決定に対しては、即時抗告が可能であるが(法91条5項・9条)、その期間は公告のあった日から2週間以内と解されている(伊藤眞ほか『条解破産法〔第2版〕』80頁(2014))。なお、この即時抗告には執行停止の効力はない(法91条6項)。

(F) 保全管理命令の効果

　保全管理命令が発令されたときは、債務者の財産(日本国内にあるかどうかを問わない)の管理処分権は、保全管理人に専属する(法93条1項)。他方、債務者が保全管理命令発令後に、債務者の財産に関してした法律行為は、破産手続の関係においては、無効とされる(法96条1項・47条1項)。

㋺ 保全管理人の権限・調査
　⒜ 保全管理人の権限の範囲

　保全管理命令が発令されたときは、債務者の財産の管理処分権は保全管理人に専属するが、保全管理人が債務者の常務に属しない行為をするには、裁判所の許可を得なければならず（法93条1項）、裁判所の許可を得ないでした行為は無効であるが、これをもって善意の第三者に対抗することはできない（同条2項）。常務に属するかどうかは個々の事案によって異なるが、債務者が事業を継続している場合には、常務に属する行為としては、債務者が事業継続中の場合には通常の程度における原材料の仕入れ、製品の販売、運転資金借入れ、弁済期の到来した債務の弁済などが、債務者の事業が停止している場合には弁済期の到来した債権の回収、設備の保守、管理などが考えられる（伊藤眞ほか『条解破産法〔第2版〕』705頁（2014））。

　また、不動産や知的財産権の任意売却、営業または事業譲渡、商品の一括売却など、一定の重要な業務執行行為については、裁判所の許可が必要である（法93条3項・78条2項）。なお、事業譲渡を行うにあたって、裁判所は労働組合等の意見を聴かなければならず（法93条3項・78条4項）、さらに、裁判所の許可だけでは足りず株主総会等の会社法上の手続も必要とされている（伊藤ほか・前掲708頁）。

　さらに、保全管理人は、債務者の財産を保全するために必要がある場合は、否認権のための保全処分を申立て（法171条）、または、民事保全法に基づく保全処分の申立てもしくは民事訴訟法に基づく権利行使をすることができる（法96条1項・80条）。

【書式1-35】　事業譲渡許可申請書

平成○年㋄第○○号事件　破産手続開始申立事件

　　　　　　　　事業譲渡許可申請書

　　　　　　　　　　　　　　　　　　　　　平成○年○月○日
東京地方裁判所民事第20部　御中
　　　　　　　　　申立人（債務者）　　○○○株式会社

　　　　　　　　　　　　保全管理人　弁護士　○　　○　　○　　○　印

申請の趣旨

　債務者が，甲社に対し，別件物件目録記載の工場兼営業所における特殊セメントの製造・販売にかかる事業を，別紙事業譲渡契約書（略）記載の内容で譲渡すること
の許可を求める。

申請の理由

1　債務者は，平成○年○月○日，御庁に対し，破産手続開始の申立てを行った。
2　債務者は，特殊セメントの製造・販売を中心に営業を行い，同時に別紙物件目録記載の工場兼営業所において特殊セメントの製造・販売事業（以下「本件事業」という。）を行っていたところ，折からの不況により，建築用セメントの受注が減り，売り上げが減少し，破産手続開始の申立てに至った次第である。
3　本件においては，特殊セメントの製造にノウハウを有している甲社に，本件事業を譲り受けてもらうことが，破産財団の確保と円滑な換価を実現するうえで最善であると思料する。
4　甲社は早急な事業譲受けを希望しており，管財人の選任を待っていては本件事業譲渡が成就しない可能性が極めて高く，また，甲社のほかに見るべき候補者は存在しない。
5　よって，債務者が甲社に対し，本件事業を別紙事業譲渡契約書記載の内容で譲渡することの許可を申請する。

　　(B)　保全管理人の調査

　保全管理人の調査については、以下のとおり、破産管財人の権限に関する条文が多く準用されている（法96条）。

　① 保全管理人は、債務者にあてた郵便物等を受け取ったときは、これを開いて見ることができる（法96条1項・82条1項）。ただし、債務者あての郵便物等の転送嘱託までは認められていない（法96条1項は81条を準用していない）。

② 保全管理人は、債務者の理事、取締役等に対し、破産に関し必要な説明を求め、債務者の帳簿、書類その他の物件を検査することができる（法96条1項・40条・83条1項）。

③ 保全管理人は、その職務を行うため必要があるときは、債務者の子会社等に対して、その業務・財産状況につき説明を求め、またはその帳簿、書類その他の物件を検査することができる（法96条1項・83条2項）。

④ 保全管理人は、職務の執行に際し抵抗を受けるときは、その抵抗を排除するために、裁判所の許可を得て、警察上の援助を求めることができる（法96条1項・84条）。

　(ハ)　保全管理人の行為に基づく請求権の財団債権化

保全管理人の権限に基づく行為によって生じた請求権は、財団債権とされ（法148条4項）、その後に開始された破産手続によらず、破産財団から随時弁済を受けることができる（法2条7項・151条）。

　(ニ)　保全管理人の義務・責任

保全管理人は、就職後、直ちに債務者の財産管理に着手するとともに（法96条1項・79条）、善良な管理者の注意をもって、その職務を行わなければならない（法96条1項・85条1項）。この義務を怠った場合には、各保全管理人は、利害関係人に対し、連帯して損害を賠償する義務を負う（法96条1項・85条2項）。

裁判所は、保全管理人を監督するとともに（法96条1項・75条1項）、保全管理人が債務者の財産管理・処分を適切に行っていないとき、その他重要な事由があるときは、利害関係人の申立てによりまたは職権で、保全管理人を審尋したうえで、解任することができる（法96条1項・75条2項）。

　(ホ)　保全管理人代理

保全管理人は、必要があるときは、その職務を行わせるため、裁判所の許可を得て、自己の責任で1人または数人の保全管理人代理を選任することができる（法95条）。

保全管理人代理はその職務を行うにあたり善管注意義務を負うことは当然であるが、保全管理人代理に善管注意義務違反があったときには、選任権者である保全管理人の義務違反にもなる（伊藤眞ほか『条解破産法〔第2版〕

713頁（2014））。

【書式1-36】 保全管理人代理選任許可申請書（東京地方裁判所）

```
平成○年( )第○○号

               保全管理人代理選任許可申立書

                                      平成○年○月○日
東京地方裁判所民事第20部　御中

                          申立人（債務者）　○○○株式会社
                          保全管理人　弁護士　○　○　○　○　印
　上記破産事件につき，下記の者を保全管理人代理に選任することの許可して
いただきたく申立てます。

                           記

          〒000-0000
          千代田区霞ヶ関○丁目○番○号
            弁護士　○　○　○　○
          （電話番号　　00-0000-0000）
          （ＦＡＸ番号　00-0000-0000）
```

(ヘ)　任務終了
(A)　任務終了の場合の報告義務
　保全管理人の任務が終了した場合には、保全管理人は、遅滞なく、裁判所に書面による計算報告をしなければならない（法94条1項）。

　任務を終了した場合とは、保全管理人の辞任、解任、死亡のほか、破産手続が開始された場合、再生計画認可決定（民再184条）や更生計画認可決定（会更208条）により破産手続が失効した場合を含む。保全管理人が死亡等により欠けたときは、書面による計算報告は、後任の保全管理人または破産管財人が行うこととなるため（法94条2項）、保全管理人が死亡した場合であってもその相続人は報告義務を承継しない。

【書式1-37】 保全管理人の任務終了報告書（東京地方裁判所）

平成○年㈠第○○号

保全管理人任務終了による計算報告書

平成○年○月○日

東京地方裁判所民事第20部　御中

　　　　　　　　　　〒000-0000
　　　　　　　　　　東京都千代田区霞が関○丁目○番○号
　　　　　　　　　　申立人（債務者）○○○○株式会社
　　　　　　　　　　代表者代表取締役　○　　○　　○　　○
　　　　　　　　　　〒000-0000
　　　　　　　　　　東京都千代田区霞が関○丁目○番○号
　　　　　　　　　　保全管理人代理人弁護士　○　　○　　○　　○　印
　　　　　　　　　　　（電話番号　00-0000-0000）
　　　　　　　　　　　（ＦＡＸ番号　00-0000-0000）

　債務者○○○○株式会社に係る破産手続開始申立事件につき，御庁から平成○年○月○日に破産手続開始決定があり，保全管理人の任務が終了いたしましたので，破産法94条1項により，次のとおり報告をします。

第1　破産手続開始申立てから開始決定までの経過（略）について
　　別紙1　申立てから開始決定までの経過のとおり

第2　債務者○○○○株式会社の概要

第3　保全管理人の業務
　　1　財産の保全
　　2　債権者対応
　　3　資産・負債の調査

第4　申立てから開始決定までの資産の増減
　　別紙2　比較貸借対照表のとおり

以上

［添付資料］

① 申立てから開始決定までの経過
② 比較貸借対照表

(B) 任務終了の場合の財産の管理義務

　保全管理人の任務が終了した場合において、急迫の事情があるときは、保全管理人またはその承継人は、後任の保全管理人、破産管財人または債務者が財産を管理することができるまで必要な処分をしなければならない（法96条1項・90条1項）。

第2章　破産手続の開始決定

I　破産手続開始の裁判

1　破産手続開始の決定

　裁判所は、破産手続開始の申立てがあった場合において、破産手続開始の原因となる事実があると認めるときは、破産障害事由に該当する場合を除き、破産手続開始の決定をする（法30条1項）。

　破産障害事由とは、①破産手続の費用の予納がないとき（法30条1項1号）、②不当な目的で破産手続開始の申立てがされたとき、その他申立てが誠実にされたものでないとき（同項2号）である。

　「破産手続開始の原因となる事実」とは、自然人については支払不能（法15条1項）、合名会社および合資会社を除く法人については支払不能または債務超過（法16条1項）である。

【書式2-1】　破産手続開始の決定

平成○年㈠第○○号

　　　　　　　　　　　　決　　　定

　　東京都○○区○○町○丁目○番○号
　　債務者　　　○○○株式会社
　　代表者代表取締役　　○　○　○

　　　　　　　　　　　　主　　文

　　債務者○○○株式会社について破産手続を開始する。

　　　　　　　　　　　　理　　由

　一件記録によれば、債務者が支払不能の状態にあることが認められる。
　よって、主文のとおり決定する。

```
      なお，この決定に併せて，下記のとおり定める。
                           記
    1  破産管財人      東京都○○区○○町○丁目○番○号　○○法律事務所
                      弁護士　　○　　○　　○　　○
    2  債権届出期間    平成○年○月○日まで
    3  財産状況報告集会・計算報告集会・破産手続廃止に関する意見聴取のため
       の集会の各期日
                      平成○年○月○日午前○時○分
    4  債権調査期日    平成○年○月○日午前○時○分
               平成○年○月○日午後○時
                              東京地方裁判所民事第20部
                                 裁判官　○　　○　　○　　○　印
```

2　破産者の説明義務および重要財産開示義務

①破産者、②破産者の代理人、③破産者が法人である場合の理事、取締役、執行役、監事、監査役および清算人、④③に準ずる者、⑤破産者の従業者、⑥過去に②から⑤であった者（なお、信託財産破産の場合は①受託者等、②信託法248条1項または2項の会計監査人、③①または②であった者）は、破産管財人等の請求があったときは、破産に関し必要な説明をしなければならない（法40条1項・244条の6第1項・2項）。ただし、破産者の従業者は、裁判所の許可がある場合に限る（法40条1項但書）。

また、破産者は、破産手続開始決定後、遅滞なく、所有する不動産、現金、有価証券、預貯金その他裁判所が指定する財産の内容を記載した書面を裁判所に提出しなければならない（法41条）。破産者がこの義務に違反すると、免責不許可事由に該当するほか（法252条1項11号）、重要財産開示拒絶罪により刑事罰が科される場合がある（法269条）。

3　却下・棄却

(1) 棄却

裁判所は、破産手続開始の原因となる事実が認められない場合には、申立

てを棄却する。

　また、不当な目的での申立て、その他不誠実な申立てについては、破産障害事由として明記されている（法30条1項2号）ため、裁判所は、かかる濫用的な申立ての場合も棄却する。

【書式2-2】　破産手続開始申立ての棄却決定

平成○年㈦第○○号　破産手続開始申立事件

決　　定

　　当事者の表示　　別紙当事者目録（略）記載のとおり

主　　文

　　本件破産手続開始の申立てを棄却する。

理　　由

第1　本件は，申立人が，被申立人に対して貸金債権を有するとして，被申立人について破産手続開始を申し立てたものである。

第2　しかし，一件記録並びに審尋の全趣旨によれば，申立人は遺産の相続をめぐり被申立人代表者と紛争が生じていること，申立人は，その争いの過程において，遺産である建物を使用している被申立人が解散することを条件に金銭解決をする旨の提案をしていたこと，被申立人代表者が当該提案に応じなかったところ，申立人は，貸金返還請求訴訟の提起とともに本件破産申立てをなしたこと，被申立人の事業は破綻していないことなどの事実が認められる。これらの事実を勘案すると，本件申立ては，申立人が，遺産をめぐる紛争で優位に立つことを目的としてなしたものと認められ，そうすると，本件破産の申立ては濫用というべきであって不適法である。

第3　以上のとおりであるから，本件申立てはこれを却下することとし，主文のとおり決定する。

　　　平成○年○月○日
　　　　　　　　　東京地方裁判所民事第20部
　　　　　　　　　　　　裁判長裁判官　○　　○　　○　　○　印
　　　　　　　　　　　　裁判官　　　　○　　○　　○　　○　印
　　　　　　　　　　　　裁判官　　　　○　　○　　○　　○　印

(2) 却　下

　債務者自身による申立て（いわゆる自己破産）でない場合、破産原因の疎明が必要である。また、債権者が申立てをする場合には、破産原因のほか、その有する債権の存在も疎明する必要がある。かかる疎明がなされない場合、申立ては不適法なものとして却下される。

　また、破産手続の費用の予納がない場合も、申立ては却下されると解されている（法30条1項。竹下守夫編代『大コンメンタール破産法』110頁（2007））。

　さらに、更生手続、再生手続、特別清算手続など他の倒産手続が開始された場合においては、破産手続開始の申立ては禁止される（会更50条1項、民再39条1項、会515条1項）ので、これに反してなされた申立ても不適法なものとして却下される。

【書式2-3】　破産手続開始申立ての却下決定

平成○年(フ)第○○号　破産手続開始申立事件

決　　定

当事者の表示　　別紙当事者目録（略）記載のとおり

主　　文

1　本件破産手続開始の申立てを却下する。
2　申立費用は，申立人の負担とする。

理　　由

第1　本件は，申立人が，被申立人に対して貸金債権を有するとして，被申立人について破産手続開始を申し立てたものである。
第2　しかし，一件記録並びに審尋の全趣旨によれば，申立人が主張する貸金債権は，既に弁済されたものと認められ，また，他に申立人が被申立人に対して債権を有するとの事実も認められず，申立人は被申立人に対して債権を有するとの疎明はないものと判断される。
第3　よって，本件申立てはこれを却下することとし，破産法13条，民事訴訟法61条を適用して，主文のとおり決定する。

　　　平成○年○月○日

```
          東京地方裁判所民事第20部
               裁判長裁判官  ○  ○  ○  ○  印
               裁判官      ○  ○  ○  ○  印
               裁判官      ○  ○  ○  ○  印
```

(3) 申立書の却下

　裁判所は、破産手続開始申立書に必要的記載事項が記載され、また、申立てに必要な手数料が納付（印紙の貼用）されているかを審査し、不備があれば補正を命ずる処分を行い、期間内に不備が補正されないときは破産手続開始の申立書を却下することとなる（申立書の却下、法21条）。

Ⅱ　同時決定事項

1　同時決定事項

　裁判所は、破産手続開始決定と同時に、1人または数人の破産管財人を選任し、かつ、①破産債権届出期間、②財産状況報告集会の期日、③債権調査期間を定めなければならない（法31条1項）。

　しかし、裁判所は、破産財団をもって破産手続の費用を支弁するのに不足するおそれがあると認めるときは、破産債権届出期間や債権調査期間等を定めないことができる（法31条2項）。いわゆる異時廃止の場合、破産債権の届出および調査を行う必要性がないことに基づく。

　また、裁判所は、知れている破産債権者の数、その他の事情を考慮して財産状況報告集会を招集することを相当でないと認めるときは、財産状況報告集会の期日を定めないことができる（法31条4項）。破産債権者の数が膨大な場合は債権者集会の会場の確保等に困難を伴う。また、逆に出席する破産債権者の数がほとんどいないことが想定される場合や、破産財団に属する財産の額が少ない場合もある。そこで、破産法は、原則として財産状況報告集会を招集することとしつつ（同条1項2号）、知れている破産債権者の数、その他の事情を考慮して、財産状況報告集会の期日を定めないことができることとしている（同条4項）。

2 大規模破産事件

 破産債権者の数が膨大となる大規模破産事件においては、個々の債権者に個別に通知を行うと、これに要する費用により財団が減少し、債権者の利益を損なう場合がある。
 そこで、通知事務の簡素合理化を図るため、破産債権者の数が1000人以上であり、かつ、相当と認めるときは、破産手続開始決定等の破産債権者への通知や、債権者集会への呼出しを行わない旨の決定をすることができると定められている（法31条5項）。
 この決定を行った場合、破産手続開始の公告に、その旨を公告しなければならない（法32条2項）。

【書式2-4】 破産債権者への通知等の省略決定

平成○年(フ)第○○号　破産手続開始申立事件

決　　定

　当裁判所は，破産法31条5項の規定に基づき，次のとおり決定する。

主　　文

　破産法32条第4項本文及び第5項本文において準用する同条第3項第1号，第33条第3項本文並びに第139条第3項本文の規定による破産債権者（同項本文の場合にあっては，同項本文に規定する議決権者。）に対する通知をせず，かつ，第111条，第112条又は第114条の規定により破産債権の届出をした破産債権者を債権者集会の期日に呼び出さない。

　　　　平成○年○月○日
　　　　　　　　　　東京地方裁判所民事第20部
　　　　　　　　　　　　　　裁判長裁判官　○　○　○　○　印
　　　　　　　　　　　　　　裁判官　　　　○　○　○　○　印
　　　　　　　　　　　　　　裁判官　　　　○　○　○　○　印

Ⅲ　破産手続開始の公告等

1　公　告

　裁判所は、破産手続開始の決定をしたときは、直ちに以下の事項を公告しなければならない（法32条。なお、裁判所は、破産財団をもって破産手続の費用を支弁するのに不足するおそれがあると認めるときは、前述のとおり破産債権の届出期間並びに破産債権の調査をなす期間または期日が定められないため、その場合には、上記期間または期日の公告はなされない）。

① 　破産手続開始の決定の主文（法32条1項1号）
② 　破産管財人の氏名または名称（法32条1項2号）
③ 　破産債権の届出をすべき期間（法31条1項1号）、財産状況報告集会の期日（同項2号）、破産債権の調査をなす期間（債権調査期日が実施された場合にあっては、その期日）（同項3号）（法32条1項3号）
④ 　財産所持者等（破産財団に属する財産の所持者および破産者に対して債務を負担する者）は、破産者にその財産を交付し、または弁済をしてはならない旨（法32条1項4号）
⑤ 　簡易配当が相当と認められる場合においては、簡易配当をすることにつき異議のある破産債権者は裁判所に対し、破産債権の調査期間の満了時または破産債権の調査期日の終了時までに異議を述べるべき旨（法32条1項5号）
⑥ 　破産手続開始決定に際し、知れている破産債権者の数が1000人以上であり、かつ、相当と認めるときで、裁判所が一定の破産債権者（法32条4項本文および5項本文において準用する同条3項1号・33条3項本文並びに139条3項本文の規定による破産債権者（法139条3項本文については議決権者））に対する通知をせず、かつ、債権届出期間に破産債権の届出をした破産債権者（法111条）、その責めに帰することができない事由により破産債権の調査期間の経過までに（もしくは破産債権の調査期日については、同期日の終了までに）、破産債権の届出をすることができなかった場合に、その事由が消滅した後1カ月以内に限り届出をした破産債権者

（法112条）または租税等の請求権であって、財団債権に該当しない請求権または罰金等の請求権であって、財団債権に該当しない請求権を有する破産債権者等（法114条）を債権者集会の期日に呼び出さない旨の決定をしたときは（法31条5項）、知れている破産債権者に対する通知をせず、かつ、破産債権等の届出をした破産債権者を債権者集会の期日に呼び出さない旨（法32条2項）

【書式2-5】 破産手続開始の官報公告

> 破産手続開始
>
> 　次の破産事件について，以下のとおり破産手続を開始した。破産財団に属する財産の所持者及び破産者に対して債務を負担する者は，破産者にその財産を交付し，又は弁済をしてはならない。
> 平成○年㋫第○○号
> 　○○県○○市○○町○丁目○番○号
> 　債務者　　○○○株式会社
> 　代表者代表取締役　　○○　○○
> 1　決定年月日時　平成○年○月○日午後○時
> 2　主文　債務者について破産手続を開始する。
> 3　破産管財人　弁護士　○○　○○
> 4　破産債権の届出期間　平成○年○月○日まで
> 5　財産状況報告集会・一般調査・廃止意見聴取・計算報告の期日　平成○年○月○日午後○時
> 　　　　　　　　○○地方裁判所第○民事部

2　通　知

　大規模破産事件に該当し、裁判所が破産債権者への通知を行わないと決定した場合は破産債権者への通知は不要になるが（法32条4項）、この場合を除き、裁判所は、上記①ないし⑥の内容等を以下の者に対し通知しなければな

らないとされている（同条 3 項）。
   ① 破産管財人、破産者および知れている破産債権者（法32条 3 項 1 号）
   ② 知れている財産所持者等（法32条 3 項 2 号）
   ③ 保全管理命令があった場合（法91条 2 項）における保全管理人（法32条 3 項 3 号）
   ④ 労働組合等（破産者の使用人その他の従業員の過半数で組織する労働組合があるときはその労働組合、破産者の使用人その他の従業員の過半数で組織する労働組合がないときは破産者の使用人その他の従業員の過半数を代表する者）（法32条 3 項 4 号）

【書式 2 - 6 】 破産手続開始通知書

平成○年㈦第○○号（申立年月日　平成○年○月○日）
住　所　○○県○○市○○町○丁目○番○号
破産者　○○○株式会社

破産手続開始等の通知書

平成○年○月○日

債権者・債務者・財産所持者・労働組合等各位

　　　　　　　　　　○○地方裁判所第○民事部○係
　　　　　　　　　　　　　裁判所書記官　○　　○　　○　　○　印

　当裁判所は，頭書破産事件について，平成○年○月○日午後○時，次のとおり，破産手続開始決定をしたので通知します。
1　破産手続開始の決定の主文
　　○○○株式会社について破産手続を開始する。
2　破産管財人の氏名
　　弁護士　　○　　○　　○
3　債権届出期間　　　　平成○年○月○日まで
4　債権者集会・財産状況報告集会の期日
　　　　　　　　　　　平成○年○月○日午後○時
　　　　　　　　　　　場所　○　　○　　○
5　債権調査期間　　　　平成○年○月○日まで
6　破産財団に属する財産を所持している者及び破産者に対して債務を負担す

> る者は，破産者にその財産を交付し，又は弁済をしてはならない

3 官庁等への通知

　裁判所書記官は、官庁その他の機関の許可（免許、登録その他の許可に類する行政処分を含む）がなければ、開始することができない事業を営む法人について、または、官庁その他の機関の許可がなければ設立することができない法人について破産手続開始の決定があったときは、それぞれその旨を当該機関に通知しなければならない（規則9条1項）。

Ⅳ　即時抗告

1　即時抗告の申立て

　破産手続開始の申立てについての裁判に対しては、即時抗告することができる（法33条1項）。
　即時抗告の対象となる裁判は、破産手続開始決定に限らず、破産手続開始の申立てを却下または棄却する決定も含まれる（法33条）。
　即時抗告をすることができる者は、破産手続に関する裁判について利害関係を有する者である（法9条）。ただし、棄却決定の場合は、申立人に限って抗告することができる（大判大正15・12・23民集5巻894頁）。即時抗告は、即時抗告申立書を当該裁判所に提出することによって行う（同条）。
　抗告のできる期間は、裁判の公告があった場合には、その公告が効力を生じた日から起算して2週間である（法9条）。
　破産手続開始の申立てを棄却する決定が発令された場合であっても、これに対して即時抗告がなされた場合には、他の手続中止命令等（法24条）、包括的禁止命令（法25条）、債務者の財産に対する保全処分（法28条）の発令は可能である（法33条2項）。

【書式2-7】 開始決定に対する即時抗告の申立書

平成○年(フ)第○○号　破産手続開始申立事件

即時抗告申立書

平成○年○月○日

○○高等裁判所　御中

抗告人代理人弁護士　○　○　○　○　印

　　　当事者の表示　　別紙当事者目録（略）記載のとおり

　抗告人は，○○地方裁判所平成○年(フ)第○○号破産手続開始申立事件について，同裁判所が平成○年○月○日午前○時に抗告人に対してなした破産手続開始決定は全部不服であるから即時抗告をなす。

原決定の主文

○○○株式会社について破産手続を開始する。

抗告の趣旨

原決定を取り消す
相手方の破産手続開始の申立てを棄却する
抗告費用は相手方の負担とする
との決定を求める。

抗告の理由

　原審裁判所は，抗告人○○○株式会社（以下「抗告人」という。）たる債務者が，相手方外○○名の債権者に対し，約１億7,300万円及び甲信用金庫に約２億7,300万円の債務を有しており，このため３億円以上の債務超過及び支払不能であるとして，平成○年○月○日になされた破産申立て（以下「本件申立て」という。）について，翌日抗告人に対し，破産手続開始決定をした。
　しかしながら，抗告人は，一般債権者９名を除くその余の債権者（相手方○○（以下「相手方」という。）を含む。）との間で，平成○年○月○日，抗告人が上記債権者に対し，上記債権者が有する債権（以下「本件債権」という。）の内，その債権額の１割８分の金額を平成○年○月○日限り，それぞれ弁済することを条件として，相手方を含む上記債権者からそれぞれ，残余の債務（以下「残債務」という。）について免除を受けることになったものであって，当該約定どおり弁済したので，本件債権は弁済及び免除により消滅した。

よって，抗告人は，平成○年○月○日時点においては，債務超過の状態にはなく，破産原因は存しない。

したがって，原審裁判所の破産手続開始決定は取り消しの上，本件申立ては棄却されるべきである。

証拠書類

1　合意書
2　抗告人作成の報告書

添付書類

1　甲号証写　　各1通
2　資格証明書（抗告人）　1通
3　委任状　　1通

2　即時抗告に対する裁判

即時抗告に対して、抗告審は、抗告が不適法であれば、これを却下し、理由なしと認めれば棄却することになる。

抗告審の裁判は、高等裁判所の決定であるから、これに対する最高裁判所への再抗告は許されず（裁7条2号）、許可抗告が認められない限り、確定する。

【書式2-8】　即時抗告棄却決定

平成○年(モ)第○○号

決　　定

当事者の表示　　別紙当事者目録（略）記載のとおり

主　　文

1　本件抗告を棄却する。
2　抗告費用は抗告人の負担とする。

理　由

1　抗告の趣旨
　(1)　原決定を取り消す。
　(2)　相手方の破産手続開始の申立てを棄却する。
2　抗告の理由の要旨
　　抗告人の本件抗告の理由は，別紙破産手続開始決定（略）に対する即時抗告申立書「抗告の理由」欄記載のとおりである。
3　当裁判所の判断
　　本件記録によれば，抗告人の債務は，平成○年○月末現在で本件破産申立人を含む一般債権者97名に対する債務が合計金1億9,476万653円，抵当権者である甲信用金庫に対する債務が元本債務のみで金2億7,301万446円，その合計金4億6,777万1,099円であり，その後同年○月○日までに一般債権者97名中88名（以下「本件一般債権者」という。）に対して実施された1割8分の割合による前記第一次配当分合計額2,199万5,600円を差し引いても，本件破産申立時における抗告人の債務は合計4億4,577万5,499円を下らないこと，これに対し抗告人の資産としては，○○所在の所有建物（店舗）の評価額が合計金1億0,391万1,000円であり，他にめぼしい資産はなく，債務超過の状態にあること，以上の事実を認めることができ，右認定を動かすに足りる証拠はない。
　　なお，抗告人は，本件一般債権者は，上記第一次配当を受けることを条件として残債務を免除し，かつ，その配当を受領したものであるから，相手方を含む大部分の一般債権者の債権は消滅し，したがって，抗告人は債務超過の状態にはない旨主張するが，本件記録によれば，本件一般債権者が抗告人に対してした残債務免除の意思表示は，第一次配当以外に配当原資が得られないときは残債務を免除するという条件付のものと解せられるところ，抗告人が本件破産申立て当時において約金2,000万円の現金を有するほか，なお不動産などの資産を保有していることが認められるから，上記条件は未成就であり，本件一般債権者らの残債務免除の意思表示は未だ効力を生じていないというべきである。
　　したがって，抗告人の主張には理由がない。
　　よって，原決定は相当であり，本件抗告は理由がないことからこれを棄却し，抗告費用は抗告人に負担させることとして，主文のとおり決定する。
　　　平成○年○月○日

```
                        ○○高等裁判所第○民事部
                        裁判長裁判官  ○   ○   ○   ○  印
                              裁判官  ○   ○   ○   ○  印
                              裁判官  ○   ○   ○   ○  印
```

3 破産手続開始決定の取消し

　破産手続開始決定に対し即時抗告がなされ、理由があると認められた場合には、破産手続開始決定が取り消されることになる。

　取消決定が確定した場合には、直ちにその主文は公告され、かつ破産管財人、破産者および知れている破産債権者、知れている財産所持者等などに、その主文を通知しなければならない（法33条3項）。ただし、通知をせず、かつ破産債権者を債権者集会期日に呼び出さない旨の決定がある場合（法31条5項）の場合は、知れている破産債権者に対して通知をする必要はない。

V　手続上の効果

1　通　則

(1)　破産財団

　㈠　破産財団の範囲

　破産者が破産手続開始のときにおいて有する一切の財産（日本国内にあるどうかを問わない）および破産者が破産手続開始前に生じた原因に基づいて行うことがある将来の請求権は、破産財団に帰属し、破産管財人が管理処分権を有する（法34条1項・2項）。ただし、自然人の破産手続において、99万円以下の金銭および差押禁止財産は、いわゆる「自由財産」として、破産財団に属さない（同条3項）。99万円以下の金銭とは、「標準的な世帯の2月間の必要生計費を勘案して政令で定める額の金銭」（民執131条3号）に2分の3を乗じた額の金銭であり、破産者の生活維持の観点から、標準的な世帯の3カ月分の生計費相当額が、破産財団から除外され、破産者の手元に残される。また、99万円以下の金銭とは、現金を意味するので、預貯金については、

後記の「自由財産の範囲の拡張」によって、はじめて自由財産となる。

㊁　自由財産の範囲の拡張

　裁判所は、破産手続開始の決定があったときから当該決定が確定した日以後1カ月を経過する日までの間、破産者の申立てによりまたは職権で、決定で、破産者の生活の状況、破産手続開始のときにおいて破産者が有していた自由財産（法34条3項）の種類および額、破産者が収入を得る見込みその他の事情を考慮して、破産財団に属しない財産の範囲を拡張することができる（同条4項）。自由財産の範囲の拡張は、破産者の個別の事情に応じて、生活の維持を図るために、99万円以下の金銭および差押禁止財産以外の財産を自由財産として認める制度である。手続として、裁判所は、自由財産の範囲の拡張決定にあたっては、破産管財人の意見を聴かなければならない（同条5項）と規定されているので、破産管財人が選任されない同時廃止事件においては、自由財産の範囲の拡張は認められない。

　多くの裁判所では、あらかじめ一定の基準を設けて自由財産拡張制度を運用しているので、破産手続開始申立ての際には、当該裁判所の運用基準を確認する必要がある。

　たとえば、東京地方裁判所においては、「個人破産の換価基準」（資料2-1）を設け、法定の自由財産以外にも原則として破産手続における換価または取立てをしないものを定め、換価または取立てをしない場合はその範囲内で自由財産の拡張の裁判があったものとして扱うという運用がなされている。そして、上記基準に基づいて換価等の対象とならない財産については、破産管財人が作成する財産目録および収支計算書にも記載を要しないという扱いである。他方、形式的に換価等の対象となるが、裁判所が破産管財人の意見を聴いて相当と認めて換価等をしないものとした財産（実務としては、自由財産の範囲の拡張につき、申立代理人と破産管財人が協議を行い、拡張を認めることになった財産）については、財産目録および収支計算書に計上したうえで、備考欄に「自由財産の拡張により換価しない」と記載して債権者集会で報告するという扱いがなされている（手引138頁以下、東京地裁破産再生実務研究会編著『破産・民再の実務〔破産編〕〔第3版〕』373頁以下（2014））。

　また、大阪地方裁判所の定型書式では、当初から管財事件として破産申立

てをする場合には、破産申立書の申立ての趣旨として、自由財産の範囲の拡張を申し立てる旨が印字されており、財産目録の自由財産拡張申立欄や管財補充報告書のチェック項目を記入することによって自由財産拡張の申立てを行うという扱いになっている（なお、同時廃止事件として申し立てたが、管財事件に移行した場合には、自由財産拡張申立書の提出を要する）。そして、大阪地方裁判所においては、「自由財産拡張制度の運用基準」（資料2-2）が策定されていて、これに基づいて申立代理人と破産管財人が調整・協議を行い、拡張申立ての内容と破産管財人の判断が一致した場合には、破産管財人は、裁判所により拡張申立てを相当とする決定が黙示的になされたものとして、当該財産を換価せず、破産者に返還し、その旨、財産目録に記載するという運用がなされている（運用と書式65頁以下、マニュアル281頁以下）。

（資料2-1）　東京地方裁判所の個人破産の換価基準

【個人破産の換価基準】（東京地方裁判所）
1　換価等をしない財産
　(1)　個人である破産者が有する次の①から⑩までの財産については，原則として，破産手続における換価又は取立て（以下「換価等」という。）をしない。
　　①　99万円に満つるまでの現金
　　②　残高が20万円以下の預貯金
　　③　見込額が20万円以下の生命保険解約返戻金
　　④　処分見込価額が20万円以下の自動車
　　⑤　居住用家屋の敷金債権
　　⑥　電話加入権
　　⑦　支給見込額の8分の1相当額が20万円以下である退職金債権
　　⑧　支給見込額の8分の1相当額が20万円を超える退職金債権の8分の7
　　⑨　家財道具
　　⑩　差押えを禁止されている動産又は債権
　(2)　上記(1)により換価等をしない場合は，その範囲内で自由財産の範囲の拡張の裁判があったものとして取り扱う（ただし，①，⑨のうち生活に欠くことのできない家財道具及び⑩は，破産法34条3項所定の自由財産である。）。

2 換価等をする財産
(1) 破産者が上記①から⑩までに規定する財産以外の財産を有する場合には，当該財産については，換価等を行う。ただし，破産管財人の意見を聴いて相当と認めるときは，換価等をしないものとすることができる。
(2) 上記(1)ただし書により換価等をしない場合には，その範囲内で自由財産の範囲の拡張の裁判があったものとして取り扱う。
3 換価等により得られた金銭の債務者への返還
(1) 換価等により得られた金銭の額及び上記1(1)の①から⑦までの財産（⑦の財産の場合は退職金の8分の1）のうち換価等をしなかったものの価額の合計額が99万円以下である場合で，破産管財人の意見を聴いて相当と認めるときは，当該換価等により得られた金銭から破産管財人報酬及び換価費用を控除した額の全部又は一部を破産者に返還させることができる。
(2) 上記(1)により破産者に返還された金銭に係る財産については，自由財産の範囲の拡張の裁判があったものとして取り扱う。
4 この基準によることが不相当な事案への対処
この基準によることが不相当と考えられる事案は，破産管財人の意見を聴いた上，この基準と異なった取扱いをするものとする。

(資料2-2) 大阪地方裁判所の自由財産拡張制度の運用基準

【自由財産拡張制度の運用基準】（大阪地方裁判所）
1 拡張の判断の基準
拡張の判断に当たっては，まず①拡張を求める各財産について後記2の拡張適格財産性の審査を経た上で，②拡張適格財産について後記3の99万円枠の審査を行う。なお，99万円を超える現金は，後記2の審査の対象とはならず，後記3の99万円枠の審査の対象となる。
2 拡張適格財産性の審査
(1) 定型的拡張適格財産
以下の財産は，拡張適格財産とする。
①預貯金・積立金（なお，預貯金のうち普通預金は，現金に準じる。）
②保険解約返戻金
③自動車
④敷金・保証金返還請求権
⑤退職金債権

⑥電話加入権

⑦申立時において，回収済み，確定判決取得済み又は返還額及び時期について合意済みの過払金返還請求権

(2) (1)以外の財産

原則として拡張適格財産とならない。

ただし，破産者の生活状況や今後の収入見込み，拡張を求める財産の種類，金額その他の個別的な事情に照らして，当該財産が破産者の経済的再生に必要かつ相当であるという事情が認められる場合には，拡張適格財産とする（相当性の要件）。

(3) 手続開始時に財産目録に記載のない財産

原則として拡張適格財産とならない。ただし，破産者が当該財産を財産目録に記載していなかったことにつきやむを得ない事情があると認められる場合については，その財産の種類に応じて(1)又は(2)の要件に従って拡張適格財産性を判断する。

3 99万円枠の審査

(1) 拡張適格財産の価額の評価

原則として時価で評価する。

ただし，敷金・保証金返還請求権（前記2(1)④）は契約書上の金額から滞納賃料及び明渡費用等（原則として60万円）を控除した額で評価し，退職金債権（同⑤）は原則として支給見込額の8分の1で評価し，電話加入権（同⑥）は0円として評価する。

(2) 現金及び拡張適格財産の合計額が99万円以下の場合

原則として拡張相当とする。

なお，後記(3)の場合に99万円超過部分に相当する現金を破産財団に組み入れることにより，財産の評価額を組入額分低減させ，実質的に拡張を求める財産の額を99万円以下とすることが可能である。

(3) 現金及び拡張適格財産の合計額が99万円を超える場合

原則として99万円超過部分について拡張不相当とする。

ただし，破産者の生活状況や今後の収入見込み，拡張を求める財産の種類，金額その他の個別的な事情に照らして，拡張申立てされた99万円超過部分の財産が破産者の経済的再生に必要不可欠であるという特段の事情が認められる場合には，例外的に拡張相当とする（不可欠性の要件）。

個人事業者の破産手続においては、売掛金や事業に関連する動産（在庫商品、機械、什器備品等）を、自由財産として認めることができるか否かが問題となることがある。なお、農機具、漁具、技術者・職人等の業務用器具は、差押禁止動産（民執131条4号ないし6号）なので、本来的自由財産である。この点、自由財産の範囲の拡張の考慮要素は、破産者の生活の状況、破産手続開始のときにおいて破産者が有していた自由財産の種類および額、破産者が収入を得る見込みその他の事情なので、個人事業者の場合、廃業して収入の見込みがなければ、同事実が継続的に収入を得る給与所得者に比べて拡張に積極的な事情となり、他方、当該事業を継続するのであれば、現金等の他の資産の有無を含め、事業上の必要性を具体的に主張して、拡張を求めることが考えられる。東京地方裁判所においては、「破産者が自営業者の場合に、破産手続開始前に発生した売掛金は、破産財団を構成しますが、その売掛金によって得られる収益で破産者が生計を立てていて、破産者にとって不可欠な財産であることがあります。この場合、破産者が給与所得者である場合との比較から、売掛金のうち破産者にとって不可欠な部分について、自由財産の範囲の拡張を認めて破産者自身に回収させ」るのが相当なときがあるという考えが示され、内装業を営む個人事業主の破産手続において、売掛金について自由財産の範囲の拡張を認めた事例も紹介されている（手引148頁以下）。また、一般的に、自由財産の総額が99万円を超える範囲の拡張については、慎重な判断が必要とされているが、自由財産の拡張制度が破産者の個別の事情を考慮し、破産者の生活の維持を図る制度であるから、個別の事情を十分に検討したうえで、対応することが必要である（東京地方裁判所の拡張事例の紹介については、手引149頁以下、東京地裁破産再生実務研究会編著・前掲380頁以下を参照されたい）。なお、大阪地方裁判所においては、破産管財人向けに「売掛金や事業に関連する動産は、たとえ、事業継続が破産者の経済的再生の手段になっている場合であっても、破産者に管理処分権が帰属することにより混乱が生じるおそれがあること、事業に関連した債権者がいる場合には当該債権者との公平などを考慮して、慎重に相当性を判断する必要があろう」という解説がなされている（運用と書式77頁）が、個人事業主の破産において、事業継続を前提に、生活の糧として売掛金の拡張を認めるのが相当

と判断された事案もある（マニュアル298頁）ようなので、やはり、個別の事情に応じて、拡張の可否を検討すべきである。

【書式2-9】 自由財産拡張申立書（大阪地方裁判所）

平成○年(フ)第○○号
申立人　○　○　○　○

自由財産拡張申立書

　　　　　　　　　　　　　　　　　　　　　　　　平成○年○月○日

大阪地方裁判所第6民事部○○係　御中

　　　　　　　　　　　　　　申立代理人弁護士　○　　○　　○　　○　印
　　　　　　　　　　　　　　　　　　　　　　電　話　00-0000-0000
　　　　　　　　　　　　　　　　　　　　　　FAX　00-0000-0000

1　申立ての趣旨
　　別添の財産目録記載の財産のうち，同財産目録の自由財産拡張申立欄に■を付した財産について，破産財団に属しない財産とする。
2　申立ての理由
　　別添の管財補充報告書第13項記載のとおり

　　　　　　　　　　　　　　　　　　　　　　　　　　　　　　以　上

---

(2) 事業の継続

　破産手続は清算を目的とする手続であるため、破産手続開始決定がなされると、原則として、破産者の事業は廃止される。しかし、破産者の事業を継続させることが破産財団にとって有利であると判断されることもあり得るため、破産手続開始の決定がなされた後であっても、破産管財人は、裁判所の許可を得て、破産者の事業を継続することができる（法36条）。破産管財人による事業の継続は、例外的な措置であり、原則として、破産財団の増殖が見込まれる場合に限って許可されるものであるが、事案によっては、破産財団の増殖は見込まれないものの、事業を廃止することで社会的な混乱が生じる場合に、これを避けるべく事業を継続することもあり得る。東京地方裁判

所の事案として、入院患者のいる病院の破産、多数の予約がすでに入っているホテル業者の破産、生徒が残っている学校の破産などの例が紹介されている（手引223頁）。

他方、個人事業者が破産手続開始決定後も、事業を継続する場合は、その事業の主体が破産管財人ではないので、破産法36条の問題ではない。個人事業者の事業継続については、事業用資産の取扱いや営業権の評価等の問題も指摘されている（大阪弁護士協同組合『はい６民です　お答えします～倒産実務Q&A～』79頁以下（2015））ので、申立代理人としては、問題点を十分に検討したうえで、申立てを行う必要がある。

【書式2-10】　事業の継続許可申請書

平成○年(フ)第○○号
破産者　○　○　○

事業の継続許可申請書

平成○年○月○日

○○地方裁判所第○民事部　御中

破産管財人　○　○　○　○　印
電　話　00-0000-0000
Ｆ　Ａ　Ｘ　00-0000-0000

　御庁頭書事件につき、以下の理由により、破産者の事業を継続することが破産財団の形成に資するものと思料致しますので、破産者の事業を継続することを許可されたく申請致します。
1　破産者は、建設用機器修理業を営んでいるものであるが、本件破産手続開始決定時には、修理のため、980台もの機器を預かり保管していたものである。
2　したがって、当職はこれら所有者の取戻権に服する機器を整理し、返還する必要があるが、そのためには、補助者として元従業員15名を約１月間雇用する不可欠であり、これには概算約300万円の費用を要する。
3　しかし、上記１の修理を実施しながら、機器の整理、返還作業を続けていくのであれば、上記２の費用の約半分程度の収入が得られる見込である。なお、修理は比較的簡単なものが多く、そのことによって、上記雇用期間が大

> きく変化することは考えられず、その他、格別の事業リスクが存するとは考えられない。
>
> 以　上

(3) 破産者の居住制限

　破産者は、その申立てにより裁判所の許可を得なければ、その居住地を離れることができない（法37条1項）。この申立てを却下する決定に対しては、破産者は、即時抗告をすることができる（同条2項）。この居住制限は、破産の説明義務（法40条）を担保するための規定であり、破産者の法定代理人および支配人並びに破産者の理事、取締役、執行役およびこれらに準ずる者についても準用される（法39条）。

　裁判所の許可を要する「居住地を離れる」について、転居が典型例であるが、国内旅行・出張（実務上、日帰りの旅行・出張は除外されている、書記官50頁）、海外旅行、入院なども対象と解される。手続としては、条文上の要件ではないが、事前に、破産管財人の意見を聴くことが相当であり、実務上、裁判所に提出する許可申請書に、破産管財人からの同意の押印を得たうえで、許可申請を行うことが多い。また、東京地方裁判所などでは、「破産管財人の同意を得ることで足りる」という運用がなされており（手引127頁）、この場合、破産管財人の同意があった時点で、裁判所による黙示の許可があったものと解されている（書記官50頁）。

【書式2-11】　破産者の転居許可申請書

```
平成〇年(フ)第〇〇号
破産者　〇　〇　〇　〇

                    転居許可申請書

                                        平成〇年〇月〇日
〇〇地方裁判所第〇民事部　御中
                    破産者代理人弁護士　〇　〇　〇　〇　印
                                    電　話　00-0000-0000
```

```
                                         FAX 00-0000-0000
  御庁頭書事件につき，破産者は○○○○のため，下記住居への転居を希望し
ておりますので，転居の許可を申請致します。
                          記
  ○○県○○市○○町○番○号
                                              以　上
上記許可申請について同意します。
    平成○年○月○日
        破産管財人　○　　○　　○　　○　印
```

(4) 破産者の引致

裁判所は、必要と認めるときは、破産者の引致を命ずることができる（法38条1項）。破産者の居住制限と同じく、破産者の法定代理人および支配人並びに破産者の理事、取締役、執行役およびこれらに準ずる者について準用される。説明義務（法40条）を実効的なものとするための規定の1つであるが、実務上、近年において引致状が発出された例は見当たらないようである（田原睦夫＝山本和彦監修『注釈破産法(上)』278頁（2015））。

(5) 破産者等の説明義務

破産手続の実効性を確保するために、①破産者、②破産者の代理人、③破産者が法人である場合のその理事、取締役、執行役、監事、監査役および清算人、④上記③に準ずる者、⑤破産者の従業者に対し、破産に関する説明義務が課されている（法40条1項）。破産者の経理担当者のような従業者のほうが財務状況を把握していることもあるため、破産者の従業者にも説明義務が課されているが、破産者の従業者に対して一律に説明義務を課すことは妥当でないので、破産者の従業者については、裁判所の許可がある場合に限って説明義務を負うこととされている（同項但書）。なお、上記説明義務は、過去に破産法40条1項各号で規定されている地位にあった者にも課されているので（同条2項）、すでに退職した従業者が説明義務を負うこともある。

破産者が説明義務に違反した場合には免責不許可事由となる（法252条1項11号）。また、説明義務を負う者が説明を拒みまたは虚偽の説明をしたとき

には、3年以下の懲役もしくは300万円以下の罰金に処し、またはこれを併科することとされている（法268条）。

　上記の破産者等の説明義務は、破産管財人の請求を受けて対応することを求めるものであるが、破産者の所有する不動産、現金、有価証券、預貯金等の重要財産については、破産管財人の説明請求を受けて対応するのではなく、破産手続開始決定後、遅滞なく、定型的に、開示させる必要がある。そこで、破産者には、破産手続開始決定後遅滞なく、その所有する不動産、現金、有価証券、預貯金その他裁判所が指定する財産の内容を記載した書面を裁判所に提出しなければならないという重要財産開示義務が課されている（法41条）。破産者は、破産管財人からの請求の有無に関係なく、自主的に裁判所に対して重要財産の内容を記載した書面を提出する必要があり、破産者が重要財産開示義務に違反した場合には免責不許可事由になる（法252条1項11号）。また、破産者が書面の提出を拒み、または虚偽の書面を裁判所に提出したときは、3年以下の懲役もしくは300万円以下の罰金に処し、またはこれを併科するとされている（法269条）。

　重要財産開示義務に関する実務の運用としては、自己破産事件では、破産手続開始申立書に添付して提出された財産目録等の内容が適切であり、かつ変動がなければ、その援用を認め、改めて資産目録等の書面を提出させていないことが多い（田原＝山本監修・前掲291頁、東京地裁破産再生実務研究会編著・前掲112頁）。重要財産報告書の提出を求める裁判所においても、申立書添付の財産目録記載の内容から変更がない場合には、「申立書添付の財産目録記載のとおりです」とのみ記載すれば足りるとする運用がある（書記官50頁）。

【書式2-12】　重要財産報告書

　平成○年(フ)第○○号
　破産者　　○　　○　　○　　○

重要財産報告書

平成○年○月○日

○○地方裁判所第○民事部　御中

　　　　　　　　　　　　破産者代理人弁護士　○　　○　　○　　○　㊞
　　　　　　　　　　　　　　　　　　　　　　　電　話　00-0000-0000
　　　　　　　　　　　　　　　　　　　　　　　ＦＡＸ　00-0000-0000

　破産者の所有している財産は，
　■　申立書添付の財産目録記載のとおりです。
　□　申立書添付の財産目録記載のとおりの財産及び別紙記載の財産です。
　　　　　　　　　　　　　　　　　　　　　　　　　　　　以　上

2　他の手続への効果

(1)　強制執行等

　破産手続開始決定があった場合には、破産債権者は破産手続によって平等に満足を受けることとなり、破産者に対して個別に権利行使することができなくなるため、破産財団に属する財産に対する強制執行、仮差押え、仮処分、一般の先取特権の実行または企業担保権の実行で、破産債権もしくは財団債権に基づくものまたは破産債権もしくは財団債権を被担保債権とするものは、することができなくなる（法42条1項）。破産手続開始決定時に、破産財団に属する財産に対してすでになされている強制執行等は失効するが（同条2項本文）、すでに強制執行等の手続が相当程度進んでおり、そのままの手続を続行したほうが迅速かつ高価で換価できると判断される場合もあるため、破産管財人が破産財団のために手続を続行することもできる（同項但書）。なお、破産管財人により手続が続行された場合には、第三者異議の訴えについては、破産管財人が被告となる（同条5項）。

【書式2-13】　強制執行の失効の上申書

平成○年(ル)第○○号
債　権　者　　株式会社△△△
債　務　者　　○○○株式会社
第三債務者　　○　　○　　○　　○

上　申　書

平成○年○月○日

○○地方裁判所第○民事部　御中

　　　　　　　　　　　　　破産者○○○株式会社
　　　　　　　　　　　　　破産管財人　○　　○　　○　　○　　印
　　　　　　　　　　　　　　電　話　00-0000-0000
　　　　　　　　　　　　　　ＦＡＸ　00-0000-0000

　頭書事件の債務者（破産者）について，下記のとおり破産手続が開始され，当職が破産管財人に選任されました。

　ついては，続行申請を行いませんので，執行手続を終了されるよう上申します。

記

事件番号　　○○地方裁判所平成○年(フ)第○○号
破産者　　　○○○株式会社
破産手続開始決定日　平成○年○月○日午後○時○分

以　上

【添付書類】
　　破産手続開始決定正本（※）　　　1通
　　破産管財人選任証明書　　　　　　1通

※　決定正本の写しで足りるとする運用や破産管財人選任証明及び印鑑証明書のみを添付すれば足りるとする運用もあるため，添付書類については，執行裁判所に確認する（書記官の書66頁）。

【書式2-14】破産管財人による強制執行続行の申立書

平成○年(ヌ)第○○号
債務者（破産者）　○○○株式会社

強制執行手続の続行申立書

平成○年○月○日

○○地方裁判所第○民事部　御中

　　　　　　　　　　　　　破産者○○○株式会社
　　　　　　　　　　　　　破産管財人　○　　○　　○　　○　　印

V　手続上の効果

```
　　　　　　　　　　　　　　　　　　電　話　00-0000-0000
　　　　　　　　　　　　　　　　　　FAX　00-0000-0000
```

　頭書事件の債務者（破産者）について，下記のとおり破産手続が開始され，当職が破産管財人に選任されました。

　本件強制執行手続については，手続が相当程度進行しており，手続を続行することが破産財団の形成に資するものであると思料致しますので，強制執行手続を続行されたく，その旨申立て致します。

記

　事件番号　　○○地方裁判所平成○年(フ)第○○号
　破産者　　　○○○株式会社
　破産手続開始決定日　平成○年○月○日午後○時○分

以　上

【添付書類】
　　破産手続開始決定正本　　　　1通
　　破産管財人選任証明書　　　　1通

(2)　国税滞納処分

　破産手続開始の決定があった場合には、破産財団に属する財産に対する国税滞納処分は、することができない（法43条1項）。他方、破産財団に属する財産に対して国税滞納処分がすでにされている場合には、破産手続開始の決定は、その国税滞納処分の続行を妨げないとされている（同条2項）。

【書式2-15】　新たな滞納処分に対する即時抗告の申立書

即時抗告申立書

平成○年○月○日

○○高等裁判所第○民事部　御中

　　　　　　　　　　　抗告人　　破産者　　○○○株式会社
　　　　　　　　　　　　　　　　破産管財人　○　　○　　○　　○　印

当事者の表示　　　別紙（略）のとおり

抗告の趣旨

相手方が，平成○年○月○日，抗告人に対する滞納処分として別紙物件目録（略）記載の不動産についてなした滞納処分を取り消す
　抗告費用は相手方の負担とする
との決定を求める。

抗告の理由

　抗告人は，○○地方裁判所平成○年(フ)第○○号破産手続開始申立事件において，平成○年○月○日午後○時に破産手続開始決定を受けた。
　しかしながら，相手方は，抗告人の○○税滞納を理由とする滞納処分として，平成○年○月○日，抗告人所有の別紙物件目録記載の不動産を差し押さえた。
　破産法第43条１項にて，破産手続開始の決定があった場合には，破産財団に属する財産に対する国税滞納処分は，することができないと規定されているが，相手方がなした滞納処分は，抗告人の破産手続開始決定後のものであり，かつ，破産財団に属する抗告人所有の不動産に対してなされたものであるため，抗告人は，抗告の趣旨記載の決定を求める。

以　上

【添付書類】
　　破産手続開始決定正本　　　　１通
　　破産管財人選任証明書　　　　１通

(3) 訴訟手続

　破産手続開始の決定があったときは、破産者を当事者とする破産財団に関する訴訟手続は、中断する（法44条１項）。破産管財人は、中断した訴訟手続のうち破産債権に関しないものを受継することができ、相手方が受継の申立てをすることもできる（同条２項）。破産手続が終了したときは、破産管財人を当事者とする破産財団に関する訴訟手続は中断し、破産者が受継しなければならない（同条４項・５項）。

　破産債権者または財団債権者が提起した債権者代位訴訟または詐害行為取消訴訟が破産手続開始決定当時係属するときは、その訴訟手続は中断する（法45条１項）。破産管財人は、中断した訴訟手続を受継することができ、相手方が受継の申立てをすることもできる（同条２項）。相手方の破産債権者または財団債権者に対する訴訟費用請求権は、財団債権とされる（同条3

項)。破産手続開始決定によって中断した訴訟手続について受継があった後に破産手続が終了したときは、当該訴訟手続は中断し(同条4項)、破産債権者または財団債権者は訴訟手続を受継しなくてはならないが、相手方が受継の申立てをすることもできる(同条5項)。破産手続開始決定によって中断した訴訟手続について受継があるまでに破産手続が終了したときは、破産債権者または財団債権者は、当然に訴訟手続を受継する(同条6項)。

第3章　破産管財人の地位と権限

I　破産管財人の地位

1　はじめに

　破産手続の主な目的は、債務者の財産等の適正かつ公平な清算を図ることであるが（法1条）、その破産手続の目的を実現するために裁判所、破産管財人、保全管理人、債権者集会および債権者委員会の機関が破産手続上用意されており、その中で破産手続遂行の中心となるのは破産管財人である。

　破産管財人の法律上の地位については、従前から議論がなされている。①法主体としては破産者である個人や法人であるが、破産管財人に選任された私人がその職務として破産法上の権能を行使するものとする職務説、②破産手続開始決定に基づいて破産債権者が破産財団所属財産上に差押質権を取得して破産管財人がこれを代理行使するとする破産債権者代理説や破産管財人は破産財団所属財産の帰属主体である破産者の代理人としてこれを代理行使するとする破産者代理説、③財産の集合体である破産財団に法人格を認め、破産管財人をその代表機関とする破産財団代表説、④破産的清算の目的のために破産者および破産債権者によって構成される破産団体なる社団の成立を認め破産管財人をその代表機関とする破産団体代表説、⑤破産者を委託者、破産債権者を受益者、破産管財人を受託者とする法定信託の成立を説く受託者説、⑥財産の集合体としての破産財団に法人格を認め破産管財人をその代表機関とするのではなく、むしろ破産財産について管理処分権を行使する管理機構たる破産管財人自身に法人格を認めようとする管理機構人格説などがある。従前は、破産財団代表説が通説的地位を占めたが、近時はそれを発展させ、かつ、かつての職務説を再評価した管理機構人格説が有力であるとされている（伊藤眞『破産法・民事再生法〔第3版〕』199頁（2014））。

2 破産管財人の選任

(1) 破産管財人の選任

破産管財人は、破産手続開始決定と同時に裁判所が選任する（法31条1項・74条1項）。裁判所は、破産管財人を選任するにあたっては、その職務を行うに適した者を選任する（規則23条1項）。

【書式3-1】 法人破産管財人を選任する破産手続開始決定

```
平成○年(フ)第○○号

                決     定

    東京都○○区○○町○丁目○番○号
    債務者（破産者）  ○○○株式会社
    代表者代表取締役  ○  ○  ○  ○

                主     文

債務者○○○株式会社について破産手続を開始する。

                理     由

一件記録によれば，債務者が支払不能の状態にあることが認められる。
よって，主文のとおり決定する。
なお，この決定に併せて，下記のとおり定める。
                 記
1  破産管財人      東京都○○区○○町○丁目○番○号○○ビル○階
                弁護士法人○○法律事務所
2  債権届出期間    平成○年○月○日まで
3  財産状況報告集会・計算報告集会・破産手続廃止に関する意見聴取のため
  の集会の各期日
                平成○年○月○日午後○時
4  債権調査期日    平成○年○月○日午後○時
                平成○年○月○日午後○時
                東京地方裁判所民事第○部
                  裁 判 官  ○  ○  ○  ○  印
```

(2) 破産管財人の被選任資格

(イ) 一般的な被選任資格の制限

　破産法上、破産管財人の被選任資格について一般的な制限はない。もっとも、破産管財人には職務を行うに適した者を選任するものとされている（規則23条1項）ことから、完全な行為能力を有する者であることが必要である（伊藤眞ほか『条解破産法〔第2版〕』（2014））。

(ロ) 法人の被選任資格

　破産管財人には自然人のほか、法人もなることができる（法74条2項）。弁護士法人制度の創設や大規模破産管財事件における必要性などを考慮して民事再生法および会社更生法と同様の趣旨の規定を置いたものである。なお、法人が破産管財人に選任された場合には、裁判所との間の連絡に支障が生じることを避けるため、当該法人は、役員または職員のうち破産管財人の職務を行うべき者を指名し、指名された者の氏名を裁判所に届け出なければならないとされている（規則23条2項）。

【書式3-2】　破産管財人の職務を行うべき者および印鑑届出書

　　　　　　　　　　　　　　　　　　　　　　　　平成〇年〇月〇日
〇〇地方裁判所民事第〇部　御中
　　　　　　　　　　　　〇〇県〇〇市〇〇町〇丁目〇番〇号〇〇ビル
　　　　　　　　　　　　　破産管財人　弁護士法人〇〇
　　　　　　　　　　　　　　代表者代表社員　〇　〇　〇　〇　印

平成〇年(フ)第〇〇号
破　産　者　　〇〇〇株式会社

　　　　　　　　　　届　出　書

　上記破産事件につき，当法人は，次の者を破産管財人の職務を行うべき者として指名し，併せて次の印鑑を破産管財人の印鑑として使用しますので，届け出ます。
1　破産管財人の職務を行うべき者
　　　　事務所　　〇〇県〇〇市〇〇町〇丁目〇番〇号〇〇ビル〇階
　　　　弁護士　　〇　〇　〇　〇

Ⅰ　破産管財人の地位

2　印鑑

(3)　資格証明書の交付および資格証明書への印鑑の証明の記載
　(イ)　破産管財人の資格証明書
　裁判所書記官は、破産管財人に対し、その選任を証する書面を交付しなければならないとされている（規則23条3項）。規則上は、裁判所書記官は破産管財人の選任を証する書面のみを交付すれば足りるとされているが、実務上では、管財事務の便宜のため、破産管財人の選任を証する書面と印鑑証明が一体となった証明書を破産手続開始決定時に複数交付する運用も行われている（書記官207頁）。
　(ロ)　不動産登記申請用の印鑑証明付破産管財人選任証明書
　裁判所書記官は、破産管財人があらかじめその職務のために使用する印鑑を裁判所に提出した場合において、当該破産管財人が破産財団に属する不動産についての権利に関する登記を申請するために登記所に提出する印鑑の証明を請求したときは、当該破産管財人に係る選任を証明する書面に、当該請求に係る印鑑が裁判所に提出された印鑑と相違ないことを証明する旨をも記載して、これを交付するものとされている（規則23条4項）。なお、この不動産登記申請用の印鑑証明付破産管財人選任証明書は、(イ)の一般的な印鑑証明付資格証明書とは別の書式が使用されている。

【書式3-3】　破産管財人の身分証明書および印鑑証明書

　　　　　　　　　証　明　書
　　　　　事務所　東京都〇〇区〇〇町〇丁目〇番〇号〇〇ビル〇階

第3章　破産管財人の地位と権限

　　　　　　　　　　○○法律事務所
　　　　　　弁護士　○　○　○　○
　上記の者は下記破産手続開始申立事件の破産管財人であること及び次の印鑑が破産管財人の印鑑として届け出たものと相違ないことを証明する。

　　　　　　　　　　　　　　　記

平成○年(フ)第○○号
東京都○○区○○町○丁目○番○号
破　産　者　　○○○株式会社
破産手続開始日時　平成○年○月○日午後○時
　　　平成○年○月○日
　　　　　　　東京地方裁判所民事第○部
　　　　　　　　　裁判所書記官　○　○　○　○　印

【書式3-4】　破産管財人証明書（大阪地方裁判所）

　　　　　　　　　　証　明　書

　　　事務所　○○市○○区○○町○丁目○番○号　○○法律事務所
　　　弁護士　○　○　○　○
　　　　　　電話
　上記の者は，下記破産事件の破産管財人であることを証明する。
　　　　　　　　　　　　記
　平成○年(フ)第○○号
　○○市○○区○○町○丁目○番○号
　破産者　○　○　○　○
　上記破産管財人の届出済みの印鑑

```
                    ┌─────────┐
                    │         │
                    │         │
                    │         │
                    └─────────┘
            平成○年○月○日
            大阪地方裁判所第6民事部
                    裁判所書記官　○　○　○　○　印
```

【書式3-5】　破産管財人の身分証明書および印鑑証明書

平成○年(フ)第○○号

破産管財人選任証明及び印鑑証明書
（不動産登記申請用）

　　東京都○○区○○町○丁目○番○号
　　破産者　　　○○○株式会社
　標記の事件につき，下記の者が破産管財人であること及び下記の届出印欄の印鑑が破産管財人の印鑑として裁判所に提出されたものと相違ないことを証明する。

記

選　任　日	平成○年○月○日
氏　　　名	○　○　○　○
職　　　業	弁護士
住　　　所	東京都○○区○○町○丁目○番○号
	○○ビル○階　　○○法律事務所
届　出　印	［　　　　　］

平成○年○月○日

東京地方裁判所民事第○部
裁判所書記官　○　○　○　○　印

(4) 破産管財人の辞任

破産管財人は、正当な理由があるときは、裁判所の許可を得て辞任することができる（規則23条5項）。

3　破産管財人の監督

(1) 破産管財人監督権限

破産管財人は裁判所の監督に服する（法75条1項）。裁判所は、破産管財人からの報告書等の提出、要許可行為についての裁判所の許可、進行協議等のほか、破産管財人の解任（同条2項）によっても破産管財人の監督を行う。なお、裁判所による監督権限の行使は裁判所書記官によって行われることも多く、規則上、裁判所は、報告書の提出を促すことその他の破産管財人に対する監督に関する事務を裁判所書記官に命じて行わせることができる（規則24条）と規定されている。

(2) 財産目録および収支報告書の作成および提出

破産管財人は、破産手続開始後遅滞なく、破産財団に属する一切の財産につき、破産手続開始の時における価額を評価しなければならず（法153条1項）、財産の評定が完了したときは、直ちに破産手続開始の時における財産目録および貸借対照表を作成し、これらを裁判所に提出しなければならない（同条2項）。なお、破産財団に属する財産の総額が最高裁判所規則で定める額（1000万円（規則52条））に満たない場合には、貸借対照表の作成および提出をしないとすることができる（同条3項）。

(3) 裁判所への報告

破産管財人は、破産手続開始後遅滞なく、①破産手続開始に至った事情、②破産者および破産財団に関する経過および現状、③破産法177条1項の規定による保全処分または同法178条1項に規定する役員責任査定決定を必要とする事情の有無、④その他破産手続に関し必要な事項について記載した報

告書を裁判所に提出しなければならない（法157条1項）。また、このほか、裁判所の定めるところにより、破産財団に属する財産の管理および処分の状況その他裁判所の命ずる事項を裁判所に報告しなければならない（同条2項）。

　なお、業務要点報告書、財産目録、収支計算書の東京地方裁判所の書式は、【書式6-14】【書式6-15】を参照。

【書式3-6】　業務要点報告書（大阪地方裁判所）

平成○年(フ)第○○号　　　　　　（集会期日　平成○年○月○日午後○時○分）
破産者　　○○○株式会社

業務要点報告書（第○回）

　　　　　　　　　　　　　　　　　　　　　　　　　　平成○年○月○日

大阪地方裁判所　第6民事部○○係　御中
　ＦＡＸ　　00-0000-0000
　　　　　　　　　　　　　　　　　　破産管財人　　○　　○　　○　　○　　印
　　　　　　　　　　　　　　　　　　　　　ＴＥＬ　00-0000-0000
　　　　　　　　　　　　　　　　　　　　　ＦＡＸ　00-0000-0000

第1　破産者・破産手続開始に至った事情（第1回集会のみ記載）
　　　□申立書記載のとおり　□別紙記載のとおり
第2　役員の財産に対する保全処分又は役員責任査定決定を必要とする事情の有無（法人について第1回集会のみ記載）
　　　□有　□無　□調査中　□別紙記載のとおり
第3　破産財団の経過（第1回集会のみ記載）・現状
　　　□財産目録及び収支計算書記載のとおり　□別紙記載のとおり
第4　財団債権及び破産債権
　1　財団債権
　　　□収支計算書記載のとおり　　　　□別紙記載のとおり
　2　届出破産債権額及び確定債権額
　　　□債権調査期日未指定のため不明　□債権調査未了のため確定債権額不明
　　　□破産債権者表記載のとおり　　　□別紙記載のとおり
第5　債権調査期日の予定

　　　　□既に終了　□今回実施・終了　□延期　□　　月　　日に指定済
　　　　□未指定
　第6　配当可能性等
　　　　□配当実施済　　　□配当見込み有（□簡易配当　□同意配当
　　　　□最後配当）　　　□配当見込み無
　　　　□現時点では不明（報酬決定後に判明）　□別紙記載のとおり
　第7　今後の破産手続・換価業務の状況等
　　1　前回の債権者集会以降の財産目録の変動の有無
　　　　□無　□有（変動内容は添付の財産目録・収支計算書記載のとおり）
　　2　今回の集会で放棄予定の財産（「有」の場合，添付の財産目録の番号で表記）
　　　　□無　□有（　　　　　　　　　　　　　　　　　　　　　　　）
　　3　換価業務等の状況
　　　　□換価業務は終了
　　　　□換価業務を継続→　□不動産　（終了までの見込み期間　　　か月）
　　　　　　　　　　　　　　□売掛金　（終了までの見込み期間　　　か月）
　　　　　　　　　　　　　　□　　　　（終了までの見込み期間　　　か月）
　　　　□換価方針は別紙記載のとおり
　　　　□換価業務以外の残務は別紙記載のとおり
　　4　破産手続について
　　　　□終了する　（□異時廃止　□破産終結）
　　　　□終了しない（□換価等未了　□配当手続きに入るため）
　　5　免責に関する報告
　　　　□今回意見提出　　　□次回以降意見提出（　　　　　　　のため）
　　　　□前回までに提出済
　第8　その他特記事項
　　1　集会期日に多数債権者の出頭が予想される事情の有無
　　　　□無　□有
　　2　その他特記事項（調査・換価業務において特に留意したこと等）
　　　　□無　□有（別紙記載のとおり）
　添付資料
　　　　□財産目録　□収支計算書　□預金通帳の写し　□免責に関する意見書
　　　　□その他（　　　　　　　　　　）

（別紙）適宜必要な項目のみ記載する。
第1　破産者・破産手続開始に至った事情
　1　破産者について
　　(1)　設立，事業目的及び資本
　　　　ア　設立
　　　　　　破産者（以下「破産会社」という。）は，……
　　　　イ　事業目的
　　　　ウ　資本
　　(2)　人的構成
　　　　ア　役員
　　　　イ　従業員
　　(3)　物的施設
　　(4)　関連会社
（なお，自然人の場合には，「ア　経歴等　イ　家族関係」等を記載する。）
　2　破産手続開始に至った事情
　　(1)　経営悪化の原因
　　　　　　破産会社は，……
　　(2)　経営状況の推移
　　　　ア　破産会社の最近の経営状況は，第　期（平成　年　月　日～平成　年　月　日）～第　期（平成　年　月　日～平成　年　月　日）の決算書によれば次のとおりである。

（決算期）	（売上）	（営業利益）	（経常利益）	（当期利益）
①第　期	円	円	円	円
②第　期	円	円	円	円
③第　期	円	円	円	円

　　　　イ　上記によれば，破産会社の……
　　(3)　本件破産の申立てと破産手続開始決定
　　　　ア　破産会社は，……
　　　　イ　破産会社は，上記のような状況のもと，運転資金をつないで事業を継続してきたが，平成　年　月　日手形決済の資金繰りの目途が立たない状況に至ったため，同月　日に取締役会を招集し，全役員の承認を得て，同月　日大阪地方裁判所に自己破産の申立てを行い，同月　日破産手続開始決定がなされ，当職が破産管財人に選任された。

(なお，自然人の場合には，「ア　多額の負債を負うに至った経緯　イ　本件破産の申立てと破産手続開始決定」等を記載する。)

第２　役員の財産に対する保全処分又は役員責任査定決定を必要とする事情の有無

(略)

第３　破産財団の経過・現状

１　破産財団の経過

(1)　財産の占有，管理

当職は，破産手続開始当日，破産手続開始決定正本を受領するとともに，破産会社代表者及び申立代理人弁護士と面談し，本件破産に至った事情の概要と破産会社の資産状況を聴取するとともに，引継予納金，引継現金及び破産会社の帳簿類等の引き渡しを受け，直ちに占有下に入れた。その後，破産会社の本店に出向き，……

なお，封印執行は，その必要性がないと判断されたので実施していない。

(2)　財産の売却

(略)

(3)　取戻権，別除権の行使等

(略)

２　破産財団の現状

(1)　破産予納金，引継現金　　　　　　　　　　　　　　円

高価品の保管場所として届け出た管財人名義の口座に預け入れた。

(2)　預貯金　　　　　　　　　　　　　　　　　　　　　円

すべて解約し，管財人名義の口座に預け替えをした。

(3)　○○○　　　　　　　　　　　　　　　　　　　　　円

３　破産財団の現在高

解約した預金，破産者からの積立金等は，高価品保管場所である　　　銀行　　支店の管財人名義の預金口座において保管中である。本年　月　日現在の預金残高は，添付の預金通帳（写し）のとおり，　　　円である。

第４　財団債権及び破産債権

１　財団債権

(1)　租税等の請求権（法148条１項３号）

　　　　　　　　　　　件　　総額　　　　　　　円

(2)　給料等の請求権（法149条）

		件	総額		円

　(3)　その他

		件	総額		円

　2　届出破産債権額及び確定債権額

　　(1)　優先的破産債権

	届出	件	総額		円
	うち確定額				円

　　(2)　一般破産債権

	届出	件	総額		円
	うち確定額				円

　　(3)　劣後的破産債権

	届出	件	総額		円
	うち確定額				円

　　(4)　約定劣後破産債権

	届出	件	総額		円
	うち確定額				円

第5　債権調査

　(略)

第6　配当可能性等

　(略)

第7　今後の換価方針等

　現在までの調査により，ほぼ財団の詳細が判明したと思われる。

　換価未了の主な資産としては，　　　，　　　が挙げられるが，今後は，これらをはじめとする資産の換価に一層注力しつつ破産財団の組成に努め，適正かつ可及的速やかに管財人の職務を達成したいと考えている。

第8　その他特記事項

　(略)

【書式3-7】　財産目録（大阪地方裁判所）

平成〇年(フ)第〇〇号
破産者　〇　〇　〇　〇

財　産　目　録

(平成○年○月○日現在の換価状況)

単位（円）

番号	科目	管財人評価額	回収額	備考	残務有	残務無
1	破産予納金	0	0	H○.○.○付財団組入	■	□
2	預金					
①		0	0		■	□
②		0	0		■	□
3	保険					
①		0	0		■	□
②		0	0		■	□
4		0	0		■	□
5		0	0		■	□
	合計	0	0			

【書式3-8】 収支計算書（大阪地方裁判所）

平成○年(フ)第○○号
破産者　○○○株式会社

収支計算書（第○回）

(平成○年○月○日～平成○年○月○日)

収入の部（番号は財産目録に対応）　　　　　　　　　　（単位：円）

番号	科目	金額	備考
1	破産予納金	205,000	H○.○.○付財団組入
3	財団組入	20,000	H○.○.○付財団組入
4	車両	10,000	H○.○.○付財団組入
6	売掛金	30,000	H○.○.○付財団組入
	合計	265,000	

支出の部

番号	科　目	金　額	明　細
1	事務費	2,000	
	合計	2,000	

差引残高	263,000
通帳残高	265,000
財団債権	80,000
租税等の請求権	80,000
給料等の請求権	0
その他	0
優先的破産債権	0
租税等の請求権	0
給料等の請求権	0
その他	0

○○銀行○○支店普通口座預金にて保管

(4) 裁判所の許可

Ⅱ2破産管財人の行為制限において記載するとおり、破産管財人が一定の行為を行うには裁判所の許可が必要（法78条2項）とされており、裁判所はかかる許可を通じて破産管財人の監督を行う。

(5) 進行協議等

裁判所と破産管財人は、破産手続の円滑な進行を図るために必要があるときは、破産財団に属する財産の管理および処分の方針その他破産手続の進行に関し必要な事項についての協議を行うものとされている（規則26条1項）。裁判所は、必要に応じて破産管財人と進行協議を行うことによっても破産管財人の監督を行う。

(6) 破産管財人の解任

裁判所は、破産管財人が破産財団に属する財産の管理および処分を適切に行っていないとき、その他重要な事由があるときは、利害関係人の申立てに

よりまたは職権で、破産管財人を解任することができる（法75条2項）。この場合には、裁判所はその破産管財人を審尋しなければならない（同項）。

4 複数破産管財人の職務遂行

　裁判所は、1人または数人の破産管財人を選任することができる（法31条1項柱書）。
　破産管財人が数人あるときは、共同してその職務を行う（法76条1項本文）。破産管財人間で相互に牽制と監視をすることで、管財業務における権限濫用や義務違反を防ぐ趣旨である。
　ただし、裁判所の許可を得て、それぞれ単独にその職務を行い、または職務を分掌することができる（法76条1項但書）。これにより機動的な管財業務の実施を可能とする趣旨である。

【書式3−9】　職務分掌許可申立書

平成○年(フ)第○○号
破産者　　○○○株式会社

職務分掌許可申立書

平成○年○月○日

○○地方裁判所第○民事部　御中

　　　　　　　　　　　破産管財人弁護士　　○　　　○　　　○　　　○　　印
　　　　　　　　　　　破産管財人弁護士　　△　　　△　　　△　　　△　　印

第1　申立ての趣旨
　　　破産管財人の職務を下記のとおり分掌することにつき許可を求める。
記
　1　破産管財人○○○○が分掌する職務
　　(1)　東日本（○県、○県、○県及び○県以東の○都道県をいう。以下同じ。）において破産者が請負人として行っていた工事に関する○○、○○及び○○
　　(2)　…
　2　破産管財人△△△△が分掌する職務

(1)　西日本（○県，○県，○県及び○県以西の○府県をいう。以下同じ。）において破産者が請負人として行っていた工事に関する○○，○○及び○○
　(2)　…
3　前記1及び2以外の職務については，共同して行う。

以上

第2　申立ての理由
　　貴庁頭書事件について○○○○及び△△△△が破産管財人に選任されたが，両破産管財人が常に共同して職務を行うこととすると迅速な職務遂行が困難となるおそれがあり，むしろ東京本社が東日本の業務を，大阪支社が西日本の業務をそれぞれ管轄していたという破産者の経営体制に鑑みれば，申立ての趣旨記載のとおり職務を分掌した方が迅速かつ適正な職務遂行が可能となるため，職務分掌の許可を申し立てる次第である。

以上

【書式3-10】　単独職務遂行許可申立書

平成○年(フ)第○○号
破産者　　○○○株式会社

単独職務遂行許可申立書

平成○年○月○日

○○地方裁判所第○民事部　御中

　　　　　　　　　　破産管財人弁護士　○　　○　　○　　○　　印
　　　　　　　　　　破産管財人弁護士　△　　△　　△　　△　　印

第1　申立ての趣旨
　　下記の職務を単独で行うことにつき許可を求める。
記
1　売掛金の管理及び回収
2　…

以上

第2　申立ての理由
　　破産者は少額の売掛金を多数有しており，これらの管理及び回収を，両破産管財人が常に共同して行わなければならないとすると，迅速円滑な職

務遂行が困難となるおそれがある。
　また，…
　そこで，申立ての趣旨記載のとおり，単独職務遂行の許可の申立てをする次第である。

以上

5　破産管財人代理

　複雑または大規模な破産事件では、1人の管財人がすべての管財業務を行うことが困難な場合がある。そこで、破産管財人は、必要があるときは、その職務を行わせるため、自己の責任で1人または数人の破産管財人代理を選任することができる（法77条1項）。ただし、破産管財人代理の選任については、裁判所の許可を得なければならない（同条2項）。

　破産管財人代理として職務を行う際に、その資格の証明のために、委任状に加えて破産管財人代理選任許可決定書の写しや破産管財人代理選任許可証明書の提出を求められる場合がある。

【書式3-11】　破産管財人代理選任許可申立書

東京地方裁判所民事第20部　　　　管財　　係　御中

平成○年(フ)第○○号
破　産　者　○○○株式会社

本件につき	本件につき
許可する。	許可があったことを証明する。
東京地方裁判所民事第20部	前同日　東京地方裁判所民事第20部
裁判官　○　○　○　○	裁判所書記官　○　○　○　○　印

破産管財人代理選任許可申立書

　上記破産事件につき，下記の者を破産管財人代理に選任することを許可されたく申立てします。

記

〒000-0000　東京都○○区○○町○丁目○番○号

```
            弁護士  ○  ○  ○  ○
            ＴＥＬ  03-0000-0000
            ＦＡＸ  03-0000-0000
          平成○年○月○日
              破産管財人弁護士  ○  ○  ○  ○  印
                                            以  上
```

【書式3-12】　破産管財人代理選任許可証明申請書

```
東京地方裁判所民事第20部　　　管財　係　御中
                              平成○年(フ)第○○号
                              破　産　者　○○○株式会社

            破産管財人代理選任許可証明申請書

  上記破産事件について，破産管財人が下記の者を破産管財人代理に選任する
ことについて，平成○年○月○日許可があったことを証明されたく申請する。
                          記
          東京都○○区○○町○丁目○番○号○○ビル○階
          ○○法律事務所
          弁護士  ○  ○  ○  ○
                                            以  上
              平成○年○月○日
                破産管財人弁護士  ○  ○  ○  ○  印
上記証明する。
          同日同庁
              裁判所書記官  ○  ○  ○  ○
```

II　破産管財人の権限

1　はじめに

破産手続の目的は、債務者の財産等の適正かつ公平な清算を図ることであ

るから（法1条）、破産手続の中心的な遂行者である破産管財人には、そのような目的を実現するための権限が与えられている。

　すなわち、①破産手続開始決定時点における破産財団に属する財産を確定してそれを換価するとともに、②配当の対象とすべき債権の内容を確定して、③配当を実施する権限である。

　①の権限として、破産手続開始の決定があった場合には、破産財団に属する財産の管理および処分をする権利は、破産管財人に専属するとされているが（法78条1項）、具体的には、財産の占有や管理（法79条）、封印（法155条）、財産の評定（法153条1項）・財産目録・貸借対照表の作成や提出（同条2項）、郵便物の管理（法81条）といった権限に加え、否認権の行使（法173条1項）、契約関係の整理（法53条等）、破産財団に関する訴訟追行に関する権限（法80条）、換価の方法（法184条以下）などが含まれる。②については、届出債権の調査と認否等（法117条以下）や破産債権査定決定手続等の追行（法125条以下）が含まれる。③については、配当表の作成（法196条）や配当の実施（法193条2項）が含まれる。

　破産管財人がこのような権限を行使し職務を遂行する際には、破産管財人に善管注意義務が課されており（法85条1項）、破産管財人の職務遂行が善管注意義務に違反する場合には、破産管財人は利害関係人に対し損害賠償義務を負担し、破産管財人が数人あるときは、連帯して賠償する義務を負う（同条2項）。なお、善管注意義務の一環として、破産管財人に労働者に対する情報提供努力義務が課せられている（法86条）。

2　破産管財人の行為制限

(1)　はじめに

　破産手続開始の決定があった場合には、破産財団に属する財産の管理処分権は破産管財人に専属する（法78条1項）。

　しかし、破産管財人は、破産債権者の利益に重大な影響を及ぼす行為をするには、裁判所の許可を得なければならない（法78条2項）。破産管財人の行為を手続面で規制し、破産管財人を監督するためである。

(2) 要許可行為

　破産管財人が原則として裁判所の許可を得る必要がある行為は、次のとおりである。すなわち、①不動産等の任意売却、②特許権等の任意売却、③営業または事業の譲渡、④商品の一括売却、⑤借財、⑥相続放棄の承認等、⑦動産の任意売却、⑧債権または有価証券の譲渡、⑨双方未履行双務契約の履行の請求、⑩訴えの提起、⑪和解または仲裁合意、⑫権利の放棄、⑬財団債権、取戻権または別除権の承認、⑭別除権の目的である財産の受戻し、⑮その他裁判所の指定する行為である。もっとも、⑦ないし⑭の行為については、対象資産の時価相当額が100万円以下の価額（規則25条）であれば、許可が不要である（法78条3項）。

　破産管財人は、要許可行為をするとき、遅滞を生ずるおそれのある場合を除き、破産者の意見を聴かなければならない（法78条6項）。また、破産管財人は、破産法65条2項に規定する担保権であって登記がされたものの目的である不動産の任意売却をしようとするときは、任意売却の2週間前までに、当該担保権を有する者に対し、任意売却をする旨および任意売却の相手方の氏名または名称を通知しなければならない（規則56条）。

【書式3－13】　不動産売却等許可申立書（東京地方裁判所）

東京地方裁判所民事第20部　　　管財　係　御中（※1）

　　　　　　　　　　　　　　　　平成〇年(フ)第〇〇号（※2）
　　　　　　　　　　　　　　　　破　産　者　〇〇〇株式会社

本件につき 許可する。 　東京地方裁判所民事第20部 　　裁判官　〇　〇　〇　〇	本件につき 許可があったことを証明する。 　前同日　東京地方裁判所民事第20部 　　裁判所書記官　〇　〇　〇　〇　印

不動産売却等許可申立書

1　申立ての趣旨

　　財団に属する別紙物件目録記載の不動産を以下の内容で別紙売買契約書（案）により売却し、所有権移転登記手続をすること（※3，4）

　　売買代金から、後記のとおり別除権者に金員を支払って、別除権の目的で

ある不動産を受け戻すことにつき許可を求める。

2 売買契約の内容
　①買主の表示　住所：
　　　　　　　　氏名：
　②売買代金額・諸費用（下記6）
　③売買契約の内容：別紙売買契約書（案）記載のとおり
3 別除権者の表示（※5）
　別除権者：
　現存被担保債権額：金　　　　　円　　弁済額：金　　　　　円
4 財団組入額　金　　　　　　円
5 破産管財人が保有する疎明資料（添付は不要）
　□ 不動産登記事項証明書　　通　　□ 買付証明書　　通（※6）
　□ 競売の評価書　　　　　　通　　□ 固定資産評価証明書　通
　□ その他
6 売買経費等計算書

売買代金額	円
財団組入額	円
固定資産税・都市計画税（※7）	円
司法書士費用	円
仲介手数料	円
消費税	円
その他の経費等（　　　）	円
別除権者への弁済金	円

7 備考（※8）

　　　平成〇年〇月〇日
　　　　　　　　　　　　破産管財人弁護士　〇　〇　〇　〇　印
　　　　　　　　　　　　　　　　　　　　　　　　　　　　　　以　上

【注意点】
※1　担当係を忘れずに表示してください。
※2　関連事件があり，基本事件の破産者と関連事件の破産者が共有する物件を一括して売却する場合であっても，許可申立書は事件ごとに作成してください。共有物件を売却する場合，6項記載の財団組入額は，持分に応じて按分した金額を記載してください。

※3 売買契約書の物件目録を引用する場合を除き，申立書には必ず別紙として物件目録を付けてください。
※4 不動産業者が一般的に使用している契約書には，手付，瑕疵担保責任，違約金等，破産管財人が売主として不動産を売却するには不適当な条項が含まれていることが多いので，これらの条項の適用を排除する特約を結ぶなどの対応を執ってください。
※5 別除権者への弁済について，数が多く書ききれない場合には別紙に記載して引用してください。
※6 買付証明書の通数に特段の制限はありません。
※7 固定資産税は，既に財団から1年分を支払済みの場合には，売買契約時以降が買主負担分となります。未払の場合のみ，代金から控除されるべき経費の扱いとなります。なお，賃料収入のある物件の場合の賃料についても同様の問題があります。
※8 備考欄には，当該不動産売却手続上特に裁判所に報告しておくべきと破産管財人が考える事情を記載します。

【書式3-14】 不動産売却等許可申請書（大阪地方裁判所）

平成○年(フ)第○○号
破産者　○○○株式会社

不動産売却等許可申請書（許可申請○○号）

平成○年○月○日

大阪地方裁判所　第6民事部○○係　御中

　　　　　　　　　　　　　破産管財人　○　○　○　○　印
　　　　　　　　　　　　　電話　00-0000-0000

第1　許可を求める事項
　1　別紙物件目録（略）記載の不動産について，次の買主に対して以下の代金で売却することとし，別紙のとおり売買契約を締結して，これに伴う所有権移転登記手続を行うこと。
　　　代　金　　金0000万円
　　　買　主　　（住所）○○市○○町○丁目○番○号
　　　　　　　　（氏名）○○○○
　2　1の売買に伴い，次のとおり別除権者に受戻金を支払い，別除権を受け

戻すこと。
　　① 第1順位　　株式会社○○銀行　　　　　　　　金0000万0000円
第2　許可を求める理由
　1　売買代金の相当性
　　　　当職は，業者の査定を経た上で，本件不動産について最低入札価格を00円として平成○年○月○日に入札を行った結果，入札者3名の中で上記買主の入札金額が最高価格であった。したがって，上記買主に売却することが相当であると思料する。
　2　別除権者と被担保債権額
　　① 第1順位　　株式会社○○銀行　　根抵当権　　　　極度額金0000万円
　3　売買代金の使途（決済日平成○年○月○日）
　　① 別除権の受戻費用　　　　　　　　　　　　　　　金0000万0000円
　　② 仲介手数料　　　　　　　　　　　　　　　　　　金00万0000円
　　③ 抹消登記費用等　　　　　　　　　　　　　　　　金0万0000円
　　④ 固定資産税・都市計画税　　　　　　　　　　　　金00万0000円
　　⑤ 財団組入額（売買代金の0％）　　　　　　　　　金00万0000円
添付書類
□不動産登記簿謄本　　　　　　　　　　　　　　通
□（　　　　　　　　　　　　　　　）　　　　　通

【書式3-15】　不動産売却等許可申請書（大阪地方裁判所）

平成○年(フ)第○○号
破産者　○○○株式会社

不動産売却等許可申請書（許可申請○○号）

　　　　　　　　　　　　　　　　　　　　　　　　　平成○年○月○日
大阪地方裁判所　第6民事部○○係　御中
　　　　　　　　　　　　　　破産管財人　　○　　○　　○　　○　印
　　　　　　　　　　　　　　電話　00-0000-0000

第1　許可を求める事項
　1　別紙物件目録記載の不動産について，次の買主に対して以下の代金で売却することとし，別紙のとおり売買契約を締結して，これに伴う所有権移転登記手続を行うこと。

         代　金　　金〇〇〇〇万円
         買　主　　（住所）〇〇市〇〇町〇丁目〇番〇号
         　　　　　（氏名）〇　〇　〇　〇
　　2　1の売買に伴い，次のとおり別除権者に受戻金を支払い，別除権を受け
　　　戻すこと
　　　　　　①　第1順位　　株式会社〇〇銀行　　　金〇〇〇〇万〇〇〇〇円
第2　許可を求める理由
　　　本日付報告書記載のとおり。

【書式3-16】　資産売却許可申立書（東京地方裁判所）

東京地方裁判所民事第20部　　　管　財　係　御中（※1）
　　　　　　　　　　　　　　　　　　　　　　　平成〇年(フ)第〇〇号
　　　　　　　　　　　　　　　　　　　　　破　産　者　〇〇〇株式会社

| 本件につき
許可する。
　東京地方裁判所民事第20部
　　裁判官　〇　〇　〇　〇 | 本件につき
許可があったことを証明する。
　前同日　東京地方裁判所民事第20部
　　裁判所書記官　〇　〇　〇　〇　印 |

資産売却許可申立書

1　申立ての趣旨
　　破産財団に属する後記「物件の表示」記載の資産を以下の内容で売却する
　ことにつき許可を求める。
2　資産の区分
　　　　　□　自動車　　□　電話加入権　　□　什器備品　　□　商品在庫
　　　　　□　その他
3　売却の内容
　①　買主の表示
　　　□　特定可能：住所
　　　　　　　　　　氏名
　　　□　特定不能（※2）（理由）
　②　売買代金額
　　　□　特定可能　金　　　　　　　　　　円（※3）

□ 特定不能（※4）
　　　a　簿価基準　　　　　　　　b　最低額基準
4　破産管財人が保有する疎明資料（添付は不要）
　①
　②
　③
5　備考

記

物件の表示（※5）

平成○年○月○日
破産管財人弁護士　○　○　○　○　印

以　上

【注意点】
※1　担当係を忘れずに表示してください。
※2　買主の表示で「特定不能」とは，バーゲンセールを実施する場合等を指します。
※3　物件の評価額が100万円を超える場合に申立てが必要です（78条2項7号，8号，同条3項1号，規則25条）。
※4　簿価基準とはバーゲンセール等で仕入簿価に対する一定の割合（ただし，確定的なものではなく，5～8％のようにある程度幅を持たせることも可。）で算出する場合，最低額基準とは販売額の最低額をあらかじめ設定する場合をそれぞれ指します。
※5　売却する資産を十分特定してください。「破産者の所有する什器備品一切」，「在庫一式」等の記載では不十分です。

双方未履行双務契約の履行の請求許可申立書は【書式6‐19】参照。

【書式3‐17】　訴え提起許可申立書（東京地方裁判所）

東京地方裁判所民事第20部　　管財　係　御中（※1）	
	平成○年㈠第○○号
	破　産　者　○○○株式会社
本件につき 許可する。 　東京地方裁判所民事第20部	本件につき 許可があったことを証明する。 　前同日　東京地方裁判所民事第20部

| 裁判官 ○ ○ ○ ○ | 裁判所書記官 ○ ○ ○ ○ 印 |

訴え提起許可申立書

1 申立ての趣旨（※2・※3・※4）
　別紙訴状（略）により訴え提起をすることにつき許可を求める。
2 申立ての理由（※5）
　□請求の原因が認められるにもかかわらず，被告が任意に履行しない。
　□その他（内容　　　　　　　　　　　　　　　　　　　　）

　　　　　　　　　　　　　平成○年○月○日
　　　　　　　　　　　　　破産管財人弁護士　○　○　○　○　印
　　　　　　　　　　　　　　　　　　　　　　　　　　　　以　上

【注意点】
※1　担当係を忘れずに表示してください。
※2　否認訴訟も，通常の民事訴訟と同様に，東京地裁民事第20部ではなく，通常の民事訴訟事件を取り扱う部に配てんされるので注意を要します。これに対し，否認の請求（破産法174条）は民事第20部に申し立てます。否認の請求については許可申立ては必要ありません。
※3　訴え提起許可証明書は，訴訟提起に当たり添付書類として提出を求められます。
※4　破産法78条2項10号参照
※5　本申立書は閲覧・謄写の対象となります。

【書式3-18】　和解許可申立書（東京地方裁判所）

東京地方裁判所民事第20部　　管財　　係　御中（※1）
　　　　　　　　　　　　　　　　平成○年(フ)第○○号
　　　　　　　　　　　　　　　　破　産　者　○○○株式会社

| 本件につき
許可する。
　東京地方裁判所民事第20部
　　裁判官　○　○　○　○ | 本件につき
許可があったことを証明する。
　前同日　東京地方裁判所民事第20部
　　裁判所書記官　○　○　○　○　印 |

和解許可申立書

1 申立ての趣旨（※2）
　後記「相手方の表示」記載の相手方との間で別紙和解条項のとおり

　　　　（□　訴訟上の　□　訴訟外の）和解をすることの許可を求める。
2　申立ての理由
　①　和解しない場合の見込み
　　　　□　別の方法により解決することの困難性
　　　　□　管財業務の長期化
　　　　□　その他（内容　　　　　　　　　　　）
　②　和解した場合の実益
　　　　□　財団組入見込額　　　　　　　　円
　　　　□　管財業務の迅速処理
　　　　□　その他（内容　　　　　　　　　　　）
　③　その他
3　破産管財人が保有する疎明資料（添付は不要）
　①
　②
　③
4　相手方の表示（□次のとおり　□別紙記載のとおり）
　・住所
　・名称
　・（訴訟上の和解の場合）係属裁判所及び事件番号
　　　　　　　　　平成○年○月○日
　　　　　　　　　破産管財人弁護士　○　○　○　○　印
　　　　　　　　　　　　　　　　　　　　　　　　　　以　上

【注意点】
※1　担当係を忘れずに表示してください。
※2　破産法78条2項11号参照

【書式3-19】　事前の包括的和解許可申立書（東京地方裁判所）

東京地方裁判所民事第20部　　管財　　係　御中（※1）	
	平成○年(フ)第○○号
	破　産　者　○○○株式会社
本件につき 許可する。 　東京地方裁判所民事第20部	本件につき 許可があったことを証明する。 　前同日　東京地方裁判所民事第20部

裁判官 ○ ○ ○	裁判所書記官 ○ ○ ○ ○ 印

事前の包括的和解許可申立書

1 申立ての趣旨（※2・※3）

　　別紙一覧表記載の相手方との間で，別紙一覧表記載の和解条件（※4）を満たすことを条件として，（□　訴訟上の　□　訴訟外の）和解をすることの許可を求める。

2 申立ての理由

　① 和解しない場合の見込み

　　　□ 別の方法により解決することの困難性

　　　□ 管財業務の長期化

　　　□ その他（内容　　　　　　　　　　　　　　）

　② 和解した場合の実益

　　　□ 財団組入見込額　　　　　　　　円

　　　□ 管財業務の迅速処理

　　　□ その他（内容　　　　　　　　　　　　　　）

　③ その他

3 破産管財人が保有する疎明資料（添付は不要）

　①

　②

　③

　　　　　　　　　　　　　平成○年○月○日
　　　　　　　　　　　　　破産管財人弁護士　○　○　○　○　印
　　　　　　　　　　　　　　　　　　　　　　　　　　　以　上

【注意点】

※1　担当係を忘れずに表示してください。

※2　破産法78条2項11号参照

※3　多数にわたる同一種類の相手方との間の包括的和解許可申立てを念頭に置いています。適宜裁判所に事前相談してください。

※4　例えば，多数の売掛先との包括的和解の場合，①支払を受ける金額の条件（簿価の一定割合以上ないし一定金額以上），及び②支払を受ける期限の条件等が考えられます。

【書式3-20】 財団債権承認許可申立書（東京地方裁判所）

東京地方裁判所民事第20部　　管財　係　御中（※1）

平成○年㈠第○○号
破　産　者　○○○株式会社

本件につき 許可する。 　東京地方裁判所民事第20部 　　裁判官　○　○　○　○	本件につき 許可があったことを証明する。 　前同日　東京地方裁判所民事第20部 　　裁判所書記官　○　○　○　○　印

財団債権承認許可申立書

1　財団の現在高　　　　　　　　　金　　　　　　　　円
2　財団債権承認額の表示（※2）　　金　　　　　　　　円
3　財団債権の具体的内容
　　□　財団に属する不動産の賃料・共益費
　　　不動産の表示（※3）：
　　□　履行補助者の給与
　　　履行補助者の氏名：
　　　給与の内容：
　　□　公租公課（※4）
　　　具体的内容：
　　□　原状回復費用
　　　具体的内容：
　　□　その他
4　破産管財人が保有する疎明資料（添付は不要）
　①
　②
　③
5　備考

　　　　　　　　平成○年○月○日
　　　　　　　　破産管財人弁護士　○　　○　　○　　○　印
　　　　　　　　　　　　　　　　　　　　　　　　　　　以　上

【注意点】
※1　担当係を忘れずに表示してください。

※2 財団債権承認額が100万円を超える場合に申立てが必要です(破産法78条2項13号,同条3項1号,破産規則25条)。なお,財団債権承認額とは,実際に財団債権者に支払う額ではなく,破産管財人が承認する財団債権の額を指します(財団不足により財団債権に按分弁済する場合にも,財団債権の額を記載してください。)。
※3 特定のための最低限の表示で足ります。
※4 破産手続開始前の原因に基づいて生じた公租公課は,破産手続開始当時,まだ納期限が到来していないもの又は納期限から1年を経過していないもの(破産法148条1項3号)に限り,財団債権となります。

(3) 許可を得ないでした行為

　裁判所の許可が必要となる行為について、破産管財人が許可を得ないでした行為は無効である。しかし、破産管財人が裁判所の許可を得ていない事実を知らなかった善意の第三者には、その無効を対抗することができない(法78条5項)。

3 郵便物の管理

　裁判所は、破産管財人の職務の遂行のため必要があると認めるときは、信書の送達の事業を行う者に対し、破産者にあてた郵便物または信書便物を破産管財人に配達すべき旨を嘱託することができる(法81条1項)。破産管財人は、破産者にあてた郵便物等を受け取ったときは、これを開いて見ることができ、破産者は、破産管財人に対し、破産管財人が受け取った郵便物等の閲覧または当該郵便物等で破産財団に関しないものの交付を求めることができる(法82条)。

　郵便物の管理は、破産者の基本的人権である通信の秘密(憲21条2項)を制約するものであるが、破産財団に属すべき財産を発見し、または破産者による財産の隠匿行為を監視するために、必要かつ有益であることから認められている。

　なお、裁判所は、破産者の申立てにより、または職権で、破産管財人の意見を聴いて、郵便回送嘱託を取り消し、変更することができる(法81条2項)。郵便回送嘱託の決定およびその取消し、変更の決定に対しては即時抗告をす

ることができるが、執行停止の効力を有しない（同条4項・5項）。破産手続が終了したときは、裁判所は、郵便回送嘱託を取り消さなければならない（同条3項）。

【書式3-21】 郵便回送嘱託書（大阪地方裁判所）

```
                                            平成○年○月○日
〒000-0000
    郵便事業株式会社    ○○支店    御中
                        大阪地方裁判所第6民事部
                        裁判所書記官   ○   ○   ○   ○   印

                    郵便回送嘱託書

  下記1の破産事件について，今後，破産者宛の郵便物（破産裁判所又は破産
管財人から破産者にあてたものを除く。）は，すべて下記2の破産管財人宛に
配達されるよう嘱託します。
                          記
1  平成○年(フ)第○○号
    ○○市○○区○○町○丁目○番○号
    破産者   ○○○株式会社
2  ○○市○○区○○町○丁目○番○号   ○○ビル   ○○法律事務所
    破産管財人弁護士   ○   ○   ○   ○
          電話番号     00-0000-0000
```

4 破産管財人の調査権等

(1) 破産者等および子会社等に対する調査

破産管財人は、①破産者、②破産者の代理人、③破産者が法人である場合のその理事、取締役、執行役、監事、監査役および清算人、並びにこれらに準ずる者、④破産者の従業員、⑤過去に②ないし④であった者に対して、破産に関し必要な説明を求め、または破産財団に関する帳簿、書類その他の物件を検査することができる（法83条1項）。

また、破産管財人は、その職務を行うため必要があるときは、①破産者が株式会社である場合は破産者の子会社、②破産者が株式会社以外のものである場合は、破産者が株式会社の総株主の議決権の過半数を有する場合における当該株式会社に対して、その業務および財産の状況につき説明を求め、またはその帳簿、書類その他の物件を検査することができる（法83条2項）。

破産者が子会社等を通じて財産の隠匿を行う事例や不正な経理処理を行う事例が少なくないことから、子会社等に対する調査権が認められた。

(2) 破産管財人の職務の執行の確保

破産管財人は、職務の執行に際し抵抗を受けるときは、その抵抗を排除するために、裁判所の許可を得て、警察上の援助を求めることができる（法84条）。包括執行を行う破産管財人は、その職務を行う際に債権者等から妨害行為を受ける場合があるため、警察上の援助を求める権限が規定された。

【書式3-22】　警察上の援助要請許可申請書

平成○年㋴第○○号	
破産者　○○○株式会社	
本件につき許可する。 平成○年○月○日 　　○○地方裁判所民事部 　　　裁判官　○　○　○　○	これは，謄本である。 前同日 　　○○地方裁判所民事部 　　　裁判所書記官　○　○　○　○　印

破産管財人の職務執行に対する
警察上の援助要請許可申請書

○○地方裁判所民事部破産係　御中

　　　　　　　　　　　　　　　平成○年○月○日
　　　　　　　　　　　　　　　破産管財人　○　○　○　○　印

　上記破産事件につき，別紙のとおり破産法84条に基づき○○警察署長に対し，警察上の援助を求めることにつき許可を申請する。

（注）　警察に対する援助申請書を別紙とする。

【書式3-23】 警察に対する援助要請書

平成○年○月○日

○○警察署長　殿

　　　　　　　　　　　　　　○○市○○区○○町○番地　○○ビル○階
　　　　　　　　　　　　　　○○法律事務所
　　　　　　　　　　　　　　破産者○○○株式会社破産管財人
　　　　　　　　　　　　　　弁護士　○　　○　　○　　○　印
　　　　　　　　　　　　　　電　話　00-0000-0000
　　　　　　　　　　　　　　ＦＡＸ　00-0000-0000

破産管財人の職務執行に対する警察上の援助要請について

　当職は，○○地方裁判所平成○年(フ)第○○号破産者○○○株式会社の破産管財人ですが，当該事件の破産財団に属する下記2の調査を行うに当たり，下記4の理由により緊急の事態が生じた場合には，破産法84条による警察上の援助を下記のとおり要請いたしますので，御協力の程お願い申し上げます※1。

記

1　調　査　期　日　平成○年○月○日　午後○時
2　援　助　要　請　地　○○市○○区○○町○番○号　○○工場
3　依頼援助人数　制服警察官○名
4　援助申請理由※2　○○○○○○○○○○○○○○○○○○○○○○○○○○○○○
　　○○○○○○○○○○○○○○○○○○○○○○○○○○○○○○○○○○○○○
　　○○○○○○○○○○○○○○○○○○○○○○○○○○○○○○○○○○○○○

添付書類　裁判所の許可書謄本

※1　「下記4の理由により，執行関係者の生命，身体，財産等に重大な侵害行為がなされるおそれがありますので，破産法84条により，下記1・2の期日・場所における下記3の警察官の臨場を要請します。」として当初から警察官の臨場を求める場合もある。

※2　職務執行に際し抵抗を受けるおそれを具体的に記載する。

---

(3) 破産管財人の注意義務

　破産管財人は、善良な管理者の注意をもって、その職務を行わなければならない（法85条1項）。破産管財人が、この注意を怠ったときは、利害関係人

に対し、連帯して損害を賠償する義務を負う（同条2項）。

(4) **破産管財人の労働債権者に対する情報提供努力義務**

破産管財人は、破産債権である給料の請求権または退職手当の請求権を有する者に対し、破産手続に参加するのに必要な情報を提供するよう努めなければならない（法86条）。破産債権である給料の請求権または退職手当の請求権については、破産債権者が債権届出を行い、破産手続に参加しなければ配当を受けられないが、賃金台帳等の資料の多くは使用者側に存在しており、労働者側が確保していないことが多い。そこで、破産管財人に労働債権者に対する情報提供努力義務を課し、労働者が円滑に債権届出を行えるようにした。

5 訴訟手続の中断・受継（積極財産等に関する訴訟）

本項では積極財産等に関する訴訟のみを扱う。消極財産に関する訴訟の中断・受継については、第4章Ⅵを参照されたい。

(1) **はじめに**

破産手続開始の決定の効果として、破産財団に属する財産については、その管理処分権限が破産管財人に専属することとなるから（法78条）、以後、その財産を係争物とする訴訟についても、その当事者適格が認められるのは破産管財人ということになる（法80条）。

破産手続が開始する前から破産財団に属する財産に関する訴訟が係属していた場合、原告または被告の当事者適格を基礎づけていた財産管理処分権が破産管財人に専属することとなる関係上、その訴訟手続は中断し、破産管財人が受継できるものとされている（法44条）。

(2) **訴訟手続の中断**

破産手続開始の決定があったとき、破産者を当事者とする破産財団に関する訴訟が係属していた場合、その訴訟手続は中断する（法44条1項）。破産財団に関する訴訟は、破産財団に属する財産に関する訴訟と破産債権に関する訴訟とに分類できるが、ここで述べるのは、前者についてである（後者については第4章Ⅳで述べる）。具体的には、破産者を原告とする財産引渡し等を請求する訴えや、破産者を被告として所有権確認や債務不存在確認を求める

訴えなどが考えられる（なお、破産した法人の組織法的側面に関する訴訟については、そもそも破産財団に関する訴訟であるか等、議論がある）。

また、債権者代位権または債権者取消権に基づいて破産債権者（または財団債権者）が提起した訴訟についても、中断するものとされている（法45条1項）。当事者が破産した場合ではないが、破産管財人により管理処分されるべき財産関係が訴訟の対象とされているためである（破産債権者による個別的権利行使を制約するという意義もある）。この点、株主代表訴訟については明文の規定を欠くが、同様の理由から、中断するものと解される（東京地判平成12・1・27金判1120号58頁参照）。

【書式3-24】　訴訟手続中断の上申書

> 平成○年㈦第○○号　○○○○請求事件
> 原　　告　○○○株式会社
> 被　　告　株式会社△△△
>
> 　　　　　　　　　　　　　　　　　　　　平成○年○月○日
>
>

訴訟中断の上申書

>
> ○○地方裁判所第○民事部　御中
>
> 　　　　　　　　　　　　　破産者　○○○株式会社
> 　　　　　　　　　　　　　破産管財人　○　　○　　○　　○　印
>
> 　御庁頭書事件（本件訴訟手続）につき、原告○○○株式会社は、平成○年○月○日、○○地方裁判所より破産手続開始決定を受けました（平成○年㈦第○○号）。
>
> 　よって、破産法44条1項により本件訴訟手続は中断しますので、その旨上申いたします。
>
>
>
> 添付資料
>
> 破産手続開始決定
>
>

(3)　訴訟手続の受継

破産管財人は、破産者を当事者とする中断中の訴訟手続につき、これを受

け継ぐことができる。受継の申立ては、相手方もすることができる（法44条2項）。相手方による申立てに対し、破産管財人は受継の義務を負うとするのが通説であるが、反対説もある。

中断中の債権者代位訴訟や債権者取消訴訟についてもまた、破産管財人または相手方は受継することができる（法45条2項。後者の訴えは、否認の訴えに変更する必要がある）。ただ、相手方の受継申立てに対する破産管財人の受継義務については、その受継の後に従前の訴訟状態に拘束されるかという問題とも関連し、議論がみられる（多数説は受継拒絶を認める）。

【書式3-25】 訴訟手続受継の申立書

平成〇年(ワ)第〇〇号　〇〇〇〇請求事件
原　　告　〇〇〇株式会社
被　　告　株式会社△△△

　　　　　　　　　　　　　　　　　　　　　平成〇年〇月〇日

訴訟手続受継申立書

〇〇地方裁判所第〇民事部　御中

　　　　　　　　　　　　　破産者　〇〇〇株式会社
　　　　　　　　　　　　　破産管財人　〇　　〇　　〇　　〇　　印

　御庁頭書事件（本件訴訟手続）につき，原告〇〇〇株式会社は，平成〇年〇月〇日，〇〇地方裁判所より破産手続の開始決定を受け（平成〇年(ワ)第〇〇号），本件訴訟手続は中断したところ，当職は原告の破産管財人に選任され，本件訴訟手続に関する一切の権利義務を承継したので，これを受継致したく，本申立てを行います。

添付資料

1　破産手続開始決定
2　破産管財人の資格証明書
3　管財人代理の許可証明書（※管財人代理が訴訟業務に当たるとき）

(4) 破産手続終了による中断・受継(個人事業主の場合)

　法人ではない個人事業主につき破産手続が開始され、破産管財人が係属(中断)中の訴訟手続を受継した後、その訴訟手続が終了する前に破産手続が終了した場合には、再度、中断するものとされている(法44条4項・45条4項)。

　この場合、および、開始決定による訴訟手続の中断後に破産管財人が受継をしないまま破産手続が終了した場合、それが破産財団に関する訴訟である場合には破産者が、それが債権者代位訴訟または債権者取消訴訟である場合には、当初の原告である破産債権者(または財団債権者)が、それぞれ受継しなければならない(法44条5項・45条5項)。

【書式3-26】　破産手続終了に伴う訴訟手続中断の上申書

平成○年(ワ)第○○号　○○○請求事件
原　　告　□　□　□　□
被　　告　破産者△△△△破産管財人○○○○

　　　　　　　　　　　　　　　　　　　　　　平成○年○月○日

訴訟中断の上申書

○○地方裁判所第○民事部　御中

　　　　　　　　　　　　　　　破産者　　△　△　△　△
　　　　　　　　　　　　　　　破産管財人　○　○　○　○　印

　御庁頭書事件(本件訴訟手続)につき,破産手続開始決定により破産管財人○○○○が訴訟手続を受継しておりましたが,平成○年○月○日,○○地方裁判所より破産手続終結決定を受けました。
　よって,破産法44条4項により本件訴訟手続は中断しますので,その旨上申いたします。

添付資料

破産手続終結決定

【書式3-27】 破産手続終了に伴う訴訟手続受継の申立て

平成○年(ワ)第○○号　○○○請求事件
原　　告　□　□　□　□
被　　告　破産者△△△△破産管財人○○○○

平成○年○月○日

訴訟手続受継申立書

○○地方裁判所第○民事部　御中

　　　　　　　　　　　　申立人　△　△　△　△　㊞

　御庁頭書事件（本件訴訟手続）につき，破産者△△△△に対する破産手続開始決定事件について，破産手続終結決定がなされ，破産手続が終了したので，申立人は，これを受継致したく，本申立てを行います。

添付資料

1　破産手続終結決定
2　（略）

6　報酬請求権等

(1)　費用の前払いおよび報酬請求

　破産管財人は、費用の前払いおよび裁判所が定める報酬を受けることができる（法87条1項）。

　前払いを受けられる費用は、①地代、家賃、電気料金、ガス料金、水道料金などの財団に維持管理に関する費用、②鑑定料、売却手数料、登記費用、競売費用などの財団の換価に関する費用、③訴状貼用印紙代、郵便切手代などの訴訟に関する費用、④交通費、通信費などのその他事務手続に関する費用等であり、費用前払請求権は財団債権となる（法148条1項2号・4号）。

　破産管財人の報酬請求権は、収集した破産財団を基礎として、管財業務の難易、事務処理の巧拙、配当率などの要素を基準に破産裁判所が決定するが、破産財団の管理、換価および配当に関する費用として財団債権となる（法148条1項2号）。

(2) **任務終了の場合の報告義務等および財産の管理義務**

(イ) **報告義務等**

破産管財人および破産管財人が欠けた場合の後任の破産管財人は、破産管財人の任務が終了した場合には、遅滞なく、計算の報告書を裁判所に提出しなければならない（法88条1項・2項）。そして、任務終了による計算報告を目的とした債権者集会の招集の申立てをするか、書面による計算報告をする旨の申立てをしなければならない（同条3項・89条1項）。計算報告集会または書面による計算報告があった旨の公告期間内に破産債権者等から異議がなかった場合には、その計算は承認されたものとみなされる（法88条6項・89条4項）。

(ロ) **財産管理義務**

破産管財人の任務が終了した場合において、急迫の事情があるときは、破産管財人またはその承継人は、後任の破産債権者または破産者が財産を管理することができるに至るまで必要な処分をしなければならない（法90条1項）。

第4章　破産債権

I　はじめに

1　破産債権の意義

　破産債権とは、破産者に対し破産手続開始決定前の原因に基づいて生じた財産上の請求権であって、財団債権（第5章参照）に該当しないものをいう（法2条5項）。破産者が破産手続開始の時において有する一切の財産が、破産財団として破産手続により清算されることとの関係上（法1条・2条1項・14項・34条1項）、破産手続開始前に債権発生の主たる原因が備わっており（ゆえに、条件付債権や将来の請求権などは含まれる）、金銭債権または金銭債権に転化しうる（ゆえに、不作為債務にかかる債権などは破産前に損害賠償債権に転化していれば含まれる）、執行可能性のある（ゆえに、自然債務は含まれない）、破産者に対する人的請求権（ゆえに、所有権や抵当権などは含まれない）が、破産財団を引当とする金銭的かつ割合的な満足、すなわち破産配当の対象とされるものである。

　ただし、政策的な考慮（手続上の便宜や関係者の衡平など）から、これらの条件を満たさなくとも破産債権に取り込まれ、あるいは、これらの条件を満たしつつ財団債権とされているものもある（前者につき法97条各号・54条1項・60条ほか、後者につき法148条1項3号・7号（見解による）・149条1項ほか）。

　破産債権は、原則として、破産手続によらなければ行使することができない（法100条1項）。その行使の方法は、破産手続への参加である（下記2(1)）。ただし、破産債権となる租税等の請求権につき、破産手続開始の時に破産財団に属する財産に対してすでに国税滞納処分がされている場合（同条2項1号）、優先的破産債権となる給料の請求権等につき、破産管財人の申立てにより裁判所が弁済許可をした場合（法101条1項）など、法定の例外がある。

2　破産債権者の手続上の地位

(1)　手続参加の一般論

　破産債権者は、その有する破産債権をもって、破産手続に参加することができる（法103条1項）。破産手続に参加するためには、まず、破産手続開始決定と同時に定められる破産債権の届出期間内に、所定の方式に従い、破産債権を届け出なければならない（法111条1項）。届出された破産債権については、所要の債権調査を経るなどして（法115条以下）、その内容が確定され（法124条以下）、配当手続により割合的満足が図られる建前であるが（法193条以下）、実際上、破産財団の僅少により配当まで至らず手続が廃止となる事案は多く（法217条参照）、配当の見込みがなく実益がないとして、債権調査が行われずに手続が進められる場合もある（法31条2項）。その場合には破産債権の届出の必要もないが、破産手続との関係とは別途、時効中断のために必要な場合にする債権届出は容れられる。

　ちなみに、破産手続では、民事再生や会社更生の場合とは異なり、法定多数決等により成立する計画の定めに従い権利内容を変更するという制度は設けられておらず、しかし、破産配当（金銭化された破産財団の分配）を進めるためには、配当加入する債権の内容を均質化すべき要請があるから、たとえば、非金銭債権などについては、破産手続開始の時における評価額をもって確定され（法103条2項1号）、期限付債権については、破産手続開始の時において弁済期が到来したものとみなされ（同条3項）、条件付債権または将来債権についても、その債権をもって手続参加できるものとされている（同条4項）。

(2)　破産者が多数債務者関係にある場合

　数人の債務者が1人の債権者に対して同一の給付を目的とする共同の債務を負担する場合において（不可分債務、連帯債務、連帯保証債務、合同債務など）、その全部義務者の全員、または1人ないし数人が破産手続開始決定を受けたとき、その債権者は、破産手続開始時における債権の全額をもって、それぞれの破産手続に参加することができる（法104条1項）（開始決定時現存額主義）。保証人または法人の無限責任社員について破産手続開始の決定が

あった場合も同様である（法105条・106条）。破産手続開始後に一部弁済を受けても、その債権の全額が消滅した場合を除き、破産手続開始時において有する債権の全額について権利行使できる（法104条2項）。

　破産者に対して将来行うことがある求償権を有する者も、その全額について破産手続に参加することができる。しかし、現在の債権者が破産手続開始時において有する債権について破産手続に参加したときは、その限りではない（法104条3項）。もっとも、その求償権を有する者が破産手続開始後に債権者に全額弁済した場合には、その求償権の範囲内で、債権者が有した権利を破産債権者として行使することができる（同条4項）。物上保証人の場合も同様である（同条5項）。

　なお、法人の有限責任社員について破産手続開始の決定があった場合、法人の債権者は破産手続に参加できず、他方、法人について破産手続開始の決定があった場合、法人の債権者は法人の破産手続には参加できるが、法人の有限責任社員に対してはその権利を行使することができない（法107条）。

(3) 破産債権を被担保債権とする別除権がある場合

　別除権つき破産債権者は、その別除権の行使（法65条参照）によって弁済を受けることができない債権の額に限り、破産債権者としての権利行使ができる（法108条1項本文）（不足額責任主義）。

　被担保債権である破産債権の届出にあたっては、破産債権の額などに加え、別除権の行使によって弁済を受けることができないと見込まれる債権の額（予定不足額）などについても、届け出なければならない（法111条2項）。さらに、実際に最後配当の手続に参加するには、その担保権によって担保される債権の全部または一部が破産手続開始後に担保されないこととなったこと（法108条1項但書）、または、その担保権の行使によって弁済を受けることができない債権の額について、所定の配当の除斥期間内に破産管財人に対して証明する必要がある（法198条3項）。

II　破産債権の種類

1　一般破産債権

　破産債権のうち、次に説明する優先的破産債権、劣後的破産債権、約定劣後破産債権を除くものをいう（破産債権の意義については前記 I 1参照）。

2　優先的破産債権

　優先的破産債権とは、破産財団に属する財産につき一般の先取特権（民306条ほか参照）その他一般の優先権（税徴8条ほか参照）がある破産債権をいう（法98条1項。ただし、法99条に規定する劣後的破産債権および約定劣後破産債権の場合を除く）。債務者の総財産に対する実体的な優先性（その影響度）を勘案し、別除権までは認めない一方で、一般破産債権には優先する地位を認めるものである。なお、優先的破産債権間の優先順位は、実体法の定めるところによる（法98条2項）。

　ところで、破産手続開始前の原因に基づいて生じた租税等の請求権については、破産手続開始当時、まだ納期限の到来していないもの、または納期限から1年を経過していないものは財団債権となり（法148条1項3号）、それ以外が優先的破産債権とされる。また、労働債権については、破産手続開始前3カ月間の給料の請求権、および退職金債権のうち退職前3カ月間の給料の総額（その総額が破産手続開始前3カ月間の給料の総額より少ない場合にあっては、破産手続開始前3カ月間の給料の総額）が財団債権とされ（法149条各項）、それ以外は優先的破産債権となる（ちなみに、破産手続開始後の労働債権は財団債権である。法148条1項2号・4号・8号）。

3　劣後的破産債権

　一般破産債権、優先的破産債権に後れる破産債権をいう（法99条1項）。実務的には、破産債権とされながらも破産配当の対象からは除外され、しかも（自然人の破産者の場合に）免責の効果が及び得るという位置づけであることを意味する。

具体的には、破産手続開始後の利息や開始後の不履行による損害金等の請求権、破産手続開始後の延滞税・利子税・延滞金、破産財団に関して破産手続開始後の原因に基づいて生じる租税等の請求権（なお、法148条1項2号参照）、および、破産手続参加の費用の請求権など、必ずしも破産手続開始前の原因により生じた請求権ではないが、政策的に破産債権化されているもの（法97条1号ないし4号および7号）、加算税や加算金、罰金等の請求権など、その本来が破産者当人へのペナルティであって、破産財団（破産債権者）の負担に帰すべきでないもの（同条5号および6号。なお、法253条1項参照）、並びに、手続開始時には期日未到来の手形債権や期限付債権（法103条3項参照）にかかる中間利息などが、これに該当する。

4　約定劣後破産債権

約定劣後破産債権とは、破産債権者と破産者との間において、破産手続開始前に、当該債務者について破産手続が開始されたとすれば当該破産手続におけるその配当の順位が劣後的破産債権に後れる旨の合意がされた債権をいう（法99条2項）。債務者について債務不履行が生じた場合や法的倒産手続が開始された場合に、他のすべての一般債権者が全額について満足を受けない限り、満足を受けることができない旨の約定がなされた、いわゆる劣後ローンがこれに該当する。

上に述べたほか、例外的ではあるが約定劣後破産債権より後順位の権利が認められることがあり、その例として、一般社団法人に対する基金返還請求権（一般法人145条）等があげられる。

III　破産債権の届出等

1　破産債権の届出

破産手続に参加しようとする破産債権者は、破産手続開始決定と同時に定められた債権届出期間内に、次に掲げる事項を裁判所に届け出なければならない（法111条1項、規則32条）。ただし、実務上、破産債権届出書および交付要求書の提出先は、裁判所が破産管財人を「書類受領事務担当」に指定し

て、破産管財人を提出先とする運用も行われている（規則7条参照）。
① 各破産債権の額および原因
② 優先的破産債権であるときは、その旨
③ 劣後的破産債権または約定劣後破産債権であるときは、その旨
④ 自己に対する配当額の合計額が1000円に満たない場合においても配当金を受領する意思があるときは、その旨
⑤ 破産債権者および代理人の氏名または名称および住所
⑥ 破産手続および免責手続において書面を送付する方法によってする通知または期日の呼出しを受けるべき場所（日本国内に限る）
⑦ 執行力ある債務名義または終局判決のある破産債権であるときは、その旨
⑧ 破産債権に関し破産手続開始当時訴訟が係属するときは、その訴訟が係属する裁判所、当事者の氏名または名称および事件の表示

破産債権の届出書には破産債権者の郵便番号、電話番号（ファクシミリの番号含む）、その他破産手続等における通知、送達または期日の呼出しを受けるために必要な事項として裁判所が定めるものを記載する（規則32条3項）。

破産債権届出書には、破産債権に関する証拠書類の写し、破産債権が執行力ある債務名義または終局判決のあるものであるときはその写し、破産債権者が代理人をもって届出をするときは代理権を証する書面を添付しなければならない（規則32条4項）。

別除権者および準別除権者は、これらの届出事項の他に、①別除権の目的たる財産、②別除権の行使によって弁済を受けることができないと見込まれる債権の額（予定不足額）を届け出なければならない（法111条2項・3項）。

なお、届出をした破産債権者は、破産手続開始決定後に破産財団に属する財産で外国にあるものに権利行使をしたことにより弁済を受けた場合には、速やかに、その旨およびその弁済の内容を裁判所に届け出るとともに、破産管財人に通知しなければならない（規則30条）。

【書式4-1】 破産債権の届出書(1)（東京地方裁判所）

東京地方裁判所民事第20部　　○○管財係	裁判所・管財人使用欄
事件番号　平成○年(フ)第○○号	No.
破　産　者　○○○株式会社	
破産管財人　○　○　○　○	受　領　日
届出期間　平成○年○月○日まで	平成○年(フ)第○○号
集　会　日　平成○年○月○日午　○時○分	書類受領事務担当 平成　年　月　日　受付

破産債権届出書

作成日　平成○年○月○日

印は実印に限りませんが，配当時まで使用できるものにしてください。

届出書のコピーを手元に置いておくと，問い合わせ等の際に便利です。

破産債権者の表示

【住　　所】〒　－

【通知場所】□住所と同じ　□異なる場合　〒　－

【氏名又は法人名・代表者名】　　　　　　　　　　　印

（事務担当者名）　　　【電話】　－　－　【FAX】　－　－

＊代理人名義で届け出る場合は，下欄も記入してください。（委任状添付必要）

代理人の住所　〒　－

代理人の氏名　　　　　　印　電話　－　－　　FAX　－　－

届出破産債権の表示＊記入欄が不足した場合は，適宜別紙（A4，形式自由）を使用してください。

(1) 届出破産債権（届け出る債権の□にチェックしてください。)

債権の種類	債権額	債権の内容及び原因	証拠書類の例 （必ずコピーを提出）
□売掛金	円	年　月　日から 年　月　日までの取引	請求書，納品書等
□貸付金	円	貸付日　年　月　日 弁済期　年　月　日 利息年　％　遅延損害金　％	契約書，借用書等
□給　料	円	年　月　日から 年　月　日までの就労分	給与明細書等
□退職金	円		不要
□解雇予告手当	円		不要
□手形・小切手債権	円	手形番号	手形，小切手（裏面もコピーすること）

第4章　破産債権

□その他（立替金，求償金等）	円		
□租　税	円		
□約定利息金	円	に対する　年　月　日から 年　月　日まで年　％の割合	
□遅延損害金	円	に対する　年　月　日から 破産手続開始前日まで年　％の割合	
合　計	円		

(2) 別除権の種類及び訴訟の有無（担保権を有する破産債権者，訴訟等が係属している破産債権者のみ記入）

別除権の種類 （該当に○印）	抵当権（順位　番）・根抵当権（極度額　　円，順位　番） 仮登記担保・その他（　　　　　　　　　　　）		
別除権の目的 不動産の表示		予定 不足額	円
破産債権につき係属する訴訟又は行政庁に係属する事件	裁判所又は行政庁名 当事者名 事件番号　　　　　　事件名		

(3) 執行力ある債務名義又は終局判決（□にチェックしてください。）
　　□有り（債権の種類：　　　　　）合計　通（コピーを提出してください。）　□無し

（少額配当金受領について）配当金額が1000円に満たない場合においても，配当金を受領する意思があります。

（記載例）
東京地方裁判所民事第20部　　○○管財係
事件番号　平成○年(フ)第○○号
破　産　者　○○○株式会社
破産管財人　○　○　○　○
届出期間　平成○年1月30日まで
集　会　日　平成○年4月8日午前10時00分

裁判所・管財人使用欄
No.
受　領　日
平成○年(フ)第○○号 　　　　　書類受領事務担当 平成○年○月○日受付

破産債権届出書

　　　　　　作成日　平成○年○月○日

印は実印に限りませんが，配当時まで使用できるものにしてください。
届出書のコピーを手元に置いておくと，問い合わせ等の際に便利です。

III　破産債権の届出等

破産債権者の表示
【住　　所】　〒100-0001　東京都〇〇区〇〇町〇丁目〇番〇号
　　　　　　　↓上記住所以外への通知を希望される場合のみ記載してください。
【通知場所】　■住所と同じ　□異なる場合　〒　　－

【氏名又は法人名・代表者名】　　株式会社△△△　代表取締役　　↓代表印
　　　　　　　　　　　　　　　　　　　　〇　〇　〇　〇　　　印

（事務担当者名）　〇〇〇〇　【電話】03-0000-0000　【FAX】03-0000-0000
＊代理人名義で届け出る場合は，下欄も記入してください。（委任状添付必要）
代理人の住所　〒　　－
代理人の氏名　　　　　　　印　電話　　－　　－　　　FAX　　－　　－

届出破産債権の表示＊記入欄が不足した場合は，適宜別紙（A4，形式自由）を使用してください。

（1）届出破産債権（届け出る債権の□にチェックしてください。）

債権の種類	債権額	債権の内容及び原因	証拠書類の例 （必ずコピーを提出）
■売掛金	2,000,000円	平成18年12月1日から 平成19年12月20日までの取引	請求書，納品書等
■貸付金	1,000,000円	貸付日　平成18年10月20日 弁済期　平成19年10月20日 利息年　0％　遅延損害金　0％	契約書，借用書等
■給　料	300,000円	平成19年10月1日から 平成19年10月31日までの就労分	給与明細書等
□退職金	円		不要
□解雇予告手当	円		不要
□手形・小切手債権	円	←売掛金の支払いのために手形が振り出された場合は，売掛金債権，手形債権のいずれか一方で届け出てください。	手形，小切手（裏面もコピーすること）
□その他（立替金，求償金等）	円	←立替金，求償金，賃料，敷金，保証金，リース債権などその他の債権は，この欄に記載してください。	
□租　税	円		
□約定利息金	円	に対する　年　月　日から 年　月　日まで年　％の割合	
□遅延損害金	円	に対する　年　月　日から 破産手続開始前日まで年　％の割合	
合　計	3,300,000円		

(2) 別除権の種類及び訴訟の有無（担保権を有する破産債権者，訴訟等が係属している破産債権者のみ記入）

別除権の種類 （該当に○印）	抵当権（順位　　番）・根抵当権（極度額　　　　円，順位　　番） 仮登記担保・その他（　　　　　　　　　　　　　　　）	
別除権の目的 不動産の表示		予　定 不足額　　　　　　　　　　　　　円
破産債権につき係属する訴訟又は行政庁に係属する事件	裁判所又は行政庁名 当事者名 事件番号　　　　　　事件名	

(3) 執行力ある債務名義又は終局判決（□にチェックしてください。）

　　□有り（債権の種類：　　　　）合計　　通（コピーを提出してください。）　□無し

（少額配当金受領について）配当金額が1000円に満たない場合においても，配当金を受領する意思があります。

破産手続開始通知書

事件番号　平成○年㋦第　　号（平成○年○月○日申立）
本店所在地　東京都
破産者

　　　　（代表者　昭和○年○月○日生）

1　上記の者に対し，破産手続開始決定がされたので，次のとおり通知します。

(1)　破産手続開始日時　　　　平成○年○月○日午後5時
(2)　破産管財人　　　　　　　弁護士　○○○○　電話
(3)　破産債権届出期間　　　　平成○年○月○日まで
(4)　破産債権届出書及び交付要求書の提出先

東京都千代田区
法律事務所　　弁護士　　　　　　　気付
平成20年㋦第　　号事件書類受領事務担当　行

(5)　財産状況報告集会・債権調査期日の日時及び場所
　　平成○年○月○日午前○時　債権者等集会場○（家簡地裁合同庁舎○階）
　　所在場所は「債権者集会場のご案内」のとおりです。
　　　財産状況報告集会において，破産財団をもって破産手続の費用を支弁す

るに不足する場合は，①破産手続廃止に関する意見聴取のための集会，②破産管財人の任務終了による計算報告集会も併せて実施します。
(6) ① 破産者に対して債務を負担している者は，破産者に弁済してはならない。
② 破産者の財産を所持している者は，破産者にその財産を交付してはならない。

2 破産債権届出
(1) 届け出る場合は，同封した届出書を使用し，1(4)の提出先に郵送してください。(別紙「封筒表書見本」参照)。保証人への請求等のため，債権届出日の証明を必要とする方は，配達証明郵便等をご利用ください。
(2) 破産債権届出書は，同封の届出書1通と証拠書類のコピー1部(原本不可)を合わせてホッチキスで左綴じにしてください。資格証明書は不要です。
(3) 破産手続開始後に支払期日が到来する手形については，支払期日が破産手続開始後1年以内であれば額面額を届出債権としてください。証拠書類の手形は両面をコピーしてください。

3 破産手続の進行については破産管財人まで，破産手続開始前の事情に関するお問い合わせ及び債権についての照会は申立代理人までお願いします。

　　　申立人代理人　弁護士　　　　　　　電話
　　　東京地方裁判所民事第20部○○管財係　裁判所書記官　　○○○○

【書式4-2】　破産債権の届出書(2)（大阪地方裁判所）

事件番号　平成　年(フ)第　号　　　　破産者

破産債権届出書（従業員以外の方用）

大阪地方裁判所第6民事部○○係　御中　　　平成　年　月　日
住所（本店所在地）〒　-

届出債権者の氏名（商号・代表者名）
　　　　　　　　　　　　　　　　　　　　　　　　　　印
TEL：　-　　-　　　　FAX：　-　　-　　（担当者　　　）
※　代理人が届出をする場合には，以下の代理人の住所及び氏名等も記載してください。
代理人の住所　〒　-

代理人の氏名	
TEL： － － FAX： － － （担当者 ） 印	
★配当額が1000円未満の場合も配当金を受領します。	

※ 振込費用は個別の配当金からは差し引かず，破産財団から支出されることになります。

届出債権の表示

(1) 手形・小切手債権

債権の種類	債権額(円)	手形番号	支払期日	支払場所	振出日	振出人	引受人	裏書人	別除権の有無

(2) その他の債権

債権の種類	債権額(円)	債権の内容及び原因	別除権の有無
売掛金		年　月　日から　年　月　日までの取引	
貸付金		①貸付日　年　月　日　②弁済期　年　月　日 ③利息　年　％ ④遅延損害金　年　％で貸し付けた残元金	
求償権			
将来の求償権			
約定利息金		元金　　　　円に対する　年　月　日から 　　年　月　日まで　年　％の割合	
遅延損害金		元金　　　　円に対する　年　月　日から 破産手続開始決定日前日まで　年　％の割合	

※ 以下については，該当する事項がある場合のみ記載してください。

(3) 上記届出債権について，別除権（担保権）がある場合

担保権の種類（抵当権等）	目的物の表示	予定不足額
		円

Ⅲ　破産債権の届出等

(4)　上記届出債権について，本件破産事件以外に訴訟が係属している場合

訴訟が係属している裁判所	事件番号	当事者名
裁判所	平成　年(　)第　号	原告　　　　被告

※　この届出書に書ききれないときは，別の紙（なるべくＡ４判）に記載して添付してください。

裁判所受付番号	

届出期間　平成　年　月　日まで　　債権調査期日　平成　年　月　日

事件番号　平成　年㋐第　号　　破産者

労働債権等届出書（従業員の方専用）

大阪地方裁判所第６民事部○○係　御中　　　　　平成　　年　　月　　日

住所（〒　　－　　）

　　届出債権者の氏名

　　　　　　　　　　　　　　　　　　　　　　　　　　　印

　　　TEL：　　－　　　－　　　　　　FAX：　　－　　　－

※　代理人が届出をする場合には，以下の代理人の住所及び氏名等も記載してください。

代理人の住所（〒　　－　　）

　　代理人の氏名

　　　　　　　　　　　　　　　　　　　　　　　　　　　印

　　　TEL：　　－　　　－　　　　　　FAX：　　－　　　－

★配当額が1000円未満の場合も配当金を受領します。

※　振込費用は個別の配当金からは差し引かず，破産財団から支出されることになります。

届出債権の表示

労働債権等

債権の種類	債権額(円)	債権の内容及び原因	別除権の有無
給　料 (諸手当含む)		年　月　日から　年　月　日までの就労分 (優先権あり)	
退職金		年　月就職，　年　月退職，　年　か月分 (優先権あり)	
解雇予告手当		(優先権あり)	

217

合　　計			

★　上記給料の金額は，破産手続開始前3か月間の財団債権となる部分を含む。

★　上記退職金の金額は，退職前3か月間の給料の総額（その総額が破産手続開始前3か月間の給料の総額より少ない場合にあっては，破産手続開始前3か月間の給料の総額）に相当する財団債権となる部分を含む。

※　財団債権になる部分は，破産財団に資力がある場合には，破産債権よりも先に支払われますので，債権者にとっては破産債権よりも財団債権のほうが有利な取扱いになります。

※　以下については，該当する事項がある場合のみ記載してください。

　上記届出債権について，本件破産事件以外に訴訟が係属している場合

訴訟が係属している裁判所	事　件　番　号	当事者名	
裁判所	平成　　年( )第　　号	原告	被告

※　この届出書に書ききれないときは，別の紙（なるべくＡ４判）に記載して添付してください。

裁　判　所受付番号

届出期間　平成　　年　　月　　日まで　　債権調査期日　平成　　年　　月　　日

【破産債権者の方へのお知らせ】

1　破産債権の届出の方法について（債権を持っていない場合は破産債権届出書を提出する必要はありません。）

　(1)　従業員以外の方の届出方法

　　ア　記入方法

　　　　同封の「破産債権届出書」の(1)「手形・小切手債権」または(2)「その他の債権」の該当する欄に，あなたの持っている債権の額と内容，原因などを記入してください。該当する欄がない場合は，(2)の空欄を利用して書いてください。書ききれない場合は，「別紙のとおり」と記入した上，Ａ４判の別紙に書いてそれを添付していただければ結構です。

　　イ　担保権を持っている方の注意事項

　　　　質権，抵当権，根抵当権，譲渡担保権などの担保権のついている債権を届出する場合は，届出書の(1)又は(2)の右端の「別除権の有無」の欄に○をつけた上，(3)にその担保権の種類，目的物，予定不足額（担保権で

回収しきれないと思われる金額）を記載してください。

担保権を持っていない方は何もしなくて結構です。

ウ　裁判中の方の注意事項

届出する債権について，現在裁判中の場合には，届出書の(4)にその内容を記載してください。

エ　添付資料として次の証拠書類が必要です

(ア)　法人が届出する場合…法務局作成の代表者事項証明書又は履歴事項全部（一部）証明書

(イ)　代理人により届出する場合…本人作成の委任状

(ウ)　債権の存在を証明する証拠書類（証拠がなかったり，不足していますと，届出債権が認められないことがあります。）

(例)・売掛金　　　　　　　請求書控，仕切伝票，帳簿記載部分の写し

　　・貸付金　　　　　　　借用証書，金銭消費貸借契約証書の写し

　　・求償権，将来の求償権　契約書，代位弁済した際の領収書写し

　　・工事代金，加工代金　契約書の写し

　　・手形金，小切手金　　手形の表と裏の写し（裏は白紙でも必ず）

　　・その他の証拠書類　　公正証書，判決，和解・調停調書の写し等

(エ)　別除権（担保権）を持っている場合…その担保権の種類（抵当権など）と目的物の内容がわかる書面（例：不動産登記事項証明書，契約書，公正証書等）の写しと，担保権を実行した後に回収不足額になる見込みの金額（予定不足額）を計算した書類を提出してください。

オ　提出部数

債権届出書，エの証拠書類等は，いずれも各１部を提出してください。

カ　提出期限

届出書の提出期限は破産債権届出書の左下に記載してあります（期限に裁判所必着）。期限に遅れると余分な経費が必要になったり，債権者としての権利行使が認められなくなる場合がありますので，期限は必ず守ってください。

キ　提出先

〒530-8522　大阪市北区西天満２丁目１番10号大阪地方裁判所第６民事部○係です。郵送でも持参でも結構ですが，封筒の表に赤で「平成年(フ)第　号　債権届出書在中」と記載してください。

(2)　従業員の方の届出方法

ア　記入方法

未払給料，賞与，その他手当，解雇予告手当，退職金などの雇用関係に基づいて発生する債権（労働債権）については，同封した「労働債権等届出書」に記載して届出をしてください。

労働債権については，法律によって，破産手続開始決定前3か月分の給料など，一定の範囲の金額が，配当などの点であなたにとってより有利な性質の債権（「財団債権」といいます。）として取り扱われることになっていますが，計算が複雑なため，とりあえず未払いの労働債権全部についてこの労働債権等届出書で届出しておいていただければ結構です。財団債権として認めて，配当の点であなたに有利に取り扱うことにする部分については，後日，破産管財人が，「○○円は財団債権として認める。」と記載した「異議通知書」という書類をお送りして，お知らせすることになります（財団債権として認めた場合は，破産債権としては認めないことになりますが，そのことによる不利益はありません。）。

なお，会社にお金を貸し付けした，というような場合は，労働債権ではなく，一般の破産債権になりますので，上記(1)の「破産債権届出書」に別途記載するようにしてください。

イ　添付書類

最近に支払われた給与明細書などがあれば写しを添付してください。資料が十分にない場合は，破産管財人にご相談してください。

ウ　提出部数，提出期限，提出先

(1)の一般の債権者の方の記載方法と同じです。

(3) 破産債権届出書を提出した後に追加証拠，取下書，承継届出書等を提出する場合の提出先

債権届出期間（債権届出書の左下に記載されています）が過ぎるまでの間は裁判所あてに提出し，それ以後は破産管財人の事務所あてに郵送で提出してください。（持参可）

(4) 裁判所からの連絡先の届出について

裁判所からの連絡について，破産債権届出書に記載した住所等以外の場所で書面による通知等を受けることを希望する場合には，その受け取りを希望する場所をＡ4判の紙に記載して，裁判所あてに郵送または持参で提出してください。

2　債権調査期日について（出欠は債権者のご自由です。）

届出された破産債権について，破産管財人が調査した結果を発表します。他の債権者が届出した債権について，債権者として異議を述べることもでき

> ます。届出した債権について破産管財人が認めなかった場合は，異議通知というお知らせを郵便で別途お送りしますので，欠席されても，全く不利益はありません。
> 　なお，破産管財人の調査に時間を要する場合や，配当の見込みがなくなったなどの場合には，予定した期日に認否しないで，期日の延期をすることもありますのでご了承ください。

　一般調査期間の経過後または一般調査期日の終了後は、原則として破産債権の届出をすることはできない。ただし、破産債権者がその責めに帰することのできない事由によって、一般調査期間の経過または一般調査期日の終了までに届出をすることができなかった場合には、その事由が消滅した後1カ月以内に限り、破産債権の届出をすることができる（法112条1項）。この1カ月の期間は、伸長・短縮することができない（同条2項）。なお、この場合、債権届出書には、①破産債権者がその責めに帰することのできない事由および②事由が消滅した日を記載しなければならない（規則34条1項）。

　また、届出を行った破産債権者が、一般調査期間の経過後または一般調査期日の終了後に、他の破産債権者の利益を害するような変更を加える場合も、責めに帰することのできない事由が消滅した後1カ月以内に限り、行うことができる（法112条4項）。なお、この場合、変更届出書には、①変更の内容および原因、②破産債権者がその責めに帰することのできない事由および③事由が消滅した日を記載しなければならない（規則34条4項）

　一般調査期間の経過後または一般調査期日の終了後に発生した破産債権については、その権利の発生した後1カ月の不変期間内に、その届出をしなければならない（法112条3項）。なお、この場合、債権届出書には、届出をする破産債権が生じた日を記載しなければならない（規則34条2項）。

【書式4-3】　期限後の破産債権届出

```
平成○年㈦第○○号
破産者　　○○○株式会社
```

一般調査期日終了後の債権届出書

○○地方裁判所第○民事部　御中

　　　　　　　　　　　　　　　　　破産債権者　株式会社△△△
　　　　　　　　　　　　　　　　　代表取締役　○　○　○　○

　頭書事件の一般調査期日は平成○年○月○日と定められており既に終了しておりますが，破産債権者の責めに帰することのできない事由によって当該期日の終了までに届出をすることができなかったので，破産債権者は本日別紙のとおり破産債権の届出をいたします。
　届出をすることができなかった事情は以下のとおりです。

（届出できなかった事由及び当該事由が消滅した日を具体的に記載する）

　　　　　　　　　　　　　　　　　　　　　　　　　　　　　以上

【書式4-4】　債権届出取下書

破産管財人　　　　　　　殿

　　　　　　　　　　　　　　　　　平成　　年(フ)第　　　　号
　　　　　　　　　　　　　　　　　破産者

債権届出取下書

　私は，破産者　　　　　　に対する平成　年(フ)第　　　号破産事件について先般届け出た下記債権を取り下げます。
　（取下後の届出債権の残額は，□ありません。□合計　　　円です。）
　平成　　年　　月　　日

　住所＿＿＿＿＿＿＿＿＿＿　　　　住所＿＿＿＿＿＿＿＿＿＿
債権者　　　　　　　　　　　　　代理人
　氏名＿＿＿＿＿＿＿＿印　　　　　氏名＿＿＿＿＿＿＿＿印

連絡先　電話　　－　　－			債権者	
事務担当			番　号	

取　下　債　権　の　表　示				
枝番号	債権の種類	届出債権額（円）	取下額（円）	備　考
	取下債権額 　合　　計			

2　届出の変更

　届出をした破産債権を取得した者は、一般調査期間の経過後または一般調査期日の終了後でも、届出名義の変更を受けることができる（法113条1項）。そして、届出名義の変更届には、次に掲げる事項を記載しなけらばならない（規則35条）。

　① 　届出名義の変更を受けようとする者の氏名または名称および住所並びに代理人の氏名および住所
　② 　破産手続および免責手続において書面を送付する方法によってする通知または期日の呼出しを受けるべき場所（日本国内に限る）
　③ 　取得した権利並びに取得日および原因

変更届出書には、証拠書類の写し等を添付しなければならない（規則35条2項・32条4項1号）。

　届出名義の変更を受ける者は、自己に対する配当額が1000円に満たない場

合においても配当金を受領する意思があるときは、その旨を裁判所に届け出なければならない（法113条2項）。

【書式4-5】 破産債権名義変更届出書

破産管財人　　　　　　殿

　　　　　　　　　　　　　　　　平成　年(フ)第　　　号
　　　　　　　　　　　　　　　　破産者

破産債権名義変更届出書（全部・一部）

　平成　年　月　日
　旧債権者　住所・氏名（法人の場合は名称・代表資格・代表者名）
　　〒　－
　　　　　　　　　　　　　　　　　　　　　　　　　　　　印
　新債権者　住所・氏名（法人の場合は名称・代表資格・代表者名）
　　〒　－
　　　　　　　　　　　　　　　　　　　　　　　　　　　　印

　下記のとおり破産債権者の名義変更の届出をします。
　（名義変更後の旧債権者の届出債権は，　□ありません。□合計
円です。）
　少額配当金受領については，配当金額が1000円未満の場合においても，配当金を受領する意思があります。

　　　　　　　　　　　　　　　　記
1　変更の原因　　平成　年　月　日
　　　　　　　　　代位弁済・債権譲渡・その他（　　　）
2　添付書類

債権者表番号	事務担当者名(※)		
	電話	― (　　) ―	
	ファクシミリ	― (　　) ―	

枝番号	債権の種類	届出債権額	承継額	残額（非承継額）
合計				

※新債権者の事務担当者名を記入してください。

3 租税等の請求権の届出

租税等の請求権または破産手続開始前の罰金等の請求権であって、財団債権に該当しないものを有する者は、遅滞なく、次に掲げる事項を裁判所に届け出なければならない（法114条、規則36条）。

① 請求権の額および原因
② 共助対象外国租税の請求権である場合は、その旨
③ 届出にかかる請求権を有する者の名称および住所並びに代理人の氏名および住所
④ 破産手続開始当時届出に係る請求権に関する訴訟または行政庁に係属する事件があるときは、その訴訟または事件が係属する裁判所または行政庁、当事者の氏名または名称および事件の表示
⑤ 優先的破産債権であるときは、その旨
⑥ 劣後的破産債権または約定劣後破産債権であるときは、その旨

Ⅳ 破産債権の調査

1 制度の概要

届出のされた破産債権については、公正かつ平等な破産配当を実施する前提として、その届出内容（破産債権としての適格性、債権の存否、額、優先劣後の順位、別除権者の届け出た予定不足額の当否）に誤りや偽りがないか、吟味する必要がある。具体的には、破産管財人が債権届出書に記載された内容につき各種資料や情報と照合して認否をし、また、各届出破産債権者が互いに他の届出内容につき必要に応じて異議を述べ、かつ、破産者にも異議を述べる機会が付与されている。その一連の手続を破産債権の調査という。

法律上、債権調査の手続には、①書面による方式（法116条1項・117条以下。期間方式とも言われる）と、②期日における方式（法116条2項・121条以

下)の2とおりが存在する。破産裁判所がいずれの方式を採用したかは、破産手続開始決定書の記載(債権調査期間または債権調査期日)から確認できる(法31条1項3号)。ただし、配当が見込まれない事案では、いずれも定められていない(留保されている)場合もある(同条2項)。

これらの方式のうち、法律上は、民事再生や会社更生とも共通する書面方式(期間方式)が原則とされているが、実務上は、むしろ期日方式を基本に工夫を加えた運用が原則となっている。すなわち、実務上は、管財事務の初期段階では一般調査期日を延期または続行(または追って指定)するとして、破産管財人が認否を留保したまま換価業務を遂行し、現実の破産財団の形成状況と財団債権への弁済見通しなどに勘案して、破産配当が確実そうであると判断できた段階で初めて債権調査を実行する、という運用がしばしば行われている。その利点としては、配当の確実な事案に限定して債権調査を実施できる、債権の存否に関する疎明資料の収集に時間をかけられる、債権の名義変更・一部取下げ・別除権の不足額の確定などの債権の変動を確認してから認否を完了できる等が指摘されている(書記官89頁)。

2 期日方式による債権調査の手続

(1) 手続の概要

期日方式による債権調査の手続とは、債権届出期間の後に開催される所定の期日に、破産管財人、届出破産債権者および破産者が参集し、それぞれ口頭陳述により認否または異議を述べる、という方法により行われる債権調査の手続である(法121条)。

(2) 破産管財人による認否

(イ) 認否の対象と内容

破産管財人は、債権届出期間内に届け出られた破産債権については、すべて認否をしなければならず(法121条1項)、また、債権届出期間の経過後に届け出られた債権(または変更届出)についても、一般調査期日において債権調査をすることにつき破産管財人および破産債権者の異議がない限り、認否しなければならない(同条7項)。

すなわち、破産管財人は、下記の①〜④の事項につき、債権届出書に添付

された証拠書類の写し、破産者の手許に保管されている帳簿類、関係者から聴取した情報などに依拠して、その真偽や正誤について調べ、届出内容の全部または一部を「認める」または「認めない」旨、明らかにする（法121条1項・117条1項各号）。ここで認否すべき破産債権について認否されなかった事項は、破産管財人が認めたものとみなされる（法117条4項参照）。また、破産管財人は認否の理由を述べる義務を負わないものの（規則43条1項参照）、実務上は、その届出破産債権の確定に向けた交渉に資するよう、認めない旨の認否の理由の要旨（下記⑤）も述べる（後述の債権認否予定書に記載する）ことが一般的である（書記官90頁）。

なお、下記④の予定不足額は、担保権が実行等されるまで確定せず、また、議決権額を定めるためにしか用いられないので、認否を原則留保してよい、または一応の評価額で認否すればよい等の運用もみられる（手引266頁、運用と書式251頁）。

---

① 破産債権の額
② 優先的破産債権であるか否か
③ 劣後的破産債権または約定劣後破産債権であるか否か
④ 別除権・準別除権の行使によって弁済を受けることができないと見込まれる債権の額
⑤ 認めない旨の認否をする場合における、その理由の要旨

租税等の請求権および罰金等の請求権は、破産債権であっても、債権調査手続の対象とはならない（法134条1項）。ただし、破産債権者表の記載対象にはなるので（同項・115条）、実務上、破産管財人は裁判所にその一覧表を提出する必要がある。これらの請求権は優先的破産債権の場合があるので、破産債権のうちこれらの請求権にしか配当が行われない場合もあるところ、その場合には、その他の破産債権には配当がないことから、その他の破産債権の認否を留保したまま破産手続を終了する運用もみられる（手引263頁）。

なお、実務上、破産債権の存在自体を必ずしも否定するものではないものの、届出債権者間の実質的な衡平を図るために、破産管財人が異議（いわゆ

る戦略的異議）を述べる事例も見受けられる（届出債権者に否認対象行為がある場合、届出債権について相殺や全部履行義務を負わない第三者からの弁済が予測される場合、破産法人の旧経営陣・支配株主等に破産に至る経営責任等が認められる場合等）（手引286頁等）。

　㋺　**認否の方法と手続**

　破産管財人は、一般調査期日（破産手続開始決定と同時に定められた債権調査期日）に出頭し、口頭で認否を行わなければならない（法121条1項）。

　他方で、実務上は、配当手続段階になるまでは債権認否は行われない（債権調査期日は延期または続行される）ことが多い（なお、訴訟係属中など債権確定手続が確実に見込まれる債権は早期に認否されることもある）。また、口頭とは言っても、破産管財人が期日の1週間程度前に裁判所に対し債権認否予定書（債権認否一覧表、債権認否表とも呼ばれる）を提出し、期日において出席者に写しを配布する等し、これに基づいて認否を進めることが一般的である（規則42条1項参照。なお、当然ながら、期日で書面の記載と異なる認否をしたときは、口頭で陳述された内容のほうが優先する）。期日までに配当額の計算が完了している場合には、配当表と一体化したものを作成すると便宜である。また、後述のとおり、この債権認否予定書が書記官の作成する破産債権者表や配当表に引用されて、その一部とされることも多い。

　破産管財人は、認めない旨の認否をした破産債権の届出者が期日に出頭しなかった場合には、その認否の内容を当該破産債権者に通知しなければならない（規則43条4項本文）。当該届出者がその認否の内容を知っていることが明らかな場合にはこの限りではないとされているが（同項但書）、知不知や出頭不出頭の確認が困難な場合もあるので、一律に書面による通知（いわゆる異議通知書）を発するのが無難と考えられる。実務上は、破産債権査定申立期間についての説明等を異議通知書に記載する、期日前に通知書を送付するなどの運用もみられる。

　なお、実務上、配当が見込まれない等の理由により債権認否が留保されている場合であっても、債権調査の過程で破産財団に属すべき資産が発見されたり、免責不許可事由等が判明する場合があるので、破産管財人は早期にひととおりの確認を行うべきとする運用もある（手引261頁）。また、実務上、

異議を述べるべき事由が発見された場合でも、無用な異議や破産債権査定申立てを減らすために、当該債権者に対し資料の追加や変更届・取下書の提出を求めるなどの処理を進めてから、債権調査期日に臨む必要があるとされる（手引262頁、運用と書式238頁）。この点、債権調査期日で異議を述べた後、当該破産債権者から資料が追完されれば異議の撤回をする予定であったとしても、破産債権査定申立期間が経過するかまたは配当の除斥期間が満了してしまうと異議の撤回ができなくなるので、注意が必要である（手引289頁）。

【書式4-6】 異議通知書(1)（一般・事前通知型）（東京地方裁判所）

破産債権者　○　○　○　○　殿
（債権者番号　○○）

平成○年(フ)第○○号
破産者　○○○株式会社

異　議　通　知　書

　貴殿届出の債権に対し、平成○年○月○日の債権調査期日において、当職は、下記のとおり「認めない」と述べる予定ですので通知します。

枝番号	債権の種類	届出額(円)	認めない額(円)	確定額(円)	認めない理由
1	約束手形金	750,000	750,000	0	2
2	貸　　金	1,000,000	1,000,000	0	1
3	売　掛　金	325,000	325,000	0	4

認めない理由　1 証拠不十分　2 手形要件不備　3 劣後債権　4 債権なし

　なお、異議を述べられた債権者は、債権調査期日から1か月以内に破産法が定める債権確定手続を執ることができますが、配当に加わるためには、その手続を除斥期間（破産法198条1項、205条）内に行う必要があります。

　　　　　　　　　　　平成○年○月○日
　　　　　　　　　　　　破産管財人弁護士　○　○　○　○　印
　　　　　　　　　　　　　（電話　　－　　－　　　事務担当　　　）

【注意点】
※　これは最も単純な形式であり、破産管財人の工夫により必要な情報を盛り込んでいただいて差し支えありません。また、認めない理由も事案に応じて適宜検討して

第4章　破産債権

> ください。

【書式4-7】　異議通知書(2)（別除権付）（大阪地方裁判所）

事件番号　○○地方裁判所平成○年(フ)第○○号
破 産 者　○○○株式会社

異議通知書（別除権付）

平成○年○月○日

債権者　○　○　○　○　殿
　　　　　　　　　　　　　異議者　破産管財人　○　○　○　○　印
　　　　　　　　　　　　　　　　　　　　TEL　00-0000-0000

　頭書破産事件について，あなたの届けられた債権に対する債権調査の結果は，次のとおりです。異議額欄等のとおり異議を述べましたので，破産規則43条4項により通知します。

届出番号	債権の種類	届出債権額（円）	別除権の被担保債権として異議を述べた額（円）	別除権の被担保債権として認めた額（円）	予定不足額（円）	異議理由その他
○-1	貸付金	25,000,000	0	25,000,000	10,000,000	別除権行使により弁済を受けることができると見込まれる額を15,000,000と評価

※　異議のあった債権について配当に参加するには，○○地方裁判所に対し，異議者を相手方とする破産債権査定申立てを行い，破産債権査定決定を得るか，既に破産手続開始当時訴訟が係属しているときは，当該訴訟手続の受継を申し立てる必要があります（破産法125条以下）。異議理由の詳細等につきましては，破産管財人までお問い合わせください。

【書式4-8】　異議通知書(3) 末尾注意事項記載例（福岡地方裁判所）

（注意事項）
1　当職が資料不足との理由で異議を述べた債権者の方は，本通知より10日以内に資料を当職事務所までご送付ください。送付された資料をもとに異議撤回が可能か検討させていただきます。

2　当職が異議を述べた債権者の方(仮執行宣言付判決,執行証書,和解調書等の執行力ある債務名義又は終局判決のある債権者を除く。)は,平成○年○月○日までに○○地方裁判所宛に破産債権査定申立て(破産法125条,既に訴訟が係属している場合には,当該訴訟の受継申立て・同法127条)をされない場合は,当職が異議を述べた債権額については本破産手続に参加できませんのでご注意ください。

3　ご不明の点がございましたら,当職事務所宛(電話番号○○○-○○○○)にご連絡ください。

【書式4-9】　異議通知書(4)(労働債権)末尾注意事項記載例(大阪地方裁判所)

異議理由として「財団債権として認める」旨の記載がある場合は,その額は破産債権よりも支払(配当)において優先的に扱われる有利な性質の「財団債権」に当たるため,破産債権としては認めないという意味ですから,その額についてはあなたに不利益はありません。

(3) 破産債権者または破産者による異議

(イ) 破産債権者の場合

自らの破産債権につき所要の届出をした破産債権者は、その手続参加の一環として、一般調査期日に出頭することができ、かつ、その期日において、他の届出破産債権に対し個別に異議を述べることができる(法121条2項)。

異議を述べる対象は、破産管財人による認否の対象と基本的に同様である(上記(2)(イ)①ないし④のほか(法121条2項・1項・117条1項各号)、異議の理由(同⑤)も述べる必要がある(規則43条1項)。ただし、異議の理由の申述を欠いても異議の効力自体には影響しないと解されている)。

異議は口頭でもよいが、実務上、異議の内容・理由を正確に破産債権者表に記載するために、異議申述書の提出が求められることがある。異議が述べられた破産債権を有する届出者が期日を欠席していた場合には、その異議の内容につき、(異議申述者や破産管財人ではなく)裁判所書記官から通知が行われることになる(規則43条5項)。なお、期日への出席は代理人によることも可能であり、その代理人は弁護士であることを要しないが、委任状等、代

㈼ 破産者の場合

　破産者は、異議の有無にかかわらず、一般調査期日に原則として自ら出頭し（法121条3項）、必要な事項に関し意見を述べなければならない（同条5項。代理人の出頭につき、同条3項および6項参照）。出頭した破産者は期日で異議を述べることができるが、その対象は所定の届出内容のうち破産債権の額（上記⑵㈰①）に限られ、その際、異議の理由（同⑤）の申述も求められる（同条4項、規則43条1項）。

　実務上、異議申述書の提出が求められうること、および、裁判所書記官による通知を要する場合があることは、破産債権者による異議の場合と同様である。

　なお、その責めに帰することができない事由によって債権調査期日に出頭できなかった場合には、破産者は、その事由の消滅後1週間以内に、裁判所に書面を提出する方法で、異議を述べることができる（法123条1項）。

【書式4-10】　他の届出破産債権者からの異議申述書

```
平成○年㈺第○○号
破産者　○○○株式会社

                      異議申述書

                                    平成○年○月○日
○○地方裁判所第○民事部　御中
                破産債権者（受付番号○○）
                株式会社△△△
                代表者代表取締役　○　○　○　○　㊞
　御庁頭書事件について、下記破産債権者の届出破産債権に対し、破産法118条1項の規定に基づき、下記異議額欄記載のとおり異議を述べる。
                       記
異議の相手方（破産債権者）　□□□株式会社
```

受付番号	債権の種類	届出債権額(届出議決権額・円)	異議額(異議のある議決権額・円)	異議の具体的な理由

以上

【書式4-11】 期日終了後の破産者の異議申述書

平成○年(フ)第○○号
破産者 ○○○株式会社

異議申述書

平成○年○月○日

○○地方裁判所第○民事部 御中

破産者 ○○○株式会社
代表者代表取締役 ○ ○ ○ ○ 印

　御庁頭書事件について、下記責めに帰することができない事由により平成○年○月○日の一般(特別)調査期日に出頭することができなかったので、破産法123条1項の規定に基づき、下記破産債権者の届出破産債権に対し、下記異議額欄記載のとおり異議を述べる。

記

1　事由
　　(調査期日の不出頭につき破産者の責めに帰することができない具体的事由を記載する。)
2　異議の相手方(破産債権者)　株式会社△△△

受付番号	債権の種類	届出債権額(届出議決権額・円)	異議額(異議のある議決権額・円)	異議の具体的な理由

以上

(4) 期日の続行等

　裁判所が債権調査期日を変更・延期・続行する場合、または後記の特別調査期日を新たに定める場合には、原則として、破産管財人、破産者および届

出破産債権者（債権届出期間前は知れている債権者）に対し、その裁判書を送達しなければならない（普通郵便や信書便の利用も可）（法121条9項・10項・122条2項・119条6項・118条3項・4項）。

ただし、期日の延期または続行の決定を期日において言い渡す場合は、この送達は不要である（法121条10項・122条2項）。債権調査が開始されない間、または完了しない間は、この期日の延期または期日の続行という方法が用いられる場合が多い。

(5) 異議等の撤回

債権調査の結果、すでに認める旨の認否がされ、または、異議が述べられなかった破産債権について、それぞれ、破産管財人が認めない旨の認否に変更し、または、破産債権者や破産者が後に異議を述べることはできない。他方、認めない旨の認否がされ、または異議が述べられた破産債権につき、その異議等を撤回して認めることはできる。実務上も、配当の除斥期間が満了するかまたは破産債権査定申立期間が経過するまでは、和解が成立した場合や調査が完了した場合に認否が変更される例も多い（書記官92頁、手引289頁）。

異議等を撤回する場合には、その変更の内容を記載した書面を裁判所に提出するとともに、その変更に係る破産債権を有する破産債権者に対し、その旨を通知（異議撤回書などと呼ばれる）しなければならない（規則44条1項・38条・39条3項）。破産管財人が裁判所に提出する書面については、全債権者について認否の変更・名義変更・取下げなどの情報をまとめて記載する形式としたり（規則33条3項の書面を兼ねることになり、債権額等変更一覧表などと呼ばれる）（手引289頁、書記官91頁）、修正後の債権認否予定書を提出したりするなどの運用もみられる（運用と書式264頁等）。

【書式4-12】 異議撤回書（一般）

```
破産債権者　○　○　○　○　殿
（債権者番号　○○）

                                        平成○年(フ)第○○号
                                        破産者　○○○株式会社
```

異 議 撤 回 書

　平成○年○月○日の債権調査期日において，貴殿届出の債権について「認めない」旨認否しましたが，調査の結果，同届出債権の存在が認められましたので，下表のとおり，「認めない」旨の認否を撤回します。

　　　　　　　　　　　　　平成　　年　　月　　日
　　　　　　　　　　　　　破産管財人弁護士　○　　○　　○　　○　印
　　　　　　　　　　　　　（電話　　　－　　　－　　　事務担当　　　）

届出債権			認めない旨認否した額（円）	認めない旨の認否を撤回する額（円）	認めない旨の認否を維持する額（円）	新たに確定した額（従前の確定額を含む。）（円）
枝番号	種類	金額（円）				

(6) 届出期間経過後の届出債権に係る債権調査

　破産債権の届出（他の破産債権者の利益を害すべき変更届出も同様）は債権届出期間内に行わなければならないのが原則だが、債権届出期間の経過後に債権届出等を行うことが可能な場合がある（前記Ⅲ１および２参照）。

　この場合、原則として、当該届出破産債権の債権調査のために、特別調査期間または特別調査期日が定められることになる（法119条１項本文・122条１項）。一般調査が期日方式であっても特別調査を期間方式にしてよく、その逆でもよい（法116条３項）。特別調査期間または特別調査期日に関する費用（特別調査期間を定める決定書の送達費用や、破産管財人に対する追加報酬等）はその破産債権を有する者の負担となり（同項）、当該費用が書記官の定める期限内に予納されない限り、その債権届出は却下される（法120条５項）。特別調査期日における債権調査の方法は、一般調査期日と同様である（法122条２項）。

　ただし、一般調査期日終了前の届出で、同期日において債権調査（認否および異議）を行うことにつき破産管財人および破産債権者の異議がない場合には、特別調査期間または特別調査期日を設けなくてよい（法119条１項但

書)。実務上は、この但書のとおりに、一般調査期日において債権調査が行われる場合が多い。

(7) **破産債権者表の作成・記載**

書記官は、届出があった破産債権について、破産債権者表を作成しなければならない（法115条1項。破産債権者表の意義については後記Ⅴ1等を参照）。実務上は、破産債権者表は、破産管財人が提出した債権認否予定書を引用する形で作成されることが多い。

また、書記官は破産債権の債権調査の結果を破産債権者表に記載しなければならないので（法124条2項）、破産債権者または破産者の異議があったときは、書記官が破産債権者表の該当欄にその旨を記載する。また、破産債権者表の記載に誤りがあったときは、書記官は申立てによりまたは職権で、いつでもその記載を更正する処分をすることができる（法115条3項）。

3　期間方式による債権調査の手続

(1) **手続の概要**

期間方式（書面方式）による債権調査の手続とは、債権届出期間の後に設けられる所定の期限までに、破産管財人が認否を記載した書面（認否書）を提出することで認否を行い（法117条等）、その後、債権調査期間という一定期間を設けて、破産債権者および破産者に対し、異議を述べる機会を与える（法118条等）という方法により行われる債権調査の手続である。

(2) **破産管財人による認否**

破産管財人は、債権届出期間の終了後かつ一般調査期間の開始前に、届出破産債権に対する認否を記載した書面（認否書）を裁判所に提出する（法117条1項ないし3項）。

認否書に記載すべき内容、および、認否すべき債権等につき認否の記載のない事項は認めたものとみなされること等については、期日方式の場合（前記2(2)）と基本的に同様である。

破産債権者表や破産管財人の認否書は債権者には送付されず、また、期日方式と異なり、破産管財人の認否の結果は、認めないとされた破産債権の債権者に対しても通知されない。よって、債権届出や認否の状況を知りたい破

産債権者は、裁判所に提出された認否書等を閲覧・謄写して確認することになる（伊藤眞『破産法・民事再生法〔第3版〕』610頁・注43等（2014））。

(3) **破産債権者および破産者による異議**

次に、届出破産債権者および破産者は、一般調査期間内に、届出破産債権に対し個別に異議を述べる書面（異議申述書）を裁判所に提出することができる（法118条1項および2項）。

異議申述書に記載すべき内容（異議の理由も含む）、また、異議の対象となった破産債権者に対し、書記官からその旨の通知が行われることについては、期日方式の場合（前記2(3)）と基本的に同様である。

(4) **債権調査期間の変更等**

裁判所が債権調査期間を変更する場合、または特別調査期間を新たに定める場合には、その裁判書を破産管財人、破産者および届出破産債権者（債権届出期間前は知れている債権者）に送達しなければならない（普通郵便や信書便の利用も可）（法118条3項・4項・119条6項）。

(5) **異議等の撤回**

期日方式の場合（前記2(5)）と基本的に同様である。

(6) **届出期間経過後の届出債権に係る債権調査**

期日方式の場合（前記2(6)）と基本的に同様である（「一般調査期日の終了前」を、「一般調査期間の経過前」に読み替える）。

また、一般調査期間の経過前の届出で、破産管財人が認否書に認否を記載した債権についても、特別調査期間または特別調査期日を設けなくてよい（法119条1項但書）。

(7) **破産債権者表の作成・記載**

期日方式の場合（前記2(7)）と基本的に同様である。

V 破産債権の確定

1 調査による確定

破産債権の調査（前記Ⅳ参照）において認否等の対象となる事項につき（法117条1項各号。ただし同項4号の別除権の予定不足額を除く）、破産管財人

第4章　破産債権

【書式4－13】　破産債権者表（大阪地方裁判所）

(注意) 本記載例は、便宜上1枚の用紙に記載しているが、原則として、同性質の債権ごとに別の用紙を使用する。

平成○年○月○日

破産債権者表（個別）

平成○年(フ)第○○号
破産者　○○○○株式会社
破産管財人　○○○○

（単位：円）

届出番号	枝番号	債権者名	届出債権 住所	届出債権 種類	届出額	性質	債権調査の結果 確定債権額	債権調査の結果 予定不足額	性質	備考
1	1	○○銀行	(省略)	貸付金	1,000,000	B	1,000,000		B	17.6.15○○保証協会500,000円承継届 旧届出者の残確定額500,000円　17.8.15旧届出者全部取下
2	1	堺商店こと堺太郎		損害金	200,000	B	0			異議通知済　17.3.10届出一部取下げ　残額100,000円 17.5.15残額全部撤回・確定額(B) 100,000円
3	1	○○債権回収㈱		約束手形金	720,000	B	720,000		B	○○3.10届出一部取下げ・残確定額500,000円
	2			貸付金	12,000,000	別B	12,000,000	1,500,000	別B	有名義　○○5.20極度不足額1,000,000円と報告
4		○○保証協会		貸付金	20,000,000	別根B	20,000,000	3,500,000	別根B	○○10.18極度額超過債権額5,000,000円と報告
5		○○保証協会		求償権	3,000,000	停B	3,000,000		停B	○○5.15届出全部取下
6		大阪太郎		将来の求償権	1,000,000	停B	1,000,000		停B	○○4.5債権の種類を求償権に変更　一部取下 確定額(B) 900,000円
7		○○リース		敷金返還請求権	600,000	停B	600,000		別	○○10.14条件成就（明渡）300,000円について現実化
8	1	山田太郎		リース料債権	1,000,000	B	1,000,000	800,000	B	○○7.15確定不足額800,000円と報告
	2			給料	310,000	A-c	310,000		A-c	17.3.5労働者健康安全機構270,000円承継届 旧届出者の残確定額40,000円
	3			退職金	2,100,000	A-c	2,100,000		A-c	17.5.15弁可により弁済・残確定額1,100,000円
9	1	○○市役所		貸付金	500,000	A-c	500,000		B	異議通知済　17.5.20債権の性質をBに変更
	2			固定資産税	300,000	A-a				
10		○○社会保険事務所		厚生年金保険料	400,000	A-b	5,000			17.10.18全部免除
		総合計								

※ 債権の性質欄は、次のような記号を用いて記載する。
・優先的破産債権→A（国税・地方税→A-a、公課→A-b、私債権→A-c）
・一般破産債権→B、劣後的破産債権→C、約定劣後破産債権→D
・別除権付一般破産債権→別（Bが根抵当権の場合は別根Bと記載する。）
・上記各債権が停止条件付債権・将来の請求権であるときは停Bなどと記号の冒頭に「停」を付す。

※ 有名義債権は、備考欄に「有名義」と記載する。

238

が認め、かつ、届出をした破産債権者が所定の期間内または期日において異議を述べなかったときは、確定する（法124条1項。なお、破産者による異議は、破産債権の確定を妨げない。法118条2項・121条4項ほか参照）。すなわち、債権調査の結果は、裁判所書記官により破産債権者表に記載されるところ（法124条2項）、それらのうち確定した事項についての記載は、破産債権者の全員に対して確定判決と同一の効力を有することになる（同条3項）。

なお、実務上の工夫として、破産管財人が作成した認否書を引用して破産債権者表が作成される例が多くみられるが、債権調査後に認否書に記載された破産債権の額等について変更が生じたときには、変更内容を記載した一覧表を添付し、あるいは引用した認否書の備考欄に変更内容を追記するなどの方法により、変更内容が破産債権者表に反映される。

2 債権査定手続による確定

(1) 申立て

破産債権の調査において、破産債権の額または優先的破産債権、劣後的破産債権もしくは約定劣後破産債権であるかの別（以下、「額等」という）のいずれかについて、破産管財人が認めず、または、届出をした破産債権者が異議を述べた場合には、破産管財人の否認または破産債権者の異議の対象とされた破産債権（以下、「異議等のある破産債権」という）を有する破産債権者は、その額等の確定のために、否認した破産管財人および異議を述べた破産債権者（以下、「異議者等」という）の全員を相手方として、当該破産事件を担当している裁判所に、その額等についての査定の申立て（以下、「破産債権査定申立て」という）をすることができる（法125条1項本文）。ただし、①異議等のある破産債権に関する訴訟が係属している場合、および、②異議等のある破産債権のうち執行力ある債務名義または終局判決のある場合には、この破産債権査定申立てによって額等を確定させることはできない（とともに、この①および②の場合を除き、通常の確認請求訴訟等により額等を確定させることはできない）。

破産債権査定申立ては、一般調査または特別調査との関係において、それぞれ、各調査期間の末日または調査期日から起算して1カ月以内の不変期間

内にしなければならず（法125条2項）、これを経過した後の申立ては不適法として却下される。

なお、不変期間内に破産債権査定申立てがされなかった場合、異議等のある破産債権を有する破産債権者は破産手続に参加できなくなるが（ただし、異議が一部にとどまるときには、異議のない範囲についてなお破産手続に参加する余地はある）、異議の内容に従って実体法上も債権が確定するものではない。

【書式4-14】 破産債権査定申立書

平成○年(フ)第○○号
破産者　○○○株式会社

破産債権査定申立書

平成○年○月○日

○○地方裁判所第○民事部　御中

申立代理人弁護士　○　　○　　○　　○　印

当事者の表示　　　別紙当事者目録記載のとおり

申立ての趣旨

1　申立人の届け出た別紙債権目録記載の各破産債権の額をいずれも同目録記載のとおりと査定する
2　申立費用は相手方の負担とする
との決定を求める。

申立ての理由

1　当事者
　(1)　申立人は○○等を業とする株式会社である（甲1）
　(2)　○○○株式会社（以下、「破産会社」という。）は，○○○○等を業とする株式会社であったが，平成○年○月○日，○○地方裁判所において破産手続開始決定を受け（以下，「本件破産事件」という。），相手方が破産管財人に選任された（甲2）。
2　申立人の破産債権
　申立人は，破産会社に対し，平成○年○月○日，金○○○万円を以下の約定

で貸し付けた（甲3。以下，「本件金銭消費貸借契約」という。）。
　　利　息　　　年○％
　　弁済期　　　平成○年○月○日
　　弁済方法　　借入金元金は平成○年○月○日限り，一括して返済する。利息金は毎月末に○○万円を○○回にわたり返済する。
3　破産手続開始決定
　前記1のとおり，破産会社は，○○地方裁判所に対し，破産手続開始の申立てをし，同裁判所は，平成○年○月○日，破産手続を開始する旨決定した。
4　申立人の届出
　申立人は，平成○年○月○日，本件破産事件において，本件金銭消費貸借契約に基づく貸金返還請求権，同請求権に付随する約定利息請求権，及び同貸金返還請求権に付随する遅延損害金請求権を，それぞれ別紙届出債権目録記載のとおり破産債権として届け出た（甲4）。
5　相手方の認否
　相手方は，平成○年○月○日に開かれた本件破産事件の債権調査期日において，上記4の各破産債権について全額認めない旨の認否を行った（甲5）。
6　結論
　よって，申立人は，破産法125条1項に基づき，申立ての趣旨記載のとおり各破産債権の査定を求める。

以上

証拠方法

甲第1号証　履歴事項全部証明書
甲第2号証　破産手続開始決定写し
甲第3号証　金銭消費貸借契約書写し
甲第4号証　破産債権届出書写し
甲第5号証　異議通知書写し

添付書類

1　甲号証
2　委任状

当事者目録

〒000-0000
〇〇県〇〇市〇〇町〇丁目〇番〇号
申立人　株式会社△△△
　　　　代表者代表取締役　〇　〇　〇　〇
（送達場所）
〒000-0000
〇〇県〇〇市〇〇町〇丁目〇番〇号　〇〇ビル〇階
電　話　00-0000-0000　　FAX　00-0000-0000
申立人代理人弁護士　〇　〇　〇　〇
〒000-0000
〇〇県〇〇市〇〇町〇丁目〇番〇号
相手方　破産者〇〇〇株式会社
　　　　破産管財人　弁護士　〇　〇　〇　〇

届出債権目録

1　破産債権者表受付番号　　10－1
　　債権の種類　　　　　　貸付金
　　債権の性質　　　　　　一般破産債権
　　金額　　　　　　　　　〇〇〇〇万円
2　破産債権者表受付番号　　10－2
　　債権の種類　　　　　　約定利息金
　　債権の性質　　　　　　一般破産債権
　　金額　　　　　　　　　〇〇万〇〇〇〇円
3　破産債権者表受付番号　　10－3
　　債権の種類　　　　　　遅延損害金（破産手続開始後）
　　債権の性質　　　　　　劣後的破産債権
　　金額　　　　　　　　　〇〇〇〇万円に対する平成〇年〇月〇日から支払済みまで年〇分の割合による金員

(2) 審　理

　債権査定の申立てに係る裁判の審理において、裁判所は異議者等を審尋しなければならないが（法125条4項）、実務上、書面による場合が多くみられる（もとより、口頭弁論は要しない）。

　破産債権者は、異議等のある破産債権についての額、原因および優先関係について、破産債権者表に記載されている事項のみを主張することができ、これと異なる主張は不適法却下される（法128条）。法文上、破産債権者の主張制限を規定するのみであるが、異議者等も破産債権者表に記載されている異議事項以外の事項については異議を提出することができないと解される。ただし、異議の理由については破産債権者表の記載等に拘束されず、異議者等が破産管財人であれば、破産者が破産債権者に対して有していたすべての抗弁（たとえば、取消権や解除権）や、否認権の行使といった破産管財人固有の抗弁を主張することができる。

【書式4-15】　答弁書

```
平成○年(モ)第○○号　破産債権査定申立事件
（基本事件　平成○年(フ)第○○号）

                    答　弁　書

                                          平成○年○月○日
○○地方裁判所第○民事部　御中

                    相手方　破　産　者　　○○○株式会社
                          破産管財人弁護士　○　　○　　○　　○　印

                申立ての趣旨に対する答弁

1　申立人の届け出た別紙届出債権目録（略）記載の各破産債権の額をいずれ
　も0円と査定する
2　申立費用は申立人の負担とする
との決定を求める。

                申立ての理由に対する答弁
```

1　当事者について
　　申立ての理由1の事実は認める。
2　届出債権の発生原因について
　　申立ての理由2の事実は否認する。
　　申立人が証拠として提出した金銭消費貸借契約書（甲1）は，破産会社元経理社員○○○○氏が，平成○年○月○日，申立人の破産会社に対する融資が実行されることを前提に，当該融資が実行された後の事務処理のため予め破産会社が申立人に預けていた書類であるが，結局申立人から融資は実行されず，破産会社は申立人から何ら金銭を受領していない。
　　……
3　破産手続及び債権調査の経緯等について
　　申立ての理由3ないし5記載の各事実は認める。
4　結論
　　よって，別紙届出債権目録（略）記載の各破産債権はいずれも存在しないので，その額をいずれも0円と査定することを求める。

以上

証拠方法

乙第1号証　陳述書

【書式4-16】　破産管財人の意見書（破産管財人が査定申立事件の当事者とならない場合）

平成○年㈲第○○号　破産債権査定申立事件
（基本事件　平成○年㈮第○○号）

意　見　書

平成○年○月○日

○○地方裁判所第○民事部　御中

　　　　　　　　　　　　　破　産　者　　○○○株式会社
　　　　　　　　　　　　　破産管財人弁護士　○　○　○　○　印
　　　　当事者の表示　　別紙当事者目録（略）記載のとおり

　上記当事者間の頭書破産債権査定申立事件について，破産管財人の意見は下記のとおりです。

記

1　結論
　　申立人の届け出た別紙届出債権目録（略）記載の各破産債権の額をいずれも同目録記載のとおりと査定する旨の裁判が相当であると思料する。
2　理由
　　……

以上

添付資料

　認否書抜粋

(3)　**裁　判**

　破産債権査定申立てがあった場合には、裁判所はこれを不適法として却下する場合を除き、決定で、異議等のある破産債権の存否および額等を査定する裁判（以下、「破産債権査定決定」という）をしなければならない（法125条3項）。その裁判書は、当事者に送達される（同条5項）。

　破産債権査定についての決定に対し当事者に不服がない場合（または、後述する債権査定異議の訴えが提起されなかった場合）、その決定は、破産債権者の全員に対して確定判決と同一の効力を有する（法131条2項）。その効力は、破産債権者表への記載とかかわりなく生じるものであり、その結果等は、破産管財人または破産債権者の申立てがあったときに限り、確認的に破産債権者表に記載されることになる（法130条）。

【書式4-17】　破産債権査定決定(1)──認容

平成○年(モ)第○○号　破産債権査定申立事件
（基本事件　平成○年(フ)第○○号）

決　　定

　　　当事者の表示　　別紙当事者目録（略）のとおり

主　　文

第4章　破産債権

1　申立人の届け出た別紙届出債権目録（略）記載の各破産債権の額をいずれも同目録記載のとおりと査定する。
2　申立費用は相手方の負担とする。

事実及び理由

第1　請求
　主文同旨
第2　事案の概要
　本件は，頭書基本事件について，申立人が届け出た別紙届出債権目録（略）記載の各破産債権について，破産管財人である相手方が債権調査において認めない旨の認否をしたため，申立人がその査定を求めた事案である。
1　争いのない事実
　(1)　破産会社は，平成○年○月○日，当庁に対し，破産手続開始の申立てをし，当裁判所は，平成○年○月○日午前○時○分，破産会社に対し，破産手続開始決定をした。
　(2)　……
2　争点
　(1)　本件金銭消費貸借契約締結の事実の有無（争点1）
　　　……
　(2)　……
第3　争点に対する判断
1　争点1（本件金銭消費貸借契約締結の事実の有無）について
　(1)　……
2　……
3　よって，本件申立てには理由があるからこれを認容することとし，破産法125条3項を適用して，主文のとおり決定する。
　　　平成○年○月○日
　　　　○○地方裁判所第○民事部
　　　　　　　　　　　　　　　裁判官　○　　○　　○　　○　印

【書式4-18】　破産債権査定決定(2)——不存在

平成○年(モ)第○○号　　破産債権査定申立事件
（基本事件　平成○年(フ)第○○号）

決　　定

　　当事者の表示　　　別紙当事者目録（略）のとおり

主　　文

1　申立人の届け出た別紙届出債権目録（略）記載の各破産債権の額をいずれも０円と査定する。
2　申立費用は申立人の負担とする。

理　　由

　申立人は，破産者との間で締結した金銭消費貸借契約に基づく貸金返還請求権として金〇〇〇万円の破産債権を有する旨主張して，その旨の届出をしたところ，相手方は，届出債権の全額について異議を述べた。
　そこで検討するに，一件記録によっても，破産者が申立人との間で金銭消費貸借契約を締結したことを認めるに足る証拠はなく，申立人が破産者に対して金銭を交付したことを認めるに足る証拠もない。
　よって，主文のとおり決定する。
　　平成〇年〇月〇日
　　　〇〇地方裁判所第〇民事部
　　　　　　　　　　裁判官　〇　　〇　　〇　　〇　　印

【書式4-19】　査定申立却下決定

平成〇年㈲第〇〇号　破産債権査定申立事件
（基本事件　平成〇年㈦第〇〇号）

決　　定

　　当事者の表示　　　別紙当事者目録（略）のとおり

主　　文

1　本件査定申立てを却下する。
2　申立費用は申立人の負担とする。

理　　由

一件記録によれば，申立人は，破産者に対する別紙届出債権目録（略）記載の債権につき破産債権の届出をしたところ，破産管財人は，平成○年○月○日の一般調査期日において，届出債権の全額につき異議を述べ，申立人は，破産法125条2項所定の不変期間経過後の同年○月○日，本件破産債権査定の申立てをしたことが認められるから，上記申立てが不適法であることは明らかである。
　よって，主文のとおり決定する。
　　平成○年○月○日
　　　○○地方裁判所第○民事部
　　　　　　　　　　　　　　　　　裁判官　○　　○　　○　　○　印

3　異議の訴えによる確定

(1) 提　訴

　破産債権査定申立てについての決定に不服がある者は、その送達を受けた日から1カ月の不変期間内に、異議の訴え（以下、「破産債権査定異議の訴え」という）を提起することができる（法126条1項）。

　破産債権査定異議の訴えは、破産裁判所（法2条3項）が管轄する（法126条2項）。ただし、破産裁判所は、当該破産事件にかかる管轄の根拠法令が大規模破産事件に関する管轄の特則のみである場合（法5条8項または9項。なお、法7条4号の規定による移送につき、その根拠が同号ロまたはハの規定のみであるときを含む）、著しい損害または遅滞を避けるために必要があると認めるときは、職権で、債務者の営業所の所在地等を管轄する地方裁判所（法5条1項・2項参照）に、当該査定異議の訴えを移送することができる（法126条3項）。

　破産債権査定異議の訴えは、これを提起する者が、異議等のある破産債権を有する破産債権者であるときは異議者等の全員を、当該異議者等であるときは異議等のある破産債権を有する破産債権者を、それぞれ被告としなければならない（法126条4項）。

　なお、破産債権の確定に関する訴訟の目的の価額は、配当予定額を標準と

して定められるが、これを定めるのは当該破産事件を担当する裁判所ではなく、受訴裁判所である（規則45条）。

【書式4－20】　異議の訴えの訴状

訴　　　状

平成○年○月○日

○○地方裁判所　民事部　御中

　　　　　　　　　　　原告訴訟代理人弁護士　○　　○　　○　　印
　　　　当事者の表示　　別紙当事者目録（略）記載のとおり
査定の裁判に対する異議の訴え
訴訟物の価格　　○○○○円
貼用印紙額　　　○○○円

請求の趣旨

1　○○地方裁判所が，原告の申立てに基づき同裁判所平成○年㈲第○○号事件において平成○年○月○日にした決定を取り消す
2　原告の被告に対する破産債権の額を別紙届出債権目録（略）記載のとおりとする
3　訴訟費用は被告の負担とする
との判決を求める。

請求の原因

1　当事者（略）
2　申立人の破産債権（略）
3　破産手続開始決定（略）
4　申立人の届出及び査定の裁判
　　原告は，平成○年○月○日，上記破産手続開始申立事件において，○○地方裁判所に対し，破産債権者として本件破産債権を別紙届出債権目録記載のとおり破産債権として届け出た。
　　これに対し，被告は本件破産債権の全額を認めない旨の認否をした。
　　そこで，原告は，平成○年○月○日，○○地方裁判所に対し，被告を相手

方として査定の申立てをしたところ，○○地方裁判所は平成○年○月○日，本件破産債権の額はいずれも金0円である旨の決定をした。
5　結論
　　よって，原告は本件破産債権について請求の趣旨記載の判決を求めるため本訴を提起する。

証拠方法（略）

附属書類（略）

【書式4-21】　異議訴訟の訴額決定上申書

平成○年(ワ)第○○号　破産債権査定異議事件

上　申　書

平成○年○月○日

○○地方裁判所第○民事部　御中

　　　　　　　　　　被　告　破　産　者　　○○○株式会社
　　　　　　　　　　破産管財人弁護士　○　　○　　○　　○　印

　頭書事件について，破産者に対する○○地方裁判所平成○年(フ)第○○号破産手続開始申立事件の現時点における予想配当率等は下記のとおりですので上申します。

記

1　現在の破産財団（平成○年○月○日現在）
　　○○億○○○○万○○○○円
2　予想配当率
　(1)　優先的破産債権　　100％
　(2)　一般破産債権　　　○○％
　(3)　劣後的破産債権　　0 ％
3　原告の債権が認められた場合の予想配当額
　(1)　破産債権者表受付番号　10-1
　　　　債権の種類　　　　　貸付金
　　　　債権の性質　　　　　一般破産債権
　　　　金額　　　　　　　　○○○○万円

	予想配当額	○○万円
(2)	破産債権者表受付番号	10-2
	債権の種類	約定利息金
	債権の性質	一般破産債権
	金額	○○万○○○○円
	予想配当額	○○○○円
(3)	破産債権者表受付番号	10-3
	債権の種類	遅延損害金(破産手続開始後)
	債権の性質	劣後的破産債権
	金額	○○○○万円に対する平成○年○月○日から支払済みまで年○分の割合による金員
	予想配当額	0円

【書式4-22】 訴訟の目的の価額決定

```
平成○年(ワ)第○○号 破産債権査定異議事件

              決     定

         原      告   △△△株式会社
         同代表者代表取締役 ○ ○ ○ ○
         被      告   破産者○○○株式会社
                     破産管財人 ○ ○ ○ ○

              主   文

  本件訴えについて,訴訟の目的の価額を金○○万円と定める。
    平成○年○月○日
      ○○地方裁判所第○民事部
                     裁判官 ○  ○  ○  ○ 印
```

(2) 審　理

　異議者等が複数である場合には、各自が原告となって複数の破産債権査定異議の訴えが提起され得ることになるが、破産債権査定異議の訴えに対する判決は、破産債権者の全員に対してその効力を有するため(法131条1項)、

合一確定の必要が生じる。そこで、口頭弁論は、1カ月の不変期間を経過した後でなければ開始することができないとされ（法126条5項）、同一の破産債権に関し破産債権査定異議の訴えが数個同時に係属するときは、弁論および裁判は、併合してしなければならない（同条6項）。

その審理にあたり、異議等のある破産債権についての額、原因および優先関係について、破産債権者表に記載されている事項のみに主張が制限される点、異議の理由については破産債権者表の記載等に拘束されず、異議者等が破産管財人であれば否認権の行使といった固有の抗弁を主張することができる点は、先に債権査定の審理につき述べたところと同様である（法128条）。

【書式4-23】 答弁書

平成○年(ワ)第○○号　破産債権査定異議事件

答　弁　書

平成○年○月○日

○○地方裁判所第○民事部　御中

　　　　　　　　被告破産者　　　○○○株式会社
　　　　　　　　破産管財人弁護士　○　○　○　○　印

請求の趣旨に対する答弁

1　本件につき○○地方裁判所が同裁判所平成○年(モ)第○○号事件において平成○年○月○日になした決定を認可する
2　訴訟費用は原告の負担とする
との判決を求める。

請求の原因に対する答弁

1　当事者（略）
2　破産債権（略）
3　破産手続開始決定
　　請求の原因3記載の事実は認める。
4　査定の裁判
　　請求の原因4の事実は認める。

5 結論
　よって，別紙届出債権目録（略）記載の各破産債権はいずれも存在しないので，請求の趣旨に対する答弁記載のとおりの判決を求める。

以上

証拠方法（略）

(3) 裁　判

　破産債権査定異議の訴えについての判決においては、訴えを不適法として却下する場合を除き、破産債権査定申立てについての決定を認可し、または変更する（法126条7項）。その確定した判決は、破産債権者の全員に対して、その効力を有する（法131条1項）。破産管財人または破産債権者の申立てがあった場合に限り、訴訟の結果等が破産債権者表に確認的に記載される点は、先に債権査定の決定について述べたところと同様である（法130条）。

　なお、破産財団が破産債権の確定による訴訟（破産債権査定申立てについての決定を含む）によって利益を受けたときは、異議を主張した破産債権者は、その利益の限度において財団債権者として訴訟費用の償還を請求することができる（法132条）。

【書式4-24】　破産債権査定の裁判に対する異議訴訟判決（査定の裁判の認可）

平成〇年(ワ)第〇〇号　破産債権査定異議事件

判　　決

　　　当事者の表示　　別紙当事者目録（略）のとおり

主　　文

1　本件につき〇〇地方裁判所が平成〇年(モ)第〇〇号破産債権査定申立事件（基本事件平成〇年(フ)第〇〇号破産手続開始申立事件）において平成〇年〇月〇日になした決定を認可する。
2　訴訟費用は原告の負担とする。

事実及び理由

第1 請求
 1 本件につき○○地方裁判所が平成○年(モ)第○○号破産債権査定申立事件（基本事件平成○年(フ)第○○号破産手続開始申立事件）において平成○年○月○日になした決定は取り消す。
 2 原告の被告に対する破産債権の額を別紙届出債権目録（略）記載のとおりとする。
 3 訴訟費用は被告の負担とする。
第2 事案の概要
 本件は，○○地方裁判所平成○年(フ)第○○号破産手続開始申立事件について，原告が届け出た別紙届出債権目録（略）記載の各破産債権について，破産管財人である被告が債権調査において認めない旨の認否をしたため，原告がその査定を求めたところ，同破産債権の額をいずれも0円と査定する旨の決定がなされ，原告が同決定に対する異議の訴えを提起した事案である。
 1 争いのない事実
  (1) 当事者
    ……
  (2) ……
 2 争点及び争点に関する当事者の主張
  (1) 本件金銭消費貸借契約締結の事実の有無（争点1）
    ……
  (2) ……
第3 争点に対する判断
 1 争点1（本件金銭消費貸借契約締結の事実の有無）について
    ……
 2 ……
第4 結論
 以上によれば，原告の破産債権が認められないことは明らかであり，原告の債権の額を0円とした原決定は正当であるから，これを認可することとして，主文のとおり判決する。
　　平成○年○月○日
　　　○○地方裁判所第○民事部
　　　　　　　　　　　　裁判官　○　　○　　○　　○　印

【書式4-25】 破産債権者表への訴訟結果記載申立書

○○地方裁判所民事部破産係　御中

平成○年○月○日

破産管財人　○　○　○　○　㊞

破産債権者表への訴訟結果記載申立書

平成○年(フ)第○○号
破産者　○○○株式会社

申立ての趣旨

破産債権者表に，次の事項の記載を求める。
1　債権者番号　　○○番
2　破産債権者　　○　○　○　○
3　届出債権額　　000万0000円
4　訴訟の表示　　○○地方裁判所平成○年(フ)第○○号
5　確定債権額　　00万0000円

申立ての理由

　申立ての趣旨記載の破産債権の確定に関する訴訟について，平成○年○月○日判決が言い渡され，○月○日の経過により確定した。
　よって，申立の趣旨記載のとおり，破産債権者表への記載を求める。

添付資料

1　判決正本写し
2　判決確定証明書写し

【書式4-26】 訴訟費用償還請求書

平成○年(フ)第○○号

訴訟費用償還請求書

平成○年○月○日

破　産　者　　○○○株式会社
破産管財人弁護士　○　○　○　○　殿

破産債権者（受付番号〇〇〇）
株式会社△△△
代表者代表取締役　〇　〇　〇　〇　印

　頭書事件の一般調査期間において，当社が異議を述べた下記破産債権に関し，当社と相手方破産債権者との間で破産債権査定異議事件が係属中でしたが，今般当社勝訴の判決が言い渡され，同判決が平成〇年〇月〇日の経過をもって確定したことにより，破産財団は利益を受けることとなりました。

　よって，貴殿に対し，破産法132条に基づき，当社が当該訴訟において負担した別紙費用計算書記載の訴訟費用を償還されたく請求します。

記

異議の相手方（破産債権者）　　〇〇〇〇株式会社

届出破産債権の内容			異議を述べた額	確定手続後の確定破産債権額	備　考
受付番号	種類	金額			
3-1	貸付金	〇〇〇万円	〇〇〇万〇〇〇円	〇万〇〇〇〇円	
3-2	損害金	〇万〇〇円	〇万〇〇円	〇〇〇〇円	

【添付書類】
判決書写し及び判決確定証明書　　　各1通

費用計算書

合計〇万〇〇〇〇円
　（内訳）
1　訴え提起手数料　　　　　　　　〇万〇〇〇〇円
2　送達費用　　　　　　　　　　　〇〇〇〇円
3　……　　　　　　　　　　　　　〇〇〇円

4　債権確定手続における特例

(1)　異議等のある破産債権に関する訴訟が係属する場合

　破産債権に関し破産手続開始当時訴訟が係属する場合には、破産手続開始

決定があったときに中断し（法44条1項）、異議等がなければ破産債権は確定する（破産管財人は当該訴訟を受継できない。同条2項）。これに対し、異議等のある破産債権に関し破産手続開始当時訴訟が係属する場合において、破産債権者がその額等の確定を求めようとするときは、異議者等の全員を当該訴訟の相手方として、訴訟手続の受継の申立てをしなければならない（法127条1項）。この場合、破産債権査定申立てにより額等を確定することはできない。破産債権査定申立てと同様に、訴訟手続の受継の申立ては、一般調査または特別調査との関係で、それぞれ各調査期間の末日または調査期日から起算して1カ月以内の不変期間内にしなければならず（同条2項）、不変期間内に受継の申立てがない場合に、異議等のある破産債権を有する破産債権者が破産手続に参加できなくなる点も、先に債権査定の申立てについて述べたところと同様である。

　受継した訴訟の審理において、異議等のある破産債権についての額、原因および優先関係については、破産債権者表に記載されている事項のみに主張が制限される点、異議の理由については破産債権者表の記載等に拘束されず、異議者等が破産管財人であれば否認権の行使といった固有の抗弁を主張することができる点は、先に債権査定の審理につき述べたところと同様である（法128条）。また、先に破産債権査定異議の訴えの裁判につき述べたところと同様、確定した判決は、破産債権者の全員に対してその効力を有する（法131条1項）。

　当該訴訟の中断・受継の手続については、後にまた言及する（後記Ⅵ）。

(2)　**異議等のある債権が有名義債権等である場合**

　異議等のある破産債権につき、執行力ある債務名義または終局判決がある場合（有名義債権）、異議者等は、破産者がすることのできる訴訟手続によってのみ、その異議を主張することができる（法129条1項）。たとえば、債務名義が確定判決である場合には、再審の訴え（民訴338条）や判決の更正申立て（民訴257条）によるべきこととなる。また、破産手続開始当時、訴訟が係属する場合には、その有名義債権を有する破産債権者を相手方として、その訴訟手続を受継しなければならない（法129条2項。未確定の終局判決がある場合、すでに上訴されていれば受継して手続を進め、未提起であれば受継とともに

上訴すべきことになる)。

　かかる異議の主張または受継の申立てについてもまた、先述の破産債権査定の申立ての場合と同様に、一般調査または特別調査との関係で、それぞれ各調査期間の末日または調査期日から起算して1カ月以内の不変期間内にしなければならない（法129条3項・125条2項）。

　この不変期間内に異議または受継がされなかった場合には、異議者等が破産債権者であるときは異議がなかったものとみなされ、異議者等が破産管財人であるときは破産管財人において破産債権を認めたものとみなされる（法129条4項）。また、破産債権査定異議の訴えと同様に、口頭弁論は、1カ月の不変期間を経過した後でなければ開始することができないとされ（同条3項・126条5項）、同一の破産債権に関し訴え等が数個同時に係属するときは、弁論および裁判は、併合してしなければならない（法129条3項・126条6項）。さらに、破産債権者はその主張を制限される（法129条3項・128条）。

　なお、以上にかかわらず、異議等の内容が、優先的破産債権、劣後的破産債権もしくは約定劣後破産債権であるかの別である場合には、債務名義等の内容と異議等の内容が無関係であることから、破産債権が無名義債権である場合と同様の手続をとるべきことになる。

(3) 租税等の請求権・罰金等の請求権である場合

　租税等の請求権および罰金等の請求権であって、財団債権に該当しないものは、その額や原因等の事項を裁判所に届け出なければならないが（法114条）、その性質等から、破産債権の調査および確定に関する規定（法116条ないし法133条）が適用されない（法134条1項）。ただし、その額および原因並びに優先関係等については、他の破産債権と同様、破産債権者表に記載される（同項・115条2項）。

　破産管財人は、その届出事項につき異議がある場合において、その請求権（罰金、科料および刑事訴訟費用の請求権を除く）の原因が審査請求や訴訟（刑事訴訟を除く）など不服申立てをすることができる処分である場合であれば、その所定の方法により異議を主張することができる（法134条2項。なお、破産者や破産債権者はかかる異議を主張することができない）。その届出のされた請求権につき、破産手続開始時に訴訟が係属する場合には、破産管財人は、

その届出破産債権者を相手方とする訴訟手続を受継して、異議を主張しなければならない（同条3項前段）。届出のされた請求権につき行政庁に事件が係属する場合も同様である（同項後段）。これらの異議の主張や訴訟手続の受継等は、当該届出があったことを破産管財人が知った日から1カ月の不変期間内にしなければならない（同条4項）。

　不服の申立てや訴訟手続の受継に関しては、破産債権者表への調査の結果の記載（法124条2項）、主張の制限（法128条）、破産債権者表への訴訟の結果の記載（法130条）、訴訟の判決等の効力（法131条1項）、および破産手続終了の場合における手続の取扱い（法133条3項）の規定が準用される。

第4章 破産債権

【書式4-27】 課税処分に対する審査請求書

審査請求書（初葉）

正本	収受日付印	（注）必ず次葉とともに、正副2通を所轄の国税不服審判所に提出してください。	※審判所整理欄	通信日付	確認印	整理簿記入	本人番号確認	番号確認	身元確認	身元確認（代理人）
				本人確認書類	個人番号カード・通知カード・運転免許証 その他（　　　）					

国税不服審判所長　殿			①審査請求年月日	平成○○年○○月○○日

審査請求人

②	住所・所在地（納税地）	〒100-0013 東京都千代田区霞ヶ関3丁目1番1号	電話番号	00（0000）0000
③	（ふりがな）氏名・名称	（しんぱんしょうじ　かぶしきがいしゃ）審判商事株式会社　㊞	④ 個人番号又は法人番号	○○○○○○○○○○○○○
⑤ 総代又は法人の代表者	住所・所在地	〒102-0074 東京都千代田区九段南1丁目2番15号	電話番号	00（0000）0000
	（ふりがな）氏名・名称	（しんぱん　たろう）審判　太郎　㊞	総代が互選されている場合は、総代の選任届出書を必ず添付してください。	

⑥ 代理人	住所・所在地	〒　－	電話番号	（　　　）
	（ふりがな）氏名・名称	（　　　　　　）　　　　　　　　㊞	委任状（代理人の選任届出書）を必ず添付してください。	

⑦ 原処分庁	（麹町）税務署長・（　　　）国税局長・その他（　　　　　）
⑧ 処分日等	原処分（下記⑨）の通知書に記載された年月日　平成○○年○○月○○日／原処分（下記⑨）の通知を受けた年月日　平成○○年○○月○○日　　更正・決定・加算税の賦課決定などの処分に係る日付であり、再調査の決定に係る日付とは異なりますから御注意ください。

	税目等	処分名等	対象年分等
⑨ 処分名等（該当する番号を○で囲み、対象年分等は該当処分名ごとに記入してください。）（原処分）	1 申告所得税（復興特別所得税がある場合には、これを含む。）	① 更正（更正の請求に対する更正を含む。）	平成○.4.1～△.3.31事業年分
		2 決定	平成○.4.1～△.3.31事業年分
		3 青色申告の承認の取消し	平成○.4.1～△.3.31課税期間分
	② 法人税（復興特別法人税又は地方法人税がある場合には、これを含む。）	4 更正の請求に対する更正すべき理由がない旨の通知	平成○.4.1～△.3.31課税期間分
		⑤ 加算税の賦課決定　a 過少申告加算税　b 無申告加算税　c 重加算税	
	③ 消費税・地方消費税	6 その他〔　　　　　〕	
	4 相続税		
	5 贈与税		
	6 源泉所得税（復興特別所得税がある場合には、これを含む。）	1 納税の告知／2 加算税の賦課決定（a 不納付加算税、b 重加算税）	
	7 滞納処分等	1 督促〔督促に係る国税の税目：　　　　　　　　　　　　　　　〕	
		2 差押え〔差押えの対象となった財産：　　　　　　　　　　　　〕	
		3 公売等〔a 公売公告、b 最高価申込者の決定　c 売却決定、d 配当、e その他（　　）〕	
		4 相続税の延納又は物納〔a 延納の許可の取消し、b 物納の申請の却下、c その他（　　）〕	
		5 還付金等の充当	
		6 その他〔　　　　　　　　　　　　　　　　　　　　　　　　　〕	
	8 その他〔　　　　　　　〕		

⑩ 再調査の請求をした場合	再調査の請求年月日：平成　　　年　　　月　　　日付 ◎該当する番号を○で囲んでください。 ① 再調査の決定あり…再調査決定書の謄本の送達を受けた年月日：平成○○年○○月○○日 ② 再調査の決定なし

※「審判所整理欄」には記入しないでください。

1号様式（初葉）

260

審査請求書（次葉）

正本

審査請求人（氏名・名称）　審判商事株式会社

⑪ 審査請求の趣旨

◎ 原処分（再調査の決定を経ている場合にあっては，当該決定後の処分）の取消し又は変更を求める範囲等について，該当する番号を○で囲んでください。
　なお，次の番号2の「一部取消し」又は3の「その他」を求める場合には，その範囲等を記載してください。
　① 全部取消し ……… 初葉記載の原処分の全部の取消しを求める。
　2　一部取消し ……… 初葉記載の原処分のうち，次の部分の取消しを求める。
　3　その他 ………… [　　　　　　　　　　　　　　　　　　　　　　　　]
〔一部取消しを求める範囲〕
....
....

⑫ 審査請求の理由

◎ 取消し等を求める理由をできるだけ具体的に，かつ，明確に記載してください。
　当社が，得意先に対するサービス用品の配布に要した費用を広告宣伝費として損金の額に算入したところ，麹町税務署長は，当該費用が租税特別措置法第61条の4第3項に規定する交際費等に該当するとして，法人税の更正処分及び過少申告加算税の賦課決定処分並びに復興特別法人税の更正処分及び過少申告加算税の賦課決定処分をした。
　しかしながら，次の理由から，当該費用は広告宣伝費に当たるので，これが交際費等に該当するとの認定は誤りである。
....
1　当該サービス用品の配布対象者は，あらかじめ当社が行った広告宣伝費のとおり，当社と取引をしている一般消費者である。
....
2　当該費用は，広く一般消費者を対象にあらかじめ当社が行った広告宣伝の内容に従い，その約束ごとの履行として支出したものである。
....
....

⑬ 正当な理由がある場合

◎ 下記の場合には，原則として審査請求をすることができませんが，「正当な理由」がある場合には審査請求をすることができます。下記に該当する審査請求をされる場合には，「正当な理由」について具体的に記載してください。
　・再調査の請求をした日の翌日から起算して3月を経過していない。
　・原処分があったことを知った日（原処分に係る通知書の送達を受けた場合には，その受けた日）の翌日から起算して3月を経過している。
　・再調査決定書の謄本の送達があった日の翌日から起算して1月を経過している。
　・原処分に係る通知書の送達を受けた場合を除き，原処分があった日の翌日から起算して1年を経過している。
〔正当な理由〕
....
....
....

⑭ 添付書類

◎ 添付する書類の番号を○で囲んでください。
　1　委任状（代理人の選任届出書）又は税務代理権限証書
　2　総代の選任届出書
　3　審査請求の趣旨及び理由を計数的に説明する資料
　④　原処分の通知書の写し
　5　再調査決定書の謄本の写し（再調査の決定がある場合）
　6　個人番号確認書類
　7　身元確認書類
　8　書類の送達先を代理人とする申出書
　9　その他
....
....
....

○　審査請求書の記載に当たっては，別紙「審査請求書の書き方」を参照してください。　　1号様式（次葉）
○　この用紙に記載しきれないときは，適宜の用紙に記載して添付してください。

審査請求書の書き方

国税不服審判所

ホームページ　http://www.kfs.go.jp

　この「書き方」は，審査請求書の様式に従って説明してありますので，記載例と併せてお読みください。
　審査請求書の記載例は，審判商事株式会社が麹町税務署長から以下のような更正等を受けたことに対して，再調査の請求を経て審査請求に及んだ場合を例として掲げています。
　（更正等の内容）
① 平成○年4月1日～△年3月31日及平成△年4月1日～□年3月31日事業年度の法人税の更正処分
② 平成△年4月1日～□年3月31日事業年度の復興特別法人税の更正処分
③ ①及び②に係る過少申告加算税の賦課決定処分
④ 平成○年4月1日～△年3月31日及平成△年4月1日～□年3月31日課税期間の消費税の更正処分
⑤ ④に係る過少申告加算税の賦課決定処分
＊ご不明な点がございましたら，各国税不服審判所にお問い合わせください。

① 請求年月日
　審査請求書の提出年月日を記載してください。
② 住所・所在地（納税地）
　審査請求をしようとする方の住所（法人の場合は，所在地）又は居所を記載してください。住所（所在地）又は居所と納税地が異なる場合は，上段に住所（所在地）又は居所を，下段に納税地を括弧書きで記載してください。
③ 氏名・名称④　個人番号又は法人番号⑤　総代又は法人の代表者
・個人の場合には，③欄に氏名を記載し，押印してください。
・法人の場合には，③欄に名称を，⑤欄に代表者の住所又は居所及び氏名を記載し，代表者の印を押してください。（③欄に会社印を押す必要はありません。）
・総代が互選されている場合には，⑤欄に総代の住所又は居所及び氏名（総代

- 個人番号の記入にあたっては，左端を空欄にして記入してください。なお，審査請求書の控えを保管する場合においては，その控えには個人番号を記載しない（複写により控えを作成し保管する場合は，個人番号部分が複写されない措置を講ずる）など，個人番号の取扱いには十分ご注意ください。

⑥　代理人
- 代理人が選任されている場合には，代理人の住所又は居所及び氏名（税理士法人の場合は，所在地及び名称）を記載し，押印してください。
- 委任状（代理人の選任届出書（税理士の場合には，税務代理権限証書））を必ず添付してください。
- 書類の送達先について，代理人を希望する場合には，「書類の送達先を代理人とする」旨の届出を提出してください。

⑦　原処分庁
- 審査請求の対象とする更正処分等（原処分）の通知書に表示されている行政機関の長（例えば，「○○税務署長」，「○○国税局長」等）を記載してください。
- 原処分の通知書に，「国税局の職員の調査に基づいて行った」旨の付記がある場合には，その国税局長が原処分庁となりますから「○○国税局長」と記載してください。
- 登録免許税に係る還付通知の請求に対してなされた還付通知をすべき理由がない旨の通知処分の場合には，「その他」欄に「○○法務局○○出張所登記官○○○○」と記載してください。

⑧　処分日等
- 上段には，「⑨処分名等」の欄に記載する処分の通知書に記載されている年月日を記載してください。
- 下段には，「⑨処分名等」の欄に記載する処分の通知書の送達を受けた年月日を記載してください。
  なお，通知を受けていない場合は，処分があったことを知った年月日を記載してください。

⑨　処分名等
- 「税目等」の各欄は，審査請求に係る処分の税目等の番号（税目が複数あれば該当するすべての番号）を○で囲んでください。なお，番号「1」～「7」以外の場合（例：印紙税，登録免許税）には，番号「8」を○で囲み

（　）内に税目等を記載してください。
・「処分名」の各欄は，税目ごとに審査請求に係る処分名の番号を○で囲んでください。なお，該当する処分名が掲げられてない場合は，各欄の「その他」に処分名を記載してください。
・「滞納処分等」の各欄は，差押え等の滞納処分のほかに，第二次納税義務の告知や延納等国税の徴収に係る処分を記載してください。また，「3　公売等」及び「4　相続税の延納又は物納」については，審査請求の対象となる処分の記号を○で囲むか，又は同欄の「その他」に処分名を記載してください。
・「対象年分等」の各欄は，処分名欄で○で囲んだ処分名ごとに対象年分，対象事業年度，対象課税期間，対象月分等を記載してください。なお，対象年分等が複数の場合は，それぞれ記載してください。
・法人税や申告所得税のように複数の年分の処分が存在する場合には，それぞれ税目を記載の後に年分を記載してください。

【記載例】・申告所得税の場合……平成○年分
　　　　　・法人税の場合……平成○年○月○日～○年○月○日事業年度分
　　　　　　（連結事業年度に係るものの場合……平成○年○月○日～○年○月○日連結事業年度分）
　　　　　・消費税・地方消費税の場合……平成○年○月○日～○年○月○日課税期間分
　　　　　・相続税の場合……平成○年○月○日相続開始分
　　　　　・源泉所得税（及び復興特別所得税）の場合……平成○年○月～○年○月分

次葉にも，審査請求人氏名（名称）を必ず記載してください。

⑪　審査請求の趣旨
　審査請求の対象とする処分の取消し等を求める範囲について，番号「1」～「3」のうち該当する番号を○で囲み，「2　一部取消し」又は「3　その他」の場合には，その求める範囲を具体的に記載してください。

【2一部取消しの場合の記載例】
　初葉記載の申告所得税（及び復興特別所得税）の平成○年分の更正処分のうち所得金額△△円を超える部分に対応する税額に係る更正処分の取消し及びこれに伴う過少申告加算税の賦課決定処分の取消しを求める。

【3その他の場合の記載例】
　初葉記載の贈与税の延納条件を2年とする処分を3年へ変更することを求め

る。
⑫　審査請求の理由
　原処分の全部又は一部の取消し等を求める理由をできるだけ具体的に，かつ，明確に記載してください。この用紙に書ききれないときは，適宜の用紙に記載して添付してください。
【申告所得税の場合の記載例】
　私は，土地家屋を平成○年○月○日に譲渡したので，租税特別措置法第35条第１項の特別控除の規定を適用して所得税の確定申告書を提出したが，A税務署長は，当該規定の適用は認められないとして更正処分等を行った。これは，次のとおり事実を誤認したものである。
　（以下，主張する事実関係を詳しく記載してください。）
【源泉所得税の場合の記載例】
　B税務署長は，外注先甲に対する支払いが所得税法第183条第１項の給与等に該当するとして源泉所得税の納税の告知処分をしたが，この処分は次の理由により法律の適用誤りである。
　（以下，適用誤りとされる理由を詳しく記載してください。）
【相続税の場合の記載例】
　私は，相続により取得したゴルフ会員権の価額を○○円と評価して相続税の申告をしたが，C税務署長はこれを△△円と評価して更正処分等を行った。しかしながら，これは次のとおり評価を誤ったものである。
　（以下，誤った評価とされる理由を詳しく記載してください。）
【消費税・地方消費税の場合の記載例】
　D税務署長は，取引先乙に支払った手数料の金額が，消費税法第30条第１項に規定する仕入税額控除の対象と認められないとして更正処分等を行った。しかしながら，この手数料については，次の理由により，仕入税額控除の対象とされるべきである。
　（以下，対象とされるとした理由を詳しく記載してください。）
【滞納処分等の場合の記載例】
　E税務署長は，私の所有するA町所在の土地を差し押さえた上に，更にB町所在の土地についても差押えを行ったが，次の理由により，B町所在の土地に対する差押処分は違法である。
　（以下，違法であるとした理由を詳しく記載してください。）
⑬　正当な理由がある場合
　不服申立期間（直接審査請求をする場合には処分があったことを知った日

(処分に係る通知の送達を受けた場合には，その受けた日）の翌日から起算して３か月，再調査の請求を行った場合には再調査決定書の謄本の送達があった日の翌日から起算して１か月）を経過した場合には，原則として審査請求をすることができませんが，「正当な理由」がある場合にはその限りではありません。

　不服申立期間を経過した後に審査請求をする場合においては，その理由をできるだけ具体的に，かつ，明確に記載してください。この用紙に書ききれないときは，適宜の用紙に記載して添付してください。

【記載例】

　私は，○○税務署長から平成□年□月□日に，平成○年４月１日～平成△年３月31日事業年度の法人税の更正の通知書を受領したが，その処分通知には行政不服審査法第82条に基づく不服申立てに係る教示がされておらず，他の方法でも審査請求期間を知ることができなかったことから，審査請求期間内に審査請求を行うことができませんでした。

⑭　添付書類

　添付書類については，審査請求書とともに添付する書類の番号を○で囲んでください。

1　委任状（代理人の選任届出書）又は税務代理権限証書

　代理人が選任されている場合には，委任状（代理人の選任届出書（税理士の場合には，税務代理権限証書））の添付が必要です。

　なお，納税管理人を代理人として審査請求をする場合にも，委任状が必要です。

2　総代選任届出書

　総代が互選されている場合には，総代選任届出書の添付が必要です。

3　審査請求の趣旨及び理由を計数的に説明する資料

　審査請求の趣旨及び理由を計数的に説明する必要がある場合には，その資料を添付してください。

4　「原処分通知書」及び「再調査決定謄本」（再調査の決定がある場合）の写しをなるべく添付してください。

5　個人番号確認書類及び身元確認書類

　郵送にて提出する場合には，必ず個人番号確認書類（例，個人番号カード，通知カード）及び身分確認書類（例，個人番号カード，運転免許証）を添付してください。

6　書類の送達先を代理人とする届出書

代理人が選任されている場合でも，原則として国税不服審判所からの書類は審判請求人（本人）に送付しておりますが，当該書類の送達先も代理人を希望される場合には，「代理人の選任届出書」にその旨を記載するか，「書類の送達先を代理人とする届出書」の提出が必要となります。

審査請求書は，初葉，次葉ともにそれぞれ正副2通の提出が必要です。

（注：「審査請求書の書き方」は国税庁ホームページを基に編集）

【書式4-28】 行政訴訟の訴状

訴　　状

平成〇年〇月〇日

〇〇地方裁判所第〇民事部　御中

原　告　破　産　者　　〇〇〇株式会社

破産管財人弁護士　〇　〇　〇　〇　印

当事者の表示　　別紙当事者目録記載のとおり

法人税等更正処分等取消請求事件

訴訟物の価格　　〇〇〇万円

貼用印紙額　　〇万〇〇〇円

請求の趣旨

1　処分行政庁が，原告の平成〇年4月1日から同年3月31日までの事業年度の法人税について，平成〇年〇月〇日付でした更正処分のうち，所得金額〇〇〇〇万〇〇〇〇円を超える部分，及び同日付過少申告加算税賦課決定のうちこれに対応する部分を取り消す
2　訴訟費用は被告の負担とする
との判決を求める。

請求の原因

1　当事者（略）
2　確定申告及び更正処分等（略）
3　処分の違法性（略）
4　破産手続開始決定
　　〇〇地方裁判所は，平成〇年〇月〇日午後〇時〇分，破産会社について破

産手続を開始する旨決定した（〇〇地方裁判所平成〇年(フ)第〇〇号。以下「本件破産事件」という。）。
5　優先的破産債権としての届出
　　処分行政庁は，平成〇年〇月〇日，本件破産事件において，〇〇地方裁判所に対し，本件租税債権を優先的破産債権として届け出た。
6　結論
　　よって，原告は，本件破産事件において優先的破産債権として届け出られた本件租税債権について異議を述べるため，本訴を提起する。

証拠方法（略）

附属書類（略）

当事者目録

〒000-0000
〇〇県〇〇市〇〇町〇丁目〇番〇号
（送達場所）
〒000-0000
〇〇県〇〇市〇〇町〇丁目〇番〇号　〇〇ビル〇階
電　話　00-0000-0000　ＦＡＸ　00-0000-0000
原　　告　破産者　〇〇〇株式会社
　　　　　破産管財人弁護士　〇　〇　〇　〇
〒100-8977
東京都千代田区霞ヶ関1丁目1番1号
被　　　告　国
代表者法務大臣　〇　〇　〇　〇
（処分をした行政庁）
〒000-0000
〇〇県〇〇市〇〇町〇丁目〇番〇号
〇〇税務署長　〇　〇　〇　〇

5　破産手続の終了に伴う債権確定手続の取扱い

　破産手続の終了時点において各種の破産債権確定手続が係属している場合につき、その取扱いを当事者および破産手続の終了事由ごとにまとめると、大要、次のとおりとなる。

(1)　**破産債権査定申立てに係る手続**

　(イ)　破産手続開始の決定の取消しまたは破産手続廃止の決定の確定の場合

終了する（法133条1項）。

　(ロ)　破産手続終結の決定の場合

引き続き係属する（法133条1項）。なお、破産手続の終了後に破産債権査定申立てについての決定があったときは、破産法126条1項の規定により破産債権査定異議の訴えを提起することができる（法133条2項）。

(2)　**破産債権査定異議の訴えに係る訴訟手続および異議者等に受継された訴訟手続であって破産管財人が当事者であるもの**

　(イ)　破産手続開始の決定の取消しまたは破産手続廃止の決定の確定の場合

中断し（法44条4項）、破産者が訴訟手続を受継する（同条5項）。

　(ロ)　破産手続終結の決定の場合

中断せず、破産管財人は当該訴訟を遂行する（法133条3項）。

(3)　**破産債権査定異議の訴えに係る訴訟手続であって破産管財人が当事者でないもの**

　(イ)　破産手続開始の決定の取消しまたは破産手続廃止の決定の確定の場合

終了する（法133条4項）。

　(ロ)　破産手続終結の決定の場合

引き続き係属する（法133条4項）。

(4)　**異議者等に受継された訴訟手続であって破産管財人が当事者でないもの**

　(イ)　破産手続開始の決定の取消しまたは破産手続廃止の決定の確定の場合

中断し（法133条5項）、破産者が受継する（同条6項・44条5項）。

　(ロ)　破産手続終結の決定の場合

引き続き係属する（法133条5項）。

Ⅵ 訴訟手続の中断・受継（消極財産に関する訴訟）

本項では消極財産に関する訴訟のみを扱う。積極財産等に関する訴訟の中断・受継については、第3章Ⅱ5を参照されたい。

1 訴訟手続の中断

破産手続開始の効果として、破産債権者は、破産手続によることなく権利を行使することができなくなるから（法100条1項ほか）、破産管財人（または破産者）を被告として、あらたに給付訴訟等を提起しても不適法となる。

破産手続開始のときにおいて、破産債権に関する訴訟が係属していた場合、その訴訟手続は中断する（法44条1項。なお、本項により中断する訴訟には、破産財団に属する財産に関する訴訟もある。第3章Ⅱ5参照）。破産債権となる請求権につき給付を求める訴えなどが典型的である（不動産売買契約に基づく破産者に対する目的物引渡請求の訴えなどは、それが破産債権に関するものか、あるいは破産財団に属する財産に関するものか、取戻権の成否（登記経由の有無等）にも関連し、問題を内包するであろう）。

【書式4-29】 訴訟手続中断の上申書

平成○年(ワ)第○○号　○○○請求事件
原　　告　□　□　□　□
被　　告　○○○株式会社

　　　　　　　　　　　　　　　　　　　　　　　　平成○年○月○日

訴訟中断の上申書

○○地方裁判所第○民事部　御中

　　　　　　　　　　　　　　　破産者　　○○○株式会社
　　　　　　　　　　　　　　　破産管財人　○　　○　　○　　○　印

　御庁頭書事件（本件訴訟手続）につき，被告○○○株式会社は，平成○年○月○日，○○地方裁判所より破産手続開始決定を受けました（平成○年(フ)第○○号）。

> よって，破産法44条1項により本件訴訟手続は中断しますので，その旨上申いたします。
>
> 添付資料
破産手続開始決定

2　訴訟手続の受継

　破産債権に関する訴訟については、破産管財人または相手方において、直ちに受継できるものではない。破産債権者の権利行使の方法は破産手続参加によるべきことになるから（法103条1項）、破産債権者において、まずは破産債権の届出を行うべきことになる（法111条1項）。

　届出破産債権については、法定の調査手続が進められるが、その際、破産管財人が認める旨の認否をし、かつ、他の届出債権者から異議が述べられなかった場合には、その内容どおりに破産債権が確定し（法124条1項）、中断中の訴訟手続は受継されることなく終了する。これに対し、認めない旨の認否または異議が述べられた場合には、その破産債権の内容を確定するため、破産債権査定手続に代えて（法125条1項但書参照）、その破産債権者において、その旨の認否をした破産管財人または異議を述べた破産債権者の全員を相手方として、中断中の訴訟手続につき受継の申立てをしなければならない（法127条1項）。破産債権者が破産財団との関係で個別に給付を求めることはできないから、破産債権確定の訴えに変更することになる。

　受継申立ての除斥期間、受継後の訴訟審理、その判決の効力等については、先に述べたとおりである（前記Ⅴ4(1)）。

【書式4-30】　訴訟手続受継の申立書

平成○年(ﾜ)第○○号　○○○請求事件
原　　告　□　□　□　□
被　　告　○○○株式会社

平成○年○月○日

第4章　破産債権

```
　○○地方裁判所第○民事部　御中
　　　　　　　　　　　　申立人（原告）　□　□　□　□
　　　　　　　　　　　　訴訟代理人弁護士　○　○　○　○　印
```

受継の申立書

　御庁頭書事件（本件訴訟手続）につき，被告○○○株式会社は，平成○年○月○日午後○時○分，○○地方裁判所第○民事部より破産手続開始決定を受け（同裁判所平成○年(フ)第○○号），本件訴訟手続は中断したところ，下記の者は，被告の破産管財人に選任され，本件訴訟手続に関する一切の権利義務を承継した。また，上記破産手続開始申立事件において，原告が届け出た本件訴訟における請求と同一内容の破産債権については，債権調査期日において，下記の者により，その全額を認めない旨の認否がされた。

　そこで，下記の者に対し，本件訴訟手続を受継させるよう申し立てる。

記

〒000-0000
○○県○○市○○町○丁目○番○号
破　産　者　　○○○株式会社
破産管財人　弁護士　○　○　○　○

以　上

添付書類

1　破産手続開始及び破産管財人選任決定
2　認否書（原告届出債権部分）
3　破産管財人の資格証明書

【書式4-31】　訴えの変更の申立書

```
平成○年(フ)第○○号　　○○○請求事件
原　告　□　□　□　□
被　告　○○○株式会社
　　　　　　　　　　　　　　　　　　　　平成○年○月○日
○○地方裁判所第○民事部　御中
　　　　　　　　原告訴訟代理人弁護士　弁護士　○　○　○　○　印
```

訴え変更申立書

上記当事者間の頭書事件について，原告は，被告の破産管財人を相手方として受継を申し立てたことに伴い，次のとおり訴えを変更する。

請求の趣旨

1　原告が，破産者○○○株式会社に対し，別紙届出債権目録（略）記載のとおりの破産債権を有することを確定する
2　訴訟費用は被告の負担とする
との判決を求める。

申立ての理由

1　当事者
　　……
2　破産債権
　　……
3　破産手続開始決定
　原告は，破産者○○○株式会社に対し，上記のとおり別紙届出債権目録（略）記載の破産債権（以下「本件破産債権」という。）を有するところ，○○地方裁判所は，平成○年○月○日午後○時○分，被告について破産手続を開始する旨決定した（○○地方裁判所平成○年(フ)第○○号）。
4　破産管財人による認否
　原告は，平成○年○月○日，上記破産手続開始申立事件において，○○地方裁判所に対し，破産債権者として本件破産債権の届出をした。
　これに対し，被告は本件破産債権の全額を認めない旨の認否をした。
　そこで，原告は，平成○年○月○日，本件訴訟について，被告を相手方として受継の申立てをしたところ，平成○年○月○日，○○地方裁判所により受継決定がされた。
5　結論
　よって，原告は，本件破産債権の確定を求めるべく，請求の趣旨及び原因を上記のとおり変更することを申し立てる。

証拠方法（略）

添付書類（略）

Ⅶ　代理委員

1　意　義

　代理委員とは、選任者である破産債権者のために、破産手続に属する一切の行為をする者である。破産債権者は、裁判所の許可を得て、共同してまたは各別に、1人または数人の代理委員を選任することができる（法110条）。
　破産債権者は、破産手続において、破産債権の届出（法111条ないし113条）、債権調査期日などにおける異議の申述（法121条2項）などの権限の行使が認められており、これを個別に選任した代理人に委ねることも可能であるが、共通の利害を有する多数の破産債権者が存在するような場合、代理委員が個々の破産債権者の権限を集約して行使することにより、かかる破産債権者の意思が可及的に的確に手続に反映され、手続の適正かつ迅速な進行に資する場合も想起され、そうした場合に備えて設けられたのが本制度である。かかる観点からして、たとえば、預託金債権者（ゴルフ会員）が多数存在するゴルフ場や、同一の被害に基づく多数の被害者（債権者）が存在する場合、労働債権の取扱いが問題となり労働者の中から代理委員を選任するような場合など、その活用の可能性が模索されよう。
　なお、類似の制度に債権者委員会がある（法144条）。個々の破産債権者ではなく、破産債権者の過半数の同意をもって破産債権者全体の利益を適切に代表すべきものである点で、代理委員とは異なる（後記Ⅷ参照）。

2　選　任

　選任の主体は破産債権者本人であるが、裁判所の許可を要するものとされている。被選任資格は特に定められておらず、弁護士に限られない。
　なお、手続上の権限の中に再生・更生計画案への賛否表明といった高度かつ複雑な判断事項を必然的に含む再生・更生手続の場合とは異なり、破産手続においては、代理委員の報償金、裁判所による選任勧告、職権による選任といった制度は設けられていない（会更122条・123条・124条、民再90条・90条の2・91条参照）。

【書式4-32】 代理委員選任許可申立書

> 平成○年(フ)第○○号
> 破産者　○○○株式会社
>
> 　　　　　　　　　　　　　　　　　　　平成○年○月○日
>
> 　　　　　　　　代理委員選任許可申立書
>
> ○○地方裁判所第○民事部　御中
> 　　　　　　申立人　別紙申立者目録（略）記載のとおり
> 1　許可を求める事項
> 　御庁平成○年(フ)第○○号破産事件につき，別紙申立者目録記載の債権者が，破産法110条の代理委員として，次の者を選任すること。
> 　　　　　〒000-0000
> 　　　　　○○県○○市○○町○丁目○番○号
> 　　　　　　　　○　○　○
> 2　許可を求める理由
> 　申立人らは，株式会社○○の従業員として同社の業務に従事してきたものであるが，平成○年○月より給与の支払いが遅延していたところ，今般の同社破産に伴い同社にかかる破産手続開始申立事件において破産債権者となったものである。
> 　申立人らは，給与支払いの遅延を契機として，従業員有志により上記の者を代表として「従業員の生活を守る会」を組織し，破産手続開始前より同社に対して遅延している給与の支払い及び時間外手当の支払い等を求めてきたが，同社破産に伴い上記の者をして同社破産手続に属する一切の行為をさせることを企図している。
> 　よって，本申立てに及ぶ。
>
> 　　　　　　　　　　　添付資料
> 　　　　　　　1　委任状　　　　○通

3　権限等

代理委員は、選任者である破産債権者のために、破産手続に属する一切の

行為をすることができる（法110条2項）。主な権限として想起されるのは、破産債権の届出（法111条ないし113条）、債権調査期日などにおける異議の申述（法121条2項）、破産債権の確定のための手続の追行（法125条ないし127条・129条）、債権者集会への出席、意見の陳述および議決権の行使（法136条1項・138条参照）、配当金の受領（法193条1項）などであるが、法律上これにとどまらない。

破産債権者（ら）が（共同して）数人の代理委員を選任している場合、その代理委員らは共同してその権限を行使することが必要であるが、その相手方は代理委員のうちの1人に対して意思表示すれば足りる（法110条3項）。

なお、代理委員の権限は、書面で証明しなければならないとされており（規則31条1項）、代理委員の選任書や裁判所の許可決定の謄本がこれにあたるとされている。

【書式4-33】 退職従業員の代理委員による退職金債権等の説明請求書

○○○○株式会社に対する退職金債権等に関する求説明

破　産　者　○○○株式会社
破産管財人　○　○　○　○　殿

平成○年○月○日

破産債権者○○○○外○○名代理委員
○○○○労働組合委員長　○　○　○　○　印

○○地方裁判所平成○年(フ)第○○号破産手続開始申立事件における別紙一覧表（略）記載の破産債権者の代理委員として，同人らの○○○○株式会社に対する破産手続参加に資するため，破産法86条に基づき，同人らにかかる別紙（略）記載の各事項につき賃金台帳，タイムカード，給与明細書，就業規則，給与規程や退職金規程など必要な情報の提供を求める。

4　解任等

選任者である破産債権者と代理委員との関係は委任（準委任）と解され、

破産債権者からの解任、代理委員からの辞任、いずれも可能と解される（民651条1項）。ただし、その選任が裁判所の許可事項とされていることとの関係上、破産債権者が代理委員を解任したときは遅滞なく、その旨を裁判所に届けなければならないものとされている（規則31条2項）。また、代理委員の権限の行使が著しく不公正であると認めるときは、裁判所は、代理委員の選任の許可を取り消すことができる（法110条4項）。

【書式4-34】 代理委員選任許可取消決定

平成○年(フ)第○○号

決　　　定

当事者の表示　　別紙当事者目録（略）記載のとおり

主　文

　上記の者の代理委員として次の者を選任することを許可するとの裁判を取り消す。

　　　　　　　○○県○○市○○町○丁目○番○号
　　　　　　　　○　○　○　○

理　由

　上記の者らは、頭書事件の破産手続において、上記代理委員をして破産手続に属する一切の行為を行わせる者であるが、破産管財人及び破産者等に対し脅迫的な言辞を行うなど、その権限行使は公正な手続の機関として認めがたく著しく不公正であると認められる。
　よって、破産法110条4項の規定に基づき、主文のとおり決定する。
平成○年○月○日

　　　　　　　　　　○○地方裁判所第○民事部
　　　　　　　　　　裁判長裁判官　○　○　○　○　印
　　　　　　　　　　裁判官　　　　○　○　○　○　印
　　　　　　　　　　裁判官　　　　○　○　○　○　印

Ⅷ 債権者委員会

1 意 義

　債権者委員会とは、債権者集会の開催が任意化されている破産手続との関係で、破産債権者全体の利益が適切に代表されることを企図して、破産手続外において数名の破産債権者をもって構成された委員会につき、法定の要件が満たされる場合に、利害関係人の申立てにより、裁判所の承認を得て、法定の手続関与ができるようにする制度である（法144条）。

　なお、類似の制度に代理委員がある（法110条）。破産債権者全体の利益の代表ではなく個々の破産債権者の権限を本人に代わって行使するものである点で、債権者委員会とは異なる（前記Ⅶ参照）。

2 設 置

　債権者委員会を設置するためには、手続上、破産債権者が破産手続外で自主的に所定の委員会を組織することと、利害関係人が裁判所に所定の承認を求めることが必要となる。

(1) **委員会の組織**

　まず、委員会の組織について、その運営も含め、法に特段の定めはなく、設置に至る経緯としては、破産手続外において任意に開催された債権者説明会などにおいて、破産債権者からの提案により委員会が組織される等が想起される。

【書式4-35】債権者委員選任の議事録

債権者説明会議事録

　平成○年○月○日午前○時○分より，○○県○○市○○町○丁目○番○号所在の○○○○株式会社の会議室において，下記債権者の出席を得て，○○○株式会社の債権者説明会が開催された。

　出席債権者　合計　　　　　○○名

その債権額　合計金　○○○○万○○○○円

経過は次のとおりであった。なお，議長は，○○○○弁護士がつとめた。
1　ご挨拶（○○○株式会社代表取締役○○○○）
2　経過説明と今後の見通し（代理人弁護士○○○○）
3　質疑応答（略）
4　債権者委員の選出

　債権者である株式会社△△△△から，債権者の有志により債権者委員会を構成し○○○株式会社につき破産手続が行われる場合にはこれに関与したいとの意見が出されたため，その後，討議がなされた結果，下記債権者をもって別紙債権者委員会規則（略）のもと債権者委員会を構成し○○○株式会社にかかる破産手続に関与すること，裁判所等との連絡担当委員は株式会社△△△△とすることが，出席債権者の過半数の同意をもって承認可決された。

記
株式会社○○銀行
○○商事株式会社
株式会社△△△△

5　議事録署名人

　議長より，議事録署名人として，有限会社○○資材○○○○，株式会社○○商店○○○○をもって充てたい旨を議場に諮ったところ，特に異議なく承認可決された。

　以上をもって議事を終え弁護士○○○○は，午前○時○分閉会を宣言した。

　上記の経過を明確にするため，本議事録を作成し，議長，債務者代表者，議事録署名人がこれに署名捺印する。

　　平成○年○月○日

　　　　　議　　　長　　弁護士　　○　○　○　○　印
　　　　　○○○株式会社　代表取締役　○　○　○　○　印
　　　　　議事録署名人　有限会社○○資材　○　○　○　○　印
　　　　　議事録署名人　株式会社○○商店　○　○　○　○　印

(2)　裁判所による承認

次に、上述により組織された委員会が以下の要件を満たす場合には、裁判所は、利害関係人の申立てを受けて、その所要の承認をすることができる（法144条1項、規則49条1項）。

① 委員の数が、3名以上10名以内であること
② 破産債権者の過半数が、当該委員会が破産手続に関与することについて同意していると認められること
③ 当該委員会が、破産債権者全体の利益を適切に代表すると認められること

①の要件は、委員会の人数構成が合議体としての活動に適するよう定めるものである。

②の要件は、「同意していること」ではなく「認められること」と規定されており、個々の破産債権者の同意が逐一認定されなくとも、その過半数が同意の意思を表明したこと等につき債権者説明会の議事録等から認められれば足りるものである。また、単に「過半数」と規定されており、それらの者の破産債権額の多寡は問われていない（ただし、③の要件を満たすかという点は、別途問題となる）。

③の要件は、抽象的な概念であり、委員自らの利害を破産債権者全体の利益に優先するおそれのある者が選定されていないか、委員の有する債権の内容、委員会の意思決定方法が合理的か等について、総合的に考慮することになる。

なお、②および③の要件を満たす委員会は1破産者につき1つと考えられている。

承認の申立ての方式について、破産規則は民事再生規則53条のような具体的な定めを設けていないが、同条に準じることになろう。

【書式4-36】 債権者委員会承認申立書

```
平成○年(フ)第○○号
                                   平成○年○月○日
○○地方裁判所第○民事部　御中
                    ○○県○○市○○町○丁目○番○号
                    申立人（利害関係人）　株式会社△△△
                    上記申立人代表者代表取締役　○　○　○　○　印

                    債権者委員会承認の申立書
```

第1　申立ての趣旨

　頭書事件につき，別紙（略）記載の者をもって構成する委員会が，破産手続に関与することを承認するとの裁判を求める。

第2　申立ての理由

　別紙記載の債権者は，いずれも破産者〇〇〇株式会社に対する破産債権額上位10社以内の破産債権者として判明している者であり，その債権の内容及び債権額は，別紙の「債権の内容」欄及び「債権の額」欄に記載のとおりである。

　平成〇年〇月〇日に，〇〇県〇〇市〇〇町〇丁目〇番〇号所在の〇〇〇株式会社の会議室において，同社主催の債権者説明会が開催されたが，同説明会には債権者〇〇名が出席し，その席上において，別紙記載の債権者をもって債権者委員会を構成し本件破産手続に関与させることが，承認可決された。

　当該債権者委員会の委員は，金融機関，主要仕入先，外注先等，偏りのない立場にある者より選出されており，破産債権者全体の利益を適切に代表している。

　よって，本申立てに及ぶ。なお，同債権者委員会の連絡担当の委員は，申立人とする予定である。

添付資料

1　債権者説明会議事録（債権者委員会規約を含む）　　　1通
2　商業登記簿謄本（債権者委員会各委員）　　　　　　各1通

【書式4-37】　債権者委員会承認通知書

平成〇年(フ)第〇〇号

債権者委員会承認の通知

破　産　者　　〇〇〇株式会社
破産管財人　　〇　〇　〇　〇　殿

　頭書事件について，別紙目録（略）記載の者をもって構成される債権者委員会が，本件破産手続へ関与することが承認されましたので，通知します。

　平成〇年〇月〇日
　　　　　　　〇〇地方裁判所第〇民事部
　　　　　　　　　裁判所書記官　〇　〇　〇　〇　印

3　権　限

　債権者委員会の活動に期待されるのは、たとえば破産債権者の意見を破産手続に反映させることや、破産管財人による業務を監視することなどであり、その情報収集や意思疎通に資するため、債権者委員会には、次の①ないし⑦の事項との関係で、所要の地位や権限が認められている。

① 　破産者等の説明義務（説明要請）

　　　破産者（破産法人の役員等を含む）は、債権者委員会の請求があったときは、破産に関し必要な説明をしなければならない（法40条）。

② 　債権者集会の招集（申立権）

　　　裁判所は、債権者委員会の申立てがあった場合には、債権者集会を招集しなければならない。ただし、知れている破産債権者の数その他の事情を考慮して債権者集会を招集することを相当でないと認めるときは、この限りでない（法135条1項）。

③ 　裁判所による意見聴取（意見陳述）

　　　裁判所は、必要があると認めるときは、破産手続において、債権者委員会に対して、意見の陳述を求めることができる（法144条2項）。

④ 　意見の陳述（積極的意見表明）

　　　債権者委員会は、破産手続において、裁判所または破産管財人に対して、意見を述べることができる（法144条3項）。

⑤ 　破産管財人による意見聴取（意見陳述）

　　　裁判所書記官は、債権者委員会が破産手続に関与することにつき裁判所の承認がなされたときは、遅滞なく、破産管財人に対して、その旨を通知しなければならない（法145条1項）。そして、破産管財人は、かかる通知を受けたときは、遅滞なく、破産財団に属する財産の管理および処分に関する事項について、債権者委員会の意見を聴かなければならない（同条2項）。

⑥ 　破産管財人の報告義務（報告書等受領）

　　　破産管財人は、破産法153条2項または157条の規定により報告書等を裁判所に提出したときは、遅滞なく、当該報告書等を債権者委員会にも

⑦ 破産管財人に対する報告命令の申出（職権発動要請）

債権者委員会は、破産債権者全体の利益のために必要があるときは、裁判所に対し、破産管財人に破産財団に属する財産の管理および処分に関し必要な事項について破産法157条2項の規定による報告をすることを命ずるよう申し出ることができ（法147条1項）、裁判所は、当該申出が相当であると認めるときは、破産管財人に対し、同法157条2項の規定による報告をすることを命じなければならない（法147条2項）。

【書式4-38】 破産管財人の報告書

平成○年(フ)第○○号
破産者　○○○株式会社

　　　　　　　　　　　　　　　　　　　平成○年○月○日

破産債権者委員会　御中

　　　　　　　　　破産管財人　弁護士　○　　○　　○　　○　印

財産評定書・報告書提出報告書

　頭書事件について，破産管財人は，破産法153条2項，157条に基づき，裁判所に対して，財産評定書及び報告書を提出いたしました。

　つきましては，破産法146条1項に基づいて，裁判所に提出したものと同一の財産評定書及び報告書を，提出いたします。

添付書類

1　財産評定書（財産目録及び貸借対照表）　　　1通
2　報告書　　　　　　　　　　　　　　　　　　1通

【書式4-39】 破産管財人に対する報告命令の申出書

平成○年(フ)第○○号

破産管財人に対する報告命令の申出書

　　　　　　　　　　　　　　　　　　　平成○年○月○日

○○地方裁判所第○民事部　御中

　　　　　　　破産者○○○株式会社　破産債権者委員会
　　　　　　　委員（連絡担当）株式会社△△△
　　　　　　　上記代表者代表取締役　○　○　○　○　印

第1　申出の趣旨

　頭書事件につき，破産管財人は，破産財団の管理及び処分に関する次の各号に定める事項について，破産法157条2項の定めに基づき，裁判所に報告しなければならない。

　(1)　………
　(2)　………

第2　申出の理由

　破産者○○○株式会社にかかる頭書事件において，破産管財人は，破産財団に属する財産に関する営業又は事業譲渡につき特定の候補者との間で交渉を進めているが，かかる営業又は事業譲渡の実現可能性及びその取引条件は，破産債権者全体の利害に関わる事項であり，債権者委員会の意向を踏まえつつ当該交渉が進められることが破産債権者全体の利益のために必要であると思料される。

　よって，本申出に及ぶ。

　　　　　　　　　　　　　　　　　　　　　　　　　　　以上

【書式4-40】　破産管財人に対する報告命令

平成○年(フ)第○○号

　　　　　　　　　　決　　　定

　　　〒000-0000　○○県○○市○○町○丁目○番○号
　　　　　　破産者　　○○○株式会社
　　　　　　破産管財人　○　○　○　○

　　　　　　　　　　主　　　文

　破産管財人は，破産財団の管理及び処分に関する次の各号に定める事項について，破産法157条2項の定めに基づき，当裁判所に報告しなければならない。

　(1)　………
　(2)　………

```
　　平成○年○月○日
　　　　　　　　　　　○○地方裁判所第○民事部
　　　　　　　　　　　　裁判長裁判官　○　　○　　○　　○　印
　　　　　　　　　　　　　　裁判官　　○　　○　　○　　○　印
　　　　　　　　　　　　　　裁判官　　○　　○　　○　　○　印
```

4　費用償還

　債権者委員会につき、現に破産手続の円滑な進行に貢献する活動があったと認められる場合、裁判所は、その活動のために必要な費用を支出した破産債権者の申立てにより、その破産債権者に対して破産財団から相当と認める額の費用を償還することを許可することができ、その費用の請求権は財団債権とされる（法144条4項）。

【書式4-41】　債権者委員会費用の償還許可申立書

```
平成○年(フ)第○○号
　　　　　　　　　　　　費用償還許可申立書
　　　　　　　　　　　　　　　　　　　　　　　平成○年○月○日
○○地方裁判所第○民事部　御中
　　　　　　　　　　申立人　破産債権者　株式会社△△△
　　　　　　　　　　　　申立人代表者代表取締役　○　○　○　○　印
1　許可を求める事項
　破産法144条4項に基づき，破産財団から，申立人に対して，相当額の費用
の償還をすることの許可を求める。
2　許可を求める理由
⑴　申立人は，平成○年○月○日開催の債権者説明会において任意に設立さ
　れた債権者委員会（以下，「本件委員会」という。）の構成員である。
　　本件委員会は，申立人を含めて委員数3名であり，破産債権者全体の利
　益を適切に代表するものであると認められたことから，破産法144条1項
　に基づき，御庁によって，本件破産手続に関与することを承認されている。
```

(2) 本件委員会は，かかる承認の後，次のとおり，破産手続の円滑な進行に貢献する活動を行った。
   ① ……………
   ② ……………
(3) 申立人は，以上の諸活動に必要な費用として，添付の活動費明細書記載のとおり，金〇〇万円を支出したものであるが，かかる費用のうち相当額については，破産法144条4項所定の「相当と認める額の費用」として，破産財団から償還されるべきものと思料する。
(4) よって，申立てに及ぶ。

以上

添付資料

1　活動費用明細書　　　　　　1通

Ⅸ　債権者集会

1　意　義

　債権者集会とは、破産手続の追行に関し、その利害関係者に対して必要な情報を開示し、その意向を可及的に反映させるため、破産債権者を招集する等して開催される会議体である。破産法は次の4種類について規定するが、運用上の配慮はともかく少なくとも法律上は、それらの開催はいずれも任意的であるし、各集会での必要的な決議事項も存しないし、書面による報告や投票によるものとして期日を開催しない集会もあるし、複数の種類ないし目的の集会が同一の日程で開催されることも妨げない。

① 破産者の財産状況を報告するために招集する債権者集会（以下、「財産状況報告集会」という）（法31条1項2号）
② 一般的な債権者集会（法135条）
③ 破産手続開始決定後の破産手続廃止（異時廃止）の決定をする場合の意見聴取のための債権者集会（法217条1項後段）
④ 破産管財人の任務終了による計算報告のための債権者集会（法88条3

項)

2　招集等

(1)　財産状況報告集会

　裁判所は、破産手続開始の決定と同時に、財産状況報告集会の期日を定めなければならず（法31条1項2号）、例外的に、知れている破産債権者の数その他の事情を考慮して財産状況報告集会を招集することを相当でないと認めるときは、期日を定めないことができるものとされている（同条4項）。
　なお、金銭配当の見通しが厳しい事案についても、破産債権者に対する情報の配当という見地から、原則として財産状況報告集会の期日を指定するという運用が広く見られる。

(2)　一般的な債権者集会

　裁判所は、破産管財人、債権者委員会、または、一定額の破産債権を有する破産債権者（知れている破産債権者の総債権について裁判所が評価した額の10分の1以上）のいずれかの申立てがあった場合には、債権者集会を開催しなければならない（法135条1項。ただし、知れている破産債権者の数その他の事情を考慮して債権者集会を招集することを相当でないと認めるときは、この限りでない）。また、申立てがない場合でも相当と認めるときは、債権者集会を招集することができる（同条2項）。

(3)　異時廃止の決定をする場合の意見聴取のための債権者集会

　裁判所は、破産手続開始決定があった後、破産財団をもって破産手続の費用を支弁するのに不足すると認めるときは、破産管財人の申立てにより、または職権で、破産手続廃止の決定をすることになるが（法217条1項前段）、この場合債権者集会の期日において破産債権者の意見を聴かなければならないものとされている（同項後段。ただし相当と認めるときは、書面による意見聴取に代えることができ、この場合には債権者集会の期日は開催されないことになる。同条2項）。

(4)　破産管財人の任務終了による計算報告のための債権者集会

　破産管財人は、その任務が終了した場合には、遅滞なく、計算の報告書を裁判所に提出しなければならず（法88条1項）、その任務終了の報告を目的と

第4章 破産債権

して、債権者集会の招集の申立てをしなければならない（同条3項・135条1項本文。ただし、書面による計算報告に代えることとした場合には、債権者集会の期日は開催されないことになる。法89条1項）。

3 期日の呼出し等

(1) 呼出し

債権者集会の期日には、破産管財人、破産者および届出破産債権者を呼び出さなければならない（法136条1項本文）。

ただし、知れている破産債権者の数が1000人以上であり、かつ、相当と認めるときは、裁判所は、破産債権者を債権者集会の期日に呼び出さない旨の決定をすることができ（法136条1項但書・31条5項）、その決定がされた場合には、届出破産債権者を呼び出すことを要しない。また、届出をした破産債権者であっても議決権を行使することができないものや、財産状況報告集会においては破産手続開始決定時の公告事項の通知を受けたものについては、呼び出さないことができる（法136条2項）。

(2) 公告・通知

財産状況報告集会については、裁判所は、その期日を公告し、かつ、破産管財人、破産者および知れている破産債権者や労働組合等に通知しなければならない（法136条3項・32条1項3号・3項）。

また、財産状況報告集会を除く債権者集会については、裁判所は、その期日および会議の目的である事項を公告し、かつ、各債権者集会の期日を労働組合等に通知しなければならない（法136条3項）。

【書式4－42】労働組合に対する裁判所の債権者集会期日の通知

```
                                              平成○年○月○日
  ○○○労働組合
    代表者中央執行委員長　　殿
                              ○○地方裁判所第○民事部
                              裁判所書記官　○　○　○　○　印

                     通　知　書
```

破産者○○○株式会社にかかる平成○年(フ)第○○号破産事件について，下記のとおり債権者集会の期日を定めましたので，破産法136条3項の規定により通知します。

記
1　日　　　時　　平成○年○月○日（○）午後○時○分
2　会議の目的　　○○○○の決議
3　場　　　所　　○○地方裁判所第○号法廷

4　決議・議決権の行使方法等

(1)　決議事項と可決要件

　現行法における法定の決議事項は、破産者（破産法人の役員等を含む）に対して必要な説明を求める決議（法40条）、および、破産管財人に対して破産財団の状況報告を求める決議（法159条）のみである。破産管財人の解任等を求める決議をすることも妨げないが、これに裁判所が拘束されるものではない。

　また、決議を要する事項が可決されるためには、議決権を行使することができる破産債権者（以下、「議決権者」という）で債権者集会の期日に出席しまたは書面等投票したものの議決権の総額の2分の1を超える議決権を有する者の同意がなければならない（法138条）。

(2)　議決権の行使方法等

(イ)　決議に付する旨の決定

　裁判所は、破産管財人、債権者委員会、または、一定額の破産債権を有する破産債権者（知れている破産債権者の総債権について裁判所が評価した額の10分の1以上）のいずれかが、債権者集会の決議を要する事項につき、これを決議に付することを目的として債権者集会の招集を申し立てたときは、その事項を債権者集会の決議に付する旨の決定をする（法139条1項）。

(ロ)　議決権の行使方法

　裁判所は、上記(イ)の付議決定において、議決権者の議決権行使の方法として、次の①ないし③に掲げる方法のいずれかを定めなければならない（法

139条2項)。

① 債権者集会の期日において議決権を行使する方法
② 書面等投票（規則46条）により裁判所の定める期間内に議決権を行使する方法
③ 上記①②に掲げる方法のうち、議決権者が選択するものにより議決権を行使する方法

【書式4-43】決議に付する旨の決定

平成○年(フ)第○○号

決　　定

○○県○○市○○町○丁目○番○号
　　　　破産者　　○○○株式会社

　上記破産者に係る頭書事件について，当裁判書は，破産法139条の規定に基づき，次のとおり決定する。

主　　文

1　○○○○を決議に付す。
2　議決権の行使は，第3項記載の債権者集会の期日において行使する方法又は第4項記載の書面投票によって行使する方法のうち，議決権者が選択する方法により行う。
3　○○○○決議のための債権者集会を次のとおり招集する。
　(1)　期　日　　平成○年○月○日午後○時○分
　(2)　場　所　　○○地方裁判所第○民事部債権者集会場
4　書面投票により議決権を行使する場合の投票期間を平成○年○月○日から平成○年○月○日までと定める。
　平成○年○月○日
　　　　　　　　　　　　　○○地方裁判所第○民事部
　　　　　　　　　　　　　裁判長裁判官　○　　○　　○　　○　印
　　　　　　　　　　　　　　　裁判官　○　　○　　○　　○　印
　　　　　　　　　　　　　　　裁判官　○　　○　　○　　○　印

(ハ) **行使方法の公告・通知**

裁判所は、議決権行使の方法として、上記(ロ)②または③の方法を定めたときは、その旨を公告し、かつ、議決権者に対して、②の方法は裁判所の定める期間内に限りすることができる旨を通知しなければならない（法139条3項）。

(3) **議決権額の定め方等**

議決権額の定め方については、債権者集会の期日を開催する場合（上記(2)(ロ)の①と③の場合）と、債権者集会の期日を開催しない場合（同②の場合）とで分けて規定されている。

(イ) **債権者集会の期日を開催する場合における議決権の額の定め方**

債権者集会の期日が開催される場合には、議決権者は、以下の区分に応じ、当該区分に定める額に応じて、議決権を行使することができる（法140条1項）。

① 破産債権の額が確定した破産債権者（別除権者等を除く）　確定した破産債権の額
② 異議のない議決権を有する届出をした破産債権者　届出の額
③ 異議のある議決権を有する届出をした破産債権者　裁判所が定める額。ただし、裁判所が議決権を行使させない旨を定めたときは、議決権を行使することができない。

届出をした破産債権者の上記による議決権については、破産管財人または届出をした破産債権者は、債権者集会の期日において、異議を述べることができる（ただし、破産債権の額が確定した破産債権者の議決権についてはこの限りではない。法140条2項）。

裁判所は、利害関係人の申立てにより、または職権で、いつでも上記③の定めを変更することができる（法140条3項、規則47条）。

(ロ) **債権者集会の期日を開催しない場合における議決権額の定め方**

債権者集会の期日が開催されない場合には、議決権者は、以下の区分に応じ、当該区分に定める額に応じて、議決権を行使することができる（法141条1項）。

① 破産債権の額が確定した破産債権者（別除権者等を除く）　確定した

破産債権の額

② 届出をした破産債権者（①に掲げるものを除く）　裁判所が定める額。ただし、裁判所が議決権を行使させない旨を定めたときは、議決権を行使することができない。

裁判所は、利害関係人の申立てにより、または職権で、いつでも上記②の定めを変更することができる（法141条2項）。

(ハ) **議決権を有しない破産債権者**

劣後的破産債権および約定劣後破産債権にかかる破産債権者は、議決権を有しない（法142条1項）。

また、破産法101条1項（優先的破産債権である給料等の弁済の許可）の規定により弁済を受けた破産債権者、および同法109条（外国で弁済を受けた破産債権者）に規定する弁済を受けた破産債権者は、その弁済を受けた債権の額については、議決権を行使することができない（法142条2項）。

(4) **代理人による議決権行使**

議決権者は、代理人をもってその議決権を行使することができる（法143条、規則48条）。

【書式4-44】債権者集会出席委任状

```
平成○年(フ)第○○号
破産者　○○○株式会社

              委　任　状

　私は、○○○○（○○県○○市○○町○丁目○番○号）を代理人と定め、頭書事件について、債権者集会の通知等を受領すること、債権者集会に出席すること及び決議事項について議決権を行使することを委任します。
平成○年○月○日
                (住　所) ○○県○○市○○町○丁目○番○号
                (氏　名) ○　○　○　○ 印
                                                   以上
```

第5章　財団債権等

I　財団債権の意義

1　制度の趣旨

　破産手続により債務者の財産を清算するためには、裁判所が破産手続を遂行し、破産管財人が破産財団を管理・処分する必要がある。それは破産債権者共同の利益のために行われるものであるから、その必要経費は、破産債権に優先して、破産財団から償還されるべきものである。破産財団に関し破産管財人がした行為や事務管理・不当利得により、破産財団に対して生じた相手方の請求権なども、公平の観点から、破産債権に優先して履行されてしかるべきである。租税債権や労働債権は、直接的な共益的費用ではないが、前者はその徴収確保が国家・地方公共団体の活動の基礎をなし、後者は労働者の生計の基盤をなすから、破産手続上、一定の範囲で優先的な地位を付与すべき政策的な理由が見出される。

　以上のような趣旨を踏まえ、破産法は、「破産手続によらないで破産財団から随時弁済を受けることができる債権」を財団債権と定義し（法2条7項）、包括的または個別に条文に列挙し、破産債権に先立って弁済されるべきものとしている（法151条）。ただし、窮極的な清算の手段である破産手続では、破産債権に対する配当はおろか、破産財団で財団債権の総額が弁済できない事態も想定され、その場合には、財団債権の属性に応じ最優先で弁済されるべきものを類別し、その余は債権額の割合により按分弁済されるものとしている（法152条）。

2　財団債権の範囲

(1)　一般の財団債権

　財団債権の範囲については、破産法148条1項各号に定められている次のもののほか、個別の条項に定められている。

① 破産債権者の共同の利益のためにする裁判上の費用の請求権（法148条1項1号）
② 破産財団の管理、換価および配当に関する費用の請求権（法148条1項2号）
③ 破産手続開始前の原因に基づいて生じた租税等の請求権（共助対象外国租税の請求権および法97条5号に掲げる請求権（加算税等）を除く）であって、破産手続開始当時、まだ納期限の到来していないものまたは納期限から1年（その期間中に包括的禁止命令が発せられたことにより国税滞納処分をすることができない期間がある場合には、当該期間を除く）を経過していないもの（法148条1項3号）
④ 破産財団に関し破産管財人がした行為によって生じた請求権（法148条1項4号）
⑤ 事務管理または不当利得により破産手続開始後に破産財団に対して生じた請求権（法148条1項5号）
⑥ 委任の終了または代理権の消滅の後、急迫の事情があるためにした行為によって破産手続開始後に破産財団に対して生じた請求権（法148条1項6号）
⑦ 破産法53条1項（双方未履行双務契約）の規定により破産管財人が債務の履行をする場合において相手方が有する請求権（法148条1項7号）
⑧ 破産手続の開始によって双務契約の解約の申入れ（法53条1項または2項の規定による賃貸借契約の解除を含む）があった場合において破産手続開始後その契約の終了に至るまでの間に生じた請求権（法148条1項8号）

(2) 特別の財団債権

個別に定められている財団債権は次のとおりである。
① 使用人の給料等（法149条）
② 破産管財人が負担付遺贈の履行を受けた場合の負担受益者の請求権（遺贈の目的物の価額を超えない限度）（法148条2項）
③ 保全管理人が債務者の財産に関し権限に基づいてした行為によって生じた請求権（法148条4項）

④ 破産管財人が双方未履行双務契約を解除した場合の相手方の反対給付価額請求権（法54条2項後段）
⑤ 社債管理者等の費用および報酬（法150条4項）
⑥ 否認の相手方の反対給付の価額償還請求権（法168条1項2号）および反対給付による現存利益返還請求権（同条2項1号）
⑦ 破産管財人が訴訟を受継した場合等の相手方の訴訟費用請求権等
　ⓐ 破産手続開始決定当時にすでに実行されている破産財産に属する財産に対する強制執行等手続を破産管財人が続行した場合における債権者の手続費用請求権（法42条4項）
　ⓑ 破産手続開始決定当時に係属している破産財団に関する訴訟手続を破産管財人が受継した場合の相手方の訴訟費用請求権（法44条3項、行政手続について準用（法46条））
　ⓒ 破産手続開始決定当時に係属している債権者代位訴訟または詐害行為取消訴訟を破産管財人が受継した場合の相手方の訴訟費用請求権（法45条3項）
　ⓓ 破産債権確定訴訟（破産債権査定申立てを含む）により破産財団が利益を受けたときの異議債権者の訴訟費用償還請求権（当該利益の限度）（法132条）
⑧ 会社更生・民事再生・特別清算から破産へ移行（牽連破産）した場合における、先行手続における共益債権等（会更254条6項、民再252条6項、会574条4項）

3　成立範囲に関する留意点

(1) 租税債権の場合

(ｲ) 概　要

租税の公的性格を最重視すれば、破産手続開始前に生じたものも含めて一切の租税債権を財団債権とする制度設計も考えられるが（旧法参照）、現行法は、租税債権が「破産手続開始前の原因に基づいて生じ」たか、開始後の原因に基づいて生じたかにより、取扱いを区別している。

「破産手続開始前の原因に基づいて生じ」る（法148条1項3号参照）とは、

破産手続開始前に納税義務が成立していることをいう。いつ納税義務が成立するかは個別の租税により異なり（税通15条2項）、たとえば法人税については事業年度終了の時である。

(ロ) 破産手続開始前の原因に基づいて生じた租税債権

破産手続開始前の原因に基づいて生じた租税債権は、破産手続開始当時、まだ納期限の到来していないものまたは納期限から1年が経過していないものだけが財団債権とされ（法148条1項3号）、それ以外は優先的破産債権とされる（法98条1項、税徴8条等）。租税債権は納税者の総財産から優先的に債権の回収を図ることができるため、納期限から1年が経過したものは財団債権として保護するに及ばないことによる。そこでこの「納期限」は、法律が本来の納期限として予定している法定納期限ではなく、具体的な税額を実際に納付すべき期限である具体的納期限を意味する。

(ハ) 破産手続開始後の原因に基づいて生じた租税債権

破産手続開始後の原因に基づいて生じた財団債権は、劣後的破産債権となるのが原則である（法99条1項1号・97条4号）。

ただし、破産財団の管理、換価および配当に関する費用の請求権に該当するものは、財団債権となる（法148条1項2号）。たとえば、破産財団に属する財産についての固定資産税や、財産を売却した場合の消費税等である。

破産手続開始後に生じた延滞税（国税）、利子税および延滞金（地方税）については、主たる債務（本税）が財団債権である場合は、破産管財人が本税を弁済しなかったことによって生じた債権として、財団債権となる（法148条1項4号）。本税が破産債権である場合は、劣後的破産債権となる（法99条1項1号・97条3号）。過小申告等による加算税（国税）・加算金（地方税）は、破産者に対する制裁金としての性格をもち、破産債権者の共同負担に帰させるべきではないため、本税が財団債権である場合も含めて劣後的破産債権となる（法99条1項1号・97条5号）。

(2) 労働債権の場合

(イ) 概　要

給料、退職手当の請求権等の労働債権については、民法上、全額について一般の先取特権が認められており（民306条2号・308条）、破産手続開始前の

原因に基づく労働債権は原則として優先的破産債権に該当することとなる（法98条1項）。もっとも、破産法は、労働者保護の観点から、①給与については、破産手続開始前3カ月間の未払給与の請求権、②退職手当については、退職前3カ月間の給料の総額または破産手続開始前3カ月間の給料の総額のいずれか多いほうに相当する額の請求権を、財団債権としている（法149条）。

(ロ) **給与債権**

財団債権となるのは「破産手続開始前3月間の給料」である（法149条1項）。開始決定日の3カ月前の応答日から開始決定日の前日までの期間における労働の対価であり、たとえば開始決定日が4月15日であれば1月15日から4月14日までの労働に対応する給与が該当する。3カ月分の給与相当額が保護されるのではなく、上記期間における労働の対価の未払分を財団債権とするものである（従業員の解雇から破産までの間に時間が経過すれば財団債権は減少する）。

財団債権となる「給料」には、退職金を除き、賃金、給料、手当、賞与等、名称を問わず労働の対価として使用者が労働者に支払うものすべてが含まれる（労基11条参照）。労働の対価かどうかは給付の性質・内容に照らして個別的に判断されるが、就業規則等で支給基準が明確に定められ、使用者に支払義務のあるものは通常給料に該当する。家族手当、超過勤務手当、休業手当（労基26条）、労働災害補償（労基75条以下）なども含まれ、通勤手当も支給基準が定められている限り含まれる（手引278頁～279頁）。

(ハ) **解雇予告手当**

解雇予告手当（労基20条1項）が破産法149条1項の「給料」として財団債権となるかは争いがある。

東京地方裁判所では、労働者の当面の生活の維持、破産開始後に解雇された場合との均衡等を考慮して、破産管財人から解雇予告手当も「給料」にあたるとして財団債権の承認許可申立てがあれば、これを適法として許可する運用をしている。この場合、破産手続開始前3カ月間の給料の額の範囲内で、未払給与の財団債権部分に加えて、平均賃金30日分の解雇予告手当が財団債権となる（手引210頁）。

他方、大阪地方裁判所は、解雇予告手当は、労働基準法で定められた特別

の給付であり、労働の対価ではないと解されているので、「給料」には含まれず、破産法149条1項の財団債権にはならないとする（運用と書式213頁）。他方、労働者保護の観点から、同法101条1項の弁済許可制度の対象としている（運用と書式219頁〜220頁）。

(二) 退職金債権

退職金については、退職前3カ月間の給料の総額または破産手続開始前3カ月間の給料の総額のいずれか多いほうの額までが財団債権となり（法149条2項）、それ以外の部分は優先的破産債権となる（法98条）。

財団債権となる「退職手当の請求権」は、雇用関係の終了を理由として使用者から労働者に支給される金員に係る請求権をいい、必ずしも支給条件が就業規則等により定められている必要はない。給与に係る財団債権が請求権の発生時期に着目するのに対して、退職金については「退職前3月間の給料の総額」等の金額基準によって財団債権の範囲が画される。

II 財団債権の弁済等

1 財団債権の申出

財団債権は破産債権に先立って随時弁済されるが（法2条7項・151条）、破産財団により手続費用を支弁できないときは破産手続が廃止されることになるため（法217条1項）、破産管財人としてはできるだけ早期に財団債権の存在、金額を把握できることが望ましい。そこで、財団債権者は、破産手続開始決定があったことを知ったときは、速やかに財団債権を有する旨を破産管財人に申し出るものとしている（規則50条1項）。この規定は訓示的な規定であり、財団債権の申出はその性質に応じてさまざまな態様で行うことが想定されている（最高裁判所事務総局民事局監修『条解破産規則（民事裁判資料第242号）』118頁〜121頁（2005））。書面ですることも要件とされていない（同条2項）。いずれにせよ、手続の一定時点までに破産管財人に知られていない財団債権者は弁済を受けられなくなるので（法203条。同条は簡易配当（法205条）、中間配当（法209条1項）等に準用される）、財団債権者にとっても、破産管財人に自らの存在を知らしめることは重要である。

2　財団債権の弁済

　財団債権は、破産債権に優先して破産財団から随時弁済しなければならない（法2条7項・151条）。財団債権は債権調査および配当の手続によらないで破産管財人が弁済するが、100万円を超える請求権を財団債権として承認するには裁判所の許可が必要である（法78条2項13号・3項1号、規則25条）。

　財団不足とならないことが明らかな事案では、公租公課の延滞税等の発生を防ぐため、早期に財団債権の弁済を行うことが必要である（手引246頁）。破産財団をもって破産手続の費用を支弁するに不足すると認められるときは、異時廃止決定がなされ（法217条1項本文）、この場合破産管財人は異時廃止決定が確定したときに財団債権を弁済する（法90条2項本文）。破産財団が財団債権の総額を弁済するのに足りないことが明らかになった場合、破産管財人の報酬など、「破産債権者の共同の利益のためにする裁判上の費用の請求権」（法148条1項1号）および「破産財団の管理、換価及び配当に関する費用の請求権」（同項2号）にかかる財団債権が他の財団債権に優先して弁済され（法152条2項）、その他の財団債権は債権額の割合により按分弁済される（同条1項）。

【書式5-1】　財団債権弁済通知書

```
                                              平成○年○月○日
  ○　○　○　○　御中
                               破産者　　○○○株式会社
                               破産管財人弁護士　○　○　○　○
                               〒000-0000　東京都中央区銀座○丁目○番○号
                                          電　話　00-0000-0000
                                          ＦＡＸ　00-0000-0000

                       財団債権弁済のご通知

　上記の者に対する破産事件（○○地方裁判所平成○年(フ)第○○号）について，
破産財団が財団債権の総額を弁済するのに足りないため，破産法第152条1項
に従って，下記のとおり，財団債権に対する債権額の割合による弁済を行いま
```

すので，その旨ご通知いたします。
　弁済額のお支払いは，銀行口座への振込送金により行いますので，同封の振込送金依頼者に記名捺印の上，平成○年○月○日までに当職宛ご返送ください（振込送金手数料は貴社の負担になりますのでご了承ください。）。

記

1．弁済の対象となる財団債権の総額　　　金　　　　　　円
2．弁済原資　　　　　　　　　　　　　　金　　　　　　円
3．弁済率　　　　　　　　　　　　　　　　　　　　　　％
4．貴社に対する弁済額　　　　　　　　　金　　　　　　円
5．弁済時期　　　　　　　　　　　　　　平成　　年　　月　　日

以　上

破産管財人　　　　　　　殿

　　事件番号　平成　　年(フ)第　　　号
　　破産者　　　　　　　　　　　　　　　　　債権者番号

振　込　送　金　依　頼　書

　頭書事件についての私（当社）が有する財団債権に対する弁済は，振込手数料を差し引いた上（※），次の銀行口座に振込送金してください。

銀行名・支店名	銀行　　　　　　支店
預金種目	普通　・　当座 （該当するものを○で囲んでください。）
口座番号	
フリガナ	
口座名義人	

　　　平成　　年　　月　　日
　　　　住　所
　　　　フリガナ

```
        氏    名
      （法人名及び代表者名）                        印
      連 絡 先   事務担当
              電話番号        －        －
【注意点】
※ 振込手数料を破産財団負担で送金する場合は，「破産財団負担での振込みを依頼
  しますので」と記載します。
```

3 労働債権に関する特例・特則等

(1) 許可弁済（和解による許可弁済含む）

(イ) 制度の概要

　破産手続開始前の未払給与、退職金の請求権で財団債権に該当しない部分は、優先的破産債権となる（法98条等）。優先的破産債権については随時弁済は認められず、破産法に従った債権届出、調査を経て（法111条1項2号参照）、配当を受ける。もっとも、配当を受けるまで相当の期間がかかる場合もあるので、破産法は、労働者の生活維持のため、配当手続によらない労働債権の許可弁済制度を設けている。

　優先的破産債権である給料の請求権または退職手当の請求権を有する者が、その弁済を受けなければ生活の維持を図るのに困難を生ずるおそれがある場合は、最初の配当がなされるまでの間に、裁判所の許可を得て、これらの破産債権の全部または一部の弁済を受けることができる（法101条1項）。

　もっとも、労働債権に優先する債権を有する者（財団債権者や先順位の優先的破産債権者）や、配当前に弁済を受けない他の労働債権者の利益を害することがないように、弁済の許可をすることができる範囲は配当が確実に見込まれる額に限定される（法101条1項但書）。また、この許可弁済による弁済を受けた場合は、他の労働債権者が自ら受けた弁済と同一割合の配当を受けるまで、破産手続における配当を受けることができない（法201条4項（法205条・209条3項・215条2項で準用））。

(ロ) 運用の状況

東京地方裁判所でこの許可がされた事案は、財団債権の弁済をしても破産財団が十分に存在する状況にあるとともに、給与未払いの期間および金額、財団債権となる給与等の有無および支払状況、配当手続までに要する期間等を考慮して、弁済を受けなければその生活を維持するのに困難を生ずるおそれがあると認められた事案である（東京地裁破産再生実務研究会編著『破産・民事再生の実務〔破産編〕〔第3版〕』415頁（2014））。大阪地方裁判所は、解雇予告手当は「給料の請求権」に該当しないが「雇用関係に基づいて生じた債権」として優先的破産債権には含まれるところ、破産法が労働者保護の観点から優先的破産債権について許可弁済を可能とした趣旨が及ぶとして、解雇予告手当についても、破産法101条1項を類推適用して許可弁済の対象になるとしている（運用と書式219頁～220頁）。

大阪地方裁判所では、破産法101条1項の許可弁済とは別に、和解契約により労働債権を支払う方法を認めている（運用と書式273頁～274頁）。この和解契約による支払いが認められるのは、管財人が労働債権の算定資料を確保し、開始決定後間もない段階で労働債権の額を把握でき、労働債権に該当するか否か、労働債権の額について争いがないと見込まれる場合であり、労働債権の額について相手方と合意したうえで、裁判所から和解契約の許可を得て支払う。許可申請には、当該労働債権を弁済しても他の財団債権や優先的破産債権の弁済に支障がないことを記載する（以上につき運用と書式232頁～233頁）。

(2) 労働者健康安全機構の未払賃金立替払制度

(イ) 制度の概要

未払賃金の立替払制度は、企業倒産に伴い賃金が支払われないまま退職した労働者に対して、賃金の支払いの確保等に関する法律に基づいて、未払賃金の一部を政府が事業主に代わって立替払いする制度である。

企業が破産した場合に立替払いを受けられるのは、労災保険の適用事業で1年以上事業活動を行っていた事業主に雇用され、破産に伴い賃金が支払われないまま退職した労働者であって、破産手続開始申立ての6カ月前の日から2年の間に当該企業を退職した場合であって、破産手続開始決定日の翌日

から起算して2年以内に独立行政法人労働者健康安全機構（以下、本項で「機構」という）に未払賃金の立替払請求書を提出しなければならない（立替払請求書の書式、記入要領等については、機構のウェブサイト参照〈http://www.johas.go.jp/chinginengo/miharai/tabid/417/Default.aspx〉）。したがって、破産手続開始申立てより6カ月以上前に退職した従業員は立替払いの対象とならない。

　立替払いの対象となる未払賃金は、退職日の6カ月前の日から機構に対する立替払請求の日の前日までの間に支払期日が到来している定期賃金および退職手当の未払額の総額であり、その80％の金額が立替払いされる。立替払いの対象となる定期賃金には、基本給、家族手当、通勤手当、時間外手当は含まれるが、賞与その他臨時的に支払われる賃金、解雇予告手当、賃金の延滞利息、年末調整の税金の還付金、実費弁償としての旅費等は対象にならない。社宅料、貸付金等について、事業主が従業員に対して債権をもっており、毎月の賃金から差し引かれている場合は、差引後の額が立替払いの対象になる。

　立替払いの対象となる未払賃金総額には退職日における年齢による限度額があり（45歳以上の場合は370万円、30歳以上45歳未満の場合は220万円、30歳未満の場合は110万円）、限度額を超えるときは、限度額の80％が立替払いされる（立替払上限額は、45歳以上の場合は296万円、30歳以上45歳未満の場合は176万円、30歳未満の場合は88万円）。

　㈠　破産手続との関係

　未払賃金等、立替払請求の必要事項については破産管財人が証明書を交付するが、証明書の交付にあたっては、賃金台帳、労働者名簿、勤務記録等の客観的資料から未払賃金等が証明できるか十分な調査を行うとともに、機構が審査するに必要な証拠書類（未払賃金額等を証明するもの等）を整えておく必要がある。証明が困難な場合など機構に事前相談することが相当な場合もある（手引215頁〜216頁）。

　立替払いを行ったとき、機構は、立替払金に相当する金額について労働者の賃金債権を代位取得し（民499条1項）、財団債権部分については財団債権者として弁済を受け、優先的破産債権部分については届出債権者の名義変更

手続を経て、優先的破産債権者として配当手続に加わる。立替払充当の順位は、機構の指定により、退職手当および定期賃金の順序とし、退職手当または定期賃金に弁済期が異なるものがあるときは、それぞれ弁済期が到来した順序に従い充当されている（東京地裁破産再生実務研究会編著・前掲402頁～403頁）。

【書式5-2】 労働債権弁済許可申請書(1)（大阪地方裁判所）

平成○年(フ)第○○号
　　破産者　○○○株式会社

労働債権の弁済許可申請書

（破産法101条1項に基づく弁済）

　　　　　　　　　　　　　　　　　　　　　　平成○年○月○日

大阪地方裁判所第6民事部○○係　御中

　　　　　　　　　　　　　　破産管財人　○　　○　　○　　○　印
　　　　　　　　　　　　　　TEL　00-0000-0000

第1　許可を求める事項
　　　頭書事件について、別紙破産債権者表記載の労働債権の優先的破産債権者（A-c）に対し、合計○○○万○○○○円を弁済すること。
第2　許可を求める理由
　1　本件の労働債権者○○名は、全員労働債権の届出をしている。債権調査は経ていないが、労働債権の存在及び金額は賃金台帳等の資料から明確である。（※債権調査実施後の場合…「平成○年○月○日の債権調査期日において認め、確定している。」）
　2　本件は、今後も換価終了までにはかなりの期間を要する見込みである。
　3　この間、労働債権者の一部からは、生活が苦しく優先的破産債権の配当を早く行ってほしい旨の要請を受けている。平成○年○月○日に財団債権部分の給料を支払った後、○か月以上も経過しており、労働債権者が優先的破産債権の弁済を受けなければ、その生活の維持を図るのに困難を生ずるおそれがある。
　4　この弁済を行ったとしても、財団の現状からすれば、財団債権又は他の先順位若しくは同順位の優先的破産債権（本件では他にはないと考えてい

る。）を有する者の利益を害するおそれはない。
5 給料の優先的破産債権部分については，破産法101条1項に基づき，解雇予告手当については，同条項を類推適用することにより弁済することが相当と考える。
　よって，頭書のとおり許可を求める。

添付書類

収支計算書

【書式5-3】 労働債権弁済許可申請書(2)

○○地方裁判所民事部破産係　御中

平成○年(フ)第○○号
破産者　○○○株式会社

本件につき許可する。 　平成　　年　　月　　日 　　○○地方裁判所民事部 　　　裁判官　○　○　○　○	本件につき許可があったことを証明する。 　前同日 　　○○地方裁判所民事部 　　　裁判所書記官　○　○　○　○　印

労働債権（一部）弁済許可申請書

1　申請の趣旨（※1）
　破産財団から，下記届出労働債権者に係る労働債権の□全部□一部を弁済すること
2　弁済の内容（※2）
　①届出労働債権者の表示
　　　住所
　　　氏名
　②届出労働債権額
　　　金　　　　　　　　　　円
　③弁済額
　　　金　　　　　　　　　　円（届出労働債権額の　　　　％相当額）
3　弁済を必要とする理由及び事情（※3）
4　弁済により他の者の利益を害するおそれがない事情（※4）

5　管財人が保有する疎明資料
　　　別紙のとおり（　　　　　　　　　　　　　　　　　）
　　6　備考
　　　　　　　平成　　年　　月　　日
　　　　　　　　　　　　　破産管財人弁護士　　　　　　　　　　印

（利用に当たっての注意）
※1　破産法101条1項参照
※2　弁済対象者が多数にわたる場合は別紙を使用する。
※3　破産債権の弁済を受けなければその生活の維持を図るのに困難を生ずるおそれがあることが要件となる。
※4　その弁済により財団債権又は他の先順位若しくは同順位の優先的破産債権を有する者の利益を害するおそれがないことが要件となる。

【書式5-4】　給料等債権の弁済許可申立書

平成○年(フ)第○○号
破産者　　○○○株式会社

給料等債権の弁済許可申立書

○○地方裁判所民事部破産係　御中

　　　　　　　　　　　　　　　　　　　　　　　平成○年○月○日
　　　　　　　　　　　　　　破産管財人　○　　○　　○　　○　　印

第1　許可を求める事項
　　　別紙記載の給料等の請求権につき弁済額欄記載の弁済すること
第2　許可を求める理由
　1　別紙記載の債権者から給料等債権の弁済許可申立てを求められた。
　2　本弁済を受けられなければ，次のとおりその生活の維持を図るのに困難なおそれがある。
　　　（　　　　　　　　　　　　　　　　　　）（※1）
　3　財団の状況は下記のとおりで，財団債権，先順位若しくは同順位の優先的破産債権者の利益を害するおそれがない。（※2）
　　　　　　　　　　　　　　　記
　　　　　財団現在額　　　　　　　　　　　　　　金0000円
　　　　　今後の財団収入見込額　　　　　　　　　金0000円

Ⅱ　財団債権の弁済等

```
    財団債権予定額                    金〇〇〇〇円
    先順位の優先的破産債権              金〇〇〇〇円
    同順位の優先的破産債権              金〇〇〇〇円
    同順位の優先的破産債権への配当原資    金〇〇〇〇円（※3）
    同順位の優先的破産債権への見込配当額    〇〇％（※4）
```

第3　添付資料

　　　　債権者の上申書　　　　〇通（※5）

本件につき許可する。 　平成〇年〇月〇日 　〇〇地方裁判所民事部 　　裁判官　〇　〇　〇　〇	上記申立てのとおり許可されたことを証明する。 　平成〇年〇月〇日 　〇〇地方裁判所民事部 　　裁判所書記官　〇　〇　〇　〇　印

別紙

債権表番号	債権者名	優先的破産 債権確定額	見込配当率 ※4	見込配当額 ※6	弁済額※7	備考※8
〇〇	〇〇〇〇	¥100,000	100%	¥100,000	¥100,000	
〇〇	〇〇〇〇	¥150,000	100%	¥150,000	¥150,000	
				弁済合計額	¥250,000	

（利用にあたっての注意）

※1　その生活を維持するのに困難な事情は，事案に即して詳しく記載する必要がある（法101Ⅰ）。また，各優先的破産債権者により事情が異なるので，その事情を記載する。

※2　本件弁済は配当金の事前支払としての性格を有するものである（法201Ⅳ参照）。そのため現時点での財団債権額，優先的破産債権額及び財団額だけでなく，財団債権の予定額，今後の財団収入見込額（ただし，あくまで見込みであることから後に財団が不足して財団債権者等の利益を害することのないよう確実な額によるべきである。）も記載する。
　　なお，申立てに当たっては裁判所と十分協議する必要がある。

※3　配当原資＝（財団の現在額＋今後の財団収入見込額）－（財団債権予定額＋先順位の優先的破産債権額）

※4　見込配当率＝同順位の優先的破産債権への配当原資（※3）÷同順位の優先的破産債権額

※5　添付資料として優先的破産債権者が弁済許可申立てを求めた書面を添付する。

※6　配当見込額＝優先的破産債権確定額×見込配当率（※4）

※7 見込配当額が本弁済許可の弁済額の上限となる。したがって弁済額は，見込配当額の範囲内において，申立てをした債権者の金銭の必要の度合いその他の事情を考慮し決定する。
※8 財団債権となる労働債権の額及び支払状況等，参考となる事項を記載する。

第6章 破産財団の管理

I 破産財団の確保

1 はじめに

　破産手続の終局的な目的である破産債権者に対する配当を行うためには、配当の原資となる破産財団が適正に確保および管理されることが不可欠である。

　そのため、破産管財人は、就任後直ちに破産者から破産財団の占有の移転を受けて破産財団に属する財産の管理に着手しなければならず（法79条）、倒産直後に破産財団に属する財産の散逸、帳簿の散逸や記載の改ざんなどを防止するため、必要に応じて破産財団に属する財産の封印や帳簿の閉鎖を行うことができる（法155条）。

　また、破産財団に属する財産を破産管財人に任意に提出しない破産者もいるため、破産管財人は裁判所の決定を受けて破産財団に属する財産の引渡しの強制執行を行うことができる（法156条）。

　さらに、破産管財人は、破産財団の換価価値を把握するため、破産手続開始時点における破産財団に属する財産の価格評定を行わねばならず、その評定に基づき貸借対照表と財産目録を作成し、裁判所に提出しなければならない（法153条）。そして、破産管財人は、破産財団の規模や予想配当率などの情報開示および破産管財人の職務執行の監督の観点から、法により定められた事項を裁判所に報告し（法157条）、財産状況報告集会においては破産債権者に対して報告しなければならない（法158条）。

　以上のとおり、破産手続の終局的な目的である破産債権者への配当を実行するべく、破産財団の確保に関する規定が設けられている。

2　破産財団の封印等・引渡請求

⑴　封印および帳簿の閉鎖

破産者の事務所、住居、倉庫等に在庫商品等が存在し、一部の債権者が不法に持ち出すおそれがある場合や、すでに不法占拠者（いわゆる占有屋）に占有されている場合などには、破産財団の費用等を考慮しても封印執行の必要がある。このような場合、裁判所書記官、執行官または公証人に破産財団に属する財産に封印並びに封印の除去をさせることができる（法155条１項）。

なお、実務上は、破産管財人が破産者の事務所や住居の内部または物品等に破産管財人名義の告示書（建物および建物内の一切の動産は破産管財人が占有管理するものなので、許可なく立ち入り、または搬出等する者は刑法により処罰されることがある等）を貼付することが多く、これにより現場保全の目的を達成できる場合が多いため、実際に封印執行まで行う例はまれである。

【書式６－１】（裁判所書記官に対する）封印の申立書

封印申立書

平成○年(フ)第○○号

破産者　○○○株式会社

平成○年○月○日

○○地方裁判所第○民事部

裁判所書記官　　殿

上記破産者破産管財人弁護士　○　○　○　○　印

同 上 破産管財人代理弁護士　○　○　○　○　印

御庁頭書破産事件について，下記に存する破産財団に属する財産を封印されたく申立てます。

記

□　上記破産者の本店事務所（個人の場合は「住所」または「居所」等）

□　〒000-0000　○○市○○区○○町○丁目○番○号所在の倉庫

【書式6-2】（執行官に対する）封印執行の申立書

封印執行申立書

平成〇年〇月〇日

〇〇地方裁判所　執行官　殿
当事者の表示

　　　　　　　　　〒000-0000　〇〇市〇〇区〇〇町〇丁目〇番〇号
　　　　　　　　　　　　　破産者　〇〇〇株式会社
　　　〒000-0000　〇〇市〇〇区〇〇町〇丁目〇番〇号　弁護士法人〇〇
　　　　　　　　　電　話　00-0000-0000　FAX　00-0000-0000
　　　　　　　上記破産者破産管財人弁護士　〇　　〇　　〇　　〇　　印

執行の場所
　1　上記破産者の本店事務所（個人の場合は「住所」または「居所」等）
　2　〒000-0000　〇〇市〇〇区〇〇町〇丁目〇番〇号所在の事務所

執行の方法
　破産財団に属する財産の封印　（または「封印の解除」）

債務名義
　〇〇地方裁判所　平成〇年(フ)第〇〇号
　破産手続開始決定正本

添付書類
　1．執行力ある債務名義の正本　　　　　　　　　　　　　1通
　2．執行場所の略図　　　　　　　　　　　　　　　　　　1通

付随申立
　1．同時送達の申立　　無
　2．執行の立合　　　　有
　3．執行日時の通知　　要
　4．執行調書謄本　　　関係人に交付されたい
　5．事件が完了したときは，執行力ある債務名義正本等を還付されたい

予納金　　金〇〇〇円

第6章 破産財団の管理

【書式6-3】（裁判所書記官の）公示

公　　示

平成○年(フ)第○○号
破産者　○○○株式会社
　本建物内の物件は当裁判所が平成○年○月○日午前○時○分になした破産手続開始決定に基づき上記破産者の占有を解き破産管財人
　　　　弁護士　○　○　○　○
の占有に移した。
　この表示を損壊又は無効にした者は刑罰に処せられる。
　　　　平成○年○月○日
　　　　　　　　　　　　　　　　○○地方裁判所第○民事部
　　　　　　　　　　　　　　　　　裁判所書記官　○　○　○　○　印

【書式6-4】（裁判所書記官の）封印調書

封 印 調 書

事件の表示　　平成○年(フ)第○○号
破　産　者　　○○○株式会社
申　立　人　　破産管財人　○　○　○　○
封印した日時　平成○年○月○日　午前○時○分
封印した場所　破産者の住所地・本店所在地・居所・営業所（　　　　　　　　）
封印に立ち会った者　破産者・破産者代表者・破産者雇人（　　　　　　　　）
　当職は破産管財人○○○○とともに前記封印場所に臨み，立会人に対して破産者所有の財産を封印する旨告げた上，別紙物件目録記載の物件に対して封印をした。
　この調書は，前記の場所で作成し，関係人に読み聞かせ，かつ閲覧させたところ，これを承認して下記に署名押印した。
　　　　立　会　人　　　　　　　　　　　　印
　　　　立　会　人　　　　　　　　　　　　印
　　　　破産管財人　　　　　　　　　　　　印
　　　　平成○年○月○日

○○地方裁判所第○民事部   裁判所書記官　○　○　○　○　印

　また，破産者の帳簿は，財産評定，財産目録等の作成，債権調査のための届出債権の認否等，管財事務を行ううえで欠くことのできないものであるため，管財人が直接帳簿を管理すれば足りる。

　しかし，債権者が破産手続開始申立てを行った事案等で，債務者による帳簿の隠滅，偽造等の発生が懸念されるときなど，破産管財人が帳簿の閉鎖が必要であると判断した場合，裁判所書記官に対して，帳簿の閉鎖を求めることができる（法155条2項）。

　通常は，破産管財人が破産者より帳簿を引き上げ，裁判所に提出して帳簿閉鎖手続をするが，分量が多い場合や破産者が破産管財人に対して帳簿を任意に引き渡さない場合等は，裁判所書記官が，現場に行って当該帳簿に閉鎖した旨を記載し，記名押印する（規則53条4項）。

【書式6-5】　帳簿閉鎖申出書

帳簿閉鎖申出書
平成○年(フ)第○○号   破産者　○○○株式会社   　　　　　　　　　　　　　　　　　　　　　　平成○年○月○日   ○○地方裁判所第○民事部　御中   　　　　　　上記破産者破産管財人弁護士　○　○　○　○　印   　御庁頭書破産事件について，破産者の帳簿を閉鎖されたく申し出ます。

【書式6-6】　帳簿閉鎖記載例

現　金　出　納　帳					
年月日	入出金先	内　　　容	入金	出金	残　高
2005/2/25		前期・月・頁繰越			697,765

2005/2/26	○○郵便局	郵パック		970	696,795
2005/2/27	○○電車	交通費		630	696,165
2005/2/28	○○銀行	手形取立手数料		680	695,485
本帳簿は平成○年○月○日午前○時○分閉鎖した。					
平成○年○月○日					
○○地方裁判所第○民事部 裁判所書記官　○　　○　　○　　○　印					

(2) 破産財団に属する財産の引渡請求

　破産者が正当な理由がないのに破産財団に属する財産の引渡しを拒否する場合、破産管財人は、破産者に対して、破産財団に属する財産の引渡命令の申立てをすることができる（法156条1項）。破産者が個人の場合は、破産財団に属する財産と破産者の自由財産の区別が、法人の場合は、法人の財産と法人代表者の財産の区別が問題となりうる。

　破産管財人は、たとえば、事務所や金庫の鍵、帳簿、通帳、証券類、不動産等、具体的な財産を特定したうえ、破産者（法人の場合は破産手続開始時の代表者）に対し、財産の引渡しを求めることができる。破産者の被用者や破産者から委託を受けた者等、破産者の占有補助者と認められる者が財産を占有している場合は、破産者を名あて人として発令された本決定の執行によりその占有を排除することができるが、それ以外の第三者が財産を占有する場合は、当該第三者を相手とする通常の訴訟・強制執行手続により引渡しを求めるほかない。

　申立ては書面で行い、裁判所は、破産者を必ず審尋したうえで決定をする必要があり（法156条2項）、破産者は、決定に際して不服申立てを行うことができる。この引渡命令は債務名義になる（民執22条3号）が、確定しなければ効力を生じない（法156条5項）。

【書式6-7】 財産引渡命令申立書

平成○年(フ)第○○号
破産者　○○○株式会社

財産引渡命令申立書

平成○年○月○日

○○地方裁判所民事第○部　御中

　　　　　　　　申立人　破　産　者　○○○株式会社
　　　　　　　　　　　　破産管財人　○　○　○　○　印
　　　　　当事者　別紙当事者目録記載のとおり

第1　申立ての趣旨
　　相手方は，申立人に対し，別紙物件目録記載の財産を引き渡せとの決定を求める。
第2　申立ての理由
　1　別紙物件目録（略）記載の財産（以下「本件財産」という。）は，破産財団に属する。
　2　相手方は，本件財産を占有しているが，任意の引渡しに応じない。
　3　よって，申立人は，破産法156条1項に基づき，相手方に対し，本件財産の引渡しを求める。
第3　添付書類
　1　申立書副本

【書式6-8】 審尋調書

裁判官　認印

審尋期日調書

事件の表示　　　平成○年(フ)第○○号
期　　　日　　　平成○年○月○日　午前○時○分
場　　　所　　　○○地方裁判所　第○民事部　審尋室
裁　判　官　　　○　○　○
裁判所書記官　　○　○　○
出頭した当事者　等

```
                    破産者    ○○○株式会社  代表取締役  ○  ○  ○
                    破産申立代理人  弁護士  ○  ○  ○
                    破産管財人    ○  ○  ○
                    破産管財人代理  ○  ○  ○
手続の要領　等
  被審人の氏名，年齢，職業，住所は別紙出頭カード（略）のとおり
  被審人の陳述  別紙（略）のとおり
                              裁判所書記官  ○  ○  ○  ○  印
陳述の内容
    破産者○○○株式会社代表取締役○○○○は，対象物件である車輛については，○○○○が購入したが，○○○株式会社の名義を借用して登録したこと，購入代金は○○○○個人が用意したことを陳述した。
```

【書式6-9】　財産引渡命令

```
平成○年(モ)第○○号

                          引渡命令

        当事者の表示    別紙当事者目録（略）記載の通り
  申立人は，当裁判所平成○年(フ)第○○号破産事件において破産者○○○株式会社の破産管財人であるところ，引渡命令の申立てをしたので，これを相当と認め次のとおり決定する。

                          主    文

  相手方は申立人に対し，別紙物件目録（略）記載の物件を引き渡せ
      平成○年○月○日
                        ○○地方裁判所第○民事部
                            裁判官  ○  ○  ○  ○  印
これは正本である。
                        同    日    同    庁
                          裁判所書記官  ○  ○  ○  ○  印
```

【書式6-10】 即時抗告申立書

○○地方裁判所平成○年(モ)第○○号引渡命令申立事件
抗告人　○　○　○　○
相手方　破産者○○○株式会社　破産管財人　○　○　○　○

即時抗告申立書

平成○年○月○日

○○高等裁判所　御中

抗告人代理人弁護士　○　○　○　○　印

当事者の表示　別紙当事者目録記載のとおり

　破産者○○○株式会社に対する○○地方裁判所平成○年(フ)第○○号破産事件につき，○○地方裁判所が平成○年○月○日になした引渡命令の決定は全部不服であるから即時抗告をなす。

原決定の主文（略）

抗告の趣旨

原決定を取り消す
相手方の引渡命令申立てを棄却する
抗告費用は相手方の負担とする
との決定を求める。

抗告の理由

1　相手方（破産管財人）は，破産者○○○株式会社に対して，別紙物件目録（略）記載の物件を引き渡すことを求めて，引渡命令の申立てをなし，○○地方裁判所は原決定の主文記載の裁判をなした。
2　しかし，前記物件は，下記の事由により，引き渡すことはできない。
　□　破産財団を構成するものではなく，抗告人の所有にかかるものである。
　□　下記の事情により，抗告人は占有していない。
3　以上の理由から，本件即時抗告の申立てに及んだ次第である。

添付書類

1　委任状　　　　　　　　　　　　　　　1通
1　破産手続開始並びに管財人選任の証明書　1通

```
                        当事者目録
                 〒000-0000  ○○市○○区○○町○丁目○番○号
                                    抗告人    ○  ○  ○
                 〒000-0000  ○○市○○区○○町○丁目○番○号
                                    上記代理人弁護士    ○  ○  ○
          〒000-0000  ○○市○○区○○町○丁目○番○号弁護士法人○○
    相手方  破産者○○○株式会社  破産管財人弁護士  ○  ○  ○  ○
                                    破産者○○○株式会社の本店
                 〒000-0000  ○○市○○区○○町○丁目○番○号
```

3 財産価額の評定

　破産管財人は、就任後、直ちに破産財団に属する財産の管理に着手する必要があり（法79条）、破産手続開始決定時の破産財団に属する財産の価額を評定しなければならない。その際、必要に応じて、破産者を評定に立ち会わせることができる。その評定が完了したときは、直ちに破産手続開始の時における貸借対照表と財産目録を作成し、裁判所に提出しなければならない（法153条）。

　ただし、破産財団に属する財産の総額が1000万円未満の場合（規則52条）、破産管財人は、裁判所の許可を得て、貸借対照表の作成および提出をしないことができる。

　破産管財人は、破産財団に、別除権の目的物が含まれる場合、その評価をするため、当該別除権の目的である財産の提示を求めることができ、別除権者はこれを拒否できない（法154条）。

　財産評定の目的は、財産の内容と各財産がどの程度の価値を有するものか把握し、債権者に対する予想配当率についての資料を得ることと、別除権の範囲を把握し、別除権に対する対応（別除権の目的物の受戻し、担保権消滅の許可申立て等）を検討するため、別除権の目的物の価額についての資料を得ること等であり、破産管財人自身の換価方針の基礎資料になるとともに、破

産債権者への配当財産の規模や予想配当率についての判断資料にもなる。

　破産手続は、全財産を換価処分して金銭で配当することを目的とするから、財産評定の基準は、事業を清算することを前提として、早期の処分可能性を考慮した、破産手続開始時点の処分価額である。

　財産評定の報告書の提出期限は、法律上定められていないが、実務上、後記4⑵記載の財産状況報告集会までに裁判所に提出するのが一般的である。

【書式6-11】　財産評定の結果報告書

```
平成○年(フ)第○○号
                                        平成○年○月○日
○○地方裁判所第○民事部　御中
                        破産者　　○○○株式会社
                        破産管財人　○　○　○　○　印

              財産価格評定の結果報告書

　標記事件について、管財人は、破産法153条2項に基づき、別紙の通り破産
手続開始決定時における貸借対照表及び財産目録を提出します。
```

【書式6-12】　貸借対照表

```
                        平成　　年(フ)第　　　号
                        破産者

              【破産】貸　借　対　照　表
            （作成日＝平成　　年　　月　　日現在）

                        破産管財人弁護士
```

資産の部			負債の部		(単位：円)
番号	科　目	評価額＝財団組入(見込)額	番号	科　目	評　価　額
1	現金	12,000,000	1	一般破産債権（別除権付債権を除く）	555,000,000
2	預金	23,000,000	2	優先的破産債権（公租公課）	8,250,000

319

第6章　破産財団の管理

3	受取手形	3,500,000	3	優先的破産債権（労働債権）	4,000,000
4	売掛金	13,000,000	4	財団債権（公租公課）	2,350,000
5	製品／仕掛品	1,000,000	5	財団債権（労働債権その他）	1,200,000
6	原材料	2,400,000	6	別除権予定不足額	60,000,000
7	貸付金	1,000,000	7	（別除権付債権）	(105,000,000)
8	建物	0			
9	土地	0			
10	機械装置	1,200,000			
11	車両運搬具	250,000			
12	什器備品	100,000			
13	ゴルフ会員権	25,000			
	資産合計	57,475,000		負債合計	630,800,000

差引　資産不足額　　573,325,000

【注意点】
　※　本書面は、破産財団が1000万円以上の法人事件のみ提出します（破産法153条2項、3項、破産規則52条参照）。
　※　予定不足額の認否は原則として留保して差し支えありません。破産貸借対照表で別除権予定不足額として記載する額は、配当を行う際の別除権者に対する配慮の要否や配当の見通し、あるいは別除権の目的となる財産の処分方法を検討するに当たっての参考となるものにすぎませんから、別除権者の届け出た予定不足額の額に対する破産管財人としての一応の評価（概算）を記載すれば足ります。

【書式6-13】　別除権者に対する財産提示申出書

　事件番号　○○地方裁判所　平成○年(フ)第○○号

　　　　　　　　　　　　　　　　　　　　　　　　平成○年○月○日
　債権者　　○○○○株式会社　　御中
　　　　　　　　　　　　　　〒000-0000　　○○市○○区○○町○丁目○番○号
　　　　　　　　　　　　　　電話　00-0000-0000　　FAX　00-0000-0000
　　　　　　　　　　　　　　破産者　　○○○株式会社
　　　　　　　　　　　　　　破産管財人　　○　　　○　　　○　　　○　印

別除権目的財産提示のご依頼

Ⅰ 破産財団の確保

冠省　頭書の事件について破産手続開始決定があり，当職は，破産手続開始等通知書記載のとおり破産管財人に選任されました。

つきましては，破産者の財産を調査・報告するために，破産法第154条１項に基づいて貴社が破産者に対して有している別除権目的物財産の明細を，平成○年○月○日迄に当職宛にご提示頂きたくご依頼申し上げますので，ご協力をお願いします。

草々

4　所定の報告

(1)　裁判所への報告

　破産管財人は、裁判所に対して、破産手続開始後遅滞なく、①破産手続開始に至った事情、②破産者および破産財団に関する経過および現状、③役員の財産に対する保全処分または役員責任査定決定を必要とする事情の有無、④その他破産手続に関し必要な事項について裁判所に報告書を提出しなければならない（法157条１項）。このほか、裁判所の定めるところにより破産財団に属する財産の管理および処分の状況その他裁判所の命じる事項を報告しなければならない（同条２項）。

　各裁判所において所定の報告書式が定められており、破産管財人は、当該報告書式【書式６-14】（大阪地方裁判所の書式は【書式３-６】参照）に基づき、後記(2)の財産状況報告集会までに、破産法157条の報告書を作成し、財産目録および破産手続開始後報告時までの間の収支計算書【書式６-15】大阪地方裁判所の書式は【書式３-７】【書式３-８】参照）とともに裁判所に提出する。

【書式６-14】　裁判所への報告書（東京地方裁判所）

東京地方裁判所民事第20部　　　管財　　係　御中※１
　　　　　　　　　　　　　　　　平成　年㈠第　　　号
　　　　　　　　　　　　　　　　破　産　者

破産法第157条の報告書

第6章　破産財団の管理

平成　　年　　月　　日
破産管財人弁護士

1　破産手続開始の決定に至った事情
　□　破産手続開始申立書記載のとおり
　□　破産手続開始申立書に付加する点は次のとおり
　　（　　　　　　　　　　　　　　　　　　　　　　　　　　　　）
　□　その他
　　（　　　　　　　　　　　　　　　　　　　　　　　　　　　　）
2　破産者及び破産財団に関する過去及び現在の状況
　□　破産手続開始申立書及び財産目録記載のとおり
　□　その他
　　（　　　　　　　　　　　　　　　　　　　　　　　　　　　　）
3　損害賠償請求権の査定の裁判，その保全処分を必要とする事情の有無（破産者が法人の場合に限る。）
　□　無
　□　有（内容　　　　　　　　　　　　　　　　　　　　　　　　）
　□　その他

【注意点】
※1　担当係を忘れずに表示してください。
※　　本書面は第1回の財産状況報告集会の当日にご持参ください。
※　　いわゆる少額管財事件（通常管財係）では、【書式6-15】の書面も是非ご利用ください。

[書式6-15] 財産目録および収支計算書（東京地方裁判所）

財 産 目 録 及 び 収 支 計 算 書

平成○年(フ)第○○○号
破産者 ○○○○
破産管財人弁護士 ○○○○

資産部分　　破産手続開始日（平成○年○月○日）現在
収支計算部分　破産手続開始日～平成○年○月○日

（単位：円）

資産及び収入の部

番号	科　目	簿　価	収　入	備　考
	資産合計	0	0	

支出の部

番号	科　目	金　額	備　考
	支出合計	0	

財団債権（公租公課）
優先的破産債権（公租公課）

破産法157条の報告事項
1　破産手続開始の決定に至った事情
2　破産者及び破産財団に関する過去及び現在の書証記載の状況　□破産者及び財産目録記載のとおり　□その他（　　　　　　）
3　損害賠償請求権の査定の裁判．その保全処分を必要とする事情の有無（破産者が法人の場合に限る。）
　□無　□有（内容　　　　　　　　　　　　　　　　　　　　）

＊　破産者が所有する○○区○○町○丁目○番地所在家屋番号○の建物については、借以上のオーバーローン状況にあるため、破産財団から放棄する。
　なお破産財団から放棄する物件については、地番、家屋番号等により特定してください。

第6章　破産財団の管理

(2)　**財産状況報告集会**

　裁判所は、原則として、破産手続開始決定と同時に、財産状況報告集会の期日を破産手続開始後3カ月以内（規則20条1項2号）に定めるが（法31条1項2号）、例外として、知れている債権者の数その他の事情を考慮して財産状況報告集会を招集することが相当でないと認めるときは、その期日を定めないことができる（法31条4項）。

　東京地方裁判所および大阪地方裁判所では、財産状況報告集会を開催し、破産管財人が債権者に対して、財産目録および収支計算書等の内容を説明する。

　破産債権者が破産手続に参加する機会を保障するとともに、破産債権者に対する情報の開示や破産管財人を監督する機会を付与する観点から、実際に集会を開催しており、債権者集会における破産債権者の質問や意見により、否認対象行為が発見されたり、破産管財人の把握していない財産の存在が明らかになったりする場合も多い。また、当初から廃止が見込まれ、比較的早期に換価業務を終了することが見込まれる大多数の事案においては、廃止集会を財産状況報告集会と同時に招集し、換価終了まで続行する方法により、効率的かつ迅速な処理を行っている。

【書式6-16】　財産状況報告集会調書

```
                    財産状況報告集会調書

事 件 の 表 示    平成○年(フ)第○○号
期       日    平成○年○月○日午前○時○分
場       所    ○○地方裁判所民事第○部○法廷
裁  判  官    ○  ○  ○  ○
裁判所書記官    ○  ○  ○  ○
破産管財人破産者等の出頭状況    破産管財人  ○  ○  ○  出頭
                              破産者代表者  ○  ○  ○  出頭
                              上記代理人   ○  ○  ○  出頭
次回期日    平成○年○月○日
破産債権者の出頭状況    出席破産債権者　別紙（略）のとおり
```

```
　　　　　　　　　　手続の要領等
裁判官
　　　財産状況報告集会　　　開会宣言
破産管財人
　　　報告書（平成〇年〇月〇日付）陳述
破産管財人・出席破産債権者
　　　未確定債権額によって議決権を行使させることにつき異議はない。
裁判官
　　　財産状況報告集会　　　終了宣言
　　　　　　　　　　　　　　裁判所書記官　〇　〇　〇　〇　印
```

Ⅱ　既存契約の処理

1　はじめに

　破産は破産手続開始時点での破産者の財産を換価し債権者に配当するための手続であり、破産手続開始前の契約は、原則としてそのまま効力を維持することになる。

　たとえば、双務契約で契約相手方が破産者に対して有する債権のみが手続開始時に残存する場合や片務契約で破産者のみが債務を負っている場合には、原則としてその相手方の債権が破産債権となる。逆に、双務契約で破産者が契約相手方に対して有する債権のみが手続開始時に残存する場合や片務契約で契約相手方のみが債務を負っている場合には、破産者の有する債権が破産財団に帰属し、破産管財人がその債権を行使することになる。

　しかし、双務契約で、破産者および契約相手方の有する債権が手続開始時に双方残存している場合は、このように単純に契約の効力を維持させておくと妥当でない結論を招くことになる。すなわち、契約相手方の有する債権を単純に破産債権として遇し、破産者の有する債権を破産管財人が全部行使できるとすると、双務契約の対価性が崩れ、契約相手方に酷な結果となる。また、契約相手方の債権を常に財団債権として遇すると、他の破産債権者を害

する場合も生じうるし、契約相手方に財団不足による財団債権回収リスクを負担させてしまう場合も生じうる。

そこで、破産法は、双方未履行の双務契約について、破産管財人に契約を解除するか履行するかの選択権を与えている（法53条1項）。

なお、破産法は、双務契約の中でも、継続的給付を目的とする双務契約（法55条）や、賃貸借契約（法56条・70条）など特別な処理が必要な契約類型については別途規定を設けているので、これらについても以下詳述する。

2 双方未履行の双務契約（管財人の選択権）

(1) 管財人の選択権

破産法53条1項は、「双務契約について破産者及びその相手方が破産手続開始の時において共にまだその履行を完了していないときは、破産管財人は、契約の解除をし、又は破産者の債務を履行して相手方の債務の履行を請求することができる」と規定し、破産管財人に双方未履行（一部未履行を含む）の双務契約について解除するか履行を請求するかの選択権を付与している。

破産法53条1項に基づき、破産管財人が選択を請求した場合には、相手方の債権は財団債権となる（法148条1項7号）。

これに対し、破産管財人が解除を選択した場合は、相手方は、破産債権として損害賠償請求権を行使することができ（法54条1項）、また、破産者が反対給付を受け、これが破産財団中に現存する場合には、その返還を請求でき（同条2項前段）、現存しない場合には、財団債権として代償請求権を行使することができる（同項後段）。

(2) 管財人の選択権の制限

かかる破産管財人の選択権は、相手方の地位を不安定にするものであるから、破産法は、相手方に、破産管財人に対し、相当の期間を定め、その期間内に契約の解除をするか、債務の履行を請求するかを確答すべき旨催告することができるとし、この催告に対し、破産管財人がその期間内に確答しないときは、契約解除が擬制されることとした（法53条2項）。

また、旧法59条1項に関する判例であるが、年会費の定めのある預託金会員制ゴルフクラブの会員が破産し、破産管財人がゴルフ会員契約を解除して

預託金の即時返還を求めた事案につき,最三小判平成12・2・29民集54巻2号553頁は,「破産宣告当時双務契約の当事者双方に未履行の債務が存在していても,契約を解除することによって相手方に著しく不公平な状況が生じるような場合には,破産管財人は同項(筆者注:旧法59条1項)に基づく解除権を行使することができないというべきである」と判示し,破産管財人の解除権に制限を加えている。本判決は,最高裁判所が双方未履行の双務契約であっても破産管財人が旧法59条1項による契約解除ができない場合があることを判示した初めての判例である。

【書式6-17】 契約解除通知書

平成○年○月○日

〒000-0000
○○市○○区○○町○丁目○番○号
株式会社○○
代表取締役 ○ ○ ○ ○ 殿

　　　　　　　　〒000-0000
　　　　　　　　○○市○○区○○町○丁目○番○号
　　　　　　　　電　話　00-0000-0000
　　　　　　　　ＦＡＸ　00-0000-0000
　　　　　　　　破産者　○○○株式会社
　　　　　　　　破産管財人　弁護士　○　○　○　○　印

解除通知書

拝啓　時下益々ご清栄のこととお慶び申しあげます。
　さて,先般ご連絡させて頂きましたとおり,平成○年○月○日午後5時,○○地方裁判所により上記破産者に対して破産手続開始決定(平成○年(フ)第○○号)がなされ,当職が破産管財人に選任されております。
　ところで,破産者は,平成○年○月○日付にて,貴社より,別紙(略)記載の金型を金0,000,000円にて買い受ける旨の売買契約を締結しましたが,上記破産手続開始時において,当該売買契約は双方未履行の状態にあります。
　種々検討させて頂きました結果,当職は,破産法53条1項に基づき,当該売買契約を解除致しますので,本書をもってご通知申し上げます。

ご不明な点につきましては，当職宛，ご連絡ください。

敬具

（注）　契約の解除という重要な意思表示を行う書面であるので，配達証明付内容証明郵便として発送することが望ましい。

【書式6－18】　管財人の履行選択通知書

平成○年○月○日

〒000-0000
○○市○○区○○町○丁目○番○号
株式会社△△△
代表取締役　○　○　○　○　殿

　　　　　　　　　　〒000-0000
　　　　　　　　　　○○市○○区○○町○丁目○番○号
　　　　　　　　　　電　話　00-0000-0000
　　　　　　　　　　ＦＡＸ　00-0000-0000
　　　　　　　　　　破産者　○○○株式会社
　　　　　　　　　　破産管財人　弁護士　○　○　○　○　印

履行通知書

拝啓　時下益々ご清栄のこととお慶び申しあげます。
　さて，先般ご連絡させて頂きましたとおり，平成○年○月○日午後5時，○○地方裁判所により上記破産者に対して破産手続開始決定（平成○年(フ)第○○号）がなされ，当職が破産管財人に選任されております。
　ところで，破産者は，平成○年○月○日付にて，貴社との間で建物建築工事請負契約を締結し，別紙（略）記載の土地上での建物建築工事を請け負い，完成に向けて工事を進めてきておりました。
　今般，破産者は破産するに至りましたが，残工事につきましては，破産法53条1項に基づき，当職において履行し，完成致しますので，本書をもってご通知申しあげます。
　工程等詳細につきましては，おってご連絡致しますので，よろしくお願い申し上げます。

敬具

Ⅱ　既存契約の処理

(注)　履行選択の通知には，相手方の催告権（法53条2項）を消滅させる効果があるので，配達証明付内容証明郵便として発送することが望ましい。

【書式6-19】　履行選択許可申請書

東京地方裁判所民事第20部　　管財　係　御中（※1）		
	平成○年(フ)第○○号	
	破　産　者　　○○○株式会社	
本件につき 許可する。 　東京地方裁判所民事第20部 　　裁判官　○　○　○　○		本件につき 許可があったことを証明する。 　前同日　東京地方裁判所民事第20部 　　裁判所書記官　○　○　○　○　印

双方未履行双務契約の履行の請求許可申立書

1　申立ての趣旨（※2・※3）

　　後記2⑷「契約の表示」記載の双方未履行双務契約について，破産者の債務を履行して相手方の債務の履行を請求することの許可を求める。

2　申立ての理由

⑴　履行を選択しない場合に管財業務において支障が生じること。

　　（内容　　　　　　　　　　　）

⑵　契約の解除を選択した場合と履行を選択した場合の見込み

契約解除を選択した場合の見込み	履行を選択した場合の見込み
A　財団が免れる履行義務 　　履行義務見込額　　　　　円 B　財団の負担 ①財団から返還すべき現存する反対給付 　　反対給付の時価　　　　　円 ②財団が相手方に支払うべき財団債務 　　推定財団債務額：　　　　円 ③財団が負担する損害賠償破産債務 　　損害賠償債務見込額：　　円 　　推定配当額　　　　　　　円	A　履行として受ける反対給付 　　反対給付の処分見積価額　　円 B　破産財団が負担する財団債務たる履行義務 　　履行義務見込額　　　　　円
A－B＝	A－B＝

(3)　破産管財人が保有する疎明資料（添付は不要）
　　　□　契約書（内容）：
　　　□　その他：
　(4)　契約の表示（相手方・契約成立日・契約の種類・契約の内容）

　　　　　　　　　　平成○年○月○日
　　　　　　　　　　破産管財人弁護士　○　　○　　○　　○　印
　　　　　　　　　　　　　　　　　　　　　　　　　　　以　上

【注意点】
※1　担当係を忘れずに表示してください。
※2　破産法53条1項にいう双方未履行の範囲については，多くの問題があるので十分な検討が必要です（東京地裁破産再生実務研究会『破産・民事再生の実務〔第3版〕破産編』（金融財政事情研究会，平成26年）230頁以下，242頁以下参照）。
※3　破産法78条2項9号においては，破産管財人が破産法53条1項に基づき履行の請求をする場合に許可が必要とされています。他方，解除を選択する場合には許可は必要とされていませんが，必要があれば，破産裁判所と協議してください。

3　継続的給付を目的とする双務契約

(1)　定　義

　継続的給付を目的とする双務契約とは、当事者の一方が、反復的に種類をもって定められた給付をなす義務を負い、相手方が各給付ごとに、あるいは一定期間を区切ってその期間内になされた給付に一括して、これに対する対価を支払う義務を負担する契約をいう。

　典型的には、電気・ガス・水道等の継続的供給を目的とする双務契約がこれにあたる。

(2)　継続的給付を目的とする双務契約の再建型倒産手続における扱い

　民事再生法・会社更生法においては、継続的給付を目的とする双務契約について、給付義務を負う双務契約の相手方は、民事再生ないし会社更生手続開始の申立て前の給付にかかる債権について弁済がないことを理由として、開始決定後、義務の履行を拒むことができないと規定されている（民再50条1項、会更62条1項）。

そして、手続開始の申立て後、開始前にした給付にかかる請求権は共益債権とされ、これに関して、電気・ガス・水道等の一定期間ごとに債権額を算定すべき継続的給付については、一定期間中の供給量を申立日を境にして正確に二分することが現実的に困難であることに配慮して、相手方保護の見地から、申立日の属する期間内の給付に係る請求権はすべて共益債権としている（民再50条2項、会更62条2項）。

これらの規定は、再建型倒産手続の申立てをした債務者の事業の継続に不可欠な電気・ガス・水道等の給付が、申立て前の債務の履行がないことを理由として停止されてしまうと、事業の継続がたちまち困難となってしまうことから設けられたものである。

(3) **破産手続における扱い**

旧法においては、このような継続的給付を目的とする双務契約に関する規定は設けられていなかった。それは、破産手続は事業を終了させることが目的であるから、再建型倒産手続とは異なり、事業の継続を前提とした規定を設ける必要がないと考えられたからであると思われる。

しかし、破産手続においても、破産管財人による残務整理はもとより、財団増殖を目的として仕掛中の業務を完成させるために短期間の事業継続を行う場合（法36条）などには、電気・ガス・水道等は必要である。従来は、破産管財人が、破産手続開始後の使用について、電力会社・ガス会社等と個別に交渉を行い、破産管財人名義で新たな供給契約を締結し、これにより生じる請求権を財団債権として処理してきたものであるが、かかる手続が必要とされることは破産管財の迅速な処理の妨げとなることがあった。

そこで、破産手続においても、平成16年改正により再建型倒産手続と同様の規定が新設されたのである（法55条）。

【書式6-20】 破産手続開始後の電気供給要請書

平成〇年〇月〇日

〒000-0000
〇〇市〇〇区〇〇町〇丁目〇番〇号
〇〇電力株式会社

代表取締役 ○ ○ ○ ○ 殿

〒000-0000
○○市○○区○○町○丁目○番○号
電　話　00-0000-0000
ＦＡＸ　00-0000-0000
破産者　○○○株式会社
破産管財人　弁護士　○　○　○　○　印

電気供給要請書

　拝啓　時下益々ご清栄のこととお慶び申しあげます。
　さて，先般ご連絡させて頂きましたとおり，平成○年○月○日午後5時，○○地方裁判所により上記破産者に対して破産手続開始決定（平成○年(フ)第○○号）がなされ，当職が破産管財人に選任されております。
　ところで，破産者は，貴社との間で，電気供給契約（電気供給場所：○○市○○区○○町○丁目○番○号）を締結しておりますが，破産手続開始申立て前の電気料金の支払を滞らせております。
　ご迷惑をお掛けしておりますが，破産手続開始申立日の属する平成○年○月分以降の電気料金はお支払い致しますので，電気の供給を継続していただきますようお願い申しあげます（破産法55条参照）。
　ご不明な点につきましては，当職宛，ご連絡ください。

敬具

4　賃貸借契約等

(1)　賃貸人または賃借人の破産と賃貸借契約の解除

(イ)　賃貸人の破産

　賃貸借契約は双務契約であるから，双方未履行双務契約に関する一般規定である破産法53条1項および2項の適用を受ける。
　もっとも，賃貸人の破産という賃借人に責任のない事由によって賃借人が賃借権を失ってしまうという結果は不合理であることから，賃借人が賃借権について第三者対抗要件を備えている場合には，破産法53条1項および2項の適用が排除され，賃貸人の破産管財人による解除権が制限される（法56条

1項。平成16年改正によって新設)。

(ロ) **賃借人の破産**

賃貸人の破産の場合と同様に、双方未履行双務契約に関する一般規定である破産法53条1項および2項の適用を受ける。

なお、賃借人の破産の場合に、平成16年改正前の民法621条は賃貸人からの解約の申入れを認めていたが、賃料の未払いが発生していなくても賃貸人からの解約の申入れを認めるのは不合理であることから、平成16年改正により、旧民法621条は削除されている。

(2) **賃貸人の破産の場合の賃借人による賃料の前払い、賃貸人による賃料債権の処分**

賃貸人の破産の場合に、賃借人による賃料の前払い、または、賃貸人による賃料債権の処分が行われていたときは、その効力は破産手続において認められることになる。

旧法は、賃貸人の破産の場合、賃料の前払い、または、賃料債権の処分は、破産宣告の時における当期および次期に関するものを除いては破産債権者に対抗することができないとしていたが(旧法63条1項)、この規定は、将来の賃料債権の証券化を阻害してしまうことから、平成16年改正により、削除されている。

旧法63条1項による効力の限定がなくなったことにより、賃料の前払い、または、賃料債権の処分が行われていると、目的物の使用収益の対価が破産財団に入ってこないことになるため、賃貸人の破産管財人としては、不当な行為が認められる場合には、否認権の行使などによって対処する必要がある。

なお、旧法63条1項は再生手続および更生手続にも準用されていたところ、平成16年改正によって旧法63条が削除されたことに伴い、両手続においても改正がなされており、破産手続と同様に、効力の限定はなくなっている。

(3) **賃貸人の破産の場合の賃借人による賃料債権を受働債権とする相殺**

賃貸人の破産の場合に、賃借人から、破産債権を自働債権、賃料債権を受働債権とする相殺が主張されたときは、その効力は破産手続において認められることになる。

旧法は、賃貸人の破産の場合破産債権を自働債権、賃料債権を受働債権と

する相殺は、破産宣告の時における当期および次期の賃料に限定して効力を認めていたが（旧法103条1項前段）、この規定は、平成16年改正により、旧法63条1項とあわせて削除されている。

なお、旧法103条1項前段は再生手続および更生手続にも準用されていたところ、平成16年改正によって旧法103条が削除されたことに伴い、両手続においても改正がなされたが、破産手続とは異なり、手続開始の時における賃料の6カ月分に相当する額を限度として相殺の効力を認めることとされているので（民再92条2項、会更48条2項）、注意が必要である。

ところで、賃借人が有する敷金返還請求権は、目的物の明渡し時に発生する停止条件付債権であることから、目的物の明渡しを行うまでは自働債権として用いることができない。そこで、敷金返還請求権を有する賃借人は、後の充当のため、賃料債務の弁済額の寄託を請求することができることとされている（法70条後段。平成16年改正によって新設）が行われることになる。

【書式6-21】 賃借人から破産債権を自働債権として賃料債権を受働債権とする相殺通知書

平成○年○月○日

〒000-0000
○○市○○区○○町○丁目○番○号
破産者　○○○株式会社
破産管財人　弁護士　○　○　○　○　殿

〒000-0000
○○市○○区○○町○丁目○番○号
○○ビル○○○号室
株式会社△△△
代表取締役　○　○　○　○　印

相殺通知書

拝啓　時下益々ご清栄のこととお慶び申し上げます。

　さて、弊社が○○○株式会社に対して有する下記債権と、弊社が○○○株式会社に対して負担する下記賃料債務を、賃料債務の弁済期が到来するごとに債

権額に満つるまで対当額にて相殺する旨，ご通知申し上げます。

敬具

記

（債権の表示）
　金0,000,000円
　但し，平成〇年〇月〇日付金銭消費貸借契約に基づく貸金返還請求権
（債務の表示）
　賃料月額金000,000円
　但し，平成〇年〇月〇日付，〇〇市〇〇区〇〇町〇丁目〇番〇号所在の〇〇ビル〇〇〇号室に関する賃貸借契約に基づく賃料債務。平成〇年〇月分（同年〇月末日弁済期）以降を受働債権とする。

以上

（注）　相殺の意思表示の存否がのちに争いになる場合に備えて，配達証明付内容証明郵便として発送することが望ましい。

(4) 地上権、永小作権

　賃貸借契約と同様に、地上権、永小作権についても、平成16年改正により、地主の破産の場合に破産法56条1項が適用されることとなり、また、借主の破産の場合に地主が地上権、永小作権の消滅を請求できる旨の定めが削除されている（旧民276条・266条）。

(5) ライセンス契約

　破産管財人の解除権を制限する破産法56条は、賃貸借契約のみならず、「その他の使用及び収益を目的とする権利を設定する契約」についても適用があり、登録された特許権、実用新案権、意匠権に関する専用実施権（特98条1項2号、実18条3項、意27条4項）等はライセンサーの破産管財人による解除から保護される。

　特許権、実用新案権、意匠権に関する通常実施権についても、特許法等の平成23年改正により、当然対抗制度（特99条、実19条3項、意28条3項）が導入されたことから、ライセンサーの破産管財人による解除から保護される。

　しかし、ノウハウや著作権に関するライセンス契約については対抗要件制度が用意されておらず、破産法56条によっては保護されない。このように同

条によっては保護されないライセンス契約の保護については、「破産宣告当時双務契約の当事者双方に未履行の債務が存在していても、契約を解除することによって相手方に著しく不公平な状況が生じるような場合には、破産管財人は同項（筆者注：旧法59条1項）に基づく解除権を行使することができないというべきである」とした前掲最三小判平成12・2・29（2⑵参照）の示した解除権制限法理の適用を検討すべきである。

5 委任契約

　委任契約は、民法653条2号において「委任者又は受任者が破産手続開始の決定を受けた」ことにより終了すると定められている。これは、委任契約が相互の信頼関係に基づくことを重視したものである。

　ただし、委任契約の終了は相手方に通知し、または相手方がこれを知った時でなければ、相手方に対抗できないとされ（民655条）、委任者が破産したにもかかわらず、受任者がこれによる委任契約の終了を知らずに委任事務を処理したときは、受任者は費用償還請求権（民650条）や報酬請求権（民648条）を取得する。

　そして、かかる債権については、破産債権として扱われることになる（法57条）。

　ただし、委任事務が破産財団の利益のためになされた場合には、破産財団にとって事務管理に該当するので、受任者の費用償還請求権は財団債権となる（法148条1項5号）。また、委任契約が終了した後、急迫の事情があるためにした行為によって破産手続開始後に破産財団に対して生じた請求権も財団債権となる（同項6号）。

【書式6-22】　破産管財人による契約終了の通知

　　　　　　　　　　　　　　　　　　　　　　　　平成○年○月○日

　〒000-0000
　○○市○○区○○町○丁目○番○号
　　行政書士　　○　　○　　○　　殿
　　　　　　　　　　　〒000-0000

```
                    ○○市○○区○○町○丁目○番○号
                    電　話　00-0000-0000
                    ＦＡＸ　00-0000-0000
                    破産者　○○○株式会社
                    破産管財人　弁護士　○　　○　　○　　○　印

                        ご連絡

拝啓　時下益々ご清栄のこととお慶び申しあげます。
　さて，平成○年○月○日午後5時，○○地方裁判所により上記破産者に対し
て破産手続開始決定（平成○年(フ)第○○号）がなされ，当職が破産管財人に選
任されております。
　ところで，破産者は，貴殿との間で，建設業の許可の更新に関し，平成○年
○月○日付委任契約を締結いたしました。
　この委任契約は，今般破産者が破産手続開始決定を受けたことにより，民法
653条2号に基づき終了いたしましたので，取り急ぎ本書をもってご連絡申し
あげます。
　ご不明な点につきましては，当職宛，ご連絡ください。
                                                            敬具
```

6　市場の相場のある商品の取引契約

(1)　旧破産法61条

　旧法61条は、取引所の相場のある商品の売買で、一定の日時または一定の期間内に履行されなければ契約の目的を達成できないという性質を有する取引について、その履行期が破産宣告後に到来するときは、当然に契約の解除があったとみなし、あわせて、その場合の損害賠償の額を、破産宣告時に同種取引を行う場合の相場の価格と約定価格の差額とすると規定していた。
　この規定の趣旨は、かかる類型の取引は価格の変動が大きいので、破産管財人に履行選択が有利か不利かを判断させることは相当でないと考えられるため、迅速に契約関係を終結させて差額決済を行うこととしたものであった。

(2) 破産法58条による対象取引の拡大

破産法58条においては、上記旧法61条の規定する差額決済による迅速処理のなされる取引の範囲が「取引所の相場その他の市場の相場がある商品の取引に係る契約」に拡大されている。

この改正の趣旨は、近時、店頭市場取引を代表例とする取引所の相場のあるもの以外にもいわゆる相場性のある商品の取引が拡大し、取引類型としても売買にとどまらずスワップ取引のような交換取引も現れており、このような取引についても、差額決済による迅速処理を行うことが望ましいと考えられたことにある。

この改正により、スワップ取引や有価証券オプション取引などのデリバティブ（金融派生商品）取引も、本規定の適用を受けることが可能となっている。

(3) 一括清算ネッティング条項の有効性の承認

一括清算ネッティング条項とは、一方の当事者に倒産処理手続の開始等の信用悪化事由が生じたときは、一定の範囲の金融取引から生ずるすべての債権債務について、それが弁済期の異なる、異種の通貨を目的とする、あるいは現物の引渡しを内容とするものであっても、すべて一括して差引決済をして、それによって決定される残額についてのみ請求できることとする旨の特約である。

この一括清算ネッティング条項の効力が認められると、差引決済される部分については債権を優先回収できることとなり、取引相手方の倒産リスクを限定することができる。これに対し、この効力が否定されれば、個別取引については破産法58条で差額決済がなされるとしても、各損害賠償債権・債務間の差引決済が相殺制限にかかるおそれがあり、相手方の倒産リスクが拡大することになる。

このような一括清算ネッティング条項の有効性については、旧法下では種々議論があったところ、諸外国ではその有効性が確立されていたこともあり、わが国においても同条項の有効性を認めることが、特に金融機関等から強く要請されていた。そこで、平成10年6月5日「金融機関等が行う特定金融取引の一括清算に関する法律」が成立し、金融機関等が一方当事者となる

特定金融取引については、一定の要件の下に、一括清算ネッティング条項の有効性が承認されている。

ただ、一括清算法は、金融機関等が一方当事者となる取引に限定して適用され、その余の当事者間の取引に適用がないため、旧破産法下では、金融機関等以外の者の間における一括清算ネッティング条項の有効性に疑義が残っていた。

そこで、平成16年改正では、破産法58条5項において、「(筆者注：同条)第1項の取引を継続して行うためにその当事者間で締結された基本契約において、その基本契約に基づいて行われるすべての同項の取引に係る契約につき生ずる第2項に規定する損害賠償の債権又は債務を差引計算して決済する旨の定めをしたときは、請求することができる損害賠償の額の算定については、その定めに従う」と規定して、当該態様における一括清算ネッティング条項の有効性を承認したものである。

また、破産法58条は、民事再生法51条および会社更生法63条により、両手続に準用されている。

【書式6-23】 一括清算ネッティング条項のあるデリバティブ取引契約書

> **デリバティブ取引に関する基本契約書**
>
> 第○条（一括清算）
> 　当事者の一方に破産手続開始、再生手続開始又は更生手続開始の申立て（以下「一括清算事由」という。）が生じた場合には、当該一括清算事由が生じた時において、本契約に基づいて行われるすべての取引に係る契約について生ずる損害賠償の債権又は債務を差引計算して決済するものとする。

7　請負契約

(1) 注文者の破産

注文者について破産手続が開始した場合には、破産法53条の特則である民法642条に基づいて処理がなされる。そして、同条1項前段は、注文者が破

産手続開始決定を受けたときは、注文者の破産管財人のみならず、請負人にも解除権を認めている。このように請負人にも解除権を認めた趣旨は、破産手続開始後の仕事に対する報酬が財団債権となるとしても、財団不足により財団債権を回収できないリスクがあるため、請負人にかかるリスクから逃れる選択肢を与えるのが適切であるということにある。

注文者の破産管財人、あるいは、請負人が、請負契約を解除した場合、請負人は、出来形部分についての報酬およびその報酬に含まれない費用について、破産債権として請求権を行使することができる（民642条1項後段）。

また、注文者の破産管財人が請負契約を解除した場合に限り、請負人は解除により生じた損害について、破産債権として賠償請求権を行使することができる（民642条2項）。平成16年改正前は、かかる損害について賠償請求を行うことは認められていなかったが、平成16年改正では、双務契約一般について規律する破産法54条1項によるならば請負人は損害賠償請求をなしうるところ、これを不可とする理由は特に見当たらないことから、上記のとおり改正がなされている。

(2) **請負人の破産**

請負人について破産手続が開始した場合には、注文者破産の場合とは異なり、民法に特則が定められているということはない。そして、請負人破産の場合に破産法53条が適用されるのかについては議論があるが、「請負契約の目的である仕事が破産者以外の者において完成することのできない性質のものであるため、破産管財人において破産者の債務の履行を選択する余地のないときでない限り」同条が適用されると解されている（最一小判昭和62・11・26民集41巻8号1585頁）。もっとも、具体的にどのようなものが同条の適用外となるのかについては必ずしも意見の一致をみておらず、平成16年改正でも、立法による解決は見送られている。

また、請負人の破産管財人が請負契約を解除し、かつ、注文者の既払金が出来高を超過する場合、その超過分の返還請求権が破産法54条2項により財団債権となるかについては、これを認めるとかかる返済請求権により破産財団が枯渇してしまうことが多いこともあり、議論がなされている。この点、前掲最一小判昭和62・11・26は、「支払ずみの請負報酬の内金から工事出来

高分を控除した残額について、法60条2項（注：現行法54条2項）に基づき財団債権としてその返還を求めることができる」としており、超過分の返還請求権は財団債権となると解されている。ただし、当該部分は判示事項でなかったこともあり、超過分の返還請求権を破産債権とする説も依然存している。

Ⅲ 相殺権

1 相殺権の意義

　破産法は、相殺の担保的機能に関する破産債権者の合理的な期待が保護されるよう、破産債権者が破産手続開始決定時に破産者に対して破産債権と同種の目的の債務を負担する場合には破産手続によらずして相殺することを認めている（法67条）。のみならず、民法上認められている相互に弁済期の到来した債権同士の相殺に加えて、一定の範囲で期限付債権や条件付債権の相殺を認めて民法よりも相殺が認められる範囲を拡張している。

　この相殺が認められる範囲の拡張および相殺制限については、2～5において述べているので、そちらを参照されたい。

【書式6-24】　相殺通知書

平成○年○月○日

破産者　　○○○株式会社
破産管財人　弁護士　○　○　○　○　殿

　　　　　　　　　　株式会社△△△
　　　　　　　　　　代表取締役　○　○　○　○　印

相殺通知書

冠省

　当社は、破産者に対し、破産裁判所に届出た後記1の破産債権を有する一方、後記2の債権に係る債務を負担しております。

　つきましては、当社は、貴職に対し、後記1の自働債権と後記2の受働債権をその対当額において相殺します。

草々

記

1　自働債権（破産債権）
　　当社と破産者の間の平成○年○月○日から平成○年○月○日までの間の○○等の売買取引に基づく当社の破産者に対する売掛債権金○○円の内金○○円
2　受働債権
　　破産者と当社の間の平成○年○月○日から平成○年○月○日までの間の○○等の売買取引に基づく破産者の当社に対する売掛債権金○○円

2　条件付債権を有する者からの相殺

(1)　解除条件付債権を有する者からの相殺

　破産債権者は、その有する債権が解除条件付債権であってもこれを自働債権とし、財団所属債権を受働債権とする相殺をすることができる（法67条2項前段）。

　しかし、後に解除条件が成就して自働債権が消滅する可能性がある状態での相殺を認めると、破産債権者の相殺の期待は保護されるものの、他方で、相殺がなされた後に解除条件が成就した場合には自働債権がなかったことになるので、受働債権とされた財団所属債権の額を破産財団に返還させる必要がある。

　そのため、破産債権たる解除条件付債権を自働債権とする相殺をする場合には、後の解除条件が成就したときに受働債権とされた財団所属債権の金額が破産財団に返還されることを担保するため、相殺により消滅すべき財団所属債権の額について、破産財団のために担保を提供し、または、寄託をしなければならない（法69条）。

　なお、解除条件が最後配当に関する除斥期間（法198条1項・2項参照）が経過するまでに成就しなかった場合、破産財団のために提供された担保は効力を失い、寄託された金額は寄託者に返還される（法201条3項）。

(2)　停止条件付債権または将来の債権を有する者からの相殺

　財団所属債権の債務者は、破産者に対して停止条件付債権は将来の債権を

有している場合、後に停止条件が成就しあるいは債権が現実に発生するに至ったときに破産債権を自働債権とし財団所属債権を受働債権とする相殺を行うために、財団所属債権の弁済を行うにあたってその弁済額を寄託するよう破産管財人に請求することができる。破産者に対して敷金返還請求権を有する者が賃料を支払う場合も同様である（法70条。前掲Ⅱ4(3)）。かかる寄託請求をせずに財団所属債権に対する弁済を行った場合、破産者に対する停止条件付債権または将来の債権が行使可能となっても相殺をすることはできず、破産債権として弁済を受けることができるにすぎない。

なお、最後配当に関する除斥期間が経過するまでに停止条件が成就せずあるいは将来債権が現実に発生しなかった場合、破産管財人は、寄託した金額を原資に組み込んで最後配当を行う（法201条2項）。

【書式6-25】 停止条件付債権を有する者からの寄託請求書（敷金返還請求権の場合）

平成○年○月○日

破産者　○○○株式会社
破産管財人　○　○　○　○　殿

株式会社△△△
代表取締役　○　○　○　○　印

寄託請求書

　当社は，破産者○○○株式会社（以下，「破産者」といいます。）に対し，破産者との間の平成○年○月○日付け建物賃貸借契約に基づき，後記建物の賃借人として，同日金○○円の敷金を預託いたしておりますが，来る平成○年○月○日をもって同契約が終了いたします。

　つきましては，今後履行期の到来する賃料債務を後記物件の明渡後に上記敷金債権と相殺するため，上記敷金の額に満るまで，当社が貴職に支払う賃料額を寄託するよう破産法70条に基づき請求いたします。

記

（物件の表示）
　　所在　　　○○県○○市……
　　ビル名　　○○ビル

| 室番号 | ○階○○号室 |

以上

3 その他の特殊な債権の相殺

(1) 期限付債権を自働債権とする相殺

　破産手続開始決定の時点で、まだ弁済期が到来していない債権は、破産手続開始決定時に弁済期が到来したものとみなされる（破産債権の現在化）（法103条3項）。相殺の局面においても、期限未到来の債権を自働債権とする相殺も認められる（法67条2項後段）。

　ただし、期限未到来の債権を自働債権とする場合、その相殺に供することのできる債権額は、以下の減額調整を受ける。これは、現在化により破産債権者が受ける利益分を控除するものであり、劣後的破産債権（法99条）として取り扱われる債権を自働債権とする相殺が認められないのと同様の取扱いである。

① 確定した期限が付された無利息の債権の場合（法68条2項・99条1項2号）　破産手続開始決定から期限までの期間に対する法定利息（商事債権であれば年6％、それ以外は年5％）相当額を控除する。

　なお、1年に満たない期間については、控除額の計算上切り捨てる。

② 不確定の期限が付された無利息の債権（法68条2項・99条1項3号）
　債権額と破産手続開始決定時の評価額の差額を控除する（すなわち、評価額のみ相殺に供することができる）。

③ 金額および存続期間の確定している定期金債権（法68条2項・99条1項4号）　各支払期ごとに①と同様の計算により算出される法定利息相当額を控除する。なお、定期金合計額からこの控除額を差し引いた後の残額が、法定利率により利息を生ずるべき元本額を超えるときは、当該超過額も控除額に加算する。

(2) 金銭の支払いを目的としない債権、金額不確定の金銭債権、外貨債権、存続期間不確定の定期金債権(破産債権の金銭化)

破産法103条2項1号に定めるこれらについては、いずれも破産手続開始決定時の評価額において、自働債権として相殺に供することができる(法67条2項前段)(なお、金額不確定の金銭債権を受働債権とする相殺については、後記4(1)参照)。

4 相殺制限

破産法では、条文の構成が、受働債権(破産債権者が破産者に対して負担する債務)に関する制限と自働債権(破産債権)に関する制限について、各々独立した条を設ける形とされている。

(1) 受働債権に関する制限

破産手続開始後に負担した債務(法71条1項1号)、破産手続開始申立てを知って破産手続開始申立て後に負担した債務(同項4号)を受働債権とする相殺が禁止される。なお、支払停止を知って支払停止後に負担した債務による相殺については、原則として禁止されるものの(同項3号本文)、支払停止時に支払不能でなかった場合には相殺が許容される(同号但書)。

また、支払不能の事実を知ってもっぱら破産債権との相殺に供することを目的として、①破産者との間で破産者の財産を処分する契約を締結して債務を負担した場合および②破産者に対して債務を負担する者から債務を引き受けた場合については、かかる債務を受働債権とする相殺は禁止される(法71条1項2号)。旧法の相殺禁止規定(旧法104条2号)では、破産者の支払不能を知っていても破産者の支払停止という外形的事実がなければ相殺は制限されないとも解し得る表現となっていたため、これでは相殺禁止の趣旨が全うされないという問題があり、相殺権の濫用等の解釈論によって不都合を避ける試みがなされていたところを平成16年改正において立法的に解決したものである。

ただし、以上の受働債権に関する制限のうち、破産手続開始後に負担した債務以外については、①法定の原因、②支払不能、支払停止または破産手続開始申立てがあったことを知る前に生じた原因、または③破産手続開始申立

て時の1年以上前に生じた原因に基づき負担した債務であれば、破産法71条1項は適用されず、かかる債務を受働債権とする相殺は禁止されない（同条2項）。

なお、金額不確定の破産債権を自働債権とする相殺は、明文の規定（法67条2項前段・103条2項1号ロ）により認められているが（前記3(2)参照）、他方、破産財団所属債権が金額不確定である場合に、これを受働債権とし破産債権を自働債権とする相殺を認める規定はなく（法67条2項後段は、その前段と異なり法103条2項1号の債権をあげていない）、金額不確定の破産財団に対する債権を受働債権とする相殺の許否について、現時点では、実務上判断基準が確定しているとはいえない。

たとえば、破産者が設定していた譲渡担保の目的物が破産手続開始決定後に売却されて清算金（被担保債権の額を上回る売得金）が発生した場合、譲渡担保権者が破産財団に対して負う清算金支払債務（破産者の清算金請求権）を受働債権とし、被担保債権以外の破産債権を自働債権とする相殺を行うことは、破産法72条1項1号の適用または相殺権の濫用として認められない（山本克己「相殺権、相殺禁止」全国倒産処理弁護士ネットワーク編『論点解説新破産法』263頁（2005）、山本克己「破産債権者が破産宣告の時において期限付きまたは停止条件付きであり破産宣告後に期限が到来しまたは停止条件が成就した債務に対応する債権を受働債権とし破産債権を自働債権として相殺をすることの可否」金法1780号55頁、最一小判昭和47・7・13民集26巻6号1151頁、最二小判平成17・1・17民集59巻1号1頁）と解されるのに対して、信託終了によって破産財団に交付されるべき清算金が破産手続開始決定後に確定し、受託者が清算金請求権を受働債権とし、破産債権を自働債権として相殺を行った事案では、破産法71条1項1号を適用して相殺を認めなかった裁判例がある一方（名古屋高裁金沢支判平成21・7・22金法1892号45頁）、再生手続の事案ではあるが、支払停止後に投資信託受益権の管理契約終了による清算金が発生・確定した事案について、当該管理契約が支払停止前に締結されていることに着目して、清算金債務の負担は、同条2項2号と同旨である民事再生法93条2項2号にいう支払停止を知った時「より前に生じた原因」によるとして、清算金債務を受働債権とし再生債権を自働債権とする相殺の効力を認めた裁判例

もある（名古屋高判平成24・1・31金法1941号133頁）。

(2) 自働債権に関する制限

　破産手続開始後に取得した他人の破産債権（法72条1項1号）、破産手続開始申立てを知って破産手続開始申立て後に取得した破産債権（同項4号）を自働債権とする相殺が禁止される。なお、支払停止を知って支払停止後に取得した破産債権による相殺については、原則として禁止されるものの（同項3号本文）、支払停止時に支払不能でなかった場合には、相殺が許容される（同号但書）。

　そして、受働債権に関する制限と同様に、自働債権についても、支払不能を要件とする制限がある。すなわち、支払不能の事実を知って支払不能後に取得した破産債権を自働債権とする相殺は禁止される（法72条1項2号）。

　ただし、以上の自働債権に関する制限のうち、破産手続開始後に他人から取得した破産債権以外については、①法定の原因、②支払不能、支払停止または破産手続開始申立てがあったことを知る前に生じた原因、③破産手続開始申立て時の1年以上前に生じた原因に基づき取得した破産債権であれば、破産法72条1項は適用されず、かかる債権を自働債権とする相殺は禁止されない。また、④破産者に対して債務を負担している者と破産者との間の契約に基づき生じた破産債権についても、これを自働債権とする相殺は禁止されない（同条2項）。もっとも、④については自働債権（破産債権）の発生原因たる契約が否認権（法160条以下）行使の対象となるかは別問題である。

　なお、委託を受けない保証人が、主債務者の破産手続開始後に保証を履行した場合に取得する事後求償権を自働債権とし、破産者に対して負担する債務を受働債権とする相殺の可否については、かつて実務上争いがあったが、最高裁判所は、かかる相殺は破産法72条1項1号の類推適用により許されないとした（最二小判平成24・5・28民集66巻7号3123頁）。

【書式6-26】　債権者による相殺が無効である旨の破産管財人の通知書

　　　　　　　　　　　　　　　　　　　　　　　　平成○年○月○日

株式会社△△△
代表取締役　○　○　○　○　殿

破産者　○○○株式会社
破産管財人　○　○　○　○　印

通　知　書

冠省
　貴社は，当職に対し，平成○年○月○日付け「相殺通知書」により，後記1の破産債権を後記2(1)の破産財団所属債権と対当額において相殺する旨の意思表示をされました。
　しかしながら，破産者は，平成○年○月○日には自らが振出した約束手形の決済ができず銀行取引停止処分を受けたものであり，遅くとも同日には支払不能に陥いるとともに，支払停止の状況にあったものであります。そして，貴社は不渡りとなった当該約束手形をその最終所持人である株式会社○○銀行に取立委任されたものであり，同日には，破産者の支払不能及び支払停止をご存知になられたことは明らかです。
　貴社は，その○日後である平成○年○月○日に×××株式会社から後記1の破産債権を譲受けられたものでありますので，破産法72条1項2号及び同項3号により，後記1の破産債権を自働債権として相殺を行うことはできません。
　したがって，貴社の上記相殺は認められませんので，後記2(1)及び(2)の財団所属債権に対する弁済として金○○円及びこれに対する平成○年○月○日から支払済みまで年6分の割合による遅延損害金を後記3の口座まで振込んでお支払ください。

草々

記

1　破産債権
　　貴社が×××株式会社から譲受けた，破産者と×××株式会社の間の平成○年○月○日から平成○年○月○日までの間の○○等の売買取引に基づく破産者に対する売掛債権金○○円
2　破産財団所属債権
　(1)　破産者と貴社の間の平成○年○月○日から平成○年○月○日までの間の○○等の売買取引に基づく破産者の貴社に対する売掛債権金○○円
　(2)　上記(1)の売掛債権金○○円に対する平成○年○月○日から支払済みまで年6分の割合による遅延損害金
3　振込先
　　○○銀行　○○支店……

Ⅲ　相殺権

【書式6-27】　相殺制限にかかる旨の管財人の主張に対する反論書

平成○年○月○日

破産者　　○○○株式会社
破産管財人　弁護士　○　○　○　○　○　殿
　　　　　　　　　　　株式会社△△△
　　　　　　　　　　　代表取締役　○　　○　　○　　○　印

反　論　書

冠省
　当社は，貴職に対し，○年○月○日付け「相殺通知書」により，当社が破産裁判所に届出た破産債権（金○○円）を自働債権とし，当社が破産者に対して負担する平成○年○月○日から○年○月○日までの間の○○等の売買取引に係る買掛債務（金○○円の内○○円）を受働債権として，これらの債権債務を対等額において相殺する旨を通知いたしました。
　ところが，貴職は，当社に対し，平成○年○月○日付け「通知書」により，当社が遅くとも破産者が銀行取引停止処分を受けた平成○年○月○日には破産者の支払不能及び支払停止を知っていたにも関わらず，その○日後に上記破産債権を×××株式会社から譲受けたものであり，上記の相殺は破産法72条1項2号及び同項3号に違反するため認められない旨を通知されるとともに，上記受働債権の履行を請求されました。
　しかしながら，当社は，破産者が銀行取引停止処分を受ける以前である平成○年○月○日に，×××株式会社との間で，当社の同社に対する貸付金の担保として，同社が破産者に対して同日から平成○年○月○日までに取得する売掛金債権を譲受けたものであります。なお，この事実については，平成○年○月○日付けにて債権譲渡登記がなされていることからも明らかです。
　したがって，当社の貴職に対する平成○年○月○日付け「相殺通知書」による相殺は，貴職ご指摘のとおりの事情があるとしても，破産法72条2項2号により有効です。よって貴職の当社に対する上記受働債権の履行請求には応じかねますので，悪しからずご了承ください。

草々

5 破産管財人の地位

(1) 破産管財人からの相殺

　破産管財人は、破産財団に属する債権（以下、「財団所属債権」という）を自働債権とし破産債権を受働債権とする相殺をすることが、一般の利益に適合するときは、裁判所の許可を得て、かかる相殺を行うことができる（法102条）。

　平成16年改正前は、破産管財人が財団所属債権と破産債権を相殺することが認められるかについて破産法に規定がなく、解釈に委ねられていたため、両債権の帰属者が異なるので相殺ができないとするのが通説的見解であったが、相殺をすることが破産財団にとって有利であるという特段の事情がなければ相殺は認められないとする見解（大阪高判昭和52・3・1判タ357号257頁等）や破産管財人による相殺は民法によるものとしてこれを特に制限しない見解（大阪地判昭和35・7・16金法256号292頁等）等があった。

　しかし、とりわけ破産管財人から相殺をすることが破産財団に有利である場合に、これを排除すべき実質的な理由はなく、その場合には、裁判所の許可の要否といった明確な手続要件を定めて効力が明確化されることが望ましいことから、破産法では、上記のとおり、明文の規定が置かれたものである。

　なお、「一般の利益に適合する」場合としては、たとえば、相殺を行わずに財団所属債権を回収してもその回収額が受働債権たる破産債権に対する配当額よりも低い場合（財団所属債権の債務者も倒産している場合等）のほかにも、財団所属債権の回収に要する費用、期間、回収見込み、破産手続の進捗状況や破産債権に対する配当見込み等の事情を総合的に勘案して、早期に財団所属債権と破産債権を相殺することで迅速な処理を図ることが望ましい場合もあろう。

【書式6-28】　相殺許可申請書

平成○年㋫第○○号
破産者　　○○○株式会社

平成○年○月○日

Ⅲ　相殺権

○○地方裁判所第○民事部　破産○係　御中
　　　　　　　　　上記破産者
　　　　　　　　　破産管財人弁護士　○　　○　　○　　○　㊞

許可申請書（○○）

　御庁頭書事件に関し，別紙許可申請事項につき許可を頂きたく申請いたします。

（注）　許可申請書の書式は裁判所によって異なり，裁判所の許可書および許可書謄本の請書となるべき文言もあらかじめ併記した許可申請書書式を用いる裁判所もある。
　　　なお，「許可申請書」の後には許可申請の通し番号を記入することを想定している。

　　　　　　　　　　　　　　　　　　　　　　　　破産者　　○○○株式会社
（許可申請事項）
　　　株式会社△△△に対し，下記1の破産財団所属債権を自働債権とし，下記2の破産債権を受働債権として，これらの債権をその対等額において相殺する旨の意思表示をなすこと
　　　　　　　　　　　　　　　　　記
　1　破産財団所属債権
　　　破産者と株式会社△△△の間の平成○年○月○日から平成○年○月○日までの間の○○等の売買取引に基づく破産者の株式会社△△△に対する売掛債権金○○円
　2　破産債権
　　　株式会社△△△と破産者の間の平成○年○月○日から平成○年○月○日までの間の○○等の売買取引に基づく株式会社△△△の破産者に対する売掛債権金○○円
（許可を求める理由）
　1　破産者は，株式会社△△△に対して上記（許可申請事項）記載の破産財団所属債権を有している一方，同社に対して同記載の破産債権に係る債務を負担しております。
　2　破産者に係る破産手続においては0％程度の配当が行われる見込みですが，株式会社△△△についても破産手続開始決定がなされているところ（○○地方裁判所平成○年(フ)第○○号），同社の破産手続は平成○年○月○日をもって廃止されました。
　3　つきましては，上記のとおり当職より株式会社△△△に対して相殺を行

い，破産債権全額を消滅させてしまうことが破産財団の増殖に資するものと思料いたしますので，本許可申請に及びました。
(添付資料)
1　株式会社△△△に関する破産手続廃止決定書謄本

【書式6-29】　破産管財人による相殺通知書

平成○年○月○日

株式会社△△△
代表取締役　○　○　○　○　殿

破産者　○○○株式会社
破産管財人　○　○　○　○　印

相殺通知書

冠省
　破産者は，貴社に対し，後記1の履行期の到来した債権を有しております。その一方で，貴社は，破産者に対して，後記2の債権を破産債権として届出られており，破産裁判所の定めた破産債権調査期間が平成○年○月○日に終了いたしましたが，この破産債権に対しては何らの異議の申出もありませんでした。
　つきましては，当職は，貴社に対し，後記1の破産財団所属債権を自働債権とし後記2の破産債権を受働債権として，これらの債権を対当額において相殺します。
　なお，当職は，この相殺の意思表示をなすにつき，破産裁判所の許可を受けていることを申し添えます。

草々

記

1　破産財団所属債権
　　破産者と貴社の間の平成○年○月○日から平成○年○月○日までの間の○○等の売買取引に基づく破産者の貴社に対する売掛債権金○○円
2　破産債権
　　貴社と破産者の間の平成○年○月○日から平成○年○月○日までの間の○○等の売買取引に基づく貴社の破産者に対する売掛債権金○○円

(2) 破産管財人の催告権

　再建型倒産手続である再生手続および更生手続においては、適切な再生計画または更生計画策定の必要から、相殺権行使は債権届出期間満了までに限定されているが、清算型倒産手続である破産手続では、再建計画策定の必要がないため、このような制限は設けられていない。しかし、相殺権を行使し得る状況にあるにもかかわらずこれを行使するかどうか態度を明らかにしない破産債権者がいると、破産財団との債権債務を確定できず配当が遅れるという事態が生じることがある。

　そこで、破産管財人は、破産債権調査期間の経過後（破産債権調査期日が指定された場合にはその期日の終了後）に、相殺権を行使し得る破産債権者に対して、1カ月以上の期間を定めて、当該期間内に相殺権を行使するか否かを確答するよう催告することができ（法73条1項本文）、当該期間内に破産債権者が確答しない場合には当該破産債権者は破産財団に対して相殺を主張できなくなるとされている（同条2項）。ただし、相殺権行使によって消滅すべき財団所属債権（当該破産債権者が破産財団に対して負担する債務）の履行期が到来している場合に限られる。

　したがって、この催告を受けた破産債権者は、催告期間内に確答しなければ、財団所属債権を履行する一方で、破産債権については破産手続における配当を受けることができるにとどまることとなる。

【書式6-30】　破産管財人からの催告書

　　　　　　　　　　　　　　　　　　　　　　　　　平成○年○月○日
株式会社△△△
代表取締役　○　○　○　○　殿
　　　　　　　　　　　　　　　　破産者　○○○株式会社
　　　　　　　　　　　　　　　　破産管財人　○　○　○　○　印

相殺権行使の催告書

冠省
　破産者は，貴社に対し，後記1の履行期の到来した債権を有しております。

その一方で，貴社は，破産者に対して，後記2の債権を破産債権として届出られており，破産裁判所の定めた破産債権調査期間が平成○年○月○日に終了いたしましたが，この破産債権に対しては何らの異議の申出もありませんでした。

つきましては，当職は，貴社に対し，後記2の破産債権を自働債権とし後記1の破産財団所属債権を受働債権とする相殺を貴社よりなされる場合には，本書到達の日より1カ月以内に当職に対して書面により相殺の意思表示をなされますよう，破産法第73条第1項に基づき催告いたします。

上記期間内に相殺の意思表示がない場合には，破産法第73条第2項により，貴社は上記の相殺をなす権利を失われますので，後記1の債権の弁済として，金○○円及びこれに対する平成○年○月○日から支払済みまで年6分の割合による遅延損害金を後記3記載の銀行口座に振込んでお支払ください。

草々

記

1 破産財団所属債権
　　破産者と貴社の間の平成○年○月○日から平成○年○月○日までの間の○○等の売買取引に基づく破産者の貴社に対する売掛債権金○○円
2 破産債権
　　貴社と破産者の間の平成○年○月○日から平成○年○月○日までの間の○○等の売買取引に基づく貴社の破産者に対する売掛債権金○○円
3 振込先
　　○○銀行　○○支店　普通口座
　　口座番号　○○○○　口座名義人　○○○○○○

6　破産管財人の催告への対応

現行法の下では、破産管財人は、破産債権調査期間の経過後（破産債権調査期日が指定された場合にはその期日の終了後）に、相殺権を行使し得る破産債権者に対して、1カ月以上の期間を定めて、当該期間内に相殺権を行使するか否かを確答するよう催告することができ（法73条1項本文）、当該期間内に破産債権者が確答しない場合には当該破産債権者は破産財団に対して相殺を主張できなくなる（同条2項）。ただし、当該破産債権者が破産財団に対して負担する債務の履行期が到来している場合に限られる。

したがって、この催告を受けた破産債権者は、催告期間内に相殺の意思表示をしなければ、破産者に対して負担する債務を履行させられる一方で、破産債権については破産手続における配当を受けることしかできなくなるため、自らの支払能力が破産者よりも低いという特殊な場合を除いては、破産管財人に対して、速やかに相殺通知をなすべきである。

【書式6-31】 相殺権行使の催告書に対する回答書（相殺通知書）

平成○年○月○日

破産者　○○○株式会社
破産管財人弁護士　○　○　○　○　殿
　　　　　　　　　　　　　株式会社△△△
　　　　　　　　　　　　　代表取締役　○　○　○　○　印

回答書　兼　相殺通知書

冠省
　当社は、貴職より、平成○年○月○日付け「相殺権行使の催告書」により、後記1の当社が破産裁判所に届出た破産債権と、後記2の当社が破産者に対して負担する債務につき相殺をなすか否かを1カ月以内に確答するよう催告を受けました。
　つきましては、当社は、上記貴信を平成○年○月○日に受領いたしましたが、本書をもって、貴職に対し、後記1の自働債権と後記2の受働債権をその対当額において相殺します。
　以上、回答申し上げます。
草々

記

1　自働債権（破産債権）
　　当社と破産者の間の平成○年○月○日から平成○年○月○日までの間の○○等の売買取引に基づく当社の破産者に対する売掛債権金○○円の内金○○円
2　受働債権
　　破産者と当社の間の平成○年○月○日から平成○年○月○日までの間の○○等の売買取引に基づく破産者の当社に対する売掛債権金○○円

Ⅳ 否認権

1 否認権の意義

否認権は、破産手続開始前に、破産者の財産を減少させることによって債権者に不利益を与える行為（詐害行為）や、債権者平等に反する行為（偏頗行為）が行われた場合に、これらの行為の法的効果を失わせ、その行為によって逸出した財産を破産財団のために回復する権利である。否認権は破産管財人が行使する（法173条1項）。

否認権の基本類型としては、詐害行為否認（法160条1項・2項）、その特殊類型である無償行為否認（同条3項）、偏頗行為否認（法162条1項）の3つがある。

2 否認の要件

(1) 詐害行為否認

(イ) 原則

詐害行為（担保の供与または債務の消滅に関する行為を除く）のうち、破産者が破産債権者を害する事実、すなわち自らが支払不能であるか、または支払不能になることが確実であると予測される状態にあり、その行為により責任財産が減少することを知ってした行為は否認することができる（法160条1項1号）。破産債権者を害する事実の認識（詐害意思）の立証責任は、破産管財人が負担する。ただし、受益者が、行為当時、破産債権者を害する事実を知らなかったときは否認できないが、その立証責任は受益者が負う。

(ロ) 支払停止等以降に行われた詐害行為

上記詐害行為のうち、破産者が支払いの停止または破産手続開始の申立て（以下、「支払停止等」という）があった後にした行為は、詐害意思を立証することなく否認できる（法160条1項2号）。ただし、受益者が、行為当時、支払停止等および破産債権者を害する事実のいずれも知らなかったときは否認できないが、これらの立証責任は受益者の負担になる。

なお、破産手続開始の申立ての日から1年以上前にした行為は、無償行為

否認を除き、支払停止等の後に行われた行為であること、または当該事実を知っていたことを理由として否認することができない（法166条）。

(ハ) 対価的均衡を欠く場合の特則

破産者がした債務の消滅に関する行為であって、債権者の受けた給付の価額が当該行為によって消滅した債務の額より過大である場合（対価的均衡を欠く代物弁済等）に、当該行為が前記(イ)または(ロ)に該当するときは、その消滅した債務の額に相当する部分を超える部分（法160条2項）を否認できる。

対価的均衡を欠く部分は、破産債権者の共同担保である破産者の一般財産がその分だけ減少することになるため、超過部分について否認権を行使し、超過部分の財産の返還または価額償還をさせられるものとした。

(2) 無償行為否認

破産者に支払停止等があった後またはその前6カ月以内にした無償行為およびこれと同視すべき有償行為は、破産者や受益者の主観にかかわらず、否認の対象となる（法160条3項）。無償で利益を得ている場合、否認権を広く認めても公平に反しないからである。贈与、債務免除が典型的な無償行為であるが、債務保証や担保の供与も無償行為にあたるとするのが判例（最二小判昭和62・7・10金法1174号29頁）である。

なお、無償行為否認については、破産手続開始の申立ての日から1年以上前にした行為であっても、否認の対象となる（法166条）。もっとも、当該無償行為がなされた当時、否認権を行使された相手方が、支払停止等があったことおよび破産債権者を害する事実のいずれも知らなかったときは、現存利益を償還すれば足りる（法167条2項）。

(3) 偏頗行為否認

(イ) 義務行為に属する偏頗行為の否認

既存の債務についてされた担保の供与または債務の消滅に関する行為であって、破産者が支払不能になった後または破産手続開始の申立てがあった後にした行為のうち、受益者が行為当時、以下に該当する場合には、これを否認することができる（法162条1項1号）。

① 当該行為が支払不能になった後にされたものである場合には、支払不能であったことまたは支払いの停止があったことを知っていたとき

②　当該行為が破産手続開始申立てのあった後にされたものである場合には、破産手続開始の申立てがあったことを知っていたとき

このように本類型では、詐害行為否認と異なり、受益者の主観的要件の立証責任は、破産管財人が負担する。もっとも、受益者が破産者の内部者であるとき、つまり、受益者が、①破産者が法人である場合のその理事、取締役等であるとき、②破産者が法人である場合に、破産者である株式会社の総株主の議決権の過半数を有する者および当該議決権の過半数を子会社が有する場合の当該親法人等であるとき、③破産者の親族または同居者であるときは、立証責任が受益者の負担に転換される（法162条2項1号・161条2項1号～3号）。また、(ハ)で後述するとおり、当該否認対象行為が、破産者の義務に属しないものである場合、またはその方法もしくはその時期が破産者の義務に属しないものである場合も、立証責任が受益者の負担に転換される（法162条2項2号）。

なお、この類型も、破産手続開始の申立ての日から1年以上前にした行為は、支払いの停止があった後にされたものであることまたは支払いの停止の事実を知っていたことを理由として否認することができない（法166条）。

(ロ)　**支払不能の意義**

偏頗行為否認の要件である「支払不能」とは、債務者が支払能力を欠くために、その債務のうち弁済期にあるものにつき、一般的かつ継続的に弁済することができない状態（法2条11項）をいう。もっとも、「支払不能」は一定の評価を伴う概念であり、その立証は「支払停止」と比較して困難なため、破産手続開始の申立て前1年以内に限り、支払いの停止があった後は、支払不能であったものと推定される（法162条3項）。

(ハ)　**非義務行為に属する偏頗行為の否認**

破産管財人は、偏頗行為のうち、破産者の義務に属せず、またはその時期が破産者の義務に属しない行為であって、支払不能になる前30日以内にされた行為を否認できる（法162条1項2号）。この場合、受益者が、行為当時、他の破産債権者を害する事実を知らなかったときは否認できないが、前述のとおり、「知らなかった」ことの立証責任が転換され、受益者の負担となる。

㈡ 同時交換的行為の否認の除外

　偏頗行為否認は、「既存の債務についてされた」行為（法162条1項柱書）であることが要件となっており、いわゆる同時交換的行為、すなわち、①消費貸借契約等の融資に係る契約と担保権設定契約が同時にされた場合、および②担保権設定契約が融資に係る契約に先行する場合等は、偏頗行為否認の対象にはならない。経済的危機に瀕した債務者が、自己の再建を図るため担保を供与して新たな資金を調達することを萎縮させない趣旨である。

　なお、救済融資を理由に過大な担保を取得して、同時に既存債務の保全も図られたような場合、原則として救済融資と対価的均衡があると認められる範囲を超えた超過分について否認が成立し得ると考えられるが、一部否認ができないような場合には、担保提供全体を偏頗行為として否認しうるとの考え方もある（伊藤眞ほか『条解破産法〔第2版〕』1094頁（2010））。

㈱ 手形債務支払いの場合等の例外

　破産者から手形の支払いを受けた者が、その支払いを受けなければ手形上の債務者の1人または数人に対する手形上の権利を失う場合には、破産法162条1項1号の規定は適用されない（法163条1項）。このような場合にも否認を認めれば、遡求権確保のためには手形の呈示が必要な手形の所持人が、一方で呈示して支払いを受けても後で否認され、かつ遡求権も失うこととなる（手43条以下）という二律背反の状況に置かれてしまうことになるからである。もっとも、上記のような二律背反の状況に陥らない状況では、そもそも破産法163条1項は適用されない。具体的には、所持人が受取人であって裏書人への遡求の問題が生じないような場合や、わが国で一般的な拒絶証書なしで遡求権行使が可能な拒絶証書作成免除手形の場合などである。したがって、手形の支払いを受けた場合であっても、同項が適用される場面は多くないと思われる点に留意されたい。

　なお、破産法163条1項が適用される場合においても、最終の償還義務者または手形の振出しを委託した者が振出しの当時支払いの停止等があったことを知り、または過失によって知らなかったときは、破産管財人は、これらの者に破産者が支払った金額を償還させることができる（法163条2項）。

　また、破産者が行った否認対象行為が、租税等の請求権または罰金等の請

求権につき、その徴収の権限を有する者に対してされた場合も、破産法162条1項1号の規定は適用されない（法163条3項）。

(4) その他の否認類型

(イ) 相当の対価を得てした財産の処分行為の否認の要件

債務者の再建の途を確保するためには、適正価額による不動産等の処分を委縮させてはならない。そこで、受益者の取引の安全を図るために、破産者がした財産処分行為においてその行為の相手方から相当の対価を取得しているときは、次の財産隠匿の意思等の要件のすべてを満たす場合でない限り、否認することはできない（法161条1項）。

① 当該行為が、不動産の金銭への換価その他の当該処分による財産の種類の変更により、破産者において隠匿、無償の供与その他の破産債権者を害する処分（以下、「隠匿等の処分」という）をするおそれを現に生じさせるものであること

② 破産者が、当該行為の当時、対価として取得した金銭その他の財産について、隠匿等の処分をする意思を有していたこと

③ 相手方が、当該行為の当時、破産者が②の意思を有していたことを知っていたこと

上記各要件の立証責任は破産管財人が負担するが、③の要件については、偏頗行為の否認の要件(3)(イ)と同様、受益者が内部者であるときは、立証責任が受益者の負担に転換される（法161条2項1号～3号）。

(ロ) 権利変動の対抗要件の否認

支払停止等があった後権利の設定、移転または変更をもって第三者に対抗するために必要な行為（仮登記または仮登録を含む）をした場合において、その行為が権利の設定、移転または変更があった日から15日を経過した後に支払停止等のあったことを知ってしたものであるときは、これを否認することができる（法164条）。「15日」の起算日は、権利移転の効力が発生した日であり、そのための原因行為がなされた日ではない（最二小判昭和48・4・6民集27巻3号483頁）。

原因行為が否認対象ではなくとも、対抗要件が具備されて公示がなされていなければ、一般債権者が当該行為による責任財産の逸出はないと信頼して

しまうため、危機時期に至ってから対抗要件を具備してもよいとすると、かような一般債権者の信頼を裏切ることになってしまう。そこで、破産法164条は、原因行為に否認が成立するか否かにかかわらず、対抗要件具備行為それ自体を否認の対象としたものである。

なお、仮登記を本登記とする場合は除外される（法164条1項但書）。また、支払停止等があった後に対抗要件否認の対象となる対抗要件具備行為がなされた場合であっても、当該行為が破産手続開始の申立ての日から1年以上前にされたときは、支払いの停止があった後にされたものであることまたは支払いの停止の事実を知っていたことを理由として否認することはできない（法166条）。

このように対抗要件具備を否認された取引の相手方は、原因行為に基づいた権利変動を破産管財人に対抗できなくなるから、そのリスクを踏まえ、対抗要件の具備を速やかに行うことが肝要である。この点、将来債権譲渡担保において、設定者の信用下落を懸念して債務者への通知による対抗要件具備が留保されることがあるが、債権譲渡特例法に基づく登記を利用することにより、設定者の信用下落のおそれは低いと考えられるため、速やかな具備も可能であろう。

(ハ) 執行行為の否認

否認しようとする行為について、執行力のある債務名義があるとき、またはその行為が執行行為に基づくものであるときでも、否認することの妨げにならない（法165条）。債務名義をもつ債権者を受益者として行われる場合、または執行機関による執行行為を通じてなされる場合でも、破産債権者に対する有害性の点では差異がないからである。

(二) 信託財産の破産と否認権

信託財産の破産では、否認権に関する規定の適用について破産者を概念できないことから、詐害行為否認や偏頗行為否認について、受託者等（信託債権を有する者または受益者のほか、受託者または信託財産管理者、信託財産法人管理人もしくは信託法170条の管理人）のした行為は破産者がした行為とみなすものとされた（法244条の4第1項・244条の10第1項）。

そして、相当な対価を得てした財産の処分行為の否認（法161条）におい

ては、受託者等や会計監査人が相手方であった場合、これらが破産法161条2項の内部者に準じる地位にあることに鑑み、隠匿等の処分意思があったものと推定される（法244条の10第2項）。

同様に、偏頗行為否認においても、受託者等や会計監査人が行為の相手方であった場合は、支払不能および支払停止または破産手続開始の申立ての事実について悪意であったと推定される（法244条の10第3項）。

さらに、詐害行為または相当な対価を得てした財産の処分行為の相手方の権利（法168条2項）に関しても、その行為の相手方が受託者等または会計監査人であるときは、隠匿等の処分意思があったものと推定される（同条4項）。

3　否認権の行使

(1) 否認権の行使方法

否認権は、訴え、否認の請求または抗弁により、破産管財人が行使する（法173条1項）。否認の請求によれば、訴訟より簡便かつ迅速に否認権を行使することが可能である。否認の訴えおよび否認の請求事件は、破産裁判所が管轄する（同条2項）。

否認権の行使は、破産財団を原状に復させる効果をもつ（法167条1項）。

もっとも、管財業務の迅速な処理や対費用効果等の観点に鑑みると、否認の対象となる行為が認められる場合でも、管財人としては、否認の請求や否認の訴えを提起する前に、任意交渉により、受益者等に対して破産財団より逸出した財産の返還を求めることが多い。

なお、破産手続開始の時から2年を経過した時または行為の時から20年を経過した時は、否認権は行使できない（法176条）。

【書式6-32】　否認対象行為により破産財団より逸出した財産の返還請求書

平成〇年〇月〇日

株式会社△△△　御中

東京都〇〇区〇〇町〇丁目〇番〇号
破産者　〇〇〇株式会社

破産管財人弁護士 ○ ○ ○ ○ 印

請 求 書

冠省　貴社には益々ご清栄のこととお慶び申し上げます。
　当職は，貴社に対し，破産者○○○株式会社（以下，「破産会社」という。）の破産管財人として，以下のとおりご請求いたします。
　破産会社は，平成○年3月31日に支払停止に陥った後，同年4月4日，破産手続開始の申立てをなし，同月8日午後5時，東京地方裁判所において破産手続開始決定（平成○年(フ)第○○号）を受けました。
　ところで，当職の調査によれば，破産会社は，上記破産申立ての2日前である平成○年4月2日夕刻，破産会社の所持する現金2,000,000円を貴社に交付し，貴社は，破産会社が支払停止に陥った事を知りながら，これを破産会社に対する貸付金債権の弁済に充当したことが判明いたしました。
　上記弁済行為は，破産会社が支払不能になった後になされた偏頗行為であり，破産法162条1項1号に該当する行為であります。
　よって，当職は上記弁済行為を否認し，貴社に対して弁済された金額の返還を請求いたします。については，貴社が受領された金2,000,000円を，平成○年5月10日限り後記破産管財人名義の銀行口座への振込によりお支払いください。なお，上記期限までにお支払いがない場合には，やむを得ず法的手段を執ることとなりますので，予めご了承ください。
　（振込銀行口座）
　○○銀行　○○支店　普通預金　口座番号○○○○
　名義：破産者○○○株式会社破産管財人○○○○

草々

(2) 否認権のための保全処分

(イ) 概　要

　破産管財人は，否認権行使のために保全処分を申し立てることができるが、破産管財人が選任されていない時期においても、動産や不動産の散逸を防ぎ、否認権行使の実効性を保全する必要がある。そこで、破産手続開始の申立てがあったときから当該申立てについての決定があるまでの間、利害関係人の申立てにより、または裁判所の職権で否認権のための保全処分を命じること

ができるものとされた（法171条1項）。「利害関係人」には、破産手続開始の申立人のほか、債権者および債務者も含まれると解されるが、保全管理人が選任されている場合は、債務者の財産の管理処分権は保全管理人に属するため、申立権は保全管理人にのみ認められる（同項）。

　否認権のための保全処分は、破産手続上の処分であり、破産裁判所が、否認権を保全するため必要があると認めるときに保全処分を発令する。保全処分の内容は、受益者や転得者のもとにある財産に対する処分禁止または占有移転禁止の仮処分といったように、否認権行使の態様に応じたものとなる。

　裁判所は、否認権のための保全処分の内容等を総合的に斟酌して、必要と認めるときは、保全処分の発令にあたり申立人に担保を立てさせることができる（法171条2項）。また、裁判所は、利害関係人の申立てまたは職権により、発令した保全処分を変更し、または取り消すことができる（同条3項）。保全処分命令、および保全処分命令の変更・取消しの裁判に対しては、即時抗告をすることができる（同条4項）が、即時抗告は執行停止の効力を有しない（同条5項）。

【書式6-33】　否認権のための保全処分申立書

平成○年(フ)第○○号　破産手続開始申立事件

仮処分命令申立書

平成○年○月○日

東京地方裁判所民事第20部　御中

　　　　　　　　申　立　人　　○○○株式会社
　　　　　　　　　　　　　　　保全管理人　○　　○　　○　　○　印

　　　　　当事者の表示　　　　別紙当事者目録（略）記載のとおり
　　　　　仮処分により保全すべき権利　動産引渡請求権（否認権）

申立ての趣旨

　債務者は，別紙物件目録（略）記載の自動車に対する占有を他人に移転し，又は占有名義を変更してはならない
　債務者は，上記自動車の占有を解いて，これを執行官に引き渡さなければな

らない

　執行官は，上記自動車を保管しなければならない

　執行官は，債務者が上記自動車の占有を移転又は占有名義の変更を禁止されていることおよび執行官が上記自動車を保管していることを公示しなければならない

との裁判を求める。

申立ての理由

第1　被保全権利
　1　当事者
　　(1)　○○○株式会社（以下，「○○○会社」という。）は，平成○年○月○日に東京地方裁判所に破産手続開始の申立てをなし，申立人が保全管理人に選任された（事件番号平成○年(フ)第○○号，甲1）。
　　(2)　債務者は，○○○会社の元取締役である。
　2　代物弁済
　　(1)　債務者は，○○○会社に対し，平成○年○月○日，金200万円を弁済期限平成○年○月○日，利息年利0.0パーセントの約定で貸し付けた（以下，「本件金銭消費貸借契約」という。甲2）。
　　(2)　ところが，○○○会社は，平成○年○月○日，手形不渡により事実上倒産し，支払を停止した。
　　(3)　○○○会社は，支払を停止した平成○年○月○日当時，別紙物件目録記載の自動車（時価金200万円相当）を所有していた（以下，「本件自動車」という。甲3及び4）。
　　(4)　○○○会社は，債務者との間で，支払を停止した後の平成○年○月○日，本件金銭消費貸借契約に基づく貸金の弁済に代えて，本件自動車の所有権を移転するとの合意をし，同日，債務者に対し，本件自動車を引き渡した（以下，「本件代物弁済」という。甲5）。
　　(5)　債務者は，現在も，本件自動車を占有使用中である。
　3　否認権行使の可能性
　　(1)　○○○会社は，本件代物弁済当時，既に支払停止状態にあったのであるから，本件代物弁済は偏頗行為に該当する。したがって，本件破産手続において選任される破産管財人は，破産法第162条第1項第2号に基づき否認権を行使することができる。そして，破産管財人が否認権を行使した場合，債務者は，当該破産管財人に対して，本件自動車を直ちに

引き渡さなければならない。
(2) このように，本件破産手続において選任される破産管財人は，否認権を行使して，債務者に対し，本件自動車の引渡しを請求することができる。

第2 保全の必要性

　中古自動車は，使用することにより価値が減じるため，早急に本件自動車の占有を確保して，本件自動車の価値を維持する必要性が非常に高い。また，債務者は，○○○会社の元取締役であったのであるから，本件自動車が○○○会社所有のものであることを当然知っていたうえで，本件自動車の占有を取得したといえ，さらに，○○○会社の破綻に伴い経済的に困窮状態にあると考えられるため，本件破産手続において選任される破産管財人の追及を免れることを目的として，占有を取得した本件自動車を直ちに隠匿し，更に第三者に処分する可能性が非常に高い。

　以上より，破産手続開始後に管財人が否認権を行使したとしても，権利の実行が著しく困難又は不可能となるおそれがあるので，否認権を保全するため，本件申立に及ぶ次第である。

疎明方法

甲第1号証　　　資格証明書
甲第2号証　　　金銭消費貸借契約
甲第3号証　　　登録事項等証明書
甲第4号証　　　評価証明書
甲第5号証　　　陳述書（破産会社の代表取締役作成）

添付書類

1　甲各号証写し　　　　各1通
2　資格証明書　　　　　2通

【書式6-34】　保全処分決定

平成○年㈲第○○号　仮処分命令申立事件
(基本事件平成○年㈦第○○号破産手続開始申立事件)

決　　定

当事者の表示　　別紙当事者目録（略）記載のとおり
　上記申立人による仮処分命令申立事件について，当裁判所は，申立てを理由のあるものと認め，破産法172条2項の規定に基づき，上記申立人に金30万円（東京法務局平成○年度金第○○号）の担保を立てさせて，破産法172条1項の規定に基づき，次のとおり決定する。

主　　文

　債務者は，別紙物件目録（略）記載の自動車に対する占有を他人に移転し，又は占有名義を変更してはならない。
　債務者は，上記自動車の占有を解いて，これを執行官に引き渡さなければならない。
　執行官は，上記自動車を保管しなければならない。
　執行官は，債務者が上記自動車の占有を移転又は占有名義の変更を禁止されていること及び執行官が上記自動車を保管していることを公示しなければならない。
　　　　平成○年○月○日
東京地方裁判所民事第20部
　　　　裁判長裁判官　　○　○　○　○　印
　　　　裁判官　　　　　○　○　○　○　印
　　　　裁判官　　　　　○　○　○　○　印

【書式6-35】　即時抗告の申立書

平成○年㈲第○○号　仮処分命令申立事件
（基本事件　平成○年㈦第○○号　破産手続開始申立事件）

即時抗告申立書

平成○年○月○日

東京高等裁判所　御中
　　　　　　　　　　抗告人代理人弁護士　○　　○　　○　　○　　印
　　　　　　　〒000-0000　東京都○○区○○町○丁目○番○号
　　　　　　　　　　抗告人　　○　○　○　○
　　　　　　　〒000-0000　東京都○○区○○町○丁目○番○号
　　　　　　　　　　抗告人代理人弁護士　○　○　○

　　　　　　　　　　　　電　話　00-0000-0000
　　　　　　　　　　　　ＦＡＸ　00-0000-0000
　　　〒000-0000　東京都○○区○○町○丁目○番○号
　　　　　　　　　　相手方　○○○株式会社
　　　　　　　　　　　　　　保全管理人　○　○　○　○

　上記当事者間の御庁平成○年㋲第○○号仮処分命令申立事件について，御庁が平成○年○月○日にした決定に対し，不服があるので，破産法172条4項に基づき，即時抗告の申立てをする。

原決定の主文

　債務者は，別紙物件目録（略）記載の自動車に対する占有を他人に移転し，又は占有名義を変更してはならない。
　債務者は，上記自動車の占有を解いて，これを執行官に引き渡さなければならない。
　執行官は，上記自動車を保管しなければならない。
　執行官は，債務者が上記自動車の占有を移転又は占有名義の変更を禁止されていること及び執行官が上記自動車を保管していることを公示しなければならない。

抗告の趣旨

1　原決定を取り消す
2　相手方の仮処分命令申立てを却下する
3　抗告費用は相手方の負担とする
との決定を求める。

抗告の理由

第1　被保全権利の不存在
　1　相手方の主張は，○○○株式会社（以下，「○○○会社」という。）が支払を停止した後の平成○年○月○日，○○○会社と抗告人との間で，○○○会社が抗告人に対して負担する貸金返還債務の弁済に代えて，別紙物件目録記載の自動車（以下，「本件自動車」という。）の所有権を移転するとの合意がなされ，同日，○○○会社が抗告人に対して本件自動車を引き渡したという代物弁済行為が，破産法第162条第1項第2号の偏頗行為に該当するため，否認権対象行為となるとするものである。

2 しかし，抗告人は，○○○会社が支払を停止した平成○年○月○日当時，既に○○○会社の取締役を辞任していたため，○○○会社の経営に関与できる立場にはなかった。そのため，抗告人は，代物弁済として本件自動車の引渡しを受けた平成○年○月○日当時，○○○会社が手形不渡により事実上倒産し，支払を停止したという事実を知らなかった。さらに，代物弁済の話し合いの際，抗告人が○○○会社の代表取締役である○○○○に○○○会社の経営状態を尋ねたところ，同代表取締役は○○○会社の経営状態は好転しつつあると回答したのである。そこで，抗告人は，○○○会社の経営状態は好転したと信じ，従前から欲していた本件自動車を代物弁済として受領したのである。

このように，抗告人は，本件代物弁済を受領した当時，○○○会社が支払不能であったこと又は支払の停止があったことを知らなかったのであるから，破産法162条1項1号但書の適用により，本件代物弁済行為は否認権対象行為とはならない。

第2 結語

したがって，原決定は，被保全権利が認められないから，直ちに取り消されるべきである。

証拠書類

1 報告書　　　　　　　　　　　1通
2 その他，必要に応じて追完する。

添付書類

委任状　　　　　　　　　　　　1通

（ロ） 保全処分に係る手続の続行と担保の取扱い

　破産手続が開始された後は、破産者の財産の管理処分権とともに否認権も破産管財人に帰属する。そのため、否認権を行使するか否かは、破産管財人の判断に委ねられることになる。

　破産管財人が否認権を行使する場合には、上記否認権のための保全処分に係る手続を続行することができる（法172条1項）。この場合、保全処分発令の際に立てられた担保の全部または一部が破産財団に属する財産でないとき

は、破産管財人は、破産財団に属する財産による担保に変換しなければならない（同条3項）。

なお、破産管財人が続行する保全処分については、民事保全法に基づく保全命令の申立ての取下げ（民保18条）、保全取消し（民保第2章第4節）、保全抗告（民保第2章第5節）の規定が準用される（法172条4項）。

また、破産管財人が、破産手続開始の決定後1カ月以内に保全処分に係る手続を続行しないときには、当該保全処分は効力を失うこととなる（法172条2項）。

【書式6-36】　破産管財人による保全処分続行申立書

平成○年㈱第○○号　仮処分命令申立事件

保全処分に係る手続の続行申立書

平成○年○月○日

東京地方裁判所民事第20部　御中

破産管財人　○　　○　　○　　○　印

当事者の表示　別紙当事者目録（略）記載のとおり

　上記当事者間の御庁平成○年㈱第○○号仮処分命令申立事件につき，○○○株式会社は平成○年○月○日東京地方裁判所において破産手続開始決定を受け（御庁平成○年㈲第○○号），当職が破産管財人に選任されましたので，本保全処分に係る手続を続行致します。

---

(3) 否認権の具体的行使方法

(イ) 否認の請求

破産管財人が否認の請求をするときは、訴訟におけるような厳格な証明は必要とされず、裁判所に対して否認の原因たる事実を疎明することで足りる（法174条1項）。また、否認の請求は、口頭弁論を経ない決定手続により行われる（同条2項）。このように、否認の請求によって簡便かつ迅速に否認権が行使できる。

ただし、相手方または転得者に対して反論の機会を与えるため、裁判所は、否認の請求に対する決定をする場合には、相手方または転得者を審尋しなければならない（法174条3項）。

【書式6-37】 否認請求の申立書(1)（詐害行為否認）

平成○年(フ)第○○号

否認請求の申立書

平成○年○月○日

東京地方裁判所民事第20部　御中

　　　　　　　申　立　人　　破産者　　○○○株式会社
　　　　　　　　　　　　　　破産管財人　○　　○　　○　　○　印
　　　　　当事者の表示　　　別紙当事者目録（略）記載のとおり

申立ての趣旨

1　相手方は申立人に対し別紙株券目録（略）記載の株券を引き渡せ
2　申立費用は相手方の負担とする
との裁判を求める。

申立ての理由

第1　当事者
1　○○○株式会社（以下,「破産会社」という。）は，平成○年○月○日に東京地方裁判所において破産手続開始決定を受けて，申立人が破産管財人に選任された（事件番号平成○年(フ)第○○号，甲1）。
2　相手方は，破産会社の元代表取締役の親族である。

第2　動産の売買
1　破産会社は，前記破産手続開始決定前である平成○年○月○日，手形不渡により事実上倒産し，支払を停止した。
2　破産会社は，支払を停止した平成○年○月○日当時，別紙株券目録（略）記載の株式合計30株（時価金150万円相当）を所有していた（以下,「本件株式」という。甲2）。
3　破産会社は，支払を停止した後の平成○年○月○日，相手方との間で，本件株式を代金20万円で売り渡すとの合意をし，相手方に対し，同日，本

件株式の株券を引き渡した（以下，「本件売買契約」という。甲3）。
 第3　否認権行使
　1　本件売買契約は，破産会社の支払の停止があった後に，時価金150万円相当の本件株式を，金20万円という廉価な代金で売却するものであり，明らかに総債権者の利益を害する詐害行為に該当する。
　　　したがって，申立人は，破産法第160条第1項第2号に基づき否認権を行使する。
　2　よって，申立人は，相手方に対し，所有権に基づき直ちに本件株式の株券を返還するよう請求する。

疎明方法

甲第1号証　　商業登記簿謄本
甲第2号証　　評価証明書
甲第3号証　　陳述書（破産会社の元代表取締役作成）

添付書類

　1　甲各号証写し　　　　　各1通
　2　破産管財人資格証明　　1通
　3　申立許可書　　　　　　1通

【書式6-38】　否認請求の申立書(2)（偏頗行為否認）

平成○年(フ)第○○号
破産者　　○○

否認請求の申立書

　　　　　　　　　　　　　　　　　　　　　　　　平成○年○月○日
○○地方裁判所第○民事部　御中
　　　　　　　　　　申　立　人　　破産者　　○○○株式会社
　　　　　　　　　　　　　　　　　破産管財人　○　　○　　○　　○　印

　　　　　当事者の表示　　別紙当事者目録（略）記載のとおり

申立ての趣旨

1 相手方は，申立人に対し，金500万円及びこれに対する平成○年○月○日から支払済みまで年6分の割合による金員を支払え
2 申立費用は相手方の負担とする
との決定を求める。

申立ての理由

1 当事者
 (1) 申立外破産者○○○株式会社（以下「破産会社」という。）は，平成○年○月○日，東京地方裁判所に破産手続開始を申し立て（平成○年(フ)第○○号），同日，同裁判所により破産手続開始決定を受けた（甲1）。
 (2) 申立人は，上記破産事件に関し，上記裁判所から平成○年○月○日，破産管財人に選任された者である。
 (3) 相手方は，○○を営む株式会社である。
2 破産会社と相手方との間の金銭消費貸借契約
 (1) 相手方は，破産会社に対し，平成○年○月○日，下記の約定で金員を貸し付けた（甲2，以下「本件金銭消費貸借契約」という。）。

記

　　貸付金額　　金○円
　　弁済日　　　平成○年○月から平成○年○月まで各月末日限り金○円
　　利息　　　　年○パーセント
　　遅延損害金　年○パーセント
　　資金使途　　設備投資
 (2) 破産会社は，相手方に対し，本件金銭消費貸借契約に基づく貸金の弁済として，次のとおり合計○円の弁済をし，平成○年○月○日現在における相手方の破産会社に対する本件金銭消費貸借契約に基づく貸金請求権は，残元金請求権金○円，未払利息請求権金○円であった（甲3および甲4）。
　　① 平成○年○月○日　　○円
　　② 平成○年○月○日　　○円
　　………
3 破産会社の相手方に対する弁済
　　破産会社は，平成○年○月○日，相手方に対して，本件金銭消費貸借契約に基づく貸金の弁済として，金○○円を支払った（甲4および甲5。以下「本件弁済」という。）。
4 破産者の支払不能

破産会社は，本件弁済に先立つ平成○年○月○日，会社の営業を終了して，全従業員を解雇した（甲4）。同日現在において，破産会社は0円の債務超過の状態にあり（甲6），同日以後破産者は営業活動を終了したことから，本件弁済時において，破産会社は支払不能の状態であった。

5　本件弁済時において相手方が破産会社の支払不能を知っていたこと

破産会社の代表取締役であった○○は，本件弁済に先立つ平成○年○月○日，相手方代表取締役○○に対し，平成○年○月○日に破産会社が全従業員を解雇し，営業を終了することを告げていた（甲4）。したがって，相手方は，本件弁済当時，破産会社が支払不能の状態であることを知っていた。

6　結語

よって，申立人は，相手方に対する本件弁済を否認し，相手方に対し，本件弁済による受領金○万円及びこれに対する本件弁済日の翌日である平成○年○月○日から支払済みまで商事法定利率年6分の割合による遅延損害金の支払を求める。

疎明方法

甲1　商業登記簿謄本
甲2　金銭消費貸借契約書
甲3　預金取引照合表
甲4　陳述書（破産会社前代表者○○）
甲5　ご利用明細票
甲6　貸借対照表

添付書類

1　甲各号証写　　　　　各1通
2　商業登記簿謄本　　　1通
3　破産管財人の資格証明書　1通
4　申立許可書写　　　　1通

【書式6-39】　否認請求の申立書(3)（無償否認）

平成○年(フ)第○○号

否認請求の申立書

平成○年○月○日

東京地方裁判所民事第20部　御中

　　　　　　　　　申　立　人　　破産者　○○○株式会社
　　　　　　　　　　　　　　　　破産管財人　○　　○　　○　　○　印
　　　当事者の表示　　別紙当事者目録（略）記載のとおり

申立ての趣旨

1　相手方は申立人に対し，別紙物件目録（略）記載の土地につき，○法務局平成○年○月○日受付第○○号の抵当権設定登記の破産法による否認の登記手続をせよ
2　申立費用は相手方の負担とする
との裁判を求める。

申立ての理由

1　当事者
　　申立人は，○○○株式会社（以下「破産会社」という。）の破産管財人である。破産会社は，平成○年○月○日に東京地方裁判所に破産手続開始を申し立て，同月○日に同裁判所より破産手続開始決定を受け，申立人が破産管財人に選任された（事件番号平成○年(フ)第○○号）。
　　相手方は，○○を業とする株式会社である。
2　所有権
　　破産会社は別紙物件目録記載の土地（以下「本件土地」という。）を所有している。
3　抵当権設定契約
　　破産会社は，平成○年○月○日，申立外△△の相手方に対する別紙債務目録記載の金銭消費貸借債務金○○円（以下「本件債務」という。）を担保するために，相手方との間で本件土地に抵当権設定契約（以下「本件抵当権設定契約」という。）を締結した。
4　登　記
　　本件抵当権設定契約に基づき，本件土地について，相手方のため下記内容の，○法務局平成○年○月○日受付第○○号の抵当権設定登記（以下「本件登記」という。）がなされている。
　　原因　平成○年○月○日金銭消費貸借平成○年○月○日設定
　　債権額　　金○○円

　　　　利息　　　年○%
　　　　損害金　　年○%
　　　　債務者　　○○
　　　　抵当権者　○○
　5　否認権行使
　(1)　本件抵当権設定契約は，破産会社にとって無償行為である。
　(2)　本件抵当権設定契約は，破産会社が破産手続開始の申立てがあった5カ月前に締結されている。
　6　よって，申立人は相手方に対し，破産法160条3項に基づき否認権を行使し，本件土地につき，○法務局平成○年○月○日受付第○○号の抵当権設定登記の破産法による否認の登記手続を求める。

疎明方法

甲第1号証　　抵当権設定契約書
甲第2号証　　土地登記簿謄本
甲第3号証　　報告書

添付書類

1　甲各号証写し　　　各1通
2　破産管財人資格証明　1通
3　相手方資格証明書　　1通
4　申立許可書　　　　　1通

【書式6-40】　否認請求の申立書(4)（対抗要件否認）

平成○年(フ)第○○号

否認請求の申立書

　　　　　　　　　　　　　　　　　　　　　平成○年○月○日
○○地方裁判所第○民事部　御中
　　　　　　　　　申　立　人　　破産者　○○○株式会社
　　　　　　　　　　　　　　　　破産管財人　○　○　○　○　印
　　　　　　当事者の表示　　別紙当事者目録（略）記載のとおり
第1　申立ての趣旨

1　申立人と相手方の間において，申立人が，別紙債権目録（略）記載の債権を有することを確認する
　2　申立費用は相手方の負担とする
との裁判を求める。
第2　申立ての理由
　1　当事者
　　○○○株式会社（以下「破産会社」という。）は，……を目的とする株式会社である。破産会社は，平成○年○月○日，同社振出しの約束手形を2回目の不渡りにして支払を停止した。
　　その後，破産会社は，平成○年○月○日，○○地方裁判所に対し破産手続開始決定を申し立て，同庁から破産手続開始決定を受けたため，申立人が管財人に選任された（同裁判所平成○年(フ)第○○号事件）（以下「本件破産事件」という。）。
　2　破産会社の第三債務者に対する債権
　　破産会社は，別紙債権目録記載の各債務者（以下「本件第三債務者」という。）との間で継続的に……販売の取引を行っており，平成○年○月○日までに，本件第三債務者に対し別紙債権目録記載の売掛債権（以下「本件売掛債権」という。）を取得していた。
　3　破産会社の相手方に対する集合債権譲渡担保設定
　　破産会社は，相手方との間で，平成○年○月○日，相手方が破産会社に対して有する現在及び将来発生する債権を担保するため，破産会社が現在及び将来有する債権を譲渡する旨の集合債権譲渡担保契約（以下「本件契約」という。）を締結した。
　　この際，破産会社は，相手方に対し，あらかじめ，日付欄を白紙にした各本件第三債務者に対する債権譲渡通知を交付した（以下「本件債権譲渡通知」という。）。
　4　債権譲渡通知の発送
　　相手方は，破産会社が銀行取引停止処分を受けた翌日の同月○日，本件債権譲渡通知の日付欄を補充し，各本件第三債務者に対し発送した。
　5　申立人と相手方との間の紛争の存在
　　相手方は，申立人に対し，破産会社の本件第三債務者に対する本件各売掛債権を譲り受け，上記各売掛債権が自己に帰属すると主張し，申立人と争っている。
　6　否認権行使

しかし，本件集合債権譲渡担保権についての債権譲渡通知行為は，破産法164条1項に該当する対抗要件否認に該当する行為である。

(1) 破産会社の支払停止後に債権譲渡通知がなされたこと

本件において，相手方が本件売掛債権譲渡通知（以下「本件債権譲渡通知」という。）を発送したのは，破産会社が銀行取引停止処分を受けた平成○年○月○日から3日を経過した平成○年○月○日以降である。

(2) 相手方の悪意

破産会社については，平成○年○月ころから信用不安を伝える報道が繰り返しなされており，平成○年○月○日には，破産会社の銀行取引停止処分の事実が日刊紙・テレビのニュース等で報道された。

本件債権譲渡通知は，上記報道の2日後に行われており，破産会社の銀行取引停止処分の事実が報道され明白になった後，相手方が白地の日付欄を補充し，相手方が本件第三債務者に対して発送したものである。

よって，相手方が本件債権譲渡通知を発送した際には，すでに相手方は破産会社の支払停止の事実を認識しており，本件債権譲渡通知により破産会社の他の債権者を害することを知っていたといえる。

(3) また，本件契約が締結されたのは，平成○年○月○日であり，本件債権譲渡通知発送は，本件契約の締結日及び各本件債権発生日から15日を経過した後になされたものである。

(4) よって，申立人は，本件債権譲渡通知発送行為を，破産法164条1項により否認する。

7　結　語

以上から，申立人は，申立人と相手方の間において，申立人が，別紙債権目録記載の債権を有することの確認を求める。

疎明方法

1　甲第1号証　（略）
2　甲第2号証　（略）

添付書類

1　甲号証写し　　　　各1通
2　管財人資格証明　　1通
3　相手方資格証明書　1通
4　委任状　　　　　　1通

5 申立許可書 　　　　　　1通

(ロ) 否認の請求に対する相手方の対応

　上述のとおり、信用状況が悪化している取引先との間で取引を行ったり、弁済を受けたりした後に、当該取引先が破産手続開始に至った場合、取引の相手方は、破産管財人から当該取引を否認されるおそれがある。したがって、信用状況が著しく悪化した取引先と取引等を行う場合には、否認の対象とされるリスクを慎重に検討して、取引をすることが求められる。

　たとえば、相当対価を得てした財産の処分行為は財産隠匿の意思等がない限り否認されないので、信用状況が著しく悪化している取引先との間の売買取引等は、適正価格で行われていたことを立証することで否認リスクが大幅に減少する。そのため、①不動産鑑定士などの専門家による鑑定評価を用意しておくことが極めて有用である。また、債権者を害することを知らなかったことを立証するためには、②公認会計士等の意見書などによって相手方の財務状況を確認したり、③売買代金の使途について確認したりすることも考えられる。

　それでも、破産管財人から否認権を行使された場合には、否認権の要件を満たしていないことを主張することになる。立証責任については、上述のとおりであるので、否認の類型ごとに相手方が立証責任を負う事実について立証する必要がある。否認の請求では、裁判所による審尋の機会が設けられているため（法174条3項）、相手方はその機会に反論することができる。

【書式6-41】　否認請求に対する答弁書（手形債務支払いの場合）

```
平成○年(フ)第○○号
申 立 人　　破産者　○○○株式会社　破産管財人　○○○○
被申立人　　株式会社△△△

　　　　　　　　　　　答　弁　書

　　　　　　　　　　　　　　　　　　　　　平成○年○月○日
東京地方裁判所民事第20部　　御中
```

〒000-0000
東京都○○区○○町○丁目○番○号
○○法律事務所（送達場所）
被申立人代理人弁護士　○　　○　　○　　○　　㊞
電　話　00-0000-0000
ＦＡＸ　00-0000-0000

第1　申立ての趣旨に対する答弁
　1　申立人の否認請求を棄却する。
　2　申立てに関する費用は申立人の負担とする。
との裁判を求める。
第2　申立ての理由に対する認否
　1　申立ての理由第1項から第4項は，認める。
　2　同第5項は，争う。
第3　被申立人の主張
　　破産会社は，平成○年○月○日，本件手形を株式会社△△△に振り出し，その後，株式会社△△△は，平成○年○月○日，本件手形を被申立人に裏書譲渡した。そして，被申立人は，満期に破産会社に対して本件手形を呈示し，破産会社から手形金の支払いを受けた。
　　そして，本件手形には，拒絶証書作成免除特約は付されておらず，すでに支払拒絶証書作成期間が徒過しているため，被申立人が本件手形債務の支払いを破産者から受けることができなければ，裏書人である株式会社△△△に対する遡求権を行使することができなくなる。
　　従って，破産法163条1項に基づき，申立人は本件手形債務支払について否認権を行使することができず，申立人の否認請求は棄却されるべきである。
以上

(八) 転得者に対する否認の請求

　否認権の行使の相手方は、原則として破産者の直接の相手方であるが、本来破産財団に属する物が、相手方から第三者に転売されている場合に全く否認権を行使できないとすると、否認権制度は骨抜きになるおそれがある。そこで、取引の安全に配慮しつつも、一定の場合に限り、破産法は転得者に対する否認権行使を認めている（法170条）。

具体的には、①転得者が、転得の当時、それぞれの前者に対する否認の原因があることを知っていた場合、②転得者が、破産法161条2項各号に該当する場合（ただし、転得の当時、それぞれの前者に対する否認の原因のあることを知らなかったときを除く）、③転得者が無償行為または無償行為と同等の有償行為によって取得した場合において、それぞれその前者に対して否認の原因があるとき、のいずれかに該当する場合に、否認権を行使しうる。

転得者に対する否認権行使の対象については、①破産者と受益者間の行為であるとするもの、②受益者と転得者間の行為であるとするもの、③①、②双方であるとするもの等学説に争いがあるが、判例は①の立場をとると解されている（大判昭和9・12・28法学4巻634頁、東京地判昭32・6・5法律新聞70号12頁）。

転得者に対する否認権行使が認められた場合においても、否認の効果は破産管財人と転得者の間のみに相対的に生じる。そこで、転得者・受益者間の行為の効力は維持されるので、転得者は、受益者に対し、担保責任を追及するなどして遡及することになる。

【書式6-42】 否認請求の申立書（転得者に対する否認）

平成○年(フ)第○○号

否認請求の申立書

平成○年○月○日

○○地方裁判所第○民事部　御中

　　　　　　　　申立人　破産者　○○○株式会社
　　　　　　　　　　　　破産管財人　○　　○　　○　　○　印

　　　　当事者の表示　　別紙当事者目録（略）記載のとおり

第1　申立ての趣旨
　1　破産会社と株式会社△△△との間で平成○年○月○日に締結された、別紙物件目録（略）記載の建物の代物弁済契約を否認する
　2　相手方は、申立人に対し、別紙物件目録（略）記載の建物について、○○地方法務局○○出張所平成○年○月○日受付第○○号所有権移転登記の否認登記手続をせよ

3　申立費用は相手方の負担とする
との裁判を求める。
第2　申立ての理由
　1　当事者
　　(1)　申立人
　　　　○○○株式会社（以下「破産会社」という。）は，……を目的とする株式会社である。破産会社は，平成○年○月○日，同社振出しの約束手形を2回目の不渡りにして支払を停止した。破産会社は，翌月○日，○○地方裁判所に対し破産手続開始決定を申し立て，同庁から破産手続開始決定を受けたため，申立人が管財人に選任された（同裁判所平成○年(フ)第○○号事件）（以下「本件破産事件」という。）。
　　(2)　相手方
　　　　相手方は，……を目的とする株式会社である。相手方は，株式会社△△△（以下「A社」という。）の100％子会社であり，相手方の代表取締役○○○○はA社の代表取締役○○○○の弟である。
　2　破産会社とA社との金融取引
　　　破産会社は，平成○年○月ころからA社との間で金融取引を開始し，平成○年○月○日，破産会社はA社から金1億円を借り受けた。
　　　その後もA社は破産会社に対する貸付を続け，破産会社が本件破産事件を申し立てる直前の平成○年○月○日には，破産会社は，A社に対し，合計金2億5千万円の債務を負い（以下「本件貸金債務」という。），決算書上も大幅な債務超過の状態にあった。
　3　破産会社とA社との代物弁済契約の締結
　　　破産会社の代表取締役○○○○は，本件破産事件申立ての約1週間前の平成○年○月○日，財務状態が大幅に悪化し，手形の第1回不渡りを出したため，A社への返済等および金策について，A社を訪れA社代表取締役○○○○に相談した。
　　　この際，破産会社はA社との間で，本件貸金債務のうち金1億円の弁済に代えて，破産会社所有の別紙物件目録記載の建物（以下「本物件」という。）の所有権をA社に対して移転するとの合意をし（以下「本件代物弁済契約」という。），A社に対し，本物件につき所有権移転登記をなした。
　4　本件売買契約の締結
　　　A社は，子会社である相手方との間で，本件破産申立て直後の平成○

○年○月○日，本物件を相手方に対し代金9千万円で売却するとの契約を締結し，同日本物件を引き渡した（以下「本件売買契約」という。）。
5　否認権の行使
　(1)　本件売買契約の否認行為該当性
　　　　上記のように，本件代物弁済契約は，破産会社が支払停止に陥った後締結されたものである。そして，破産会社が平成○年○月○日，手形不渡りにより銀行取引停止処分を受けた事実は，翌日の日刊紙各社・テレビなどで全国的に報道されていた。
　　　　また，本件代物弁済契約の際，破産会社の代表取締役○○○○は，A社の代表取締役○○○○に対し，破産会社の財務状況が大幅に悪化した事実，破産会社が手形を不渡りにした事実を告げていた。
　　　　また，本件代物弁済契約当時，本物件の固定資産税評価額は，金2億円であり，本件代物弁済契約における本件債務の弁済額は，本物件の固定資産税評価額の約2分の1である。
　　　　よって，破産会社は，本件賃貸借契約当時，同契約の締結が他の債権者を害することを知りながら行ったことは明らかである。
　(2)　転得者の悪意
　　　　相手方の代表取締役○○○○は，A社代表取締役○○○○の弟であるとともに，A社の取締役を兼ねており，本件売買契約締結の際，○○○○は，A会社の手形不渡りの事実を知らされている。
　　　　また，相手方は，破産会社とA社が，本件代物弁済契約を締結した際，破産会社の代表取締役○○○○がA社の代表取締役○○○○に対し，破産会社の財務状況が大幅に悪化した事実，破産会社が手形を不渡りにした事実を告げていたことも知悉していた。
　　　　よって，相手方は，本件売買契約締結当時，本件代物弁済契約及び本件売買契約のいずれも破産会社の債権者を害する行為であることを知っていたといえる。
　(3)　したがって，本件売買契約本物件の所有権を取得した相手方は，破産法第170条第1項1号の転得者に該当するといえる。
7　結　語
　　以上から，申立人は，本申立てをもって，本件代物弁済行為について否認の請求を行う。

疎明方法

```
1  甲第1号証  （略）
2  甲第2号証  （略）
```

添付書類

```
1  甲号証写し       各1通
2  管財人資格証明   1通
3  相手方資格証明書 1通
4  委任状           1通
5  申立許可書       1通
```

(二) 否認請求認容決定に対する異議の訴え

　否認の請求を認容する決定に不服がある相手方は、その決定の送達を受けた日から1カ月以内に、異議の訴えを提起することができる（法175条1項）。

　否認請求の制度は口頭弁論を経ない決定手続により行われるので（法174条2項）、異議請求の決定に不服がある者に対する手続保障の見地から、通常の訴訟手続での審理を認めたものである。

　否認請求認容決定に対する異議の訴えは、破産手続と密接に関連性を有するため、迅速・効率的な事件処理を図る見地から、否認請求同様、破産裁判所に管轄が認められている（法175条2項・173条2項）。

　異議の訴えが提起されずに期間が経過すると、認容決定は確定判決と同一の効力を有する（法175条4項）。

【書式6-43】　異議の訴えの訴状

訴　　　状

平成○年○月○日

東京地方裁判所民事第20部　御中

　　　　　　　　原告訴訟代理人弁護士　○　○　○　○　印

　　　　　　　　〒000-0000　東京都○○区○○町○丁目○番○号
　　　　　　　　　　　原　　　　　告　株式会社△△△
　　　　　　　　　　　同代表者代表取締役　○　○　○　○

〒000-0000　東京都○○区○○町○丁目○番○号
　　　　　　　　　　　　○○法律事務所（送達場所）
　　　　　　　　　　原告訴訟代理人弁護士　○　○　○　○
　　　　　　　　　　　　　　　　電　話　00-0000-0000
　　　　　　　　　　　　　　　　ＦＡＸ　00-0000-0000
〒000-0000　東京都○○区○○町○丁目○番○号
　　　　被　　　告　破産者　○○○株式会社
　　　　　　　　　破産管財人　○　○　○　○

否認請求異議事件
訴訟物の価額　　○○○○円
貼用印紙額　　　○○○○円

第1　請求の趣旨
　1　原告被告間の，東京地方裁判所平成○年(モ)第○○号否認請求事件について，同裁判所が平成○年○月○日に行った決定は，これを取り消す。
　2　被告の否認請求を棄却する。
　3　申立費用及び訴訟費用は，いずれも被告の負担とする。
との判決を求める。

第2　請求の理由
　1　当事者
　　　○○○株式会社（以下「破産会社」という。）は，同月○日，○○地方裁判所に対し破産手続開始決定を申し立て，同庁から破産手続開始決定を受けたため，被告が破産管財人に選任された（同地方裁判所平成○年(フ)第○○号事件）。
　　　原告は，破産会社の取引先である。
　2　適正価格による不動産の売買
　　　原告は，破産会社との間で，平成○年○月○日，別紙物件目録（略）記載の土地及び建物（以下併せて「本件不動産」という。）を代金○万円で購入する旨の同日付売買契約（以下「本件契約」という。甲1）に基づき，本件不動産の所有権を取得した（甲2及び甲3）。
　3　否認請求の認容
　　　被告は，平成○年○月○日，○○地方裁判所に対し，原告を相手方として，本件契約の否認請求を申し立て（同地方裁判所平成○年(モ)第○○号事件），同裁判所は，同年○月○日，上記申立てを認容する決定を下した。
　4　否認請求認容決定の不当性

しかし，原告は，破産会社との間で本件不動産の売買契約を締結するにあたり，破産会社の代表取締役○○○○から，本件不動産の売買代金を破産会社の資金繰りを改善するための資金とするとの説明を受けたのみで，その際，売買代金を破産会社の元代表取締役である×××に贈与することを示唆する発言は一切なされなかった。また，原告の代表取締役△△△△は，破産会社の代表取締役○○○○と個人的な付き合いはしておらず，破産会社の内部事情を知る立場になかった。

そのため，仮に，破産会社が，本件不動産の売買契約締結当時，本件不動産の売買代金全額を破産会社の元代表取締役である○○○に贈与する意思を有していたとしても，原告としては，破産会社がそのような意思を有していたことなど全く知る由もなかった（甲4）。

従って，上記決定は，破産法161条1項3号の「相手方が，当該行為の当時，破産者が前号の隠匿等の処分をする意思を有していたことを知っていたこと」の認定を誤っている。

5 結語

以上より，原告は，上記の東京地方裁判所平成○年(モ)第○○号否認請求事件にかかる平成○年○月○日の決定の取消し，及び，被告の否認請求の棄却を求める。

証拠方法

甲第1号証	不動産売買契約書
甲第2号証	全部事項証明書（土地）
甲第3号証	全部事項証明書（建物）
甲第4号証	陳述書（原告代表取締役○○○○作成）

附属書類

1	訴状副本	1通
2	甲号証写し	各1通
3	訴訟委任状	1通
4	資格証明書	1通

【書式6-44】 異議の訴えに対する答弁書

平成○年㈻第○○号　否認請求異議事件
原告　株式会社△△△
被告　破産者　○○○株式会社破産管財人　○○○○

答　弁　書

平成○年○月○日

○○地方裁判所民事第○部○係　御中

〒000-0000　○○県○○市○○町○丁目○番○号
　　　　　　○○法律事務所（送達場所）
　　　　　　被告訴訟代理人弁護士　○　　○　　○　　○　印
　　　　　　電　話　00-0000-0000
　　　　　　ＦＡＸ　00-0000-0000

第1　請求の趣旨に対する答弁
　1　原告の請求をいずれも棄却する
　2　原告被告間の，○○地方裁判所平成○年㈷第○○号否認請求事件について，同裁判所が平成○年○月○日に行った決定は，これを認可する
　3　訴訟費用は原告の負担とする
との裁判及び仮執行宣言を求める。
第2　請求の原因に対する答弁
　1　請求原因1ないし3は認める。
　2　請求原因4は争う。
第3　被告の主張
　1　原告の悪意について
　　原告は，平成○年○月○日付原告・破産会社間の金銭消費貸借契約の締結時及び訴状別紙物件目録（略）記載の土地に対する抵当権設定時（以下併せて「本件抵当権設定」という。），既に破産会社に対し，銀行取引停止処分が下された事実を知っていたので，原告は，他の債権者を害することを知って本件抵当権設定をなしたといえる。以下，理由を述べる。
　　まず，破産会社について平成○年○月ころから信用不安を伝える報道が繰り返しなされており，本件抵当権設定がなされる3日前の平成○年○月○日には，破産会社が銀行取引停止処分を受けた事実が日刊紙・テレビのニュース等で報道されていた。原告は，破産会社の取引金融機関であり，

かつ破産会社に融資を行うことを検討しており，破産会社の支払能力に人一倍注意を払っていたのであるから，原告が，上記事実を知っていたことは確実である。

　また，平成○年(モ)第○○号否認請求事件において，本件抵当権設定当時の破産会社代表取締役○○○○は，原告代表取締役○○○○に対し，本件抵当権設定・金銭消費貸借契約締結時の際，上記破産会社の銀行取引停止の事実を説明した旨，貴庁に対して述べている。

　よって，原告は，本件抵当権設定当時「破産債権者を害することを知って」いたといえる。

2　まとめ

　よって，平成○年(モ)第○○号否認請求事件について，貴庁が平成○年○月○日に行った決定は妥当なものであり，被告は，これを認可するとの判決を求める。

以　上

4　否認権行使の効果

　否認権が行使されると、否認の対象となった行為の効力は遡及的に失われ、逸出した財産が破産財団に復帰する（法167条1項）。否認権は実体法上の形成権であることから、効果の発生時は否認権行使の意思表示が相手方に到達した時点と考えられている（伊藤眞ほか『条解破産法〔第2版〕』1129頁（2010））。

　財産が破産財団に復帰するといっても、それは財産の帰属の変更という観念的なものにすぎないから、破産管財人としては、さらに、以下の請求を行うこととなる。①財産が売却されて相手方の支配下にある場合には、引渡請求を行う必要があるし、②偏頗弁済がされた場合には、金銭の返還を法定利息付で（伊藤ほか・前掲1131頁）求める必要があり、③否認の対象が債務免除であれば、否認の行使によって債権が復活するため、続いて債務の履行請求を行うことになる。

　④また、否認対象行為の目的財産が、否認権行使時に相手方の下に存在しない場合には、当該財産の価額の賠償を請求することができる（法169条はそ

れを前提としている（伊藤ほか・前掲1136頁））。さらに、目的財産が相手方の下に存在していても、詐害行為否認の場合であれば、すなわちⓐ不適正価格による取引（法160条1項）、ⓑ無償行為（同条3項）または、ⓒ適正価格による取引で破産法161条1項による場合には、破産管財人は、その返還に代えて、当該財産の価額との差額（不足分）を請求することを選択できる（法168条4項）。なお、当該財産の価額の算定基準時については、判例で否認権行使時とされている（最一小判昭和61・4・3判時1198号110頁）。

　また、否認対象行為が無償行為またはそれと同視しうる場合、支払停止等があったことおよび債権者を害することを相手方が知らなければ、現存利益の償還で足りるとされている（法167条2項）。

【書式6-45】　反対給付の価額の償還を求める請求書

```
                        価額償還請求書

                                           平成○年○月○日
株式会社△△△
代表取締役　○　　○　　○　　○　殿
                        破産者　　○○○株式会社
                        破産管財人　○　　○　　○　　印
                        〒000-0000
                        ○○県○○市○○町○丁目○番○号
                                      ○○法律事務所
                                  電　話　00-0000-0000
                                  ＦＡＸ　00-0000-0000
```

冠省　時下益々ご清栄のことと存じます。
　さて，弊職は，○○地方裁判所に対し，平成○年○月○日，破産会社○○○株式会社（以下「破産会社」といいます。）と貴社との間の平成○年○月○日付別紙物件目録（略）記載の土地（以下「本件不動産」という。）売買について，否認の請求を行い，同裁判所は，平成○年○月○日，当該請求を認める決定を下しました。
　上記決定により，貴社は破産会社に対して本件不動産を返還する義務を負いますが（破産法167条第1項），本件不動産は，平成○年○月○日，○○株式会

社に対して売却されており，現在，貴社は本件不動産を保有しておりません。

　そこで，弊職は，貴社に対し，本件不動産の価額相当額の金銭の償還を請求いたします。そして，本件不動産の価額は，別紙鑑定書のとおり，金○○○○万円です。

　よって，弊職は，貴社に対し，本件不動産の価額相当額として，○○○○万円を請求いたします。

草々

5　否認権行使に対する相手方の権利

　上述のとおり、否認権が行使されるとその効果として、破産財団から流出した財産を相手方は返還しなければならないが、その引き換えとして、相手方としては、破産者の受けた反対給付の返還を求めることができる。どのような場合にいかなる返還を求められるかは、以下のように定められている。

(1)　**詐害行為否認の場合**

　(イ)　**原　則**

　詐害行為否認の場合、すなわちⓐ不適正価格による取引（法160条1項）、ⓑ無償行為（同条3項）または、ⓒ適正価格による取引で破産法161条1項による場合、原則として相手方は、破産者の受けた反対給付が破産財団中に、①現存する場合には、当該反対給付の返還を請求することができ（法168条1項1号）、②現存しない場合には、当該反対給付の価額の償還請求権を財団債権として取得する（同項2号）。

　(ロ)　**隠匿等の処分の意思について相手方が悪意の場合**

　ただし、破産者が隠匿等の処分（法161条1項1号参照）の意思を有し、かつ相手方がその意思を知っていた場合には扱いが異なる。すなわち、破産者の受けた反対給付によって生じた利益が破産財団中に、①現存する場合には、その現存利益の返還請求権を財団債権として取得するが（法168条2項1号）、②現存しない場合には、当該反対給付の価額の償還請求権を、財団債権ではなく破産債権として取得する（同項2号）。③利益の一部が現存する場合には、上記①および②との組み合わせとなり、現存する分については財団債権

として、反対給付との価額と現存分との差額については破産債権として、償還請求権を取得する（同項3号）。

したがって、このような場合、相手方は、破産者の受けた反対給付によって生じた利益が現存する限りでしか、破産債権の弁済に先立って返還の請求ができないこととなるが、それは、破産財団中相手方が破産者の隠匿等の処分の意思を知っていたのであれば、現存しないこととなった利益分について、破産財団の減少に加担したとの評価が可能であることなどが理由とされている（伊藤眞ほか『条解破産法〔第2版〕』1144頁（2010））。

なお、相手方が内部者である場合には、悪意が推定されることに留意されたい（法168条3項）。

【書式6-46】 相手方の取引目的物の返還請求書

平成○年○月○日

破産者　○○○株式会社
破産管財人弁護士　○　○　○　○　殿

〒000-0000
東京都○○区○○町○丁目○番○号
○○法律事務所
株式会社△△△代理人
弁護士　○　○　○　○　印
電　話　00-0000-0000
ＦＡＸ　00-0000-0000

請　求　書

冠省　時下益々ご清栄のことと存じます。当職は、株式会社△△△の代理人として、貴職に対し、次のとおり通知いたします。

さて、貴職は、東京地方裁判所に対し、平成○年○月○日、破産会社株式○○○会社（以下「破産会社」といいます。）と○○○株式会社（以下「当社」といいます。）との間で締結された、別紙物件目録（略）記載の土地（以下「本件不動産」という。）を目的物とする平成○年○月○日付売買契約について、否認の請求を行い、同裁判所は、平成○年○月○日、当該請求を認める決定を下し、当該決定は、平成○年○月○日に確定しました。

上記決定の確定により，当社は破産会社に対して本件不動産の売買代金を返還する義務を負う一方，破産会社は当社に対し本件不動産を返還する義務を負うこととなりました。

そこで，当社は，貴職に対し，破産法168条1項1号に基づき，本件不動産を当社に直ちに返還することを求めます。

草々

【書式6-47】 相手方の価額償還請求書

平成○年○月○日

破産者　○○○株式会社

破産管財人弁護士　○　○　○　○　御中

〒000-0000

東京都○○区○○町○丁目○番○号

○○法律事務所

株式会社△△△代理人

弁護士　○　○　○　○　印

電　話　00-0000-0000

FAX　00-0000-0000

請　求　書

前略　時下益々ご清栄のことと存じます。当職は，株式会社△△△の代理人として，貴職に対し，次のとおり通知いたします。

さて，貴職は，東京地方裁判所に対し，平成○年○月○日，破産会社○○○株式会社（以下「破産会社」といいます。）と株式会社△△△（以下「当社」といいます。）との間の平成○年○月○日付別紙物件目録（略）記載の土地（以下「本件不動産」という。）売買について，否認の請求を行い，同裁判所は，平成○年○月○日，貴職の請求を認める決定を下しました。そして，当該決定は，平成○年○月○日に確定しました。

上記決定の確定により，当社は貴職に対して本件不動産の売買代金を返還する義務を負う一方，貴職は当社に対し本件不動産を返還する義務を負うこととなりました。ところが，本件不動産は，平成○年○月○日，株式会社○○に対して売却されたため，現在，破産財団中に本件不動産は存在しておりません。

そこで，当社は，貴職に対し，破産法168条1項2号に基づき，本件不動

の価額相当額金〇〇万円の償還を請求いたします。
　つきましては，上記金員を，平成〇年〇月末日限り後記銀行口座へお支払いください。
（振込銀行口座）

草々

(2) 偏頗行為否認の場合

破産者の行った弁済などの債務消滅行為が、偏頗行為として否認された場合、当該行為で消滅した債権は、相手方が受けた給付を返還または価額償還した時点で復活する（法169条）。消滅した債権を被担保債権としていた保証や物上保証も復活する（伊藤眞ほか『条解破産法〔第2版〕』1150頁（2010））。

V　法人の役員の責任の追及等

1　はじめに

破産手続において、取締役その他破産者である法人の役員に対して損害賠償の責任追及を行う必要がある場合、通常訴訟手続によらず、非訟事件手続によって、簡易迅速に債務名義を取得することができる役員責任の査定の裁判の制度が設けられている（法178条）。また、その実効性を確保するために、保全処分の制度も設けられている（法177条）。平成16年改正以前の破産法では、破産者である法人の役員に対する損害賠償の責任追及について特別の規定は置かれておらず、役員に対して損害賠償の責任を追及するには通常訴訟手続による必要があったが、平成16年改正の際に、民事再生手続（民再143条・142条）、会社更生手続（会更100条・99条）と同旨の規定が設けられたものである。

【書式6-48】　法人役員に対する損害賠償の催告書

催　告　書

拝啓　貴殿益々ご清祥のことと存じます。

当職は，破産者○○○株式会社（以下「破産会社」）の破産管財人です。破産会社は平成○年○月○日，○○地方裁判所において破産手続開始の決定を受け，当職が破産管財人に選任されました（○○地方裁判所平成○年(フ)第○○号）。
　ところで，貴殿は，破産会社の取締役として，平成○年○月○日，×××株式会社に対して，無担保で金○億円を融資することを決定し，これを実行されました。ところが，×××株式会社はその融資からわずか10日後には破産手続開始決定を受けて倒産し，破産会社の×××株式会社に対する貸付債権は回収不能となったことから，破産会社は金○億円の損害を被りました。
　この点，前記融資の時点において×××株式会社の経営破たんは十分に予測できたものであるにもかかわらず，貴殿が前記融資を決定し，これを実行したことは，破産会社の取締役としての善管注意義務に違反するものと言わざるを得ません。
　よって，当職は貴殿に対して，破産会社の管財人として，破産会社の前記金○億円相当の損害を賠償するよう本書をもって催告します。
　つきましては，本書到達後2週間以内に，後記管財人口座に振込送金する方法で金○億円をお支払下さい。
　お支払いをいただけない場合には，誠に遺憾ではありますが，法的手続に及ばざるを得ないことを予めご通知申し上げます。

敬具

（管財人口座）
銀行名・支店名　　○○銀行○○支店
預金口座の種類　　普通預金口座
口座の名義　　　　破産者○○株式会社破産管財人○○○○
口座の番号　　　　○○○○○○

平成○年○月○日
通知人　　〒000-0000
　　　　　○○県○○市○○町○丁目○番○号
　　　　　電　話　00-0000-0000
　　　　　ＦＡＸ　00-0000-0000
　　　　　破産者○○株式会社破産管財人
　　　　　　弁護士　○　　○　　○　　○　㊞

```
被通知人  〒000-0000
         ○○県○○市○○町○丁目○番○号
         ○  ○  ○  ○   殿
```

2　役員の個人財産に対する保全処分

　破産法は、役員による個人資産の隠匿や散逸等を阻止することで査定手続（法178条）による損害賠償請求の実行性を確保するため、役員の個人財産に対する特殊保全処分の制度を設けている（法177条）。

(1)　申立権者

　保全処分は管財人が申し立てる（法177条1項）。ただし、破産手続開始の申立てがあった時から開始決定がなされるまでの間で、緊急の必要があると裁判所が認める場合には、債務者（保全管理人が選任されている場合は保全管理人）は保全処分を申し立てることができる（同条2項）。破産裁判所は、破産管財人等の申立てによることなく、自ら職権で、保全処分をなすことができる（同条1項・2項）。

(2)　申立時期

　保全処分は、原則として、破産手続開始決定の後に申し立てることができる（法177条1項）。ただし、破産手続開始の申立てがあった時から開始決定がなされるまでの間すなわち開始決定前でも、裁判所が緊急の必要があると認める場合には、債務者（保全管理人が選任されている場合は保全管理人）は保全処分を申し立てることができる（同条2項）。

(3)　申立裁判所

　保全処分は、基本事件である破産事件を担当している裁判所（破産裁判所）に対して申し立てる（法177条1項・2項）。

(4)　申立ての方式

　保全処分の申立ては書面でしなければならない（規則1条1項・2項3号）。申立書には、当事者の氏名または名称および住所等、申立ての趣旨、並びに、申立てを理由づける具体的な事実を記載しなければならず（規則2条1項・2

項)、疎明を要する事項については証拠書類の写しを添付しなければならない（同条3項）。保全処分発令のための実体的な要件は、①役員に対する損害賠償請求権が成立すること、並びに、②保全の必要性が認められることであるので、申立人は、これら①および②を理由づける具体的な事実を申立書に記載したうえ、証拠をもって疎明する必要がある。

(5) 担 保

本条の保全処分は、申立人のみの利益ではなく、総債権者の利益のために、破産財団に属する財産を保全するためになされる特殊保全処分であることから、立担保は不要とされている。

(6) 不服申立手段

保全処分にかかる決定に対する不服申立ての手段は即時抗告である（法177条4項）。民事保全法上の保全異議等を申し立てることはできない。この即時抗告には執行停止の効力はない（同条5項）。

【書式6-49】 保全処分申立書

平成○年(フ)第○○号
破産者　○○○株式会社

保全処分申立書

　　　　　　　　　　　　　　　　　　　　　　平成○年○月○日

○○地方裁判所御中

　　　　　　　　　　　　申立人　破産者○○○株式会社
　　　　　　　　　　　　　　　　破産管財人　○　　○　　○　　○　㊞

当事者の表示　別紙当事者目録（略）記載のとおり

申立ての趣旨

　申立人の相手方に対する○億円の損害賠償請求権の執行を保全するため、相手方所有の別紙物件目録（略）記載の不動産は、仮に差し押さえる
との裁判を求める。

申立ての理由

1　保全すべき損害賠償請求権

(1) 当事者

　申立人は，御庁平成○年(フ)第○○号，破産者○○○株式会社（以下「破産会社」という。）の破産事件の破産管財人であり，相手方は平成○年○月から破産手続開始に至るまで，破産会社の代表取締役に就任していた者である（甲第1号証）。

(2) 破産会社の損害の発生

　相手方は破産会社の代表取締役として，平成○年○月○日，×××株式会社に対して，無担保で金○億円を融資することを決定して実行した（甲第2号証）。

　ところが，×××株式会社は当該融資からわずか10日後には破産手続開始決定を受けて倒産し，破産会社の×××株式会社に対する貸金債権は回収不能となった（甲第3号証）。

　この点，×××株式会社の破たんは十分に予測できたにもかかわらず，相手方が当該融資を決定して実行したことは，破産会社の取締役としての善管注意義務に違反するものであったことが明らかであり，これによって，破産会社は金○億円の損害を被ったものである。

(3) 被保全権利のまとめ

　以上より，申立人は相手方に対して，会社法423条に基づき金○億円の損害賠償請求権を有している。

2　保全の必要性

　申立人は，現在，破産法178条1項に基づき，相手方に対する損害賠償請求権の査定の申立てをすべく準備中である。しかし，相手方は，別紙物件目録記載の不動産のほかには目ぼしい資産を有しておらず，これを隠匿等するおそれがあり，そうなれば，後日，申立人が相手方に対して査定の裁判で認容決定を得て強制執行しても目的を達成できないおそれが高い（甲第4号証，甲第5号証）。

3　よって，破産法177条1項に基づき，申立ての趣旨記載の決定を求める。

以上

証拠方法

甲第1号証　商業登記簿謄本（○○○株式会社）
甲第2号証　金銭消費貸借契約書
甲第3号証　商業登記簿謄本（×××株式会社）
甲第4号証　不動産登記簿謄本

甲第5号証　陳述書

添付書類

1　甲号証写し　　　　　各1通
2　管財人資格証明書　　1通

【書式6-50】　保全処分決定

平成○年㈭第○○号（基本事件　平成○年㈠第○○号）

決　　　定

当事者の表示　　　別紙当事者目録記載のとおり

主　　文

　申立人の相手方に対する金○億円の損害賠償請求権の執行を保全するため，相手方所有の別紙物件目録記載の不動産は，仮に差し押さえる。
平成○年○月○日

　　　　　　　　　　　　　　　　○○地方裁判所　民事第○部
　　　　　　　　　　　　　　　　裁判官　○　　○　　○　　○　　印

【書式6-51】　即時抗告申立書

平成○年㈭第○○号　保全処分申立事件

即時抗告申立書

　　　　　　　　　　　　　　　　　　　　　　　　平成○年○月○日

○○高等裁判所　御中

　　　　　　　　　　　　　　　　抗告人代理人
　　　　　　　　　　　　　　　　弁護士　○　　○　　○　　○　　印

当事者の表示　　　別紙当事者目録記載のとおり

　抗告人は，○○地方裁判所平成○年㈭第○○号保全処分申立事件について，同裁判所が平成○年○月○日に抗告人に対してなした保全処分決定は全部不服であるから，即時抗告をなす。

原決定の主文

申立人の相手方に対する金○億円の損害賠償請求権の執行を保全するため，相手方所有の別紙物件目録記載の不動産は，仮に差し押さえる。

抗告の趣旨

原決定を取り消す。
被抗告人の保全処分命令申立てを棄却する。
抗告費用は被抗告人の負担とする。
との決定を求める。

抗告の理由

（略）

以上

証拠書類

（略）

添付資料

1　甲号証写し　　　各1通
2　委任状　　　　　1通

3　査定の申立て

　破産手続において、取締役その他破産者である法人の役員に対して損害賠償の責任追及を行う必要がある場合、通常訴訟手続によらず非訟事件手続によって簡易迅速に債務名義を取得することができるよう、役員責任の査定の裁判の制度が設けられている（法178条）。

(1)　申立権者等

　役員責任の査定の申立ては破産管財人が行う（法178条1項）。裁判所は、必要があると認めるときは、破産管財人の申立てによらず、自ら職権で、査定決定をすることができるが（同項）、その場合、査定手続を開始する旨の

決定をしなければならない（同条3項）。なお、破産者や破産債権者等は、自ら役員責任の査定を申し立てることはできないが、裁判所の職権による査定手続の開始を求める上申を行うことはできる。

(2) **申立時期**

役員責任の査定は破産手続開始の後にのみ申し立てることができる（法178条1項）。この点、破産手続開始の申立てがあった時から破産手続開始決定がなされるまでの間に申立て可能な場合を認める役員の個人財産に対する保全処分（法177条）とは異なる。

(3) **申立裁判所**

役員責任の査定は、基本事件である破産事件を担当している裁判所（破産裁判所）に対して申し立てる（法178条1項）。

(4) **申立ての方法**

役員責任の査定を申し立てる場合、破産管財人は、その原因となる事実すなわち役員の責任に基づく損害賠償請求権の存在を基礎づける事実の存在を疎明しなければならない（法178条2項）。具体的には、役員責任の査定の申立ては書面でしなければならず（規則1条2項4号）、申立書には、申立人および相手方の氏名、住所等、並びに、査定決定を求める具体的な金額および上記損害賠償請求権を基礎づける事実を記載したうえ、立証を要する事由ごとの証拠についても記載しなければならない（規則2条1項・2項）。

(5) **必要的審尋**

破産管財人から役員責任の査定の申立てがあった場合、裁判所は、申立ての相手方である役員を審尋しなければならない（法179条2項）。簡易・迅速を旨とする査定手続の中で責任を追及される役員に反論の機会を保障するために必要的審尋とされているものである。この点、役員に対する審尋を必要的としていない役員の個人財産に対する保全処分とは異なる（法177条）。

(6) **時効中断**

破産管財人による査定の申立てまたは破産裁判所による査定手続を開始する旨の決定があったときは、時効の中断に関して、裁判上の請求（民147条1号）があったものとみなされる。

【書式6-52】 役員の責任の査定の申立書

基本事件　平成○年(フ)第○○号　破産手続開始申立事件

損害賠償請求権の査定の申立書

平成○年○月○日

○○地方裁判所　民事第○部　御中

申立人　破産者○○○株式会社

破産管財人　○　　○　　○　　○　印

当事者の表示　　別紙当事者目録記載のとおり

申立ての趣旨

1　相手方が，○○したことにより発生した，破産者○○株式会社の相手方に対する損害賠償請求権の額を金○億円と査定する。
2　申立費用は相手方の負担とする。
との決定を求める。

申立ての理由

1　破産者○○○株式会社（以下「破産会社」という。）は，平成○年○月○日，御庁において破産手続開始の決定を受け，申立人は同日破産会社の破産管財人に選任された（甲第1号証）。
2　相手方は平成○年○月から破産手続開始に至るまで，破産会社の代表取締役に就任していた者である（甲第1号証）。
3　相手方は破産会社の代表取締役として，平成○年○月○日，×××株式会社に対して，無担保で金○億円を融資することを決定して実行した（甲第2号証）。
　　ところが，×××株式会社は当該融資からわずか10日後には破産手続開始決定を受けて倒産し，破産会社の×××株式会社に対する貸金債権は回収不能となった（甲第3号証）。
　　この点，×××株式会社の破たんは十分に予測できたにもかかわらず，相手方が当該融資を決定して実行したことは，破産会社の取締役としての善管注意義務に違反するものであったことが明らかであり，これによって，破産会社は金○億円の損害を被ったものである（甲第4号証）。
4　よって，申立人は相手方に対して，申立の趣旨記載の査定を求める。

以上

第6章 破産財団の管理

```
                        証拠方法

    甲第1号証      商業登記簿謄本（○○○株式会社）
    甲第2号証      金銭消費貸借契約書
    甲第3号証      商業登記簿謄本（×××株式会社）
    甲第4号証      陳述書

                        添付資料

    1  甲号証写し         各1通
    2  管財人資格証明書     1通
```

【書式6-53】 役員の反論書

```
平成○年㈱第○○号  損害賠償請求権査定申立事件

                   答 弁 書

  相手方は，本件申立書に対して，以下のとおり答弁する。
                                    平成○年○月○日
○○地方裁判所  第○民事部  御中
                        〒000-0000
                        ○○県○○市○○町○丁目○番○号
                        ○○法律事務所（送達場所）
                            電 話  00-0000-0000
                            ＦＡＸ  00-0000-0000
                        相手方○○○○代理人
                        弁護士  ○    ○    ○    ○    印
第1  申立ての趣旨に対する答弁
  1  本件申立てを棄却する。
  2  申立費用は申立人の負担とする。
  との裁判を求める。
第2  申立ての理由に対する答弁
                     （略）


第3  相手方の主張
```

（略）
以上

(7) 裁 判

　査定の裁判は決定手続で行う。裁判所は、損害賠償請求権を基礎づける事実が証明されたと認めたときは査定決定を行う（役員責任査定決定）。そうでない場合は、査定の申立てを棄却する決定を行う。査定決定は決定手続で行われるので、仮執行宣言を付することはできない（民訴259条）。

　裁判所は、役員責任査定決定および役員責任査定の申立てを棄却する決定のいずれについても、理由を付さなければならない（法179条1項）。

　役員責任査定決定の裁判は、当事者に送達しなければならず、この送達は公告をもって代えることができない（法179条3項）。

　査定の裁判は、送達後1カ月の不変期間内に異議の訴えがなされなかったときまたは異議の訴えが却下されたときは、給付を命ずる確定判決と同一の効力を有する（法181条）。他方、査定の申立てを棄却する裁判には既判力はなく、申立人が改めて通常訴訟により役員責任を追及することは妨げられない。

【書式6-54】　役員の責任査定決定

平成○年㈲第○○号（基本事件　平成○年㈦第○○号）
決　　　定
当事者の表示　　　別紙当事者目録（略）記載のとおり
主　　　文
1　相手方が、○○したことにより発生した、破産者○○○株式会社の相手方に対する損害賠償請求権の額を金○億円と査定する。 2　申立費用は相手方の負担とする。
理　　　由
（略）

平成○年○月○日

　　　　　　　　　　　○○地方裁判所民事第○部
　　　　　　　　　　　　裁判官　○　○　○　○　印

4　査定の裁判に対する異議の訴え

　役員責任査定決定に対する不服申立ては、異議の訴え（法180条）によってのみ行うことができる。即時抗告や別訴によることはできない。役員責任査定決定によって役員の損害賠償責任が認められた場合に、その実体権の存否についての手続は簡易・迅速の要請から非訟手続とされていることから、その裁判に対して不服のある当事者に口頭弁論手続によって争う機会を保障する趣旨である。

(1) **提訴権者**

　異議の訴えは、役員責任査定決定に対して不服がある者、すなわち、支払いを命じられた役員および申立額の一部が棄却された破産管財人が提起することができる。

(2) **管轄裁判所**

　異議訴訟の管轄は、破産事件が係属している地方裁判所の専属管轄である（法180条2項・2条3項）。査定手続とは異なり、必ずしも、破産事件を担当している裁判体が異議訴訟を担当するわけではない。

(3) **提訴期間**

　異議の訴えは、査定決定書の送達を受けた日から1カ月の不変期間内に限って提起することができる（法180条1項）。

【書式6-55】　役員責任査定決定に対する異議の訴えの訴状

　　　　　　　　　　　　　　　　　　　　　　　平成○年○月○日
○○地方裁判所　御中

　　　　　　　　　　　訴　　　状

　　　　　　　　　　原告訴訟代理人　弁護士　○　○　○　○　印

事件の表示　　　役員責任査定決定に対する異議の訴え
当事者の表示　　　別紙当事者目録（略）記載のとおり

請求の趣旨

1　原告が被告管財人に対して負担すべき損害賠償債務の額を金○億円と査定した○○地方裁判所平成○年(モ)第○○号の損害賠償査定決定を取り消す。
2　訴訟費用は，被告管財人の負担とする。
との裁判を求める。

請求の原因

1　破産者○○○株式会社（以下「破産会社」という。）は，平成○年○月○日，御庁において破産手続開始の決定を受け，被告管財人は同日破産会社の破産管財人に選任された（甲第1号証）。
2　原告は平成○年○月から破産手続開始に至るまで，破産会社の代表取締役に就任していた者である（甲第1号証）。
3　被告管財人は，平成○年○月○日，破産裁判所に対して，原告が破産会社の代表取締役在任期間中に実施した融資が破産会社の取締役としての善管注意義務に違反することを理由に，金○億円の損害賠償の査定の申立てを行い，破産裁判所は，平成○年○月○日，この申立てを全て認める内容の査定決定を行った（甲第2号証）。
4　しかし，原告は，上記融資について，以下のとおり綿密な調査・検討を尽くしたうえで，破産会社の取締役会において十分な審議を行い満場一致の賛成をもってこれを決定して実行したものであるから，破産会社の取締役の善管注意義務に違反したことはない（甲第3号証）。

（略）

　　にもかかわらず原告の損害賠償責任を認めた破産裁判所の査定決定は不当である。
5　よって，原告は，破産会社に対する損害賠償責任がないことを確認し，査定決定を取り消すために，破産法180条に基づき，異議の訴えを提起するものである。

証拠方法

甲第1号証　　商業登記簿謄本
甲第2号証　　損害賠償査定決定（正本）

甲第3号証　　陳述書

添付資料

1　甲号証写し　　　　各1通
2　資格証明書　　　　1通
3　委任状　　　　　　1通

【書式6-56】　役員責任査定決定に対する異議の訴えの判決(1)──責任査定決定の認可

平成○年(ワ)第○○号　損害賠償査定決定に対する異議の訴え事件

判　　決

　　　　　○○県○○市○○町○丁目○番○号
　　　　　　　　原　　　　告　　○　○　○　○
　　　　　　　　原告訴訟代理人弁護士　○　○　○　○
　　　　　○○県○○市○○町○丁目○番○号
　　　　　○○法律事務所
　　　　　　　　被　　　　告　　破産者○○○株式会社
　　　　　　　　　　　　　　　　破産管財人　○　○　○　○

主　　文

1　被告管財人を申立人，原告を相手方とする○○地方裁判所平成○年(モ)第○○号役員責任査定申立事件について，同裁判所が平成○年○月○日にした損害賠償査定決定を認可する。
2　原告の請求を棄却する。
3　訴訟費用は被告の負担とする。

事実及び理由

(略)

　　　　　○○地方裁判所第○民事部
　　　　　　　　　　裁判長裁判官　○　○　○　○　印
　　　　　　　　　　　　裁判官　○　○　○　○　印
　　　　　　　　　　　　裁判官　○　○　○　○　印

【書式6-57】 役員責任査定決定に対する異議の訴えの判決(2)——責任査定決定の変更

平成○年(ワ)第○○号 損害賠償査定決定に対する異議の訴え事件

判　　決

　　○○県○○市○○町○丁目○番○号
　　　　原　　　　　告　　○　○　○　○
　　　　原告訴訟代理人弁護士　○　○　○　○
　　○○県○○市○○町○丁目○番○号
　　○○法律事務所
　　　　被　　　　　告　　破産者○○○株式会社
　　　　　　　　　　　　　破産管財人　○　○　○　○

主　　文

1　被告管財人を申立人，原告を相手方とする○○地方裁判所平成○年(モ)第○○号役員責任査定申立事件について，同裁判所が平成○年○月○日にした決定を次のとおり変更する。
　　被告管財人の原告に対する損害賠償請求権の額を金○億円と査定する。
2　訴訟費用はこれを2分し，その1を原告の負担とし，その余は被告破産管財人の負担とする。

事実及び理由

（略）

○○地方裁判所第○民事部
　　　　裁判長裁判官　○　○　○　○　㊞
　　　　　　裁判官　○　○　○　○　㊞
　　　　　　裁判官　○　○　○　○　㊞

【書式6-58】 役員責任査定決定に対する異議の訴えの判決(3)——責任査定決定の取消し

平成○年(ワ)第○○号 損害賠償査定決定に対する異議の訴え事件

判　　決

```
            ○○県○○市○○町○丁目○番○号
                  原        告    ○  ○  ○  ○
                  原告訴訟代理人弁護士  ○  ○  ○  ○
            ○○県○○市○○町○丁目○番○号
            ○○法律事務所
                  被        告    破産者○○○株式会社
                                破産管財人  ○  ○  ○  ○

                      主    文

 1 原告が被告管財人に対して負担すべき損害賠償債務の額を金○億円と査定
  した○○地方裁判所平成○年(モ)第○○号役員責任査定申立事件の損害賠償査
  定決定を取り消す。
 2 訴訟費用は被告管財人の負担とする。

                    事実及び理由
                      (省略)
            ○○地方裁判所第○民事部
                  裁判長裁判官  ○    ○    ○    ○  印
                      裁判官  ○    ○    ○    ○  印
                      裁判官  ○    ○    ○    ○  印
```

第7章　破産財団の換価

Ⅰ　換価の方法

1　任意売却

(1)　財産全般

　破産財団に属する財産の換価方法には、任意売却と、民事執行法その他強制執行の手続に関する法令による換価とがあるが、実務上は、ほとんど、迅速で、より高額で売却できる可能性がある任意売却によって換価されている。

　破産財団に属する財産の換価は、破産管財人の中心的業務であり、迅速、適正、合理的に行うことが要求され、破産管財人は、就任後直ちに破産財団に属する財産の管理に着手して（法79条）、関係資料の確保を行い、換価のスケジュールを立て、進捗状況を把握することが重要である。

　破産財団に属する財産を任意売却する場合、将来、破産財団が予想できない負担・損失を負わないようにするため、現状有姿取引とし、瑕疵担保責任を免除し、売買代金は一括払いとする等の条項を契約書に入れたうえで、買主に対して十分に説明をすることが必要である。

　また、破産財団に属する財産を任意に売却する場合、当該財産の内容や価額によっては、裁判所の許可が必要となる。たとえば、不動産に関する物権の任意売却（法78条2項1号）、知的財産権の任意売却（同項2号）、商品の一括売却（同項4号）、100万円を超過する動産の任意売却（同項7号・3項1号、規則25条）、100万円を超過する債権または有価証券の譲渡（法78条2項8号・3項1号、規則25条）である。100万円を超過するか否かの判断は、個別の財産ごとに、額面ではなく時価で判断する。

　なお、大阪地方裁判所では、自動車の任意売却、有価証券の市場での時価での任意売却は、100万円を超過しても許可不要行為に指定する運用がなされており（運用と書式124頁）、東京地方裁判所では、自動車の破産財団からの放棄については、価額が100万円以下でも裁判所の許可を必要とする運用

がなされている（手引123頁）。

【書式7-1】 資産売却許可申立書（東京地方裁判所）

東京地方裁判所民事第20部　　管財○係　御中（※1）	
	平成○年(フ)第○○号
	破　産　者　　○○○株式会社
本件につき 許可する。 　東京地方裁判所民事第20部 　　裁判官　○　○　○　○	本件につき 許可があったことを証明する。 　前同日　東京地方裁判所民事第20部 　　裁判所書記官　○　○　○　○　印

資産売却許可申立書

1　申立ての趣旨
　　破産財団に属する後記「物件の表示」記載の資産を以下の内容で売却することにつき許可を求める。

2　資産の区分
　　　□自動車　　□電話加入権　　□什器備品　　□商品在庫
　　　□その他

3　売却の内容
　①　買主の表示
　　　□　特定可能：住所
　　　　　　　　　　氏名
　　　□　特定不能（※2）（理由）
　②　売買代金額
　　　□　特定可能　金　　　　　　　円（※3）
　　　□　特定不能（※4）
　　　　　a　簿価基準　　　　　　b　最低額基準

4　破産管財人が保有する疎明資料（添付は不要）
　①
　②
　③

5　備考

記

物件の表示（※5）

　　　平成○年○月○日

　　　　　　　　　破産管財人弁護士　○　　○　　○　　○　印

　　　　　　　　　　　　　　　　　　　　　　　　　　　以　上

【注意点】
※1　担当係を忘れずに表示してください。
※2　買主の表示で「特定不能」とは，バーゲンセールを実施する場合等を指します。
※3　物件の評価額が100万円を超える場合に申立てが必要です（78条2項7号，8号，同条3項1号，規則25条）。
※4　簿価基準とはバーゲンセール等で仕入簿価に対する一定の割合（ただし，確定的なものではなく，5～8％のようにある程度幅を持たせることも可。）で算出する場合，最低額基準とは販売額の最低額をあらかじめ設定する場合をそれぞれ指します。
※5　売却する資産を十分特定してください。「破産者の所有する什器備品一切」，「在庫一式」等の記載では不十分です。

　任意売却しようとする財産が，売買で取得した動産である場合などに，当該動産を納入した債権者が，動産売買先取特権（民311条）を主張して，破産管財人に対し，当該動産の引渡しを求め，または，任意売却後に，動産売買先取特権を侵害したとして損害賠償請求を行うことがある。

　動産売買先取特権は，別除権であるが（法2条9項），権利行使は，動産競売の方法によることになり，動産競売開始のためには，①債権者が執行官に対し当該動産を提出した場合，②債権者が執行官に対し占有者の差押承諾文書を提出した場合，③動産競売開始許可決定が債務者に送達された場合のいずれかが必要である（民執190条）。しかし，破産管財人が，債権者に当該動産を返還する義務はなく，また，差押承諾文書を提出する義務もないと実務上考えられており（名古屋地判昭和61・11・17判時1233号110頁，大阪高決平成1・9・29判タ711号232頁，東京高決平成3・7・3判時1400号24頁），さらに，破産管財人が，動産競売開始許可決定が送達されるまでの間に，当該動産を任意売却しても，不法行為とならないと実務上考えられている（大阪地判昭和

61・5・16判時1210号97頁、東京地判平成3・2・13判時1407号83頁)。

(2) **不動産**

　破産財団に属する不動産は、実務上、ほとんど担保権が設定されており、しかも、いわゆるオーバーローンであることが多い。しかし、一般的に不動産は高額で取引されることが多く、破産財団の増殖に寄与するため、破産管財人は、積極的に、任意売却を行うべきである。

　この点、担保権者は、担保不動産を競売手続に付すことによって、債権回収を行う方法を有しているが、一般的に、任意売却は、これに比して、迅速で、高額で売却しやすく、また手間や費用が少ないという利点を有しているから、とりわけ担保権者が金融機関の場合、任意売却を試みること自体、応じてくれることが実務上は多い。

　(イ) **買主を募集する活動**

　破産財団に属する不動産の任意売却を行う際には、まずもって、破産申立書、全部事項証明書、固定資産評価証明書、担保権者の債権調査票、登記済権利証（登記識別情報）、破産者が個人の場合は住民票などの資料を確認し、破産者本人からの事情聴取も踏まえて、当該不動産の権利関係と現状を詳細に把握する必要がある。具体的には、単独所有か共有持分か、固定資産税評価額、未登記不動産の有無、(仮)差押えまたは滞納処分の有無、担保権の種類、根抵当権の場合は極度額、各担保権者の優先順位、担保権者または(仮)差押権者の残債権額、滞納公租公課の額、破産者が現に居住しているのか空き家なのか、現に居住しているのであれば引越し可能時期などを把握する。

　そのうえで、担保権者に任意売却を試みる意向を打診して、当該不動産の査定額、財団組入額、仲介手数料、登記費用などを予想して、担保権者の意向を踏まえて、売り出し価格を設定して、買主を募集する活動を行う。

　買主を募集する活動は、一般的には、仲介業者の協力を得ることが多く、当該不動産の事情や特性に応じて、仲介業者の販売活動を通じて買主を探すのか、それとも入札を実施するのかを判断する。

　(ロ) **配分表の作成**

　買主の募集活動によって買主が見つかれば、当該買主が提示する売買代金

額を前提に配分表を作成して、すべての担保権者に送付し、すべての担保権者から任意売却を行うことの了承を得る。配分表には、売買代金額、日割精算する固定資産税・都市計画税相当額、各担保権者の個別の配分額、破産財団組入額、売主側が負担する登記費用、仲介手数料を記載する。

(A) 日割精算する固定資産税・都市計画税相当額

不動産の任意売却を行う場合、当該不動産の固定資産税・都市計画税相当額を日割計算した金額を、買主から、本来の売買代金とは別に、受け取るのが通常である。関西では4月1日を基準とする慣習があり、4月1日から任意売却決済日の前日までの分を売主（つまり破産管財人）が負担し、任意売却決済日から3月31日までの分を買主が負担することが多い。これに対し、関東では1月1日を基準とする慣習があり、1月1日から任意売却決済日の前日までの分を売主（つまり破産管財人）が負担し、任意売却決済日から12月31日までの分を買主が負担することが多い。

4月1日を基準として、1月1日から3月31日までに任意売却の決済を行う場合、任意売却の決済をした年の固定資産税・都市計画税は、当該年の4月上旬に、売主あてに納付書が届くから、これを買主に交付して、買主の負担で納付してもらうなどの対応をとることになる。

財団債権の全額を弁済するに足りる破産財団を形成できない場合に、買主から受け取った固定資産税・都市計画税相当額の日割精算分を、破産財団に組み込むべきか、それとも固定資産税・都市計画税にあてて実際に納付すべきかは、見解が分かれているところであり、実務上、いずれの方法も行われているところである。

(B) 各担保権者の個別の配分額

各担保権者の個別の配分額は、担保権者の優先順位に従うことが基本であるが、任意売却では、担保不動産競売手続と異なって、各担保権者の同意を根拠に、各担保権者の担保権が抹消されるから、たとえ先順位の担保権者の被担保債権の全額を満足させることができない場合であっても、後順位の担保権者に対し、担保権の抹消に同意することの見返りとして、いわゆるハンコ料を配分することが通常である。後順位権利者が、滞納処分をした公訴公課庁である場合や、仮登記担保権者の場合でも、同様にハンコ料を配分する

ことが通常である。

このハンコ料は、売買代金額、被担保債権額などによって決まるが、おおむね10万円から30万円が多い。

(C) 破産財団組入額

一般的に、不動産の任意売却を行った場合、担保不動産競売手続を行った場合に比して、売買代金額が高額となり、担保権者の回収額もその分増えるといわれている。売買代金額がどの程度高額となるかは、当該不動産の状態や事情によることが大きく、一概にはいえないが、30％程度高額となるといわれることもある。

そして、任意売却は、破産管財人が、買主を募集するなどの努力を行って実現するものであるから、担保不動産競売手続をとった場合に実現できたであろう代金額と、任意売却の代金額との差額を、担保権者だけが享受するというのは公平ではない。当該差額から、仲介手数料、ハンコ料、登記費用などの任意売却独自の費用を控除した残額を、担保権者と破産管財人とで分配するというのが公平である。当該不動産の状態や事情、破産管財人の寄与度などによって破産財団組入額は異なるため、一概にはいえないが、売買代金額の5％から20％程度が妥当であると思われる。

なお、大阪地方裁判所では、破産財団組入額の最低額を、売買代金額の3％とする運用をしており、これを下回る任意売却は許可されない（運用と書式133頁）。

(ハ) 売買契約書の作成

すべての担保権者から任意売却を行うことの了承を得た場合、買主との間で売買契約書を締結することになるが、破産財団が予想できない負担・損失を被ることを防ぐために、売買契約書には、①現状有姿売買とする、②瑕疵担保責任を免除する、③公簿取引とする、④売買代金は一括払いとする、⑤売主たる破産管財人が違約金を負担しないようにする、⑥すべての担保権者が担保抹消に応じることを停止条件とする、⑦破産裁判所の許可を得る前に売買契約書を締結する場合には、破産裁判所の許可を得ることを停止条件とすることを反映する。

買主が、不動産業者ではなくエンドユーザーの場合は、瑕疵担保責任を免

除する規定が消費者契約法に違反するのではないかという懸念があるが、実務上は、かかる規定を入れたうえで、買主に対して規定の内容を十二分に説明するという対応をとっている。

㈡ 許可申請等

破産財団に属する不動産の任意売却は、買主に所有権を移転するのであるから、売買代金額の大小にかかわらず、裁判所の許可が必要となる（法78条2項1号）。また、別除権者である担保権者に100万円を超える金額を支払う場合、別除権の受戻しでもあるから、裁判所の許可が必要となる（同項14号・3項1号、規則25条）。したがって、許可申請書の許可を求める事項欄では、この点を明確に区別する。また、許可を求める理由欄では、売買代金額の相当性、配分表記載の各金額の相当性を説得的に記載する。なお、許可申請書は、利害関係人の閲覧対象となるところ（法11条1項）、許可を求める理由欄がそのまま閲覧されると管財業務に支障が生じるような場合は、その部分について、閲覧制限をかけるか（法12条）、または、閲覧対象とならないメモのようなもので裁判所に報告することを検討する。

なお、不動産を売却する際の許可申請書の書式は、【書式3－14】【書式3－15】【書式3－16】を参照されたい。

破産財団に属する不動産の所有権移転登記をするためには、法務局に対して、不動産の所有権を移転することにつき裁判所の許可があることを提示する必要があるが、許可書自体は大部であるから、実務上、便宜のために、裁判所に、許可書とは別に、法務局に提出する用の許可証明書を発行してもらうことが多い。また、法務局は、「破産管財人選任及び印鑑証明書」の提出も要請してくるから、併せて、これも裁判所に申請する。

【書式7-2】 許可証明申請書（大阪地方裁判所）

平成○年㈎第○○号   破産者　○○○株式会社   　　　　　　　　許可証明申請書   　　　　　　　　　　　　　　　　　　平成○年○月○日

大阪地方裁判所　第6民事部○○係　御中

　　　　　　　　　　　　　　破産管財人　○　○　○　○　印
　　　　　　　　　　　　　　　　　　　　電話　00-0000-0000

　頭書事件について，下記のとおり許可をいただいたことを証明願います。
　　　　　　　　　　　　　　　記
（許可事項）
　破産者が所有する別紙物件目録（略）記載の不動産を次の買主に売却し，所有権移転登記手続を行うこと。
　　買　主　（住所）　○○市○○町○丁目○番○号
　　　　　　（氏名）　○○○○

　　　　　　　　　　　　　　　　　　　　　　　　　　　　　　以上
　　上記証明する。
　　　　　平成○年○月○日
　　　　　　　　大阪地方裁判所第6民事部○○係
　　　　　　　　裁判所書記官　○　○　○　○　印

【書式7-3】　破産管財人選任および印鑑証明書（不動産登記申請用）（大阪地方裁判所）

平成○年(フ)第○○号

破産管財人選任及び印鑑証明申請書

　　　　　　　　　　　○○市○○町○丁目○番○号
　　　　　　　　　破産者　　○○○株式会社
　上記の者に対し，平成○年○月○日午後○時御庁において破産手続開始決定があったこと，私が唯一の破産管財人に選任されたこと及び次の印鑑が破産管財人の印鑑として届け出たものと相違ないことを証明願います。

平成○年○月○日
　　　　　　　　　　　　　○○市○○町○丁目○番○号
　　　　　　　　　　　　　破産管財人弁護士　○　○　○　○　印
　　　大阪地方裁判所第6民事部　御中

　　上記証明する。
　　　前同日
　　　　　　　大阪地方裁判所第6民事部
　　　　　　　　　裁判所書記官　○　○　○　○　印

2　民事執行法その他強制執行の手続に関する法令による換価

　破産財団に属する財産の換価方法には、任意売却と、民事執行法その他強制執行の手続に関する法令による換価とがあるが、後者は、前者に比して、適正、公正、透明に売却できるという利点がある。条文上、この後者の換価の方法を利用できるのは、不動産、登記すべき日本船舶または外国船舶、鉱業権や知的財産権だけに限られているが（法184条1項）、これは、同条の沿革に由来しているだけであって、動産などのその他の財産の利用を否定するものではない（竹下守夫編代『大コンメンタール破産法』742頁（2007））。

　この換価方法は、具体的には競売手続で行うことになるが、請求権の満足を目的とするものではないため、形式競売（民執195条）の一種となり、破産管財人は、破産手続開始決定書の謄本を競売権の存在を証する文書として申立てを行い、競売手続で代金納付がされた後、破産管財人に代金が交付されることになる。

　なお、無剰余の場合でも、破産管財手続を迅速に進める必要があることから、無剰余執行禁止の原則は適用されない（法184条3項）。

　別除権者がいつまでも担保権を実行せず、また、任意売却も困難である場合、破産手続が遅延してしまい、また、財産の種類によっては固定資産税等の税金の負担によって破産財団が減少してしまう。

第7章 破産財団の換価

かかる事態を回避できるよう、破産管財人は、目的物に別除権が付いていても、民事執行法その他強制執行の手続に関する法令による換価の方法を利用することができる。そして、別除権者はこれを拒むことができない（法184条2項）。

【書式7-4】 不動産競売申立書

　　　　　　　　　　　不動産競売申立書

　　　　　　　　　　　　　　　　　　　　　　平成〇年〇月〇日

〇〇地方裁判所第〇民事部　御中

　　　　　　　　　　　　　　　　申立人　破産者　〇〇〇株式会社
　　　　　　　　　　　　　　破産管財人　〇　〇　〇　〇　印
　　　　　　　当　事　者　　別紙目録のとおり
　　　　　　　目的不動産　　別紙目録のとおり

　〇〇〇株式会社は，大阪地方裁判所平成〇年(フ)第〇〇号破産手続開始申立事件につき，平成〇年〇月〇日同裁判所から破産手続開始の決定を受け，同日，〇〇〇〇が破産管財人に選任された。よって，破産者所有の別紙物件目録記載の不動産を換価したいので，破産法第184条2項の規定により，民事執行法の規定に従い本件申立てに及んだ。

　　　　　　　　　　　　添　付　書　類

　1　破産手続開始決定正本　　　　　　　　　　　　1通
　2　不動産登記簿謄本　　　　　　　　　　　　　　1通
　3　公課証明書　　　　　　　　　　　　　　　　　1通
　4　競売許可決定書　　　　　　　　　　　　　　　1通
　5　抵当権実行通知書（内容証明）　　　　　　　　1通
　6　固定資産税評価証明書　　　　　　　　　　　　1通
　7　住民票　　　　　　　　　　　　　　　　　　　1通
　8　資格証明書　　　　　　　　　　　　　　　　　1通

　　　　　　　　　　　　当　事　者　目　録

```
申 立 人    ○○県○○市○○区○○町○丁目○番○号
           破 産 者  ○○○株式会社
           (住  所) ○○市○○区○○町○○
           (事務所) ○○市○○区○○町○丁目○番○号○○ビル
           破産管財人  ○○○○
所 有 者   ○○県○○市○○区○○町○丁目○番○号
           ○○○株式会社
```

物 件 目 録

```
所  在    ○○市○○区○○町
地  番    ○番○
地  目    宅地
地  積    ○○.○○平方メートル
```

3 財団からの放棄

(1) 財産全般

　破産管財人は、破産財団に属する財産を、できる限り換価できるように努力・工夫すべきであるが、破産手続全体を迅速に処理するため、または、破産財団の負担を軽減するため、財産を破産財団から放棄することが、やむを得ないことがある。

　破産者が自然人の場合、破産管財人が破産財団から財産を放棄すると、破産者本人に、当該財産の管理処分権が戻る。他方、破産者が法人の場合、当該法人に、当該財産の管理処分権が戻るものの、代表者が不在のため当該財産を管理する者がいないという状態となる。

　なお、放棄する財産が100万円以下の場合は裁判所の許可が不要で、100万円超の場合は裁判所の許可が必要である（法78条2項12号・3項1号、規則25条）。

第7章 破産財団の換価

【書式7−5】 資産放棄許可申立書（東京地方裁判所）

東京地方裁判所民事第20部　　管財○係　御中（※1）

平成○年(フ)第○○号
破　産　者　○○○株式会社

本件につき 許可する。 　東京地方裁判所民事第20部 　　裁判官　○　○　○　○	本件につき 許可があったことを証明する。 　前同日 東京地方裁判所民事第20部 　　裁判所書記官　○　○　○　○　印

資産放棄許可申立書

1　申立ての趣旨（※2・※3）
　破産財団に属する後記「資産の表示」記載の資産を放棄することにつき許可を求める。
2　申立ての理由
　(1)　放棄の必要性
　　　　□　換価困難（内容　　　　　　　　　　　　　　　　　　　　）
　　　　□　回収を上回るコストが予想される（内容　　　　　　　　　）
　　　　□　その他（内容　　　　　　　　　　　　　　　　　　　　　）
　(2)　放棄の許容性
　　　　□　社会的見地から放棄に支障がないこと
　　　　　（内容　　　　　　　　　　　　　　　　　　　　　　　　　）
3　破産管財人が保有する疎明資料（添付は不要）
　　　　□　買取見積書（内容　　　　　　　　　　　　　　　　　　　）
　　　　□　廃棄処分見積書（内容　　　　　　　　　　　　　　　　　）
　　　　□　報告書（内容　　　　　　　　　　　　　　　　　　　　　）
　　　　□　その他（内容　　　　　　　　　　　　　　　　　　　　　）
4　資産の区分
　　　　□　自動車（※4）　□　電話加入権　□　什器備品　□　商品在庫
　　　　□　その他（内容　　　　　　　　　　　　　　　　　　　　　）
5　資産の表示

　　　　　　　平成○年○月○日

　　　　　　　　　　　　　破産管財人弁護士　○　　○　　○　　○　印
　　　　　　　　　　　　　　　　　　　　　　　　　　　　　　　　以　上

【注意点】
※1　担当係を忘れずに表示してください。
※2　破産法78条2項12号参照。
※3　動産については，放棄後の不慮の事故等を防止するため，直ちに放棄の許可を得るのではなく，廃棄処分等を行って事後に問題を残さないようにすることが求められます。
※4　自動車の放棄の場合は，課税や運行供用者責任の問題から放棄の時点を明確にする必要がありますので，100万円以下でも速やかに個別の許可申立てをしてください。

【書式7-6】　債権放棄許可申立書（東京地方裁判所）

東京地方裁判所民事第20部　　　管財○係　御中（※1）

平成○年(フ)第○○号
破　産　者　○○○株式会社

本件につき 許可する。 　東京地方裁判所民事第20部 　　裁判官　○　○　○　○	本件につき 許可があったことを証明する。 　前同日　東京地方裁判所民事第20部 　　裁判所書記官　○　○　○　○　印

債権放棄許可申立書

1　申立ての趣旨（※2・※3・※4）
　　後記「債権の表示」記載の債権を放棄することの許可を求める。
2　申立ての理由
　　□　倒産（内容　　　　　　　　　　　　　　　　　　　　　　　）
　　□　所在不明（内容　　　　　　　　　　　　　　　　　　　　　）
　　□　資産不明（内容　　　　　　　　　　　　　　　　　　　　　）
　　□　資力なし（内容　　　　　　　　　　　　　　　　　　　　　）
　　□　回収を上回るコストが予想される（内容　　　　　　　　　　）
　　□　換価困難（内容　　　　　　　　　　　　　　　　　　　　　）
　　□　その他
3　破産管財人が保有する疎明資料（添付は不要）
　　□　不渡処分通知（内容　　　　　　　　　　　　　　　　　　　）
　　□　破産手続開始決定（内容　　　　　　　　　　　　　　　　　）

□　転居先不明の返送郵便
　　　□　住所地の不動産登記事項証明書（内容　　　　　　　　　　　）
　　　□　報告書（内容　　　　　　　　　　　　　　　　　　　　　　）
　　　□　その他
　4　債権の表示
　　　・　債務者名：
　　　・　債権の種類：
　　　・　債権の金額：　　金　　　　　　　　　円
　　　　　平成○年○月○日
　　　　　　　　　　　　　　　　破産管財人弁護士　○　○　○　○　印
　　　　　　　　　　　　　　　　　　　　　　　　　　　　　　　以　上

【注意点】
※1　担当係を忘れずに表示してください。
※2　（投資）有価証券，出資金等もこれに準じます。
※3　破産法78条2項12号参照。
※4　東京地方裁判所民事第20部においては，債権放棄の効果を，債務者との間の権利関係を解消する絶対的放棄ではなく，換価に値しない財産を破産財団から除外し，破産者又は別除権者の自由な処分に委ねる相対的放棄と解する扱いです。

(2) 不動産

　不動産も、他の財産と同様に、破産手続全体を迅速に処理するため、または、破産財団の負担を軽減するため、破産財団から放棄することがあるが、たとえば土壌汚染されている不動産や、PCBなどの危険物が存在している不動産などは、これら危険物の除去に一定の費用がかかっても、公益性などを重視して、危険物を除去すべき場合があるから、裁判所と事前に十分に協議して処理すべきである。

　不動産の固定資産税は、毎年1月1日時点の所有名義人に課税されるから、不動産を破産財団から放棄する場合は、これを考慮して、12月31日をひとつの目安とする。ただし、破産者が法人の場合、破産管財人は、放棄する2週間前までに、担保権者に対する通知を行う必要があるから、この期間も考慮する。

　また、破産財団から放棄する不動産が100万円超の場合は、裁判所の許可

が必要であるが(法78条2項12号・3項1号、規則25条)、放棄日を明確にしておく必要性が高いことから、許可申請を、口頭で行うべきでなく、書面で行うべきである。なお、大阪地方裁判所の運用では、不動産の破産財団からの放棄につき、口頭での許可申請を認めていない。

　不動産を破産財団から放棄した場合は、すべての担保権者(仮登記担保権者も含む)にその旨を通知するほか、当該不動産が競売手続中であれば、当事者適格の観点から、執行裁判所にも上申すべきである。

　破産者が法人の場合に、破産管財人が不動産を破産財団から放棄すると、当該法人に、当該不動産の管理処分権が復帰するが、代表者が不在のため当該不動産を管理する者がいない状態となる。したがって、担保権者が、当該不動産につき、競売を申し立てる場合やすでに競売手続中である場合は、特別代理人の選任が必要であり(民執20条、民訴35条・37条)、担保権を放棄する場合や任意売却を希望する場合は、清算人の選任が必要となる(会478条2項)。

【書式7-7】　不動産放棄の事前通知書(東京地方裁判所)

別除権者　各位

東京地方裁判所平成○年(フ)第○○号
破産者　　○○○株式会社

不動産放棄の事前通知書

拝啓　時下ますますご清栄のこととお慶び申し上げます。

　さて、破産者○○○株式会社に係る破産財団に属する後記不動産の表示記載の不動産(以下「本件不動産」といいます。)につきましては、平成　年　月　日(※)に破産裁判所に対し放棄許可申立てをし、放棄の手続を執る予定です。

　つきましては、各位が本件不動産に設定を受けておられる別除権について放棄の手続を執られる場合には、<u>不動産放棄許可申立予定日(平成　年　月　日)</u>の3日前までに放棄手続に必要な書類を御用意の上、当職宛ご連絡頂きたくお願い申し上げます。

　なお、当職が本件不動産を破産財団から放棄した後に、別除権の放棄をされ

る場合の通知の相手方は当職ではありません（破産者が法人の場合には破産手続外で清算人を選任した上で清算人に通知することになります。）ので，別除権の放棄を検討されている場合は，当職が本件不動産を放棄する前にされることをお勧めします。

敬　具

不動産の表示
　土地　所在
　　　　地番
　　　　地目
　　　　地積

　　　　　　　　　　平成○年○月○日
　　　　　　　　　　　破産管財人弁護士　○　　○　　○　　○　印
　　　　　　　　　　　電　話　00-0000-0000
　　　　　　　　　　　ＦＡＸ　00-0000-0000

以　上

【注意点】
※　当該通知書発送日の2週間以上後を設定してください（破産規則56条参照）。

【書式7-8】　不動産放棄許可申立書（東京地方裁判所）

東京地方裁判所民事第20部　　　管財○係　御中（※1）

　　　　　　　　　　　　　　　　　　　　　平成○年(フ)第○○号
　　　　　　　　　　　　　　　　　　　　　破　産　者　○○○株式会社

本件につき 許可する。 　東京地方裁判所民事第20部 　　裁判官　○　○　○　○	本件につき 許可があったことを証明する。 　前同日　東京地方裁判所民事第20部 　　裁判所書記官　○　○　○　○　印

不動産放棄許可申立書

1　申立ての趣旨（※2）
　　別紙物件目録記載の不動産を財団から放棄することにつき許可を求める。
2　申立ての理由
　(1)　放棄の必要性
　　　□　オーバーローン（なお，別除権者に対する所定の通知は平成　　年

　　　　月　　日に発送済み。(※3・※4))
　　　　□　回収額を上回るコスト　□　換価困難　□　その他(※5)
　(2)　放棄の許容性(※6)
　　　　□　社会的見地から不相当でない　□　別除権者に対する規則56条の通知
3　破産管財人が保有する疎明資料(添付は不要)
　① 不動産登記事項証明書
　② 本件不動産の処分見込価格：　　　　　　円
　　　　□　不動産競売事件の評価書写し(最低売却価額：　　　　　　円)
　　　　□　買取見積書(※7)(　　　　　円)　□　その他
　③ 本件不動産に対して優先権をもつ債権
　　　　□　債権認否表(本件不動産に係る別除権の被担保債権額合計
　　　　　　　　　　　　　　　　　　　　　　　　　　　　　　　円)
　　　　□　滞納処分による差押調書(　　　円)　□　交付要求書(　　　円)
　④ 管理等コスト
　　　　□　固定資産税・都市計画税等通知書(　　　　　　　　　　　円)
　　　　□　管理費見積書(　　　　　円)　□その他
4　備　考(※8)
　　　　　　　　平成○年○月○日
　　　　　　　　　　　　破産管財人弁護士　○　○　○　○　印
　　　　　　　　　　　　　　　　　　　　　　　　　　　　以　上

【注意点】
※1　担当係を忘れずに表示してください。
※2　破産法78条2項12号参照。
※3　別除権付不動産の場合のみ記入してください。別除権者が破産配当加入するため
　　に別除権を放棄する機会を保障するため，放棄許可申立て日の2週間前までに
　　別除権者に対する所定の通知を行う必要があります(破産規則56条。別除権者の
　　状況によっては3週間の猶予期間をおくことも可能です。)。別除権が設定された
　　不動産の放棄の手続を図示すると下記のとおりです。

　　　　　　　　　　　　　　　記
　　　　　　　　　別除権者への所定の通知
　　　　　　　　　　　↓　2週間の経過
　　　　　　　　　　放　棄　許　可　申　立　て

※4　固定資産税は1月1日現在の所有名義人に課税されますので，翌年の固定資産
　　税が賦課されないように，2週間の猶予期間を考慮して別除権者に対し所定の通

第7章　破産財団の換価

　　　知をする必要があるので注意してください。
※5　法人破産の場合に，別除権者の競売により建物が売却されますと，破産財団は破産財団の増殖とは無関係に消費税を賦課される場合があります（消費税法2条，4条，5条1項）。そこで，当該建物について消費税賦課の可能性がある価格（消費税法9条1項）で買受けされそうなときは，剰余金交付の可能性のないことを確認の上，買受人の代金納付前（民事執行法79条）に放棄して消費税の負担を免れる必要があります。
※6　不動産を放棄した場合，破産管財人は，当該不動産を破産者（法人の場合，原則として破産開始時の代表取締役）に引き渡します。
　　　なお，不動産放棄に際して特殊な考慮が必要な場合として，不法占拠された不動産，第三者所有地を不法占拠する建物，土壌汚染や危険物のある不動産，倒壊危険性のある建物，建築中の建物といったものが挙げられます。
※7　見積りの適正を期するため，買取見積書は2箇所以上から取り寄せることが望ましいですが，事案によっては1通でもよく，買取見積書の通数に制限はありません。
※8　備考欄は，各項目の補足として使用します。

【書式7-9】　不動産放棄許可申立書および破産登記抹消嘱託の上申書（東京地方裁判所）

東京地方裁判所民事第20部　　　管財○係　御中（※1）

　　　　　　　　　　　　　　　　　　　　　　　　　平成○年(フ)第○○号
　　　　　　　　　　　　　　　　　　　　　　　　破　産　者　○○○株式会社

本件につき	本件につき
許可する。	許可があったことを証明する。
東京地方裁判所民事第20部	前同日　東京地方裁判所民事第20部
裁判官　○　○　○　○	裁判所書記官　○　○　○　○　印

不動産放棄許可申立書及び破産登記抹消嘱託の上申書

1　申立ての趣旨（※2）
　別紙物件目録（略）記載の不動産を財団から放棄することにつき許可を求める。
2　上申
　上記放棄許可がされたときは，御庁の嘱託によってされた破産登記の抹消

を所轄法務局に嘱託されたく上申いたします。
3　申立ての理由
　(1)　放棄の必要性
　　　□　オーバーローン（なお，別除権者に対する所定の通知は，平成　　年　　月　　日に発送済み。(※3　※4))
　　　□　回収額を上回るコスト　□　換価困難　□　その他
　(2)　放棄の許容性（※5）
　　　□　社会的見地から不相当でない　□　別除権者に対する規則56条の通知
4　添付資料
　　①　不動産登記事項証明書（写し）(※6) 通　②　物件目録　2部（※7）
5　破産管財人が保有する疎明資料（添付は不要）
　　①　本件不動産の処分見込価格：　　　　　円
　　　□　不動産競売事件の評価書写し（買受可能価額：　　　　　円）
　　　□　買取見積書（※8）（　　　円）　□　その他
　　②　本件不動産に対して優先権をもつ債権
　　　□　債権認否表（本件不動産に係る別除権の被担保債権額合計
　　　　　　　　　　　　　　　　　　　　　　　　　　　　　　円）
　　　□　滞納処分による差押書（　　円）□　交付要求書（　　円）
　　③　管理等コスト
　　　□　固定資産税・都市計画税等通知書（　　　　円）
　　　□　管理費見積書（　　　円）　□　その他
6　備　考（※9）
　　　　　　平成○年○月○日
　　　　　　　　　　　　　破産管財人弁護士　○　○　○　○　印
　　　　　　　　　　　　　　　　　　　　　　　　　　以　上

【注意点】
※1　担当係を忘れずに表示してください。
※2　破産法78条2項12号参照。
※3　別除権付不動産の場合のみ記入してください。別除権者が破産配当加入するために別除権を放棄する機会を保障するため，放棄許可申立て日の2週間前までに別除権者に対する所定の通知を行う必要があります（破産規則56条。別除権者の状況によっては3週間の猶予期間を置くことも可能です。）。別除権が設定された不動産の放棄の手続を図示すると下記のとおりです。
　　　　　　　　　　　　記

第7章　破産財団の換価

```
                (11月下旬)    │別除権者への所定の通知│
                                    ↓ 2 週間の経過
                (12月中旬)    │放棄許可申立て・嘱託の上申│
                                    ↓
                (12月中旬)    │裁判所における嘱託手続│
                                    ↓
                (12月下旬)    │法務局における登記手続│
```

※4　固定資産税は1月1日現在の所有名義人に課税されますので，翌年の固定資産税が賦課されないように年内に破産登記の抹消を行うためには，2週間の猶予期間等を考慮して11月下旬には別除権者に対し所定の通知をする必要があるので注意してください。

※5　不動産を放棄した場合，破産管財人は，当該不動産を破産者（法人の場合，原則として破産手続開始時の代表取締役）に引き渡します。
　　　なお，不動産放棄に際して特殊な考慮が必要な場合として，不法占拠された不動産，第三者所有地を不法占拠する建物，土壌汚染や危険物のある不動産，倒壊危険性のある建物，建築中の建物といったものが挙げられます。

※6　不動産登記事項証明書（写し）は必ず添付してください。

※7　登記用の物件目録2部を必ず添付してください。

※8　見積りの適正を期するため，買取見積書は2箇所以上から取り寄せることが望ましいですが，事案によっては1通でもよく，買取見積書の通数に制限はありません。

※9　備考欄は，各項目の補足として使用します。

【書式7-10】　不動産放棄許可申請書（大阪地方裁判所）

平成○年(フ)第○○号
破産者　　○○○株式会社

不動産放棄許可申請書（許可申請○○号）

平成○年○月○日

大阪地方裁判所　第6民事部○○係　御中

　　　　　　　　　　　　　　　　　破産管財人　○　　○　　○　　○　印
　　　　　　　　　　　　　　　　　　　　　　　電話　00-0000-0000

第1　許可を求める事項
　　　破産財団に属する別紙物件目録記載の不動産を破産財団から放棄するこ

	と

第2　許可を求める理由
　1　任意売却が困難な事情
　2　担保権者との協議の経過
添付書類
　□　不動産登記簿謄本　　　　　　　　　　　　　通
　□　（　　　　　　　　　　　　　）　　　　　　通

Ⅱ　事業譲渡

1　はじめに

　一般的に、破産の場合、事業活動は終局的に停止することが想定されているが、例外的に、不動産や物を個別に換価処分するよりも、一定期間事業を継続させ、取引先との契約関係等を含む事業自体（一定の営業目的のために組織化され、有機的一体として機能する財産。最大判昭和40・9・22民集19巻6号1600頁参照）を包括的に譲渡することが破産財団の増殖に資する場合があり、その場合、破産管財人は、裁判所の許可を得て、営業または事業（以下、「事業等」という）を譲渡することができる（法78条2項3号）。

　破産に伴う事業譲渡は、事業が劣化しないうちに、迅速に実施する必要があることから、破産手続開始決定時にスポンサー候補者が出現していない場合には、事業等譲受先選定のための補助者として、フィナンシャルアドバイザー等を利用することも考えられる。

2　一般的な手続

(1)　債権者や顧客に対する説明会の開催

　破産手続開始決定の公告により、顧客が離れ、事業が劣化する等の事象が生じることから、破産手続開始決定後、速やかに、債権者や顧客等に対する説明会を開催し、状況を説明して、できる限り、事業価値の維持に努めるべきである。

(2) 従業員への対応

事業等譲渡の前提となる一定期間の事業の継続には、従業員の協力が不可欠であることから、従業員の不安を解消し、事業等譲渡までの離職を防ぐためにも、従業員説明会を開催することが望ましい。

他方で、事業等譲渡に伴い、従業員を譲受先が承継する場合には、譲受先の負担との関係から、破産者において速やかに解雇し、新たに譲受先との間で雇用契約を締結するケースが多い。そのような場合には、解雇予告を早めにして、解雇予告手当の発生をできる限り少なくする等、全体のスケジュールを見据えた対応が必要である。

(3) 事業譲渡契約の締結

事業等を譲渡するにあたっては、承継される資産・負債の内容などを定めた事業譲渡契約を締結するのが通常である。

破産に伴う事業譲渡契約においては、通常の事業譲渡と異なり、譲渡会社が終局的に消滅し、事業譲渡等代金は債権者に対する配当原資となることが前提とされているから、譲渡会社が事業譲渡後も義務を負うような条項、たとえば、瑕疵担保責任条項や表明保証条項は排除し、譲渡対価も譲渡時一括払いとすべきである。

さらに、事業譲渡等においては、個々の契約上の地位の移転に、当該契約の相手方の個別の同意を得る必要があり、また、権利の移転については当事者間における権利の移転に加え、第三者対抗要件を個別に満たす必要があることから、事業譲渡契約には、これらの手続や費用負担なども定めておいたほうがよい。

(4) 裁判所の許可

破産管財人は、事業等の譲渡をするには、裁判所の許可を得なければならない(法78条2項3号)。許可申請に際しては、譲渡の対象となる事業等の特定、譲渡の相手方、譲渡先選定の公正性、譲渡の条件、譲渡の必要性等を明記する。裁判所は、後記(5)の労働組合等の意見を聴取したうえ、総合的に判断して、許可をするか否かを決定する。

(5) 労働組合等の意見聴取

裁判所は、事業等の譲渡について許可をする場合には、破産者の使用人そ

の他の従業者の生活に多大な影響を及ぼすおそれがあるため、労働組合等（破産者の使用人その他の従業者の過半数で組織する労働組合があるときはその労働組合、破産者の使用人その他の従業者の過半数で組織する労働組合がないときは破産者の使用人その他の従業者の過半数を代表する者。法32条3項4号）の意見を聴かなければならないとされている（法78条4項）。

(6) 事業等譲渡のクロージング

事業等譲渡は、通常、事業等譲渡の対象となる資産の破産管財人から事業等譲受先への引渡し（不動産であれば移転登記手続に必要な書類の受渡し等）と、事業等譲受先から破産管財人への事業等譲渡代金の支払いが行われ、クロージングとなる。

Ⅲ　別除権の実行

1　別除権の意義

破産手続開始のときにおいて、破産財団に属する財産につき、特別の先取特権、質権、抵当権を有する者は、担保権を破産手続によらないで行使することができ、担保目的財産から優先的に弁済を受けることができる（法65条1項）。かかる権利を別除権という（法2条9項）。仮登記担保も別除権となる（仮登記担保19条1項）。譲渡担保権、所有権留保、リース債権等の非典型担保権も別除権と解されている。

担保権の目的である財産が破産管財人の任意売却等により破産財団から逸脱した場合であっても、担保権が存続するときは別除権が存続する（法65条2項）。

2　別除権の実行

別除権者は、優先弁済を受けるために、破産手続外で、その本来の担保権の行使方法に従って担保権を行使することができる。

たとえば、不動産に対する担保権（非典型担保を除く）の場合、競売や不動産収益執行の申立てを行うことができる。

【書式7-11】 不動産担保権実行の競売申立書

不動産競売申立書

平成○年○月○日

○○地方裁判所第○民事部 御中

申立代理人 ○ ○ ○ ○ 印

〒000-0000 ○○県○○市○○町○丁目○番○号
申立人 株式会社△△△
代表者代表取締役 ○ ○ ○ ○

(送達場所)
〒000-0000 ○○県○○市○○町○丁目○番○号
申立代理人 ○ ○ ○ ○
(電 話) 00-0000-0000
(ＦＡＸ) 00-0000-0000

〒000-0000 ○○県○○市○○町○丁目○番○号
債務者兼所有者 破産者○○○株式会社
破産管財人 弁護士 ○ ○ ○ ○
(電 話) 00-0000-0000
(ＦＡＸ) 00-0000-0000

破産者の本店 ○○県○○市○○町○丁目○番○号

担保権・被担保債権・請求債権　　別紙目録(略)のとおり
目的不動産　　　　　　　　　　別紙目録(略)のとおり

　債権者は，債務者に対し，別紙請求債権目録(略)記載の債権を有しているが，債務者がその支払をしないので，別紙担保権目録(略)記載の抵当権に基づき，別紙物件目録(略)記載の不動産の競売を求める。

添付書類

1　登記事項証明書(不動産登記簿謄本)　　　　2通
2　公課証明書　　　　　　　　　　　　　　　1通
3　抵当権実行通知書(内容証明)　　　　　　　1通
4　配達証明書　　　　　　　　　　　　　　　1通
5　資格証明書　　　　　　　　　　　　　　　1通
6　委任状　　　　　　　　　　　　　　　　　1通

Ⅲ 別除権の実行

担保権・被担保債権・請求債権目録

1 担保権
 (1) 平成○年○月○日設定の抵当権
 (2) 登記 ○○法務局
      平成○年○月○日受付第○○○号
2 被担保債権及び請求債権
 (1) 元金 0,000,000円
  ただし，平成○年○月○日の○○○○○契約による○○金00,000,000円の残金。
 (2) 損害金 00,000円
  上記(1)に対する平成○年○月○日から完済まで年00％の割合による損害金。なお，債務者は，平成○年○月○日に支払うべき○回目の分割金の支払いを怠ったため，期限の利益を失ったものである。

物件目録

1 所　　在　○○県○○市○○町○丁目○番○号
  地　　番　○番○
  地　　目　宅地
  地　　積　00.00m^2
2 所　　在　○○県○○市○○町○丁目○番○号
  家屋番号　○番○
  種　　類　共同住宅・事務所
  構　　造　鉄筋コンクリート造陸屋根3階建
  床 面 積　1階　00.00m^2
         2階　00.00m^2
         3階　00.00m^2

　別除権が譲渡担保権である場合の実行方法としては、目的財産を担保権者が取得する方法（帰属清算型）と、第三者に対して処分する方法（処分清算

型）がある。

　譲渡担保権を実行する場合、目的財産の所有権の移転時期（破産管財人が目的財産を受戻し可能な時的限界）が問題となるが、帰属清算型においては、①目的財産の評価額が被担保債務の額を上回る場合は、別除権者が破産管財人に対し清算金の支払いまたはその提供をした時点、②目的財産の評価額が被担保債務の額を下回る場合は別除権者が破産管財人に対しその旨を通知した時点で、別除権者は目的財産の所有権を取得し、以後、破産管財人は目的財産を受け戻すことができない。

　処分清算型においては、処分の時点で、第三者に対する所有権移転の効力が生じ、以後、破産管財人は目的財産を受け戻すことができない。

【書式7-12】　不動産譲渡担保権実行に伴う精算通知書

　　　　　　　　　　　　　　　　　　　　　　　　平成○年○月○日
○○県○○市○○町○丁目○番○号
○○○株式会社
破産管財人　○　○　○　○　殿
　　　　　　　　　　　　　　　　　　　○○県○○市○○町○丁目○番○号
　　　　　　　　　　　　　　　　　　　　　　　　　　　株式会社△△△
　　　　　　　　　　　　代表取締役　○　○　○　○　印

　　　　　　　　　　　　　　精算通知書

前略
　弊社担保権にかかる別紙物件目録（略）記載の不動産について、下記評価額により譲渡担保権を実行し、弊社に所有権が移転致しました。この評価額は、弊社の被担保債権額を下回り、不足額が生じておりますので、お知らせ致します。
　　　　　　　　　　　　　　　　　　　　　　　　　　　　　　　　草々

　　　　　　　　　　　　　　　記
　　　　弊社債権額　　　　　　　○○○○円
　　　　担保物件評価額　　　　　○○○○円
　　　　弁済不足額　　　　　　　○○○○円

Ⅲ　別除権の実行

　別除権者が破産債権も有する場合には、破産手続に参加するために破産債権の届出をすることができるが、通常の破産債権者の届出事項に加えて、別除権の目的財産と、別除権の行使によって弁済を受けることができないと見込まれる債権の額を届け出なければならない（法111条2項）。

　ただし、別除権者は、最後配当の除斥期間内に、破産管財人に対して、被担保債権の全部もしくは一部が破産手続開始後に担保されなくなったことを証明するか、または別除権の行使によって弁済を受けることができない債権の額を証明しないと最後配当の手続に参加できない（法198条3項）。

　根抵当権によって担保される破産債権については、不足額の証明が行われた場合を除き、破産債権のうち極度額を超える部分の額が不足額とみなされる（法198条4項）。この規定は準別除権者にも準用されている（同条5項）。

【書式7-13】　別除権者の債権届出書（大阪地方裁判所）

```
平成○年(フ)第○○号　　破産者　○○○株式会社

              破産債権届出書（従業員以外の方）

  大阪地方裁判所第6民事部○○係　御中　　　　平成○年○月○日
  住所（本店所在地）　〒000-0000
                    ○○県○○市○○町○丁目○番○号
  届出債権者の氏名（商号・代表者名）
              株式会社△△△　　代表者代表取締役　○　○　○　○　印
  TEL：00-0000-0000　FAX：00-0000-0000　（担当者○○　　）
  ※　代理人が届出をする場合には，以下の代理人の住所及び氏名等も記載
      してください。
  代理人の住所　〒000-0000
              ○○県○○市○○町○丁目○番○号
  代理人の氏名
              弁護士　　○　　○　　○　　○　　　　　　　　印
  TEL：00-0000-0000　FAX：00-0000-0000　（担当者○○　　）
          ★配当額が1000円未満の場合も配当金を受領します。
```

※　振込費用は個別の配当金からは差し引かず，破産財団から支出されることになります。

届出債権の表示

(1)　手形・小切手債権

債権の種類	債権額(円)	手形番号	支払期日	支払場所	振出日	振出人	引受人	裏書人	別除権の有無

(2)　その他の債権

債権の種類	債権額(円)	債権の内容及び原因	別除権の有無
売掛金	00,000	○年○月○日から○年○月○日までの取引	有
貸付金		①貸付日　年　月　日　②弁済期　年　月　日 ③利息　年　％ ④遅延損害金　年　％で貸し付けた残元金	
求償権			
将来の求償権			
約定利息金		元金　　　円に対する　年　月　日から 　　年　月　日まで　年　％の割合	
遅延損害金		元金　　　円に対する　年　月　日から 破産手続開始決定日前日まで　年　％の割合	

※　以下については，該当する事項がある場合のみ記載してください。

(3)　上記届出債権について，別除権（担保権）がある場合

担保権の種類（抵当権等）	目的物の表示	予定不足額
抵当権	土地（○○市○○町○○丁目○番，00.00m²）	000,000円

(4)　上記届出債権について，本件破産事件以外に訴訟が係属している場合

訴訟が係属している裁判所	事件番号	当事者名	
裁判所	平成　年（　）第　号	原告	被告

※　この届出書に書ききれないときは，別の紙（なるべくＡ４判）に記載して添付してください。

裁判所受付番号	

| 届出期間 | 平成○年○月○日まで | 債権調査期日 | 平成○年○月○日まで |

3 非典型担保権が付されている物件の換価

(1) 処分期間指定の申立て

所有権留保、譲渡担保等の非典型担保権や流質契約等、別除権者が「法律に定められた方法によらないで別除権の目的である財産の処分をする権利を有するとき」（法185条1項）、破産管財人は、破産法184条2項に基づく民事執行法その他の強制執行による換価を行うことはできない。

このような場合に、別除権者が速やかに目的財産の処分を行わないときは、破産手続の進行が阻害されることになるので、破産管財人は、裁判所に対し、別除権者による財産処分の期間を定めるよう、申立てを行うことができる（法185条1項）。

法定されていない方法での処分権を有する場合としては、所有権留保、譲渡担保、集合物譲渡担保、ファイナンス・リース等の非典型担保権のほか、流質契約（商515条）、抵当直流の約定をした抵当権設定契約、担保権につき任意の合意がある場合（銀行取引約定書等）等が考えられる。仮登記担保も、法定されていない方法での処分権を有する担保権と解されている（伊藤眞ほか『条解破産法〔第2版〕』1234頁（2010））。

【書式7-14】 別除権者の処分期間の指定申立書

平成○年(フ)第○○号
破産者　○○○株式会社

破産法185条1項に基づく別除権者の処分期間指定の申立書

平成○年○月○日

○○地方裁判所第○民事部　御中

申立人　破産管財人　○　　○　　○　　○　印

当事者の表示　　　　別紙当事者目録（略）記載のとおり
目的物・担保権の表示　別紙物件目録（略）記載のとおり

第1 申立ての趣旨
　被申立人が別紙物件目録記載の動産を処分すべき期間を，平成○年○月○日と定めるとの決定を求める。

第2 申立ての理由
1　被申立人別除権者は，倉庫業者であり，破産者○○○株式会社（以下破産者という。）の破産手続開始決定前に，破産者が市場に販売していたスポーツシューズ（商標は○○）約○万個を保管していた。
　　なお，被申立人は，破産者に対し，○○○○円もの破産債権を有している。
2　破産者と被申立人との間には，平成○年○月○日付倉庫取引基本契約が締結されており，その第○条によれば，被申立人は，申立人の期限の利益が喪失した後においては，その保管する物件に対し，譲渡担保権を取得し，代物弁済・第三者への転売などにより，任意に換価して債権の弁済に充当する権利のあることが明記されている。
　　しかし，被申立人は，○万個ものシューズを直ちに相当な価格で換価することが難しいことを理由に，いまだシューズを保管したまま，譲渡担保権の実行も行わないまま保管している。
3　既に申立人は，財産換価の大半を完了しており，このままシューズの換価ができなければ破産手続を終了することができない。
4　よって，破産法185条1項に基づき，被申立人が同シューズを処分する期間は平成○年○月○日までと定めるとの裁判を求め，本件申立てに及んだ。

添付書類

1　倉庫取引基本契約書　　　　　　　　　　　　1通
2　資格証明書（被申立人）　　　　　　　　　　1通

当事者目録

申　立　人　　　○○県○○市○○町○丁目○番○号
　　　　　　　　破　産　者　　○○○株式会社
　　　　　　　　（住　所）○○県○○市○○町○丁目○番○号
　　　　　　　　（事務所）○○県○○市○○町○丁目○番○号○○ビル
　　　　　　　　破産管財人　　○　○　○　○

被申立人　　〇〇県〇〇市〇〇町〇丁目〇番〇号
　　　　　　株式会社△△△
　　　　　　代表者代表取締役　〇　〇　〇　〇

物件目録

（目的動産の表示）
　　所在場所　　　被申立人の住所
　　物件の種類　　スポーツシューズ
　　物件の商標　　〇〇
　　数　　　量　　〇万足
（担保権の表示）
　　担保権者　　　被申立人
　　担保権　　　　倉庫取引基本契約書第〇条に基づく任意処分権

(2) 処分期間の決定

　裁判所は、破産管財人の申立てを受け、決定により、別除権者がその処分をなすべき期間を定める。不服がある当事者は、かかる裁判につき即時抗告を行うことができる（法185条3項）。

　別除権者は、定められた処分期間内に非典型担保権を実行して財産を処分しなければ、任意処分権を喪失する（法185条2項）。

　別除権者が任意処分権を失った後、破産管財人は、任意売却によって換価することになる。ただし、不動産譲渡担保等、別除権者に所有権が移転しているような別除権については、破産管財人には処分権限がないと解さざるを得ない場合もある（伊藤ほか・前掲1235頁～1237頁）。

【書式7-15】別除権者の処分期間の決定

平成〇年(フ)第〇〇号

決　　　定

○○県○○市○○町○丁目○番○号　○○ビル
　　　申　　立　　人　　　破産者○○○株式会社
　　　　　　　　　　　　　破産管財人　　○　○　○　○
○○県○○市○○町○丁目○番○号
　　　被　申　立　人　　　株式会社△△△
　　　　同代表者代表取締役　○　○　○　○

　頭書事件につき，申立人から，別除権者の処分期間指定の申立てがあったので，当裁判所は，本件申立てを相当と認め，破産法185条1項を適用して，次のとおり決定する。

主　文

　被申立人（別除権者）が法律に定められた方法によらないで別除権の目的である別紙物件目録記載の動産の処分をすべき期間を，平成○年○月○日までと定める。

　　　　　　　　　　　　　平成○年○月○日
　　　　　　　　　　　　　　○○地方裁判所第○民事部
　　　　　　　　　　　　　　　　　裁判官　○　○　○　○　印

【書式7-16】即時抗告の申立書

原裁判　平成○年(ヲ)第○○号　処分期間指定事件

即時抗告申立書

　　　　　　　　　　　　　　　　　　　　　　　　平成○年○月○日
○○地方裁判所第○民事部　御中
　　　　　　　　　　抗告人（別除権者）　株式会社△△△
　　　　　　　　　　上記代理人弁護士　○　○　○　○　印
　　　　当事者の表示　　　　　別紙当事者目録（略）記載のとおり
　　　　目的動産・担保権の表示　　別紙物件目録（略）記載のとおり
第1　抗告の趣旨
　上記破産者に関する大阪地方裁判所平成○年(ヲ)第○○号破産手続開始申立事件につき，破産法185条1項に基づき，同裁判所が平成○年○月○日になした処分期間の指定を取り消し，適正な処分期間の決定を求める。
第2　抗告の理由

1 抗告人は，破産者に対し金〇〇〇円の破産債権を有しているところであるが，破産者が所有し販売していた商標〇〇というシューズ〇万個を，抗告人住所地所在の流通倉庫に預かって保管している。
2 抗告人は，上記シューズに対し，商事留置権を主張した上で，破産管財人との間の引取交渉を行っていたが，平成〇年〇月〇日，決裂し，抗告人は，取引基本契約〇条に基づく譲渡担保契約により，かかるシューズを，代物弁済するか，第三者に転売することを計画している。
3 ところが，シューズの量が〇万足と大変多いために，有利に換価するには，相応の時間を要するところである。
4 しかるに，今般，原決定の定めた処分期間によれば，僅か〇〇日でこれらを換価しなければ，抗告人は，その有する処分権限を失い，目的動産物件全てを破産管財人に引き渡さねばならなくなる。しかし，〇〇日で第三者に換価することも難しく，代物弁済といっても，物件の価値について，引取交渉時に破産管財人との間で認識に差があることが判明していることから，清算処分を行うことに困難を伴うことが予想される。
5 よって，少なくともあと〇〇日は，目的動産の換価に必要であると思料されるので，原決定を取り消して，適正な処分期間を定めることを求める次第である。
6 なお，かかる期間を徒過して，譲渡担保契約が失効したとしても，抗告人が商事留置権を有することには変わりがないから，引き続き動産を目的とする担保権の実行としての競売（破産法65条1項，民事執行法190条以下）によって換価することができることを付言する。

添付書類

1 資格証明書　　　　　　　　　　　2通
2 委任状　　　　　　　　　　　　　1通

4 別除権の受戻し

　受戻しとは、担保権の被担保債務を弁済することにより当該担保権を消滅させ、目的物の完全な所有権を回復する行為である。
　破産管財人は、裁判所の許可を受けて（目的財産の評価額が100万円以下の

場合は許可を要しない)、別除権の目的財産を受け戻すことができる（法78条2項14号・3項1号、規則25条）。

　破産管財人が別除権の目的財産を受け戻すのは、受け戻した財産を換価することで、破産財団を増殖できる場合である。

　たとえば、倉庫業者や運送業者が占有している商品や原材料等につき、商事留置権を主張している場合に、商品等の評価額が被担保債務額を上回っていると認められるときは、破産管財人は、被担保債務の弁済をして別除権の受戻しを行ったうえで、当該商品等を任意売却等により換価する。

　実務上、別除権の受戻しは、担保権が設定された不動産の任意売却時に行われることが多い。目的財産の換価が確実でない状況で受戻しのみを先行させることは相当ではないことから、通常、別除権の受戻しは、別除権の目的財産の換価処分（任意売却）と同時に行う。本来、受戻しには、被担保債務の全額を完済することが必要であるが、別除権者からすれば、担保権実行よりも任意売却のほうが回収効率が高まるという経済合理性、破産者ではなく破産管財人が換価を行うという公正性の観点から、不動産の時価が被担保債務額を下回るオーバーローンの状態で、被担保債務全額の弁済が得られない場合でも、受戻しに応じることも多い。この場合、破産管財人は、別除権者との間で、別除権の受戻しと同時に、売却額の10％前後の割合で破産財団への組入れについても合意を行って、破産財団の増殖を図る（Ⅰ1参照）。

Ⅳ　担保権消滅制度

1　はじめに

(1)　担保権消滅制度の趣旨

　破産管財人が行う別除権の目的となっている不動産等の任意売却は、売却代金の一部を破産財団に組み入れることによって、財団の増殖が図れるとともに、別除権者にとっても、競売による処分より高価、かつ、迅速に回収ができることになることから、破産管財実務において、一般的に行われている。

　しかし、①先順位の担保権者とは売却価格や財団組入金についての協議ができているにもかかわらず、本来、無剰余で配当の見込みのない後順位担保

権者が高額な抹消料を要求するケース、②担保権者が時価と著しくかい離した高額な売却価格でないと任意売却に応じないとして、任意売却が進まないケース、③財団組入金につき、事実上別除権者との協議が整わないケースなどにおいては、任意売却を行うことが困難であるが、かかるケースにおいて、破産管財人が任意売却を進めることができるための制度として、担保権消滅制度が存する。

本手続は、一定の要件下において、裁判所の許可を得て、強制的に担保権を消滅させることができ、破産管財人による任意売却を円滑に実施することができるものであるが、かかる制度の存在を背景として、破産管財人としては、担保権者との任意売却交渉において、円滑な合意形成をなしうるという副次的効果も存する。

なお、たとえば、支払停止後のいわゆるかけ込みの抵当権設定登記や仮登記が存するケースにも、本手続を利用することは可能であるが、一方で、そのような場合には、否認権行使の要件を充足することが想定され、いずれの手続を選択するかは、破産管財人の合理的裁量によることになる。

(2) 制度の概要

担保権消滅請求制度の概要は、次のとおりである。

(イ) 管財人による許可の申立て

破産管財人は、破産裁判所に対し、売得金の額、組入金の額、売却の相手方等を明示し、売買契約書を添付して、担保権消滅の許可の申立てをする（法186条1項）。

(ロ) 担保権者による異議

破産管財人による担保権消滅の許可の申立てに対し、異議がある担保権者は、1カ月以内に、担保権の実行の申立てを証する書面を提出するか（法187条1項）、破産管財人の申し出た金額の5％増し以上の金額で、買受希望者が買い受ける旨の申出をしなければならない（法188条）。

(ハ) 裁判所の許可

担保権の実行の申立てを証する書面の提出がないときは、破産裁判所は、破産管財人の申立てにかかる売却の相手方、または、担保権者より申出のあった買受希望者に対する売却を許可しなければならない（法189条1項）。

(二) 売買契約

買受希望者からの買受けの申出があったときに許可決定が確定すると、破産管財人と買受希望者との間で、買受けの申出額を売得金の額として、許可申立書に添付された売買契約と同一の内容の売買契約が締結されたものとみなされる（法189条2項）。

(ホ) 代金納付

許可決定が確定したとき、売却の相手方は、裁判所が定める期限までに売得金から組入額を控除した額を裁判所に納付しなければならない。担保権者により申出のあった買受希望者に対する売却の場合には、売得金から保証金を控除した金額を裁判所に納付しなければならない（法190条1項）。

(ヘ) 担保権の消滅

代金納付があったときは、担保権は消滅し（法190条4項）、裁判所書記官は、消滅した担保権にかかる登記や登録の抹消を嘱託する（同条5項）。

(ト) 配当の実施

裁判所は、代金納付があったときは、配当表に基づいて配当を実施し、または弁済金を交付する（法191条）。

2　担保権消滅許可

(1)　許可申立て

破産管財人は、破産裁判所に対し、次の事項を記載した書面により、担保権消滅の許可の申立てをしなければならない（法186条3項）。

(イ)　当該担保権の目的である財産の表示（法186条3項1号）

担保権の目的である不動産等の表示を記載する。

土地建物を一体として売却する場合には、そのすべての表示をなすことになるが、たとえば、土地と建物で所有者が、法人と代表者個人に分かれているようなケースにおいては、別途の申立てが必要であり、売買代金総額や、費用、財団組入金などを按分するなどの処理が必要となる。

(ロ)　売得金の額（法186条3項2号）

売得金の額とは、任意売却時に相手方から取得することができる金額であるが（法186条1項1号）、売買契約における名目上の売買金額から、売買契

約締結および履行のための費用を控除した実際の手取額である。

「売買契約の締結及び履行のために要する費用」には、売買契約書に添付する印紙代、仲介手数料、測量費用、登記手続費用の他、賃借人の立退料、工作物の撤去費用、土壌汚染の調査費用なども含まれると考えられる。滞納固定資産税は、当該不動産の任意売却の有無にかかわらず、破産財団より支払わなければならないものであるから、売買契約締結および履行のための費用とは認められないと解される。

売得金の額については、対象となる財産が複数あるときは、各財産ごとの内訳も記載しなければならない（法186条3項2号括弧書）。

通常の土地建物の売却の場合であっても、担保権の設定状況により、法定地上権が成否が問題となる場合には、それにより各担保権者への配当額が異なる場合があるので留意を要する。

(ハ) 財産の売却の相手方の氏名または名称（法186条3項3号）

売却の相手方としては、個人、法人問わず、また、複数（共有）も可能と考えられる。売却の相手方が個人であるときは、その住民票の写しを、法人であるときは、その登記事項証明書（登記簿謄本）を添付しなければならない（規則57条2項）。

(ニ) 消滅すべき担保権の表示（法186条3項4号）

破産手続開始時点において、当該財産に設定されていたすべての担保権が対象となる。

対象となる担保権は、特別の先取特権、質権、抵当権、商事留置権、仮登記担保法に基づく仮登記などである。一般先取特権は、優先的破産債権であり消滅すべき担保権には含まれない。

譲渡担保については、実務上、別除権と扱われており、理論的には対象となるものと解されるが、不動産の場合には、嘱託による移転登記が可能かという問題がある。

賃借権などの用益権については、原則として対象とならないが、いわゆる担保目的の抵当権との併用賃借権については議論の余地がある。

(ホ) 担保権の被担保債権の額（法186条3項5号）

担保権の被担保債権の額を記載するが、これは配当段階における配当表作

成の基準となるものではない。

(ヘ) 組入金のあるときはその額（法186条3項6号）

売得金の一部を破産財団に組入れする場合には、その組入金の額を記載しなければならない。

対象物件が複数である場合には、物件ごとの内訳の額を記載する必要がある。

(ト) 組入金のあるときの担保権者との協議の内容とその経過（法186条3項7号）

売得金の一部を破産財団に組み入れる場合には、担保権者と事前に協議をしなければならない（法186条2項）が、その協議の内容と経過を許可申立書に記載しなければならない。

(チ) 財産の任意売却に関する交渉の経過（規則57条1項）

上記事項のほか、当該財産の任意売却の交渉の経過を記載しなければならない。

なお、破産管財人は、担保権消滅の許可の申立てを取り下げることができるが、後述の買受けの申出があったときは、買受希望者（担保権消滅許可決定が確定したときは買受人）の同意を得なければならない（法188条・10条）。

【書式7-17】 担保権消滅許可申立書

平成○年(フ)第○○号

担保権消滅許可申立書

平成○年○月○日

○○地方裁判所　御中

申立人　破産者　○○○株式会社
破産管財人　○　　○　　○　　○　㊞

当事者の表示　　別紙当事者目録（略）記載のとおり

第1　申立ての趣旨

申立人が，株式会社△△△に対し，別紙物件目録（略）記載の不動産を任意売却し，株式会社△△△が，金〇〇〇〇万円を裁判所の定める期限までに裁判所に納付したときは，相手方らのために，別紙物件目録記載の不動産に設定されて

いる別紙担保権・被担保債権目録（略）記載の担保権を消滅させることについての許可を求める。

第2　申立ての理由
1　○○○株式会社（以下「破産者」という。）は，平成○年○月○日，○○地方裁判所に破産手続開始の申立てを行い，同月○日，破産手続開始決定を受け，同時に申立人が破産管財人に選任された。
2　相手方らは，別紙物件目録記載の不動産（以下「本件不動産」という。）に対し，相手方らが有する別紙担保権・被担保債権目録記載の被担保債権を担保するため，別紙担保権・被担保債権目録記載の担保権を有している（甲第1号証）。
3　申立人は，本件破産手続開始決定後，本件不動産の売却に着手し，広く買受けの申出を募り，平成○年○月○日を期限として，買受申出を受け付けたが，株式会社△△△が金○○○○万円の最高額で買受けを希望した（甲第2号証）。
　　この買受申出額は，本件不動産の固定資産評価額を超えるものであり（甲第3号証），また，第1順位の担保権者である相手方株式会社□□□銀行も承諾しており（甲第4号証），妥当な売却価額であると思料する。
4　ところで，本件不動産の売却に当たっては，添付の売買契約書記載のとおり，売渡証書の作成費用，売主側の司法書士費用及び売買契約書貼用印紙税の売買契約費用○○円並びに消費税○○円として，合計金○○○○円が必要である。
　　また，売買価格○○○○万円のうち，その約○％に当たる金○○○万○○○○円（土地について金○○○万○○○○円，建物について金○○万○○○○円）につき，破産財団への組み入れを予定している。ただし，組入金のうち金○○○万○○○○円については不動産仲介手数料として不動産仲介業者に支払う予定なので，純粋な破産財団への組入金額は金○○○万○○○○円（約5％）となる。
　　よって，売買価格○○○○万円から，費用および組入額を控除した，○○○○万円が，本件不動産の売却により株式会社△△△が裁判所に納付すべき金額となる。
　　なお，相手方□□□銀行は，前述のとおり，交渉の結果，前記売得金額での売却および破産財団に対する組入金につき承諾している（甲第4号証）。
5　ところが，第2順位の抵当権者である相手方×××銀行は，本来ならば前記売得金額では無剰余であり，配当の見込みがないにもかかわらず，申

立人が提示した担保抹消料○○万円では任意売却および担保抹消に同意せず，申立人は，同銀行に対し，再三にわたって書面又は口頭にて，同意の申し入れをしたが，これに応じず（甲5号証），一方で，相手方×××銀行は，より高額な買受希望者を具体的に提案するものでもない。

6　本件不動産の任意売却は，前述のように相当額での任意売却であり，また，相当額の破産財団への組み入れが見込めることから，破産債権者の一般の利益に適合し，かつ，当該担保権を有する別除権者の利益を害するものではない。

　　よって，申立人は，破産法186条1項に基づき，本件申立てに及んだものである。

証拠方法

1	甲第1号証	不動産登記簿謄本
3	甲第2号証	買受申出書
4	甲第3号証	固定資産評価額証明書
5	甲第4号証	売却及び組入れ承諾書
6	甲第5号証	担保抹消の申入書

添付書類

1	甲号証（写し）	各1通
2	商業登記簿謄本（相手方ら及び売却の相手方）	各1通
3	売買契約書（写し）	1通

以上

(2) 書面の添付

(イ) 売買契約書等

　許可申立書には，財産の売却にかかる売買契約の内容を記載した書面（売買契約書等）を添付しなければならない（法186条4項）。

　売買契約書には，相手方の負担に帰すべき「売買契約の締結及び履行のために要する費用」であって，破産財団から現に支出し，または，将来支出すべき実費の額も記載する。

　売得金の額は，売買契約書における名目上の売買金額から，それらの費用

の実費の額を控除した残額となる。

　なお，買受希望者が買受けの申出をしたとき（法188条）に，許可決定が確定すると，破産管財人と買受希望者との間で，この売買契約書の記載内容と同一の内容の売買契約が締結されたものとみなされる（法189条2項）。よって，その場合を想定した条項も記載すべきである。

【書式7－18】　売買契約書

売買契約書

　破産者○○○株式会社破産管財人○○○○（以下「売主」という）および株式会社△△△（以下「買主」という）は，本日，次の通り，売買契約（以下「本件売買契約」という）を締結する。

第1条（売買の合意及び停止条件）

　1　売主は，買主に対し，本契約書の定めるところに従い，別紙物件目録（略）記載の不動産（以下「本件不動産」という。）を，売り渡し，買主は，これを買い受けることを合意する。

　2　売主及び買主は，破産法第186条ないし第191条に定める担保権消滅の手続を利用して本件不動産を売買すること，及び本件売買契約は，破産法第189条第1項の担保権消滅許可決定の確定を停止条件として効力を生ずることを確認する。

　3　売主は，本件売買契約締結後，速やかに裁判所に対し，本件売買契約書に添付（略）の担保権消滅許可申立書（以下「本件許可申立書」という。）のとおり，破産法第186条に基づく担保権消滅許可の申立て（以下「本件許可申立て」という。）を行う。

第2条（売買代金額等）

　1　本件不動産の売買代金の額は，総額〇〇〇〇円とし，その内訳は次のとおりとする。ただし，建物に係る消費税額が，売買代金の額の変更等により変動した場合は，新たな売買代金の額等に基づく消費税額によるものとする。

土　　地	金〇〇〇〇円
建　　物	金〇〇〇〇円
建物に係る消費税（地方消費税を含む。）	金　〇〇円
合　　計	金〇〇〇〇円

　2　売主及び買主は，本件売買契約の締結及び履行のために要する費用のう

ち，破産財団から現に支出し又は将来支出すべき実費の額で売主の負担とするもの（以下「本件売買契約費用」という。）を，次のとおり合意する。ただし，印紙税額が，売買代金の額の変更等により変動した場合は，新たな売買代金の額等に基づく印紙税額によるものとする。

  売渡証書の作成費用及び司法書士費用　　　　金〇〇〇〇円
  本件売買契約書貼用印紙税額　　　　　　　　金〇〇〇〇円
  合　計　　　　　　　　　　　　　　　　　金〇〇〇〇円

3　売主及び買主は，本件売買契約に関する破産法第186条第1項第1号に規定される売得金及び破産財団組入金の額を，次のとおり合意する。

  土　地　　売得金〇〇〇〇万〇〇〇〇円（うち組入金〇〇〇万〇〇〇〇円）
  建　物　　売得金〇〇〇〇万〇〇〇〇円（うち組入金 〇〇万〇〇〇〇円）
  合　計　　売得金〇〇〇〇万〇〇〇〇円（うち組入金〇〇〇万〇〇〇〇円）

第3条（売買の対象）

　本件売買契約における本件不動産の面積，構造等は，別紙物件目録記載の面積，構造等によるものとし，売主及び買主は，本件不動産の実測面積，実際の構造等が同目録と相違しても，売買代金の増減その他の一切の請求をしない。

第4条（売買代金の支払方法）

1　買主は，本件許可申立てに対し，破産法第189条第1項第1号に基づく売却の相手方を買主とする担保権消滅許可決定（以下「本件許可決定」という。）がされ，それが確定したときは，裁判所の定める期限までに，裁判所に対して売得金額（ただし，組入金額を控除した額）に相当する金銭を納付する（以下「金銭の納付」という。）とともに，売主に対して本件売買契約費用及び建物に係る消費税並びに組入金の合計額に相当する金銭を支払う（以下これらの支払と金銭の納付を併せて「金銭の納付等」という。）。

2　買主が裁判所に対して納付した金銭は，金銭の納付と同時に本件売買代金に充当する。

第5条（所有権の移転）

　本件不動産の所有権は，買主が金銭の納付等をしたときに，買主に移転する。

第6条（登記手続）

1　売主は，買主に対し，買主が金銭の納付等をしたときは，速やかに本件不動産につき，金銭の納付等をした日を売買の日とする所有権移転登記手続をするものとし，所有権移転登記手続に必要な一切の書類を買主に交付

する。
  2 　前項の所有権移転登記手続に要する登録免許税その他の費用で，第2条第2項に定めのない費用は，買主の負担とする。
第7条（引渡し）
  1 　売主は，買主に対し，買主が金銭の納付等をしたときは，直ちに本件不動産を引き渡す。
  2 　売主は，買主に対し，本件不動産を現状有姿で引き渡すとともに，本件不動産内に存する什器備品その他の一切の動産類については，売主は撤去義務を負わず，かつ，売主は買主に対し，その所有権を譲渡し，買主がこれらを処分することを承諾する。
  3 　本件不動産の管理責任は，第1項に定める引渡しをもって売主から買主に移転するものとし，以後買主は自己の責任と負担において本件不動産を管理する。
第8条（瑕疵担保責任等）
  1 　買主は，売主に対し，本件不動産に数量の不足又は隠れた瑕疵のあることを理由として，売買代金の減免若しくは損害賠償の請求又は本件売買契約の解除をすることができない。
  2 　売主は，買主に対し，本件不動産について瑕疵担保責任（建物，地中埋設物，土壌汚染，建物内残置物等）を負担しない。
第9条（消滅すべき担保権）
　　売主及び買主は，本件売買契約に関し，破産法第190条第4項の金銭の納付によって消滅し，かつ，同条第5項の裁判所書記官の嘱託により登記の抹消がされる担保権が，本件許可申立書の別紙担保権・被担保債権目録記載の担保権であることを確認する。
第10条（危険負担）
　　本件不動産の引渡し前に，天災地変その他の売主又は買主のいずれの責めにも帰すことができない事由によって本件不動産が滅失したとき，又は本件不動産が毀損し，本件売買契約の目的を達成することができないときは，買主は，催告することなく本件売買契約を解除することができる。
第11条（各種公租公課等の負担）
　　本件不動産に関する電気，ガス，水道その他の使用料及び固定資産税，都市計画税その他の公租については，第5条に定める所有権移転の日を基準として，その前日までに相当する部分は売主の負担とし，その当日以降に相当する部分は買主の負担とする。ただし，固定資産税，都市計画税その他の公

租については，4月1日を起算日とする。
第12条（契約の解除）
　売主又は買主は，相手方が本件売買契約に違反したときは，相当の期間を定めて催告した上で本件売買契約を解除することができる。
第13条（買受人を売却の相手方とする担保権消滅許可決定がされた場合）
1　買主は，本件許可申立てに対し，破産法第189条第1項第2号に基づく同法第188条第8項に規定する買受希望者（以下「買受人」という。）を売却の相手方とする担保権消滅許可決定がされ，それが確定したときは，売主と買受人との間で本件売買契約と同一内容の売買契約が締結されたものとみなされることを承諾する。
2　前項の場合，本件売買契約は効力を生ぜず，買主は，売主に対し，損害賠償その他の一切の請求をしない。
3　第1項の場合，買受人は，裁判所の定める期限までに，裁判所に対して売得金額（ただし，買受人が提供した保証の額を控除した額）に相当する金銭を納付するとともに，売主に対して本件売買契約費用及び建物に係る消費税に相当する金銭を支払う。
4　前項の裁判所に対する金銭の納付及び売主に対する金銭の支払がされたときに，第4条第1項の金銭の納付等がされたものとする。
第14条（管轄裁判所）
　本件売買契約に基づく法律関係に関する訴訟については，○○地方裁判所のみを第1審の管轄裁判所とする。
第15条（協議義務）
　売主及び買主は，本件売買契約に関して疑義が生じたときは，民法その他の関係法令及び不動産取引慣行に従い，互いに信義を重んじ，誠意をもって協議するものとする。

本件売買契約の成立を証するため，本件売買契約書2通を作成し，売主及び買主が各1通を保有する。
　　　平成○年○月○日
　　　　　売　　　主　住所
　　　　　　　破産者○○○株式会社破産管財人　○　○　○　○　印
　　　　　買　　　主　住所
　　　　　　　　　　　　　　　　株式会社　△　△　△　印

(ロ) 住民票の写し等

売却の相手方が個人である場合にはその住民票の写しを、法人であるときはその登記事項証明書を添付しなければならない（規則57条2項）。

(ハ) 財産の価額に関する資料

裁判所は、必要があると認めるときは、破産管財人に対し、当該財産の価額に関する資料の提出を命ずることができる（規則57条3項）。

(3) 担保権消滅許可決定の要件

破産管財人からの担保権消滅の許可申立てに対し、裁判所は以下の要件を検討のうえ、許可をすることができる。

(イ) 破産債権者の一般の利益に適合すること（法186条1項）

通常、破産管財人が、別除権の目的物を任意売却する場合、競売よりも高額な売却が可能となり、別除権付債権の不足額が減少し、かつ、破産財団に対する組入額が破産債権者に対する配当の引当てとなることから、破産債権者の一般の利益に適合するといえる。また、迅速な換価により固定資産税の負担を免れ得るといった事情も含まれる。なお、財団不足により異時廃止となることが予想されるような場合に、この要件が充足するかについては、議論がある。

一方、売却価格が適正でなく清算価値を下回る価格での任意売却などは、破産債権者の一般の利益に適合するとはいえないので、許可されない。

(ロ) 当該財産に対し担保権を有するものの利益を不当に害することがないこと（法186条1項但書）

担保権者としては、担保権実行書面を提出することにより許可決定を阻止することはできるものの、担保権実行時期の選択の自由は奪われるものであるから、明らかに低廉な価格での売却などは許可されない。

明らかに低廉といえるかどうかは、不動産では、少なくとも競売手続における買受可能価格（売却基準額の8割）を下回るような価額での売却は低廉な価額に該当するものと考えられる。実務的には、破産管財人は、任意の入札や複数の買受希望者からの買付証明書等を徴求することにより、売却価額が相当であり、担保権者の利益を不当に害さないものであることの疎明をなすのが一般である。

また、破産財団への組入金の額が明らかに過大であるような場合も、担保権者の利益を害するものといえるが、組入金が明らかに過大かどうかは、破産管財実務における一般的な事例との比較と当該事案の特殊性などを勘案して判断されるものと解される。

　(ハ)　担保権者との事前協議がなされていること

　破産管財人は、組入金の額について、あらかじめ担保権者と協議をしなければならず、その内容と経過を許可申立書に記載しなければならない（法186条2項・3項7号）。

　協議をなす義務であることから、担保権者との合意に達する必要はないが、どの程度の協議を要するかについては、破産管財人の合理的裁量に委ねられているといえる。もっとも、実務的には、破産管財人は、まずは、通常の任意売却の努力をなすのが通常であることから、事前協議がまったくなされないということは考えにくい。

　かかる事前の協議がまったくなされていないなどの手続違背がある場合には、許可がなされないものと解されるが、配当受領見込みがない担保権者についても、協議義務があるかについては議論がある。

　(二)　法定の期間内に担保権実行書面の提出がないこと

　担保権者が、1カ月以内に担保権実行書面を裁判所に提出したときは許可の決定はできない。

【書式7-19】　担保権消滅許可決定

平成○年(モ)第○○号　担保権消滅許可申立事件
（基本事件・平成○年(フ)第○○号）

決　　　定

　　当事者の表示　　別紙当事者目録（略）記載のとおり

主　　　文

　申立人が，株式会社△△△（○○県○○市○○町）に対し別紙物件目録（略）記載の各不動産を任意売却し，株式会社△△△が金○○○万円を裁判所の定める期限までに裁判所に納付したときは，相手方らのために同不動産の上に存

する別紙担保権・被担保債権目録（略）記載の担保権を消滅させることを許可する。

理　　由

　審尋の結果によれば，別紙物件目録記載の各不動産を任意に売却して別紙担保権・被担保債権目録記載の担保権を消滅させることが破産債権者の一般の利益に適合すると認められる。
　よって，主文のとおり決定する。
　　　平成○年○月○日
　　　　　　　　　　　　○○地方裁判所第○民事部
　　　　　　　　　　　　　　裁判長裁判官　○　　○　　○　　○　印
　　　　　　　　　　　　　　　　裁判官　○　　○　　○　　○　印
　　　　　　　　　　　　　　　　裁判官　○　　○　　○　　○　印

(4) **許可決定の効力**
　(イ) **買受けの申出がない場合**
　買受けの申出がなく、破産管財人の売却相手方に対して許可決定が確定したときは、売却の相手方は、許可申立書に記載した売得金の額もしくは売得金から組入額を控除した額に相当する金銭を裁判所の定める期限までに裁判所に納付しなければならない（法190条1項）。
　(ロ) **買受けの申出がある場合**
　担保権者から買受けの申出があり、当該買受希望者に対して許可決定がなされたときは、破産管財人と買受希望者との間で、許可申立書に添付された書面の記載内容と同一内容の売買契約が締結されたものとみなされる（法189条2項）。
　許可決定が確定すると、買受人は、裁判所の定める期限までに、買受けの申出額から保証金の額を控除した額に相当する金銭を裁判所に納付しなければならない（法190条1項）。

(5) **許可決定に対する不服申立て**
　担保権消滅許可の申立てに対する裁判は当事者に送達され、この裁判に対しては即時抗告することができる（法189条4項）。

(6) 担保権実行の申立て

破産管財人による担保権消滅の許可の申立てに対し、その売得金あるいは組入金の額に異議ある担保権者は、担保権を実行し、担保権の実行を証する書面を裁判所に提出することにより、担保権消滅の許可を阻止することができる。

ただし、破産管財人と担保権者との間に、売得金および組入金の合意がある場合には、担保権の実行申立てをすることができない（法187条3項）。

ここにいう担保権の実行に、物上代位による賃料債権等の差押えは含まれないと解されるが、担保不動産収益執行が含まれるかについては、同手続が、不動産の担保権の実行と規定されていることから（民執180条）、議論がある。

(イ) 担保権の実行の申立てを証する書面の提出

担保権者は、裁判所に対し、すべての担保権者に許可申立書等が送達された日から1カ月以内に、担保権の実行の申立てを証する書面（担保権実行書面）を提出しなければならない（法187条1項）。担保権者につき、やむを得ない事由があるときは、担保権者の申立てにより1カ月の期間を伸長することができる（同条2項）。

担保権実行書面としては、担保権者がすでに担保権の実行をしているときは、開始決定もしくは開始決定の記載のある不動産登記簿謄本を提出すれば足りる。許可申立書等が送達されてから、担保権実行の申立てを行う場合には、差押登記を経由した不動産登記簿謄本の提出が間に合わないときは、執行裁判所の担保権実行の申立ての受理証明等を提出すればよいと考えられる。

なお、すでに担保権実行の申立てをしている担保権者でも、担保消滅の許可に異議がない担保権者は、担保権実行書面を提出する必要はないし、提出の義務もない。また、担保権者が、破産管財人との間において、すでに売得金および組入金の額について合意している場合には、当該担保権者は、担保権実行の申立てができず（法187条3項）、すでに担保権の実行をしていたとしても、担保権実行書面の提出はできない。よって、破産管財人としては、事前にできるだけ多くの担保権者との間において、合意をしておくことが円滑な手続のため重要である。

【書式7-20】 担保権実行申立書面の提出書

```
平成○年(モ)第○○号　担保権消滅許可申立事件
（基本事件　平成○年(フ)第○○号）
破産者　○○○株式会社
```

担保権実行の申立てを証する書面提出書

平成○年○月○日

○○地方裁判所第○民事部　御中

　　　　　　　被申立担保権者　株式会社□□□銀行
　　　　　　　代　理　人　弁　護　士　　○　　　○　　　○　　　○　㊞

　御庁頭書事件につき，被申立担保権者株式会社□□□銀行は，破産法187条1項に基づき，担保権の実行の申立てをしたことを証する書面を提出する。

添付書類

1　不動産競売手続開始申立事件受理証明
2　資格証明書
3　委任状

(ロ) 担保権消滅の不許可決定

　担保権実行書面の提出がなされた場合には，裁判所は，担保権消滅の不許可決定をすることになる（法189条1項）。

　もっとも，この裁判がなされる前に，担保権実行書面を提出した担保権者の担保権の実行手続が，無剰余取消しとなったり，あるいは，取り下げられたりすると，担保権実行書面の提出がなかったものとみなされ，担保権消滅許可申立ての手続が続行されることになる（法187条5項）。

　よって，当該担保権が後順位担保権で無剰余取消しとなる可能性があるような場合には，裁判所は直ちに不許可決定をせず，担保権実行の推移をみることもできるものと解され，破産管財人としてはかかる事情がある場合には，裁判所にその旨上申すべきである。

　また，担保権実行書面が提出されて不許可決定がなされ，これが確定したときは担保権消滅許可申立手続としては終了する。しかし，不許可決定が確

定した後に，担保権の実行の申立てが取り下げられ，または却下された場合は，破産管財人からの再度の許可申立てができ，かつ，これに対し，当該担保権者は担保権実行書面を再度提出して担保権消滅許可を阻止することはできない（法187条6項）。

【書式7－21】　担保権消滅不許可決定

```
平成○年㈲第○○号　担保権消滅許可申立事件
（基本事件・平成○年(フ)第○○号）

               決　　　　定

当事者の表示　　別紙当事者目録（略）記載のとおり

               主　　　　文

申立人の申立てを不許可とする。

               理　　　　由

被申立担保権者株式会社○○銀行が，破産法187条1項に基づき，担保権の実行の申立てをしたことを証する書面を提出したことから，同189条1項に基づき主文のとおり，決定する。

　　平成○年○月○日

                    ○○地方裁判所第○民事部
                       裁判長裁判官　○　○　○　○　印
                          裁判官　○　○　○　○　印
                          裁判官　○　○　○　○　印
```

3　買受けの申出

(1)　買受けの申出の趣旨

担保権者は、破産管財人からの担保権消滅許可の申立てに対し、売得金または組入金の額について異議があるときは、自ら担保権の実行ができる。もっとも、破産管財人の提示した売得金の額より高額の買受希望者が存する場

合には、担保権の実行によるのは迂遠であることから、この手続を利用して、より高額な額による買受けの申出ができるとしたものである。

(2) **買受けの申出と買受希望者**

買受けの申出ができるのは、当該財産に担保権を有する担保権者に限られ、それ以外のもの（占有者や賃借人等）はできない。

担保権者が買受けの申出をするにあたって、買受希望者としては、担保権者が自らなることもできるが、担保権者以外の第三者でもかまわない（法188条1項）。

複数のものが共同して買受希望者となることもできると解される。

(3) **買受けの申出の額**

買受けの申出の額は、売得金の額に5％相当額を加算した額以上の金額でなければならない（法188条3項）。

ただし、複数の物件があるときは、その合計が5％相当額を加算した額であれば足りる（個々の物件ごとには、売得金の額を下回らなければ足りる）。

(4) **買受けの申出の対象の範囲**

複数の物件を一括して担保消滅許可の申立ての対象としている場合には、これらを一括して買受けの申出をしなければならず、その一部のみは認められないものと考えられる。

(5) **買受けの申出の手続**

担保権者は、破産管財人に対し、買受の申出をした担保権者の氏名等、買受希望者の氏名等、買受申出額を記載した書面を提出する（法188条1項）。買受申出書には、買受希望者が個人であるときは住民票、法人であるときは商業登記簿謄本、さらに、買受希望者作成にかかる買受申出額で買い受ける旨の記載をした書面も添付しなければならない（規則59条）。

また、買受けの申出に際し、破産管財人に対して、買受申出額の20％相当額の保証を提供しなければならない。保証の提供の方法としては、破産管財人指定の口座に振込送金したうえで、その証明書を提出する方法か、銀行等の支払保証による方法のいずれかによることとなる（法188条5項、規則60条）。

買受けの申出の期間は、担保権実行書面を提出できる期間と同様、すべて

の担保権者に許可申立書等が送達された日から1カ月以内である（法188条1項・187条1項）。同期間が伸長された場合には（法187条2項）、買受申出期間も伸長される。

　なお、いったん買受けの申出をした買受希望者は、買受申出ができる期間内は、その申出の撤回ができるが（法188条7項）、買受申出ができる期間が経過すると、許可の申立てに対する裁判があるまでの間は、買受けの申出の撤回はできない。許可の申立てに対する裁判があったときは、買受人以外の買受希望者は買受の申出を撤回することができる（法189条3項）。その場合、破産管財人は、保証金を買受希望者に返還する。

【書式7-22】　買受申出書

平成○年㋲第○○号　担保権消滅許可申立事件
（基本事件　平成○年㋺第○○号）
破産者　○○○株式会社

買受の申出書

平成○年○月○日

破産者　○○○株式会社　破産管財人　○　○　○　○　殿

　　　　　　　　　　被申立担保権者　株式会社□□□銀行
　　　　　　　　　　申立代理人弁護士　○　　○　　○　　○　印

当事者の表示　　別紙当事者目録（略）

　御庁頭書事件につき，被申立担保権者株式会社□□□銀行は，破産法188条1項に基づき，下記のとおり，買受けの申出をなす。

記

1　買受希望者の名称等
　　　　　〒000-0000
　　　　　○○県○○市○○町○丁目○番○号
　　　　　株式会社△△△
　　　　　代表取締役　○　○　○　○
　　　　　電話番号　　00-0000-0000
　　　　　ファックス番号　00-0000-0000
2　買受けの申出の額

```
                        ○○○○円
                                                         以上
                    添付書類
    1  買受申込書(買受希望者作成)
    2  商業登記簿謄本(買受希望者)
    3  資格証明書
    4  委任状
```

```
                    買受申込書

      弊社は,破産法188条に基づき,別紙物件目録(略)記載の物件を,金○○○○
    円にて,買受の申込みを致します。
      平成○年○月○日
                         ○○県○○市○○町○丁目○番○号
                                株式会社△△△
                                代表取締役 ○ ○ ○ ○ 印
    破産者  ○○○株式会社  破産管財人 ○ ○ ○ ○ 殿
```

(6) 買受希望者に売却する旨の届出

破産管財人は、買受けの申出があったときは、買受申出期間が経過した後、裁判所に対し、買受希望者に売却する旨の届出を、買受申出の書面とともに提出しなければならない(法188条8項前段・9項)。

複数の買受申出があった場合には、最高の申出額で申出があった買受希望者(同額である場合には先に申出をしたもの)に売却する旨を届けることとなる。適法な買受申出があり、破産管財人から当該買受希望者に売却する旨の届出があった場合には、裁判所は目的財産をこの者に売却し、当該財産につき存するすべての担保権を消滅させることの許可を決定しなければならない(法189条1項2号)。

この決定が確定したときは、破産管財人と買受希望者との間で、当初の担

保権消滅許可申請書に添付された売買契約書に従った売買契約が締結されたものとみなされる（法189条2項）。

担保権消滅許可の効力は、既述の当初破産管財人が許可を申し立てた買主に対する売却等が許可された場合と同一である。

4 金銭の納付等

(1) 金銭の納付

担保権消滅の許可決定が確定すると、売却の相手方は、次の区分に応じてそれぞれ裁判所の定める期限までに代金を納付しなければならない（法190条1項）。

(イ) 許可申立書に記載した相手方が売却の相手方である場合

組入金があるときは売得額から組入金を控除した額、組入金がないときは売得額の額を納付する。

(ロ) 買受人が売却の相手方である場合

売得額（買受申出額）から買受人の提供した保証の額を控除した額を納付する。当該金員の納付があった場合、破産管財人は、買受人から受領していた保証金を直ちに裁判所に納付しなければならない（法190条3項）。また、複数の買受希望者から保証金を受領していた場合には、破産管財人は買受人以外の買受希望者に対し保証金を返還しなければならない。

(2) 金銭納付の効果

代金の納付等がなされると、当該物件の担保権は消滅し、裁判所書記官により嘱託抹消登記がなされる（法190条5項）。

もっとも、買受人が、金融機関からの買受代金相当額の融資を受けるような場合には、買受人側の金融機関の要望により、当該物件の担保権の抹消手続と買受人への所有権移転登記手続、さらには、買受人側の金融機関の抵当権設定登記手続を同時に行わなければならない場合も想定される。そのような場合、破産裁判所との事前協議により、裁判所書記官が作成する法務局あての抵当権設定登記抹消登記嘱託書を、代金納付確認後、事実上、買受人側の金融機関の依頼する司法書士に預けて、これらの登記手続を同時に法務局に受理してもらうなどの運用も考えられる。

なお、担保権消滅許可の手続の前に、担保権の実行がなされていた場合、当然に、当該担保権実行手続が停止するものではないことから、買受人は、速やかに執行裁判所に対して、担保権が抹消された登記事項証明書を提出する必要がある（金融機関側が任意に担保権実行の取下げをした場合は問題ない）。

(3) 代金不納付の効果

裁判所の定めた期限までに金銭の納付がないときは、裁判所は許可決定を取り消す（法190条6項）。

保証金は、買受人に返還されず（法190条7項）、破産財団に組み入れられる。また、さらに、担保権消滅の許可に際して添付される売買契約の定め（違約金等）に従うこととなる。

5 配当の実施

(1) 配当表の作成等

裁判所は、代金納付があった場合には、担保権者に対し、配当表に基づき配当を実施し、または弁済金の交付をなす（法191条1項・2項）。

配当表の作成および弁済金の交付等の手続は、民事執行法の定めに従う（法191条3項）。ただし、物件ごとの売得金の割付けについては、許可申立書に記載された個々の物件ごとの売得金の額、もしくは、買受申出の書面に記載された個々の物件ごとの買受申出額を基準とする。

(2) 売買契約の履行

売得金の支払いは、裁判所を通じた配当となるが、それ以外については売買契約の定めに従って履行されることになる。

組入額がある場合には、組入額に相当する金銭については、売却の相手方より破産管財人に対し直接支払う。また、売買契約において、売買契約の締結または履行のための費用として売却の相手方が負担すると定められているものについても、その費用相当額を、直接、破産管財人に支払う。

通常、破産管財人は、これらの金員と引き換えに所有権移転登記手続をなすこととなる。

V 留置権

1 留置権の内容および種類

　留置権は、他人の物の占有者が、その物に関して生じた債権等の弁済を受けるまで、その物を留置することを内容とする法定担保物権である。破産者の債権者が破産財団に帰属する財産を占有している状況において、破産管財人から当該財産の引渡請求を受けた場合には、留置権の行使の可否を検討することになる。

　留置権は、民事留置権（民295条1項）と、商事留置権（商31条・521条・557条・562条・589条・753条、会20条）の2種類がある。

　この点、民事留置権は、破産手続開始決定に伴い、破産財団に属する財産に対する効力を失うとされており（法66条3項）、別除権にも該当しない。そのため、破産管財人は、民事留置権者に対し、目的物の返還を請求することができる。

　これに対し、破産手続開始決定時において破産財団に属する財産に対して成立した商事留置権は、破産手続上、当該財産に対する特別の先取特権とみなされ、別除権として取り扱われる（法65条1項・66条1項）。ここで、目的物に対する商事留置権の留置的効力が、破産手続開始決定後も存続するかどうかについては、旧法の時代から学説上の争いがあり、留置的効力が存続するとする説、消滅するとする説、特別の先取特権を行使する限度で占有権原を有するとする説等に分かれている。破産財団に属する手形上に存在する商事留置権の留置的効力が破産手続開始決定後も存続することを認めた判例（最三小判平成10・7・14民集52巻5号1261頁）があるが、その趣旨・射程範囲の理解についても学説上の争いがある。現行法においては、商事留置権消滅請求の制度（法192条）が導入されているが、立法担当者は、同制度の導入は破産手続開始決定後における商事留置権の留置的効力の存続を正面から認めた趣旨ではないとしている（小川秀樹編著『一問一答新しい破産法』271頁(2004)、田原睦夫＝山本和彦監修『注釈破産法(上)』465頁（2015））。

　以下においては、商事留置権のうち、典型的である商人間の商事留置権

(商521条)の成立要件および行使方法について解説する。

2 商事留置権の成立要件

商人間の商事留置権(商521条)の成立要件は、次の4点である。
① 商人間において、その双方のために商行為となる行為によって債権が生じたこと
② その債権が弁済期にあること
　ただし、破産手続上は、破産手続開始決定時に弁済期が未到来である期限付債権であっても、同決定によって弁済期が到来するとされている(法103条3項)。
③ 目的物が、その債務者との間における商行為によって商事留置権者の占有に属したこと
　商事留置権においては、民事留置権の場合とは異なり、目的物と被担保債権との個別的牽連性は不要である。
④ 目的物が、債務者の所有する物または有価証券であること
　目的物が債務者以外の第三者の所有物である場合には、民事留置権の場合とは異なり、商事留置権は成立しない。

3 商事留置権の行使方法

(1) 民事執行法等の法令による行使

　商事留置権は、破産手続上、特別の先取特権とみなされ、別除権として取り扱われることから(法65条1項・66条1項)、特別の先取特権と同様の方法により、別除権として行使されることになる。すなわち、商事留置権者は、破産手続によることなく、民事執行法その他の強制執行の手続(民執180条以下等)の申立てを行うことによって目的物を換価し、その配当等から優先弁済を受けることができる。ただし、破産手続上、特別の先取特権としてみなされる商事留置権は、民法その他の法律の規定による他の特別の先取特権に劣後するとされている(法66条2項)。

【書式7-23】 商事留置権に基づく動産競売申立書

商事留置権に基づく動産競売申立書

平成○年○月○日

○○地方裁判所第○民事部　御中

　　　　　　　　　　　　　　　申立人（債権者）　株式会社△△△
　　　　　　　　　　　　　　　代理人弁護士　○　○　○　○　印

当事者の表示　　　　　　　　別紙当事者目録記載のとおり
担保物件の表示　　　　　　　別紙物件目録記載のとおり
担保権・請求債権・被担保債権の表示　　別紙担保権・請求債権・被担保債権目録記載のとおり

　債権者は，債務者に対し，別紙担保権・請求債権・被担保債権目録記載の債権を有するが，債務者が支払いをしないので，同目録記載の商事留置権（破産法66条1項）所定の特別の先取特権に基づき，債権者が住所地にて保管中の別紙物件目録記載の動産の競売を申し立てる。

添付書類

1　倉庫取引基本契約書　　　　　　　1通
2　保管荷物明細報告書（写真添付）　1通
3　破産債権届出書（写し）　　　　　1通
4　資格証明書　　　　　　　　　　　2通
5　委任状　　　　　　　　　　　　　1通

当事者目録

○○県○○市○○町○丁目○番○号
　　債　権　者　　　株式会社△△△
　　代表者代表取締役　　○　○　○　○
○○県○○市○○町○丁目○番○号○○法律事務所
　　代　理　人　弁　護　士　　○　○　○　○
○○県○○市○○町○丁目○番○号○○法律事務所
　　債　務　者　　　破産者○○○株式会社破産管財人○○○○

物件目録

所在場所	債権者の住所
物件の種類	○○
物件の商標	○○
数量	○万ケース（1ケースあたり○個入り）

担保権・請求債権・被担保債権目録

（担保権の表示）
　　担保権者　　債権者
　　担保権　　　商事留置権（破産法66条1項に基づく特別の先取特権）
　　担保物件　　物件目録記載のとおり
（請求債権・被担保債権の表示）
　　金○○○○○円
　　但し，平成○年○月○日付倉庫取引基本契約に基づく，債権者の債務者に対する別紙物件目録記載の動産についての未払倉庫保管代金債権（平成○年○月分から同年○月分までの計○カ月分，1カ月あたり金○○万円）

---

(2) 約定の方法による行使

　商事留置権者が、債務者との約定により、法律に定められた方法によらないで目的物の処分をする権利を有する場合には、当該方法によって債権の回収を図ることができる（法185条1項参照）。たとえば、商事留置権者と債務者との間の契約において、流質特約の定めがある場合には、商事留置権者は、当該特約に基づき、目的物の代物弁済を受け、あるいは、目的物を第三者に任意売却して、その売却代金から債権の回収を行うことができる。この場合、破産裁判所は、破産管財人の申立てにより、商事留置権者がその処分をすべき期間を定めることができる（法185条1項）。

(3) 別除権の受戻し

　商事留置権者が、破産管財人からの目的物の返還請求を拒絶したのに対し（なお、前述のとおり、商事留置権の目的物に対する留置的効力が破産手続開始決

定後も存続するかどうかについては、学説上の争いがある)、破産管財人が、商事留置権消滅請求(法192条1項)を行わずに、別除権の受戻しの申入れを行ってきた場合には、商事留置権者は、当該申入れを受諾することにより、目的物の返還と引き換えに、商事留置権の被担保債権(破産債権)の全部または一部について弁済を受けることができる。

　商事留置権者と破産管財人との間では、別除権の受戻しのための弁済額をいくらとするのかをめぐって交渉が行われる。ここで、商事留置権者が、破産管財人に対し、目的物の市場価額を上回る金額の弁済を請求した場合には、破産管財人は、破産裁判所の許可を得て商事留置権消滅請求を行うかどうかを検討するとともに(法192条1項)、そのことを交渉材料として、商事留置権者に対し、金額面での譲歩を求めることになる。これに対し、商事留置権者の側も、目的物を強制執行手続によって換価処分した場合における回収見込額(時価よりも低額になる場合が多いと考えられる)と、別除権の受戻しに応じた場合における回収見込額を比較し、どちらが自社の債権回収のために得策であるかを検討することになる。最終的には、商事留置権消滅請求に至る前に、両者の間で別除権の受戻しに関する合意が成立することが少なくないと考えられる。ここで、目的物の価額が100万円を超える場合には、破産管財人は、商事留置権者との間で受戻しに関する合意を締結するにあたり、破産裁判所から、商事留置権の受戻許可を取得すべきことになる(法78条2項14号・3項、規則25条)。

【書式7-24】　商事留置権の受戻許可申請書

平成○年(フ)第○○号
破産者　　○○○株式会社

商事留置権の受戻許可申請書

　　　　　　　　　　　　　　　　　　　　　　　　　平成○年○月○日
○○地方裁判所第○民事部　御中
　　　　　　　　　　　　申立人　破産管財人　○　　○　　○　　印
当事者の表示　　別紙当事者目録(略)記載のとおり

担保物件の表示　　　別紙物件目録（略）記載のとおり
担保権・請求債権・被担保債権の表示　　別紙担保権・請求債権・被担保債権
　　　　　　　　　　　　　　　　　　　目録記載（略）のとおり
　申立人は，御庁に対し，下記の事項について許可を求める。
第1　許可を求める事項
　破産財団に帰属する別紙物件目録記載の動産（以下「本件動産」という。）について別紙担保権・請求債権・被担保債権目録記載の商事留置権（破産法66条1項所定の特別の先取特権）を有する別紙当事者目録記載の債権者（以下「本件債権者」という。）に対し，金〇〇〇〇円を弁済することにより，別除権である当該商事留置権（以下「本件商事留置権」という。）の受戻しを行うこと
第2　許可を求める理由
　1　本件債権者は，その住所地に所在する倉庫において，破産財団に帰属する本件動産を保管しており，本件商事留置権（被担保債権の金額：金〇〇〇〇〇円）の行使を理由に，申立人からの本件動産の引渡請求を拒絶している。
　2　申立人は，本件動産を換価すべく，先般，御庁の許可を得て，有限会社〇〇〇〇との間で，本件動産を同社あてに金〇〇〇〇円（破産者の仕入価格の〇割相当額）の代金額にて売却する旨の売買契約（本年〇月〇日までに本件商事留置権の受戻し及び本件動産の引渡しが完了しない場合には白紙解約になる旨の条件付き）を締結するとともに，本件債権者との間で，本件商事留置権の受戻しの交渉を行った。
　　その結果，今般，上記の売却代金の〇％相当額を破産財団に組み入れ，その余を本件債権者宛に弁済することと引き換えに，本件債権者が本件商事留置権の受戻し及び本件動産の返還・引渡しに応じる旨の条件で合意に達した。
　　本件商事留置権の被担保債権の金額（金〇〇〇〇〇円）が本件動産の売却代金額（金〇〇〇〇円）を大幅に上回っている状況にあることに鑑みれば，上記の条件によって本件商事留置権の受戻しを行うことにより，破産財団の増殖を図ることが相当である。
　3　よって，申立人は，御庁に対し，第1記載の許可を求める。

添付書類

1　商事留置権の受戻しに関する合意書案（未締結）　　1通
2　動産売買契約書　　　　　　　　　　　　　　　　　1通

3	倉庫取引基本契約書	1通
4	保管荷物明細報告書(写真添付)	1通
5	破産債権届出書(写し)	1通
6	資格証明書	1通

Ⅵ 商事留置権消滅請求

1 商事留置権消滅請求制度の趣旨

　清算型の倒産手続である破産手続であっても、破産管財人が、破産財団の増殖を図るために、直ちに事業を廃止せずに一定期間に限って事業を継続したほうが得策であると判断した場合や、破産者の事業の売却が可能であると判断した場合には、破産裁判所の許可を得て、破産者の事業を継続することができるとされている(法36条)。この場合、破産管財人において、機械類や仕掛品等の商事留置権の目的物の使用継続を図る必要が生じることも考えられる。

　また、破産者の事業が継続されない場合であっても、破産管財人が、破産財団の増殖を図るために、商事留置権の目的物の換価・処分を企図することも考えられる。

　ところが、被担保債権の金額が目的物の価値を上回っている場合に、破産管財人が、商事留置権者に対し、被担保債権の全額を支払わない限り、目的物の使用等ができないとすると、事業の継続や換価業務の円滑な遂行に支障を来たすおそれがある。

　そこで、破産法は、このような破産管財人の需要を満たすために、商事留置権者に対する被担保債権全額の弁済に代えて、商事留置権の目的物の価額相当額の弁済をもって、商事留置権の消滅を認める旨の制度を創設した(法192条1項)。すなわち、当該制度は、破産管財人に対し、被担保債権の全額の弁済を受けるまで目的物を担保拘束できるという留置権の不可分性を、破産手続上否定し得る権利を付与するものである(田原睦夫=山本和彦監修『注釈破産法(下)』330頁(2015))。

2　商事留置権消滅請求の行使要件および具体的手続

　商事留置権消滅請求の行使要件は、下記の4点である（法192条1項〜3項）。そして、具体的な手続としては、破産管財人が、破産裁判所に対し、下記④の許可申請を行い、許可を取得した後に、商事留置権者に対し、下記③の金銭の支払いと引き換えに商事留置権消滅請求を行う旨を通知し、最後に、商事留置権者に対する下記③の金銭の支払いと引き換えに、商事留置権者から、目的物の返還を受けることになる。

①　破産手続開始時において、破産財団に属する財産につき商事留置権があること

②　当該財産が破産法36条の規定により継続されている事業に必要なものであること

　　（または）

　　当該財産の回復が破産財団の価値の維持または増加に資すること

③　破産管財人が商事留置権者に対し、当該財産の価額相当の金銭を弁済すること

④　破産管財人が、商事留置権消滅請求および商事留置権者に対する当該財産の価額相当の金銭の弁済について、破産裁判所から許可を取得すること

破産管財人が、破産裁判所に対し、上記④の許可申請を行うにあたっては、商事留置権消滅請求の他の行使要件（上記①から上記③）を満たしていることを疎明する必要がある。

　ここで、上記②の「当該財産の回復が破産財団の価値の維持または増加に資すること」を裏づける事情としては、たとえば、次のような場合が想定される。すなわち、破産管財人の手元にある建設機械だけでは無価値であるが、破産手続開始前に修理のために修理業者に引き渡していた部品を回収したうえで、これを建設機械に組み込めば、その価値が大幅に増し、建設機械を高値で売却できる見込みがあるという事案において、修理業者が、当該部品の修理代金の全額（当該部品の価額相当額を上回る金額）の支払い、あるいは破産者から破産手続開始前に請け負った他の物品の修理代金も合算した金額の

支払いを要求し（商事留置権については、民事留置権とは異なり、被担保債権と目的物との個別的牽連性は不要とされている）、その支払いがなければ修理業者の手元にある当該部品上の商事留置権を解除しないと主張してきたとする。この場合に、破産管財人が当該部品上の商事留置権の消滅請求を行い、修理業者に当該部品の価額相当額のみを支払うことにより、建設機械に当該部品を組み込んで高値で売却することが可能になる。このような事情があれば、上記②の「当該財産の回復が破産財団の価値の維持または増加に資すること」の行使要件を満たすと考えられる（田原＝山本監修・前掲(下)330頁～331頁）。

また、上記③の「当該財産の価額相当の金銭」とは、目的物の処分価格を指すと解される。破産管財人は、目的物の処分価格を査定したうえで、その金額および査定根拠を破産裁判所あての許可申請書に記載することになる。ここで、査定根拠としては、疎明レベルで足り、訴訟における証明レベルまでは要求されないと考えられる。なぜなら、後述のとおり、商事留置権者側が破産管財人の査定金額について異議があれば、その当否について訴訟で争うことも可能とされているからである（田原＝山本監修・前掲(下)332頁）。

【書式7-25】　商事留置権消滅請求および弁済許可申請書

平成○年(フ)第○○号
破産者　　○○○株式会社

商事留置権消滅請求及び弁済許可申請書

平成○年○月○日

○○地方裁判所第○民事部　御中
　　　　　　　　　　　申立人　破産管財人　○　　○　　○　　○　㊞

当事者の表示　　　別紙当事者目録（略）記載のとおり
担保物件の表示　　別紙物件目録（略）記載のとおり
担保権・請求債権・被担保債権の表示　　別紙担保権・請求債権・被担保債権
　　　　　　　　　　　　　　　　　　目録記載（略）のとおり

　申立人は、御庁に対し、下記の事項について許可を求める。
第1　許可を求める事項

1 申立人が，相手方に対し，金○○○円を弁済したときは，相手方のために別紙物件目録記載の物件上に存在する別紙担保権・請求債権・被担保債権目録記載の商事留置権を消滅させる旨の請求をすること
2 申立人が，相手方に対し，金○○○円を弁済すること

第2 許可を求める理由
1 修理業者である相手方は，破産手続開始決定前に破産者から，破産者所有の別紙物件目録記載の部品（以下「本件部品」という。）を修理するために受託し，以降，現在に至るまで，これを相手方の倉庫において保管・占有している。相手方による本件部品の修理は既に完了している。
2 申立人は，相手方に対し，本件部品の引渡しを請求したが，相手方は，本件部品について，別紙担保権・請求債権・被担保債権目録記載の債権（本件部品の修理代金債権と，破産者が破産手続開始前に相手方に対し修理を委託したその他の物品全部の修理代金債権の合計○○○○○○円）を被担保債権とする商事留置権を有していると主張し，本件部品の引渡しを拒絶している。
3 ところで，本件部品は，申立人の手元にある建設機械の重要な部品である。当該機械は，本件部品なしでは稼働しないので事実上無価値であるが，修理が完了した本件部品が組み込まれた場合には，少なくとも○○○○○円以上で売却処分することができる見込みである。
　これに対し，本件部品の処分価額は，○○○円であると査定される。
　したがって，申立人が，相手方に対し，○○○円(A)を支払って相手方から本件部品の引渡しを受けたとしても，事実上無価値（0円）であった建設機械に本件部品を組み込んで売却することにより，○○○○○円(B)以上の売却代金を回収することができる。すなわち，商事留置権消滅請求を行った場合には，当該請求を行わなかった場合と比べて，○○○○○円(C)以上（C＝B－0円－A）の財団増殖を図ることができる見込みである。
4 よって，申立人は，破産財団の増殖を図るべく，本申請に及んだ。

【書式7-26】 商事留置権消滅請求通知書

商事留置権消滅請求通知書

平成○年○月○日

株式会社△△△　御中

> 　　　　　　　　　　　　　　　破産者　○○○株式会社
> 　　　　　　　　　　　　　　　破産管財人　○　○　○　○　印
> 前略
> 　○○○株式会社（以下「破産者」といいます。）は，平成○年○月○日，○○地方裁判所において破産手続開始決定がなされ，当職が破産者の破産管財人に選任されました。これに伴い，破産者の財産は，すべて当職の管理下にあります。
> 　ところで，当職は，○○地方裁判所に対し，貴社が破産者に対し有するとする別紙担保権・請求債権・被担保債権目録（略）記載の商事留置権（以下「本件商事留置権」といいます。）の消滅請求および弁済の許可申請をなし，別紙許可書（略）のとおり，平成○年○月○日，当職が貴社に対し，金○○○円の弁済をなすこと，および，同弁済と引き換えに本件商事留置権の消滅請求をすることについての許可を取得しました。
> 　よって，当職は，上記許可に基づき，貴社に対し，本書面をもって，金○○○円の弁済と引き換えに本件商事留置権を消滅させる旨の請求（以下「本件請求」といいます。）をいたします。
> 　つきましては，当職は，貴社に対して金○○○円の弁済をいたしますので，弁済金の受領と引き換えに貴社が占有している別紙物件目録（略）記載の破産者の所有部品（以下「本件部品」といいます。）を当職に返還して下さい。
> 　貴社が本件請求を拒絶し，本件部品の返還に応じない場合には，当職は，貴社に対し，本件部品の返還請求および貴社が本件部品の返還に応じないことによる損害賠償請求などの法的措置を講じる所存ですので，念のためにその旨申し添えます。
> 　　　　　　　　　　　　　　　　　　　　　　　　　　　　　　　草々

3　商事留置権消滅請求の効果

　破産管財人が、破産裁判所の許可を得て、商事留置権者に対する消滅請求および目的物の価額相当額の弁済を行った場合には、当該消滅請求を行った時または当該弁済を行った時の、いずれか遅い時をもって、商事留置権は消滅する（法192条4項）。

　その後、破産管財人は、商事留置権者に対し、目的物の返還を請求するこ

Ⅵ　商事留置権消滅請求

とになる。

　ここで、破産管財人と商事留置権者との間において、弁済金額が目的物の価額相当額に達しているか否かについて争いが生じた場合には、商事留置権者は、破産管財人からの目的物の返還請求を拒絶することが考えられる。この場合、破産管財人は、商事留置権者に対し、目的物返還請求訴訟を提起する。弁済金額が目的物の価額相当額に達しているか否かについては、その受訴裁判所が判断することになる。

　目的物返還請求訴訟において、弁済金額が目的物の価額相当額に達していないと判断された場合には、商事留置権は消滅しないことになるから、一般原則によれば、受訴裁判所は、請求棄却の判決を言い渡すことになる。しかし、この場合であっても、原告である破産管財人からの申立てがあり、かつ、受訴裁判所が相当と認めるときは、受訴裁判所は、相当の期間内に不足額を弁済することを条件として、商事留置権者に対し、当該財産の返還を命ずることができる（法192条5項）。

【書式7-27】　商事留置権消滅を理由とする財産返還請求訴訟の訴状

訴　　状

平成○年○月○日

○○地方裁判所第○民事部　御中

原告　破産管財人　○　　○　　○　　印

当事者の表示　　別紙当事者目録（略）記載のとおり

請求の趣旨

1　被告は，原告に対し，金○○○円の支払いと引き換えに，別紙物件目録記載の物件を引き渡せ
2　訴訟費用は被告の負担とする
との判決及び仮執行宣言を求める。

請求の原因

1　当事者

　　　　破産者○○○株式会社（以下「破産者」という。）は，○○の製造・販売を業とする会社であるが，平成○年○月○日，○○地方裁判所において破産手続開始決定がなされ，原告が破産管財人に選任された。
　　　　被告は，機械部品の修理等を業とする株式会社である。
　2　本件部品
　　　　原告は，別紙物件目録（略）記載の部品（以下「本件部品」という。）を所有している（甲○号証）。
　　　　被告は，破産者から，破産手続開始決定がなされる以前である平成○年○月○日，本件部品の修理業務を受託し，その修理を完了した後，本件部品を現在まで占有している。
　　　　被告は，破産者に対し，本件部品につき，別紙担保権・請求債権・被担保債権目録（略）記載の商事留置権（以下「本件商事留置権」という。）を有すると主張し，その引渡しを拒絶している。
　3　商事留置権の消滅請求
　　　　原告は，○○地方裁判所に対し，金○○○円の弁済を引き換えとする本件商事留置権の消滅請求および弁済の許可申請を行い，同裁判所から許可を取得した（甲○号証）。
　　　　そして，原告は，被告に対し，商事留置権消滅請求（以下「本件請求」という。）を行った（甲○号証）。
　　　　しかし，被告は，上記弁済金額は本件部品の実際の価額相当額には足りないと主張し，本件商事留置権を根拠として，本件部品の引渡しを拒絶している。
　4　弁済金額の相当性
　　　　原告が実施した査定によれば，本件請求時における本件部品の価額（処分価額）は，破産者における本件部品の仕入価格である金○○○円を上回ることはない（甲○号証）。よって，本件商事留置権の消滅に対する弁済金額としては，同金額が相当である。
　5　よって，原告は，本訴の提起に及んだ。

4　商事留置権消滅請求と担保権消滅許可制度の関係

破産財団に帰属する財産が商事留置権の目的物になっている場合には、破産管財人は、商事留置権者に対し、商事留置権消滅請求（法192条1項）のほ

かに、担保権消滅許可制度（法186条1項）を利用することも考えられる。

いずれも破産財団の増殖に資するための制度であるという点では共通しているが、商事留置権消滅請求は、破産管財人が担保目的物を任意売却する場合のほかに、破産者の事業継続のために担保目的物を自ら使用する場合も想定しているのに対し、担保権消滅許可制度は、もっぱら破産管財人が担保目的物を任意売却し、その売得金の一部を破産財団に組み入れる場合を想定している。このように、両制度の目的や適用場面は異なっている（伊藤眞ほか『条解破産法〔第2版〕』1300頁（2014））。

Ⅶ 取戻権

破産手続の開始は、破産者に属しない財産を破産財団から取り戻す権利（取戻権）に影響を及ぼさないとされている（法62条）。

取戻権には、一般の取戻権と、破産法の規定によって認められた特別の取戻権がある。

破産法62条は、一般の取戻権に関する規定であり、第三者が目的物について有する実体法上の支配権については、破産手続の開始によって影響を受けずに行使することができることを確認する趣旨である。ここで、取戻権の基礎となる権利は、通常、所有権、地上権、永小作権等の物権である。債権は、破産手続の開始により影響を受けて破産債権等になるため、通常は取戻権の基礎となる権利にはならない。所有権留保や譲渡担保等の非典型担保（担保実行前）については、破産手続上、取戻権ではなく、担保権として取り扱われるのが一般的である。

取戻権は、第三者の破産者等に対する目的物引渡請求権と、目的物の引渡拒絶権の2形態において行使される。ここで、対抗要件の制度が適用される権利（所有権等）を基礎として取戻権を行使するためには、破産手続開始決定前に、当該権利について対抗要件の具備がなされていることを要する。

また、破産法63条および同法64条は、次の3つの特別の取戻権について定めている。

① 運送中の物品に関する売主の取戻権（法63条1項）

売主が売買の目的物を買主に発送した場合に、買主がまだ代金の全額

を弁済せず、かつ、到着地で目的物を受け取らない間に買主について破産手続開始の決定があったときは、売主は、当該目的物を取り戻すことができる。売主に目的物の所有権が帰属しているかどうかにかかわらず、取引の安全を図るために、売主に特別の取戻権を認めたものである。

② 問屋の取戻権（法63条3項）

　目的物の買入れの委託を受けた問屋が、その目的物を委託者に発送した場合に、委託者がまだ報酬および費用の全額を弁済せず、かつ、到着地で目的物を受け取らない間に委託者について破産手続開始の決定があったときは、問屋は、当該目的物を取り戻すことができる。問屋と委託者との間の契約は、売買ではなく委任であるが、経済的には売買と同視し得るものであり、取引の安全を図る必要があることから、問屋に特別の取戻権を認めたものである。

③ 代償的取戻権（法64条）

　破産者もしくは保全管理人が破産手続開始前に取戻権の目的財産を譲渡した場合、あるいは、破産管財人が破産手続開始後に取戻権の目的財産を譲渡した場合において、取戻権者は、破産者等に対し、反対給付の請求権の移転を請求することができる。目的財産について即時取得（民192条）が成立する等して、取戻権者がその基礎となる権利（所有権等）を喪失し、目的財産自体の取戻しができなくなった場合等であっても、取戻権者に代償的な権利行使を認めることにより、取戻権者を特別に保護するものである。

【書式7-28】　破産管財人に対する取戻請求通知書

```
                                                  平成○年○月○日
○○県○○市○○町○丁目○番○号
○○○株式会社
破産管財人　○　○　○　○　殿
                              ○○県○○市○○町○丁目○番○号
                                                  株式会社△△△
                                 代表取締役　○　　○　　○　　○　印
```

取戻請求通知書

前略
　貴社が保管されている別紙物件目録（略）記載の動産は，当社の所有物件ですから，直ちに当社あてに返還されるよう請求致します。

草々

第8章 配　当

I　はじめに

1　配当の意義と種類

　配当とは、破産管財人が破産財団に属する財産を換価処分して得た金銭を、届出をして破産手続に参加した破産債権者に対し、法定の順位に従い債権額に応じた分配を行う手続である。破産手続において、債権者の最大の関心事は配当の有無や配当率・配当の時期にあるといえるから、配当を迅速・適正に実施することは重要である。

　配当には、その実施する時期を基準とすれば、①換価終了前に行われる「中間配当」（法209条以下）、②換価終了後に行われる「最後配当」（法195条以下）、③最後配当の配当額通知後に行われる「追加配当」（法215条）があり、②の最後配当に代わる簡易な手続として、「簡易配当」（法204条以下）と「同意配当」（法208条）がある。

　最後配当は、その手続に関して、①最後配当の手続に参加することができる債権の総額および最後配当をすることができる金額を公告する方法をとる官報公告型の最後配当（法197条1項前段）と、②公告に代えて各届出債権者に対し通知する方法をとる通知型の最後配当（同項後段）の2種類がある。

　また、簡易配当には、①配当可能金額が1000万円未満である場合に実施される少額型の簡易配当（法204条1項1号）のほか、全届出破産債権者が簡易配当を実施することについて異議を述べない場合に実施される、②開始時異議確認型の簡易配当（同項2号）と③配当時異議確認型の簡易配当（同項3号）の3種類がある。

2　換価終了後の配当の手続選択

　破産法の条文上、換価処分終了後に行われる原則的な配当手続は、最後配当であるが、簡易配当のほうが簡易性・迅速性の面で優れているため、実務

上は、簡易配当によることができない場合に最後配当を利用するという運用がとられていることが多い。

この点、東京地方裁判所では、配当可能金額が1000万円未満の場合には、少額型の簡易配当を実施することとしており、配当可能金額が1000万円以上の場合には、原則として最後配当を実施する運用となっている。およそ債権者から簡易配当に対する異議が述べられないことが明らかな場合には、例外的に、破産管財人の選択により配当時異議確認型の簡易配当を実施することもあるが、事前に裁判所と打合せをすることが求められる。また、同意配当が可能な事案であっても、ほぼ全件について簡易配当の方法によっているのが実情である。なお、最後配当を実施する場合は、原則として通知型の最後配当が選択されており、債権者数が300名を超える多数の場合など例外的な場合のみ、官報公告型の最後配当が選択されている（手引318頁以下）。

大阪地方裁判所では、配当可能金額が1000万円未満の場合には、原則として少額型の簡易配当を実施するが、配当可能金額が1000万円以上の場合には、原則として配当時異議確認型の簡易配当を実施することとしており、最後配当が選択されるのは、債権者の異議によって簡易配当の許可が取り消される可能性が高い場合や、債権者多数のため簡易配当についての異議の有無を確認することが著しい負担となるような場合等に限られている（運用と書式280頁以下）。そして、最後配当を実施する場合、基本的には通知型ではなく、官報公告型の最後配当を選択する運用となっている（運用と書式295頁）。

なお、法文上、中間配当を実施した場合は、簡易配当によることができないため（法207条）、この場合には最後配当か同意配当によるほかなく、通常は、最後配当を選択することとなる。

II 最後配当

1 意義と要件

最後配当とは、一般調査期間の経過後または一般調査期日の終了後であって、破産財団に属する財産の換価の終了後においてなされる配当をいう（法195条1項）。破産法の条文上は原則的な配当手続とされているが、実務上は、

第8章　配　当

簡易配当によることができない場合（中間配当を実施した場合や、配当時異議確認型の簡易配当の通知をした後、届出破産債権者が簡易配当の実施に異議を述べたために簡易配当の許可が取り消された場合など）、簡易配当によることが適切でないと判断される場合などに例外的に選択されている。

最後配当の要件は、次のとおりである。

① 一般債権調査期間の経過後または一般債権調査期日の終了後であること
② 破産財団に属するすべての財産の換価終了後であること
③ 破産手続の費用が支弁できずに廃止せざるを得ない（法217条1項）状態にないこと

2　最後配当の手続

(1)　事前の準備・検討事項等

(イ)　換価業務終了の確認

最後配当を行うためには、破産財団に属するすべての財産の換価が終了していることが必要である。そのため、財産目録等を点検し、換価漏れのないようにする必要がある。

(ロ)　配当事案であることの確認および財団債権の支払い

配当を行うためには、財団債権をすべて弁済した後、破産財団に余剰が残ることが必要であるため、財団債権の正確な把握が必要となる。

破産管財人の報酬は、財団債権の中でも最優先と解されており（法152条2項）、この額によって配当事案かどうかが決まる場合もあるため、破産財団に属するすべての財産の換価が完了すれば、破産管財人は、速やかに報酬額決定の上申書の提出や換価作業の終了についての報告等（東京地方裁判所・大阪地方裁判所では、所定の打合せメモによる連絡）を行い、報酬額の決定を受ける。

配当を行う場合には、配当事務費用が発生することも考慮する必要がある。

また、債権者破産申立てまたは準自己破産申立ての場合で、予納金等を予納した申立人に補填を要する場合には、財団債権として返金する必要があるので注意が必要である。

Ⅱ 最後配当

以上のほか、公租公課、労働債権、将来の納税額等の未払財団債権額（なお、交付要求については、延滞税・延滞金の減免申請をし、できるだけ当該交付要求庁と交渉して免除してもらうよう努力する）を、漏れなく破産財団の残高から控除しておく。

配当事案であることが確定すれば、すでに発生している財団債権については速やかに支払いを行う。

(ハ) 債権調査の完了

配当の前提として、債権調査が完了していることが必要である。東京地方裁判所では、換価終了後の債権調査期日に債権認否を行う運用である（手引333頁）。大阪地方裁判所の一般管財手続でも、換価が完了してから債権調査期日において債権認否を行うが、個別管財手続の場合は、債権調査を実施してから換価が終了するまでにある程度の期間を要することがあるため、その後の債権変動等を点検し、破産債権者表備考欄の手入れおよび必要書類の提出等を行う（運用と書式283頁）。

(2) 最後配当許可申請

破産管財人は、裁判所書記官に対して最後配当許可申請をし、裁判所書記官が最後配当許可決定を行う（法195条2項）。

【書式8－1】 最後配当の許可申請書（東京地方裁判所）

東京地方裁判所民事第20部　　管財○係　御中（※1）	
	平成○年(フ)第○○号
	破産者　○○○株式会社
本件につき 許可する。 　東京地方裁判所民事第20部 　裁判所書記官　○　○　○　○　印 　　　　（※2）	本件につき 許可があったことを証明する。 　前同日 東京地方裁判所民事第20部 　裁判所書記官　○　○　○　○　印

最後配当許可申立書（□通知型　□官報公告型）

頭書事件につき、破産財団に属する財産は全部換価を終了し、下記のとおり配当可能な現金がありますので、最後配当の許可を願います。

記

　　財団現在額及び収支の明細　　収支計算書のとおり（※3）
　　配当に加える債権及び配当額　　配当表のとおり（※3）
　　　　　　　　　　　　　　　平成○年○月○日
　　　　　　　　　　　　　　　　破産管財人弁護士　　○　　○　　○　　○　印
　　　　　　　　　　　　　　　　　　　　　　　　　　　　　　　　　　　　以　上

【注意点】
※1　担当係を忘れずに表示してください。
※2　最後配当の許可権者は，裁判所書記官です（破産法195条2項参照）。
※3　債権者集会の席上で提出済みのもので足り，別途提出は不要です。なお，債権者集会の席上で債権認否一覧表のみを提出した場合は，忘れずに配当表を添付してください。

(3) 配当表の作成・提出

(イ) 配当表記載事項等

　破産法の条文上は，破産管財人は，配当許可があったときは，遅滞なく配当表を作成して裁判所に提出しなければならないとされているが（法196条1項），実務上は，配当許可の申請書とともに配当表の提出を求める運用も多い（東京地方裁判所など。手引344頁，書記官269頁）。

　配当表の記載事項は，①配当の手続に参加することのできる破産債権者の氏名・名称および住所（法196条1項1号），②配当の手続に参加することのできる債権の額（同項2号），③配当をすることができる金額（同項3号）であり，②については，優先的，一般的，劣後的，約定劣後のそれぞれの破産債権の区分と，優先的破産債権内部での優先順位を記載しなければならない（同条2項）。

　なお，上記②の「配当の手続に参加することのできる債権の額」は，中間配当を実施した場合でも，確定債権額から中間配当額を控除する必要はないが，破産債権の届出の取下げがあった場合は控除する（書記官279頁）。

(ロ) 少額配当金（配当額1000円未満）の受領意思の届出制度

　破産手続に参加しようとする破産債権者は，債権届出の際または届出名義変更の際に，自己に対する配当額の合計額が1000円未満の場合においても配

当金を受領する意思があるときにはその旨の届出をしなければならないとされており（法111条1項4号・113条2項、規則32条1項）、破産管財人は、その旨の届出をしなかった破産債権者については配当をせず、当該配当金を他の破産債権者に配当しなければならないとされている（法201条5項。簡易配当についても同じ。法205条）。

　しかし、これらの規定にそのまま従うとすると、上記届出の有無の確認・配当表の作成し直し等を要することとなり、破産管財人の配当表作成の事務負担が増加するため、東京地方裁判所・大阪地方裁判所などでは、定型の破産債権届出書用紙・破産債権名義変更届出書用紙に、不動文字で少額配当金の受領意思がある旨を記載している（手引331頁、運用と書式288頁）。少額配当金の受領意思がある旨を記載した定型書式を利用しない債権届出・名義変更届出があった場合は、少額配当金の受領意思の記載の確認等を要するので、注意が必要である。

【書式8-2】　配当表（東京地方裁判所）

債権者番号	枝番号	債権者名	〒	住　　所	配当に加えるべき債権の額	配当額	備考（※）
1		○○商事㈱					
2		㈱○○建設					
3		㈱○○銀行					
4		㈱○○設計事務所					
5		○○設備㈱					

平成○年(フ)第○○号
破産者　○○○株式会社

配　　当　　表

平成○年○月○日
破産管財人弁護士　○　○　○　○　印

	総合計						

　　　　　　　　　　　　　　　　　　　　　　配当率　　〇〇％

【注意点】
※　備考欄には，取下げ，名義変更などの債権の変動事由を記載してください。

(4) **最後配当の官報公告または通知**

　破産管財人は、配当表を裁判所に提出した後、遅滞なく、最後配当の手続に参加することができる債権の総額および最後配当をすることができる金額を公告し、または届出破産債権者に通知しなければならない（法197条1項）。

　(イ) **官報公告型の場合**

　公告は、官報に掲載して行うため（法10条1項）、官報販売所（政府刊行物センター等）で所定の用紙に官報掲載事項を記入のうえ、官報公告費用を添えて申し込む。公告は、掲載があった日の翌日にその効力が生ずる（同条2項）。

　除斥期間の起算日を確認するため、破産管財人は、官報公告を依頼した後、直ちに裁判所に官報公告掲載日を報告することが求められる。

【書式8-3】　配当の官報公告（※実際は縦書き）

　　　　　　　　　　　配当公告

　　〇〇市〇〇町〇丁目〇番〇号
　　破産者　　〇〇〇株式会社
　　右の者に対する〇〇地方裁判所平成〇年(フ)第〇

> ○号破産事件の最後配当を行うので,次のように
> 公告する。
> 一,配当に加えるべき債権の総額
> 　　　　　　　　　　　　金〇〇〇,〇〇〇,〇〇〇円
> 一,配当することのできる金額
> 　　　　　　　　　　　　金〇〇〇,〇〇〇,〇〇〇円
> 　　平成〇年〇月〇日
> 　　　〇〇市〇〇町〇丁目〇番〇号
> 　　　　　　　　　破産管財人　〇〇〇〇

【書式8-4】　最後配当公告掲載報告書（東京地方裁判所）

> （官報公告型）
>
> 東京地方裁判所民事第20部　管財〇〇係　御中（※1）
> （FAX　通常管財係　03-〇〇〇〇-〇〇〇〇
> 　　　　特定管財係　03-〇〇〇〇-〇〇〇〇）
>
> 　　　　　　　　　　　　　　平成〇年(フ)第〇〇号
> 　　　　　　　　　　　　　　破産者　〇〇〇株式会社
>
> 　　　　　　　　最後配当公告掲載報告書
>
> 　頭書事件につき,別紙のとおり,平成〇年〇月〇日の官報に掲載して最後配当の公告をしましたので,報告いたします。
> 　　平成〇年〇月〇日
> 　　　　破産管財人弁護士　〇　　〇　　〇　　〇　印
> 　　　　　　　　　　　　　　　　　　　　　　　　以　上
>
> 【注意点】
> ※1　担当係を忘れずに表示してください。
> ※2　この書面は,除斥期間の起算日を知る上で重要な書面となりますので,必ず提出してください。

　　(ロ)　通知型の場合

　通知は、相当と認める方法により行えばよく（規則12条、民訴規則4条1項）、通常は、破産債権者が通知等を受ける場所として届け出た場所に（規

則8条1項)、書面を送付（郵送、場合によってはFAX送信など）する方法により行う。この通知は、全額異議を述べた破産債権の債権者や、配当額がない債権者を含めて、すべての届出債権者に対して行う必要がある。

　法定の通知事項は、最後配当の手続に参加することができる債権の総額および最後配当をすることができる金額であるが、それらのみでは債権者から具体的な配当見込額が不明であるとの問合せを受けることが予想されるため、東京地方裁判所では、簡易配当の場合と同様に、この配当通知の際に配当見込額も通知し、併せて振込送金依頼書を送付して前倒しで手続を進める取扱いとなっている（手引345頁）。

　また、この配当通知は、通常到達すべきであった時に到達したものとみなすものとされ、破産管財人は、配当通知が各破産債権者に通常到達すべき時を経過したときは、遅滞なくその旨を裁判所に届け出なければならないとされている（法197条2項・3項）。この届出によって除斥期間の起算日が定まるため、この届出書の提出は非常に重要である。そのため、東京地方裁判所・大阪地方裁判所とも、届出の確実な履行確保のため、上記条文の文言にかかわらず、破産管財人に配当通知発送と同時に届出書を提出するよう求めており、また大量の案件を一律に処理するため、「通常到達すべきであった時（みなし到達日）」を、東京地方裁判所では、原則として発送日の翌週の水曜日（当該水曜日が祝日の場合には翌営業日）、大阪地方裁判所では、通知発送日から3日後と定めている。

【書式8-5】　最後配当の通知書（通知型1）（東京地方裁判所）

（通知型1）

破産債権者　○　○　○　○　殿

平成○年(フ)第○○号
破産者　○○○株式会社

最後配当の御通知

　上記破産者に対する東京地方裁判所平成○年(フ)第○○号破産事件について，最後配当を行いますので，破産法197条1項により，下記のとおり御通知いた

します。
　なお，異議なく配当表が確定した場合は，確定した配当額を再度通知いたします。
　その後の配当金のお支払は，銀行口座への振込送金により行いますので，あらかじめ下記の要領にしたがって必要書類を当職まで送付してください。

記

1．最後配当の手続に参加することができる債権の総額　　　金　　　　　円
2．最後配当をすることができる金額　　　　　　　　　　　金　　　　　円
3．貴殿に対する配当見込額　　　　　　　　　　　　　　　金　　　　　円

|配当金受領について|

1　必要書類（平成○年○月○日まで（※）に当職あてに送付してください。）
　①　振込送金依頼書（記名捺印のこと。印鑑は債権届出書と同じものを使用してください。）
　②　手形金・小切手金債権を届け出た方は，手形・小切手の原本
　③　破産債権届出以後，住所変更，商号変更，債権届出書に押印した印鑑の変更があった場合は，そのことを証する資格証明書・印鑑証明書・住民票
　④　代理人によって配当金を受領するときは，配当金受領に関する委任状及び本人の印鑑証明書
2　注意事項
　①　必要書類に不備がありますと，配当金のお支払ができないときがあります。
　②　振込送金手数料は，貴殿の負担になりますので，御了承ください。
　③　提出された必要書類につき，返還を希望される方は，返信用封筒（郵便切手貼付のこと）をお送りください。

　　　　　　　　　平成○年○月○日
　　　　　　　　　破産管財人弁護士　○　○　○　○　印
　　　　　　　　　（電話　00-0000-0000　事務担当　○　○）
　　　　　　　　　　　　　　　　　　　　　　　　　　以　上

【注意点】
※　破産管財人において配当スケジュールに支障のない適宜の日をご記入ください。

【書式8−6】 最後配当の通知書（通知型1）（東京地方裁判所）英語版

To: [Creditor]

　　　　　　　　　　　Heisei ○　（Fu）　No.○○○○
　　　　　　　　　　　Bankrupt Entity:

Notice of Final Distribution

In accordance with Article 197, Paragraph 1 of the Bankruptcy Act, we hereby notify you of the final distribution to be made in respect of Bankruptcy Case Heisei ○ (Fu) No. ○○○○ pending before the Tokyo District Court, pertaining to the above-referenced bankrupt entity.

If the Distribution Table is finalized without any opposition, we will notify you again of the finalized distribution amount.

The distribution amount will thereafter be paid to you by way of transfer to your bank account, and you are requested to provide us with the necessary documents in advance in the manner described below.

1. Total amount of claims eligible for the final distribution procedure:

　　　　　　　　　　　　　　　　　　　　　　　　　　　　　　_____ yen

2. Amount available for final distribution: _____ yen
3. Anticipated amount for distribution to you: _____ yen

*For the receipt of the distribution amount

Necessary Documents （Please send us the following documents by_____ , 20○○）

　(1) Transfer Request Form （with your name and seal affixed; please use the same seal as the seal affixed to the Notification of Claim）;

　(2) Original note or check(s), if you have submitted a notification of any note or check credit(s);

　(3) An evidencing Qualification Certificate, Seal Impression Certificate, or copy of your Residence Card, if there has been any change to your address, trade name, or reported seal affixed to the Notification of Claim; and

　(4) A Power of Attorney concerning the receipt of the distribution amount and the Seal Impression Certificate of the principal, if you intend to receive the distributed amount through an agent.

Notes:
⑴ Any defect in the necessary documents may result in the non-payment of the distribution amount.
⑵ Please be advised that all transfer fees shall be borne by you.
⑶ Please send us a self-addressed stamped envelope if you would like us to return the submitted documents to you.

-End-

_____ , 20○○

Bankruptcy Trustee: ○○○○○, Attorney-at-law
Tel: 00-0000-0000 Contact Person:

【書式8-7】 振込送金依頼書（東京地方裁判所）

破産管財人 ○ ○ ○ ○ 殿
　　事件番号　平成○年(ﾌ)第○○号
　　破産者　○○○株式会社

債権者番号 ○

振込送金依頼書

頭書事件についての私（当社）に対する配当金は，振込手数料を差し引いた上（※），次の銀行口座に振込送金して下さい。

銀行名・支店名	銀行　　　　　　支店
預金種目	普通　・　当座 （該当するものを○で囲んでください。）
口座番号	
フリガナ	
口座名義人	

　平成　年　月　日
　　住　　所
　　フリガナ
　　氏　　名
　（法人名及び代表者名）　　　　　　　　　印
　　連絡先　事務担当

第8章　配　当

　　　　　　　電話番号　　　　－　　　　－

【注意点】
※　振込手数料を破産財団負担で送金する場合は，「破産財団負担での振込みを依頼しますので」と記載します。

【書式8-8】　振込送金依頼書　英語版

To: ○○○○○, Attorney-at-law, Bankruptcy Trustee
Case Number:　　Tokyo District Court Heisei ○　(Fu)　No. ○○○○
Bankrupt Entity:

Bankruptcy Creditor No. ○

Request for Transfer

Please transfer to the following bank account the amount to be distributed to our company in respect of the above-referenced case, deducting all necessary transfer fees.

Bank/Branch	
	Bank　　　　Head Office/Branch
Deposit Type	Ordinary Account/Current Account (Please circle the applicable)
Account No.	
Account Holder	

　　　　　　　　　　, 20○○

　　　　Address:

　　　　Name:　　　　　　　　　　　　　　　　　　　　(Seal)
　　　　(Name of the Company and name of its representative)

　　　　Contact Person:
　　　　Tel

492

【書式8-9】 除斥期間等の起算日届出書（東京地方裁判所）

東京地方裁判所民事第20部　管財○係　御中（※1）
（FAX　通常管財係　00-0000-0000
　　　　特定管財係　00-0000-0000）

重　要

平成○年(フ)第○○号
破産者　○○○株式会社

除斥期間等の起算日届出書

　頭書事件につき，債権届出をした各破産債権者に対し，下記のとおり配当をすることができる金額等の通知を発送したので，除斥期間等の起算日を確定するために届出をします。（※2）

記

1　発送日
　　平成　　年　　月　　日
　　□普通郵便，□FAX，□その他（　　　　　　　）により送付
2　みなし到達日（発送日の翌週の水曜日を記載します。）（※3）
　　平成　　年　　月　　日

除斥期間等の起算日	□　みなし到達日と同日 　　（みなし到達日までに提出の場合）
	□　平成　　年　　月　　日 　　（みなし到達日後に提出の場合， 　　本届出書提出日を記載してください。）

　　　　平成○年○月○日
　　　　破産管財人弁護士　○　○　○　○　印

【注意点】
※1　担当係を忘れずに表示してください。
※2　破産法197条3項，204条4項，破産規則64条，67条参照。
※3　みなし到達日となるべき水曜日が祝日の場合には，翌営業日がみなし到達日となります。また，除斥期間満了日，配当表に対する異議期間満了日となるべき日が祝日の場合には，翌営業日が除斥期間満了日等となります。
※　本届出書は，除斥期間や各種異議期間の起算日となる重要な書面ですので，通

知書発送とともに，必ずご提出ください。

(5) 破産債権の除斥
(イ) 除斥期間の趣旨

　債権調査完了後に実施される配当の段階になれば、多くの破産債権の内容や額が確定しているが、他方で、債権の有無や額等が未確定の破産債権も存在し得る。しかし、それらがすべて確定するまで配当ができないとすることは妥当でないため、破産法は、配当手続に入ったことを関係者に周知する処置をとったうえで相当な期間（除斥期間）を設定し、それまでに一定の事実が存在していないとか、一定の事項の証明ができないものについては、配当手続への参加を認めないこととしている。

　最後配当の除斥期間は、官報公告型の最後配当の場合、公告の効力が生じた日から起算して2週間、通知型の最後配当の場合、配当通知到達に係る届出があった日から起算して2週間である（法198条1項）。なお、上記届出がみなし到達日以前になされた場合は、みなし到達日から起算して2週間となる。

(ロ) 異議を述べられた無名義の破産債権

　異議を述べられた無名義の（すなわち、執行力ある債務名義または終局判決のない）破産債権者は、除斥期間内に、破産管財人に対し、当該債権の確定を目的とする法的手続（破産債権査定申立てに係る査定手続や訴訟手続）が係属していることを証明しない限り、配当に参加できない（法198条1項）。

　なお、有名義債権の場合は、未確定であっても配当に参加できる。

　ただし、未確定の破産債権は、有名義の場合も無名義の場合も、配当額の通知を発した時点でまだ破産債権確定のための裁判手続等が係属しているときは、その配当額は供託される（法202条1号）。

【書式8-10】　破産債権確定手続（例：異議訴訟）係属の証明

平成○年(フ)第○○号
破産者　　○○○株式会社

破産債権査定異議の訴え提起届出書

平成○年○月○日

破産者　○○○株式会社
破産管財人弁護士　○　○　○　○　殿

　　　　　　　　　〒000-0000
　　　　　　　　　東京都○○区○○町○丁目○番○号
　　　　　　　　　届出人　株式会社△△△
　　　　　　　　　代表者代表取締役　△　△　△　△　印
　　　　　　　　　　　　　　　（担当　○○○○）
　　　　　　　　　電　話　00-0000-0000
　　　　　　　　　ＦＡＸ　00-0000-0000

　破産者○○○株式会社に対する頭書事件について，届出人は平成○年○月○日○○地方裁判所に対し，破産債権査定異議の訴えを提起したので，別紙証明書を添えて届出いたします。

（別紙）裁判所に対する訴え提起証明書

平成○年(ワ)第○○号
原告　株式会社△△△
被告　○　○　○　○

証明申請

平成○年○月○日

○○地方裁判所第○民事部　御中

　　　　　　　　　申請人（原告）　株式会社△△△
　　　　　　　　　代表取締役　△　△　△　△　印

　上記当事者間の平成○年(ワ)第○○号破産債権査定異議請求事件の訴えは，別紙訴状をもって平成○年○月○日御庁に提起されたことを証明願います。

　上記のとおり証明する。

　　　　　　　　　平成○年○月○日
　　　　　　　　　○○地方裁判所
　　　　　　　　　裁判所書記官　○　○　○　○　印

(ハ) 条件付債権または将来の請求権である破産債権

　停止条件付債権または将来の請求権である破産債権は、除斥期間内に条件の成就等によって債権を行使し得る状態に至っていないときは、配当に参加できない（法198条2項）。

　解除条件付債権である破産債権は、除斥期間内に条件が成就しない限り、無条件の債権として配当に参加できる。

(二) 別除権者の破産債権

　別除権者は、除斥期間内に、破産管財人に対し、当該別除権に係る担保権によって担保される債権の全部または一部が破産手続開始決定後に担保されないこととなったこと、または当該担保権の行使によって弁済を受けることができない債権の額（不足額）を証明しない限り、配当から除斥される（法198条3項）。

　ただし、根抵当権については、除斥期間内に不足額の証明ができなかった場合でも、破産債権のうち極度額を超える部分については配当に参加できる（法198条4項・196条3項）。

【書式8-11】　別除権行使（例：競売による売却）による不足額の証明

```
平成○年(フ)第○○号
破産者　　○○○株式会社

              別除権行使による不足額確定の通知書

                                             平成○年○月○日
破産者　　○○○株式会社
破産管財人弁護士　○　○　○　○　殿
                      〒000-0000
                      東京都○○区○○町○丁目○番○号
                      通知人　株式会社□□銀行
                      代表取締役　□　　□　　□　　□　印
                              （担当　○○○○）
                      電　話　00-0000-0000
                      ＦＡＸ　00-0000-0000
```

破産者○○○株式会社に対する頭書事件について，通知人は，別紙物件目録（略）記載の不動産について抵当権を有しておりましたが，同抵当権に基づく不動産競売申立事件（○○地方裁判所平成○年(ケ)第○○号）において配当が実施され，通知人は配当金○○円を受領しました。

　したがって，別除権によって弁済を受けられない債権額は，以下のとおり確定しましたので，通知いたします。

記

債権の種類	届出債権額	配当充当額	確定不足額
貸付金	円	円	円
利息	円	円	円
損害金	円	円	円
合計	円	円	円

添付書類

1　確定した配当表の写し　　　　　　1通

以上

(6) 配当表の更正

　破産管財人は、配当表の記載事項に変更が生じるなど、配当表を更正すべき相当の理由がある場合は、直ちに配当表を更正することが求められる（法199条・201条6項）。具体的には、更正後の配当表に、「配当表（更正）」や「配当表の更正」等の表題をつけて裁判所に提出する。配当表の更正には、裁判所や書記官の許可は必要ない。

　ただし、最後配当の場合、配当額の通知をした後は（法201条7項。簡易配当の場合は、配当表に対する異議期間の満了後。法205条）、各破産債権者に具体的な配当金請求権が発生するため、これ以降は配当表の更正をすることはできない。

　配当表の更正事由は次のとおりである。

　①　除斥期間内に破産債権者表を更正すべき事由が生じたとき（法199条1項1号）

ⓐ　債権確定手続の結果、未確定だった破産債権が確定した場合

　　　ⓑ　破産債権の届出の取下げ、破産債権の債権譲渡等による届出名義の変更があった場合

　　　ⓒ　停止条件付破産債権につき、停止条件が成就したことの証明があった場合

　　　ⓓ　破産管財人が認否を認める旨に変更した場合など

　② 除斥期間内に異議等のある無名義債権につき債権確定手続が係属している旨の証明があったとき（法199条1項2号）

　③ 除斥期間内に別除権付債権について不足額の証明等があったとき（法199条1項3号）

　④ その他

　　　ⓐ　最後配当の場合、配当額の通知前に（簡易配当の場合は、配当表に対する異議期間の満了前。法205条）、新たに配当にあてることができる財産が発見されたとき（法201条6項）

　　　ⓑ　上記時期までに、財団債権が判明して配当財源が減少したとき（法203条参照）

　　　ⓒ　配当表に書き損じや計算間違い等の明白な誤記があるとき（法13条、民訴257条参照）

(7) 配当表に対する異議

　届出をした破産債権者は、除斥期間経過後1週間以内に限り、裁判所に対して、配当表（更正された配当表を含む）の記載事項につき異議を申し立てることができる（法200条1項）。異議事由は、配当に参加することができる債権を配当表に記載しなかったこと、配当に参加できない債権を配当表に記載したこと、破産債権の額や順位に誤りがあることなど、配当表の記載事項に関するものに限られ、債権調査によりすでに確定した破産債権の内容に関する主張は、異議事由とはならない。

　配当表に対する異議申立期間内に異議の申立てがあった場合、裁判所は、申立てに理由があると判断すれば破産管財人に配当表の更正を命じ、理由がないと判断すれば申立てを却下する決定をする（法200条2項・4項）。

　最後配当の場合、異議の申立てについての裁判に対して即時抗告をするこ

とができる（法200条3項。ただし、簡易配当では、即時抗告はできない。法205条による法200条3項の除外）。

【書式8-12】 配当異議の申立書

```
平成○年(フ)第○○号
破産者　○○○株式会社
                                              平成○年○月○日

              配当表に対する異議申立書

○○地方裁判所第○民事部　御中
                    〒000-0000
                    ○○県○○市○○町○丁目○番○号
                    異議申立人（債権者番号○番）　株式会社×××
                    代表者代表取締役　○　○　○　○　印
                    電　話　00-0000-0000
                    ＦＡＸ　00-0000-0000

　破産者○○○株式会社に対する頭書事件について，平成○年○月○日破産管財人が作成した配当表中，破産債権者である異議申立人（債権者番号○番）の配当に加えるべき債権の額が金○○円とあるのは，破産債権者表の記載に照らして誤りであるから，上記金額を金△△円と更正するよう異議を申し立てる。
                                                          以上
```

(8) 配当額の定めおよび通知

　破産管財人は、配当表に対する異議申立期間の経過後（すなわち、除斥期間経過後1週間の経過後。ただし、異議申立てがあったときは、同申立てに係る手続が終了した後）、遅滞なく配当額を定め（法201条1項）、配当手続に参加することができる破産債権者に通知をしなければならない（同条7項）。

　なお、この配当額の通知を発すると、これを破産債権者が受けることで具体的な配当金請求権が発生することとなる。そのため、配当額の通知を発したときに破産管財人に知れていない財団債権者は、最後配当の財源から弁済を受けることができなくなると定められている（法203条）。

【書式8-13】 配当額確定の通知書(官報公告型)(東京地方裁判所)

(官報公告型)

破産債権者 ○ ○ ○ ○ 殿

平成○年(フ)第○○号
破産者 ○○○株式会社

最後配当の御通知

　上記破産者に対する東京地方裁判所平成○年(フ)第○○号破産事件について，最後配当を行いますので，破産法201条7項により，御通知いたします。
　貴殿に対する配当額は，下記のとおりです。
　また，配当金のお支払は，銀行口座への振込送金により行いますので，下記の要領にしたがって必要書類を当職まで送付してください。

記

1．貴殿に対する配当金額　　　　　金　　　　　　　　円也
2．配当金振込実施日　　　　　　　平成　　年　　月　　日（　）

配当金受領について

1　必要書類(平成　年　月　日まで(※)に当職あてに送付してください。)
　① 振込送金依頼書（記名捺印のこと。印鑑は債権届出書と同じものを使用してください。）
　② 手形金・小切手金債権を届け出た方は，手形・小切手の原本
　③ 破産債権届出以後，住所変更，商号変更，債権届出書に押印した印鑑の変更があった場合は，そのことを証する資格証明書・印鑑証明書・住民票
　④ 代理人によって配当金を受領するときは，配当金受領に関する委任状及び本人の印鑑証明書
2　注意事項
　① 必要書類に不備がありますと，配当金のお支払ができないときがあります。
　② 振込送金手数料は，貴殿の負担になりますので，御了承ください。
　③ 提出された必要書類につき，返還を希望される方は，返信用封筒（郵便切手貼付のこと）をお送りください。

　　　　　　　　　　平成○年○月○日
　　　　　　　　　　破産管財人弁護士　○　○　○　○　印

(電話　00-0000-0000　事務担当　○○)

以　上

【注意点】
※　破産管財人において配当スケジュールに支障のない適宜の日をご記入ください。

【書式8-14】　配当額確定の通知書（通知型2）（東京地方裁判所）

(通知型2)

破産債権者　○○○○　殿

平成○年㈠第○○号
破産者　○○○株式会社

配当額確定の御通知

上記破産者に対する東京地方裁判所平成○年㈠第○○号破産事件について，破産法201条7項により，下記のとおり御通知いたします。

記

1　貴殿に対する配当額　　　　　　　　金　　　　　円
2　配当金振込実施日　　　平成　　年　　月　　日（　）
　　　　平成○年○月○日
　　　　破産管財人弁護士　○　○　○　○　印
　　　（電話　00-0000-0000　事務担当　○○）

以　上

【書式8-15】　配当額確定の通知書（通知型2）（東京地方裁判所）英語版

To: [Creditor]

Heisei ○ (Fu) No.○○○○
Bankrupt Entity:

Notice of Finalization of the Distribution Amount

In accordance with Article 201, Paragraph 7 of the Bankruptcy Act, we hereby notify you as follows, in respect of Bankruptcy Case Heisei ○ (Fu) No. ○○○○ pending before the Tokyo District Court, pertaining to the above-referenced bankrupt entity.

```
1. Amount for distribution to you:                      _____ yen
2. Date for the transfer of the distribution amount:  _____ , 20○○
                                                          -End-
                                                     _____ , 20○○
                          Bankruptcy Trustee:    ○○○○○,
                          Attorney-at-law
                          Tel: 00-0000-0000
                          Contact Person:
```

(9) 配当の実施

　破産管財人は、配当表に基づいて破産債権者に対して配当を行う。通常は、配当に関する通知書に同封した振込送金依頼書により債権者が指定した口座に振り込む方法で実施する。

　なお、配当金の支払債務は取立債務とされているため（法193条2項本文）、配当金の振込手数料は破産債権者の負担となるのが原則であるが、破産法193条2項但書に基づき、破産管財人と破産債権者との間で、持参債務とする旨の合意を行うことも可能である。この点、東京地方裁判所では、破産管財人の判断により、振込送金依頼書に「財団負担での振込みを依頼する」旨の記載をして送付し、その返送をもって、当該債権者と破産管財人との間に振込手数料を破産財団の負担とする旨の合意が成立したものとして、破産財団から振込手数料を支出する方法をとることが可能とされており（手引332頁）、大阪地方裁判所では、不動文字で「振込費用は個別の配当金からは差し引かず、破産財団から支出されることになります。」と記載された定型の債権届出書用紙を用いて債権届出をしてもらうことによって、一律に、振込手数料を破産財団から支出する取扱いとなっている（運用と書式288頁）。

　最後配当の配当額の通知を発した時までに確定されない破産債権に対する配当額や、破産債権者が受け取らない配当額については、債権者全体の利益のために供託され（法202条）、これにより破産管財人は支払いの責任を免れる。

⑽ 配当後の手続

　破産管財人は、配当をしたときは、遅滞なく配当実施報告書を作成して裁判所に提出しなければならず、これには各届出をした破産債権者に対する配当額の支払いを証する書面の写しを添付しなければならない（規則63条1項・2項）。また、破産管財人は配当実施後、配当金額を破産債権者表に記載しなければならないとされているが（法193条3項）、配当表を引用する形式をとる運用がほとんどである（書記官278頁）。

Ⅲ　簡易配当

1　意義と要件

　簡易配当には、①少額型、②開始時異議確認型、③配当時異議確認型の3種類がある。いずれも最後配当ができる状態であることが前提となるため、前述の最後配当の要件を満たす必要がある。また、中間配当を実施していないことのほか（法207条）、それぞれさらに以下の要件を満たす必要がある（書記官250頁以下）。

　①　少額型　　配当可能金額が1000万円に満たないこと（法204条1項1号）

　②　開始時異議確認型　　簡易配当を実施することにつき異議のある破産債権者は一般債権調査期間満了または一般債権調査期日終了までの間に異議を述べるべき旨の公告と、知れている破産債権者に対してその旨の通知を開始決定時に行い、破産債権者から異議がないこと（法204条1項2号・32条1項5号・2項・3項）

　③　配当時異議確認型　　その他簡易配当を実施することについて相当と認められ、かつ、破産債権者に簡易配当を実施する旨の通知をして異議がないこと（法204条1項3号・206条）

　簡易配当手続の利点としては、①配当公告（または通知）の省略（法205条・197条）、②配当表に対する異議の申立てについての決定に対する不服申立てが認められていないこと（法205条・200条3項）、③配当額の通知手続（法205条・201条7項）の省略（ただし、法204条2項により債権者への配当見込

額等の通知は必要とされている）、④除斥期間を2週間から1週間に短縮している（法205条）という点があげられ、最後配当手続と比較して簡易迅速な配当を実施することが可能となる。そのため、上記の要件を満たす場合には、簡易配当が選択される場合が多く、実務上大半の配当は簡易配当手続によっている。

2　簡易配当の手続

(1)　事前の準備・検討事項等

前述の最後配当の手続（Ⅱ2(1)）と同様である。

(2)　簡易配当許可申請

破産管財人は、裁判所書記官に対して簡易配当許可申請をし、裁判所書記官が簡易配当許可決定を行う（法204条1項）。

【書式8-16】　簡易配当の許可申立書および許可決定書(1)——少額型・破産法204条1項1号（東京地方裁判所）

東京地方裁判所民事第20部　　管財　係　御中（※1）	
	平成○年(フ)第○○号
	破　産　者　○○○株式会社
本件につき 許可する。 　東京地方裁判所民事第20部 　裁判所書記官　○　○　○　○　印 　　（※3）	本件につき 許可があったことを証明する。 　前同日　東京地方裁判所民事第20部 　裁判所書記官　○　○　○　○　印

簡易配当許可申立書（A・財団少額型）（※2）

　頭書事件につき、破産財団に属する財産は全部換価を終了し、下記のとおり1000万円未満の配当可能な現金がありますので、簡易配当の許可を願います。

記

　　　　　　財団現在額及び収支の明細　　収支計算書のとおり（※4）
　　　　　　配当に加える債権及び配当額　　配当表のとおり（※4）
　　　　　　　　　平成○年○月○日

　　　　　　　　　　破産管財人弁護士　○　　○　　○　印
　　　　　　　　　　　　　　　　　　　　　　　　　　　以　上

【注意点】
※1　担当係を忘れずに表示してください。
※2　配当可能金額1000万円未満の場合は，この書式を使用してください（破産法204条1項1号参照）。
※3　簡易配当の許可権者は，裁判所書記官です（破産法204条1項参照）。
※4　債権者集会の席上で提出済みのもので足り，別途提出は不要です。なお，債権者集会の席上で債権認否一覧表のみを提出した場合は，忘れずに配当表を添付してください。

【書式8-17】　簡易配当の許可申立書および許可決定書(2)──異議確認型・破産法204条1項2号・3号（東京地方裁判所）

東京地方裁判所民事第20部　　　管財○係　御中（※1）
　　　　　　　　　　　　　　　　　平成○年(フ)第○○号
　　　　　　　　　　　　　　　　　破　産　者　　○○○株式会社

| 本件につき許可する。
　東京地方裁判所民事第20部
　裁判所書記官　○　○　○　○　印
　　　　（※3） | 本件につき許可があったことを証明する。
　前同日　東京地方裁判所民事第20部
　裁判所書記官　○　○　○　○　印 |

簡易配当許可申立書（B・異議確認型）（※2）

　頭書事件につき，破産財団に属する財産は全部換価を終了し，下記のとおり配当可能な現金がありますので，簡易配当の許可を願います。
　　　　　　　　　　　　　　記
　　　　財団現在額及び収支の明細　　　　収支計算書のとおり
　　　　配当に加える債権及び配当額　　　配当表のとおり
　　　　　　　平成○年○月○日
　　　　　　　　　　破産管財人弁護士　○　　○　　○　印
　　　　　　　　　　　　　　　　　　　　　　　　　　　以　上

【注意点】
※1　担当係を忘れずに表示してください。

※2 配当可能金額1000万円以上で簡易配当による場合は、この書式を使用してください（破産法204条1項3号参照）。

※3 簡易配当の許可権者は裁判所書記官です（破産法204条1項参照）。

(3) 配当表の作成・提出

前述の最後配当の手続（Ⅱ2(3)）と同様である（法205条・196条1項・2項）。なお、許可申請をする際に裁判所に提出する「配当表」の書式は、（狭義の）最後配当の書式と同様である。

(4) 簡易配当の官報公告または通知

破産管財人は、配当表を裁判所に提出した後、遅滞なく、届出をした破産債権者に対する配当見込額を定め、これを配当手続に参加することのできる債権の総額、配当することができる金額とともに、届出をした破産債権者に通知しなければならない（法204条2項）。

また、簡易配当の手続では、最後配当の場合と異なり、配当公告の制度はない（法205条による法197条の適用除外）（書記官272頁）。

なお、簡易配当の通知書に同封する「振込送金依頼書」、簡易配当の通知後に裁判所に提出する「除斥期間等の起算日届出書」の書式は、最後配当の書式と同様である（【書式8-7】【書式8-8】【書式8-9】参照）。

【書式8-18】 簡易配当の通知書(1)――少額型・破産法204条1項1号

破産債権者　株式会社△△△　殿

簡易配当の御通知

　　　　　　　　　　　　　　　　　　　　平成○年(フ)第○○号
　　　　　　　　　　　　　　　　　　　　破産者　○○○株式会社

　上記破産者に対する東京地方裁判所平成○年(フ)第○○号破産事件について、簡易配当を行いますので、破産法204条2項により、下記のとおり御通知いたします。

　また、異議なく配当表が確定した場合、配当金のお支払は、銀行口座への振込送金により行いますので、下記の要領にしたがって必要書類を当職まで送付してください。

記
1．簡易配当の手続に参加することができる債権の総額　　金　　　　　円
2．簡易配当をすることができる金額　　　　　　　　　　金　　　　　円
3．貴殿に対する配当見込額　　　　　　　　　　　　　　金　　　　　円

配当金受領について
1　必要書類（平成○年○月○日まで（※）に当職あてに送付してください。）
　①　振込送金依頼書（記名捺印のこと。印鑑は債権届出書と同じものを使用してください。）
　②　手形金・小切手金債権を届け出た方は，手形・小切手の原本
　③　破産債権届出以後，住所変更，商号変更，債権届出書に押印した印鑑の変更があった場合は，そのことを証する資格証明書・印鑑証明書・住民票
　④　代理人によって配当金を受領するときは，配当金受領に関する委任状及び本人の印鑑証明書
2　注意事項
　①　必要書類に不備がありますと，配当金のお支払ができないときがあります。
　②　振込送金手数料は，貴殿の負担となりますので，御了承ください。
　③　提出された必要書類につき，返還を希望される方は，返信用封筒（郵便切手貼付のこと）をお送りください。

　　　　　　　　　平成○年○月○日
　　　　　　　　　　　　破産管財人弁護士　○　　○　　○　　○　印
　　　　　　　　　　　　（電話00-0000-0000　　　事務担当○○）
　　　　　　　　　　　　　　　　　　　　　　　　　　　　　以　上

【注意点】
※　破産管財人において配当スケジュールに支障のない適宜の日をご記入ください。

【書式8-19】　簡易配当の通知書(2)——異議確認型・破産法204条1項3号

破産債権者　株式会社△△△　殿
　　　　　　　　　　　　　　　平成○年(フ)第○○号
　　　　　　　　　　　　　　　破産者　○○○株式会社

簡易配当の御通知

　上記破産者に対する東京地方裁判所平成○年(フ)第○○号破産事件について，

簡易配当（破産法204条1項3号）を行いますので，同法204条2項により，下記のとおり御通知いたします。

　この簡易配当手続につき異議がある場合は，平成○年○月○日（※1）まで（必着）に異議を述べることができます。

　異議なくこの手続が進められ，さらに配当表に対する異議期間が経過し配当表が確定した場合，配当を実施することになります。

　配当金のお支払は，銀行口座への振込送金により行いますので，下記の要領にしたがって必要書類を当職まで送付してください。

記

1．簡易配当の手続に参加することができる債権の総額　　金　　　　　円
2．簡易配当することができる金額　　　　　　　　　　　金　　　　　円
3．配当見込額（貴殿配当見込額）　　　　　　　　　　　金　　　　　円

配当金受領について
1　必要書類（平成○年○月○日まで（※2））に当職あてに送付してください。
　① 振込送金依頼書（記名捺印のこと。印鑑は債権届出書と同じものを使用してください。）
　② 手形金・小切手金債権を届け出た方は，手形・小切手の原本
　③ 破産債権届出以後，住所変更，商号変更，債権届出書に押印した印鑑の変更があった場合は，そのことを証する資格証明書・印鑑証明書・住民票
　④ 代理人によって配当金を受領するときは，配当金受領に関する委任状及び本人の印鑑証明書

2　注意事項
　① 必要書類に不備がありますと，配当金のお支払いができないときがあります。
　② 振込送金手数料は，貴殿の負担となりますので，御了承ください。
　③ 提出された必要書類につき，返還を希望される方は，返信用封筒（郵便切手貼付のこと）をお送りください。

　　　　　　　　　　平成○年○月○日
　　　　　　　　　　　破産管財人弁護士　○　　○　　○　　○　印
　　　　　　　　　　　　　　（電話　00-0000-0000　／事務担当：○○）

以　上

【注意点】
※1　簡易配当に対する異議期間（206条）は，みなし到達日から起算して1週間後

の日付（初日算入）を記載します。具体的には，みなし到達日（除斥期間等の起算日）は水曜日なので，その翌週の火曜日（通知発送の翌々週火曜日）の日付を記載します（ただし，当該火曜日が祝日に当たる場合は，翌営業日の日付を記入してください。）。簡易配当の通知発送と同時に裁判所に対し，除斥期間等の起算日届出書（編注：【書式8－9】）を必ず提出してください。
※2　破産管財人において，配当スケジュールに支障がない適宜の日をご記入ください。

(5) 破産債権の除斥

　簡易配当の除斥期間は、通知が債権者に到達したものとみなされる旨の届出があった日から起算して1週間とされている（法205条・198条1項）。なお、上記届出がみなし到達日以前になされた場合は、除斥期間は、みなし到達日から起算して1週間となる（運用と書式289頁）。

(6) 配当表の更正

　前述の最後配当の手続（Ⅱ2(6)）と同様である（法205条・199条1項・201条6項・203条）。

(7) 配当表に対する異議

　前述の最後配当の手続（Ⅱ2(7)）と同様であるが（法205条・200条1項・2項）、簡易配当の場合、異議の申立てについての裁判に対して即時抗告をすることができない（法205条による法200条3項の除外）。

(8) 配当額の定め

　破産管財人は、配当表に対する異議申立期間の経過後（異議申立てがあったときは、当該申立てに係る手続が終了した後）、遅滞なく配当額を定めなければならない（法205条・201条1項）点は、前述の最後配当の手続（Ⅱ2(8)）と同様である。しかし、簡易配当手続では、配当手続に参加することができる破産債権者への通知が不要となる（法205条による法201条7項の除外）。

(9) 配当の実施

　前述の最後配当の手続（Ⅱ2(9)）と同様である。

(10) 配当後の手続

　前述の最後配当の手続（Ⅱ2(10)）と同様である。

Ⅳ 同意配当

1 意義と要件

　同意配当とは、届出破産債権者全員が破産管財人の定めた配当表、配当額、配当の時期および配当の方法について同意している場合に行う配当手続である。したがって、同意配当が可能な事案は、届出債権者が少数であり、債権者全員から必要な同意が容易に得られるような事案に限られる（運用と書式280頁）。

　同意配当手続の利点は、①配当公告および各債権者への通知が不要である、②配当表に対する異議などの手続が実施されないといった点において、簡易配当手続よりさらに迅速・簡素な配当手続であることがあげられる（法208条）。

【書式8−20】　同意配当についての債権者への通知書

平成○年㈪第○○号
破産者　　○○○株式会社

同意配当に関する通知書

平成○年○月○日

届出破産債権者各位

破産管財人　○　　○　　○　　○　印
TEL　00-0000-0000
FAX　00-0000-0000

　頭書破産事件について，下記のとおりご通知申し上げます。
記

1　本件破産事件の破産財団に属する財産の換価はすべて終了いたしました。破産管財人が現在保管中の配当可能な金員は，<u>金○○○○円</u>です。
2　ところで，破産債権者各位からご提出いただいた債権届出に関しては，債権調査を終了しており，配当手続に参加できる債権の額及び配当をすること

ができる金額は，添付の配当表（写し）記載のとおりです。
3　当職といたしましては，皆様方全員のご同意がいただければ，配当公告などの手続を必要とする最後配当の方法によらず，早期に配当を実施できる同意配当の方式を用いたいと考えております。なお，同意配当は，破産法上認められた配当手続であることを念のため申し添えます。
4　配当の時期は，同意配当についての裁判所の許可決定後1週間以内，配当の方法は，貴殿の指定する口座への送金によって実施することを予定しています。
5　上記の同意配当に同意される方は，添付の同意書に所定の事項をご記入のうえ，当職宛に平成〇年〇月〇日迄（必着）にご返送ください。
6　皆様方全員から同意書が返送されれば，直ちに裁判所に許可の申立てを行い，同意配当を実施いたします。

添付書類

1　配当表（写し）
2　同意配当についての同意書

【書式8-21】　破産管財人が定めた配当方法等についての同意書

平成〇年(ﾌ)第〇〇号
破産者　〇〇〇株式会社

同意配当についての同意書

平成〇年〇月〇日

破産管財人　〇　〇　〇　〇　殿

届出破産債権者
住所（本店等所在地）
氏名（商号）
代表者名
TEL　　－　　　－
FAX　　－　　　－

頭書破産事件について，届出破産債権者として，破産管財人が定めた配当表，配当額並びに平成〇年〇月〇日付通知書記載の配当の時期及び方法について同意します。

なお，私（当社）に対する配当額は，下記口座宛に送金してください。

記

【送金先の表示】
　　　金融機関名：　　　　　　銀行　　　　　　支店
　　　預金の種類：□普通　□当座　□その他（　　　）
　　　口座番号：
　　　口座名義人：
　　　（フリガナ）：
　なお，本人又は代理人名義に限り，代理人の場合は委任状を要します。

以上

2　同意配当の手続

(1)　事前の準備・検討事項等

前述の最後配当の手続（Ⅱ2(1)）と同様である。

(2)　同意配当許可申請

同意配当の許可申請は、届出をした破産債権者の全員が、破産管財人の定めた配当表、配当額並びに配当の時期および方法について同意していることが前提となるため（法208条1項後段）、破産管財人による配当表の作成や、破産債権者全員の同意書の取得が前提となる（書記官281頁）。

【書式8-22】　同意配当の許可申立書および許可決定（東京地方裁判所）

東京地方裁判所民事第20部○係　御中

平成○年(フ)第○○号
破産者　○○○株式会社

本件につき	本件につき
許可する。	許可があったことを証明する。
東京地方裁判所民事第20部	前同日　東京地方裁判所民事第20部
裁判所書記官　○　○　○　○　印	裁判所書記官　○　○　○　○　印

同意配当許可申立書

頭書事件につき，届出破産債権者の全員が，当職の定めた配当表，配当額並びに配当の時期及び方法について，同意していますので，同意配当の許可を願います。

記

全債権者の同意書	別紙添付のとおり
財団現在額及び収支の明細	別紙収支計算書のとおり
配当に加える債権及び配当額	配当表のとおり
配当時期	平成○年○月○日
配当方法	銀行振込送金　その他（　　）

　　平成○年○月○日

　　　　　　　　　　　　　破産管財人　○　　○　　○　　印

以上

(3) 配当表の作成・提出

　前述のように、同意配当においては、管財人はあらかじめ配当表を作成し、裁判所に提出する必要がある（運用と書式299頁）。配当表の記載事項は、最後配当の手続（Ⅱ2(3)）と同様である（法205条・196条1項・2項）。

(4) 配当の実施

　破産管財人は、同意配当の許可があった場合、配当表、配当額並びに配当の時期および方法に従い、届出をした破産債権者に対して同意配当を実施する（法208条2項）。

(5) 管財人に知れていない財団債権者の取扱い

　同意配当の許可があった時に破産管財人に知れていない財団債権者は、最後配当の手続（Ⅱ2(8)）における配当額の通知を発したときに破産管財人に知れていない財団債権者と同様に、配当をすることができる金額をもって弁済を受けることができなくなる（法208条3項・203条）。

(6) 配当後の手続

　前述の最後配当の手続（Ⅱ2(10)）と同様である。

V 中間配当

1 意義と要件

中間配当とは、一般調査期間の経過後または一般調査期日の終了後であって、破産財団に属する財産の換価の終了前において、配当をするのに適当な金銭がある場合に、最後配当に先立ってすることができる配当をいう（法209条1項）。

中間配当は、破産財団の規模が大きく、配当するのに適当な金銭があり、かつ、今後も換価業務が継続し、破産手続の終結まで相当程度の期間を要すると見込まれる場合に、例外的に実施されるものである。中間配当の回数に制限はない。

破産管財人は、破産財団の現状や配当可能額、残余の管財業務の内容およびこれに要する期間、今後の破産財団の増殖の見込み、破産債権者の数・債権額や意向、中間配当を行う労力やコスト等を総合考慮したうえで、中間配当を実施するのが相当と判断する場合には、事前に裁判所と相談すべきである。

なお、中間配当を実施した事件では、その後は簡易配当を利用することはできなくなる（法207条）。

2 中間配当の手続

(1) 事前の検討事項

財団債権の処理の確認や、債権調査終了後の債権変動等を点検する必要があることは、最後配当の場合と同様である。

加えて、残余の管財業務の内容や終了見込み、今後の財団増殖、支出の予定を検討し、中間配当率を決定する。

(2) 中間配当許可申請

破産管財人は、裁判所に対し中間配当許可申請をし、裁判所は中間配当許可決定を行う（法209条2項）。

【書式8-23】　中間配当の許可申立書（東京地方裁判所）

東京地方裁判所民事第20部　　管財○係　御中（※1）　　　　　　　　　　　　　　　　平成○年(フ)第○○号　　　　　　　　　　　　　　破　産　者　○○○株式会社		
本件につき 許可する。 　東京地方裁判所民事第20部 　　裁判官　○　○　○　○ 　　　（※2）		本件につき 許可があったことを証明する。 　前同日　東京地方裁判所民事第20部 裁判所書記官　○　○　○　○　印
<div align="center">中間配当許可申立書</div>		
頭書事件につき，現在下記の現金がありますので，第○回の配当をしたく，許可願います。 <div align="center">記</div>　　　　　　　財団現在額及び収支の明細　　収支計算書のとおり 　　　　　　　配当に加える債権及び配当額　　平成○年○月○日付け 　　　　　　　　　　　　　　　　　　　　配当表のとおり 　　　　　　　　　平成○年○月○日 　　　　　　　　　　　破産管財人弁護士　○　　○　　○　　○　印 <div align="right">以　上</div>		
【注意点】 ※1　担当係を忘れずに表示してください。 ※2　中間配当の許可権者は裁判所です（破産法209条2項）。		

(3) 配当表の作成・提出

　破産管財人は、配当許可があったときは、遅滞なく配当表を作成して裁判所に提出しなければならないとされているが（法209条3項・196条1項・2項）、実務上は、配当許可の申請書とともに配当表の提出を求める運用も見受けられる。

　なお、根抵当権の極度額を超える部分についての配当参加の特則（法196条3項）は、中間配当には準用されていないため（法209条3項参照）、根抵当

権者についても、通常の別除権者と同様に、除斥期間内に後記(5)(ニ)の証明および疎明がなされない限り、配当表に記載する必要はない。

また、少額配当金（配当額1000円未満）の受領意思の届出をしていない破産債権者についても、中間配当では少額配当金を他の破産債権者に改めて配当することはないため（法209条3項は法201条5項を準用していない）、配当表には記載する必要がある（ただし、かかる破産債権者に対する少額配当金は寄託されることとなる。法214条1項6号）。

(4) 中間配当の官報公告または通知

最後配当の場合と同様に、破産管財人は、配当表を裁判所に提出した後、遅滞なく、中間配当の手続に参加することができる債権の総額および中間配当をすることができる金額を公告し、または届出破産債権者に通知しなければならない（法209条3項・197条）。

(5) 破産債権の除斥

(イ) 中間配当の除斥期間

最後配当の場合と同様に、中間配当の除斥期間は、官報公告型の中間配当の場合、公告の効力が生じた日から起算して2週間、通知型の中間配当の場合、配当通知到達に係る届出があった日から起算（上記届出がみなし到達日以前になされた場合はみなし到達日から起算）して2週間である（法209条3項・198条1項および210条1項）。

(ロ) 異議を述べられた無名義の破産債権

最後配当の場合と同様に、異議を述べられた無名義の破産債権者は、除斥期間内に、破産管財人に対し、当該債権の確定を目的とする法的手続（破産債権査定申立てに係る査定手続や訴訟手続）が係属していることを証明しない限り、配当に参加できない（法209条3項・198条1項）。

(ハ) 条件付債権または将来の請求権である破産債権

最後配当の場合と異なり、停止条件付債権または将来の請求権である破産債権は、除斥期間内に条件の成就等によって債権を行使し得る状態に至っていない場合でも、配当手続に参加することができる（法103条4項参照。法209条3項は法198条2項を準用していない）。ただし、その配当額は寄託される（法214条1項4号）。

解除条件付債権である破産債権は、配当に参加できるが（法103条4項参照）、相当の担保を供しなければ配当金の交付を受けることはできず、配当額は寄託される（法212条1項・214条1項5号）。

　㈡　別除権者の破産債権

別除権者は、除斥期間内に、破産管財人に対し、当該別除権の目的である財産の処分に着手したことを証明し、かつ、当該処分によって弁済を受けることができない債権の額を疎明しない限り、配当から除斥される（法210条1項）。

なお、すでに述べたとおり、根抵当権の極度額を超える部分についての配当参加の特則（法196条3項）は、中間配当には準用されていない（法209条3項参照）。

⑹　配当表の更正

破産管財人は、配当表の記載事項に変更が生じ、または配当表を更正すべき相当の理由がある場合には、直ちにこれを更正することが求められている（法209条3項・199条1項1号・2号および210条3項など）。

⑺　配当表に対する異議

最後配当の場合と同様である（法209条3項・200条）。

⑻　配当率の定めおよび通知

破産管財人は、配当表に対する異議申立期間の経過後（すなわち、除斥期間経過後1週間の経過後。ただし、異議申立てがあったときは、当該異議申立てについての決定があった後）、遅滞なく配当率を定め、その配当率を中間配当の手続に参加することができる破産債権者に通知しなければならない（法211条）。

なお、この配当率の通知を発すると、これを破産債権者が受けることで具体的な配当金請求権が発生することとなるため、配当率の通知を発したときに破産管財人に知れていない財団債権者は、中間配当の財源から弁済を受けることができなくなる（法209条3項・203条）。

また、破産管財人は、配当率を定めたときは、遅滞なくその旨を裁判所に書面で報告しなければならず（規則68条1項）、この報告書には、優先的破産債権、劣後的破産債権および約定劣後破産債権をそれぞれ他の破産債権と区

分し、優先的破産債権については破産法98条2項に規定する優先順位に従い、配当率を記載しなければならない（規則68条2項）。

(9) **配当の実施**

基本的に、最後配当の場合と同様である。ただし、最後配当の場合のような供託の定め（法202条参照）はなく、次項のとおり、一定の場合に配当額の寄託をしなければならない旨が定められている。

(10) **配当額の寄託**

破産管財人は、次のような破産債権については、配当額を寄託しなければならない（法214条1項）。これらの破産債権は、中間配当への参加要件は満たしているものの、権利内容が未確定である等の事情により、配当金の交付を留保する必要があるからである。

① 異議等のある債権であって、破産債権の確定手続が係属しているもの（法214条1項1号）

② 租税等の請求権または罰金等の請求権であって、配当率の通知を発した時に審査請求、訴訟（刑事訴訟を除く）その他の不服申立手続が終了していないもの（法214条1項2号）

③ 別除権に係る破産債権で、中間配当に関する除斥期間内に、当該別除権の目的である財産の処分に着手したことの証明および不足額の疎明があったもの（法214条1項3号）

④ 停止条件付債権または将来の請求権である破産債権（法214条1項4号）

⑤ 解除条件付債権である破産債権であって、破産法212条1項の担保が供されていないもの（法214条1項5号）

⑥ 少額配当の受領意思の届出をしなかった破産債権者が有する破産債権（法214条1項6号）

ところで、「寄託」とは、破産管財人が破産財団に属する金銭を保管するために設定した金融機関の預金口座等（規則51条）に入金することを意味する。中間配当の寄託金を他の破産財団に属する金員と区別して寄託することは明文上要求されていないが、破産財団に属する金銭一般と中間配当額の寄託金とでは寄託の根拠条文と趣旨が異なることから、両者の保管口座を区別

しておくことが望ましいという考え方もある。なお、寄託金は依然として破産財団に属するので、寄託金につき発生した預金利息等は破産財団に帰属する（全国倒産処理弁護士ネットワーク編著『破産実務Q&A150問〜全倒ネットメーリングリストの質疑から』212頁〔木村真也〕(2007)）。

(11) 配当後の手続

最後配当の場合と同様である。

VI 追加配当

1 意 義

通常は、最後配当、またはこれに代わる簡易配当もしくは同意配当による配当（以下、「最後配当等」という）によって破産手続は終了する。しかし、最後配当等の手続で配当することができなくなった後に、配当にあてることができる相当な財産の存在が確認される場合がある。

このような場合に、最後配当等の基礎となった配当表に変更を加えずに補充的に行われる配当が追加配当（法215条）である。

2 時的要件

追加配当の対象となるのは、最後配当については配当額の通知（法201条7項）を発した後、簡易配当については配当表に対する異議申立期間（法205条・200条1項）を経過した後、同意配当については裁判所書記官による同意配当の許可（法208条1項）の後である。これらの時期の後は最後配当等によって配当することができなくなるからである。

なお、破産手続終結後であっても、破産財団に帰属すべき財産が発見された場合には、破産管財人の管理処分権は存続すると考えられるから、そのような財産は配当にあてることができる相当な財産である限り、原則として追加配当の対象となる。

3 対象となる財産

追加配当の対象となる財産としては、たとえば次のようなものがある。

① 破産債権の確定手続において破産債権者が敗訴し、その者のために供託した配当額を他の債権者に配当することが可能になったもの
② 破産財団に対する税金の還付金や、破産管財人の錯誤などを理由として破産債権者から返還された配当金
③ 新たに発見された財産

確認された財産が、追加配当の費用や労力等に比較してわずかである場合には、追加配当をするまでもないので、裁判所の判断により管財人の追加報酬にあてられたり、場合によっては、破産者(自然人の場合)に引き渡される。

しかし、確認された財産が配当するに値するような「相当の財産」であれば、破産管財人は、裁判所の許可を得て、追加配当を行わなければならない(法215条1項)。

4 追加配当の手続

破産管財人は、収支計算書等と共に、追加配当許可申請書を裁判所に提出し(なお、この許可申請に先立って、あるいは同時に報酬額決定の上申書の提出を求める運用と、報酬額の決定は職権によるため、特に上申書の提出を求めない運用が見られる。書記官288頁)、裁判所の配当許可決定を得る。

破産管財人は、最後配当等について作成した配当表に基づき(法215条3項。そのため、本来は追加配当のための配当表を提出する必要はないが、実務上は各破産債権者への配当額を明確にするなどの理由により追加配当表の提出が求められる)、遅滞なく、追加配当に参加できる破産債権者に対する配当額を定め(同条4項)、これを破産債権者に通知したうえで(同条5項)、追加配当を実施する。

配当後の手続は、最後配当の場合と同様である。

なお、追加配当の場合には、計算報告のための債権者集会は開催されず、破産管財人は、追加配当の実施後遅滞なく、裁判所に対して書面による計算報告を行う必要がある(法215条6項)。

追加配当は、配当率の増加というプラスがある反面、破産管財人や裁判所にとって事務的負担が生じるばかりでなく、債権者にとっても、税務処理等

の事務処理が新たに発生するなどして煩わしいというマイナス面もある。そこで、破産管財人としては、最後配当等を実施する前に、実務的に可能な範囲で簿外の資産などが存在しないかどうかを慎重に確認しておくことが望ましい。

【書式8-24】 追加配当の許可申請書（東京地方裁判所）

東京地方裁判所民事第20部　　管財○係　御中（※1）

平成○年(ﾌ)第○○号
破　産　者　　○○○株式会社

本件につき 許可する。 　東京地方裁判所民事第20部 　　裁判官　○　○　○　○ 　　　　（※2）	本件につき 許可があったことを証明する。 　前同日　東京地方裁判所民事第20部 　　裁判所書記官　○　○　○　○　印

追加配当許可申立書

　頭書事件につき、配当に充てることができる新たな財産が見つかり、現在下記の現金がありますので、追加配当をしたく、許可願います。

記

　　　財団現在額及び収支の明細　　収支計算書のとおり
　　　配当に加える債権及び配当額　　平成○年○月○日付け
　　　　　　　　　　　　　　　　　配当表のとおり（※3）

　　　　　平成　　年　　月　　日
　　　　　　破産管財人弁護士　○　○　○　○　印
　　　　　　　　　　　　　　　　　　　　　　以　上

【注意点】
※1　担当係を忘れずに表示してください。
※2　追加配当の許可権者は裁判所です（破産法215条1項）。
※3　上記配当表は、最後配当又は簡易配当時に作成した配当表に追加配当分を記載した配当表になります。

【書式8-25】 追加配当表（東京地方裁判所）

平成○年(フ)第○○号
破　産　者　○○○株式会社

配　当　表（追　加）

平成○年○月○日
破産管財人弁護士　○　○　○　○　印

債権者番号	枝番号	債権者名	〒	住所	配当に加えるべき債権の額	配当額	追加配当金	備考（※）
		総合計				0	0	

配当率　　　　％　配当率　　　　％
（簡易配当）　　（追加配当）

【注意点】
※　備考欄には，取下げ，名義変更などの債権の変動事由を記載してください。

Ⅵ 追加配当

【書式8-26】 配当額確定の通知書（東京地方裁判所）

(通知型3)

破産債権者 ○ ○ ○ ○ 殿

平成○年(フ)第○○号
破産者 ○○○株式会社

配当額確定の御通知

　上記破産者に対する東京地方裁判所平成○年(フ)第○○号破産事件について，配当に充てることができる新たな財産があることが判明し，追加配当を実施しますので，破産法215条5項により，下記のとおり御通知いたします。

記

1　追加配当の手続に参加することができる債権の総額　　金　　　　　　円
2　追加配当をすることができる金額　　　　　　　　　　金　　　　　　円
3　貴殿に対する配当額　　　　　　　　　　　　　　　　金　　　　　　円
4　配当金振込実施日　　　　　　　　　　　平成○年○月○日（　　）

　　　　　　　　　平成○年○月○日
　　　　　　　　　　　破産管財人弁護士　○　○　○　○　印
　　　　　　　　　　　（電話　－　　－　　　事務担当　　　）

以　上

【書式8-27】 追加配当の計算報告書

平成○年(フ)第○○号
破産者　○○○株式会社
東京地方裁判所第20民事部管財○係　御中

平成○年○月○日
破産管財人　○　○　○　○　印

追加配当の実施及び計算報告書

　頭書事件について，配当表に記載された基準のとおり追加配当を実施しましたので，既に提出済みの収支計算書のとおり報告します。なお，上記配当のうち破産法第202条に基づき供託したものは，別添供託書正本のとおりです。

以　上

第9章　破産手続の終了

I　はじめに

　破産手続は、①配当後、破産手続終結決定がなされた場合（法220条1項）、②破産手続より優先する他の手続（再生手続、更生手続）が開始されることにより、破産手続が中止し、再生計画の認可決定の確定、または、更生手続の認可決定により、失効する場合（民再39条1項・184条、会更50条1項・208条）、③破産財団をもって破産手続の費用を支弁するのに不足すると認めるときに、破産手続の開始と同時にする廃止決定（同時廃止、法216条）および破産手続開始決定後になされる廃止決定（異時廃止、法217条）がなされた場合、④破産債権者の同意によりなされる廃止決定（法218条）がなされた場合、⑤破産手続を取り消す決定が確定（法33条3項）した場合に終了する。
　このうち①は、破産手続がその本来の目的を達成して終了する場合である。②ないし⑤は破産手続本来の目的が達成できずに終了する場合である。また、①ないし④は、破産手続が将来に向かってその進行を止めるものであるが、他方、⑤は手続が遡及的に効力を失うこととなる点でその効力が異なる。
　本章においては、これらの破産手続の終了のうち、①（V）、③（II、III）および④（IV）について述べる。

II　同時廃止

　裁判所は、破産財団をもって破産手続の費用を支弁するのに不足すると認めるときは、破産手続開始の決定と同時に、破産手続廃止の決定をしなければならない（法216条1項）。これを同時廃止という。ただし、破産手続の費用を支弁するのに足りる金額の予納があった場合には同時廃止決定はなされない（同条2項）。
　同時廃止決定を行うには、当該時点で破産財団をもって破産手続の費用を支弁するのに不足することが認められる必要がある。ここでいう破産財団とは法定財団であり、法律上の基準となる破産法が予定するあるべき姿の破産

財団をいう。したがって、たとえば、否認対象行為の財団回復が見込まれる場合はその財団回復見込額、利息制限法を越える利息の支払いにより不当利得が生じている場合には、その返還見込額も積極財産として考慮することとなる。他方、差押禁止財産（民執131条・152条）は除外される。また、破産手続の費用とは、破産手続開始の申立ての手数料、各種書類の送達費用、各種公告・通知費用、破産財団の管理・換価費用、否認訴訟のための費用、配当手続費用、破産管財人の報酬等である（伊藤眞ほか編『条解破産法〔第2版〕』1429頁（2010））。

同時廃止の決定がされた場合、破産管財人の選任や債権届出期間の決定等（法31条1項）は行われない（法216条6項参照）。

裁判所は、同時廃止の決定をしたときは、直ちに、破産手続開始決定の主文並びに破産手続廃止決定の主文および理由の要旨を公告し、かつ、これを破産者に通知しなければならない（法216条3項）。

【書式9-1】 同時廃止決定

```
平成○年(フ)第○○号

                決    定

    ○○県○○市○○町○丁目○番○号
    債務者（破産者）  ○  ○  ○  ○

                主    文

1  債務者○○○○について、破産手続を開始する。
2  本件破産手続を廃止する。

                理    由

  一件記録によれば、債務者が支払不能の状態にあり、かつ、破産財団をもって破産手続の費用を支弁するのに不足することが認められる。
  よって、破産法15条1項、30条、216条1項を適用して主文のとおり決定する。
  なお、この決定に併せて、下記のとおり定める。
                記
```

第9章 破産手続の終了

```
1 免責についての意見申述期間
            平成○年○月○日まで
2 免責審尋期日   平成○年○月○日
        平成○年○月○日午後○時
            ○○地方裁判所民事○部
              裁判官 ○  ○  ○  ○ 印
```

　同時廃止の決定に対しては、即時抗告をすることができ（法216条4項）、抗告期間は、公告が官報に掲載された日の翌日から起算して2週間である（法9条・10条1項・2項）。

　この即時抗告は執行停止の効力を有しないため（法216条5項）、即時抗告がなされたとしても、破産管財人の選任や債権届出期間の決定等（法31条1項）が行われることはない。

　ただし、同時廃止の決定を取り消す決定が確定した場合には、改めて、破産管財人の選任や債権届出期間の決定等（法31条1項）が行われることとなる（法216条6項）。

【書式9-2】　即時抗告申立書

```
              即時抗告申立書
                         平成○年○月○日
○○高等裁判所　御中
          〒000-0000  ○○県○○市○○町○丁目○番○号
                抗告人（債権者）  株式会社△△△
                代表者代表取締役  ○  ○  ○  ○
          （送達場所）
          〒000-0000  ○○県○○市○○町○丁目○番○号
                抗告人代理人弁護士  ○  ○  ○  ○ 印
                電　話 00-0000-0000
                ＦＡＸ 00-0000-0000
○○地方裁判所平成○年(フ)第○○号破産手続開始申立事件について，同裁判
```

所が平成○年○月○日にした破産手続廃止の決定に対し，抗告人は不服であるから，即時抗告する。

第1　原決定の表示
　　事件番号　○○地方裁判所平成○年(フ)第○○号破産手続開始申立事件
　　主　　文　本件破産手続を廃止する
第2　抗告の趣旨
　　　原決定を取り消す
　　との決定を求める。
第3　抗告の理由
　1　破産者は別紙財産目録記載の財産を保有しており，その総額は約○○○万円である。
　2　したがって，破産財団をもって破産手続の費用を支弁するのに不足するとは認められない。
　3　よって，抗告の趣旨記載の決定を求める。

以上

添付書類

　　　1　甲号証（写し）　　　各1通
　　　2　資格証明書（抗告人）　1通
　　　3　委任状　　　　　　　1通

【書式9-3】　同時廃止取消決定

平成○年(ラ)第○○号　破産手続廃止決定に対する抗告事件
（原審：○○地方裁判所平成○年(フ)第○○号）

決　　　定

　当事者の表示　別紙当事者目録（略）記載のとおり

主　　文

原決定を取り消す。

理　　由

1　抗告の趣旨

　　　　原決定を取り消す。
　２　抗告の理由の要旨
　　　　……
　３　当裁判所の判断
　　　　当裁判所は，本件破産手続において，破産法216条1項に該当する事実は存在せず，本件破産手続を廃止する原決定は相当でないと判断するが，その理由は，次のとおりである。
　　　　……
　　　　よって，原決定を取り消すこととし，主文のとおり決定する。
　平成○年○月○日
　　　　　　　　　　　　　　　○○高等裁判所第○民事部
　　　　　　　　　　　　　　　裁判長裁判官　○　　○　　○　　○　印
　　　　　　　　　　　　　　　　　裁判官　○　　○　　○　　○　印
　　　　　　　　　　　　　　　　　裁判官　○　　○　　○　　○　印

Ⅲ　異時廃止

　裁判所は、破産手続開始の決定があった後、破産財団をもって破産手続の費用を支弁するのに不足すると認めるときは、破産管財人の申立てによりまたは職権で、破産手続廃止の決定をしなければならない（法217条1項前段）。ただし、破産手続の費用を支弁するのに足りる金額の予納があった場合には異時廃止決定はなされない（同条2項）。

　異時廃止決定の要件における「破産財団」および「破産手続の費用」の意義は同時廃止決定の場合と同様である（Ⅱ参照）。

　破産管財人が異時廃止の申立てをする場合は、原則として書面で申立てをしなければならないが（規則1条1項）、債権者集会の期日において申立てをする場合は、口頭ですることができる（同条2項）。

【書式9-4】 異時廃止の申立書

```
平成○年(ﾌ)第○○号
破産者　○○○株式会社
```

破産手続廃止の申立書

平成○年○月○日

大阪地方裁判所　第6民事部○○係　御中

　　　　　　　　　　　　破産管財人　○　○　○　○　印
　　　　　　　　　　　　ＴＥＬ　00-0000-0000
　　　　　　　　　　　　ＦＡＸ　00-0000-0000

　頭書破産事件について，破産財団の現況は，平成○年○月○日付収支計算書のとおりであり，他に破産財団の資産と認めるべき財産はありません。なお，財団債権は，別紙一覧表のとおり，合計金○○万○○○○円です。
　したがって，破産財団をもって破産手続の費用を支弁するのに不足すると認めますので，破産手続の廃止を申し立てます。
　なお，上記破産廃止に関する意見を聞くための債権者集会を招集する場合，同集会で異議がないときは，併せて，任務終了による計算報告のための債権者集会の招集を申し立てます。

添付書類

1　収支計算書（第○回）
2　預金通帳（写し）
3　交付要求書（写し）

　異時廃止の決定をする場合、裁判所は、債権者集会の期日においてまたは書面によって破産債権者の意見を聴かなければならない（法217条1項後段・2項前段）。

【書式9-5】 意見聴取書

平成○年○月○日

債権者各位

　　　　　　　　　　　　　　　　　○○地方裁判所民事部破産係

```
                    裁判所書記官  ○  ○  ○  ○ 印
```

破産手続廃止のための意見聴取について

事　件　番　号　　平成○年(フ)第○○号
本　店　所　在　地　　○○市○○区○○町○丁目○番○号　○○ビル○階
(商業登記簿上の本店)　　○○市○○区○○町○番地○
破　　産　　者　　○○○株式会社
代 表 者 代 表 取 締 役　　○　○　○　○

　上記破産事件について，当裁判所は，破産財団をもって破産手続の費用を支弁するのに不足すると認めました。
　つきましては，本破産手続の廃止決定をするに当たり，御意見がある方はその御意見を，書面で平成○年○月○日までに○○地方裁判所民事部破産係（〒000-0000　○○市○○区○○町○番地）まで提出してください。
（注１）　当該破産手続を廃止するに当たって，御意見を聴取することを目的とした債権者集会は開かれません。
（注２）　書面を提出される場合には，御意見の理由も記載する（破産規則71条2項）ほか，住所・氏名，事件番号を必ず明記してください。
　　　　なお，特にご意見のない方は書面を提出する必要はありません。

　裁判所は、異時廃止の決定をしたときは、直ちに、その主文および理由の要旨を公告し、かつ、その裁判書を破産者および破産管財人に送達しなければならない（法217条4項）。

【書式9-6】　異時廃止決定

平成○年(フ)第○○号

決　　　　定

　　○○市○○区○○町○丁目○番○号　○○ビル○階
　　（商業登記簿上の本店）○○市○○区○○町○番地○
　　破産者　○○○株式会社
　　代表者代表取締役　○　○　○　○

主　　文

本件破産手続を廃止する。

理　　由

破産財団をもって破産手続の費用を支弁するのに不足すると認める。
　　　平成○年○月○日
　　　　　　○○地方裁判所民事部
　　　　　　　　裁判官　○　○　○　○　印

【書式9-7】　異時廃止の官報公告

```
                破産手続廃止
 平成○年(フ)第○○号
   ○○市○○区○○町○丁目○番○号　○○ビル
   ○階，商業登記簿上の本店所在地○○市○○区
   ○○町○番地○
   破産者　　○○○株式会社
 1　決定年月日　平成○年○月○日
 2　主文　本件破産手続を廃止する。
 3　理由の要旨　破産財団をもって破産手続の費
   用を支弁するのに不足する。
                        ○○地方裁判所民事部
```

　異時廃止の決定に対しては、即時抗告をすることができ（法217条6項）、抗告期間は、公告が官報に掲載された日の翌日から起算して2週間である（法9条・10条1項・2項）。

　異時廃止の決定は、確定しなければ効力を生じない（法217条8項）。

　実務上、異時廃止の決定がなされた後、破産債権者が、破産債権の損金処理をするために、破産手続が廃止したことの証明書を求める場合がある。そこで、破産手続廃止決定証明書を取得して、それを破産債権者の求めに応じて、ファクシミリ送信等する場合がある。

【書式9-8】 破産手続廃止決定証明申請書

```
東京地方裁判所民事第20部　　　管財○係　御中
                                         平成○年(フ)第○○号
                                         破　産　者

               破産手続廃止決定証明申請書

　上記の者に対する破産事件について，破産財団をもって破産手続費用を支弁
するのに不足すると認められ，平成○年○月○日破産手続廃止の決定があった
ことを証明されたく申請する。
                                                    以　上
     平成○年○月○日
               破産管財人弁護士　○　　○　　○　　○　印
     上記証明する。
               同日同庁
                       裁判所書記官　○　　○　　○　　○　印
```

Ⅳ　同意廃止

　破産手続を廃止することについて、債権届出期間内に届出をした破産債権者の全員の同意を得ている場合、または、この同意をしない破産債権者に対して裁判所が相当と認める担保を供している場合（ただし、当該担保を破産財団から供した場合には、当該担保を供したことについて、他の届出をした破産債権者の同意を得ているときに限る）に、破産者の申立てがあったときは、裁判所は、破産手続の廃止を決定しなければならない（法218条1項）。これを同意廃止という。破産債権者全員が破産手続の終了を希望している場合、あるいは破産債権者に損害がない場合に、債権者の意思を尊重して破産手続の終了を認める制度である。

　破産者は、債権届出期間経過後はいつでも同意廃止の申立てをすることができる。

　もっとも、法人である破産者が同意廃止の申立てをするには、定款その他の基本約款の変更に関する規定に従い、あらかじめ、当該法人を継続する手

続をしなければならない（法219条）。

また、破産者が自然人の場合、免責許可の申立てをしたときは、同意廃止の申立てをすることができない（法248条6項）。

同意廃止は、融資や債務免除などにより破産者の支払不能が解消された場合の利用が想定されているが、実務上、利用例はほとんどない（伊藤眞ほか編『条解破産法〔第2版〕』1448頁（2010））。

【書式9-9】 同意廃止の申立書

```
平成○年(フ)第○○号
破産者　○○○株式会社

　　　　　　　　　破産手続廃止の申立書

                                          平成○年○月○日
○○地方裁判所　第○民事部　御中
                    申立人（破産者）　○○○株式会社
                    申立人代理人弁護士　○　○　○　○　印
　頭書破産事件について，破産者は，破産手続を廃止することについて債権届出期間内に届出をした破産債権者の全員の同意を得，かつ株主総会において株式会社を継続する旨の決議をして法人を継続する手続をしましたので，破産手続の廃止を申し立てます。

　　　　　　　　　　　添付書類

　1　同意書（○○通）
　2　株主総会議事録
```

【書式9-10】 破産債権者の破産手続廃止についての同意書

```
平成○年(フ)第○○号
破産者　○○○株式会社
　　　　　　　　破産手続廃止の同意書

                                          平成○年○月○日
```

第9章 破産手続の終了

```
○○地方裁判所　第○民事部　御中
　　　　　　　　　　○○県○○市○○町○丁目○番○号
　　　　　　　　　　　破産債権者　株式会社△△△
　　　　　　　　　　　代表取締役　○　○　○　○　印
　頭書破産事件について，当社は破産者に対して下記の債権を有し，平成○年
○月○日に破産債権として届出をしましたが，上記破産者の破産手続を廃止す
ることについて同意します。
　　　　　　　　　　　　　　記
　　　　　　　　　　　貸金債権　金○万円
　　　　　　　　　　　　　　　　　　　　　　　　　　　　　　　　以上
```

　裁判所は、同意廃止の申立てがあったときは、その旨を公告しなければならない（法218条3項）。

　届出をした破産債権者は、公告が官報に掲載された日の翌日から起算して2週間以内に、裁判所に対し、同意廃止の申立てについて意見を述べることができる（法218条4項・10条1項・2項）。

　意見申述期間経過後、裁判所は、同意廃止の要件を満たすと認めるときは、破産手続廃止の決定を行う。

【書式9-11】　同意廃止決定

```
平成○年(フ)第○○号

　　　　　　　　　　　　　決　　　定

　　　住　所　○○県○○市○○町○丁目○番○号
　　　破産者　○○○株式会社
　　　代表者代表取締役　○　○　○　○
　上記破産者に対する頭書破産事件について，破産者から，破産法218条1項
1号による破産手続廃止の申立てがあったので，当裁判所は，これを相当と認
め，次のとおり決定する。
　　　　　　　　　　　　　主　　　文
　本件破産手続を廃止する。
```

平成○年○月○日

　　　　　　　　　　　　　　○○地方裁判所民事部
　　　　　　　　　　　　　　　裁判官　○　　○　　○　　○　印

　同意廃止の決定がされた場合については、異時廃止の規定が準用されており（法218条5項）、裁判所は、同意廃止の決定の主文および理由の要旨を公告し、かつ、その裁判書を破産者および破産管財人に送達しなければならない（同項・217条4項）。

　同意廃止の決定に対しては、即時抗告をすることができ（法218条5項・217条6項）、抗告期間は、公告が官報に掲載された日の翌日から起算して2週間である（法9条・10条1項・2項）。また、同意廃止の決定は、確定しなければ効力を生じない（法218条5項・217条8項）。

V　破産手続終結決定

　裁判所は、配当手続（最後配当、簡易配当または同意配当）が終了した後、任務終了計算報告のための債権者集会（法88条4項）が終結したとき、または書面による任務終了計算報告書の提出から所定の期間が経過したとき（法89条2項）は、破産手続終結の決定をしなければならない（法220条1項）。

【書式9-12】　破産手続終結決定証明申請書

```
東京地方裁判所民事第20部　　　管財○係　御中
                                       平成○年(フ)第○○号
                                       破産者　○○○株式会社

              破産手続終結決定証明申請書

　上記の者に対する破産事件について，平成○年○月○日破産手続終結の決定があったことを証明されたく申請する。
                                                        以上

              平成○年○月○日
                     破産管財人弁護士　○　　○　　○　　○　印
```

上記証明する。
　　同日同庁
　　　　　　　裁判所書記官　○　　○　　○　　○　印

　裁判所は、終結決定がされると、直ちにその主文および理由の要旨を公告し、かつ、これを破産者に通知しなければならない（法220条2項）。終結決定の効果は公告（法10条1項により官報掲載）によって生じ、掲載の翌日に効力が生じ（同条2項）、これに対する不服申立てはできない（法9条）。残余財産があるなどの不服がある場合は、追加配当（法215条）によって対応することとなる。

　破産者が法人の場合、破産手続終結決定により、法人格が消滅する（法35条参照）。ただし、残余財産があるときは、その範囲で法人の存続を認めざるを得ない。

【書式9-13】　破産手続終結の官報公告

```
　　　　　　　　破産手続終結
平成○年㈠第○○号
　○○県○市○町○丁目○番○号
　破産者　○○株式会社
1　決定年月日　平成○年○月○日
2　主文　本件破産手続を終結する。
3　理由の要旨　配当が終了し，破産管財人の任
　務終了による計算の報告を目的とした債権者集
　会は終結した。
　　　　　　　　○○地方裁判所民事第○○部
```

Ⅵ　破産管財人の任務終了計算報告

　破産管財人の任務は、破産取消し（法33条3項）、破産廃止決定（法217条

1項・218条1項）および破産終結決定（法220条1項）による破産手続終了のほか、再生計画認可決定の確定、更生計画認可決定などによる破産手続の失効（民再39条1項・184条本文、会更50条1項・208条本文）、または破産管財人の辞任（規則23条5項）、解任（法75条2項）、死亡および行為能力の喪失によっても終了する。

　破産管財人は、任務が終了したときは、遅滞なく計算報告書を裁判所に提出し（法88条1項）、任務終了による計算報告のための債権者集会の招集の申立てをしなければならない。死亡などの理由で破産管財人が欠けたときは後任の破産管財人が計算報告書を提出し、債権者集会の招集の申立てをすることとなる（同条3項）。任務終了計算報告集会は、上記の破産管財人の招集の申立てを受けて、裁判所が招集する（法135条1項）。

　もっとも、各地の裁判所では、管財事件全般に、第1回の財産状況報告集会と任務終了の計算報告集会とを同一期日に指定し、続行ないし延期する運用（「一括指定・続行方式」といわれている）が行われており、この場合、破産管財人が計算報告集会の招集の申立てをする必要はない。

　なお、破産法では、上記任務終了計算報告集会を開催する方法のほかに、書面による計算報告の方法を規定している（法89条）。破産管財人の書面による計算報告をする旨の申立ておよび計算報告書の提出があった場合は、裁判所は計算報告書の提出があった旨および計算に異議があれば一定期間内にこれを述べるべき旨の公告をしなければならない（同条2項）。

【書式9-14】　任務終了計算報告書

東京地方裁判所民事第20部　　　管財○係　御中

　　　　　　　　　　　　　　　　　　　平成○年(フ)第○○号
　　　　　　　　　　　　　　　　　　　破産者　　○○○株式会社

配当の実施及び任務終了の計算報告書

　頭書事件について，配当表記載のとおり配当を実施し，破産管財人の任務が終了しましたので，前回債権者集会で提出済みの収支計算書のとおり報告します。

なお，上記配当のうち破産法第202条に基づき供託したものは，別添供託書写しのとおりです。

　　　　　　　　　　平成○年○月○日
　　　　　　　　　　　　破産管財人弁護士　○　　○　　○　　○　印
　　　　　　　　　　　　　　　　　　　　　　　　　　　　　　　　以上

【書式9−15】　任務終了による計算報告のための債権者集会招集申立書

平成○年(フ)第○○号
破産者　　○○○株式会社

任務終了による計算報告のための
債権者集会の招集申立書

　　　　　　　　　　　　　　　　　　　　　　　平成○年○月○日
大阪地方裁判所第6民事部○○係　御中

　　　　　　　　　　　　　　破産管財人　○　　○　　○　　○　印
　　　　　　　　　　　　　　ＴＥＬ　00-0000-0000
　　　　　　　　　　　　　　ＦＡＸ　00-0000-0000

　頭書破産事件について，任務終了による計算報告のための債権者集会の招集を申し立てます。

【書式9−16】　書面による計算報告の申立書

平成○年(フ)第○○号
破産者　　○○○株式会社

書面による計算報告のための申立書

　　　　　　　　　　　　　　　　　　　　　　　平成○年○月○日
○○地方裁判所第○民事部　御中

　　　　　　　　　　　　　　破産管財人　○　　○　　○　　○　印
　　　　　　　　　　　　　　ＴＥＬ　00-0000-0000
　　　　　　　　　　　　　　ＦＡＸ　00-0000-0000

　御庁頭書破産事件について，任務終了による計算報告のための債権者集会申立てに代えて，書面による計算の報告をする旨申し立てます。

Ⅵ 破産管財人の任務終了計算報告

【書式9−17】 書面による計算報告の官報公告

書面による計算報告

　次の破産事件について，破産管財人から任務終了による計算の報告書の提出があった。破産法89条3項に規定する者は，計算に異議があれば，以下の期間内に裁判所に異議を述べなければならない。

平成○年(フ)第○○号
　　○○県○○市○○町○丁目○番○号
　　破産者　　○○株式会社
異議申述期間　平成○年○月○日まで
　　平成○年○月○日　○○地方裁判所民事第○部

　破産管財人の計算報告に対し、破産者、破産債権者および後任の破産管財人は、破産管財人の責任を追及するために、任務終了報告集会の期日が開催される場合には当該期日で口頭にて、または書面による計算報告の場合には公告において定められた期間内に裁判所に対し書面にて、異議を述べることができる（法88条4項・89条3項、規則28条）。

　異議の申立てがあると、破産管財人は、その事項について釈明し異議事由の解消に努めなければならないが、異議が撤回されなくとも集会は終了する。この場合、異議事項については、最終的には異議申立権者による破産手続外での破産管財人に対する責任追及手続（損害賠償請求訴訟等）により決着が図られることになる。

　異議の申立てがなく、また申し立てられた異議が撤回されると、計算報告は承認されたものとみなされる（法88条6項・89条4項）。計算報告が承認されると、裁判所は破産手続終結決定をし、これによって破産管財人の任務は終了し、報告事項につき破産管財人としての責任を免除される。

第10章 破産管財人の税務

I 破産管財人の税務上の留意点

　破産管財人の業務は、破産者の財産を換価・回収し、債権者に適切に弁済・配当して、破産者の適切な清算を図ることにある。そこで、破産管財人にかかる税務問題としては、大要、①租税等の還付による財産増殖の側面、②財団債権や優先的破産債権の減額またはこれらの新たな増額を防止する側面、③適切な債権調査および弁済または配当の側面、の3つが考えられる。そして、後述するとおり、租税の中には税務申告によって税額が確定するものがあるため、破産管財人の税務には税務申告が密接にかかわってくる。

　もっとも、税務は極めて専門的な分野であるから、税務申告等の具体的な業務に関しては、通常、税理士等の専門家を利用するほかない。しかし、どのような業務について専門家を依頼すべきなのか、税務申告を依頼すべき事案なのか否か等についての基本的な判断は破産管財人に委ねられるから、破産管財人は、少なくとも税務の基本を理解しておく必要がある。

　なお、前記のうち③適切な債権調査および弁済または配当の側面としては、公租公課について、財団債権、優先的破産債権、劣後的破産債権の峻別や、これら債権間における優先順位の問題が重要になるが、この点は第5章を参照されたい。

II 税務の基本

1 税金の種類

　租税とは、国または公共団体がその経費にあてるために法律に基づいて国民（住民）や法人から強制的に徴収する金銭である。
　国税の主なものとして、法人税、地方法人税、所得税、消費税等がある。地方法人税とは、平成26年10月1日以降開始年度から法人に課された国税で、地方交付税の財源確保を目的に従来の法人税の一部分を地方法人税として納

付させるものである。一方、地方税の主なものとして（法人）住民税（都道府県民税、市町村民税）、事業税、固定資産税、自動車税等がある。

2 税額の確定方式

税額の確定方式は、納税者の申告により確定する申告納税方式（税通16条1項1号）、課税庁の処分（賦課）による確定する賦課課税方式（同項2号）、法律の定めに基づいて当然に確定する自動確定方式（税通15条3項）がある。主な租税の税額確定方式は、〔表10-1〕のとおりである。

〔表10-1〕 主な租税の税額確定方式

税額確定方式	主な租税
申告納税方式	法人税、地方法人税、所得税、消費税、都道府県民税、市町村民税、事業税
賦課課税方式	加算税、固定資産税、自動車税
自動確定方式	予定納税、源泉所得税、印紙税

このように、申告納税方式の租税を納付するには、申告が必要である。国税である法人税・地方法人税・消費税等は税務署に税務申告する。地方税の申告（申告納付）は、都道府県民税および事業税は都道府県税事務所等に、市町村民税は市町村役場等に対して行う。

これに対し、賦課課税方式の固定資産税等は、通常、納税通知書（地方税の場合）とともに納税告知書が送達されるので、これに基づいて納付する。自動確定方式の源泉所得税の場合、たとえば税理士への報酬支払時等に法律に基づいて自動的に課税がなされるので、法的納期限である翌月10日までに自ら源泉税を納付する必要がある（所税183条・204条1項2号）。

3 破産管財人が留意すべき主な法人の税金

(1) 法人税

法人税は、大要、内国法人の各事業年度の売上等の「益金」の額から、経費等の「損金」の額を控除した「所得」に課税する税金である（法税22条1

項)。したがって、所得がない限り課税されないから、解散事業年度(定款上の事業年度開始日から破産手続開始日までの事業年度)以降に破産会社に課税が発生する可能性は低い。逆に、破産手続開始の前に法人税を支払っているような場合には、粉飾決算が行われていた可能性もあり、法人税の還付を受けられるかを検討する必要がある。後述するが、過去に誤って過大な申告をしていた場合、税務署長に更正の請求(税通23条1項)をすることにより誤納納付額の還付を受けることができる。

(2) **消費税**

消費税は、国内において事業者が事業として対価を得て行う資産の譲渡、貸付けおよび役務の提供(資産の譲渡等)および外国貨物の輸入に課税される税金である(消税4条1項・2項・2条8号)。消費税の納付額は、課税期間(原則として事業年)中の課税売上げに係る消費税額から課税仕入れに係る消費税を控除して計算する。なお、基準期間(当該事業年度の前々事業年度)の課税売上高が1000万円以下で、かつその事業年度の開始の日から6カ月間の課税売上高または給与等の支払額が1000万円以下である場合、原則として納税義務が免除される(消税9条1項・9条の2)。

破産会社が免税業者でない場合、破産会社の在庫や建物の売却にかかる消費税は、破産法148条1項2号の最優先の財団債権になるので、申告が必要になる。

また、解散事業年度は課税売上げが少ないことが多いので、消費税の還付を受けられる可能性がある。

(3) **法人住民税**

法人の住民税は、道府県民税・都税(地税4条2項1号・1条2項)と市町村民税・特別区税(地税5条2項1号・1条2項)がある。法人住民税には、事業所等を有することに対して所得に関係なく発生する均等割部分(地税52条・312条)と、法人税額を課税標準とする法人税割の部分(地税51条・314条の4)がある。

(4) **固定資産税**

固定資産税は、固定資産所在の市町村において、1月1日を賦課期日として所有名義人に課される税金である(地税343条・359条)。

(5) 自動車税

自動車税は、自動車の主たる定置場所在の都道府県において、4月1日を賦課期日として自動車の所有者に課される税金である（地税145条1項・148条）。

4　破産者の事業年度

破産会社の法人税の税務申告は、原則として事業年度の末日から2カ月以内に行う必要がある（法税74条1項）。この点、破産手続が開始されると、事業年度が変わるので、破産管財人はこれを理解しておく必要がある。

すなわち、会社に破産手続が開始された場合、破産手続開始決定日をもって事業年度（解散事業年度）が終了する（会471条5号、法税14条1項1号）。その後は、破産手続開始決定日の翌日から定款に定めた事業年度末までが第1期清算事業年度になり、翌期以降の清算事業年度は定款上の事業年度のとおりとなる。清算確定事業年度は、定款上の事業年度開始の日から残余財産確定の日までである。ここで、残余財産がないことの確定日は、破産財団に属する財産全部の換価完了日と解されている（手引387頁）。

なお、破産の場合、通常（特別）清算時とは決算日が異なるので留意が必要である（会494条1項・467条・475条1号参照）。

一方、破産者が個人事業者の場合、法人税ではなく所得税が課されるが、破産手続開始にかかわらず暦年（1月1日から12月31日まで）ごとに納税することになる。

5　破産者の納税義務者

破産財団に属する財産の管理処分権は破産管財人に属する（法78条1項）から、破産法人の税務申告は破産管財人が行う。

一方、個人破産者の破産手続開始決定後の税務申告は、原則として破産者が行うものとされる（最三小判昭和43・10・8民集22巻10号2093頁参照）。もっとも、個人事業者に税金の還付が見込まれるような場合は、実務上、破産管財人が個人事業者の名義で還付を申請し、破産管財人口座に還付してもらう等の工夫がなされている。

III　破産管財人の税務申告義務

　破産手続開始後の原因に基づく公租公課は、原則として劣後的破産債権になる（法99条1項1号・97条4号）が、破産法148条1項2号の「破産財団の管理、換価及び配当に関する費用」に該当する公租公課は最優先の財団債権（法152条2項）になり、これにかかる附帯税（延滞税・利子税・延滞金）も財団債権になる（法148条1項4号参照）。

　破産法148条1項2号の公租公課には、破産財団に属する財産の破産手続開始後の固定資産税・自動車税・消費税、破産管財人が利用した税理士等の補助者の報酬・給与の源泉所得税、破産管財人の報酬の源泉所得税等が含まれる。

　財産換価に伴う消費税について納税義務がある場合のように、破産法148条1項2号の財団債権が納税申告方式の租税である場合は、破産管財人は当然に税務申告しなければならない。しかし、それ以外の場合について法人の破産管財人に税務申告義務があるか否かには争いがある。

　この点、少なくとも税務申告によって破産財団が増殖する場合や、財団債権や優先的破産債権が減額されて配当原資が増殖する場合で、その経済効果が申告費用を上回る場合は、税務申告をする必要がある。財団増殖が認められない場合でも、財団が見込める場合は、申告をするのが無難である。

　もっとも、破産会社の中には、資金繰りに窮して顧問税理士や従業員の協力を得られず、帳簿を作成していなかったり、領収証等が散逸してしまったりしている会社も多く、税務申告のための帳簿復元に相当の費用が見込まれる場合もある。したがって、実務上は、少なくとも配当事案でなければ、費用対効果が認められる場合に申告すれば足りると考えられる。

IV　還付申告および更正の請求等による財団増殖（財団債権等の減額）

1　税金還付が見込まれる場合

　破産管財人が税金の還付を検討する場合としては、主として、①中間申告

Ⅳ 還付申告および更正の請求等による財団増殖（財団債権等の減額）

等による既納付額が確定税額より多額である場合（控除不足額の還付）、②過年度に欠損金が生じている場合（繰戻還付）、③粉飾決算等による過大申告により、税金を誤納している場合、④消費税の控除不足額が生じている場合、が考えられる。このような場合、税金還付により財団を増殖することができるし、そうでなかったとしても国税等の還付金は未納税金に充当されるから、財団債権や優先的破産債権を減額させて、一般破産債権の配当原資を増額できる場合もある。

したがって、破産会社が破産開始手続前数年間に税金を支払っているような場合には、破産管財人は税理士等の専門家に還付の可否を相談する必要がある。

2 還付金の還付手続

(1) 中間納付額等の控除不足額

法人税、消費税の中間申告をしている場合、解散事業年度の税額から控除できない納付額について、申告により還付を受けることができる（法税79条・134条1項、消税45条1項7号・53条）。

また、公租公課のうち公課に属する労働保険料は、概算で納付しているので、既払額が確定保険料額を超えている時は、労働保険料還付請求書を提出することにより控除不足額について還付を受けられる。

(2) 法人税における所得税額控除等不足額

利子・配当等所得の源泉徴収額や外国税額は法人税額から控除することができる（法税68条・69条）が、破産会社において解散事業年度に課税所得や納税額が生じることはほぼないから、申告により控除不能税額について還付を受けることができる（法税78条・133条1項）。

(3) 消費税における仕入税額の控除不足額

解散事業年度や清算事業年度において、課税売上げにかかる仮受消費税額から課税仕入れにかかる仮払消費税額を控除しきれない場合は、申告により控除不足額の還付を受けることができる（消税45条1項5号・52条）。

(4) **所得税の源泉徴収税額または予定納税額が確定申告税額を超過している場合の超過額**

　個人事業者の所得税の源泉徴収税額や予定納税額は、確定所得税額から控除することができ、控除不足額は申告により還付を受けることができる（所税138条1項・139条1項）。

3　欠損金の繰戻還付制度

　破産会社が青色申告法人である場合に、解散事業年度またはその前1年以内に終了した事業年度に欠損金が生じている場合、法人税の申告と同時に還付請求書を提出することにより、当該欠損金が生じた事業年度の前事業年度の納税額から欠損に応じた法人税の還付を受けることができ（法税80条、租特66条の13）、欠損金が生じた前事業年度の法人税等を滞納している時は、還付金に相当する部分の納税義務を免れることができる。なお、欠損金の繰戻還付を受けるためには、還付所得のある事業年度から欠損事業年度まで連続して青色申告を行い、かつ期限内に欠損事業年度の確定申告をしている必要がある（法税80条3項・4項）。また、繰戻還付請求は、破産手続開始後1年以内にしなければならない（同条4項）点に留意が必要である。

4　過誤納金の還付手続

(1) **更正の請求と更正の申出**

　破産者が税法解釈の誤りや計算誤り、粉飾決算等によって過大な申告をした場合、平成23年12月2日以降に法定申告期限が到来する国税については、申告期限から5年以内、それ以前は1年以内に限って、税務署長に対し更正の請求をすることができる（税通23条1項）。

　なお、平成23年12月2日より前に法定申告期限が到来する国税で、更正の請求の期限を過ぎた課税期間であっても、申告期限から5年間に更正の申出書の提出があれば、調査によりその内容の検討をして、納めすぎの税金があると認められた場合には、減額の更正が行われる（税通70条1項）。

(2) **仮装経理に基づく過誤納金の還付の特例**

　仮装経理（粉飾決算）に基づく更正の請求または更正の申出に基づき税務

署長が減額更正した時は、更正の日の属する事業年度開始の日から1年前以内に開始した事業年度の法人税額相当額を還付するにとどめ、その余の額は原則として更正の日の属する事業年度以降5年以内に開始する各事業年度の所得に対する法人税額から順次控除されることになっている（法税70条・135条）。しかし、破産法人は、特例により、破産手続開始日の属する事業年度の申告書の提出期限に控除未済額全額について還付を受けることができる（法税135条3項3号）。

V　破産管財人の財産換価等にかかる税金

1　破産法148条1項2号の財団債権

前記のとおり、破産法148条1項2号の「破産財団の管理、換価及び配当に関する費用」に該当する税金は、最優先で支払われるべき財団債権になるから、少なくとも破産管財人は自らの行為によって生じる納税義務を果たし、回避可能な財団債権を負担することのないようにしなければならない。

2　特に留意すべき税金

(1)　固定資産税・自動車税

賦課期日後の固定資産税（賦課期日1月1日）や自動車税（賦課期日4月1日）は破産法148条1項2号の財団債権になるから、かかる財産からの財団増殖が見込めない場合は、次回賦課期日以降の固定資産税等の納税義務を免れるため、賦課期日前に財団放棄しておく必要がある。

(2)　建物の競売にかかる消費税

別除権者の競売申立てにより破産者所有の建物が売却された場合、破産財団が増殖しないにもかかわらず消費税が賦課される場合があり、当該消費税は、破産法148条1項2号の財団債権になる可能性がある。そこで破産管財人は、剰余金交付の可能性がないことが判明次第、破産財団から放棄をして消費税の負担を免れる必要があるとされている（手引165頁）。

(3)　破産管財人の源泉所得税の納付義務

破産管財人が管財業務の補助者（税理士、会計士その他）を依頼した場合、

破産管財人は源泉徴収義務を負い（所税183条・204条1項）、源泉所得税は破産法148条1項2号の財団債権になる。この点は、破産管財人自身の報酬についても同様である（最二小判平成23・1・14民集65巻1号1頁）。破産管財人は源泉徴収税を納期限（支払日の翌月10日）までに納付する必要がある。

一方、前記最二小判平成23・1・14は、破産管財人が元従業員に退職手当を支払う場合には、破産管財人と労働者の間に「使用者と労働者との関係に準ずるような特に密接な関係があるということはできない」として、破産管財人の源泉徴収義務を否定している。このことから、破産管財人は、退職手当支払時のみならず、労働者給与の支払時にも源泉徴収義務を負わないと解されている。

(4) 法人住民税の均等割部分

開始決定日以降に開始する事業年度の法人税等の所得割は劣後的破産債権（法99条1項1号・97条4号）になると解されるが、法人住民税の均等割は、破産法人が破産目的の範囲内において存続することに伴い負担すべき経費であるとして破産法148条1項2号財団債権になると解されている（最三小判昭和62・4・21民集41巻3号329頁参照）。もっとも、当該判例によっても、物理的に事業所がなくなってしまった場合には課税要件を欠くと考えられる。したがって、次年度の以降の課税を避けるために事務所の廃止届を提出する必要があるとされている（手引395頁）。

Ⅵ　延滞税の減免

前記のとおり、財産債権の延滞金・延滞税も財団債権になる。そこで破産管財人は、配当原資の拡大のため、できるだけその減免に努める必要がある。

破産管財人は国税徴収法上の執行機関である（税徴2条13号）から、破産管財人が徴収した金員を交付要求にかかる国税・地方税にあてた時は、当該金員を受領した日の翌日以降の延滞税・延滞金の免除を受けることができる（税通63条6項4号、同法施行令26条の2第1号、地税20条の9の5第2項3号、同法施行令6条の20の3）。したがって、破産管財人は、通帳等の財団回収の証拠を示して回収日以降の延滞金等の免除を受ける必要がある。

また、滞納処分による差押えを受けたり、税額に相当する担保を提供した

りした時（税通63条5項）や、やむを得ない事由により事業税、市町村民税、固定資産税を延滞した時（地税72条の45第3項・326条3項・369条2項）も延滞金の免除を受けることができる（手引404頁）。

第11章　免責・復権・経営者保証 GL

Ⅰ　免責手続

1　意　義

免責とは、自然人である破産者の経済的更生を図るため、破産配当によって弁済されなかった残余の債務の責任を免れさせる、破産法上の制度である。

2　免責許可の申立て

(1)　申立ての手続

個人である債務者（破産手続開始の決定後にあっては、破産者。以下、この章においては同じ）は、破産手続開始の申立てがあった日から破産手続開始の決定が確定した日以後1カ月を経過する日までの間に、破産裁判所に対し、免責許可の申立てをすることができる（法248条1項）。

また、個人である債務者は、その責めに帰することができない事由により前記期間内に免責許可の申立てをすることができなかった場合には、その事由が消滅した後1カ月以内に限り、当該申立てをすることができる（法248条2項）。この場合、免責許可の申立書には、当該事由およびその事由が消滅した日を記載しなければならない（規則74条2項）。

なお、個人である債務者が破産手続開始の申立てをした場合には、当該申立てと同時に免責許可の申立てをしたものとみなされる（ただし、当該債務者が破産手続開始の申立ての際に反対の意思を表示しているときは、この限りではない）（法248条4項）。これは、個人である債務者が破産手続開始の申立てをする場合には、免責許可決定を得ることを目的としていることが通常であることを考慮したものである。

債権者から破産手続開始申立てがされた事件の場合には、破産法248条4項の適用がないため、債務者本人またはその代理人が、前記期間内に免責許可の申立てをする必要がある。

【書式11-1】 免責許可申立書

```
平成○年(フ)第○○号　破産手続開始申立事件

                    免責許可の申立書

                                          平成○年○月○日
○○地方裁判所第○民事部　御中

                              申立人（債務者）　○　○　○　○
                              申立人代理人弁護士　○　○　○　○　印

　頭書事件に関し，債務者は，免責許可の決定を得たく申し立てます。
                                                        以上
```

(2) 債権者名簿の提出

　免責許可の申立てをするには、最高裁判所規則で定める事項を記載した債権者名簿を提出しなければならない（ただし、当該申立てと同時に債権者名簿を提出することができないときは、当該申立ての後遅滞なくこれを提出すれば足りる。法248条3項）。

　最高裁判所規則で定める事項とは、破産手続開始の決定がされたとすれば破産債権となるべき債権（破産手続開始の決定後に免責許可の申立てをする場合にあっては、破産債権）を有する者の氏名（または名称）および住所、その有する債権および担保権の内容である（規則74条3項・14条1項2号および3号。なお、租税等の請求権または債務者の使用人の給料の請求権および退職手当の請求権に該当しない債権に限る）。

　なお、破産法248条4項の規定により免責許可の申立てをしたものとみなされるときは、破産手続開始申立て時に裁判所に提出した債権者一覧表が債権者名簿とみなされる（法248条5項・20条2項）。実務上は、この規定の適用により債権者一覧表が債権者名簿とみなされることが多く、申立（代理）人が債権者一覧表とは別に債権者名簿を作成する機会は多くないと思われる。

(3) 強制執行の禁止等

免責許可の申立てがあり、かつ、破産法216条1項の規定による破産手続廃止（同時廃止）の決定、同法217条1項の規定による破産手続廃止（異時廃止）の決定の確定、または同法220条1項の規定による破産手続終結の決定があったときは、その申立てについての裁判が確定するまでの間は、破産者の財産に対する次の①ないし⑥の強制執行等は、いずれもすることができない。

① 破産債権に基づく強制執行、仮差押え、仮処分
② 外国租税滞納処分
③ 破産債権を被担保債権とする一般の先取特権の実行
④ 留置権（商法または会社法の規定によるものを除く）による競売
　（以下、①ないし④を「破産債権に基づく強制執行等」と総称）
⑤ 破産債権に基づく財産開示手続の申立て
⑥ 破産者の財産に対する破産債権に基づく国税滞納処分（外国租税滞納処分を除く）

また、破産債権に基づく強制執行等の手続または処分で破産者の財産に対してすでになされているもの、および、破産者についてすでにされている破産債権に基づく財産開示手続は、いずれも中止される（法249条1項）。

【書式11−2】　強制執行手続中止の上申書

平成○年(ル)第○○号　債権差押命令申立事件

債権差押手続中止の上申書

平成○年○月○日

○○地方裁判所第○民事部　御中

債務者　○　○　○　○

上記債務者代理人弁護士　○　○　○　○　印

　御庁標記事件に関し、平成○年○月○日、債務者は御庁に対して破産手続開始の申立てをなし（平成○年(フ)第○○号）、同年○月○日、御庁より破産法第216条第1項の規定に基づき破産手続廃止の決定を受けました。

　標記事件は、上記破産手続における破産債権に基づく強制執行手続であるの

で，上記破産手続において債務者に対する免責許可についての裁判が確定するまでの間，標記事件を中止されたく上申いたします。

以　上

添付書類

破産手続開始の申立書（写し）　　1通
破産手続廃止の決定書（写し）　　1通

3　免責の審理

(1)　調　査

裁判所は、破産管財人に、破産法252条1項各号に掲げる事由（免責不許可事由）の有無または同条2項に規定による免責許可（裁量免責）の決定をするかどうかの判断にあたって考慮すべき事情についての調査をさせ、その結果を書面で報告させることができる（法250条1項。事柄の性質上、同時廃止の事案は除かれる）。

また、裁判所は、必要に応じて、破産者自身を審尋し（法13条による民訴87条2項の準用）、職権で必要な調査をすることができる（法8条2項。自ずと、異時廃止の事案も含まれる）。

破産者は、上記の事項について裁判所が行う調査または破産管財人が行う調査に協力しなければならず（法250条2項）、この義務に違反した場合には破産法252条1項11号の免責不許可事由に該当する。

なお、実務上、東京地方裁判所においては、免責審尋期日が債権者にとって重要な手続参加の機会であり、手続の適正を担保するうえでも重要な機能を有していること等から、全件について免責審尋を実施している（手引356頁）。同裁判所の同時廃止事件では、申立代理人が事前に免責不許可事由の有無について十分な調査を行っていることを前提に、集団審尋の方法によって免責審尋が実施されている。また、管財事件（異時廃止事案・配当事案）では、破産管財人が免責不許可事由の有無、裁量免責の可否について調査を実施し、その結果を記載した意見書を債権者集会において裁判所に提出し、債

権者集会終了後1週間程度で裁判所が免責許可の決定をするか否かを判断する。

(2) 意見申述期間の決定

裁判所は、免責許可の申立てがあったときは、破産手続開始の決定があった時以後、破産者につき免責許可の決定をすることの当否について、破産債権者（免責の効果が及ばない債権者（法253条1項各号参照）は除く）が裁判所に対し意見を述べることができる期間を定めなければならない（法251条1項）。裁判所は、この決定をしたときは、その期間を公告し、かつ、知れている破産債権者にその期間を通知しなければならない（同条2項）。この期間は、公告が効力を生じた日から起算して1カ月以上でなければならない（同条3項）。破産管財人との関係についても、当該債権者の場合と同様である。

【書式11-3】 免責についての意見書

```
担当係名   ○○   係   御中
                              平成○年(ﾌ)第○○号
                              破産者  ○  ○  ○  ○

              免責に関する意見書
             （□内にチェックしたもの）
         ■ 免責不許可事由はない。
         □ 免責不許可事由はあるが，免責相当である。
         □ 免責は不相当である。
              平成○年○月○日
                破産管財人弁護士  ○    ○    ○    ○  印
【注意点】
※本書面は集会日に御持参ください。
```

(3) 意見申述

免責許可に対する意見申述は、期日においてする場合を除き、書面でしなければならず、また、免責不許可事由に該当する具体的な事実を明らかにし

てしなければならない（規則76条）。

4 免責の裁判

(1) 概　要

裁判所は、破産者について、免責不許可事由に該当しない場合には、免責許可の決定をする。また、免責不許可事由のいずれかに該当する場合であっても、破産手続開始の決定に至った経緯その他一切の事情を考慮して免責を許可することが相当であると認めるときは、免責許可の決定をすることができる（法252条1項・2項）。

免責不許可事由は、破産法252条1項において具体的に列挙されている。代表的な例は、詐害行為や偏頗行為、浪費や賭博、帳簿等の隠匿・偽造・変造、裁判所の調査における虚偽説明、破産管財人に対する職務妨害などである。

免責許可（または裁量免責）の決定がされた場合であっても、非免責債権、すなわち、破産者が故意または重大な過失により加えた人の生命または身体を害する不法行為に基づく損害賠償請求権、破産者が扶養義務者として負担すべき費用に関する請求権等については、その権利の性質からして保護の必要性が高いことから、免責の効果が及ばない（法253条1項）。

(2) 免責許可または不許可の決定

裁判所は、免責許可の決定をしたときは、直ちに、その裁判書を破産者および破産管財人に、その決定の主文を記載した書面を破産債権者に、それぞれ送達しなければならない（法252条3項。これらのうち裁判書については送達に代えて公告によることは認められていない）。

また、裁判所は、免責不許可の決定をしたときは、直ちに、その裁判書を破産者に送達しなければならない（法252条4項。送達に代えて公告によることは認められていない）。

なお、免責許可の決定は、確定しなければ、その効力を生じない（法252条7項）。

第11章 免責・復権・経営者保証GL

【書式11-4】 免責許可決定

平成○年(フ)第○○号　平成○年○月○日午後○時破産手続開始

決　　定

　　○○県○○市○○町○丁目○番○号
　　破産者　○　○　○　○

主　　文

　破産者○○○○について免責を許可する。

理　　由

　破産管財人の調査の結果，その他本件に表れたすべての事情を総合すると，免責を許可するのが相当である。
　　平成○年○月○日
　　　　○○地方裁判所民事第○部　　裁判官　○　○　○　○　印

【書式11-5】 免責不許可決定

平成○年(フ)第○○号　平成○年○月○日午後○時破産手続開始

決　　定

　　○○県○○市○○町○丁目○番○号
　　破産者　○　○　○　○

主　　文

　破産者○○○○について免責を許可する。

理　　由

　破産者は，支払不能に陥る過程において，浪費により過大な債務を負担したものと認められ，破産法252条１項４号に該当する。他方，破産者には裁量により免責を許可すべき特別の事情は見当たらない。
　　平成○年○月○日
　　　　○○地方裁判所民事第○部　　裁判官　○　○　○　○　印

(3) 即時抗告

免責許可の申立てについての裁判(許可または不許可の決定)に対しては、即時抗告をすることができる(法252条5項)。即時抗告についての裁判があった場合には、その裁判書を当事者に送達しなければならない(同条6項。送達に代えて公告によることは認められていない)。

【書式11-6】 免責許可決定に対する即時抗告の申立書

免責許可決定に対する即時抗告申立書

平成○年○月○日

○○地方裁判所第○民事部 御中

申立人代理人弁護士 ○ ○ ○ ○ 印

当事者の表示

別紙(略)のとおり

抗告の趣旨

1 上記破産者にかかる○○地方裁判所平成○年(フ)第○○号破産手続開始申立事件につき,同裁判所が平成○年○月○日にした免責許可決定を取り消す
2 上記破産者の免責を不許可とする
との決定を求める。

抗告の理由

1 破産者○○○○にかかる○○地方裁判所平成○年(フ)第○○号破産手続開始申立事件につき,同裁判所は,平成○年○月○日,破産法第252条第2項を適用して,破産者の免責を許可した。
2 しかし,破産者は,同裁判所が認めるとおり同条第1項第○号に定める免責不許可事由に該当し,下記のとおりその態様が著しく悪質であることからすれば,破産手続開始の決定に至った経緯その他一切の事情を考慮するとしても免責を許可することは相当でないので,同許可決定は取り消されるべきである。
 (1) ……
 (2) ……

3 よって，申立人は，抗告の趣旨記載の裁判を求め，本申立てに及ぶ。

以　上

添付書類

委任状　　　　　　1通
各甲号証　　　　　各1通

【書式11-7】　免責不許可決定に対する即時抗告の申立書

免責不許可決定に対する即時抗告申立書

平成○年○月○日

○○地方裁判所第○民事部　御中

申立人代理人弁護士　○　○　○　○　印

当事者の表示　別紙（略）のとおり

抗告の趣旨

1　上記破産者にかかる○○地方裁判所平成○年(フ)第○○号破産手続開始申立事件につき，同裁判所が平成○年○月○日にした免責不許可決定を取り消す
2　上記破産者を免責する
との決定を求める。

抗告の理由

1　破産者○○○○にかかる○○地方裁判所平成○年(フ)第○○号破産手続開始申立事件につき，同裁判所は，平成○年○月○日，破産者には破産法第252条第1項第○号所定の免責不許可事由があるとして，その免責を不許可とした。
2　しかし，下記のとおり，破産者の行為は免責不許可事由に該当するとはいえず，また仮にこれに該当するとしても，破産者がかかる行為に及んだ経緯，破産者の更生の可能性などの事情を考慮すると，免責を許可することが相当である。
　(1)　……
　(2)　……
3　よって，申立人は，抗告の趣旨記載の裁判を求め，本申立てに及ぶ。

以　上
添付書類
各甲号証　　　　　各1通

5　免責の取消し

(1)　意　義

免責決定が確定した後であっても、以下の事由が認められる場合、裁判所は、破産債権者の申立てによりまたは職権で、免責取消しの決定をすることができる（法254条1項）。

① 詐欺破産罪（法265条）について破産者に対する有罪が確定したとき
② 破産者の不正の方法によって免責許可の決定がされた場合において、破産債権者が当該免責許可の決定があった後1年以内に免責取消しの申立てをしたとき

裁判所は、免責取消しの決定をしたときは、直ちに、その裁判書を破産者および申立人に、その決定の主文を記載した書面を破産債権者に、それぞれ送達しなければならない（法254条2項）。

なお、免責取消しの決定に対しては即時抗告をすることができる（法254条3項）。

【書式11－8】　免責取消申立書

免責取消申立書
平成○年○月○日
○○地方裁判所第○民事部　御中
○○県○○市○○町○丁目○番○号
申立人（破産債権者）　株式会社△△△
上記申立人代表者　○　○　○　○　㊞
第1　申立ての趣旨

破産者○○○○についてされた○○地方裁判所平成○年(モ)第○○号破産免責決定を取り消すとの裁判を求める。

第2　申立ての理由
  1　標題事件の破産者○○○○（以下「破産者」という。）は，平成○年○月○日，免責許可決定を受けた。
  2　破産者は，標題事件の申立日である平成○年○月○日の時点で，破産財団に属する金塊約40キログラム（申立日現在の時価約6000万円）を所持していたが，当該金塊を破産財団から除外する目的で，当該金塊を親族である××××に寄託する方法で隠匿した。
　　　また，破産者は，標題事件の破産管財人および裁判所に対して，申立書に記載された財産のみが破産財団である旨を報告することにより上記金塊の所在を秘匿したうえで，平成○年○月○日，免責許可決定を得た。
  3　上記の破産者の行為は，破産法第252条第1項第1号，同第8号に該当するものであるから，破産者は，同法第254条第1項後段に定める不正の方法により免責を得たことは明らかである。また，本件においては，裁量によって免責決定の維持を相当とする事情も存在しない。
  4　よって，申立人は，破産者に対する免責の取消決定を求めるものである。

疎明資料　（略）

【書式11−9】　免責取消決定

平成○年(モ)第○○号　免責取消申立事件

決　　　定

当事者の表示　　別紙当事者目録（略）記載のとおり

主　　文

破産者○○○○についてされた○○地方裁判所平成○年(モ)第○○号免責決定を取り消す。

理　　由

頭書の免責取消申立事件について，当裁判所は，破産法第265条の罪について破産者に対する有罪の判決が確定したことを認めた。
よって，破産者○○○○についてされた免責決定を取り消すこととし，主文

のとおり決定する。
　　平成○年○月○日

　　　　　　　　　　　　　　○○地方裁判所第○民事部
　　　　　　　　　　裁判長裁判官　　○　　○　　○　　○　印
　　　　　　　　　　　　裁判官　　　○　　○　　○　　○　印
　　　　　　　　　　　　裁判官　　　○　　○　　○　　○　印

(2)　免責取消決定の効果

　免責取消しの決定が確定したときは、免責許可の決定は、その効力を失う（法254条5項）。免責取消しの決定が確定した場合において、免責許可の決定の確定後免責取消しの決定が確定するまでの間に生じた原因に基づいて破産者に対する債権を有するに至った者があるときは、その者は、新たな破産手続において、他の債権者に先立って自己の債権の弁済を受ける権利を有する（同条6項）。

　なお、免責取消しの決定が確定した場合において、破産債権者表があるときは、裁判所書記官は、これに免責許可の決定が確定した旨を記載しなければならない（法254条7項・253条3項）。

Ⅱ　復　権

1　意　義

　復権は、破産手続開始決定に基づいて破産者について発生する人的効果、すなわち、各種の資格または権利に関する制限を解消し、その法的地位を回復させ、もって、個人債務者の経済生活の再生に資する制度である。非懲戒主義を採用する破産法には、破産手続開始決定に伴う資格制限等について直接これを定めるものではないが、他の各別の法律が定めている場合はあり、その効果は（居住制限など破産法による効果とは異なり）破産手続の終了により当然に消滅するものではないため、それらの制限を解除することが復権制度の主旨である。

2　復権の事由

(1)　当然復権

破産者は、以下の事由のいずれかに該当する場合には、当然に復権する（法255条）。

① 免責許可の決定が確定したとき
② 破産法218条1項の規定（破産債権者の同意による破産手続廃止の決定）による破産手続廃止の決定が確定したとき
③ 再生計画認可の決定が確定したとき（破産手続の開始後に再生手続が開始された場合）
④ 破産者が破産手続開始の決定後、破産法265条の罪（詐欺破産罪）について有罪の確定判決を受けることなく10年を経過したとき（免責を得ない破産者の場合）

以上の事由のいずれかが生じた場合、人の資格に関する法令の定めるところにより、公私の資格制限はすべて効力を失う（法255条2項）。

ただし、免責取消しの決定または再生計画取消しの決定が確定したときは、前記①または③を理由とする復権は、将来に向かって効力を失う（法255条3項）。

(2)　申立てによる復権

当然復権の事由に該当しない場合であっても、破産者が弁済その他の方法により破産債権者に対する債務の全部についてその責任を免れた場合には、資格制限等の効果を維持させる前提を欠くに至るので、破産裁判所は、破産者の申立てにより、復権の決定をしなければならないものとされている（法256条1項）。裁判所は、復権の申立てがあったときは、その旨を公告しなければならない（同条2項）。破産債権者は、公告が効力を生じた日から起算して3カ月以内に、裁判所に対し、復権に関する意見を述べることができる（同条3項）。なお、規則77条は意見申述の方法を書面ですべきことを規定し（規則77条1項）、そこでは意見の理由を記載すべきと定めている（同条2項・71条2項）。

復権の審理につき職権調査によるべきことなど、免責の審理の場合と同様

である。

　裁判所は、復権の申立てについての裁判をしたときは、その裁判書を破産者に、その主文を記載した書面を破産債権者に、それぞれ送達しなければならない（法256条4項）。

　復権決定に対しては即時抗告することができる（法256条5項）。

　即時抗告の裁判があった場合には、その裁判書を当事者に送達しなければならない（法256条6項）。

【書式11-10】　復権の申立書

```
                    復権の申立書

                                    平成○年○月○日
○○地方裁判所第○民事部　御中
                              ○○県○○市○○町○丁目○番○号
                          申立人（破産者）　○　○　○　○　印
　申立人は、平成○年(フ)第○○号破産事件において、平成○年○月○日、○○地方裁判所より破産手続開始決定を受けたが、破産債権者全員から破産債権者に対する債務につき全額の免除を受けたので、破産法第256条に基づき復権の申立てをする。

                        疎明資料

        1　債務免除契約            5通
```

【書式11-11】　復権に関する意見書

```
平成○年(モ)第○○号　復権申立事件

                    復権に関する意見書

                                    平成○年○月○日
○○地方裁判所第○民事部　御中
                              ○○県○○市○○町○丁目○番○号
                          申立人（破産債権者）　株式会社△△△
```

　　　　　　　　　　　　　上記申立人代表者　○　○　○　○　㊞

　頭書事件につき，破産者○○○○から平成○年○月○日付けで復権の申立てがなされているが，申立人は，以下の理由により，復権は不相当であると思料する。
　すなわち，破産者の申立てにより復権の決定がされるためには，「破産者が弁済その他の方法により破産債権者に対する債務の全部についてその責任を免れた」ことが必要であるところ，破産者は，申立人に対する不法行為に基づく損害賠償債務の支払をしていない。破産者は，復権申立の疎明資料として，申立人との間で締結したとする債務免除契約を提出しているが，当該契約は破産者により偽造されたものであるから，裁判所は破産法第256条に基づく復権決定をすることができないことは明らかである。

　　　　　　　　　　　　　　　　　　　　　　　　　　　　　　　以上

【書式11-12】　復権決定

平成○年㈲第○○号　復権申立事件

　　　　　　　　　　　決　　　　定

　　　　　　　　　　　当事者の表示

　　　　　　　　　別紙当事者目録（略）記載のとおり

　　　　　　　　　　　主　　　文

破産者○○○○を復権する。

　　　　　　　　　　　理　　　由

　一件記録によれば，破産者は破産債権者全員から破産債権者に対する債務につき全額の免除を受けたことが認められる。
　よって，主文のとおり決定する。
平成○年○月○日

　　　　　　　　　　　　　　　○○地方裁判所第○民事部
　　　　　　　　　　　　　　　　裁判官　○　○　○　○　㊞

Ⅲ 経営者保証に関するガイドライン

1 はじめに

　経営者保証に関するガイドライン（経営者保証GL）は、平成25年12月に「経営者保証に関するガイドライン研究会」により公表され、平成26年2月1日に適用を開始された「中小企業の経営者保証に関する契約時及び履行時等における中小企業、経営者及び金融機関による対応についての、中小企業団体及び金融機関団体共通の自主的自律的な準則」である（経営者保証GL「はじめに」）。経営者保証GLは、法的拘束力はないものの、主たる債務者、保証人および対象債権者によって、自発的に尊重され遵守されることが期待されている（経営者保証GL2.(1)）。

　従来、中小企業が金融機関から借入れにより資金を調達する場合、代表者、あるいは当該企業経営に関与する経営者一族に連帯保証人として保証をさせることが通例であり、かかる金融慣行については、資金調達の円滑化に資する側面があるものの、経営者の積極的な事業展開を躊躇させ、また保証後に経営が窮境に至った場合に、早期の事業再生へ向けた判断を阻害する要因となっているなどの課題があった。

　このため、平成25年1月に、中小企業庁と金融庁の共同による有識者との意見交換の場として「中小企業における個人保証等の在り方研究会」が設置され、その後、同年5月に「中小企業における個人保証等の在り方研究会報告書」が公表された。さらに、同報告書の内容を具体化するため、同年8月に「経営者保証に関するガイドライン研究会」が設置された。

　かかる研究会の成果として、平成25年12月に経営者保証GLが公表され、平成26年2月1日に適用が開始された。

　経営者保証GLを利用した保証債務の整理においては、①保証人において残存資産として破産手続における自由財産を超える資産を手元に残すことが可能であること（経営者保証GL7.(3)③）、②経営者保証GLにおる保証債務の整理を行った事実その他の債務整理に関する情報が信用情報登録機関に報告、登録されないこと（経営者保証GL8.(5)）から、法的整理手続により保

証債務の整理を行うことと比較して、保証人にとってメリットがある。このことから、経営者保証 GL に基づく保証債務の整理により、経営者に対し早期の事業再生または清算に着手する判断を促すことが期待されている。

現在、中小企業再生支援協議会（以下、「協議会」という）、株式会社地域経済活性化支援機構（以下、「REVIC」という）の各支援手続においては、経営者保証 GL が積極的に活用されているほか、特定調停を利用した経営者保証 GL の適用事例、事業再生 ADR による適用事例、純粋私的整理における適用事例などが集積しており、近時、法人の代表者の保証債務の整理手法としての重要性が高まっている。

2　経営者保証 GL の内容

(1)　経営者保証 GL の構成

経営者保証 GL は、1. から 8. までの本文により構成され、同ガイドラインに即して具体的な実務を行ううえで留意すべきポイントを取りまとめたものとして、「経営者保証に関するガイドライン」Q&A（以下、「Q&A」という）が公表されている（いずれも、金融庁、全国銀行協会および日本商工会議所のホームページにて公開されている）。

経営者保証 GL 1. および 2. においては、その目的およびガイドラインとしての位置づけに関する説明がなされるとともに、同 3. において、ガイドラインの対象となる保証契約として、その適用要件が示されている。

そのうえで、かかる保証契約に関し、保証契約締結前、保証契約締結時、保証契約締結後、主債務者が窮境に至った時点という各段階について、同 4. において「経営者保証に依存しない融資の一層の促進」（保証契約締結前）、同 5. において「経営者保証の契約時の対象債権者の対応」（保証契約締結時）、同 6. において「既存の保証契約の適切な見直し」（保証契約締結後）、同 7. において「保証債務の整理」（主債務者が窮境に至った時点）に関するガイドラインが定められている。

法人の私的整理、法的な再建手続、破産等に際し、経営者保証の処理において問題となるのは、7.「保証債務の整理」に基づく債務整理であるため、以下では、経営者保証 GL に基づく保証債務の整理の適用対象となる要件に

ついて述べたうえで、7.の「保証債務の整理」に関して、その内容に関し、概要を述べ、その後、事業者破産等の場合に問題となる具体的な各手続(特定調停手続、協議会、純粋私的整理)における保証債務の整理手続に関して述べることとする。

(2) 経営者保証 GL による保証債務の整理の適用要件
(イ) 経営者保証 GL の適用要件(経営者保証 GL 3.)

経営者保証 GL による保証債務の整理を企図する場合には、まず、経営者保証 GL の適用要件を満たす必要がある。経営者保証 GL が適用される保証契約とは、以下の要件を満たす保証契約である。

① 保証契約の主たる債務者が中小企業であること
② 保証人が個人であり、主たる債務者である中小企業の経営者であること

　ただし、以下に定める特別の事業がある場合またはこれに準じる場合については、このガイドラインの適用対象に含める。

　ⓐ 実質的な経営権を有している者、営業許可名義人または経営者の配偶者(当該経営者と共に当該事業に従事する配偶者に限る)が保証人となる場合
　ⓑ 経営者の健康上の理由のため、事業承継予定者が保証人となる場合

③ 主たる債務者および保証人の双方が弁済について誠実であり、対象債権者の請求に応じ、それぞれの財産状況等(負債の状況を含む)について適時適切に開示していること
④ 主たる債務者および保証人が反社会的勢力ではなく、そのおそれもないこと

経営者保証 GL における「中小企業」は、「中小企業・小規模事業者等」とされている(経営者保証 GL「はじめに」)。

かかる中小企業・小規模事業者等は、必ずしも中小企業基本法に定める中小企業・小規模事業者(中基2条1項・5項)に該当する法人には限定されておらず、その範囲を超える企業も対象となり、個人事業主についても対象に含まれる(Q&A 3)。

また「経営者」は、中小企業の代表者のみならず、実質的な経営権を有し

ている者、営業許可名義人、経営者と共に事業に従事する当該経営者の配偶者、経営者の健康上の理由のため保証人となる事業承継予定者等も含まれる（Q&A4）。さらに、「これに準じる場合」もガイドラインの適用対象に含めるとされている。かかる趣旨は、財務内容その他の経営の状況を総合的に判断して、通常考えられるリスク許容額を超える融資の依頼がある場合であって、当該事業の協力者や支援者からそのような融資に対して積極的に申出があった場合等、いわゆる第三者による保証について経営者保証GLの適用から除外するものではないとするものである（経営者保証GL欄外注5）。

ロ　保証債務整理の対象となる保証人の要件（経営者保証GL 7 .(1)）

経営者保証GLに基づく保証整理を行うためには、上記のとおり、経営者保証GLの適用がある保証契約であるほかに、以下の要件が必要となる。

① 主たる債務者について破産手続、再生手続、更生手続もしくは特別清算の申立て、または、利害関係のない中立かつ公正な第三者が関与する私的整理手続およびこれに準ずる手続（協議会による再生支援スキーム、事業再生ADR、私的整理ガイドライン、特定調停等）の申立てを、経営者ガイドラインの利用と同時に現に行い、または、これらの手続が係属し、もしくはすでに終結していること

② 主たる債務者の資産および保証債務の破産手続による配当よりも多くの回収が得られる見込みがあるなど、対象債権者にとっても経済的な合理性が期待できること

③ 保証人に破産法252条1項（10号を除く）に規定される免責不許可事由が生じておらず、そのおそれもないこと（経営者保証GL 7 .(1)）

このうち、①に関しては、主債務者が準則型私的整理手続を利用する場合には、主債務者たる法人の事業再生計画案と一体として、保証債務の整理に関する弁済計画案が策定される。

他方、主債務者たる法人について純粋な私的整理手続を行う場合や、法的倒産手続を行う場合には、主債務者の債務とは別に、保証債務のみを整理することとなる。この場合も、準則型私的整理によることとされる。手続としては特定調停が利用可能なほか、協議会においても経営者保証GLに基づく保証債務のみの整理手順等を定めている（保証債務の整理手順参照）。

なお、経営者保証GLに基づく要件を満たす弁済計画を策定し、合理的理由に基づき、準則型私的整理手続を利用することなく、純粋な私的整理において、支援専門家等の第三者の斡旋による当事者間の協議等に基づき、すべて対象債権者との間で合意に至った場合も、経営者保証GLに基づく債務の減免等を行うことは妨げられない（経営者保証GL7.(3)④）。

②の要件は、保証人に適用可能な再生手続（小規模個人再生、給与所得者等再生を含む）や任意の債務整理等においては、保証人のみを基準として、弁済計画に基づく弁済額が破産手続における配当見込額を上回ることが必要なのに対し（清算価値保障原則）、経営者保証GLによる保証債務の整理では、主債務者および保証人を一体として、主たる債務および保証債務の弁済計画に基づく回収見込額の合計額が、主たる債務者および保証人が破産手続を行った場合の回収見込額の合計金額を上回れば、上記②の要件を満たすものとされる点に特徴がある。第二会社方式による場合は、会社分割または事業譲渡後の承継会社からの回収見込額および清算会社からの回収見込額並びに弁済計画案に基づく回収見込額の合計額が主たる債務者および保証人の清算配当見込額の合計額を上回れば足りる。主たる債務者について、清算型の法的手続が行われる場合は、現時点において清算した場合の主債務者および保証人の清算配当見込額の合計額が、清算手続が遅延した場合の将来時点における主たる債務および保証債務の回収見込額の合計額を上回れば上記②の要件を満たすとされている（Q&A7-4）。

③の要件については、その確認方法等が問題となり得るが、実務上、保証人に書面による表明保証が行われ（Q&A7-4-2）、支援専門家によりその適正性についての確認が行われる。

(3) 保証債務の整理手続

経営者保証GLの保証債務の整理手続については、主たる債務と保証債務の一体整理を図る場合（以下、「一体型」という）および保証債務のみを整理する場合（以下、「単独型」という）に分けられ、それぞれ、一体型については主たる債務の整理にあたって利用する準則型私的整理手続、単独型については当該整理にとって適切な準則型整理手続を利用するものとされる（経営者保証GL7.(2)）。

〔表11-1〕 保証債務の整理手続

	一体型	単独型
主債務者（会社）の主債務の整理	準則型私的整理手続（協議会による再生支援スキーム、事業再生ADR、私的整理ガイドライン、特定調停等）	純粋私的整理、法的債務整理手続（破産手続、再生手続、更生手続または特別清算手続）
保証人（経営者）の保証債務の整理		①準則型私的整理手続（特定調停、協議会） ②支援専門家等の第三者の斡旋手続

　具体的な保証債務の整理手続に関し、経営者保証GLにおいては、「保証債務の整理を図る場合の対応」として、①一時停止等への対応、②経営者の経営責任のあり方、③保証債務の履行基準（残存資産の範囲）、④保証債務の弁済計画、⑤保証債務の一部履行後に残存する保証債務の取扱いについて記載されているが、同ガイドラインに記載のない内容（債務整理の開始要件、手続等）については、各準則型私的整理手続に即して対応するとされている（経営者保証GL7．(3)。各準則型私的整理手続における具体的な手続については後述Ⅲ3を参照されたい）。

(4) 保証債務の整理に関する経営者保証GLの記載

　一般的な私的整理の流れにおいては、①一時停止、②弁済計画の策定および対象債権者の同意取得、③当該弁済計画に基づく弁済および債務免除等がなされることとなるが、経営者保証GLにおいては、その各段階に応じて、経営者保証GLによる保証債務の整理の場合の要件が定められている。

　(イ)　一時停止

　経営者保証GLに基づく一時停止等（「一時停止や返済猶予」をいう（経営者保証GL7．(3)①。以下同様）は、原則として、一体型の場合は主たる債務者、保証人、支援専門家の、単独型の場合は保証人および支援専門家の連名の書面により、対象債権者全員に対して同時に行われなければならない（経営者保証GL7．(3)①イ）ないしロ））。

　支援専門家の適格性については、当該専門家の経験、実績等を踏まえて、対象債権者が総合的に判断することとなる。なお、保証人の代理人弁護士や

顧問税理士も支援専門家に含まれる（Q&A5-7・5-8）。

かかる要件を満たした一時停止等の要請がなされた場合、主たる債務者および保証人が、手続申立て前から債務の弁済等について誠実に対応し、対象債権者との間で良好な取引関係が構築されてきたと判断されうることという要件を満たせば（経営者保証GL7.(3)①ハ）、対象債権者において、対象債権者は一時停止等の要請に対して誠実かつ柔軟に対応するように努めるものとされる。かかる記載は、対象債権者の努力義務にとどまるが、実務的には、一時停止等の要請に応じることとなる。

(ロ) 弁済計画の策定および対象債権者の同意の取得

経営者保証GLにおいては、弁済計画の策定に際して、残存資産（保証債務の履行にあたり、保証人の手元に残すことのできる資産）の範囲、保証債務の弁済計画の内容について、特別の記載がある。

(A) 残存資産の範囲（経営者保証GL7.(3)③）

経営者保証GLにおいては、一定の要件の下で、破産における自由財産を超える残存資産を保証人の手元に残すことが認められ、かかる点が保証人にとっては同ガイドラインを利用する際の一番のメリットとなっている。

具体的には、対象債権者として経済合理性が認められる場合は、自由財産に加えて、一定期間の生計費に相当する現預金、華美ではない自宅等を残存資産とすることができるとされている。

ここでいう一定期間は、雇用保険の給付期間の考え方を参考とするものとされ、生計費については、民事執行法施行令2条1項1号所定の33万円とされる。「華美でない自宅」については、各事案において具体的な事情に応じて判断されことになると思われる。なお、残存資産としては、現預金および華美でない自宅のほか、事案に応じて、生命保険等の解約返戻金、敷金、保証金、電話加入権および自家用車その他資産についても、残存資産に含めることを検討することができる（Q&A7-14）。実際、高齢の経営者等の場合に医療保険を残存資産として残す取扱いがある。また、残存資産の金額についても、事案に応じて、柔軟に判断される場合がある。

「華美でない自宅」に該当する自宅であっても抵当権が設定されている場合には、抵当権を有する対象債権者は抵当権を実行する権利を有することと

なり、通常、残存資産として残すことはできない（ただし、例外的に自宅等を残すことができる例として、Q&A7-19参照）。

かかる残存資産については、対象債権者の経済合理性の観点から上限があり、経営者保証GLにおいては、主たる債務の整理手続が再建型の場合は、破産手続等に至らなかったことによる対象債権者の回収見込額の増加額、主たる債務の整理手続が清算型であれば、当該手続に早期着手したことによる、保有資産等の劣化防止に伴う回収見込額の増加額が、それぞれ上限額とされている。かかる経済合理性については、主たる債務と保証債務を一体として判断することとなる（経営者保証GL7．(3)③、Q&A7-13・7-16）。

ただし、単独型において主たる債務の整理手続が終了している場合は、上記のような残存資産の特別の取扱いは適用されない。主たる債務者の債務整理終結時点で対象債権者は保証人からの回収を期待し得る状況にあり、かかる場合に自由財産を超える資産を保証人に残すことは対象債権者にとって経済的合理性がないからである（Q&A7-20）。

保証人は、上記のような残存資産の取扱いを希望する場合には、その必要性について、対象債権者に対し説明することを要し（経営者保証GL7．(3)③a))、当該説明を受けた場合には、対象債権者は、真摯かつ柔軟に検討することとされている（経営者保証GL7．(3)③b))。

　　(B)　弁済計画の内容

経営者保証GLにおいて策定される弁済計画案には、原則として、次の事項を含む内容を記載するものとされている（経営者保証GL7．(3)④）。

① 保証債務のみを整理する場合には、主たる債務と保証債務の一体整理が困難な理由および保証債務の整理を法的債務整理手続によらず、このガイドラインで整理する理由

② 残存資産を除いた財産の状況（財産の評定は、保証人の自己申告による財産を対象として、保証人が経営者保証GLに基づく保証債務の整理を対象債権者に申し出た時点（一時停止等の要請が行われた場合には当該一時停止等の効力が発生した時点）において、財産を処分するものとして行う）

③ 保証債務の弁済計画（原則5年以内）

④ 資産の換価・処分の方針

⑤ 対象債権者に対して要請する保証債務の減免、期限の猶予その他の権利変更の内容

　保証債務の減免を要請する場合の弁済計画は、残存資産を除く財産評定の基準時において保有するすべての資産を処分・換価して得られた金銭をもって、担保権者その他の優先権を有する債権者に対する優先弁済のあとに、すべての対象債権者に対して、それぞれの債権の額の割合に応じて弁済を行い、その余の保証債務について免除を受ける内容を記載することとなる。

　なお、資産の処分・換価については、その代わりに対象資産の「公正な価額」に相当する額を弁済する方法をとることができる。

(C) 債務免除等

　保証債務の一部の履行後に残存する保証債務については、①保証人の資力に関する情報の誠実な開示およびその正確性についての表明保証、支援専門家によるかかる表明保証の適正性についての確認、報告がなされること、②保証人が自らの資力を証明するために必要な資料を提出すること、③弁済計画が対象債権者にとっても経済合理性があること、④保証人が開示し、表明保証を行った資力の状況が事実と異なることが判明した場合には、免除した保証債務および免除期間分の延滞利息も付したうえで、追加弁済を行うことについて、保証人と対象債権者が合意し、書面での契約を締結することを要件に、対象債権者において免除要請について誠実に対応するとされる。かかる記載も「誠実な対応」という表現にとどまるが、実務上は、書面にて上記④の合意と併せて、債務免除が行われることとなる。

3　経営者保証 GL に基づく具体的な手続

　経営者保証 GL に基づく保証債務の整理については、特定調停手続、中小企業再生支援協議会を利用した手続のほか、事業再生 ADR、REVIC による再生支援または特定支援等においても利用することが可能であるが、以下では、事業者破産との関連性から、協議会を利用した手続、特定調停手続および純粋私的整理手続による場合の経営者保証 GL の具体的な手続について述べることとする。

(1) 特定調停手続を利用した経営者保証GLの手続

(イ) 特定調停手続とは

　特定調停手続は、民事調停手続の特例として、支払不能に陥るおそれのある債務者等の経済的再生に資するため、債務者が負っている金銭債務に係る利害関係の調整を促進することを目的とする手続である（特定調停1条）。特定調停手続では、裁判所が事案の性質に応じて必要な法律、税務、金融、企業の財務、資産の評価等に関する専門的な知識経験を有する者を、調停委員として指定する（特定調停8条）。また、調停の内容は公正かつ妥当で経済的合理性を有する内容であることが必要とされている（特定調停15条・17条1項・18条1項）。このような特徴を有する特定調停手続は、非公開手続により金融債権者のみを対象とすることができること、裁判所の関与により公正性が担保されること、および、債務免除を行う場合の税務処理が一定の要件を満たせば可能となること等から、企業の私的整理手続において活用されている。そのため、経営者保証GLにおいても、準則型私的整理手続の1つとして位置づけられている。

　また、日本弁護士連合会は、経営者保証GLの制定および公表を受けて、最高裁判所民事局等と協議のうえ、特定調停手続を利用して保証債務の整理を行う場合に保証人の代理人弁護士が参考とする指針として、「経営者保証に関するガイドラインに基づく保証債務整理の手法としての特定調停スキーム利用の手引き」（平成25年12月5日制定、平成26年6月19日、同年12月12日改訂。以下、「特定調停スキーム利用の手引き」という）を制定しており、具体的手続はかかる特定調停スキーム利用の手引きに従って行われる。

(ロ) 特定調停の申立て前の手続

(A) 一時停止等

　保証人は、経営者保証GLに基づく保証債務の整理を開始するにあたり、すべての対象債権者に対して、同時に、一時停止等を要請することとなる。一時停止等の要請は、保証人が特定調停の申立てを行うための手続的要件ではないが、後述のとおり、保証人は特定調停の申立て前に対象債権者との間で保証債務の整理について事前協議を行うことが通常である。そのため、事前協議に必要な期間を確保し、事前協議期間中における対象債権者の個別の

権利行使を防止するため、対象債権者に対し、一時停止等を要請することが望ましい。前述のとおり、一時停止等の要請は、原則として、主たる債務者、保証人、支援専門家が連名した書面による。ただし、単独型の場合には、主たる債務者の連名は不要である（経営者保証GL7.(3)①イ)）。

一時停止等は、対象債権者が一時停止等の要請を応諾したときから開始する（Q&A7-11)。また、一時停止等の効力が発生した時点が、保証債務の弁済計画策定にあたっての財産評定の基準時となる（経営者保証GL7.(3)④b)）。

【書式11-13】 返済猶予等のお願い（単独型）

平成○年○月○日

対象債権者各位

返済猶予等のお願い

（主たる債務者）　○○○株式会社
（保証人）　○　　○　　○　　○　印
（支援専門家）　弁護士　○　　○　　○　　○　印

拝啓　時下益々ご清祥のこととお喜び申し上げます。

さて、○○○○［保証人名］について、特定調停手続により「経営者保証に関するガイドライン」に基づく保証債務の整理を開始することとなりました。つきましては、平成○年○月○日までに特定調停の申立てを行う予定です。これに伴い、本日から調停成立までの間、保証債務の返済のご猶予をお願い申し上げます。対象債権者におかれましては、特定調停手続に基づく保証債務の整理にご協力賜りたく、下記の行為を差し控えて頂くようお願い申し上げます。

敬　具

記

1．平成○年○月○日における保証債務の残高を減らすこと
2．弁済の請求・受領、相殺権を行使するなどの債務消滅に関する行為をなすこと
3．追加の物的人的担保の供与を求め、担保権を実行し、強制執行や仮差押え・仮処分や法的倒産処理手続の申立てをすること

以　上

（特定調停スキーム利用の手引き）

(B) 事前調整

　特定調停手続を迅速かつ円滑に実施するためには、特定調停の申立て前に、保証人が対象債権者と十分に事前協議を行い、保証債務の弁済計画の内容等について、合意を形成しておく必要がある。特に、対象債権者数が多い場合には、特定調停手続の期日において、対象債権者との間で保証債務の弁済計画の内容等を実質的に協議することは困難であることからその必要性は高い。

(ハ) 特定調停の申立て

(A) 当事者

　保証人（債務者）が申立人となり、金融機関等の対象債権者が相手方となる。対象債権者の数が複数であっても、原則として1件として特定調停の申立てを行うことが可能である。

(B) 管　轄

　申立ては、相手方の住所、居所、営業所または事務所の所在地を管轄する簡易裁判所または当事者が合意で定める簡易裁判所に行う（特定調停22条、民調3条）。専門的知見を有する調停委員の関与が望まれることから、地方裁判所本庁に併置された簡易裁判所に申立てをすることが望ましい。

(C) 申立書の内容

　保証人は、Ⅲ2(2)に記載するすべての要件を充足する場合において、当該保証人が負担する保証債務について、経営者保証GLに基づく保証債務の整理を対象債権者に対して申し出ることができる（経営者保証GL7.(1)）。そのため、申立書には、すべての要件を充足していることを記載する必要がある。

　また、当該記載に加え、前述のとおり、保証人が自由財産を超える資産を残存資産とすることを希望する場合には、その必要性について対象債権者に対して説明する必要があることから（経営者保証GL7.(3)③a)）、当該必要性についても申立書に記載することが望ましい。

【書式11-14】　特定調停申立書（単独型）

　　　　　　　　　　　特定調停申立書

　　　　　　　　　　　　　　　　　　　　　平成　年　月　日

○○簡易裁判所　御中
　　　（当事者の住所・名称）
　　　（代理人の住所・名称）
　　　（相手方債権者の住所・名称）

申立ての趣旨

申立人の債務額を確定したうえ，その支払方法の協定を求める。
本件については，特定調停手続により調停を行うことを求める。

紛争の要点

1　申立人の概況
(1)　特定債務者に該当すること
　　申立人は，資産目録兼予想配当総額試算表（略）及び関係権利者一覧表（略）に記載のとおり，平成○年○月○日時点において，別紙当事者等目録（略）記載の申立外○○○株式会社（以下「○○○」という。）を主たる債務者とする○○○○円の連帯保証債務を負担しながら，○○○○円の資産しか所有しておらず，○○○○円の月額収入しかないため，特定調停等の調整の促進のための特定調停に関する法律（以下「特定調停法」という）第2条の「金銭債務を負っている者であって」「支払不能に陥るおそれのあるもの」に該当する。
(2)　上記原因が生じた理由
　　○○○○は，第二会社方式により再生を図り，会社分割で設立した別紙当事者等目録記載の申立外株式会社□□□（以下「□□□」という。）に事業を承継させ，東京地方裁判所より平成○年○月○日特別清算開始決定を受け（同庁平成○年(ヒ)第○○号），本日現在，特別清算手続が進行中であり，主たる債務を完済することができないためである。
(3)　職業，勤務先名称，家族の状況等
　　【適宜記載】
2　債務の種類
　　○○○を主たる債務者とする連帯保証債務
3　借受金額等

契約日	借受金額	利息（年％）	損害金(年％)	備　考

4 返済状況

期　　間	返済した金額	残元本	利息・損害金の残額	備　　考

5 経営者保証に関するガイドラインによる整理を求めること

　申立人は，本調停手続において，次に述べる事情により，平成25年12月に公表された「経営者保証に関するガイドライン」（以下「経営者保証GL」と略称し，経営者保証GLの条項を引用するときは項番の冒頭に「GL」と表記する。）に基づく保証債務の整理を求める。

(1) 主たる債務者である○○○は中小企業であり，申立人は同社の代表取締役社長である（GL7(1)，GL3(1)(2)））。

(2) ○○○は第二会社方式により再生を図り，会社分割で設立した□□□に事業を承継させ，東京地方裁判所より平成○年○月○日特別清算開始決定を受け（同庁平成○年(ヒ)第○○号），本日現在，特別清算手続が進行中である（GL7(1)ロ）。

(3) 主たる債務者である○○○は，上記(2)のとおり，第二会社方式により再生を図り，会社分割で設立し事業を承継させた□□□の全株式をスポンサー候補者に適正な価額で譲渡し，支払いを受けた譲渡代金を債権者である相手方（金融機関）の一部返済に充て，特別清算手続において残余の借入金債務の免除を受ける予定である（以下「本再生スキーム」という。）。○○○は相手方との間で譲渡価額や免除額について協議を重ね，本再生スキームについてはほぼ相手方から内諾を得ている。

　保証人である申立人に関しても，後記6で述べるとおり，調停条項案の内容で債務の免除を受けることについて，ほぼ相手方から内諾を得ている。

　よって，主たる債務者及び保証人の双方が弁済について誠実であり，対象債権者の請求に応じ，それぞれの財産状況等（負債の状況を含む。）について適時適切に開示している（GL7(1)イ，GL3(3)）。

(4) 保証人である申立人には，破産法第252条第1項（第10号を除く。）に規定される免責不許可事由が生じておらず，そのおそれもない（GL7(1)ニ）。

(5) 主たる債務者である○○○及び保証人である申立人は，いずれも反社会的勢力ではなく，そのおそれもない（GL7(1)イ，GL3(4)）。

(6) 主たる債務者である○○○は，本再生スキームにより，総額○○○○円を相

手方を含めた関係権利者一覧表記載の債権者(以下「対象債権者」という。)に対し按分比例で弁済する予定である。保証人である申立人も,本特定調停手続により,添付の調停条項案のとおり,総額〇〇〇〇円を相手方を含めた対象債権者に対し按分比例で弁済する予定である。したがって,主たる債務者の本再生スキームと申立人に係る本特定調停手続により,両者は合算して総額〇〇〇〇円〔A〕を相手方を含めた対象債権者に対して弁済することになる。

これに対し,主たる債務者である〇〇〇が破産した場合は,添付の清算貸借対照表のとおり,相手方を含めた対象債権者に対しては総額〇〇〇〇円を配当できるにとどまる見込みである。保証人である申立人が破産した場合は,添付の予想配当総額試算表のとおり総額〇〇〇〇円を相手方を含めた対象債権者に対して配当できるにとどまる見込みである。したがって,主たる債務者と申立人の破産により,両者は合算して総額〇〇〇〇円〔B〕を相手方を含めた対象債権者に対して配当できるにとどまる。

〔A〕は〔B〕を〇〇〇〇円上回っており(回収見込額の増加額),主たる債務者の資産及び債務並びに保証人の資産及び保証債務の状況を総合的に考慮して,主たる債務及び保証債務の破産手続による配当よりも多くの回収を得られる見込みがあるなど,相手方を含めた対象債権者にとっても経済的な合理性が期待できる(GL7(1)ハ)。

そして,別添の調停条項案によると,残存資産は〇〇〇〇円であり,上記回収見込額の増加額を超えるものではない。

6 相手方との交渉の経過等

保証人である申立人は,申立人代理人弁護士を通じて,既に平成〇年〇月〇日から相手方と保証債務の返済について協議を重ね,添付の資産目録の内容で財産状況を開示した。同年〇月〇日には添付の調停条項案も提示し,同条項案の内容で一定の資産を売却して連帯保証債務の一部返済に充て,その余の債務の免除を受けることを相手方に提案した。

これに対し,平成〇年〇月〇日,相手方の担当者より,調停条項案を組織として正式に受諾するには調停委員の意見を確認する必要があるが,担当者レベルでは特段の問題はないと考えているとの回答を得られ,ほぼ相手方から内諾を得られている状況にある。

添付書類

1 訴訟委任状

2　資格証明書
　　　3　資産目録兼予想配当総額試算表
　　　4　関係権利者一覧表
　　　5　調停条項案
　　　6　主たる債務者の弁済計画案
　　　7　主たる債務者の清算貸借対照表

（引用元：特定調停スキーム利用の手引き）

(二)　特定調停の申立て後の手続

(A)　調停手続の進行

　調停手続の進行は、調停委員会の指揮に委ねられているが、調停委員会は、申立人と対象債権者との間の交渉経過や合意形成の度合いを認識していない。そのため、保証人は調停期日の指定を受ける前に、調停委員会に対し、交渉経過や合意形成の度合いを説明し、調停手続の進行について要望を述べる必要がある。また、実務上、調停委員会が調停手続の進行等に関して保証人から事情を聴取する必要がある場合、調停委員会は、保証人のみを出頭させ、保証人から事情を聴取する準備期日を指定することがある。

(B)　調停の成立

　保証人と対象債権者との間で事前協議が整っている場合には、通常、第1回期日において、調停委員会が、保証人および対象債権者に対して意向確認を行う。そして、すべての対象債権者から調停条項案（弁済計画案）に対する同意がある場合には、調停は成立する（特定調停15条）。

　他方、第1回調停期日において調停が成立しない場合には、次回期日が指定される。以後、保証人は、調停の成立に向けて、対象債権者と期日間に協議を行い、調停手続を進めていくこととなる。

　なお、保証人と対象債権者との間で、調停条項案について、調停に代わり裁判所の決定があれば異議を述べないという段階にまで合意が形成されている場合には、裁判所が民事調停法17条に基づく決定を行うこともある。

【書式11－15】 調停条項案

調停条項案（相手方○○信用金庫分）

【一括返済型・単独型】

1 主たる債務と保証債務の一体整理が困難な理由
　　申立人と相手方○○信用金庫（以下「相手方」という）は，別紙当事者等目録（略）記載の申立外株式会社○○○（以下「○○○」という。）が第二会社方式により再生を図り，会社分割で設立した別紙当事者等目録記載の申立外株式会社□□□（以下「□□□」という。）に事業を承継させ，東京地方裁判所より平成○年○月○日特別清算開始決定を受け（同庁平成○年(ヒ)第○○号），本日現在，特別清算手続が進行中であることを確認する。

2 保証債務の整理を経営者保証に関するガイドラインにより行う理由
　　申立人と相手方は，申立人が，主たる債務者である○○○の代表取締役社長であり，同社の保証債務（以下「本件保証債務」という。）を負担していること，○○○の事業を承継した□□□が再建を図っていくために不可欠な存在で，同社の代表取締役社長に就任して引き続き対外的にも事業の中心を担っていること，及び同人が負担する本件保証債務につき，法的債務整理手続よりも適切な私的整理手続により保証債務を整理した方が事業の円滑な遂行に資することから，同人が経営者保証に関するガイドラインによる整理を選択したことを確認する。

3 申立人の財産の状況
　　申立人と相手方は，平成○年○月○日（一時停止の要請の効力発効時）現在の申立人の保有する資産が別紙資産目録（以下「資産目録」という。）（略）のとおりであることを確認する。

4 保証債務の弁済計画及び資産の換価処分の方針
　　申立人と相手方は，保証債務の弁済計画及び資産の換価処分の方針について次のとおり確認する。
　(1)　申立人は，資産目録記載の不動産を第三者に売却し，平成○年○月○日限り，売却代金から移転費用，不動産仲介手数料，固定資産税，印紙代，

登記費用等売却に要する費用（以下「必要経費」という。）を控除した額を，相手方を含む金融機関◯社に対し，それぞれ保有する債権額に応じて按分して返済し，その余の資産目録記載の資産は残存資産として申立人が引き続き保有する。
　(2)　前記売却代金から必要経費を控除した額が◯◯円に満たなかった場合は，申立人は，その差額について残存資産を限度に支出する。

5　保証債務の減免，期限の猶予その他の権利変更の内容
　(1)　債務額の確認
　　　申立人は，相手方に対し，申立人が相手方に対して負っている保証債務の残債務として，金◯◯◯◯円（内訳；残元金◯◯◯円，未払利息金◯◯円，確定遅延損害金◯◯円）及び残元金に対する平成◯年◯月◯日から支払済みまで年◯％の割合による遅延損害金の支払義務があることを認める。
　(2)　弁済方法，期限の利益及び債務免除
　　　ア　申立人は，相手方に対し，資産目録記載の不動産を第三者に売却し，平成◯年◯月◯日限り，前項(1)の返済額のうち，相手方の保有する債権額に応じて按分した額（ただし，按分した額が◯◯円に満たなかった場合は，◯◯円）を支払うこととする。
　　　イ　申立人がアの支払を怠ったときは，直ちに，申立人は相手方に対し，前項(1)の残債務の未払額を支払うこととする。
　　　ウ　相手方は，アの支払がなされたときには，申立人に対し，前記(1)のその余の債務を免除することとする。

6　保証債務の追加弁済
　(1)　申立人及び相手方は，申立人が相手方に対し，本調停条項に添付した表明保証書（以下「表明保証書」という。）写しのとおりの表明保証を行った事実を確認する。
　(2)　申立人が表明保証書により表明保証を行った資力の状況が事実と異なることが判明した場合，又は申立人が資産の隠匿を目的とした贈与若しくはこれに類する行為を行っていたことが判明した場合には，申立人は相手方に対し，前項(2)ウにより免除を受けた債務額及び同債務額中の残元本に対する免除を受けた日の翌日から支払済みまで年◯％の遅延損害金を直ちに支払うこととする。

> 7 清算条項
>   申立人と相手方は，本件に関し，本調停条項に定めるほか，他に何らの債権債務のないことを相互に確認する。
>
> 8 調停費用
>   調停費用は，各自の負担とする。
>
> 以　上

(特定調停スキーム利用の手引き)

(2) 中小企業再生支援協議会を利用した経営者保証 GL の手続

(イ) 中小企業再生支援協議会とは

協議会は、産業競争力強化法（平成25年12月11日法律第98号）127条1項の規定に基づいて中小企業再生支援業務（同条2項に規定する業務）を行う者として認定を受けた商工会議所等（以下、「認定支援機関」という）に設置された組織であり、現在、都道府県ごとに1つの協議会が設置されている。

協議会は認定支援機関が設置する支援業務部門に対して指導および助言等を行っており、支援業務部門では、中小企業や事業の再生等に相当の知見と経験を有する者から選任された統括責任者1名と、それを補佐する統括責任者補佐数名が常駐して、中小企業の再生に係る窓口相談（第一次対応）に応じ、また再生計画策定支援を行うことが適当であると判断される事案については、再生計画策定支援（第二次対応）を行っている。

このような支援業務部門（または独立行政法人中小企業基盤整備機構に設置された中小企業再生支援全国本部）による再生計画策定支援等を受けて実施する中小企業の私的整理手続が、実務上、協議会スキームと呼ばれる私的整理手続である。

本来、協議会スキームは中小企業が負担する債務の整理を対象とする手続であり、中小企業の経営者が負担する保証債務の整理については対象としていなかったが、経営者保証 GL が平成25年12月に策定および公表されたことを受け、経営者保証 GL に基づく保証債務整理支援業務が中小企業再生支援協議会事業に追加された。そして、その業務手順は、保証債務の整理手順に

従うものとされている（中小企業再生支援協議会事業実施基本要領9項）。

　㈡　中小企業再生支援協議会における手続の内容
　　(A)　窓口相談（第一次対応）
　保証人および支援専門家（以下、「保証人ら」という）は、連名により、商工会議所等の認定支援機関に設置された支援業務部門に相談申込書を提出し、これが受理されることにより、支援業務部門による（第一次対応）窓口相談が開始される。支援業務部門の統括責任者および統括責任者補佐は、窓口相談において、主債務者の資産、債務および債務整理の状況、保証人の資産および債務の状況、保証契約の概要、取引金融機関との関係等を確認し、また保証人の承諾を得たうえで、対象債権者の意向を確認するなどして、保証人の弁済計画の策定支援を行うことが適当であるか否かを判断する。

【書式11-16】　相談申込書

〈第一次対応〉

○○中小企業再生支援協議会　支援業務部門　御中

相談申込書

　私は、「経営者保証に関するガイドライン」（以下、「ガイドライン」といいます。）の記載内容を十分に理解のうえ、［主たる債務者名］を主たる債務者とする保証債務の整理に関し、支援専門家と連名で窓口相談（第一次対応）を申し込みます。
　なお、私の相談内容が守秘義務により保護されるものであり、本事業の遂行のために経済産業省（各経済産業局等も含む）、中小企業庁及び独立行政法人中小企業基盤整備機構に開示される以外に、私の承諾なく、その他の第三者に開示されないことを理解いたしました（注）。
　また、ガイドライン第7項(3)③に基づき、主たる債務の整理手続の終結後に保証債務の整理を開始した場合には、終結前に開始した場合と比較して、残余財産の範囲が制限されることを理解するとともに、窓口相談や利用申請の結果、○○中小企業再生支援協議会において保証債務の整理が開始できなかった場合又は弁済計画が不成立に終わった場合の一切の不利益は私の責任であることを確認しました。
　平成　　年　　月　　日

```
           主たる債務者名   _____
           保証人   （住   所）_____
                   （氏   名）_____

           支援専門家（住   所）_____
                    （氏   名）_____

 (注) 但し，裁判所若しくは行政上の命令（行政指導を含む）又は法令により開示が
      要請される場合はこの限りではありません。
```

(B) 弁済計画策定支援（第二次対応）

(a) 弁済計画策定支援の開始

　統括責任者は、窓口相談（第一次対応）で把握した状況を基に、弁済計画の策定を支援することが適当であると判断した場合には、保証人らから利用申請書およびその添付資料の提出を受ける。統括責任者等は、提出された利用申請書およびその添付資料の記載事項を確認するとともに、保証人の承諾を得て、対象債権者の意向を確認し、認定支援機関の長と協議のうえ、弁済計画の策定を支援することを決定する。なお、弁済計画策定支援をすることが困難と判断された場合には、保証人らにその旨を伝え、必要に応じて、弁護士を紹介する等可能な対応を行うこととされている。

【書式11－17】　利用申請書

〈第二次対応〉

○○○中小企業再生支援協議会　支援業務部門　御中

利用申請書

　私は、「経営者保証に関するガイドライン」（以下、「ガイドライン」といいます。）に基づき、［主たる債務者名］を主たる債務者とする保証債務の整理に関し、貴協議会による保証債務の整理（第二次対応）を申し込みます。

　なお、私の平成○年○月○日時点における資産の状況は別紙１のとおりであり、残存資産の範囲についての意向及び私に関する破産法第252条第１項（第

10号を除く。）に規定される免責不許可事由に関する状況は下記のとおりです。

　私は，保証債務の整理に際しては，「中小企業再生支援協議会等の支援による経営者保証に関するガイドラインに基づく保証債務の整理手順」に従うとともに，ガイドラインに従った弁済計画案を策定することを約します。

　また，私は，別紙3に定義される反社会的勢力のいずれにも該当しないことを誓約します。

記

【残存資産の範囲の意向確認】

保証債務の整理の申し込みにあたり，破産法上の自由財産及び担保提供資産を超える一定の財産について，保証債務の履行の対象とせずに保証人の手元に残すことを希望するか。
　　□希望しない　　　　　　□希望する
※「希望する」に該当する場合，残すことを希望する財産の内容を記載してください。

【免責不許可事由に関する確認】

破産法第252条第1項（第10号を除く。）に規定される免責不許可事由（別紙2記載の事由）が生じておらず，そのおそれもないことの有無
　　□無し　　　　　　　　　□有り
※「有り」に該当する場合，免責不許可事由に該当する事由又はそのおそれのある事由の内容を記載してください。

平成　　年　　月　　日
　　　主たる債務者名

　　　　保証人　（住　　所）
　　　　　　　　（氏　　名）
　　　　　　　　　　　　　＿＿＿＿＿＿＿＿＿＿＿＿＿

本利用申請書（別紙1を含む。）の記載内容を確認し，保証人と連名で利用を申し込みます。
　　　　支援専門家（住　　所）
　　　　　　　　　（氏　　名）
　　　　　　　　　　　　　＿＿＿＿＿＿＿＿＿＿＿＿＿

（別紙1）

資産に関する状況

（平成○年○月○日時点）

1．現金　　　　　　　　　　　　　　　　　＿＿＿＿＿＿円
2．預金

金融機関・支店名	口座の種類	口座番号	残　高

3．不動産

種別	所在地	地目／構造・規模	地積／床面積（m²）	備考（借入状況，担保状況等）

4．貸付金

相　手　方	金　　額	備考（回収見込等）

5．保険

保険会社名	証券番号	解約返戻金額	備　考

6．有価証券・ゴルフ会員権等

種　　類	数　　量	評　価　額	備考（担保状況等）

7．その他資産（貴金属，美術品等）

品　　名	購入金額	備考（換価可能性等）

（別紙２）

破産法第252条第１項（第10号を除く。）に規定される免責不許可事由

第１号	詐害目的での財産の不利益処分（資産の隠匿，損壊，廉価売却等）
第２号	不当な債務負担行為（破産手続遅延目的による不利益債務負担行為等）
第３号	不当な偏頗行為（非義務行為についての偏頗弁済等）
第４号	浪費，賭博その他射幸行為
第５号	詐術による信用取引（氏名・収入・他からの債務額等について事実と異なる申告をして借り入れたり，商品を購入したりしたこと等）
第６号	帳簿隠滅，偽造，変造行為（税務申告書の隠滅，偽造等）
第７号	虚偽の債権者名簿提出行為
第８号	裁判所に対する破産手続上の説明義務違反
第９号	破産管財人等に対する不正な手段による職務妨害行為

（別紙３）

反社会的勢力の定義

反社会的勢力とは，次の各号のいずれかに該当する者をいう。

一　暴力団（暴力団員による不当な行為の防止等に関する法律（平成３年法律第77号。以下「暴力団対策法」という。）第２条第２号に規定する暴力団を

いう。以下同じ。)
二　暴力団員(暴力団対策法第2条第6号に規定する暴力団員をいう。以下同じ。)
三　暴力団準構成員(暴力団員以外の暴力団と関係を有する者であって,暴力団の威力を背景に暴力的不法行為等を行うおそれがあるもの又は暴力団若しくは暴力団員に対し資金,武器等の供給を行うなど暴力団の維持若しくは運営に協力し,若しくは関与するものをいう。以下同じ。)
四　暴力団関係企業(暴力団員が実質的にその経営に関与している企業,暴力団準構成員若しくは元暴力団員が経営する企業で暴力団に資金提供を行う等暴力団の維持若しくは運営に積極的に協力し若しくは関与するもの又は業務の遂行等において積極的に暴力団を利用し,暴力団の維持若しくは運営に協力している企業をいう。)
五　総会屋等(総会屋その他企業を対象に不正な利益を求めて暴力的不法行為等を行うおそれがあり,市民生活の安全に脅威を与える者をいう。)
六　社会運動等標ぼうゴロ(社会運動若しくは政治活動を仮装し,又は標ぼうして,不正な利益を求めて暴力的不法行為等を行うおそれがあり,市民生活の安全に脅威を与える者をいう。)
七　特殊知能暴力集団等(暴力団との関係を背景に,その威力を用い,又は暴力団と資金的な繋がりを有し,構造的な不正の中核となっている集団又は個人をいう。)
八　前各号に掲げる者と次のいずれかに該当する関係にある者
　　イ　前各号に掲げる者が自己の事業又は自社の経営を支配していると認められること
　　ロ　前各号に掲げる者が自己の事業又は自社の経営に実質的に関与していると認められること
　　ハ　自己,自社若しくは第三者の不正の利益を図る目的又は第三者に損害を加える目的をもって前各号に掲げる者を利用したと認められること
　　ニ　前各号に掲げる者に資金等を提供し,又は便宜を供与するなどの関与をしていると認められること
　　ホ　その他前各号に掲げる者と役員又は経営に実質的に関与している者が,社会的に非難されるべき関係にあると認められること

(b) 返済猶予等の要請

統括責任者は、弁済計画作成支援を行うことを決定した場合には、原則として、経営者保証GL7.(3)①に従い、保証人、支援専門家と連名で、対象債権者に対し、返済猶予等の要請を行う。

【書式11-18】 返済猶予等の要請

〈第二次対応〉
平成〇年〇月〇日

対象債権者各位

返済猶予等のお願い

〇〇商工会議所
支援業務部門
統括責任者 〇 〇 〇 〇 印

（主たる債務者）〇 〇 〇 〇
（保証人）〇 〇 〇 〇 印

（支援専門家）〇 〇 〇 〇 印

拝啓 時下益々ご清祥のこととお喜び申し上げます。
　平素は、中小企業再生支援協議会事業に格別のご高配を賜り、厚く御礼申し上げます。
　さて、平成〇年〇月〇日に、［保証人名］について、「中小企業再生支援協議会等の支援による経営者保証に関するガイドラインに基づく保証債務の整理手順」（以下、「本手順」といいます。）に基づき弁済計画策定支援（第二次対応）を開始することとなりました。これに伴い、平成〇年〇月〇日から平成〇年〇月〇日までの間、保証債務の返済のご猶予をお願い申し上げます。対象債権者におかれましては、本手順に基づく保証債務の整理にご協力賜りたく、下記の行為を差し控えて頂くようお願い申し上げます。

敬具

記

1．平成〇年〇月〇日における保証債務の残高を減らすこと
2．弁済の請求・受領、相殺権を行使するなどの債務消滅に関する行為をなす

> こと
> 3．追加の物的人的担保の供与を求め，担保権を実行し，強制執行や仮差押・仮処分や法的倒産処理手続の申立てをすること
>
> 以上

(c) 個別支援チームの編成

統括責任者は、外部専門家から構成される個別支援チームを編成して弁済計画の策定の支援を行う。一体型の場合には、主債務者に対する再生計画策定支援の開始により編成された個別支援チームと同一の構成であることが多い。

(d) 弁済計画案の作成

保証人らは、個別支援チームによる弁済計画案の作成支援を受けて、保証債務の弁済計画案を作成する。弁済計画案の内容は、経営者保証GL 7．(3)②から⑤の規定に従った内容とする必要がある。なお、一体型の場合には、原則として、主債務者の再生計画案に保証人の弁済計画案も記載する。

(e) 弁済計画案の調査報告

個別支援チームの弁護士が、弁済計画案の内容の相当性および実行可能性を調査し、調査報告書を作成したうえ、対象債権者に提出する。

(C) 債権者会議の開催と弁済計画の案の提出

弁済計画案が作成された後、すべての対象債権者による債権者会議を開催する。債権者会議においては、保証人らが、対象債権者に対し、弁済計画案を提出し、また個別支援チームが、弁済計画案の調査結果を報告する。債権者会議においては、弁済計画案の説明、質疑応答および意見交換を行ったうえ、対象債権者が弁済計画案に対する同意不同意の意見を表明する期限が定められる。なお、債権者会議を開催せずに、弁済計画案の説明等を、対象債権者への個別訪問等により実施することも認められている。

(D) 弁済計画の成立

対象債権者のすべてが、弁済計画案について同意し、これを文書等により確認した時点で弁済計画が成立する。

(3) 純粋私的整理手続における経営者保証GLの手続

前述のとおり、単独型において、保証債務の整理を行う場合、合理的理由があるときは、準則型私的整理手続を利用することなく、保証人の支援専門家等の第三者の関与の下、経営者保証GLに基づく保証債務の整理を行うことも可能である（経営者保証GL7.(3)④ロ）。

この場合、手続の進行については、準則型私的整理手続を利用した場合と異なり、個別事情に応じて柔軟に手続を進めて行くことが可能である反面、支援専門家等が、手続主催者として主体的に手続を進めて行く必要がある。

一般的には、対象債権者に対して一時停止等の要請を行ったうえ、対象債権者との間で協議を行い、経営者保証GL7.(3)②から⑤の規定に従った弁済計画案を提出した後、すべての対象債権者から弁済計画案について同意を得て弁済計画が成立する。

手続の進行については、経営者保証GLの要件および手続（前掲Ⅲ2を参照）を踏まえて、支援専門家等において、検討する必要がある。

一時停止等の通知書等の書式については、特定調停手続および協議会における手続の書式に準じて作成することとなる。

第12章　手続相互間の移行

I　民事再生との移行

1　再生手続から破産手続への移行

(1) 移行方法に関する規定

(イ) 再生手続終了前

　破産手続開始前の再生債務者について、①再生手続開始決定の取消しの決定、②再生手続廃止の決定、③再生計画不認可の決定、④再生手続の終了前にされた申立てに基づく再生計画取消しの決定のいずれかの事由によって再生手続が終了する場合、再生手続が終了する前でも破産手続開始の申立てをすることができる（民再249条1項前段）。

　また、破産手続開始決定後の再生債務者について、再生計画認可決定が確定して破産手続開始決定が効力を失った（民再184条）後に、⑤民事再生法193条または194条に基づく再生手続廃止の決定、⑥再生手続の終了前にされた申立てに基づく再生計画取消しの決定のいずれかの事由によって再生手続が終了する場合も、上記と同様に再生手続が終了する前でも破産手続開始の申立てをすることができる（民再249条1項後段）。

　上記①ないし⑥の各決定は確定しなければ効力を生じないため、確定前はいまだ再生手続開始決定が効力を有しており、民事再生法39条1項の規定によって破産手続開始の申立てが制限されていることとなるが、民事再生法249条1項前段はかかる制限を排除しているので、再生手続終了前でも破産手続開始の申立ておよびこの申立てを前提とする保全処分（法24条・25条・28条・91条・171条）の申立てをすることができる。

　なお、平成16年の破産法改正の以前は、再生手続から破産手続への移行は職権でのみ行われるものとされており、利害関係人には申立て権限は認められておらず、また、再生手続終了前の破産手続移行に関する規定も存在しなかった（旧民再16条1項参照）ところ、平成16年の破産法改正に伴う民事再

生法の改正によって、当事者である再生債務者や再生債権者の主導による牽連破産手続への移行を認めるとともに、牽連破産手続への速やかな移行を可能とするため、再生手続が終了する前の申立てが認められるようになった。ただし、いずれの場合も破産手続開始決定は、再生手続を終了させる決定が確定した後でなければできない（民再249条2項）。

　　㈹　再生手続終了後

　破産手続開始前の再生債務者について、①再生手続開始決定申立ての棄却決定の確定、②再生手続廃止決定の確定、③再生計画不認可決定の確定、④再生計画取消決定の確定のいずれかの事由により再生手続が終了した場合において、当該再生債務者に破産手続開始の原因となる事実があると認められる場合は、裁判所は職権で破産手続開始の決定をすることができる（民再250条1項）。

　また、破産手続開始決定後の再生債務者について、⑤民事再生法193条または194条に基づく再生手続廃止決定の確定、⑥再生計画取消決定の確定のいずれかの事由により再生手続が終了した場合は、裁判所は職権で破産手続開始の決定をしなければならない（民再250条2項）。

　⑵　再生手続から破産手続への移行の際の保全処分

　前掲⑴㈠記載の①ないし⑥の各決定があった場合、裁判所は、職権で保全処分を命ずることができる（民再251条1項）。

　⑶　実体法に関する規定

　　㈠　相殺禁止規定および否認権規定の読み替え

　破産手続開始前の再生債務者について、①再生手続終了後に職権による破産手続開始決定があった場合、②再生手続開始前に破産手続開始の申立てがなされており、再生手続開始の申立棄却等の後に当該申立てに基づいて破産手続開始決定があった場合、③再生手続が終了する前に破産手続開始の申立てがなされ、当該申立てに基づいて破産手続開始決定があった場合のいずれかの場合には、牽連破産手続における相殺禁止規定および否認権規定の適用においては、先行する再生手続開始の申立てをもって、破産手続開始の申立てとみなすものとされている（民再252条1項）。

　これは、相殺禁止規定および否認権規定における相殺権および否認権の限

界を画する要件に関しては、先に別の倒産処理手続である再生手続が進行していることに鑑みて、再生手続開始の申立てを破産手続開始の申立てとみなすことが関係当事者の利害を調整するうえで妥当であるとの判断によるものである。

また、否認権行使期間に関する規定（法176条）の適用についても、再生手続開始決定が先行した場合でその後に破産手続開始決定がなされた場合には、当初の再生手続開始決定の日を後行手続の「破産手続開始の日」とみなす場合がある（民再252条2項）。

以上のことは、破産手続開始決定後の再生債務者について、再生計画認可決定が確定し、破産手続開始決定が効力を失った後に、一定の事由によって再生手続が終了し、民事再生法249条1項後段、250条2項に基づいて再度破産手続開始決定がなされた場合にも該当するため、これらの場合、先行手続における「破産手続開始の申立て」「破産手続開始の日」を後行手続のそれとみなされる（民再252条3項・4項）。

(ロ) 再生手続における労働債権の取扱い

(イ)で述べた経過を経て牽連破産手続に移行した場合には、破産手続開始前の3カ月分が財団債権とされる使用人の給与請求権は、再生手続開始前の3カ月分について財団債権となるものとされる（民再252条5項）。

(ハ) 再生手続における共益債権の取扱い

(イ)で述べた経過を経て牽連破産手続に移行した場合には、再生手続において生じた共益債権は財団債権になるものとされている（民再252条6項前段）。破産手続開始決定後の再生債務者について、再生計画認可決定の確定前に再生手続が廃止されて破産手続が続行された場合も、再生手続において生じた共益債権は財団債権になるものとされている（同項後段）。

(4) 手続法に関する規定

(イ) 破産債権の届出を要しない旨の決定

前掲(3)(イ)で述べた経過を経て牽連破産手続に移行した場合に、裁判所は、破産債権であって従前の終了した再生手続において再生債権としての届出があったものについては、破産手続において再度届出をすることを要しない旨の決定をすることができる（民再253条1項）。

このような流用を認めることで、破産債権者や破産管財人の手続上の負担を軽減し、合理的な手続運営を可能とする趣旨である。このような流用を認めるか否かの判断は、先行した再生手続において届出された再生債権の内容や債権調査の結果等諸般の事情に鑑みて裁判所が行う。

　(ロ)　再生債権の確定に関する手続の承継

　牽連破産手続に移行した場合に、再生裁判所に係属する再生債権の査定の手続は、再生手続の終了が再生計画認可決定の確定前であるときは終了するが、再生計画認可決定の確定後であるときは終了しない（民再112条の2第1項）。また、再生手続が終了したときに査定の裁判に対する異議の訴えが係属している場合も、この訴訟手続は終了しない（同条4項・5項）。

　これも流用を認めることで訴訟経済に適う合理的な手続運営を可能とする趣旨である。

　(ハ)　否認権行使に関する手続の承継

　前掲(3)(イ)で述べた経過を経て牽連破産手続に移行した場合に、再生裁判所に継続する否認の請求の手続は、再生手続の終了に伴って終了するが（民再136条5項）、他方、否認の訴えや否認の請求を認容する決定に対する異議の訴えが係属している場合には、これらの訴訟手続は再生手続の終了に伴って中断するものの、後の牽連破産手続において破産管財人に承継することができる（民再254条1項）。

　㈡　破産配当の調整

　先行する再生手続において再生債権に対する弁済が実施されている場合には、牽連破産手続における破産債権の配当は、再生手続における弁済金額等を考慮したうえで行われる（民再190条）。

　これは破産債権者間の公平を担保する趣旨である。

【書式12-1】　保全管理命令

平成○年（再）第○○号　再生手続開始申立事件

決　　　定

東京都○○区○○町○○丁目○番○号

　　　　再生債務者　　○○○株式会社
　　　　代表者代表取締役　○　○　○　○

　頭書事件について，当裁判所は民事再生法第251条1項及び破産法第91条の規定に基づき，次のとおり決定する。

主　　　文

1　○○○株式会社について保全管理人による管理を命ずる。
2　保全管理人として，次の者を選任する。
　　　東京都△△区△△町△丁目△番△号　△△ビル△階
　　　△△法律事務所
　　　弁護士　△　△　△　△
3　保全管理人が次に掲げる行為をするには，当裁判所の許可を得なければならない。
　(1)　一切の金銭債務の弁済ならびに担保の提供
　(2)　再生債務者が所有する財産に係る権利の譲渡，担保権の設定，賃貸その他の一切の処分
　(3)　再生債務者の有する債権について譲渡，担保権の設定その他一切の処分（ただし，保全管理人による取立てを除く。）
　(4)　財産の譲受け
　(5)　貸付け
　(6)　金銭の借入（手形割引を含む）及び保証
　(7)　その他会社の常務に属さない行為
4　保全管理人は，毎月末ごとに再生債務者の業務及び財産の管理状況についての報告書を当裁判所に提出しなければならない。
平成○年○月○日
　　　東京地方裁判所民事第20部
　　　　　　　裁判長裁判官　○　○　○　○　印
　　　　　　　　　　裁判官　○　○　○　○　印
　　　　　　　　　　裁判官　○　○　○　○　印

【書式12−2】 牽連破産手続開始決定

平成○年（再）第○○号（平成○年(フ)第○○号）

決　　定

東京都○○区○○町○丁目○番○号
再生債務者　　　○○○株式会社
代表者代表取締役　○　○　○　○

主　　文

1　○○○株式会社について破産手続を開始する。
2　破産管財人に次の者を選任する。
　　　東京都△△区△△町△丁目△番△号　△△ビル△階
　　　△△法律事務所
　　　　弁護士　△　△　△　△
3　破産債権の届出をすべき期間等を次のとおり定める。
　(1)　破産債権の届出をすべき期間　　　　平成○年○月○日まで
　(2)　破産債権の一般調査期日　　　　　　平成○年○月○日午後○時
4　財産状況報告集会・廃止意見聴取集会・計算報告集会の各期日を次のとおり定める。　　　　　　　　　　　　　　　　　平成○年○月○日午後○時
5　破産管財人は，次の各行為については，当裁判所の許可を得ないでこれを行うことができる。
　(1)　自動車の任意売却
　(2)　取戻権の承認
　(3)　財団債権の承認
　(4)　有価証券の市場における時価での売却
6　破産管財人は，5の各行為について，少なくとも1ヶ月に1回，財産目録及び収支計算書に記載し，通帳写しを添付して報告しなければならない。
7　破産管財人は，任務終了時に破産管財人口座を解約した後，すみやかに収支計算書及び破産管財人口座の通帳写しを裁判所に提出しなければならない。
8　信書の送達の事業を行う者に対し，破産者にあてた郵便物等を破産管財人に配達すべき旨を嘱託する。

理　　由

再生債務者は，平成○年○月○日，当裁判所に対して，再生手続開始の申立てをなし，同年○月○日午後○時，再生債務者に対する再生手続開始の決定がなされたが，平成○年○月○日に至り同手続を廃止する旨の決定がなされ，上記決定は同月○日の経過により確定した。
　職権をもって審査するに，再生債務者は債権者約○名に対して，合計金○億円の債務を負担し，これが支払不能の状態にあることは明らかである。
　よって，民事再生法第250条1項及び破産法第15条1項を適用して主文第1項のとおり決定し，破産法31条1項，116条2項，217条1項，135条2項，157条2項，78条3項2号，81条1項の規定に基づき，主文第2項から第8項のとおり決定する。
　平成○年○月○日
　　　　　東京地方裁判所民事第20部
　　　　　　　　裁判長裁判官　○　○　○　○　印
　　　　　　　　裁判官　　　　○　○　○　○　印
　　　　　　　　裁判官　　　　○　○　○　○　印

【書式12-3】　破産債権の届出を要しない旨の決定

平成○年（再）第○○号（平成○年(フ)第○○号）

決　　定

　　　　　　　東京都○○区○○町○丁目○番○号
　　　　　　　再生債務者　　　○○○株式会社
　　　　　　　代表者代表取締役　○　○　○　○

　頭書事件について，当裁判所は民事再生法第253条1項の規定に基づき，次のとおり決定する。

主　　文

　本件再生手続において再生債権としての届出のあったものを破産債権として有する債権者は，本件破産手続においては当該破産債権の届出をすることを要しない。
　平成○年○月○日
　　　　　東京地方裁判所民事第20部
　　　　　　　　裁判長裁判官　○　○　○　○　印

裁判官	○	○	○	○	印
裁判官	○	○	○	○	印

2　破産手続から再生手続への移行

(1)　移行方法に関する規定

　破産管財人は、破産者に再生手続開始の原因となる事実があるときは、破産裁判所の許可を得て、破産者について再生手続開始の申立てをすることができる（民再246条1項）。破産裁判所は、再生手続によることが一般の利益に適うと認める場合、すなわち、再生計画による返済が破産配当率より債権者に有利であると認められる場合に限り、再生手続開始の申立てを許可する決定をすることができる（同条2項）。なお、破産裁判所は、原則として、決定に先立ち労働組合等の意見を聴かなければならない（同条3項）。

　破産裁判所の許可を得た破産管財人が再生手続開始の申立てをした場合は、再生手続開始の原因となる事実の疎明を要しない（民再246条4項）。再生手続開始決定がなされた場合、先行の破産手続は中止される（民再39条1項）。

(2)　再生手続の届出を要しない旨の決定

　裁判所は、再生手続開始決定をする場合、再生債権であって先行の破産手続において破産債権としての届出のあったものについては、再生手続において再度再生債権として届出をすることを要しない旨の決定をすることができる（民再247条1項）。これは、流用を認めて債権者の二度手間を省く趣旨であるが、流用が認められるのは債権届出であり、債権調査の結果まで流用できるものではない。

　この決定は、再生手続開始決定と同時になされ、民事再生法35条に従って公告され、かつ、知れたる債権者に通知される（民再247条2項）。決定があった場合、債権届出期間の初日に届出があったものとみなされる（同条3項）。破産債権の額、原因、劣後的破産債権である旨の届出、約定劣後破産債権である旨の届出、別除権の行使によって弁済を受けることができないと見込まれる債権の届出は、それぞれ相当する再生債権の届出としての効力を

有し、また議決権の額の届出もしたものとみなされる（同条4項）。ただし、一般的優先債権（法98条1項）は随時弁済を受けることができるので（民再122条）、この決定の対象からは除外されており、同様に罰金等の請求権（法97条6号）についても除外されている（民再247条1項）。

なお、小規模個人再生、給与所得者等再生の場合は、この決定はできない（民再247条6項）。

(3) 財団債権の共益債権化

破産手続から再生手続に移行した場合には、破産手続において生じた財団債権は再生手続において共益債権となる（民再39条3項）。

なお、平成16年改正前の民事再生法においては、再生計画認可決定が確定することが共益債権化の条件とされていた（旧民再184条2項）。

【書式12-4】 破産管財人による再生手続開始の申立書

```
平成○年(フ)第○○号
破産者　○○○株式会社

　　　　　　　　　再生手続開始申立書

　　　　　　　　　　　　　　　　　　　　　　平成○年○月○日
東京地方裁判所民事第20部　御中
　　　　　　　　　　　　　　　破産者○○○株式会社破産管財人
　　　　　　　　　　　　　　　　弁護士　△　　△　　△　　△　印

第1　申立ての趣旨
　　　破産者について，再生手続を開始する。
　　との決定を求める。
第2　申立会社の事業の状況及び概要等
　1　会社の目的
　　(1)　定款の内容
　　(2)　事業の内容
　2　会社の経歴及び業界における地位
　　(1)　会社の経歴
　　(2)　業界における地位
　3　事業の状況
```

(1)　過去1年間の状況
　　　　詳細については別紙資金繰りの状況表（略）記載のとおり
　　　(2)　会社の役員
　　　(3)　会社の従業員
　　　(4)　営業所及び工場の所在
　　　　別紙営業所及び工場の所在一覧表（略）記載のとおり
　第3　会社の資本・資産・負債・その他の財産の状況
　　1　資本の額
　　2　会社の株主
　　　別紙株主名簿（略）記載のとおり
　　3　会社の資産，負債及び財産の状況
　　　別紙財産目録，貸借対照表（過去3年間），損益計算書（過去3年間）（略）記載のとおり
　　4　会社に対する債権者（平成〇年〇月〇日現在）
　　　(1)　担保権付債権者　　　　　　　別紙債権者一覧表Ⅰ（略）記載のとおり
　　　(2)　租税・公租公課関係債権者　　別紙債権者一覧表Ⅱ（略）記載のとおり
　　　(3)　従業員関係（賃金・退職金等）別紙債権者一覧表Ⅲ（略）記載のとおり
　　　(4)　上記以外の債権者　　　　　　別紙債権者一覧表Ⅳ（略）記載のとおり
　　5　会社の取引先
　第4　労働組合の有無等
　第5　監督官庁及び許認可の有無
　第6　再生計画案作成の方針についての意見
　　1　事業再生の方法
　　2　今後の資金繰りの予定
　　3　破産配当率の試算と再生手続の弁済率の試算
　　　　当職は，平成〇年〇月〇日の就任以来，破産者の管財業務を遂行しているところ，現時点において見込まれる破産者の破産配当率は〇％である。
　　　　他方，申立人の向こう5年間の事業計画は，甲第〇号証「事業計画表」のとおりであり，一番下欄にある「営業利益」から税引きした数字が弁済原資となるところ，年間約〇億〇万円から約〇億〇万円程度の弁済原資を確保し得ることになり，負債総額が〇億円であることからすると，再生手続による弁済率は〇％と見込まれる。
　　　　したがって，上記破産配当率を上回ることは明白であり，破産債権者にとって，破産手続によるより再生手続による方が格段に有利である。

4 債権者,従業員および主要取引先の協力の見込み
5 破産管財人の意見
　以上より,破産者が再生をなし得ることは確実と思料する。

　　　　　　　　　　　　　　　　　　　　　　　　　　以上

　　　　　　　　　　　疎明方法

　　　　　　　　　　　　（略）

　　　　　　　　　　　添付資料

1　疎甲号証（写）　　　　　　　　　　　各1通
2　許可書　　　　　　　　　　　　　　　1通

【書式12-5】　再生債権の届出を要しない旨の決定

平成○年(フ)第○○号（平成○年（再）第○○号）

　　　　　　　　　　決　　　定

　　　　　　　東京都○○区○○町○丁目○番○号
　　　　　　　再生債務者　　○○○株式会社
　　　　　　　代表者代表取締役　○　○　○　○

　頭書事件について,当裁判所は民事再生法第247条1項の規定に基づき,次のとおり決定する。

　　　　　　　　　　主　　　文

　本件破産手続において破産債権としての届出のあったもの（破産法第98条1項に規定する優先的破産債権である旨の届出があった債権及び同法97条6号に規定する罰金等の請求権を除く。）を再生債権として有する債権者は,本件再生手続においては当該再生債権の届出をすることを要しない。
平成○年○月○日
　　　　東京地方裁判所民事第20部
　　　　　　　　裁判長裁判官　○　○　○　○　㊞
　　　　　　　　　　　裁判官　○　○　○　○　㊞
　　　　　　　　　　　裁判官　○　○　○　○　㊞

II 会社更生との移行

1 更生手続から破産手続への移行

更生手続から破産手続への移行については、平成16年の破産法改正に伴う会社更生法の改正において、①移行の方法に関する規定（会更251条・252条）、②移行に際する保全処分に関する規定（会更253条）、③移行後の破産手続における相殺禁止規定および否認権規定の読み替えに関する規定（会更254条1項～4項）、④共益債権の財団債権化に関する規定（同条6項）、⑤破産債権の届出を要しない旨の決定に関する規定（会更255条）、⑥否認の請求を認容する決定に対する異議の訴え等の取扱いに関する規定（会更256条）等が整備されたが、これらの規定の趣旨および内容は、前掲Iで述べた再生手続から破産手続への移行に伴う民事再生法の規定とほぼ同様である。

【書式12-6】 牽連破産手続開始決定

```
平成○年(ミ)第○○号 （平成○年(フ)第○○号）

                    決　　定

              東京都○○区○○町○丁目○番○号
              更生債務者　　○○○株式会社
              代表者代表取締役　○　○　○　○

                    主　　文

1　○○○株式会社について破産手続を開始する。
2　破産管財人に次の者を選任する。
      東京都△△区△△町△丁目△番△号　△△ビル△階
      △△法律事務所
      弁護士　△　△　△　△
3　破産債権の届出をすべき期間等を次のとおり定める。
  (1) 破産債権の届出をすべき期間
      平成○年○月○日まで
```

(2) 破産債権の一般調査期日
　　　平成○年○月○日午後○時
4　財産状況報告集会・廃止意見聴取集会・計算報告集会の各期日を次のとおり定める。
　　　平成○年○月○日午後○時
5　破産管財人は，次の各行為については，当裁判所の許可を得ないでこれを行うことができる。
(1) 自動車の任意売却
(2) 取戻権の承認
(3) 財団債権の承認
(4) 有価証券の市場における時価での売却
6　破産管財人は，5の各行為について，少なくとも1ヶ月に1回，財産目録及び収支計算書に記載し，通帳写しを添付して報告しなければならない。
7　破産管財人は，任務終了時に破産管財人口座を解約した後，速やかに収支計算書及び破産管財人口座の通帳写しを裁判所に提出しなければならない。
8　信書の送達の事業を行う者に対し，破産者にあてた郵便物等を破産管財人に配達すべき旨を嘱託する。

　　　　　　　　　　理　　　由

　更生会社は，平成○年○月○日，当裁判所に対して，更生手続開始の申立てをなし，同年○月○日午後○時，更生会社に対する更生手続開始の決定がなされたが，平成○年○月○日に至り同手続を廃止する旨の決定がなされ，上記決定は同月○日の経過により確定した。
　職権をもって審査するに，更生会社は債権者約○名に対して，合計金○億円の債務を負担し，これが支払不能の状態にあることは明らかである。
　よって，会社更生法第252条1項及び破産法第15条1項を適用して主文のとおり決定し，併せて破産法31条1項，116条2項，217条1項，135条2項，157条2項，78条3項2号，81条1項の規定に基づき，主文第2項から第8項のとおり決定する。
平成○年○月○日
　　　東京地方裁判所民事第8部
　　　　　　　　裁判長裁判官　　○　　○　　○　　○　印
　　　　　　　　裁判官　　　　　○　　○　　○　　○　印

裁判官　○　○　○　○　印

2　破産手続から更生手続への移行

　前掲Ⅰ2⑴で述べた破産手続から再生手続への移行の場合と同様に、破産管財人は、破産者に更生手続開始の原因となる事実があるときは、破産裁判所の許可を得て、破産者について更生手続開始の申立てをすることができる（会更246条1項）。

　そして、更生債権の届出を要しない旨の決定に関する規定も、再生手続への移行の場合（前掲Ⅰ2⑵を参照）とほぼ同様である（会更247条1項）。ただし、再生手続と異なり、優先的更生債権（会更168条1項2号）も更生計画の定めに服するため、更生債権の届出を要しない旨の決定の対象とされる。また、罰金等の請求権がこの決定の対象から除外されているほか、租税等の請求権についても、更生手続上特殊な取扱いがされるため（会更169条）、この決定の対象から除外されている。

【書式12-7】　破産管財人による更生手続開始申立書

平成○年(フ)第○○号
破産者　○○○株式会社

　　　　　　　　　　更生手続開始申立書

　　　　　　　　　　　　　　　　　　　　　　　　平成○年○月○日

東京地方裁判所民事第8部　御中

　　　　　　　　　　　　　　　　　　破産者○○○株式会社破産管財人
　　　　　　　　　　　　　　　　　　弁護士　△　　△　　△　　印

第1　申立ての趣旨
　　　破産者について更生手続を開始する。
　　　との決定を求める。
第2　申立会社の事業の状況及び概要等
　1　会社の目的
　　⑴　定款の内容

(2) 事業の内容
　2　会社の経歴及び業界における地位
　　(1) 会社の経歴
　　(2) 業界における地位
　3　事業の状況
　　(1) 過去1年間の状況
　　　　詳細については別紙資金繰りの状況表（略）記載のとおり
　　(2) 会社の役員
　　(3) 会社の従業員
　　(4) 営業所及び工場の所在
　　　　別紙営業所及び工場の所在一覧表（略）記載のとおり
第3　会社の資本・資産・負債・その他の財産の状況
　1　資本の額
　2　会社の株主
　　別紙株主名簿（略）記載のとおり
　3　社債管理会社
　4　会社の資産，負債及び財産の状況
　　別紙財産目録，貸借対照表（過去3年間），損益計算書（過去3年間）
　　（略）記載のとおり
　5　会社に対する債権者（平成○年○月○日現在）
　　　詳細は別紙債権者一覧表（略）のとおり
　　(1) 担保権付債権者　　　　　　　合計　　名　　総額　　円
　　(2) 租税・公租公課関係債権者　　合計　　名　　総額　　円
　　(3) 従業員関係（賃金・退職金等）　合計　　名　　総額　　円
　　(4) リース債権者　　　　　　　　合計　　名　　総額　　円
　　(5) 保証債権者　　　　　　　　　合計　　名　　総額　　円
　　(6) 上記以外の債権者　　　　　　合計　　名　　総額　　円
　6　会社の取引先
第4　労働組合の有無等
第5　監督官庁及び許認可の有無
第6　更生計画案作成の方針についての意見
　1　事業再生の方法
　2　今後の資金繰りの予定
　3　破産配当率の試算と更生手続の弁済率の試算

当職は，平成〇年〇月〇日の就任以来，破産者の管財業務を遂行しているところ，現時点において見込まれる破産者の破産配当率は〇％である。
　他方，申立人の向こう5年間の事業計画は，甲第〇号証「事業計画表」のとおりであり，一番下欄にある「営業利益」から税引きした数字が弁済原資となるところ，年間約〇億〇万円から約〇億〇万円程度の弁済原資を確保し得ることになり，負債総額が〇億円であることからすると，更生手続による弁済率は〇％と見込まれる。
　したがって，上記破産配当率を上回ることは明白であり，破産債権者にとって，破産手続によるより更生手続による方が格段に有利である。
4　債権者，従業員および主要取引先の協力の見込み
5　破産管財人の意見
　以上より，破産者が再建をなし得ることは確実と思料する。

以上

疎明方法

(略)

添付資料

1　疎甲号証（写）　　　　　　　　　　各1通
2　許可書　　　　　　　　　　　　　　1通

第13章　相続財産の破産等に関する特則

I　相続財産の破産

1　意　義

　相続財産の破産制度とは、被相続人に破産原因がある場合において、その相続財産を相続人の固有財産から分離して破産財団とし、相続債権者と受遺者にのみ配当を行う手続をいう。同制度は、旧法にも存在したが法律全体に関連規定が散在していたことから、現行法は、これを整理し、第10章第1節としてひとまとめにしたものである。

　同制度の趣旨は、被相続人の資産および負債を相続財産の限度で清算することによって、相続財産を相続債権者と受遺者への優先的満足にあてることにある。

2　手　続

(1)　申立て

　(イ)　管　轄

　相続財産の破産手続開始の申立ては、被相続人の相続開始時の住所または相続財産に属する財産が日本国内にあるときに限りすることができる（法222条1項）。

　また、土地管轄は、被相続人の相続開始時の住所地とされ（法222条2項）、これがない場合には、相続財産に属する財産の所在地であり（同条3項）、債権が相続財産である場合には、裁判上の請求ができる地が財産の所在地となる。複数の地方裁判所が管轄を有するときは、先に破産手続開始申立てがあった裁判所が管轄する（同条5項）。

　相続財産の破産事件についても、債権者数が500人以上である場合には、管轄裁判所の所在地を管轄する高等裁判所の所在地を管轄する裁判所が、債権者数が1000人以上である場合には、東京地方裁判所または大阪地方裁判所

にも管轄がある（法222条4項・5条8項・9項）。

　（ロ）　**申立権者**

　破産手続開始の申立権者は、相続債権者、受遺者、相続人、相続財産管理人または遺言執行者（相続財産の管理に必要な行為をする権利を有する者に限る）である（法224条）。

　破産手続開始の申立てに際しての疎明の対象については、①相続債権者または受遺者が申立人である場合には、その有する債権の存在と当該相続財産の破産手続開始の原因となる事実、②相続人、相続財産管理人または遺言執行者が申立人である場合には、当該相続財産の破産手続開始の原因となる事実である（法224条）。

　なお①②いずれの場合でも、申立人以外の相続人および相続財産管理人（選任されている場合）は重要な利害関係人にあたるため、申立書へ記載すべきである。また、知れている財産所持者には開始決定の通知を行う必要がある（法32条2項）ため、申立人以外の者が所持している財産については破産申立書に添付する財産目録の備考欄に所持者の氏名および住所等を記載することが望ましい（「はい6民ですお答えします vol. 146-1」月刊大阪弁護士会2011年2月号50頁）。

　（ハ）　**破産手続開始原因**

　相続財産の破産手続開始の原因は、「相続財産をもって相続債権者及び受遺者に対する債務を完済することができないと認めるとき」（法223条）であり、債務超過のみが破産手続開始原因である。支払不能は、相続財産の破産手続開始の原因にあたらない。

　（ニ）　**申立期間**

　相続財産の破産には、破産開始申立てに期間の定めがあり、申立てをすることができるのは、相続債権者または受遺者による財産分離（民941条1項）の請求をすることができる期間、あるいは、限定承認または財産分離があったときで、相続債権者および受遺者に対する弁済が完了するまでの間に限られる（法225条）。

【書式13-1】 相続財産についての破産手続開始の申立書（大阪地方裁判所）

```
印　紙
（〇〇〇〇円）
```

破　産　申　立　書

　　　　　　　　　　　　　　　　　　　　　　　　　平成〇年〇月〇日

〇〇地方裁判所（□　　支部）御中
　　　　　　　　　　申立人代理人弁護士（担当）＿＿＿＿＿＿＿＿＿
　　　　　　　　　　送達場所（事務所）
　　　　　　　　　　〒＿＿＿－＿＿＿＿＿＿＿＿＿＿＿＿＿＿＿　　印
　　　　　　　　　　Tel（　）－　　　－　　　Fax（　）－　　　－

債務者（商号）　被相続人亡＿＿＿＿＿＿＿＿＿＿＿＿相続財産
代表者＿＿＿＿＿＿＿＿＿＿＿＿＿＿＿＿（相続人不在の場合のみ）
申立人　□相続人□相続財産管理人□その他＿＿＿＿＿＿＿＿＿＿＿）
被相続人の相続財産開始の住所
　（〒　　－　　　）□住民票除票（死亡時の戸籍（除籍）の附票）のとおり
　□＿＿＿＿＿＿＿＿＿＿（死亡時の住民登録地と異なる場合のみ）

申　立　て　の　趣　旨

被相続人亡〇〇〇〇相続財産について破産手続を開始する。

申　立　て　の　理　由

　被相続人は，平成〇年〇月〇日に死亡したが，1のとおりの債務を負担し，財産総額は2のとおりであったため，その相続財産は債務超過の状態にある。
1　債務の状況（別紙債権者一覧表（略）記載のとおり）
　(1)　相続債権総額＿＿＿＿＿＿＿＿＿＿万＿＿＿＿＿＿円（債権者＿＿＿人）
　　　うち財団債権及び優先的債権総額
　　　　　　　　　　　　　　＿＿＿万＿＿＿＿＿＿円（債権者＿＿＿人）
　　　うち劣後的債権総額＿＿＿＿＿＿万＿＿＿＿＿＿円（債権者＿＿＿人）
　(2)　受遺者の債権総額＿＿＿＿＿＿万＿＿＿＿＿＿円（受遺者＿＿＿人）
2　財産の状況（別紙財産目録（略）記載のとおり）
　　　回収見込額合計＿＿＿＿＿＿＿万＿＿＿＿＿＿円

参 考 事 項

1　破産管財人への引継予定の現金＿＿＿＿＿万＿＿＿＿＿円
2　遺言書　□無□有（添付のとおり（□公正証書□その他（□検認ずみ））
3　相続人及び遺言執行者
　　別紙相続関係図・相続人等一覧（略）※氏名住所を記載のとおり
4　限定承認の申述又は相続分離の請求
　　□無□有（係属裁判所等以下のとおり）
　　＿＿＿＿＿＿家庭裁判所＿＿＿＿支部・平成＿＿年（＿＿＿）第＿＿＿＿号，係
　　　　　　　　　　相続財産管理人＿＿＿＿＿＿＿＿＿＿＿＿（ある場合）
　　　　　　　　　住所〒＿＿＿＿＿＿＿＿＿＿＿＿＿＿＿＿＿＿＿＿＿＿＿＿＿

			受領印
印　紙	郵　券	支部申立ての場合	
〇〇〇円	〇〇〇円	〇〇〇円	

(2)　**各手続の相互関係**

　(イ)　**破産手続開始申立て後、破産手続開始決定前に債務者が死亡した場合**

　破産手続開始申立て後、破産手続開始決定前に債務者に相続が発生した場合には、裁判所が破産手続続行の決定をしない限り、破産手続は当然に終了する（法226条3項）。

　裁判所は、相続債権者、受遺者、相続人、相続財産管理人または遺言執行者の申立てにより（法226条1項）破産手続続行の決定をすることができ、この申立ては、相続開始後1カ月以内になされなければならない（同条2項）。

【書式13-2】　破産手続続行の申立書

破産手続続行申立書

平成○年○月○日

○○地方裁判所第○民事部　御中

　　　　　　　　　申立人代理人弁護士　○　○　○　○　印
　　　　　　〒000-0000　○○県○○市○○町○丁目○番○号
　　　　　　　　　申立人（相続債権者）○　○　○　○
　　　　　　〒000-0000　○○県○○市○○町○丁目○番○号
　　　　　　　　　申立人代理人弁護士　○　○　○　○
　　　　　　　　　　　　　　　　　電　話　00-0000-0000
　　　　　　　　　　　　　　　　　ＦＡＸ　00-0000-0000
　　　　　　〒000-0000　○○県○○市○○町○丁目○番○号
　　　　　　　　　被申立人　被相続人○○○○の相続財産

申立ての趣旨

　被相続人○○○○の相続財産に対する破産手続を続行する
との決定を求める。

申立ての理由

第1　申立人
　1　被相続人○○○○は，申立人から，その生前である平成○年○月○日，金○○○○万円を，返済期平成○年○月○日と定めて借り受けた。
　2　被相続人○○○○は，上記債務のほか，別紙債権者一覧表（略）記載のとおり，総額○○○○万円の債務を負担している。
第2　破産手続続行の必要性
　1　被相続人○○○○は，生前である平成○年○月○日，御庁に対し，破産申立てを行い，平成○年(フ)第○○号事件として，受理された。
　2　しかし，破産申立て後，破産手続開始決定前である，平成○年○月○日に被相続人○○○○は死亡し，相続が開始した。
　3　被相続人○○○○の相続財産としては，別紙物件目録（略）記載の土地及び建物その他預金等を合わせると，総額○○○万円の相続財産が存在するが，これら相続財産については，引き続き破産手続を続行して，相続財産を相続人の固有財産と切り離し，被相続人の債権者間で公平な分配を行う必要がある。
第3　結　語
　よって，申立人は，破産法226条3項に基づき，被相続人○○○○の相続財産につき，破産手続を続行するとの決定を求める。

添付書類
1　委任状　　　　1通

　破産手続終了時期は、続行の申立期間が徒過されたとき、または続行の申立てを却下する決定が確定したときである（法226条3項）。

　破産手続続行の申立てを却下する裁判に対しては、即時抗告ができる（法226条4項）。

　また、破産手続を却下する裁判が確定したときには、免責手続もその性質上当然に終了するものと解される（東京地方裁判所における運用につき、園尾隆司ほか編『新・裁判実務体系⒇〔新版　破産法〕』97頁（2007））。

　㈥　破産手続開始決定後に債務者が死亡した場合

　破産手続開始決定後に債務者に相続が発生した場合には、当該破産財団について破産手続が続行される（法227条）。

　㈦　限定承認または財産分離の手続との関係

　相続財産についての破産手続開始の決定は、限定承認または財産の分離を妨げない（法228条本文）が、両手続は、いずれも相続財産の終局的な清算手続としては不十分な制度であることから、破産手続が終了するまでの間は、限定承認または財産分離の手続は中止する（同条但書）。破産手続が終了するまでは、破産管財人が相続財産のみを分別管理し、処分することとなる。

　なお、被相続人の財産につき相続財産破産手続開始の決定後においても、民法915条1項の定める期間内であれば、その相続人は相続放棄することが可能である。

　また、相続財産破産手続開始の決定は、限定承認の効果を有しないため、相続財産破産手続開始の決定がなされても、相続人において相続放棄または限定承認をしておかなければ、相続人は相続財産破産手続の中で弁済されなかった債務を自己の固有財産によって弁済しなければならない（大阪高判昭和63・7・29判タ680号206頁）。

　このことから、相続財産破産手続の中で弁済されなかった債務について、相続人による免責の申立てや破産免責手続申立て後に申立人（破産者）が死

亡した場合における相続人による免責手続の受継が認められるべきとの見解もある。しかし、免責の制度は債務を負った自然人について規定したものであって、相続人およびその債権者の保護は民法に基づく相続放棄もしくは限定承認または財産分離により図られるべきものと考えられる（高松高決平成8・5・15判時1586号79頁）。

したがって、相続財産の破産の申立てがあっても、破産法248条4項によるみなし免責の申立てがあったものと扱われず、また、破産免責手続申立て後に申立人（破産者）が死亡した場合には破産手続の続行の有無を問わず、免責手続は破産者の死亡により終了したものと取り扱われる（西謙二＝中山孝雄編『破産・民事再生の実務〔新版〕(中)』328頁（2008）、「はい6民ですお答えします Vol.146-2」月間大阪弁護士会2011年3月号80頁）。

【書式13-3】 相続財産破産手続開始後の相続放棄の申述書

相続放棄申述書

平成○年○月○日

○○家庭裁判所　御中

　　　　　　　　　　　申述人代理人弁護士　　○　　○　　○　　○　㊞

当事者の表示　　別紙（略）のとおり

申述の趣旨

申述人は、相続の放棄をする。

申述の理由

1　申述人は、被相続人の子であるが、その身分関係は別紙相続関係図（略）の通りである。
2　被相続人は、平成○年○月○日に死亡し、即日、申述人に相続の開始のあったことを知った。
3　しかしながら、被相続人の相続財産としては、別紙財産目録（略）記載のとおり、預貯金が約○○○○万円程度であったのに対し、被相続人は、金融機関等に対し、合計約○○○○万円の債務を負担しており、明らかな債務超過の状態にある。

4　そして，今般，被相続人の債権者から，相続財産破産手続開始の申立てがなされ，平成○年○月○日，○○地方裁判所にて，相続財産破産手続開始決定がなされた。

5　よって，申述人は，相続を放棄したく，ここに相続放棄の申述をする次第である。

添付書類

1　申述人の戸籍謄本　　　　　　　1通
2　被相続人の除籍（戸籍）謄本　　1通
3　被相続人の住民票の除票　　　　1通
4　委任状　　　　　　　　　　　　1通

以　上

【書式13-4】　相続財産破産手続開始後の限定承認の申述書

限定承認申述書

平成○年○月○日

○○家庭裁判所　御中

　　　　　　　　　　申述人ら代理人弁護士　○　　○　　○　　○　印

当事者の表示　　別紙（略）のとおり

申述の趣旨

　申述人らは，被相続人の相続の限定承認を申述する。

申述の理由

1　申述人らは，被相続人の子であるが，相続人は，別紙相続関係図（略）の通り，申述人両名のみである。
2　被相続人は，平成○年○月○日に死亡し，申述人らは，即日，相続開始があったことを知った。
3　しかしながら，被相続人の相続財産は，別紙財産目録（略）のとおりであるが，他方で，金融機関等に対し相当の債務も存在する。
4　よって，申述人は，相続によって得た財産の限度で債務を弁済したく，ここに限定承認の申述をする次第である。

相続財産管理人としては，申述人○○○○を選任していただきたい。
5　なお，今般，被相続人の債権者から，相続財産破産手続開始の申立てがなされ，平成○年○月○日，○○地方裁判所にて，相続財産破産手続開始決定がなされている。

添付書類

1　申述人の戸籍謄本　　　　　2通
2　被相続人の除籍（戸籍）謄本　1通
3　被相続人の住民票の除票　　　1通
4　委任状　　　　　　　　　　2通

以　上

【書式13-5】　相続財産破産手続開始前の財産分離の申立書

相続財産分離申立書

平成○年○月○日

○○家庭裁判所　御中

　　　　　　　　　申立人代理人弁護士　○　○　○　○　印
当事者の表示　　別紙（略）のとおり

申立ての趣旨

　○○県○○市○○町○丁目○番○号相続人○○○○の財産から，被相続人○○○○の相続財産を分離せしめる
との審判を求める。

申立ての理由

1　被相続人は，平成○年○月○日に死亡した。
2　相続人○○○○は，被相続人○○○○の子であり，別紙相続関係図（略）の通り，唯一の相続人である。
3　申立人は，相続人○○○○に対して，平成○年○月○日，金○○○万円を弁済期○年○月○日と定めて，貸し渡した。当該申立人の債権は，既に弁済期が到来している。
4　しかるに，被相続人の相続財産は，債務超過の状態にあり，相続人○○○

○の固有財産と相続財産を分離しなければ，相続人が多額の債務を負うこととなり，申立人は不測の損害を被るおそれがある。
5　よって，申立人は，申立ての趣旨記載の審判を求める。
6　なお，今般，被相続人の債権者から，被相続人の相続財産につき，相続財産破産手続開始の申立てがなされ，平成○年○月○日，○○地方裁判所にて，相続財産破産手続開始決定がなされている。

添付書類

1	申立人の戸籍謄本	1通
2	相続人の戸籍謄本	1通
3	被相続人の除籍（戸籍）謄本	1通
4	被相続人の住民票の除票	1通
5	債権証書	1通
6	委任状	2通

以　上

3　効　力

(1)　破産財団の範囲

　相続財産につき破産手続開始決定があった場合には、相続財産に属する一切の財産（日本国内にあるかどうかを問わない）は、破産財団を構成する（法229条1項前段）。

　したがって、被相続人が相続人に対して有していた権利も混同等によって消滅しない（法229条2項）。

　また、相続人が、相続財産の全部または一部を処分した後に、反対給付を受けている場合には、当該給付を破産財団に返還する義務を負う（法229条3項本文）が、相続人が破産開始原因事実または破産開始決定申立てがあった事実を知らなかったときは、現存利益を返還すれば足りる（同項但書）。

【書式13-6】 相続財産破産手続開始前の相続財産処分による利得の返還請求書

平成○年○月○日

○ ○ ○ ○ 殿

〒000-0000　○○県○○市○○町○丁目○番○号
　　　　　　　○○○ビル○○階
　　　　電　話　00-0000-0000
　　　　FAX　00-0000-0000
被相続人○○○○相続財産
破産管財人弁護士　○　○　○　○　印

利得返還請求書

前略　当職は，被相続人○○○○相続財産の破産管財人として，貴殿に対し，以下のとおりご請求申し上げます。

　平成○年○月○日，○○地方裁判所において，被相続人○○○○の相続財産の破産手続開始決定がなされ，当職が破産管財人として選任されております。

　被相続人○○○○の相続人である貴殿は，本件破産手続開始決定前である，平成○年○月○日に，被相続人の相続財産である土地（○○県○○市○○町○丁目○番○号）を売却し，当該土地の売買代金金0000万円を，買主である○○株式会社から，受領されておられます。

　しかし，破産法229条3項本文では，相続財産の破産手続が開始された当時，既に相続財産の全部又は一部が処分されていた場合において，処分をした相続人が反対給付を受けている場合には，相続人は当該給付を破産財団に返還しなければならないとされております。

　したがいまして，貴殿には，受領済みの本件土地の売買代金につき，破産財団に返還する義務がございます。

　つきましては，上記売買代金，金0000万円を下記の当職口座への振込みにより，お支払下さいますよう本書をもって請求致します。

記

振込口座　（略）

以　　上

(2) 相続人等の説明義務

相続財産について破産手続開始決定があった場合には、①被相続人の代理人であった者、②相続人およびその代理人に該当するものまたは該当する者であったもの、③相続財産管理人または遺言執行者またはこれらに過去該当する者であった者は、破産に関し必要な説明をする義務を負担している（法230条1項・2項）。

これらの説明請求権者は、破産管財人、債権者委員会または債権者集会であり、債権者集会は決議に基づいて請求をすることを要する。

また、破産者の居住に係る制限を規定した破産法37条、破産者の引致について規定した同法38条は相続人並びにその法定代理人および支配人に準用される（法230条3項）。

【書式13-7】 相続人に対する説明請求書

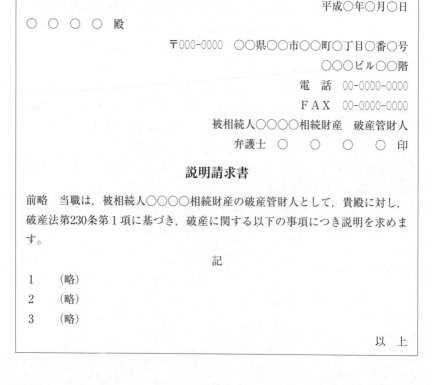

(3) 関係者の地位

(イ) 相続債権者および受遺者

相続債権者および受遺者は、債権の全額で破産手続に加入することができ、相続人につき破産が開始された場合でも影響を受けることはない（法231条1項）。特段の規定がないことに照らし、「債権全額」の基準時については、破産手続開始決定時と解するのが相当である（「はい6民ですお答えします vol. 146-2」月刊大阪弁護士会2011年3月号80頁）。

なお、相続債権者の債権は受遺者の債権に優先する（法231条2項）。

(ロ) 相続人

相続財産について破産手続が開始された場合には、相続人が被相続人に対して有していた債権は消滅しなかったものとみなされる（法232条1項前段）。

相続人は被相続人に対して有していた債権について相続債権者に対して自己の固有の財産をもって債務を消滅させる行為をしていたときは、その出捐の範囲内で当該相続債権者の権利を代位行使できる（法232条1項後段・2項）。

(ハ) 相続人の債権者

相続財産について破産手続が開始された場合には、相続人の債権者は、破産債権者としての権利を行使することはできない（法233条）。

(4) 破産実体法関係

相続財産につき破産手続が開始された場合には、被相続人、相続人、相続財産管理人、または遺言執行者が破産財団に関してした行為は、破産者がした行為とみなされる（法234条）。

また、受遺者に対する担保の供与または債務消滅行為がこれに優先する破産債権者を害するときは当該行為を否認できるが、善意の受遺者は現存利益を償還すれば足りる（法235条2項）。

【書式13-8】 受遺者に対する否認通知書

平成○年○月○日

○ ○ ○ ○ 殿

〒000-0000　○○県○○市○○町○丁目○番○号
○○○ビル○○階

```
                                    電　話　00-0000-0000
                                    ＦＡＸ　00-0000-0000
                        被相続人〇〇〇〇相続財産　破産管財人
                              弁護士　〇　　〇　　〇　　〇　印

                         通　知　書

前略　当職は，被相続人〇〇〇〇相続財産の破産管財人として，貴殿に対し，
以下のとおりご請求申し上げます。
　被相続人〇〇〇〇の相続財産につきましては，平成〇年〇月〇日に，〇〇地
方裁判所において，破産手続開始決定がなされております。
　貴殿は，被相続人〇〇〇〇の遺言により，相続財産のすべてについて遺贈を
受けられ，平成〇年〇月〇日，〇〇銀行〇〇支店の被相続人名義の口座から，
金〇〇〇〇万円を引き出しておられます。前記行為は，本件破産事件において，貴
殿に優先する相続債権者を害するものであり，破産法第235条第１項に該当し
ますので，当職は否認権を行使致します。
　つきましては，貴殿が引き出された前記金〇〇〇〇万円を，下記記載の当職口座
への振込によりお支払下さいますよう本書をもって請求致します。
                                    記
振込口座（略）
                                                  以　　上
```

　相続財産に関する行為が否認されたときには、破産管財人は、相続債権者
に弁済後残余財産がある場合には、否認された行為の相手方に、その権利の
価格に応じてこれを分配しなければならない（法236条）。かかる分配を受け
る権利は、相続人の権利に優先する。

【書式13-9】　否認後の残余財産分配の通知書

```
                                              平成〇年〇月〇日
〇　〇　〇　〇　殿
                    〒000-0000　〇〇県〇〇市〇〇町〇丁目〇番〇号
                                         〇〇〇ビル〇〇階
                                    電　話　00-0000-0000
```

```
                                    FAX 00-0000-0000
                          被相続人〇〇〇〇相続財産　破産管財人
                                  弁護士　〇　〇　〇　〇　印
```

残余財産分配通知書

前略　被相続人〇〇〇〇相続財産に対する〇〇地方裁判所平成〇年(フ)第〇〇号破産事件につき，以下のとおりご通知申し上げます。

　先般，貴殿に対し否認権を行使した結果，貴殿より，金000,000円を破産財団へ返還いただきましたが，今般，破産財団から相続債権者に対する弁済をすべて行っても，破産財団に金000,000円の残余財産があることが判明致しました。

　したがいまして，同残余財産を，貴殿よりご返還いただきました金000,000円を破産法第236条に基づき，残余財産の分配としてお支払いする運びとなりました。

　つきましては下記要領をご高覧のうえ同封いたしました「残余財産分配金領収書」によりお受取くださいますようご通知申し上げます。

記

〈要領〉
(略)

以　上

(5) 同意による破産手続廃止の申立権

相続財産についての同意廃止の申立ては、相続人がこれを行う（法237条1項）、相続人が数人あるときにおいては、相続人が単独でこれを行うことができる（同条2項）。

II　相続人の破産

1　相続と破産手続開始決定の前後による単純承認、限定承認、相続放棄の効果

破産手続開始決定後に相続が開始された場合、破産者が相続した財産は、「破産者が破産手続開始の時において有する」財産ではないため、破産財団

の対象とならない（法34条1項）。

他方、破産手続開始決定前に相続が開始された場合においては、破産手続開始決定前に破産者がなした単純承認、限定承認、相続放棄は、その効力を有するが、破産手続開始決定後に破産者がなした単純承認または相続放棄は、破産財団との関係では限定承認の効力を有する（法238条1項）。かかる破産者の選択は、一身専属的な身分行為であるものの、破産財団の増減に影響し得る行為であり、その選択いかんでは、破産債権者の期待が裏切られ、その利益を害する結果を生じさせるため、上記のとおり、破産手続開始決定後に破産者がなした選択については一定の制限が設けられている。

ただし、相続放棄については、相続財産が債務超過であることが明らかである場合に破産管財人の負担を減らすため、破産管財人は、裁判所の許可（法78条2項6号）を得て、その効力を認めることができる（法238条2項）。

【書式13-10】　相続放棄の申述書

相続放棄申述書

平成○年○月○日

○○家庭裁判所　御中

　　　　　　　　　　　　　　申述人　△　　△　　△　　△　印

申述人
本　　籍　○○県○○市○○町○丁目○番○号
住　　所　○○県○○市○○町○丁目○番○号
氏　　名　△　△　△　△
生年月日　○年○月○日生
被相続人との関係　○○
被相続人
本　　籍　○○県○○市○○町○丁目○番○号
最後の住所　○○県○○市○○町○丁目○番○号
氏　　名　○　○　○　○

1　申述の趣旨
　　相続の放棄をする。

2 申述の理由

　被相続人は，平成○年○月○日に死亡し，申述人は，平成△年△月△日，死亡の通知を受けたことにより相続の開始を知ったが，被相続人の遺産は債務超過のため，相続分を全部放棄する。

添付書類

1　戸籍謄本（申述人）
2　住民票除票または戸籍附票（被相続人）

【書式13-11】　破産管財人による相続放棄承認の申述書

相続放棄承認申述書

平成○年○月○日

○○家庭裁判所　御中

　　　　　　　　　　申述者
　　　　　　　　　　破産者○○○○破産管財人
　　　　　　　　　　○○県○○市○○町○丁目○番○号
　　　　　　　　　　　　　　　○○法律事務所
　　　　　　　　　　破産管財人弁護士　○　○　○　○　印
　　　　　　　　　　破産者（相続人）
　　　　　　　　　　本　　　籍　○○県○○市○○町○丁目○番○号
　　　　　　　　　　住　　　所　○○県○○市○○町○丁目○番○号
　　　　　　　　　　氏　　　名　○　○　○　○
　　　　　　　　　　生年月日
　　　　　　　　　　被相続人との関係　○○
　　　　　　　　　　被相続人
　　　　　　　　　　本　　　籍　○○県○○市○○町○丁目○番○号
　　　　　　　　　　最後の住所　○○県○○市○○町○丁目○番○号
　　　　　　　　　　氏　　　名　○　○　○　○

1　申述の趣旨

　破産者○○○○がなした，被相続人亡○○○○の相続の放棄を承認する。

2　申述の実情

　被相続人は，平成○年○月○日に死亡した。

第13章　相続財産の破産等に関する特則

> 　破産者は，平成○年○月○日，○○地方裁判所において破産開始決定を受け，申述者が破産管財人に選任された。
> 　その後，破産者は，平成○年○月○日，御庁において被相続人の相続を放棄する旨申述を行い，同申述は受理されている（御庁平成○年（家）第○○号）。
> 　申述者は，上記の破産者の相続放棄を平成○年○月○日に知ったが，被相続人の相続財産は債務超過であるので，破産法238条2項に基づき，破産者のなした相続放棄について承認の申述を行う。
>
> 　　　　　　　　　　　　申述者の署名
> 　　　　　　　　　　　　　　氏名　○　　○　　○　　○　印
>
> 　　　　　　　　　　　　　**添付書類**
>
> 1　資格証明書
> 2　戸籍謄本（破産者）
> 3　戸籍謄本（被相続人）
> 4　破産裁判所の許可書

2　限定承認、財産分離がなされた場合の限定承認等の手続

　相続人が限定承認した場合、当該相続人の破産手続において、破産管財人は、相続財産を当該相続人の固有財産と分別して管理および処分をしなければならない（法242条1項）。そして、破産管財人は、当該相続財産の管理および処分を終えた後に残余した財産のうち当該相続人に帰属すべき部分（固有財産）については、破産財団に含まれるため、破産財団の財産目録および貸借対照表を補充しなければならない（同条2項）。

　なお、当該相続人だけが相続財産の清算について権限を有しているわけではない場合（他の相続人が相続財産管理人に選任された場合など）、当該相続人の破産手続開始決定によって、その権限を有する他者が行っている相続財産の清算手続を中止させ、破産管財人に清算を行わせることは、当該相続人が有していた権限外の管理処分権を破産管財人に認めることになる。そのため、この場合、限定承認、財産分離に基づく財産の清算は、当該相続人の破産管

財人ではない者によって行われるが、当該相続人だけが相続財産につき債務の弁済に必要な行為をする権限を有するときは、破産手続において、固有財産のみならず相続財産も清算されることになり、限定承認または財産分離の手続は中止される（法239条但書）。

3 相続債権者および受遺者の破産手続への参加、相続人の債権者との優劣

まず、相続債権者および受遺者が相続人の破産手続に参加できる場合についてであるが、相続財産に関し、財産分離があった場合や破産手続開始決定があった場合でも、相続債権者および受遺者は、その債権の全額について相続人の破産手続に参加することができる（法240条1項）。もっとも、相続人が限定承認をした場合（法238条1項に基づき限定承認が擬制される場合を含む）は、相続人は「相続によって得た財産の限度においてのみ」弁済することとなる（民922条）ため、相続債権者および受遺者は、相続人の固有財産について権利を行使できない（法240条4項）。

次に、相続債権者および受遺者と相続人債権者との優劣関係についてであるが、相続人と相続財産について破産手続開始決定があった場合は、相続人債権者は、相続人の破産財団に関し、相続債権者および受遺者に優先する（法240条2項）。これは、相続財産について破産手続開始決定があった場合、相続人債権者が相続財産について権利行使できないこと（法233条）の半面において定められたものである。また、相続財産の破産手続開始申立期間内になされた相続人の破産手続開始申立てによる開始決定があった場合は、相続債権者および受遺者と相続人債権者の合理的な期待の保護・利害調整の観点から、相続人の固有財産については相続債権者が、相続財産については相続債権者および受遺者が優先する（法240条3項）。

相続債権者または受遺者は、相続人について破産手続開始決定後に、限定承認または財産分離の手続において、破産債権について弁済を受けた場合であっても、その弁済を受ける前の債権の額について破産手続に参加することができ、相続人債権者が、相続人について破産手続開始決定後に、財産分離の手続において、破産債権について弁済を受けた場合も同様である（法241

条1項)。もっとも、これらの債権者は、他の同順位の破産債権者が、自らが受けた弁済と同一の割合の配当を受けるまでは配当を受けることができないし(同条2項)、弁済を受けた金額について議決権を行使することもできない(同条3項)。

【書式13−12】 限定承認後の相続財産の管理の報告書

平成○年(フ)第○○号
破産者　○　○　○　○

　　　　　　　　　　　　　　　　　　　　　　　平成○年○月○日
○○地方裁判所第○民事部　御中
　　　　　　　　　　　　　　　破産者　　　○　○　○　○
　　　　　　　　　　　　　　　破産管財人弁護士　○　○　○　○　印

相続財産の管理報告書

　頭書事件につき，破産者○○○○の相続(被相続人○○○○)について，相続財産の限定承認の申立てがありましたが，相続財産の管理状況の以下のとおりでありますから報告いたします。
1　財産の状況について
　　資産及び負債の状況については，財産目録(略)記載および下記のとおりです。
　(1)　現金，預貯金について
　(2)　不動産について
　(3)　有価証券類について
　　　……
　(8)　負債について
　　　現時点での知れたる債権者は相続債権者一覧表(略)記載のとおり○○名負債総額は約○○○○万円である。
　(9)　管理費用について
　　　別紙管理費用計算書(略)記載のとおり。
2　今後の見込みについて
　　○○の換価を終了すれば，全資産について換価が終了するが，現時点での資産総額の見込みは約○○○○万円であり，他方，負債は約○○○○万円あることから，相続財産は約○○○万円の剰余が生じ破産者の破産財団に組入れが可能に

なる見込である。

添付書類

1　財産目録
2　預金通帳写し
3　相続債権者一覧表
4　管理費用計算書

Ⅲ　受遺者の破産

包括受遺者については、破産手続に関し、相続人と異なる扱いをする理由はないため、相続人の破産に関する手続が準用される（法243条）。

これに対し、特定遺贈の受遺者については、特定遺贈の承認・放棄が財産権であり、破産者の一身専属的なものではないため、破産手続開始決定前に、受遺者に特定遺贈があった場合、受遺者が特定遺贈の承認または放棄をしていなかったときは、破産管財人が受遺者に代わってその承認または放棄をすることができる（法244条1項）。

なお、遺贈義務者その他の利害関係人は、破産管財人に対し、相当の期間を定めて、遺贈の承認または放棄をなすよう催告することができる（法244条2項、民987条）。

【書式13-13】　特定遺贈の承認書または放棄書

特定遺贈の承認書（放棄書）

平成○年○月○日

亡○○○○相続人各位

破産者　○　○　○　○
○○県○○市○○町○丁目○番○号
○○法律事務所
破産管財人弁護士　○　○　○　○　印

私は，破産者○○○○の破産管財人です。

第13章 相続財産の破産等に関する特則

　破産者○○○○は，亡○○○○の遺言書において下記の内容の遺贈を受けております。
　今般，（破産裁判所の許可を得ましたので，）破産管財人である当職が破産法244条1項に基づいて，承認（放棄）いたします。

記

1　別紙物件目録（略）記載の土地を○○○○に贈与する

添付書類

1　破産裁判所の許可書

第14章　信託に伴う破産に関する特則

I　はじめに

　信託財産は独立性を有することによって、はじめて、信託の経済的意義を全うできる。

　このため、信託財産は、委託者および受託者の倒産リスクから隔離される必要があるが、破産法にはそのための明文の規定が置かれていなかった。

　そこで、信託法が平成18年12月15日法律第108号をもって全面改正された際に、同法に、受託者の破産と信託財産との関係についての条項を設けたほか、破産法にも信託財産に関する破産の規定を新設した。

【書式14-1】　信託契約書

土地信託契約書

　甲と乙とは，甲の所有する土地を乙に信託することに関し，本日，次のとおり合意した。

第1条（当事者の表示および信託）

　　甲は本契約において委託者として，甲の所有する別紙物件目録（略）記載（一）の土地（以下単に信託土地という）および本契約にもとづく信託の目的達成に必要な範囲における金銭を，受託者である乙に信託するものとし，乙はその信託を引き受けることを約した。ただし金銭については，金額およびその時期につき，第2条の建物の建築代金との関連において別途甲乙協議の上，定める。

第2条（信託の目的）

　　乙は信託土地の上に，別紙物件目録記載（二）の建物（以下信託建物という）を信託財産として建築する。

(2)　乙は第1条の信託土地および前項の信託建物の両者（以下信託不動産という）を本契約の各条項により管理運用する。

第3条（受益者）

本契約にもとづく信託の元本および収益の当初における受益者は，委託者である甲とする。

第4条（信託の登記等）　（略）

第5条（必要資金の借入れおよび抵当権設定）

　　乙は信託建物の建築ならびにこれに関して信託事務を処理するのに必要な資金を受益者および信託財産の負担において借り入れるものとし，このため信託不動産に抵当権（または根抵当権）を設定することができる。

第6条（建物の建築等）

　　甲と乙は協議の上，次の事項をあらかじめ定める。

① 信託建物の施工を請け負うべき建設会社
② 前記建設会社と乙との間における建築工事請負契約における工事請負代金，支払方法，工期，建物の規模，仕様等の主要事項
③ 信託建物の設計監理を請負う業者
④ 前記設計監理請負業者と乙との間における契約の代金額（もしくは報酬額）およびこれに関する主要事項

第7条（建物完成後の措置）

　　乙は第6条の建物完成後直ちに建設会社から建物の引渡しを受け，所有権保存の登記ならびに信託の登記をなすものとする。

(2) 前項の登記に要する登録免許税および登記手続費用は甲が負担する。

第8条（信託不動産の運用）

　　信託不動産の運用は，乙が適当と認める方法により，その全部もしくは一部を乙が相当と認める者に賃貸することによって行う。

(2) 前項の信託不動産の賃料その他の賃貸条件は乙が定める。

第9条（修繕・改良・損害保険）　（略）

第10条（善管注意義務）　（略）

　　乙は，建物の建築，信託不動産の管理，運用のみならず，信託事務全般にわたって，善良な管理者としての注意義務を負う。

第11条（瑕疵担保責任）　（略）

第12条（信託不動産の管理事務の委任）

　　乙は信託不動産の賃借人の募集を乙の選任する第三者に委任することができる。

(2) 乙または乙の委任を受けた前項記載の第三者は，管理事務の遂行のために必要な範囲において，信託不動産の一部を無償で使用することができる。

(3) 信託不動産の保存，修繕，改良についても第1項を準用する。

第13条（信託の元本および収益の別）

　本契約において信託の元本は次のとおりとする。
① 信託不動産および第１条にもとづき信託された金銭，ならびに信託不動産の賃貸に関して収受した敷金または保証金としての金銭
② 前号記載の金銭の返還債務
③ 信託不動産の代償として取得した財産
④ その他前各号記載の資産または負債に準ずる資産または負債

(2) 信託の収益は次のとおりとする。
① 信託不動産の賃貸料
② 信託財産に属する金銭に対する法定果実または運用利益
③ 上記各号に準ずるもの

第14条（受益権証書の発行）

　乙は受益者の請求にもとづき，本契約上の受益権を証するため受益権証書を作成し，受益者に交付する。

(2) 前項の受益権証書は，受益権の持分割合を表示することにより分割して複数の証書とすることができる。

(3) 受益権証書が交付されない場合は，本契約書を受益権の存在を証する書面とする。

第15条（諸費用の負担，支出）（略）

第16条（信託報酬）

　通常の信託報酬は次の規準によってその額を算出し，乙は各計算期日および信託終了のときに，信託財産の中からこれを受け入れ，あるいは受益者に請求するものとする。
① 建物完成後における各計算期間については，各計算期間中に発生した賃貸料の５パーセント，もしくは，入居率100パーセントの場合に得べかりし期間中の賃貸料の２パーセントのいずれかの多い額とする。
② 乙が賃借人をあっせんし，賃貸契約の仲介をしたときは，媒介手数料相当額を信託報酬とする。

第17条（信託の計算期間）

　信託財産に関する計算期は，毎年６月末日，12月末日，および信託終了の日とする。

(2) 乙は受益者に対し，すみやかに前項記載の各計算期の収支計算書を作成し，報告する。

第18条（収益の交付）

前条の収支計算の結果生じた収益は，各計算期の翌日以降の営業日において，受益者に交付する。
第19条（信託期間）（略）
第20条（信託の終了）
　　　本信託は，前条第1項による解除，もしくは信託期間の満了によって終了する。
⑵　信託が終了したときは，乙は受益者に対し，最終計算を報告し，その承認を得るものとする。
⑶　前項の最終計算書には，最終計算期前の収支計算の記載を省略することができる。

　　上記合意を証するため，本書面2通を作成し，甲乙各記名捺印の上，各1通を保有する。
　　　平成○年○月○日
　　　　　　甲
　　　　　　乙

II　受託者の破産

　受託者が破産手続開始決定を受けた場合でも、信託財産に属する財産は、破産財団に属さない（信託25条1項）。信託の倒産隔離機能について、明文の規定が設けられたものである。ただし、受託者の固有財産から分別して特定されていることが前提である。

　受益債権は、信託財産に属する財産のみをもってその履行の責任を負うものであるから、受託者破産の場合には破産債権とはならない。また、信託債権であっても、信託財産に属する財産のみをもってその履行の責任を負担するものは、やはり破産債権とはならない（信託25条2項）。

　受託者の固有財産をも引当財産とする信託債権については、受託者の破産手続の対象とされるが、免責許可の決定による信託債権に係る債務の免責は、信託財産との関係においては、その効力を主張することができない（信託25条3項）。

ところで、受託者が破産手続開始決定を受けた場合には、信託契約に別段の定めがない限り、受託者の任務終了原因となる（信託56条1項3号）。

破産した受託者は、受益者に対して任務終了の通知をしなければならず（信託59条1項）、破産管財人に対しては、信託財産に属する財産の内容および所在、信託財産責任負担債務の内容等を通知しなければならない（同条2項）。

受託者の任務の終了に伴い、新受託者が、①信託行為の定め（信託62条1項）、②委託者および受託者の合意（同項）、③利害関係人による裁判所の裁判によって（同条4項）、選任される。

新受託者が信託事務処理を開始できるまでの間の信託財産の保管および信託事務の引継ぎに必要な行為は、破産管財人が行うものとされ（信託60条4項）、破産管財人が支出した必要費は新受託者等に請求することができる（同条6項）。新受託者が就任した場合には、破産管財人は、遅滞なく、信託事務に関する計算を行い、受益者に対しその承認を求めるとともに、新受託者が信託事務の処理を行うのに必要な信託事務の引継ぎをしなければならず、この計算について受益者の承認を得たときに、当該受益者に対する引継ぎに関する責任を免れる（信託78条・77条）。

なお、新受託者等が信託事務を処理することができるに至るまでの間、破産管財人が暫定的に信託財産の保管を行う場合において、信託財産の「保管義務」の範囲を超えて、信託財産に属する財産の「処分」をしようとするときは、受益者は破産管財人に対して、その差止めを請求することができる（信託60条5項）。

新受託者は、前受託者が破産手続開始決定を受けた時に、その時に存する信託に関する権利義務を前受託者から承継したものとみなされる（信託75条1項）。

Ⅲ　信託財産の破産

1　意　義

信託財産とは、受託者に属する財産であって、信託により管理または処分

をすべき一切の財産である（信託2条3項）。

　信託財産に属する財産は、受託者の責任財産を構成せず、もっぱら当該信託に関連した債権（信託財産責任負担債務（信託2条9項）に係る債権）の引当財産となるものであるから、信託財産が当該債権に比して過少となったとき等弁済能力を欠くに至った場合には、その清算の手続が必要となり、そこでは当該債権に係る債権者の公平・平等を確保する必要がある。

　信託財産の破産とは、かかる要請に応えるため、信託財産に破産能力を認め、破産手続によって信託財産を清算することを認める制度である。

2　手　続

(1)　申立て

(イ)　管　轄

　信託財産の破産手続開始の申立ては、信託財産に属する財産または受託者の住所が日本国内にあるときに限り、国際裁判管轄が認められる（法244条の2第1項）。

　土地管轄は、日本において国際裁判管轄が認められることを前提として、受託者の住所地（受託者が数人あるときは、そのいずれかの住所地）を管轄する地方裁判所であるが（法244条の2第2項）、それがないときは、信託財産に属する財産の所在地を管轄する地方裁判所が管轄する（同条3項）。

　なお、債権者多数の場合の土地管轄の特則である破産法5条8項および同条9項については、信託財産破産にも適用される（法244条の2第4項前段）。

(ロ)　破産手続開始原因

　信託財産の破産手続開始の原因は、支払不能または債務超過である（法244条の3）。

　支払不能や債務超過の判断においては、信託財産責任負担債務を基準とする（法2条11項・244条の3）から、信託債権者の債権のみならず、受益者の受益債権も含まれる。

　破産手続開始原因の疎明方法についても規定が置かれ（法244条の4第2項・3項）、破産手続開始前の保全管理制度も規定されている（法244条の12）。

(ハ) 申立権者等

　信託財産の破産の申立権者は、信託財産責任負担債務にかかる「債権者」すなわち、信託債権者と受益者のほか、「債務者」に準じる受託者、信託財産管理者、信託財産法人管理人、および信託財産保全管理人である（法244条の4第1項）。

　清算中の信託財産の債務超過が明らかになったときは、清算受託者には破産手続開始申立義務がある（信託179条1項）。

　信託終了後であっても、残余財産の給付が終了（信託177条・176条）するまでの間は、破産手続開始の申立てをすることができる（法244条の4第4項）。

【書式14－2】　破産申立書

```
   印　紙
  (1,000円)


                    破産申立書

                            平成　　年　　月　　日

      大阪地方裁判所（　　　支部）御中
         申立代理人弁護士（担当）_____印
         送達場所（事務所）〒_____
            TEL（　）　－　　　　FAX（　）　－
 債　務　者　申立ての趣旨記載の信託財産_____
 代　表　者　受託者甲野太郎_____
 申　　立　人　_____（準自己破産の場合のみ）
 受託者住所地　〒_____

                    申立ての趣旨

   委託者甲野太郎と受託者乙野次郎との間の平成○年○月○日付信託契約に基
  づく信託財産について破産手続を開始する。

                    申立ての理由
```

1　委託者甲野太郎と受託者乙野次郎とは，平成○年○月○日付信託契約を締結した。
2　信託財産の明細は別紙信託財産目録（略）記載の通りであり，その換価・回収見込み額は，合計＿＿＿＿4,592万2,272円である。
3　本件信託契約の目的は，信託土地上に建物を建設して，賃貸管理するというものであるが，建築請負契約締結先の倒産と，折からの国際的経済情勢を背景とする建築材料の高騰により，当初計画外の建設コストが嵩んだ一方，地価及び不動産賃料相場の低落により，建築資金の借入先への約定弁済が，平成○年○月以降継続不可能となっている。
4　また，債務者は，別紙債権者一覧表（略）記載の通り，次の債務を負担し，債務超過の状態にある。
　(1)　信託債権総額＿＿7億7,202万2,838円（債権者＿21＿人）
　　　うち優先債権＿＿＿＿310万5,943円（債権者＿15＿人）
　(2)　受益債権総額＿＿＿＿2,235万1,238円（債権者＿5＿人）
　(3)　財団債権総額＿＿＿＿＿＿905万6,783円（＿＿12＿件）
　　　　そのうち労働債権部分＿150万5,439円（＿＿8＿件）
　　　　そのうち公租公課部分＿755万1,344円（＿＿4＿件）

参　考　事　項

1　破産管財人への引継予定の現金　1,402万5,000円
2　受託者の破産申立てをしたか（□有・■無）
　　その係属する裁判所と事件番号等
　　　　　　地方裁判所　　支部・平成　　年(フ)第　　　号，　係
　　その事件の進行（□開始決定済・□同時申立・□開始決定未）
　　その破産管財人の氏名等（弁護士　　　　　　，TEL（　　）　－　　）
　　今後の予定（□予定有　平成　　年　　月ころ・■予定無）

(2)　破産手続の開始

(イ)　破産財団

　破産財団の範囲は，信託財産に属する一切の財産である（法244条の5）。外国にある財産も含まれる。
　すでに清算中であった場合、清算受託者がすでに信託債権者等に支払った

ものがあるときは、破産管財人は取り戻すことができる（信託179条２項）。

(ロ)　破産債権者

信託債権者と受益者（受益債権者）であるが、信託債権が受益債権に優先する（法244条の７第２項）。

以上のほか、信託財産から費用等の償還を受ける権利等の受託者が有する権利は、信託財産についての破産手続との関係においては金銭債権とみなされ（法244条の８）、受託者は破産債権者として、破産手続上の権利行使ができることになる。

なお、受託者の有する債権のうち一定の費用償還については、一定の範囲で優先債権または別除権として扱われる（民307条１項、信託49条６項・７項）ことになると解される。

(ハ)　破産手続の開始

受託者等の説明義務（法244条の６第１項・２項）、破産者の居住制限・引致・重要財産開示義務の規定の受託者等への準用（同条３項・４項）、破産管財人の権限（法244条の11）、否認（法244条の10）等についても所要の規定が整備されている。

信託財産について破産手続の開始があったときは、固有財産等責任負担債務に係る債権を有する者は、破産債権者としてその権利を行使することはできない（法244条の９）。

(3)　破産手続の終了

同意廃止（法218条）の申立権者は、受託者に限られず、信託財産管理者、信託財産法人管理人、および信託財産保全管理人も含まれる（法244条の13第１項）。

ただし、信託財産についての破産手続開始決定により信託は終了する（信託163条７号）ため、同意廃止の申立てをするためには、当該信託を継続する手続が必要である（法244条の13第３項）。

第15章　国際倒産への対応

I　国際倒産法制の整備

　わが国の破産法は、かつて、国内で開始された破産手続の効力が外国に及ばないとし、外国で開始された倒産手続の効力は日本国内にある財産に及ばないとする厳格な属地主義を採用していた。しかし、経済活動の国際化に対応する必要性から、平成12年に国際倒産法制が整備され、「外国倒産処理手続の承認援助に関する法律」の制定により、外国倒産処理手続の承認援助手続が創設されるとともに、破産法などに、属地主義の撤廃をはじめとする国際倒産に関する規定が設けられた。この時に整備された規定が、現行破産法に引き継がれている。

II　国際裁判管轄

　日本の裁判所に国際裁判管轄が認められる場合、すなわち日本の裁判所に対し破産法に基づく破産手続開始の申立てができる場合は、債務者が個人のときは、日本国内に営業所、住所、居所または財産を有するとき、債務者が法人その他の社団または財団であるときは、日本国内に営業所、事務所または財産を有するときである（法4条1項）。
　債務者が外国人または外国法人であっても同様である（法3条）。

III　破産手続の国外資産に対する効力

　破産手続の効力は、日本における財産だけでなく、外国における財産に対しても同様に及ぶ。すなわち、破産者が破産手続開始時において有する財産は、外国に所在するものも含め、破産財団を構成する（法34条1項）。また、保全管理命令が発せられたときは、債務者の国外資産も保全管理人の管理処分権限に服する（法93条1項）。
　もっとも、具体的な事案において、国外資産についてどのように破産手続の効力が及ぶかは、当該資産が所在する国の国内法によることになる。たと

えば、日本と同様に、外国倒産処理手続の効力を及ぼすために裁判による承認を要する国においては、そのような手続を経てはじめて、当該国において日本の破産手続の効力を及ぼすことができる。

Ⅳ 外国で弁済を受けた場合の特則

日本の破産手続の効力が国外資産にも及ぶとしても、それだけでは、一部の債権者が破産者の国外資産について強制執行を行うなどして、ほかの債権者に先んじて債権を回収することを完全に防ぐことはできない。そこで、破産法は、国際倒産事件において債権者の平等な弁済を実現するため、次のような規定を置いている。

① 破産債権者は、破産手続開始決定があった後に、破産財団に属する国外資産に対して権利を行使して弁済を受けた場合でも、弁済を受ける前の債権額について破産手続に参加することができる(法109条)。
② 外国における権利行使により弁済を受けた破産債権者は、弁済を受けた債権額については議決権を行使することができず(法142条2項)、また、他の同順位の破産債権者が自己の受けた弁済と同一の割合の配当を受けるまでは、最後配当を受けることができない(法201条4項)(いわゆるホッチポット・ルール)。

この規定を実効あらしめるため、外国における権利行使により弁済を受けた破産債権者は、速やかに、弁済を受けた旨とその内容を、裁判所に届け出るとともに破産管財人に通知することが義務づけられている(規則30条)。

【書式15-1】 外国倒産処理手続における配当の報告書

```
平成○年㈦第○○号
破産者○○○株式会社

        ○○国倒産処理手続における配当の報告書

                                    平成○年○月○日
○○地方裁判所第○民事部 御中
                              破産者  ○○○株式会社
```

641

破産管財人　○　○　○　○　印

　破産者については，○○国における倒産処理手続が係属中であるところ，次の破産債権者らにおいては，同手続によりそれぞれ配当を受けていますので，下記のとおりご報告いたします。

記

単位円

	本破産手続における届出債権額	○○国倒産処理手続における届出債権額	○○国倒産処理手続における配当額
破産債権者A			
破産債権者B			
破産債権者C			

以上

添付書類

1　破産債権者らの通知書
2　○○国倒産処理手続配当表

V　外国倒産処理手続がある場合の特則

　日本の破産手続の効力が海外に及ぶといっても、他方で、外国において当該国の法令に基づいて倒産処理手続が開始されることが妨げられるわけではないから、日本と外国において並行して倒産処理手続が係属する状況が当然起こりうる。破産法は、このようなケースに対応するため、次のとおり、破産手続と外国倒産処理手続（外国で開始された破産手続または再生手続に相当する手続）との相互の調整を図るための規定を置いている。

1　破産手続開始の原因の推定

　債務者について、破産手続に相当する手続が外国で開始されている場合は、破産手続開始原因事実があるものと推定する（法17条）。
　日本における並行的な破産手続開始の申立てを容易にする趣旨である。

2　破産管財人と外国管財人との相互協力

　破産管財人は、破産者について外国倒産処理手続がある場合は、外国管財人に対し、破産手続の適正な実施のために必要な協力および情報提供を求めることができ（法245条1項）、また、外国倒産処理手続の適正な実施のために同様の協力等をするよう努めるものとする（同条2項）。

3　外国管財人の権限等

(1)　破産手続開始申立権

　外国管財人は、債務者について、破産手続開始の原因となる事実を疎明して破産手続開始の申立てをすることができる（法246条1項・2項）。

(2)　債権者集会出席、意見陳述権

　外国管財人は、破産者の破産手続において、債権者集会の期日に出席し、意見を述べることができる（法246条3項）。

(3)　破産手続に関する通知

　外国管財人が破産手続開始の申立てをした場合は、破産手続開始決定があったときにおける公告事項など、一定の事項を外国管財人に通知しなければならない（法246条4項）。

4　相互の手続参加（いわゆるクロス・ファイリング）

(1)　外国管財人の破産手続参加権

　外国管財人は、届出をしていない破産債権者であって、破産者についての外国倒産処理手続に参加しているものを代理して、破産者の破産手続に参加することができる（法247条1項）。ただし、当該外国の法令によりその権限を有する場合に限る。

(2)　破産管財人の外国倒産処理手続参加権

　破産管財人は、届出をした破産債権者であって、破産者についての外国倒産処理手続に参加していないものを代理して、当該外国倒産処理手続に参加することができる（法247条2項）。この場合、破産管財人は、代理した破産債権者のために、外国倒産処理手続に属する一切の行為をすることができる

643

(同条3項)。ただし、届出の取下げ、和解その他の破産債権者の権利を害するおそれがある行為をするには、当該破産債権者の授権がなければならない。

　手続の重複を避けるため、破産債権者が外国倒産処理手続に参加したときは、その旨を破産管財人に通知しなければならないとされ(規則73条2項)、破産管財人が破産債権者を代理して外国倒産処理手続に参加したときは、その旨を破産債権者に通知しなければならないとされている(同条1項)。

【書式15-2】　外国管財人に対する照会書

```
                                                    ○○○○年○月○日
破産者○○○株式会社
○○国管財人　○　○　○　○　殿

                    照　　会　　書

                              東京都○○区○○町○丁目○番○号
                              破産者　　○○○株式会社
                              破産管財人　○　○　○　○　印
                                     電　話　00-0000-0000
                                     F A X　00-0000-0000
　○○○○年○月○日、日本国○○地方裁判所において、破産者○○○株式会社(以下「破産者」といいます。)について破産手続が開始され、当職が破産管財人に選任されました。
　ところで、破産者については、○○国においても倒産処理手続が係属中であり、貴殿がその管財人に就任されています。
　つきましては、貴殿に対し、破産者に関する○○国倒産処理手続における下記事項について照会いたしますので、当職宛てご回答くださるようお願いいたします。

                              記
1　破産者の○○国所在の財産の種類、明細及びその評価額
2　届出債権者の名称および届出債権額
3　○○国倒産処理手続における配当の時期及び配当額の見込み
4　その他
                                                        以上
```

添付資料

1 破産手続開始決定
2 管財人資格証明

【書式15-3】 外国管財人に対する報告書

○○○○年○月○日

破産者○○○株式会社
○○国管財人　○　○　○　○　殿

報　告　書

東京都○○区○○町○丁目○番○号
破産者　　○○○株式会社
破産管財人　○　○　○　○　印
電　話　00-0000-0000
ＦＡＸ　00-0000-0000

　破産者○○○株式会社（以下「破産者」といいます。）については，日本国○○地方裁判所において破産手続が係属中であり，当職が破産管財人に選任されました。

　このたび，破産者についての○○国倒産処理手続における管財人である貴殿から，○○○○年○月○日付けにて日本での破産手続の進行状況について照会を受けましたので，本日時点での当該状況を報告いたします。

記

1 破産者の財産の概要
2 破産債権者の名称および届出債権額
3 破産手続における配当の時期および配当額の見込み
4 その他

以上

添付資料

1 破産手続開始決定
2 配当表（予測）

第16章 雑　則

Ⅰ　はじめに

　破産法第13章雑則（法257条以下）のうち、同法257条～262条は破産手続における登記に関する規定（法人の破産手続に関する登記の嘱託、個人の破産手続に関する登記の嘱託、保全処分に関する登記の嘱託、否認の登記等）となっており、同法263条および264条は、責任制限手続（法24条1項5号）との調整規定となっている。

Ⅱ　破産手続に関する登記等の合理化

　破産手続に関する登記等について、破産法は裁判所書記官に登記の嘱託を行う権限を付与している（法257条～262条参照）。

　法人に破産手続開始の決定がなされると、裁判所書記官は、職権で、遅滞なく、破産手続開始の登記を、その法人の本店または主たる事務所の所在地を管轄する登記所に嘱託しなければならない（法257条1項）。

　もっとも、平成16年改正前の旧法に基づく手続と異なり、破産法は、破産者が法人の場合の不動産所有権等（破産財団に属する権利で登記がされたもの）に関する破産手続開始の登記を不要としている（法258条参照）。これは、前記のとおり、当該会社の商業登記を閲覧すれば破産者であることが判明するので、個々の財産に破産の登記をする必要性が低いこと等による。ただし、保全処分があった場合は、裁判所書記官は法人の不動産所有権等についても保全処分の登記を嘱託しなければならない（法259条）。

　なお、破産法257条～260条および262条に基づく登記等は、登録免許税について非課税とされている（法261条）。

Ⅲ　否認の登記

　否認の登記（法260条）は、登記の原因である行為や登記自体が否認されたときに、その否認の請求を認容する決定に基づいて、破産管財人が単独で

申請しなければならないものである（同条1項）。否認登記申請書には、否認の請求を認容する判決書正本または決定の裁判書正本、確定証明書、破産管財人の資格証明書を添付する必要がある。

その後に、否認の登記に係る権利に関する登記（否認後に破産管財人が当該不動産について、第三者に任意売却するか、競売申立てして競落された場合に行われる、破産者から第三者への権利の移転登記）をする場合には、①当該否認の登記だけでなく、②否認対象行為を登記原因とする登記または否認された登記と、③②の登記に後れる登記（もしあれば）についても、登記官が職権で抹消することとなる（法260条2項）。

もっとも、否認の登記がなされるまでに、否認登記の対象となった権利を目的として、破産管財人に対して対抗できる権利を第三者が取得し、その旨の登記がなされている場合には、登記官は、第三者の権利を害することがないよう、職権により、受益者への権利移転登記を抹消するのではなく、破産者への権利移転登記をしなければならない（法260条3項）。

【書式16-1】　登記申請書（否認の登記）

登記申請書

登記の目的　　〇番の所有権移転登記原因の破産法による否認
登記原因　　　平成〇年〇月〇日決定
所有者　　　　〇〇県〇〇市〇〇町〇丁目〇番〇号
　　　　　　　〇〇〇株式会社
申請人　　　　〇〇県〇〇市〇〇町〇丁目〇番〇号
　　　　　　　破産者〇〇〇株式会社　破産管財人　〇　〇　〇　〇
添付書類　　　決定正本　確定証明書　管財人証明書　登記事項証明書
平成〇年〇月〇日申請
　　　　　　　　　　代理人　〇〇県〇〇市〇〇町〇丁目〇番〇号
　　　　　　　　　　　　　　　　　　　〇　〇　〇　〇　印
登録免許税　　破産法第261条により非課税
不動産の表示　（略）

第17章 罰　則

I　破産犯罪の意義

　破産手続開始の前後には、財産を隠匿したり、代金支払いの意思がないのに物品を購入して売却したりするなど、破産者らの行為によって破産債権者の利益が害されることがある。これらの行為については破産管財人が否認権を行使する等して逸失財産を取り戻すことができる場合もあるが、それには時間と労力がかかり、破産管財人にとってはかなりの負担となる。そこで、これらの行為を抑制するために、破産法は各種破産犯罪の規定を設けている。

　このほか、破産手続を進めるうえで、破産者による説明や情報開示が重要になることに着目して設けられた破産犯罪や、破産管財人の職務の公正を図ることを目的とした破産犯罪もあり、もって、破産手続の適正が図られている。

II　破産法265条以下の破産犯罪の種類

　破産法は、以下のとおり5種類の破産犯罪を規定している。なお、法人の両罰規定もあり、法人の代表者らが違反行為をした場合は、その法人に対しても各条の罰金刑が科される可能性がある（法277条）。

1　債権者を害する行為

(1)　詐欺破産罪（法265条）

　債務者の財産の隠匿や損壊、譲渡の仮装、債務負担の仮装など、総債権者の利益を害する行為を処罰するもので、行為主体は破産者に限られない。行為時期は破産手続開始の前後を問わず、債権者を害する目的が主観的要件である。法定刑は10年以下の懲役または1000万円以下の罰金である（併科あり。以下、本章において同じ）。

(2)　特定の債権者に対する担保供与等の罪（法266条）

　債務者が破産手続開始の前後を問わず、特定の債権者に対する債務につい

て他の債権者を害する目的で、担保の供与または債務の消滅に関する行為をした場合、5年以下の懲役または500万円以下の罰金に処せられる可能性がある。

(3) 破産管財人等の特別背任罪（法267条）

破産管財人等について、背任行為があった場合、10年以下の懲役または1000万円以下の罰金に処せられる可能性がある。

2 情報の収集を妨害する行為

(1) 説明および検査の拒絶等の罪（法268条）

説明義務を負う破産者等が、破産管財人や債権者集会等の請求により、破産に関して必要な説明を求められた際に、その説明を拒み、または虚偽の説明等をした場合、あるいは破産法が規定する検査を拒んだ場合、3年以下の懲役または300万円以下の懲役に処せられる可能性がある。

(2) 重要財産開示拒絶の罪（法269条）

重要財産の開示制度（法41条）に違反した破産者に対する法定刑も、破産法268条同様である。

(3) 業務および財産の状況に関する物件の隠滅等の罪（法270条）

破産手続開始の前後を問わず、債権者を害する目的で帳簿・書類その他の物件を隠滅、偽造または変造した者に対する法定刑も、破産法268条、269条同様である。

(4) 審尋における説明拒絶等の罪（法271条）

債務者が審尋において説明を拒絶し、虚偽の説明をしたときも、破産法268条〜270条同様の法定刑となっている。

3 破産管財人等に対する職務妨害の罪

偽計または威力を用いて、破産管財人等の職務を妨害した者を処罰するもので（法272条）、執行官に対するのと同様の保護を与えたものである。法定刑は破産法268条〜271条同様である。

4　破産管財人等の贈収賄行為

(1)　収賄罪（法273条）

破産管財人等に関する収賄罪であり、法定刑は破産法268条〜272条同様であるが、その職務の重要性に鑑み、不正の請託を受けた場合の加重規定がある。

(2)　贈賄罪（法274条）

贈賄側も収賄側と同等の法定刑が科される可能性がある。

事項索引

【あ】

異議　231, 237, 291, 539
異議者等　239
異議申述書　231, 232, 237
異議通知書　228
異議撤回書　234
異議等のある破産債権　239
異議等の撤回　234, 237
異議の訴え　248
意見申述　554
意見聴取　282
遺言執行者　620
異時廃止　95, 96, 141, 286, 528
異時廃止決定　299
移送　22
委託を受けない保証人　347
一時停止等　574
一括売却　185
一体型　569
一般調査期間　221
一般調査期日　221, 226
一般の財団債権　293
一般の先取特権　296
一般の取戻権　477
一般破産債権　208
委任契約　336
印鑑証明　169
請負契約　339

運送中の物品に関する売主の取戻権　477
営業譲渡　185
閲覧等制限申立て　104
閲覧等の制限　102
閲覧等の制限決定　102
閲覧等の制限決定の取消（決定）　103, 104
延滞税　548
親会社　20

【か】

買受けの申出　458
外貨債権　345
外国管財人　643
外国倒産処理手続　30, 640, 641, 642, 643, 644
外国法人　25
解雇予告手当　297, 302
解散事業年度　543, 545, 546
開始時異議確認型　503
会社更生　98, 105, 206, 226, 295
会社更生事件　20
解除条件付債権　342, 496, 517, 518
過誤納金の還付手続　546
株主代表訴訟　200
簡易管財型手続　95, 96, 97
簡易配当　96, 143, 480, 503, 506

651

官報公告型の最後配当　481, 494
管理機構人格説　166
期間方式　225, 226, 236
議決権　289
議決権額　291
期限付債権　206, 341, 344
期限未到来の債権　344
期日の延期　234
期日の続行　233
期日方式　225, 226
求償権　207
共益債権　31, 106, 295
協議会スキーム　583
強制執行の禁止　552
強制執行の失効　161
業務および財産の状況に関する物件の隠滅等の罪　649
許可　185, 430
許可弁済　301
居住制限　158
拒絶権　477
記録閲覧謄写請求　100
記録閲覧謄写請求権　98
金額不確定の金銭債権　345
金額不確定の破産債権　346
金銭の支払いを目的としない債権　345
具体的納期限　296
組入金（担保権消滅制度）　446
クロス・ファイリング　643

経営者保証に関するガイドライン（経営者保証GL）　565
経済合理性　568, 571
警察上の援助　197
計算報告集会　286
計算報告書　537
継続的給付を目的とする双務契約　330
欠損金の繰戻還付制度　546
現在化　344
源泉所得税の納付義務　547
限定承認　614, 623, 624, 626, 627
公告　24, 129, 142, 143, 146, 150, 486, 506, 516
更生手続　10, 27, 106, 112, 140, 274
更生手続開始　27
更生手続から破産手続への移行　604
交付要求書　209
子会社　20, 358
子会社等に対する調査権　197
固定資産税　542

【さ】

再建型　9, 10
債権査定手続　239
債権者委員会　278
債権者一覧表　551
債権者集会　96, 286
債権者集会の招集　282

債権者代位権　200
債権者代位訴訟　201,202
債権者取消権　200
債権者取消訴訟　201,202
債権者破産申立て　9,93,120,
　　125,482
債権者名簿　551
債権調査期間　24,141
債権調査期日　24,483
債権届出期間　24,143,209
債権認否一覧表（債権認否表／債権
　　認否予定書）　228
最後配当　480,481,483,486,
　　488,498,499,516
最後配当に関する除斥期間　342,
　　343
財産状況報告集会　24,141,286,
　　324
財残状況報告集会の期日　143
財産評定　318
財産分離　614,626,627
財産保全措置　18,105,116
財産目録　32,96,172,482
再生計画策定支援　583
再生手続　10,27,106,112,140,
　　274
再生手続開始　27
再生手続から破産手続への移行
　　593
財団からの放棄　419

財団債権　31,106,293
財団債権の申出　298
財団所属債権　350
裁判所の許可　184
債務者の財産に対する保全処分
　　100
債務超過　9,26,62,137
裁量免責　555
詐害行為　356
詐害行為否認　356,361,390
詐欺破産罪　549,559,648
査定の裁判に対する異議の訴え
　　404
残存資産　571
残余財産　536
支援専門家　570
事業譲渡　131,185,429,430
事業譲渡契約　430
事業の継続　156
時効中断　206
自己破産　28,32,61,107,140
自己破産申立て　9,125
市場の相場のある商品の取引契約
　　337
執行官保管とする保全処分　121
執行行為の否認　361
私的整理　10
私的整理手続　10
自動確定方式　541
自動車税　543

事項索引

支払停止　26, 345, 347, 362
支払不能　9, 26, 62, 137, 345, 347, 357, 358, 362
受遺者　621
受遺者の破産　629
自由財産　125, 151, 565, 571
自由財産の範囲の拡張　151
収支報告書　172
重要財産開示義務　138
重要財産開示拒絶罪　138, 649
受継　257, 271
受託者の破産　634
主たる営業所　19
受任通知　13
準自己破産　28
準自己破産申立て　482
純粋私的整理　592
準則型私的整理　10
少額管財　98
少額管財手続　96
少額配当金（配当額1000円未満）の受領意思の届出（制度）　484, 516
条件付債権　206, 341, 496, 516
商事留置権　464
商事留置権消滅請求　468, 470
商事留置権消滅請求制度　464
商事留置権消滅請求制度の趣旨　470

商事留置権消滅請求と担保権消滅許可制度の関係　476
商事留置権消滅請求の効果　474
商事留置権消滅請求の行使要件　471
商事留置権の受戻許可　468
商事留置権の行使方法　465
商事留置権の成立要件　465
商事留置権の目的物の価額相当額の弁済　470
商事留置権の目的物の換価・処分　470
商事留置権の目的物の使用継続　470
商事留置権の留置的効力　464
譲渡担保　346
消費税　542, 545
情報提供努力義務　184, 199
将来債権　206, 342
将来の請求権である破産債権　496, 516, 518
職務分掌　180
所得税　546
処分期間指定の申立て　437
処分期間の決定　439
書面方式　236
申告納税方式　541
審尋における説明拒絶等の罪　649
信託　346
信託財産　22, 25, 26, 29, 32, 361

信託財産の破産　*635*
税金還付　*544*
清算型　*9*
清算価値保障原則　*569*
清算事業年度　*543*
税務申告　*540,541,543*
税務申告義務　*544*
責任制限手続　*107*
説明および検査の拒絶等の罪　*649*
説明義務　*159*
全部義務者　*206*
戦略的異議　*228*
相殺　*341*
相殺禁止　*345*
相殺制限　*345*
相続債権者　*621*
相続財産管理人　*620*
相続財産の破産　*609*
相続人　*621*
相続人の債権者　*621*
相続人の破産　*623,629*
相続放棄　*614,623,624*
双方未履行双務契約　*185,294,326*
即時抗告　*557,559,563*
訴訟手続の受継　*200,271*
訴訟手続の中断　*199,270*
訴訟費用の償還　*253*
租税　*540*
租税債権　*106,112,295*

租税等の請求権　*31,144,205,208,209,225,227,258,294,518*

【た】

第一次対応　*583,584*
大規模会社　*22*
大規模破産管財事件　*168*
大規模破産事件　*142,144*
対抗要件具備行為　*361*
対抗要件否認　*360,361*
貸借対照表　*172*
代償的取戻権　*478*
退職金　*298*
第二会社方式　*569*
第二次対応　*583,585*
代表者　*21,61,62,93*
代理委員　*274*
単純承認　*623,624*
単独型　*569*
担保権消滅許可　*444*
担保権消滅許可制度　*477*
担保権消滅制度　*442*
中間配当　*480,503,514,516*
中間配当許可申請　*514*
中止命令　*105,106,107,109,110,112,116*
中小企業再生支援協議会　*583*
中断　*257,270*
中断した訴訟手続　*164*
帳簿閉鎖　*313*

655

賃貸人または賃借人の破産と賃貸借
　契約の解除　*332*
賃料債権の処分　*333*
賃料債権を受働債権とする相殺
　333
賃料の前払い　*333*
追加配当　*480,519*
通知型の最後配当　*481,494*
定期金債権　*344,345*
停止条件付債権　*342,518*
手形債務支払い　*359*
手続中止命令　*100*
転得者に対する否認の請求　*380*
同意廃止　*532*
同意配当　*510*
同意配当許可申請　*512*
同時決定事項　*141*
投資信託　*346*
同時廃止　*24,97,524*
当然復権　*562*
特定調停スキーム利用の手引き
　574
特定調停手続　*574*
特定の債権者に対する担保供与等の
　罪　*648*
特別清算手続　*28,140*
特別の財団債権　*294*
特別の取戻権　*477*
特例有限会社　*20,25*
届出期間経過後の届出　*237*

届出破産債権者　*288*
届出名義変更　*223*
取消命令　*105,109,110,116*
取戻権　*477*
取戻権の基礎となる権利　*477*
問屋の取戻権　*478*

【な】

任意売却　*185,409*
認定支援機関　*583*
認否　*226,236*
認否書　*236,239*
認否留保　*226,227,228*

【は】

配当額の寄託　*518*
配当時異議確認型　*503*
配当時異議確認型の簡易配当
　481,482
配当実施報告書　*503*
配当通知　*488,494*
配当の実施　*502,518*
配当表　*484,498,502,506,513,*
　515,517
配当表に対する異議　*498,509,*
　517
配当表の更正　*497,509*
売得金　*444,478*
配分表　*413*
破産管財人　*143,166,350*
破産管財人代理　*182*

破産管財人等に対する職務妨害の罪　649
破産管財人等の贈収賄行為　650
破産管財人等の特別背任罪　649
破産管財人の解任　179
破産管財人の監督　172
破産管財人の権限　183
破産管財人の催告　354
破産管財人の催告権　353
破産管財人の資格　168
破産管財人の資格証明書　169
破産管財人の注意義務　198
破産管財人の調査権　196
破産管財人の任務終了　536
破産管財人の報告義務　282
破産原因　25
破産債権　205
破産債権査定異議の訴え　248
破産債権査定決定　245
破産債権査定申立て　239
破産債権者表　237, 239, 243, 245, 252, 253, 257, 258, 497, 561
破産債権調査期間　143, 353, 354
破産債権届出期間　141, 143
破産債権届出書　209
破産債権の確定　237
破産債権の除斥　494, 509, 516
破産債権の調査　225
破産債権の届出　209
破産財団　24

破産財団組入額　414
破産者等の説明義務　282
破産者の説明義務　138
破産障害事由　25, 26, 27, 137
破産手続開始　10, 25, 26, 345
破産手続開始決定　10, 18, 24, 25, 26, 106, 107, 127, 137, 143, 150
破産手続開始原因　9
破産手続開始の登記　646
破産手続開始申立て　10, 12, 25, 27, 28, 93, 100, 107, 112, 116, 119, 126, 127, 137
破産手続から更生手続への移行　606
破産手続から再生手続への移行　600
破産手続参加　206, 209, 240, 257, 271
破産手続終結　269, 535
破産手続続行の決定　612
破産手続の終了　269, 524
破産手続廃止　269, 524
破産犯罪　648
非金銭債権　206
非懲戒主義　561
否認権　10, 356
否認権行使のための保全処分　100, 105, 363, 369
否認権の行使　362

657

否認請求認容決定に対する異議の訴え　384
否認の請求　362, 370, 379
否認の登記　646
非免責債権　555
費用償還　285
費用前払請求権　203
封印執行　310
賦課課税方式　541
複数破産管財人の職務遂行　180
復権　561
物上保証人　207
別除権　207, 517
別除権者　496
別除権付債権　498
別除権の受戻し　441, 467
別除権の実行　431
変更届出書　221
弁済期　344
弁済許可　205
弁済禁止の保全処分　120, 121
弁済計画策定支援　585
偏頗行為　356
偏頗行為否認　356, 357, 361, 362, 393
包括的禁止命令　100, 105, 107, 112, 113, 116
報酬請求権　203
法人住民税　542
法人税　541, 545

法定納期限　296
保証債務　565
保証人　206
保全管理人　109, 113, 130, 131, 132, 134, 145, 364, 640
保全管理人代理　133
保全管理人の権限　131
保全管理人の調査　132
保全管理命令　18, 100, 105, 110, 113, 116, 125, 126, 128, 130, 131, 640
保全処分　105, 119, 120, 369, 370
保全処分の申立て　116
保全命令　105, 113, 119

【ま】

窓口相談　583, 584
未払賃金立替払制度　302
民事再生　98, 99, 105, 206, 226, 295
民事再生事件　20
民事留置権　464
無償行為否認　356, 357
無名義債権　498
無名義の破産債権　494, 516
免責　550
免責許可決定　555
免責許可の申立て　550
免責審尋期日　553
免責の取消し　559
免責不許可決定　555

免責不許可事由　*138, 555, 568*
申立書の却下　*141*
申立書の添付書類　*31*
申立書類　*18*
申立てによる復権　*562*
目的物の価額相当額の弁済　*474*
目的物返還請求訴訟　*475*

【や】

役員責任の査定の裁判　*393, 399*
役員の個人財産に対する保全処分　*395*
約定劣後破産債権　*209*
優先的破産債権　*205, 208, 298*
郵便物の管理　*195*
有名義債権　*257, 494*
予定不足額　*207, 210, 227*
予納　*25, 27, 32, 97, 140, 482*
予納金　*96*

【ら】

ライセンス契約　*335*
濫用的な申立て　*139*
留置権　*464*
留置権の種類　*464*
留置権の内容　*464*
留置権の不可分性　*470*
劣後的破産債権　*208, 296*
劣後ローン　*209*
連結子会社　*21*
労働組合　*30, 131, 145, 430, 431*
労働債権　*116, 199, 208, 296, 301, 483*
労働者健康安全機構　*302*

【わ】

和解　*185*

【編者略歴】

相　澤　光　江（あいざわ　みつえ）

〔略　　歴〕　昭和42年慶応義塾大学大学院経済研究科修士課程修了、昭和51年弁護士登録（東京弁護士会所属）、昭和56年アメリカ、ハワード・ロー・スクールにて比較法学修士号取得

〔主な著書〕　『株主代表訴訟と企業統治』（共著・清文社）、『リース・クレジットの法律相談〔新版〕』（共著・青林書院）、「倒産手続における相殺権の行使およびその制限」『企業再建の真髄』（共著・商事法務）、『会社更生の理論・実務と書式〔全訂版〕』（共編著・民事法研究会）、『民事再生手続と監督委員』（共著・商事法務）、『最新　実務解説一問一答　民事再生法』（共著・青林書院）、『倒産法改正展望』（共著・商事法務）、『あるべき私的整理手続の実務』（共著・民事法研究会）、『今中利昭先生傘寿記念　会社法・倒産法の現代的展開』（共著・民事法研究会）、『倒産法の実践』（共著・有斐閣）など多数。

〔最近の主な関与倒産事件〕　日本リース（主要更生担保権者代理人）、ユニオンロイヤル㈱（更生管財人）、山一證券㈱（破産申立代理人）、東洋製鋼㈱（民事再生申立代理人）、㈱池貝他2社（民事再生申立代理人）、協栄生命㈱（更生管財人代理）、宝幸水産㈱他1社（更生管財人）、㈱ホテルオークラ福岡（産業活力再生法専門家アドバイザー）、㈱富ホールディングス（特別清算申立代理人）、㈱赤城ゴルフ倶楽部（民事再生申立代理人）、㈱高山ゴルフ倶楽部（民事再生申立代理人）、㈱鳩山レイク（民事再生申立代理人）、㈱ヤマサ（民事再生申立代理人）、㈱ニチオリ（破産管財人）、ポリマテック㈱（民事再生申立代理人）、アクロス㈱（民事再生申立代理人）、㈱ブーフーウー（民事再生監督委員）、山水電気㈱（民事再生監督委員）、㈱トライデント（破産管財人）など多数。

〔事務所所在地〕　TMI総合法律事務所
　　　　　　　　〒106-6123　東京都港区六本木6-10-1
　　　　　　　　六本木ヒルズ森タワー23階
　　　　　　　　TEL 03(6438)5511　FAX 03(6438)5522

中 井 康 之（なかい　やすゆき）

〔略　歴〕　昭和55年3月京都大学法学部卒業、昭和55年4月最高裁判所第34期司法修習生、昭和57年4月弁護士登録、堂島法律事務所入所（現在）、平成19年4月堂島法律事務所代表パートナー

〔主な著書〕　「開始時現存額主義と超過配当」金融法務事情2076号1頁、「法定利率」「詐害行為取消権」『詳説改正債権法』（共著・金融財政事情研究会）、「座談会：これからの倒産・事業再生実務」ジュリスト1500号68頁、「詐害行為取消権」金融法務事情2041号20頁、判例批評「別除権協定と再生債務者についての破産手続の開始」民商法雑誌150巻4・5号637頁、「相殺をめぐる民法改正——差押えと相殺・債権譲渡と相殺」『今中利昭先生傘寿記念　会社法・倒産法の現代的展開』717頁（共著・民事法研究会）、「倒産手続における商事留置権の取扱い」ジュリスト増刊「実務に効く事業再生判例精選」、「別除権協定に基づく債権の取扱い」ジュリスト1459号90頁、「商事留置権と民事再生手続」倒産判例百選〔第5版〕、「対抗要件否認の行方」田原睦夫先生古稀・最高裁判事退官記念論文集『現代民事法の実務と理論』下巻292頁（共著・金融財政事情研究会）、「債権者代位権」『事業再生と金融実務からの債法改正』（共著・商事法務）、「債権法改正と詐害行為取消権」NBL 982号68頁、「担保付債権の代位弁済と対抗要件」ジュリスト1444号74頁

〔最近の主な関与倒産事件〕　主な再建型倒産処理案件〈会社更生〉WTC（2009年　不動産賃貸事業）、よのペットボトルリサイクル（2006年　再生処理業）、イカリソース（2005年　食料製造）、ニノミヤ（2005年　家電量販店）〈民事再生〉ホンマ・マシナリー（2017年　大型工作機械）、ナショナル流通産業（2017年　チケット販売）、若狭観光開発（2015年　ゴルフ場）、日本ウエブ印刷（2013年　印刷）、辻学園（2011年　専門学校）、サトーセン（2011年　電子部品）〈事業再生ADR〉御園座（2013年　劇場事業）、日本エスコン（2009年　デベロッパー）

〔事務所所在地〕　堂島法律事務所
　　　　　　　　〒541-0041　大阪府大阪市中央区北浜2丁目3番9号
　　　　　　　　入商八木ビル
　　　　　　　　TEL 06-6201-4456　FAX 06-6201-0362

編者略歴

綾　克己（あや　かつみ）

〔略　　歴〕昭和55年慶應義塾大学法学部法律学科卒業、平成元年東京弁護士会登録

〔主な著書〕『会社更生の理論・実務と書式〔全訂版〕』（共編著・民事法研究会）、『新注釈　民事再生法〔第2版〕上巻・下巻』（共著・金融財政事情研究会）、『私的整理の実務　Q&A100問』（共著・全国倒産処理弁護士ネットワーク編・金融財政事情研究会）、『論点体系　会社法6』（共著・第一法規）、「倒産・再生法実務研究会レポート　濫用的会社分割の分水嶺」季刊事業再生と債権管理2012年7月5日号（金融財政事情研究会）、『破産実務　Q&A200問』（共著・全国倒産処理弁護士ネットワーク編・金融財政事情研究会）、『松嶋英機弁護士古稀記念論文集　時代をリードする再生論』（共著・商事法務）、『破産申立マニュアル〔第2版〕』（編著・商事法務）、『注釈破産法(上)』（共著・全国倒産処理弁護士ネットワーク編・金融財政事情研究会）など多数。

〔最近の主な関与倒産事件〕折田汽船㈱（更生管財人）、㈱東千葉カントリー倶楽部（更生管財人）、㈱蓼科グランドホテル他（更生管財人）、大洋緑化㈱他16社（更生管財人代理）、宝幸水産㈱他1社（更生管財人代理）、東日本フェリー㈱他4社（会社更生申立代理人）、佐々木硝子㈱他5社（会社更生申立代理人）、多田建設㈱他1社（会社更生申立代理人）、ユニコ・コーポレーション㈱（会社更生申立代理人）、エルゴテック㈱（民事再生申立代理人）、㈱徳山カントリークラブ（民事再生申立代理人）、㈱モリモト（民事再生申立代理人）、㈱ララ・プラン（民事再生申立代理人）、㈱横浜そごう他21社（民事再生監督委員常置代理人）、㈳緑生会（民事再生監督委員）、山一證券㈱（破産管財人常置代理人）、井上工業㈱（破産管財人）、㈻堀越学園（破産管財人）、三井石炭鉱業㈱（清算人）、㈱マルタン（清算人）、㈱九十九島エスケイファーム（清算人）、ドイト㈱（代表清算人）

〔事務所所在地〕ときわ法律事務所
　　　　　　　　〒100-0004　東京都千代田区大手町1-8-1
　　　　　　　　KDDI大手町ビル19階
　　　　　　　　TEL 03(3271)5140　FAX 03(3271)5141

【執筆者一覧】

【編　著】

相　澤　光　江　（TMI総合法律事務所）

中　井　康　之　（堂島法律事務所）

綾　　　克　己　（ときわ法律事務所）

〔執筆者〕（50音順）

相　澤　　　豪　（TMI総合法律事務所）

青　木　孝　頼　（AZX総合法律事務所）

浅　沼　雅　人　（ときわ法律事務所）

飯　塚　　　陽　（TMI総合法律事務所）

宇留賀　俊　介　（うるが法律事務所）

江　藤　真理子　（TMI総合法律事務所）

衛　藤　佳　樹　（TMI総合法律事務所）

大　沼　竜　也　（ときわ法律事務所）

小坂田　成　宏　（弁護士法人淀屋橋・山上合同）

片　岡　　　睦　※パラリーガル（TMI総合法律事務所）

木　村　真理子　（ときわ法律事務所）

栗　原　誠　二　（TMI総合法律事務所）

小　関　伸　吾　（堂島法律事務所）

近　藤　直　生　（弁護士法人大江橋法律事務所）

阪　井　　　大　（東京双和法律事務所）

阪　口　嘉奈子　（TMI総合法律事務所）

嵯峨谷　　　厳　（嵯峨谷法律事務所）

佐　藤　真太郎　（佐藤真太郎法律事務所）

軸　丸　欣　哉　（弁護士法人淀屋橋・山上合同）

柴　田　昭　久　（弁護士法人淀屋橋・山上合同）

柴　野　高　之　（堂島法律事務所）

執筆者一覧

清水　良寛　（弁護士法人淀屋橋・山上合同）
上甲　悌二　（弁護士法人淀屋橋・山上合同）
高野　大滋郎　（TMI総合法律事務所）
高橋　洋介　※パラリーガル（TMI総合法律事務所）
竹本　英世　（弁護士法人淀屋橋・山上合同）
玉置　菜々子　（弁護士法人淀屋橋・山上合同）
中筋　賢治　（中筋総合法律事務所）
名倉　啓太　（弁護士法人淀屋橋・山上合同）
西田　　恵　（弁護士法人淀屋橋・山上合同）
蜷川　敦之　（弁護士法人淀屋橋・山上合同）
野村　祥子　（堂島法律事務所）
畠山　洋二　（ときわ法律事務所）
濱田　芳貴　（ときわ法律事務所）
藤浪　　努　（銀座PLUS総合法律事務所）
藤本　美枝　（TMI総合法律事務所）
松村　健太郎　（弁護士法人旭橋法律事務所）
南　　靖郎　（弁護士法人淀屋橋・山上合同）
森　　卓也　（TMI総合法律事務所）
森本　英伸　（弁護士法人淀屋橋・山上合同）
谷津　朋美　（TMI総合法律事務所）
山内　航治　（PwCあらた有限責任監査法人）
山宮　慎一郎　（TMI総合法律事務所）
吉田　　勉　（吉田・渡邉法律事務所）

〔倒産・再生再編実務シリーズ①〕
事業者破産の理論・実務と書式

平成30年6月14日　第1刷発行

定価　本体7,400円（税別）

編　　者	相澤光江　中井康之　綾　克己
発　　行	株式会社　民事法研究会
印　　刷	株式会社　太平印刷社

発 行 所　株式会社　民事法研究会
〒150-0013　東京都渋谷区恵比寿3-7-16
〔営業〕TEL 03(5798)7257　FAX 03(5798)7258
〔編集〕TEL 03(5798)7277　FAX 03(5798)7278
http://www.minjiho.com/　info@minjiho.com

落丁・乱丁はおとりかえします。　ISBN978-4-86556-226-2 C3032¥7400E
カバーデザイン　袴田峯男

■倒産関係に携わる実務法曹のための実務手引書！

倒産法実務大系

今中利昭　編集
四宮章夫・今泉純一・中井康之・
野村剛司・赫　高規　著

A5判・836頁・定価　本体9,000円+税

▷▷▷▷▷▷▷▷▷▷▷▷▷▷▷▷　**本書の特色と狙い**　◁◁◁◁◁◁◁◁◁◁◁◁◁◁◁◁

▶倒産実務の最前線で活躍する弁護士が、私的整理・再建型（民事再生・会社更生）・清算型（特別清算・破産）の順に各倒産手続の相互関係と手続選択の指針を示すとともに、実務上の重要論点について多数の判例を織り込み詳解した、実務家のための体系書！

▶第1章（総論）においては、倒産手続の意義・目的・構成要素・理念を繙き、第2章以下においては、私的整理・再建型・清算型の各倒産処理手続の共通点・相違点・相互関係にも十分配慮し、処理にあたっている案件においてどの手続を選択すべきかを具体的に解説！

❖❖❖❖❖❖❖❖❖❖❖❖❖❖❖❖　**本書の主要内容**　❖❖❖❖❖❖❖❖❖❖❖❖❖❖❖❖

第1章　総論
第2章　私的整理・特定調停
　第1節　私的整理
　第2節　特定調停
第3章　通常再生
第4章　会社更生・特別清算
　第1節　会社更生
　第2節　特別清算
第5章　事業者破産
第6章　個人再生・個人破産
　第1節　個人再生
　第2節　個人破産

発行　民事法研究会

〒150-0013　東京都渋谷区恵比寿3-7-16
（営業）TEL. 03-5798-7257　FAX. 03-5798-7258
http://www.minjiho.com/　info@minjiho.com

▶判例要旨358件、最新法令・ガイドラインに加え、民法改正法案（債権関係）反映条文も収録！

コンパクト 倒産・再生再編六法2018
──判例付き──

A5判・並製・735頁・定価　本体3,600円＋税

編集代表　伊藤　眞　多比羅　誠　須藤　英章

〔編集委員〕土岐敦司／武井一浩／中村慈美／須賀一也／三上　徹

本書の特色と狙い

- ▶再生型・清算型の倒産手続から事業再生、M＆Aまで、倒産・再生・再編手続にかかわる法令・判例等を精選して収録した実務のための六法！　2017年11月1日現在の最新法令！
- ▶〔倒産法関係編〕民事再生法・会社更生法・破産法等の倒産関係法令・最高裁判所規則のほか、民事再生法（81件）・会社更生法（53件）・破産法（222件）・外国倒産処理手続の承認援助に関する法律（1件）、会社法（1件）には、実務上重要な判例を条文ごとに登載！
- ▶〔基本法関係編〕民法は現行法と改正法（債権関係）を反映したものの双方を収録し、整備法による関係法律の改正該当条文の直後に改正後の条文を併記して収録！　倒産・民事紛争処理手続上不可欠な民法・商法・民事訴訟法・民事保全法・民事執行法・民事調停法等を収録！
- ▶〔関係法令・ガイドライン関係編〕私的整理を主宰し、またはそれに関与するにあたっても十全に対処できるよう、私的整理に関するガイドライン、経営者保証に関するガイドラインのほか、事業再生ADR手続規則等を収録！

収録法令一覧

倒産法関係編　民事再生法【判例付】／民事再生法施行規則／民事再生規則／会社更生法【判例付】／会社更生法施行規則／会社更生規則／破産法【判例付】／破産規則／外国倒産処理手続の承認援助に関する法律【判例付】／外国倒産処理手続の承認援助に関する規則

基本法関係編　民法（抄）／民法〔改正版〕（抄）／会社法／商法（抄）／民事訴訟法／民事執行法（施行令）／民事保全法／非訟事件手続法／民事調停法／特定債務等の調整の促進のための特定調停に関する法律／特定調停手続規則／裁判外紛争解決手続の利用の促進に関する法律／動産及び債権の譲渡の対抗要件に関する民法の特例等に関する法律／仮登記担保契約に関する法律

関係法令・ガイドライン関係編　産業競争力強化法（抄）／経済産業省関係産業競争力強化法施行規則（抄）／産業競争力強化法第五十六条第一項の経済産業省・内閣府令で定める基準を定める命令／経済産業省関係産業競争力強化法施行規則第二十九条第一項第一号の資産評定に関する基準／経済産業省関係産業競争力強化法施行規則第二十九条第二項に基づき認証紛争解決事業者が手続実施者に確認を求める事項／特定認証ADR手続に基づく事業再生手続規則／株式会社地域経済活性化支援機構法／債権管理回収業に関する特別措置法／私的整理に関するガイドライン／国、地方公共団体、独立行政法人中小企業基盤整備機構及び認定支援機関が講ずべき支援措置に関する指針／中小企業再生支援スキーム／中小企業再生支援協議会事業実施基本要領／「中小企業再生支援協議会事業実施基本要領」Q&A／中小企業再生支援協議会等の支援による経営者保証に関するガイドラインに基づく保証債務の整理手順／「十分な資本的性質が認められる借入金」の活用による再生支援手法について～中小企業再生支援協議会版「資本的借入金」～／経営者保証に関するガイドライン／個人債務者の私的整理に関するガイドライン

・倒産関係法事項索引・判例索引（年月日順）

発行　民事法研究会

〒150-0013　東京都渋谷区恵比寿3-7-16
（営業）TEL. 03-5798-7257　FAX. 03-5798-7258
http://www.minjiho.com　info@minjiho.com

最新実務に役立つ実践的手引書

2014年11月刊 利害関係人間の公正・平等を図り、組織や財産価値を保全し、迅速な解決に至る指針を詳解！

【専門訴訟講座8】
倒産・再生訴訟

手続開始決定、更生担保権、担保権の行使と消滅、否認、相殺禁止、再生・更生計画の認可決定、役員の損害賠償責任、即時抗告をめぐる問題等の争訟を網羅！

松嶋英機・伊藤　眞・園尾隆司　編　　　　（A5判・645頁・定価 本体5700円+税）

2017年3月刊 倒産処理の担い手の役割から手続のあり方を論究！

倒産処理プレーヤーの役割
――担い手の理論化とグローバル化への試み――

炯眼・気鋭の研究者が債権者（機関）・債務者・裁判所・管財人・事業再生支援団体等のプレーヤーの役割を歴史的変遷と比較法的視点から基礎づけることで、倒産処理手続のあるべき方向性を示す！

佐藤鉄男・中西　正　編著　　　　　　　（A5判・538頁・定価 本体5800円+税）

好評姉妹書 多くの破産管財事件を通じて長年培ってきたノウハウを惜しみなく開示！

破産管財BASIC
――チェックポイントとQ&A――

中森　亘・野村剛司・落合　茂　監修　破産管財実務研究会　編著　（A5判・494頁・定価 本体4200円+税）

破産管財PRACTICE
――留意点と具体的処理事例――

中森　亘・野村剛司　監修　破産管財実務研究会　編著　（A5判・330頁・定価 本体3400円+税）

事業再編シリーズ❶ 分割行為詐害性をめぐる判例の分析、実務の動向に対応して改訂増補！

会社分割の理論・実務と書式〔第6版〕
――労働契約承継、会計・税務、登記・担保実務まで――

編集代表　今中利昭　編集　髙井伸夫・小田修司・内藤　卓　（A5判・702頁・定価 本体5600円+税）

【事業再編シリーズ】
❷ 会社合併の理論・実務と書式〔第3版〕
❸ 事業譲渡の理論・実務と書式〔第2版〕
❹ 株式交換・株式移転の理論・実務と書式〔第2版〕

発行　民事法研究会　〒150-0013　東京都渋谷区恵比寿3-7-16
（営業）TEL 03-5798-7257　FAX 03-5798-7258
http://www.minjiho.com/　　info@minjiho.com